国家卫生健康委员会"十四五"规划教材

全 国 高 等 学 校 教 材

供八年制及"5+3"一体化临床医学等专业用

皮肤性病学

Dermatology and Venereology

第2版

主　　　审	陈洪铎　廖万清
主　　　编	高兴华　崔　勇　陈　翔
副 主 编	晋红中　王　刚　陶　娟

数 字 主 审	陈洪铎　廖万清
数 字 主 编	崔　勇　高兴华　陈　翔
数字副主编	晋红中　王　刚　陶　娟

人民卫生出版社
·北 京·

版权所有，侵权必究！

图书在版编目（CIP）数据

皮肤性病学 / 高兴华，崔勇，陈翔主编 . — 2 版
. —北京：人民卫生出版社，2024.1
全国高等学校八年制及"5+3"一体化临床医学专业
第四轮规划教材
ISBN 978-7-117-35877-4

I. ①皮…　II. ①高… ②崔… ③陈…　III. ①皮肤病
学 – 高等学校 – 教材②性病学 – 高等学校 – 教材　IV.
①R75

中国国家版本馆 CIP 数据核字（2024）第 022543 号

| 人卫智网 | www.ipmph.com | 医学教育、学术、考试、健康，购书智慧智能综合服务平台 |
| 人卫官网 | www.pmph.com | 人卫官方资讯发布平台 |

皮肤性病学
Pifu Xingbingxue
第 2 版

主　　编：高兴华　崔　勇　陈　翔
出版发行：人民卫生出版社（中继线 010-59780011）
地　　址：北京市朝阳区潘家园南里 19 号
邮　　编：100021
E - mail：pmph @ pmph.com
购书热线：010-59787592　010-59787584　010-65264830
印　　刷：人卫印务（北京）有限公司
经　　销：新华书店
开　　本：850×1168　1/16　　印张：26.5
字　　数：784 千字
版　　次：2015 年 6 月第 1 版　　2024 年 1 月第 2 版
印　　次：2024 年 4 月第 1 次印刷
标准书号：ISBN 978-7-117-35877-4
定　　价：122.00 元

打击盗版举报电话：010-59787491　E-mail：WQ @ pmph.com
质量问题联系电话：010-59787234　E-mail：zhiliang @ pmph.com
数字融合服务电话：4001118166　E-mail：zengzhi @ pmph.com

编　　委

数字编委

（数字编委详见二维码）

数字编委名单

3

融合教材阅读使用说明

融合教材即通过二维码等现代化信息技术，将纸书内容与数字资源融为一体的新形态教材。本套教材以融合教材形式出版，每本教材均配有特色的数字内容，读者在阅读纸书的同时，通过扫描书中的二维码，即可免费获取线上数字资源和相应的平台服务。

本教材包含以下数字资源类型

课件　视频　微课

习题　AR

本教材特色资源展示

获取数字资源步骤

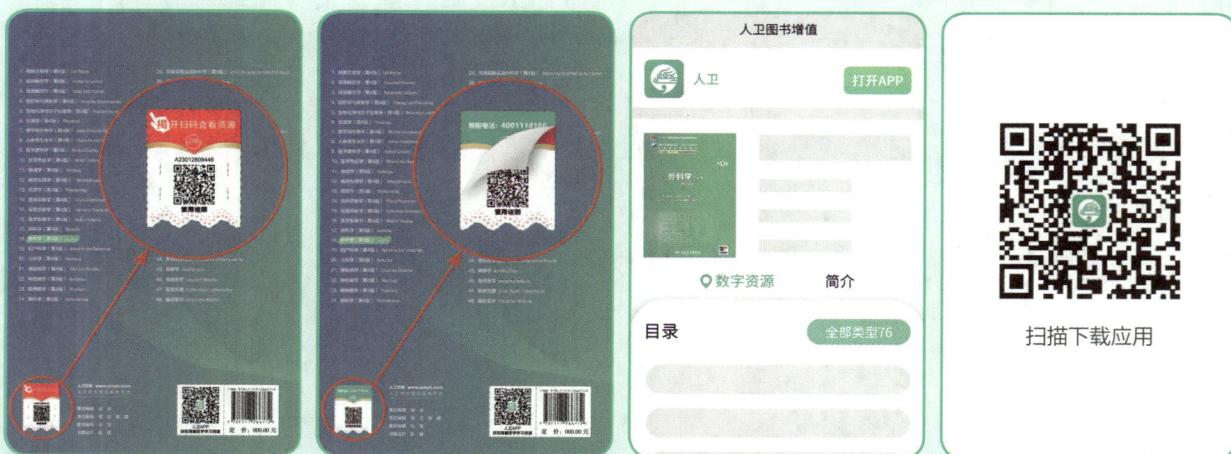

① 扫描封底红标二维码，获取图书"使用说明"。

② 揭开红标，扫描绿标激活码，注册 / 登录人卫账号获取数字资源。

③ 扫描书内二维码或封底绿标激活码随时查看数字资源。

④ 登录 zengzhi.ipmph.com 或下载应用体验更多功能和服务。

APP 及平台使用客服热线　　400-111-8166

读者信息反馈方式

欢迎登录"人卫e教"平台官网"medu.pmph.com"，在首页注册登录（也可使用已有人卫平台账号直接登录），即可通过输入书名、书号或主编姓名等关键字，查询我社已出版教材，并可对该教材进行读者反馈、图书纠错、撰写书评以及分享资源等。

全国高等学校八年制及"5+3"一体化临床医学专业
第四轮规划教材　修订说明

为贯彻落实党的二十大精神，培养服务健康中国战略的复合型、创新型卓越拔尖医学人才，人卫社在传承 20 余年长学制临床医学专业规划教材基础上，启动新一轮规划教材的再版修订。

21 世纪伊始，人卫社在教育部、卫生部的领导和支持下，在吴阶平、裘法祖、吴孟超、陈灏珠、刘德培等院士和知名专家亲切关怀下，在全国高等医药教材建设研究会统筹规划与指导下，组织编写了全国首套适用于临床医学专业七年制的规划教材，探索长学制规划教材编写"新""深""精"的创新模式。

2004 年，为深入贯彻《教育部 国务院学位委员会关于增加八年制医学教育（医学博士学位）试办学校的通知》（教高函〔2004〕9 号）文件精神，人卫社率先启动编写八年制教材，并借鉴七年制教材编写经验，力争达到"更新""更深""更精"。第一轮教材共计 32 种，2005 年出版；第二轮教材增加到 37 种，2010 年出版；第三轮教材更新调整为 38 种，2015 年出版。第三轮教材有 28 种被评为"十二五"普通高等教育本科国家级规划教材，《眼科学》（第 3 版）荣获首届全国教材建设奖全国优秀教材二等奖。

2020 年 9 月，国务院办公厅印发《关于加快医学教育创新发展的指导意见》（国办发〔2020〕34 号），提出要继续深化医教协同，进一步推进新医科建设、推动新时代医学教育创新发展，人卫社启动了第四轮长学制规划教材的修订。为了适应新时代，仍以八年制临床医学专业学生为主体，同时兼顾"5+3"一体化教学改革与发展的需要。

第四轮长学制规划教材秉承"精品育精英"的编写目标，主要特点如下：

1. 教材建设工作始终坚持以习近平新时代中国特色社会主义思想为指导，落实立德树人根本任务，并将《习近平新时代中国特色社会主义思想进课程教材指南》落实到教材中，统筹设计，系统安排，促进课程教材思政，体现党和国家意志，进一步提升课程教材铸魂育人价值。

2. 在国家卫生健康委员会、教育部的领导和支持下，由全国高等医药教材建设研究学组规划，全国高等学校八年制及"5+3"一体化临床医学专业第四届教材评审委员会审定，院士专家把关，全国医学院校知名教授编写，人民卫生出版社高质量出版。

3. 根据教育部临床长学制培养目标、国家卫生健康委员会行业要求、社会用人需求，在全国进行科学调研的基础上，借鉴国内外医学人才培养模式和教材建设经验，充分研究论证本专业人才素质要求、学科体系构成、课程体系设计和教材体系规划后，科学进行的，坚持"精品战略，质量第一"，在注重"三基""五性"的基础上，强调"三高""三严"，为八年制培养目标，即培养高素质、高水平、富有临床实践和科学创新能力的医学博士服务。

4. 教材编写修订工作从九个方面对内容作了更新：国家对高等教育提出的新要求；科技发展的趋势；医学发展趋势和健康的需求；医学精英教育的需求；思维模式的转变；以人为本的精神；继承发展的要求；统筹兼顾的要求；标准规范的要求。

5. 教材编写修订工作适应教学改革需要，完善学科体系建设，本轮新增《法医学》《口腔医学》《中医学》《康复医学》《卫生法》《全科医学概论》《麻醉学》《急诊医学》《医患沟通》《重症医学》。

6. 教材编写修订工作继续加强"立体化""数字化"建设。编写各学科配套教材"学习指导及习题集""实验指导／实习指导"。通过二维码实现纸数融合，提供有教学课件、习题、课程思政、中英文微课，以及视频案例精析（临床案例、手术案例、科研案例）、操作视频／动画、AR模型、高清彩图、扩展阅读等资源。

全国高等学校八年制及"5+3"一体化临床医学专业第四轮规划教材，均为国家卫生健康委员会"十四五"规划教材，以全国高等学校临床医学专业八年制及"5+3"一体化师生为主要目标读者，并可作为研究生、住院医师等相关人员的参考用书。

全套教材共48种，将于2023年12月陆续出版发行，数字内容也将同步上线。希望得到读者批评反馈。

全国高等学校八年制及"5+3"一体化临床医学专业第四轮规划教材 序言

"青出于蓝而胜于蓝",新一轮青绿色的八年制临床医学教材出版了。手捧佳作,爱不释手,欣喜之余,感慨千百位科学家兼教育家大量心血和智慧倾注于此,万千名医学生将汲取丰富营养而茁壮成长,亿万个家庭解除病痛而健康受益,这不仅是知识的传授,更是精神的传承、使命的延续。

经过二十余年使用,三次修订改版,八年制临床医学教材得到了师生们的普遍认可,在广大读者中有口皆碑。这套教材将医学科学向纵深发展且多学科交叉渗透融于一体,同时切合了"环境-社会-心理-工程-生物"新的医学模式,秉持"更新、更深、更精"的编写追求,开展立体化建设、数字化建设以及体现中国特色的思政建设,服务于新时代我国复合型高层次医学人才的培养。

在本轮修订期间,我们党团结带领全国各族人民,进行了一场惊心动魄的抗疫大战,创造了人类同疾病斗争史上又一个英勇壮举!让我不由得想起毛主席《送瘟神二首》序言:"读六月三十日人民日报,余江县消灭了血吸虫,浮想联翩,夜不能寐,微风拂煦,旭日临窗,遥望南天,欣然命笔。"人民利益高于一切,把人民群众生命安全和身体健康挂在心头。我们要把伟大抗疫精神、祖国优秀文化传统融会于我们的教材里。

第四轮修订,我们编写队伍努力做到以下九个方面:

1. 符合国家对高等教育的新要求。全面贯彻党的教育方针,落实立德树人根本任务,培养德智体美劳全面发展的社会主义建设者和接班人。加强教材建设,推进思想政治教育一体化建设。

2. 符合医学发展趋势和健康需求。依照《"健康中国2030"规划纲要》,把健康中国建设落实到医学教育中,促进深入开展健康中国行动和爱国卫生运动,倡导文明健康生活方式。

3. 符合思维模式转变。二十一世纪是宏观文明与微观文明并进的世纪,而且是生命科学的世纪。系统生物学为生命科学的发展提供原始驱动力,学科交叉渗透综合为发展趋势。

4. 符合医药科技发展趋势。生物医学呈现系统整合/转型态势,酝酿新突破。基础与临床结合,转化医学成为热点。环境与健康关系的研究不断深入。中医药学守正创新成为国际社会共同的关注。

5. 符合医学精英教育的需求。恪守"精英出精品,精品育精英"的编写理念,保证"三高""三基""五性"的修订原则。强调人文和自然科学素养、科研素养、临床医学实践能力、自我发展能力和发展潜力以及正确的职业价值观。

6. 符合与时俱进的需求。新增十门学科教材。编写团队保持权威性、代表性和广泛性。编写内容上落实国家政策、紧随学科发展,拥抱科技进步、发挥融合优势,体现我国临床长学制办学经验和成果。

7. 符合以人为本的精神。以八年制临床医学学生为中心，努力做到优化文字：逻辑清晰，详略有方，重点突出，文字正确；优化图片：图文吻合，直观生动；优化表格：知识归纳，易懂易记；优化数字内容：网络拓展，多媒体表现。

8. 符合统筹兼顾的需求。注意不同专业、不同层次教材的区别与联系，加强学科间交叉内容协调。加强人文科学和社会科学教育内容。处理好主干教材与配套教材、数字资源的关系。

9. 符合标准规范的要求。教材编写符合《普通高等学校教材管理办法》等相关文件要求，教材内容符合国家标准，尽最大限度减少知识性错误，减少语法、标点符号等错误。

最后，衷心感谢全国一大批优秀的教学、科研和临床一线的教授们，你们继承和发扬了老一辈医学教育家优秀传统，以严谨治学的科学态度和无私奉献的敬业精神，积极参与第四轮教材的修订和建设工作。希望全国广大医药院校师生在使用过程中能够多提宝贵意见，反馈使用信息，以便这套教材能够与时俱进，历久弥新。

愿读者由此书山拾级，会当智海扬帆！

是为序。

中国工程院院士
中国医学科学院原院长　刘德培
北京协和医学院原院长
二〇二三年三月

主 审 简 介

陈洪铎

教授，博士生导师，中国工程院院士，中国医科大学终身教授。现任教育部免疫皮肤病学重点实验室主任，国际美容皮肤科学会会长，国际生物医学科学协会副会长，国际皮肤科学会常务理事，世界卫生科学院终身荣誉会员，美国皮肤病学会荣誉会员，美国皮肤科学会国际荣誉会员，亚洲皮肤科协会名誉理事，*Journal of Applied Cosmetology* 名誉主编，*Int J Biomed Sci* 副主编，*J Dermatol Dis* 执行编辑，*J Am Acad Dermatol* 中国顾问，《中华皮肤科杂志》名誉总编辑等。

在国际上首次发现朗格汉斯细胞是重要的免疫细胞，推动了免疫生物学的发展，是免疫学领域的重要突破，为器官移植、感染性皮肤病的治疗提供了理论基础。其中，"朗格汉斯细胞生物学功能基础研究与临床转化"已入选"中国21世纪重要医学成就"。发表学术论文693篇，其中英文论文325篇；主审、主编、合编专著39部。先后被评为全国先进工作者、全国优秀科技工作者、国家级有突出贡献的专家、国家杰出专业技术人才、2020年度"十大医学泰斗"、全国优秀共产党员等，获得国家自然科学奖、吴阶平医学奖、国际皮肤科学会突出贡献奖、国际皮肤科学会联盟表彰奖、世界卫生科学院皮肤美容医学终身杰出贡献奖等奖项。

廖万清

中国工程院院士，中国医学科学院首届学部委员，一级教授，文职特级，中国人民解放军总后勤部"一代名师"。

始终在一线从事临床与基础及军事医学的医疗、教学、研究和管理工作。带领研究团队创立了我国第一个医学真菌保藏管理中心隐球菌专业实验室，确立非艾滋病隐球菌性脑膜炎分期综合治疗法，先后发现9种新的致病真菌和新的疾病类型并成功救治了相关患者，其中格特隐球菌 ITS C 型（S 8012）及狡囊青霉（LiaoWQ-2021）的菌种以"廖万清"命名并被美国（ATCC）、荷兰（CBS）、比利时（BCCM）等国的菌种保藏中心永久保藏并向全世界科研单位有偿供应。作为第一或通信作者发表论文545篇，其中85篇被SCI收录，单篇最高影响因子53.412分。主编《真菌病学》《临床隐球菌病学》等专著10部，获国家发明专利22项。荣获国家科学技术进步奖二等奖2项、三等奖1项，教育部科学技术进步奖一等奖1项，军队及上海市科学技术进步奖一等奖3项及军队医疗成果奖一等奖等24项奖励。

主编简介

高兴华

长江学者特聘教授，主任医师，博士生导师，英国爱丁堡皇家医学院成员。现任中国医科大学附属第一医院副院长、国家重点学科皮肤科主任，免疫皮肤病诊治技术国家地方联合工程研究中心主任，科技部免疫皮肤病学创新研究学科创新引智基地负责人，教育部暨科技部创新团队带头人；兼任中华医学会皮肤性病学分会候任主任委员，中国医师协会皮肤科医师分会候任会长，国际皮肤科学会常委理事，国际美容皮肤学会副会长。

发表学术文章450余篇，授权国内外专利48项；创建了温热治疗HPV感染疾病技术；作为主编、副主编或编者编写教材或专著46部（包括英文专著14部）。获吴阶平医药创新奖、中华医学科技奖一等奖、国际皮肤科联盟"杰出贡献奖"等学术奖励和荣誉。

崔勇

二级教授，主任医师，博士生导师。现任中日友好医院副院长、皮肤科主任、皮肤健康研究所所长，首都医科大学皮肤病与性病学系主任，国家远程医疗与互联网医学中心负责人，国家中西医结合医学中心副主任；享受国务院政府特殊津贴，是国家"万人计划"科技领军人才、国家级百千万人才、国家卫生健康突出贡献中青年专家；兼任中国医学装备协会副理事长，中国医学装备人工智能联盟副理事长，是中国人群皮肤影像资源库创始人。

担任多部规划教材主编、副主编。承担国家级科研项目10余项，获国家科学技术进步奖二等奖、中华医学科技奖一等奖、北京市科学技术进步奖一等奖、安徽省自然科学奖一等奖、第十一届中国青年科技奖等。

陈翔

一级主任医师，教授，博士生导师。现任中南大学常务副校长，中南大学湘雅医学院院长，长江学者特聘教授。

多年立足于临床，围绕皮肤肿瘤和免疫相关性疾病开展临床与科学研究，促进临床与基础科研高度结合并最终实现成果转化，旨在提高我国公众皮肤健康状况。在本领域深耕20余年，目前在 *Cancer Cell*、*Sig Trans Tar Ther*、*Adv Sci*、*PNAS*、*Nat Commun* 等国际权威期刊上发表论文300余篇；发明专利30余项；荣获省部级科学奖励10项，领衔团队获得国家自然科学基金"创新研究群体"项目支持。获国家自然科学基金杰出青年基金、宝钢优秀教师特等奖、国家首批"万人计划"、吴阶平医药创新奖等奖励和荣誉。

副主编简介

晋红中

教授,主任医师。现任北京协和医院皮肤科主任;兼任中国医疗保健国际交流促进会皮肤科分会主任委员,中国医师协会皮肤科医师分会副会长,国家皮肤与免疫疾病临床医学研究中心副主任等。

具有丰富的临床经验,注重疑难及复杂病例的诊治。主持国家自然科学基金、中国医学科学院医学与健康科技创新工程服务"一带一路"先导科研专项、中央保健科研课题、北京市自然科学基金、首都卫生发展科研专项基金、教育部博士点基金等多项研究课题。获北京市科学技术进步奖三等奖等多个奖项。牵头制定《寻常型天疱疮诊断和治疗的专家建议》《自身免疫性表皮下大疱病诊疗共识》《成人皮肌炎诊疗中国专家共识》等。

王 刚

教授,主任医师,博士生导师。现任空军军医大学西京医院皮肤科主任、全军皮肤病研究所所长;兼任中国医师协会皮肤科医师分会会长,中华医学会皮肤性病学分会副主任委员,亚洲银屑病学会副理事长,《中华皮肤科杂志》副总编辑,国际学术期刊 *Eur J Dermatol*、*Exp Dermatol*、*JID Innovations* 副主编。

主要从事银屑病和自身免疫性大疱病的临床与基础研究,承担国家重点研发计划、国家自然科学基金重点项目等国家级课题 16 项,作为通信作者在 *Sci Transl Med*、*JACI*、*JID* 等国际学术期刊发表论文 90 余篇,牵头制定《中国银屑病生物制剂治疗指南》等 7 个指南与共识,主编、主译专著 6 部,获得国家和省部级科技奖励 7 项。

陶 娟

教授,主任医师,博士生导师。现任华中科技大学同济医学院附属协和医院皮肤科主任,皮肤疾病诊疗和健康湖北省工程研究中心主任,长江学者特岗学者。兼任中国医师协会皮肤科医师分会副会长,中华医学会皮肤性病学分会委员,中国女医师协会皮肤病专业委员会副主任委员,全国卫生产业企业管理协会护肤技术发展分会副会长,中国老年医学学会皮肤医学分会副会长和湖北省医学会皮肤科学分会主任委员等。

主要从事重症皮肤病免疫机制和临床转化研究,获湖北省科学技术进步奖一等奖,以及"国之名医"、宝钢优秀教师奖、全国优秀科技工作者、"湖北名师"等荣誉和称号。主编和参编教材 10 部。

前　言

为积极推进健康中国战略，在深化医教协同、进一步推进医学教育改革与发展的时代要求与背景下，人民卫生出版社启动了全国高等学校八年制及"5+3"一体化临床医学专业第四轮规划教材修订工作。《皮肤性病学》（第 2 版）的编写工作也同时启动。本教材以临床医学专业八年制及"5+3"一体化临床医学专业师生为主要读者对象，旨在培养具有科学基础宽厚、专业技能扎实、创新能力强、发展潜力大等特点的临床医学高端人才。为了适应医学科学理论和临床研究迅速发展以及国内临床医学八年制及"5+3"一体化教学改革与发展的需要，本教材以第 1 版教材为基础，参考国内外最新诊疗指南及进展进行了修订。

《皮肤性病学》（第 2 版）教材在第 1 版基础上适当调整了编写团队，增加了部分年轻编委，希望尽可能多地吸纳开设八学制课程的院校教师。编写前对第 1 版教材的使用情况进行了充分调研，调查了中国医科大学等 6 所院校师生对教材使用的感受和修订建议，共收回 311 份问卷。大家对第 1 版教材总体较满意，也对教材的章节布局、表现方式、数字化建设、内容拓展等提了很好的建议。

本教材分为"总论"和"各论"两篇，"总论"介绍皮肤的结构、功能、皮肤病基本损害、常用诊断方法、常用防治药物、皮肤护理与美容，并增加了皮肤疾病分类相关内容。近年来生物制剂、小分子靶向药物等新兴治疗手段发展迅速，本版着重更新了相关内容。"各论"按疾病分类予以概述，增加了新型冠状病毒感染及其皮肤表现；随着对疾病认识的深入，调整了部分疾病的归类，去掉"非感染性脓疱性皮肤病"章节，将相关疾病并入银屑病和大疱性皮肤病部分。按最新指南统一了部分疾病名称，如"恶性黑素瘤"改为"黑色素瘤"。

本教材在修订时将以往需要大段文字阐述的鉴别诊断、治疗等内容尽可能采用表格形式展示，使内容的条理更加清晰，便于阅读和应用；更换、增加了部分图片，使读者更直观地掌握皮肤病的表现。编委制作了配套数字资源内容，包括 PPT 课件、习题，以及英文微课、临床案例、手术案例等视频。读者可通过图片和视频等加深对皮肤性病的认识。

本教材编写过程中召开了两次编写会，多次线上讨论编写框架、内容等，经各位编委撰写、交叉互校，主编、副主编审改，主审审稿等多个环节，反复查阅相关文献，最终定稿。本教材是全体编委智慧的结晶。徐学刚、于瑞星、赵爽在协助主编与编委沟通、掌控编写进度、质量审核等方面做了大量工作，中国医科大学附属第一医院皮肤科何泽宇、赵婧婷、邵世文等在后期稿件校对中也做了很多工作，在此一并感谢。

由于医学知识快速发展更新，作者经验、水平有限，虽经多轮审校仍难免有不足或错误，希望使用本教材的各位读者不吝批评指正，以便再版时改进。

高兴华　崔　勇　陈　翔

2023 年 11 月

目　录

第一篇　总　论

第二篇 各 论

第一篇
总　　论

第一章

绪　论

第一节　皮肤病与性病学定义与范畴

皮肤病与性病学（dermatology and venereology）简称皮肤性病学，是研究皮肤病与性病的科学。作为临床医学的分支，皮肤性病学主要研究正常皮肤、可见部位黏膜及皮肤附属器的结构、功能，以及各种皮肤病和性病的诊断、防治。皮肤病与性病有 2 000 余种，总体发病率高；在最常见的 50 种人类疾病中，有 8 种（类）为皮肤病。

第二节　皮肤科学发展简史

一、外国皮肤病学发展简史

皮肤病学的英文 dermatology 由 dermato-（皮肤的）和-logy（……学）构成。dermatos 起源于希腊语，意即"of skin，关于皮肤的"。皮肤疾病与人类共存，且有直观易察觉的特点，故在人类文明的早期就有相关记载。如古埃及的莎草纸记载了皮肤卫生方法、创口处理和植物治疗皮肤病，古埃及和希腊人用蜂蜜治疗痤疮，罗马时代使用白松香和醋联合祛除粉刺或治疗痤疮。希波克拉底（Hippocrates，公元前 460 年—公元前 370 年）倡导的临床观察法和思维方式对现代医学影响深远，他被认为是现代医学之父，《希波克拉底全集》中描述了痤疮、斑秃、水疱、鳞屑等皮肤疾病和体征，也介绍了蜂蜜、动物脂肪、煤焦油等可以用于治疗皮肤病。在罗马帝国时期，意大利医学家凯尔苏斯（Aulus Cornelius Celsus，公元前 25 年—公元 50 年）出版了巨著《医学百科》，其中一章专门叙述了 40 种治疗皮肤病的方法。凯尔苏斯也是系统描述皮疹类型的先驱，他命名的皮赘、传染性软疣等皮肤病名称一直沿用至今。1025 年，波斯哲学家阿维森纳（Avicenna）撰写了《医典》（Canon of Medicine）。在这部影响数百年医学历史的医著中，也记载了一些关于严重皮肤病的治疗。

直到 1572 年，意大利著名的语言学家和医学家格罗尼莫·梅尔库里亚利（Geronimo Mercuriali）才出版了真正意义上的皮肤病学专著——《关于皮肤疾病》（De Morbis Cutaneis）。以英国、法国、意大利和奥地利学派为代表，18、19 世纪是国际皮肤科学突飞猛进的年代。从 1801 年开始，巴黎圣路易斯医院开始为医学生开设皮肤科课程。1798 年，英国皮肤病学家罗伯特·威兰（Robert Willan）在《论皮肤病》（On Cutaneous Diseases）中，系统描述了皮肤病皮疹表现的基本元素，如丘疹、水疱、鳞屑等，并建立了皮肤病分类系统，影响至今。同时代的意大利学者弗兰西斯哥·比安奇（Francesco Bianchi）于 1799 年出版《皮肤病学》（Dermatologia），为皮肤科学的独立学科设置作出了重要贡献。19 世纪中叶，奥地利医师费迪南德·冯·赫布拉（Ferdinand von Hebra）提出显微镜下的皮肤病诊断思路，进一步引导了皮肤疾病的分类和描述。

进入 20 世纪，临床医学、基础生命科学研究和技术迸发，极大地促进了皮肤科学的发展，如 DNA 结构的阐述，机体免疫与炎症的认识和发现（细胞免疫、体液免疫，组胺、前列腺素、细胞因子等），细胞培养技术的建立，大量病原微生物的发现与鉴定，物理治疗、抗生素、免疫抑制剂、抗炎治疗等治疗学的突破，随机盲法对照试验等疗效与安全评估方法的应用等。通过以上进步，学者们深入了解了皮肤中主要细胞(如角质形成细胞、黑素细胞、朗格汉斯细胞等)和分子的成分结构和功能,解析了多种遗传性皮肤病、天疱疮、中毒性大疱性表皮松解症等的病因和发病机制。糖皮质激素、维A酸类、抗组胺药物、靶向药物、各种光疗技术、Mohs手术等陆续应用于皮肤病的治疗。当然,这些进展既有原始突破,也有历史积累的升华。以光治疗学为例,最早记载于古埃及人服用大阿美植物(光敏植物)后接受日光照射治疗白癜风。丹麦医师尼尔斯·吕贝里·芬森(Niels Ryberg Finsen)于1893年报道用过滤日光获得紫外线光谱治疗皮肤病,于1901年以碳弧灯作为紫外线光源治疗皮肤病,并获得诺贝尔生理学或医学奖。威廉·亨利·戈克曼(William Henry Goeckerman)在1923年首次报道用宽B波紫外线治疗银屑病。托马斯·菲茨帕特里克(Thomas B. Fitzpatrick)在20世纪60—70年代开展了基于8-甲氧补骨脂素的光化学治疗(PUVA)。近期又发展了窄波紫外线治疗技术。皮肤病表现具有直观性的特点,早期皮肤病图像资料的记录和流传主要通过木刻、彩色铜刻、蜡型等方式。1840年发明的照相术在皮肤科得到广泛利用,获取了大量的图片资料。皮肤镜技术萌芽于17世纪,借助表面放大方式观察皮损、辅助诊断。1920年,约翰·扎菲尔(Johan Saphier)医师系统总结了该技术对浅表血管检测、良恶性皮肤肿瘤鉴别、寄生虫及炎症性皮肤病的检测。近代的浅表超声技术、在体共聚焦显微成像技术、人工智能技术也逐渐应用于临床的形态辅助诊断,提高了皮肤病诊断的效率和精准性。

二、我国皮肤病学发展简史

我国关于皮肤病的记载可追溯到公元前16世纪。甲骨文中就有疥、癣、疕等代表皮肤疾病的字样;前秦时期就有关于麻风的记载;东汉张仲景的著作《伤寒杂病论》中,描述了大量皮肤病表现;唐代孙思邈所著的《千金要方》中涉及200余种皮肤病症。在长期与皮肤病斗争的过程中,我国逐渐形成了特有的中医皮肤科诊疗体系。

我国学者胡传揆等在20世纪30年代首先发现和命名了“维生素A缺乏性皮肤病”,被国际上皮肤病专家广泛认可的著作《安德鲁斯临床皮肤病学》(Andrews' Diseases of the Skin)一书引用至第9版,是我国学者对国际皮肤科学做出的代表性贡献。

中华人民共和国成立前,受多因素影响,传染性皮肤病泛滥,麻风病肆虐;中华人民共和国成立后,我国建立了麻风病防控体系,实施了有效的疾病监管和诊治,目前国内新发病例寥寥。20世纪60年代,经过综合治理,常见的性传播疾病基本被消灭,原“皮肤病(花柳)科”的名称也改为“皮肤科”。这些成效与党和政府的高度重视、科学的组织管理、各学科专业队伍的协作密不可分。

改革开放以来,我国的皮肤科学事业蓬勃发展。皮肤科从业人数逐年增加,迄今已达到3万余名专科医师,县区级医院基本设立了皮肤专科,为庞大的患者群体提供专业服务。我国现代皮肤科学的基础和临床研究蓬勃发展,产生了一大批优秀成果,在国际上的学术地位逐年增高,还培养了一支高水平人才队伍,代表性人物如陈洪铎院士,他在皮肤朗格汉斯细胞的起源和免疫功能方面作出了突出贡献;廖万清院士在新型致病真菌的发现和真菌性皮肤病创新诊治方面功勋卓著。20世纪80年代,性传播疾病发病率呈上升趋势。为适应形势要求,从20世纪90年代开始又将“皮肤科”变更为“皮肤性病科”,专业也改为“皮肤性病学”,建立了性病防控体系,使性传播疾病得到了较好的管控。另外,随着人们生活水平的提高,民众对自身皮肤的要求不仅限于无恙,也希望保持美丽和健康的状态。因此20世纪80年代以来,美容皮肤科学(cosmetic dermatology)得到快速发展,借助医学诊疗技术可使皮肤外观的缺陷或瑕疵得到一定程度纠正。这些治疗技术包括药物、激光、手术、注射填充、化学剥脱、皮肤或毛发移植等。美容皮肤科学已经成为皮肤性病学的重要组成部分。

“人民对美好生活的向往,就是我们的奋斗目标”。进入新时代以来,皮肤性病学工作人员肩负着皮肤疾病的预防、治疗和保健的多重任务。目前皮肤性病学科已逐渐建立了若干亚专业,如皮肤生理学、皮肤分子生物学、皮肤组织病理学、皮肤变态反应学、皮肤真菌学、美容皮肤科学、皮肤外科学、性病学等,极大地推动了皮肤性病学的发展和专业细化,是皮肤性病学体系建设的重要组成部分。

NOTES

第三节 皮肤疾病的分类

皮肤病临床表现的特点是直观,易于观察和描述,但表现形式多样,病因、发病机制复杂。其命名和分类随认知水平而变迁并逐渐深化。

1. **基于临床观察的早期分类** 《希波克拉底全集》将皮肤病分为两类,其一是特发性的,源于皮肤本身的疾病;其二是发疹性的,为体液失衡的系统性疾病皮肤表现。在格罗尼莫·梅尔库里亚利的专著《关于皮肤疾病》中,将皮肤病分为头部和躯体皮肤病,后者又细分为色素性、质地性、容量性皮肤病等类别。其后的两个世纪,出现了几种有代表性的疾病分类方式,但大多将病名和疾病体征混杂在一起。例如,约瑟夫·雅各布(Joseph Jacob)和里特尔·冯·普伦克(Ritter von Plenck)在其著作《皮肤疾病准则》(*Doctrina de Morbis Cutaneis*)中,根据形态、来源和部位将皮肤病分为 14 个种类,包括污渍类、水疱类、丘疹类、结痂类、鳞屑类、昆虫叮咬、甲病、毛发疾病等。总体而言,早期对皮肤病的分类主要基于医师的经验积累和传授,或者基于对有明确特征表现的皮肤病形成共识,如白癜风、疣、皮角、天花、麻疹等。鉴于皮肤病表现复杂,这种方式难以覆盖众多繁杂的皮肤病,容易出现基于主观或随机归类的局面,如"湿疹"包括多种丘疹鳞屑类皮肤病、体癣、水疱大疱病、梅毒疹、疥疮等。

2. **近代系统临床分类** 罗伯特·威兰的代表作《论皮肤病》是现代皮肤病分类的重要转折点,影响至今。在该书中,作者对基本皮疹进行了精确的描述界定、命名和模式分类,帮助医师更好地鉴别皮肤疾病。其分类主要体现在:通过适宜的注释确定疾病名称的含义;在构建皮肤病目录、分属基础上,进一步描述某一皮肤疾病的共性或变异类型;对一些没有充分识别的皮肤病进行分类和命名;明确每个疾病的治疗方式。

伴随组织病理、生化、免疫、微生物、遗传等基础生命科学技术的进展和对皮肤科学的交叉渗透,对皮肤病的认识或分类日趋深化。目前主流教材或专著的皮肤病分类主要涵盖如下方面:①基于传统的形态学特征分类,如红斑鳞屑类皮肤病、湿疹皮炎类皮肤病、水疱大疱类皮肤病;②基于组织、皮肤附属器和细胞来源分类,如毛发、甲等各种皮肤附属器皮肤病,真皮、皮下皮肤病,脉管性皮肤病;③按致病微生物、寄生虫等感染或刺激分类,如病毒、细菌、真菌性皮肤病,疥疮、虫咬皮炎;④按环境因素、刺激分类,如日晒伤、冻疮;⑤基于明确的发病机制分类,如药疹、免疫、过敏和炎症类皮肤病;⑥基于明确的遗传学特征或遗传致病因素分类,如色素失调症、神经纤维瘤病;⑦基于年龄、性别、部位等因素分类,如儿童皮肤病、老年皮肤病、口腔和外阴疾病;⑧不同组织、细胞和亚器官的良恶性增生性皮肤病,如皮肤鳞癌、黑色素瘤;⑨皮肤及其他多器官组织受累的综合征。此外,在某些框架分类中,皮肤病还有更为具体的细分。

3. **皮肤病分类的愿景** 进入 21 世纪,生命科学自身的发展及跨学科跨行业交叉融合发展进入了新阶段,如各种组学检测技术、人工智能技术、网络与大数据分析利用等,为皮肤病的认识和管理带来了新的机遇。从传统临床的目测发展到皮肤镜、在体共聚焦显微镜下的放大成像甚至人工智能形态学诊断系统;病理形态学由细胞和组织形态观察延伸到分子水平的模态检测;由识别单一致病微生物的致病作用发展到了解机体微生态对皮肤生理病理的作用,遗传与表观遗传在一些皮肤病的规律,多个调控细胞组织稳态、生物学行为等分子通路等。传统的临床、病理形态、致病因素和分子作用机制等多模态的整合及迭代发展,将会为皮肤病的精准治疗提供坚实的基础。

(高兴华)

第二章
皮肤的结构与功能

【学习要点】

1. 皮肤是人体面积最大的器官,由表皮、真皮和皮下组织构成。

2. 表皮属复层鳞状上皮,主要由角质形成细胞和树突状细胞两大类细胞构成,后者包括黑素细胞、朗格汉斯细胞和梅克尔细胞。表皮由深至浅分别为基底层、棘层、颗粒层和角质层,在掌跖处颗粒层与角质层之间还可见透明层。桥粒是角质形成细胞间连接的主要结构;半桥粒是表皮基底层细胞与下方基底膜带之间的主要连接结构。

3. 真皮分为乳头层和网织层,真皮结缔组织由胶原纤维、弹性纤维、基质以及众多细胞成分组成。皮下组织由疏松结缔组织包裹脂肪小叶构成,其厚度随部位、性别、营养状况的不同而异。真皮和皮下组织均含有神经、血管和淋巴管;各种皮肤附属器主要位于真皮。

4. 皮肤具有屏障、吸收、感觉、分泌和排泄、体温调节、代谢、免疫和美学等多种功能。

皮肤是由多种细胞和非细胞成分构成的器官,行使保护、体温调节、感知、吸收与排泌等功能。掌握皮肤的基本结构是理解皮肤科学、皮肤病理和皮肤病诊治的基础。

第一节 皮 肤 表 面

皮肤(skin)被覆于体表,与外界环境直接接触。皮肤与口腔、鼻腔、尿道口、阴道口、肛门等体内管腔表面的黏膜移行连接,构成闭合系统,维持人体内环境稳定。皮肤表面纵横着深浅不一的沟纹,称为皮沟(skin grooves或sulci cutis),皮沟之间的细长隆起称为皮嵴(skin ridges或cristae cutis)(图2-1)。较深的皮沟将皮肤表面划分成菱形或多角形微小区域,称为皮野(skin field)。皮沟走向依体表部位而不同,称为皮纹图案(dermal ridge pattern)。指(趾)末节屈侧的皮沟、皮嵴平行排列并构成涡纹状图样,称为指(趾)纹,其图案由遗传因素决定,个体间存在差异。

图 2-1 皮嵴与皮沟

有些皮肤病的皮疹具有特征性的线条分布倾向,典型的如表皮痣。这些虚拟的按一定规律排布的线条被称为 Blaschko 线(Blaschko's line)(图 2-2),Blaschko 线被认为与胚胎发育过程中细胞克隆分化的伸展方向有关。

皮肤是人体面积最大的器官,其重量约占人体体重的 16%;成人皮肤平均总面积约为 1.5m²,新生儿约为 0.21m²。由外及内,皮肤由表皮、真皮和皮下组织(也称皮下脂肪层)三层构成。如不包括皮下组织,皮肤的厚度约为 0.5~4.0mm。皮肤厚度受个体、年龄和部位等因素影响,有一定差异。眼睑、外阴、乳房的皮肤最薄,厚度约为 0.5mm;掌跖部位皮肤最厚,可达 3~4mm。表皮平均厚度约为 0.1mm,但掌跖部位的表皮可达 0.8~1.4mm。真皮的厚度一般在 1~2mm 之间,不同部位差异也很大,眼睑处较薄;背部和掌跖部位较厚,可达 3mm 以上。皮下脂肪组织在腹部和臀部较厚;在鼻部和胸骨外皮肤处很薄。皮肤含有丰富的血管、淋巴管、神经、肌肉以及各种皮肤附属器,如毛发、皮脂腺、汗腺和甲等(图 2-3 **AR**)。

扫描图片
体验 AR

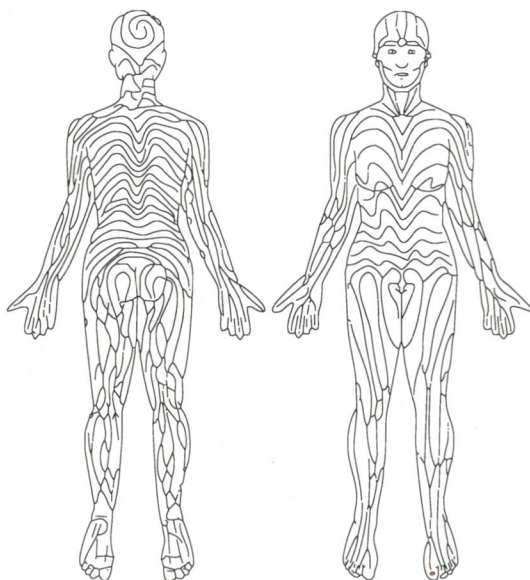

图 2-2　Blaschko 线

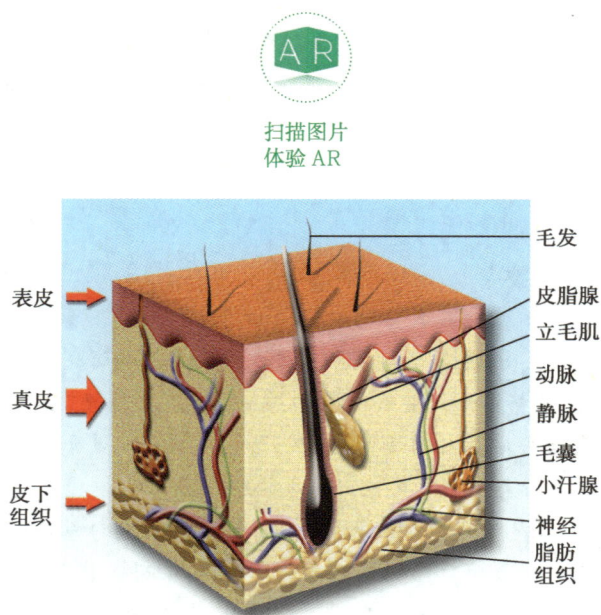

图 2-3　皮肤结构模式图

掌跖、指趾屈面及其末节伸面、唇红、乳头、龟头、包皮内侧、小阴唇、大阴唇内侧、阴蒂等部位皮肤没有毛发,称为无毛皮肤(glabrous skin);其他部位皮肤均有长短不一的毛发,称为有毛皮肤(hairy skin)。除口唇、外阴、肛门等皮肤-黏膜交界处皮肤,还可将皮肤大致分为有毛的薄皮肤(hairy thin skin)和无毛的厚皮肤(hairless thick skin)两种类型:前者被覆身体大部分区域;后者分布于掌跖和指趾屈侧面,具有较厚的摩擦嵴,能耐受较强的机械性摩擦。

人体正常皮肤的颜色从黑褐色至粉白色不一。有四种生物色素影响皮肤颜色,即褐色的黑素、红色的氧合血红蛋白、蓝色的还原血红蛋白和黄色的胡萝卜素和胆色素;其中最主要的影响因素是由黑素细胞合成的黑素。此外,皮肤颜色也受皮肤粗糙程度、水合程度等因素的影响。

第二节　表　　皮

表皮(epidermis)属复层鳞状上皮,主要由角质形成细胞和树突状细胞两大类细胞构成,后者包括黑素细胞、朗格汉斯细胞和梅克尔细胞。角质形成细胞具有细胞间桥及丰富的细胞质,通过常规组织病理的苏木素(fematoxylin)和伊红(eosin)染色(HE)即可识别,树突状细胞一般需要特殊染色或组织化学标记方法,甚至电镜下才能识别。此外,表皮内还有极少数的淋巴细胞。表皮借基底膜带与真皮相连接。

一、角质形成细胞

角质形成细胞(keratinocyte)由外胚层分化而来,是表皮的主要细胞成分,占表皮细胞总数的80% 以上。角质形成细胞在分化过程中可产生角蛋白(keratin)。角蛋白是一组中间丝蛋白,表达于所有上皮细胞(包括角质形成细胞),作为细胞骨架维系着细胞的结构。人类基因组有 54 个功能性角蛋白基因,编码的个体角蛋白分为 Ⅰ 型(酸性)和 Ⅱ 型(中性或碱性)两类,且两型角蛋白配对结合。具体某一角蛋白的表达由细胞和组织类型、发育、不同分化阶段及疾病状态等因素决定。根据角质形成细胞的分化阶段和特点可将表皮分为五层,由深至浅分别为基底层、棘层、颗粒层和角质层(图 2-4),在掌跖处颗粒层与角质层之间还可见透明层。

1. **基底层（stratum basale）** 位于表皮底层,主要由一层圆柱状角质形成细胞构成,其中包括表皮干细胞。基底层细胞排列整齐,组织切片上呈栅栏状,细胞长轴与真皮-表皮交界线垂直。基底层角质形成细胞的细胞质嗜碱性,胞核呈卵圆形,核仁明显,核分裂象较常见。电镜下可见细胞质内有许多走向规则的张力细丝,直径约为 5nm,常与表皮垂直。基底层角质形成细胞表达角蛋白 K5/K14。基底层细胞底部借半桥粒（hemidesmosome）与基底膜带相附着,借助桥粒（desmosome）形成细胞-细胞间的连接,借助缝隙连接（gap junction）形成细胞间的信息联系（图 2-5）。

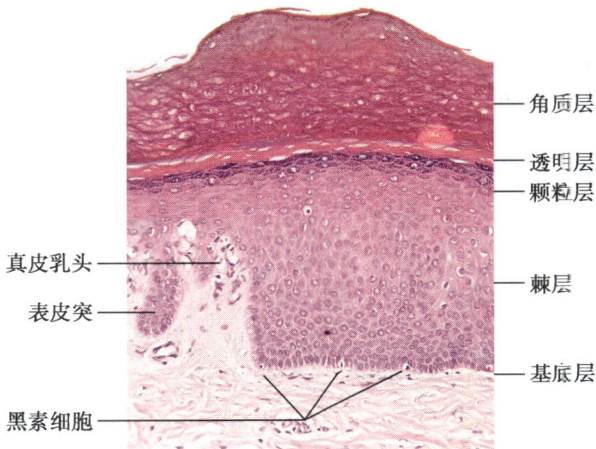

图 2-4 表皮组织结构

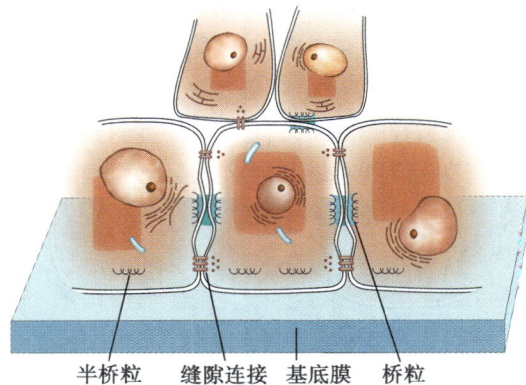

图 2-5 基底层结构示意图

基底层的角质形成细胞从开始分裂、分化成熟并最终从角质层脱落是一个精密调控的过程。这个过程所需要的平均时间称为表皮通过时间（turnover time）或更替时间。既往认为由基底层移行至颗粒层约需 14 天,再移行至角质层表面并脱落又需 14 天,共约 28 天。新的技术手段检测结果显示,表皮通过时间平均为 45~48 天。

2. **棘层（stratum spinosum）** 位于基底层二方,由 4~8 层多角形的角质形成细胞构成,因在组织切片中细胞呈棘刺样形态而得名。电镜下的“棘刺”富含桥粒结构,构成细胞间连接并可抵御机械损伤。由下至上,细胞轮廓由多角形渐趋向扁平状。棘层上部细胞中分布直径 100~500nm 的包膜颗粒,称角质小体,也叫板层小体或 Odland 小体。角质小体是分泌型细胞器,能将脂质前体输送到角质细胞间隙。电镜下可见细胞质内有许多张力细丝聚集成束,并附着于桥粒上。棘层角质形成细胞表达角蛋白 K1/K10。

3. **颗粒层（stratum granulosum）** 因富含深嗜碱性的透明角质颗粒（keratohyalin granule）而得名,是产生众多皮肤屏障相关蛋白的场所。在角质层薄的部位,颗粒层由 1~3 层梭形或扁平细胞构成,而在掌跖等部位可达 10 多层,细胞长轴与皮面平行。透明角质颗粒中的主要成分包括前丝聚合蛋白、角蛋白和兜甲蛋白等。颗粒层细胞最后通过程序性的自毁过程分化为无生命的角质细胞。在该过程中,几乎所有细胞结构被降解。

4. **角质层（stratum corneum）** 位于表皮最上层,由 5~20 层扁平状已经死亡的角质形成细胞（也叫角质细胞）构成,在掌跖部位可厚达 40~50 层。角质细胞无细胞核,细胞质内结构（黑素小体、线粒体、内质网、高尔基复合体）通常消失,但其内富含蛋白成分,胞体周围有脂质包绕。角质层是皮肤抵御机械损伤、防止机体水分丢失和环境中可溶性物质透过皮肤的主要功能层。角质层上部的细胞间桥粒消失或形成残体,易于脱落。

在掌跖部位,颗粒层与角质层之间还可见一透明带,称透明层（stratum lucidum）,因在光镜下细胞界限不清,伊红染色阳性,细胞质呈均质状并有强折光性而命名,由 2~3 层较扁平的细胞构成。

二、树突状细胞

1. **黑素细胞（melanocyte）** 起源于外胚层的神经嵴,在人体主要分布于皮肤中的表皮基底层和毛囊、内耳、眼虹膜、脉络膜。黑素细胞约占基底层细胞总数的 10%,每平方毫米皮肤内约有 1 000~1 500 个黑素细胞。人体日光暴露部位(如面部)、生理性色素较深的部位(如外生殖器)黑素细胞相对较多。

　　HE 染色切片中黑素细胞细胞质透明,细胞核较小(图 2-6),也称透明细胞(clear cell);银染色及多巴染色显示细胞有较多树枝状突起。黑素细胞含有不同发育阶段的黑素小体(melanosome),是黑素合成的场所。黑素小体以酪氨酸为原料,通过酪氨酸酶等作用合成黑素。皮肤黑素有 2 种类型,分别是优黑素(也叫真黑素,eumelanin)和褐黑素(也叫棕黑素,phaeomelanin),正常人皮肤两者均具备。饱含黑素的成熟黑素小体在黑素细胞的树状突起的顶端,被吞噬到周围的表皮角质形成细胞和毛母质角质形成细胞内。一个黑素细胞可通过其树状突起向周围约 36 个角质形成细胞提供黑素,形成 1 个表皮黑素单元(epidermal melanin unit)。在基底细胞,黑素小体集聚在细胞质中细胞核的上方,形成一个帽样结构,保护细胞DNA 免受紫外线损伤。

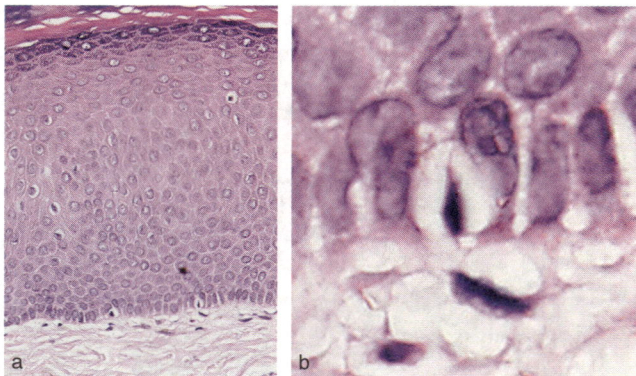

图 2-6　黑素细胞(HE 染色切片中黑素细胞细胞质透明,细胞核较小)
a. 黑素细胞在表皮基底层中的位置(40×);b. 高倍镜下黑素细胞形态(400×)。

　　不同种族人群黑素细胞的数量和分布无明显差异,且褐黑素颗粒的含量也相似,但决定皮肤和毛发颜色的优黑素含量明显不同。深肤色的个体角质形成细胞内有更多的富含优黑素的黑素小体,且黑素小体降解缓慢或不完全降解;浅肤色的个体恰恰相反。黑素细胞的数量和功能活性受紫外线照射、体内性激素水平以及年龄等多种因素影响。

　　2. 朗格汉斯细胞(Langerhans cell)　皮肤朗格汉斯细胞是来源于骨髓的树突状细胞,为纪念保罗-朗格汉斯医师的发现而命名。朗格汉斯细胞主要分布在表皮基底层上方和表皮中部,数量约占表皮细胞总数的 3%~5%。密度因部位、年龄和性别而异,一般面颈部较多,而掌跖部较少。

　　HE 染色切片下的朗格汉斯细胞也像黑素细胞一样细胞质透明,细胞核较小并呈分叶状。朗格汉斯细胞多巴染色阴性,氯化金染色及 ATP 酶染色阳性。电镜下细胞核呈扭曲状,细胞质着色淡,线粒体、高尔基复合体、内质网丰富,并有溶酶体,无张力细丝、桥粒和黑素小体,内有特征性的伯贝克颗粒(Birbeck 颗粒),多位于细胞核凹陷附近,长约 150~300nm,宽约 40nm,其上有约 6nm 的周期性横纹,有时可见颗粒一端出现球形泡而呈现网球拍样外观。目前认为 Birbeck 颗粒来源于高尔基复合体或细胞膜结构,是朗格汉斯细胞特异蛋白 Langerin 聚焦的场所。

　　朗格汉斯细胞有多种表面标记,包括 IgG 和 IgE 的 FcR、C3b 受体、MHC Ⅱ类抗原(HLA-DR、DP、DQ)及 CD4、CD45、S-100 等抗原。人类朗格汉斯细胞是正常表皮内高表达 CD1a 的细胞(图 2-7)。

　　朗格汉斯细胞的树突在表皮细胞间呈现有规律地伸展和收缩,受表面

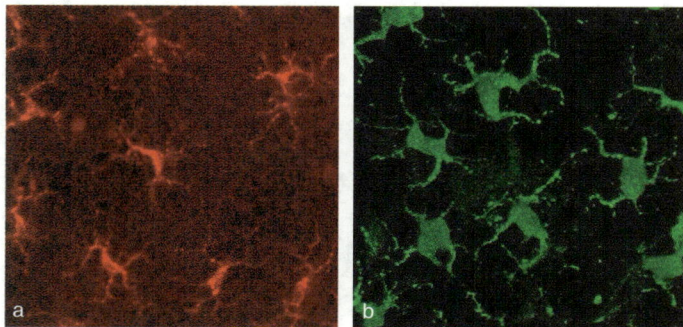

图 2-7　朗格汉斯细胞
a. 人源抗 MHC Ⅱ PE 荧光标记的表皮中朗格汉斯细胞(荧光显微镜成像,400×);b. 人源抗 Langerin FITC 荧光标记的表皮中朗格汉斯细胞(共聚焦显微镜 3D 成像,400×)。

抗原刺激后这种运动更为明显。获取抗原的朗格汉斯细胞可以游离表皮,从淋巴管游走至近卫淋巴结。朗格汉斯细胞可以识别、摄取、加工并呈递抗原给 T 淋巴细胞。

3. **梅克尔细胞(Merkel cell)** 同朗格汉斯细胞一样,梅克尔细胞也是以发现者的名字命名的。梅克尔细胞是位于表皮基底层内的触觉感觉细胞,多见于掌跖、口腔与生殖器黏膜、甲床及毛囊漏斗部,约占表皮细胞的 0.2%~5%。该细胞有短指状突起,借助桥粒与周围的角质形成细胞连接,固定于基底膜,不随角质形成细胞向上迁移。梅克尔细胞特异表达角蛋白 K20,细胞质中含许多直径 80~100nm 的神经内分泌颗粒,细胞核常有深凹陷或呈分叶状。梅克尔细胞在感觉敏锐部位(如指尖和鼻尖)密度较大,这些部位的神经纤维在邻近表皮时失去髓鞘,扁盘状的轴突末端与梅克尔细胞基底面形成接触,构成梅克尔细胞-轴突复合体(Merkel cell-neurite complex),可能具有非神经末梢介导的感觉作用。

三、角质形成细胞间、基底细胞与真皮间的连接

1. **桥粒(desmosome)** 表皮角质形成细胞之间主要通过桥粒连接,其他连接方式还有黏附连接、缝隙连接和紧密连接。桥粒是角质形成细胞间连接的主要结构,由相邻细胞的局部细胞膜呈卵圆形致密增厚形成。电镜下桥粒呈盘状,为成对的纽扣样结构,直径约为 0.2~0.5μm,厚约 30~60nm,其中央有 20~30nm 宽的电子透明间隙,内含低密度张力细丝;间隙中央电子密度较高的致密层称中央层(central stratum);中央层的中间还可见一条更深染的间线(intermediate line),为高度嗜锇层。构成桥粒的相邻细胞膜内侧各有一增厚的盘状附着板(attachment plaque),长约 0.2~0.3μm,厚约 30nm。许多直径 10nm 左右的张力细丝呈袢状附于附着板上,又折回到细胞质内。另外,还有较细的丝(跨膜细丝)起于附着板的内部,伸到细胞间隙,与中央致密层的细丝交错相连。

构成桥粒的主要蛋白包括:①跨膜蛋白,主要由桥粒芯糖蛋白(desmoglein,Dsg)和桥粒芯胶蛋白(desmocollin,Dsc)构成,它们形成桥粒的电子透明细胞间隙和细胞间接触层;②细胞质内的桥粒斑(desmosomal plaque),是盘状附着板的组成部分,主要由桥粒斑蛋白(desmoplakin,DP)和桥粒斑珠蛋白(plakoglobin,PG)构成(图 2-8)。

桥粒具有很强的抗牵张力,相邻细胞间有张力细丝构成的连续结构网,加固细胞间的连接。

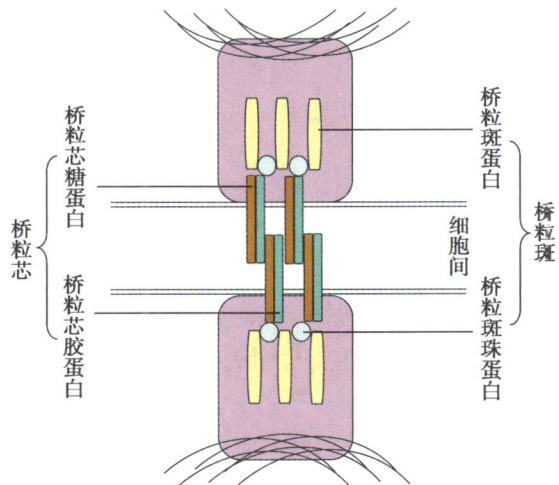

图 2-8 桥粒

分化过程中,角质形成细胞间的桥粒可以分离,也可重新形成。桥粒结构的破坏可引起角质形成细胞相互分离,形成表皮内的水疱或大疱。

2. **半桥粒(hemidesmosome)** 半桥粒是表皮基底层细胞与下方基底膜带之间的主要连接结构。基底层角质形成细胞真皮侧细胞膜的不规则突起与基底膜带相互嵌合,形成类似于半个桥粒的结构,但其构成蛋白与桥粒有很大不同。电镜下半桥粒内侧为高密度附着斑,基底层细胞的角蛋白张力细丝附着于其上;细胞膜外侧为亚基底致密斑(subbasal dense plague)。两侧致密斑与中央细胞膜构成夹心饼样结构。致密斑中含大疱性类天疱疮抗原 1、2(BPAG1;BPAG2)和整合素(integrin)等蛋白。

3. **基底膜带(basement membrane zone,BMZ)** 位于表皮与真皮之间。光镜下,过碘酸希夫(PAS)染色为一条约 0.5~1.0μm 的紫红色均质带,银浸染法可染成黑色。皮肤附属器与真皮之间、血管周围也存在基底膜结构。表皮与真皮间的基底膜带生化组分是由角质形成细胞和成纤维细胞合成的。电镜下基底膜带由胞膜层、透明层、致密层和致密下层四层结构组成。

(1)胞膜层:主要由基底层角质形成细胞真皮侧的细胞膜构成,厚约 8nm,半桥粒横跨其间;半

桥粒细胞一侧借助附着斑与细胞质内张力细丝相连接,另一侧借助多种跨膜蛋白(如 BPAG2、整合素 α6β4 等)与透明层黏附,在基底膜带中形成铆钉样连接。

(2)透明层(lamina lucida):位于半桥粒及基底层细胞底部细胞膜之下,厚 35~40nm,因电子密度低而显得透明。主要成分是板层素(laminin)及其异构体组成的细胞外基质和锚丝(anchoring filament),锚丝可穿过透明层达致密层,具有连接和固定作用。

(3)致密层(lamina densa):为带状结构,厚 35~45nm,主要成分为Ⅳ型胶原和少量板层素。Ⅳ型胶原分子间交联形成高度稳定的连续三维网格,是基底膜带的重要支撑结构。

(4)致密下层:也称网板(reticular lamina),与真皮之间无明显界限,主要成分为Ⅶ型胶原,由真皮的成纤维细胞产生。致密下层中有锚原纤维(anchoring fibril)穿行,与锚斑结合,将致密层和下方真皮连接起来,维持表皮与下方结缔组织之间的连接。

基底膜带的四层结构除保持真皮与表皮的紧密连接外,还具有渗透和屏障作用。表皮内没有血管,血液中的营养物质通过基底膜带渗透进入表皮;表皮细胞的产物又可通过基底膜带进入真皮。基底膜带可看成是一个多孔的半渗透性滤器,一般情况下,基底膜带限制分子量大于 40 000Da 的大分子通过,但当其发生损伤时,炎症细胞及其他大分子物质均可通过基底膜带进入表皮。基底膜带结构的异常可导致真皮与表皮分离,形成表皮下水疱或大疱。如营养不良型大疱性表皮松解症就是由于Ⅶ型胶原蛋白基因突变导致皮肤脆性增加,并形成表皮下大疱。

第三节　真　　皮

位于表皮下的真皮(dermis)由中胚层发育而来,提供营养和支撑,主要由结缔组织构成,含有神经、血管、淋巴管、肌肉以及皮肤附属器。真皮的厚度是表皮的 15~40 倍。真皮结缔组织由胶原纤维、弹性纤维、基质以及众多细胞成分组成。胶原纤维和弹性纤维互相交织埋于基质内。胶原纤维、弹性纤维和基质都是由成纤维细胞产生的。

真皮由浅至深可分为乳头层(papillary layer)和网织层(reticular layer)。乳头层为凸向表皮底部的隆起,它与表皮犬牙交错,波纹状彼此相连,含有丰富的血管和感觉神经末端。乳头层胶原纤维较为纤细,网织层胶原纤维粗大、数量多。网织层中有较大的血管、淋巴管、神经穿行。

一、胶原纤维

成纤维细胞的粗面内质网合成胶原原纤维,经糖蛋白集聚后形成胶原纤维(collagen fiber),根据分子结构的不同已鉴定出 20 种不同类型的胶原纤维分子,占真皮干重的 70%。胶原纤维肉眼下为白色,HE 染色呈浅红色,直径在 2~15μm 之间。Ⅰ型胶原占真皮胶原纤维的 80% 左右。真皮乳头层、表皮附属器和血管附近的胶原纤维细小且无一定走向,其他部位的胶原纤维均结合成束;真皮中的胶原束随真皮深度愈发粗大,真皮中下部胶原束的方向几乎与皮面平行,并交织在一起,在一个水平面上向各方向延伸。因此,在组织切片中,可以同时看到胶原束的纵切面和横切面。胶原纤维的伸展性较差,但很坚韧,对平行拉力抵抗力很强。

二、网状纤维

网状纤维(reticular fiber)在胚胎时期出现最早,是新生的纤细的胶原纤维。HE 染色难以显示,但因其具有嗜银性,可用硝酸银溶液浸染,呈黑色,故又称嗜银纤维。其直径 0.2~1.0μm,主要成分为Ⅲ型胶原。在正常成人皮肤中含量较稀少,分布在表皮下、汗腺、皮脂腺、毛囊和毛细血管周围。在创伤愈合、成纤维细胞增生活跃或有新胶原形成的病变中,网状纤维大量增生。

三、弹性纤维

弹性纤维(elastic fiber)与胶原纤维一样坚韧,但非常富有弹性,主要分布在头皮区、面部的真皮层和血管、肌腱等伸展性好的组织。HE 染色不易辨认,醛品红染色呈紫色。直径 1~3μm,呈波浪状。弹性纤维在真皮下部最粗,缠绕在胶原纤维束之间,其排列方向和胶原束相同,与表皮平行。在表皮下的乳头层中,细小的弹性纤维几乎呈垂直方向上升至表皮下,终止于真皮-表皮交界处的下方。

四、基质

基质(matrix)为无定形物质,主要成分为蛋白多糖(proteoglycan)、糖蛋白(glycoprotein)和糖胺聚糖(glycosaminoglycan),充满于真皮胶原纤维和细胞之间。蛋白多糖和糖胺聚糖复合物具有很强的吸水性,能结合自身体积的数百倍至上千倍的水分子,在调节结合水、真皮可塑性方面发挥重要作用。基质参与细胞成分和纤维成分的连接,影响细胞的增殖分化、组织修复和结构重建。

五、细胞

真皮中的常驻细胞主要有三种:成纤维细胞(fibroblast)、巨噬细胞(macrophage)和肥大细胞(mast cell),主要分布在真皮乳头层、乳头层下的血管周围和胶原纤维束之间。成纤维细胞来源于中胚层,能合成和降解纤维和基质蛋白,以及合成多种蛋白成分,在真皮网络构建和表皮与真皮的联系中发挥重要作用。巨噬细胞来源于循环中的单核细胞,然后移行到真皮分化为巨噬细胞。巨噬细胞有吞噬、呈递抗原、杀菌、杀伤肿瘤细胞等作用。肥大细胞能合成和释放炎症介质,如组胺、肝素、胰蛋白酶等,是Ⅰ型变态反应的主要参与者。此外,真皮还含有少量真皮树突状细胞、朗格汉斯细胞、淋巴细胞等。

第四节　皮下组织

皮下组织(subcutaneous tissue)又称皮下脂肪层,位于真皮下方,向下与肌膜相连。皮下组织由疏松结缔组织及脂肪小叶构成,结缔组织包裹脂肪小叶,形成小叶间隔。皮下组织中含有血管、淋巴管、神经、汗腺分泌部等。厚度因部位、性别、营养状况的不同而异,臀部和腹部较厚,而鼻部及胸骨部较薄。皮下组织具有提供皮肤弹力,参与脂肪代谢、糖代谢、贮存能量及内分泌等功能。皮下组织是激素转换的重要部位,如雄烯二酮在皮下组织中通过芳香化酶转化为雌酮;具有广泛生物学效应的瘦素(leptin)在脂肪细胞中生成,作用于下丘脑代谢调节中枢,发挥增加能量消耗、抑制食欲及脂肪合成,从而调节体重。

第五节　皮肤附属器

皮肤附属器(cutaneous appendages)包括汗腺与导管、皮脂腺、毛发与毛囊、甲,均由外胚层分化而来。

一、汗腺

根据结构和功能不同,人体汗腺分为外泌汗腺(eccrine sweat gland)和顶泌汗腺(apocrine sweat gland)两种。

1. 外泌汗腺　也称小汗腺,为单曲管状腺,由分泌部和导管构成。分泌部位于真皮深层和皮下脂肪浅层,由单层细胞构成,呈管状排列并盘绕成球形;导管由两层小立方形细胞构成,穿过真皮,直接开口于汗孔。外泌汗腺的分泌细胞有明细胞和暗细胞两种,前者被认为启动汗液生成;后者可以主动吸收钠离子,使等渗的汗液在到达皮肤表面时变成低渗液体。汗腺周围有一层肌上皮细胞,其收缩有助于汗腺将汗液排入汗管。肌上皮细胞周围有基底膜围绕。汗液和血浆具有相似的电解质成分,汗液电解质浓度较低,在炎热环境下外泌汗腺会产生大量低渗性汗液,这种适应性反应使人体在最大程度降温的同时能保留钠盐。

人体外泌汗腺数量约有160万~400万个,几乎分布于整个人体表面,在手掌、前额、足底和腋窝尤为丰富,唇红、甲床、包皮内侧、龟头、小阴唇及阴蒂等处无汗腺。外泌汗腺的主要功能是调节体温,手掌、足底部位的汗腺还有提高触觉敏感度(tactile sensibility)以及增加黏附性的作用。

生理性出汗受胆碱能交感神经支配。出汗受多种因素影响,其中温度升高是汗液增加的主要刺激因素,精神压力也可以引发出汗。

2. **顶泌汗腺** 也称大汗腺，由分泌部和导管组成（图2-9），主要分布在腋窝、乳晕、脐周、肛周和外生殖器部位，偶见于面部、头皮和躯干。外耳道的盯聍腺、眼睑的睫腺和乳晕的乳晕腺也属于顶泌汗腺。分泌部位于真皮深层或皮下脂肪层，腺体为一层扁平、立方或柱状分泌细胞，其外有肌上皮细胞和基底膜带；导管的结构与外泌

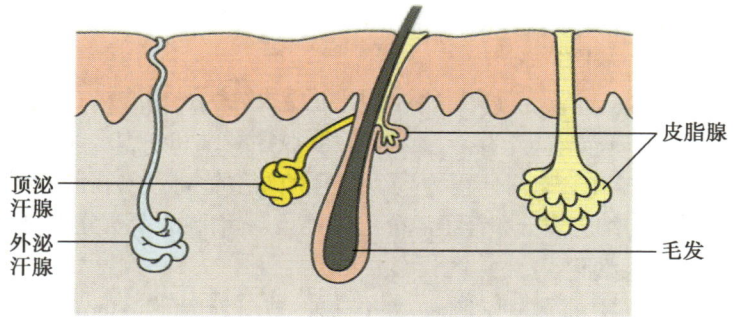

图2-9 汗腺、皮脂腺模式图

汗腺相似，但其直径约为小汗腺导管的10倍，开口于毛囊漏斗部，皮脂腺导管的上方，偶尔直接开口于皮肤表面。顶泌汗腺的分泌主要受性激素支配，进入青春期后发育加速；顶泌汗腺也受交感神经系统支配，神经介质为去甲肾上腺素。在人类其功能尚不明确。大汗腺分泌物包括蛋白质、脂质、碳水化合物、铵等物质，寄居于皮肤的菌群能够分解大汗腺液中的糖蛋白和脂肪，产生气味。

二、皮脂腺

皮脂腺（sebaceous gland）产生皮脂，分泌到皮肤表面与水分（如外泌汗腺分泌的汗液）混合乳化形成皮肤表面的皮脂膜。皮脂中主要包含甘油酯、游离脂肪酸、蜡质、鲨烯、胆固醇及胆固醇脂等。皮脂腺分布广泛，存在于除掌跖和指趾屈侧的全身皮肤，头面部及胸背上部等处因皮脂腺较多，称为皮脂溢出部位，腺体数量可达400~900/cm^2。皮脂腺属于泡状腺体，由腺泡和较短的导管构成（图2-9）。腺泡无腺腔，外层为扁平或立方形细胞，周围有基底膜带和结缔组织包裹，为全浆分泌腺（holocrine gland）。腺体细胞破裂后细胞内成分全部经导管排出。导管由复层鳞状上皮构成，开口于毛囊上部，位于立毛肌和毛囊的夹角之间，立毛肌收缩可促进皮脂排泄。在颊黏膜、唇红部、妇女乳晕、大小阴唇、眼睑、包皮内侧等无毛皮肤区域，腺导管直接开口于皮肤表面。皮脂腺的皮脂分泌量在婴幼儿期较多，少儿期较少；青春期后分泌量显著增加，但到中年后又逐渐减少。

三、毛发与毛囊

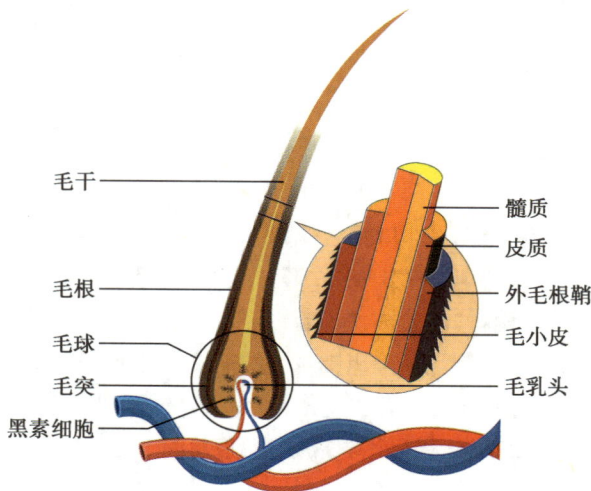

图2-10 毛发结构模式图

毛发（hair）由同心圆状排列的、角化的角质细胞构成。不同部位毛发的长度、直径及颜色有所不同。头发、胡须、阴毛及腋毛称为长毛；眉毛、鼻毛、睫毛、外耳道毛称为短毛；面、颈、躯干及四肢的毛发短而细软、色淡，称为毫毛或毳毛；胎儿体表柔软纤细无色素的毛发为胎毛，于出生前脱落。毛发位于体表可见的部分为毛干（hair shaft），位于皮肤以内的部分为毛根（hair root）。毛干由内向外（纵切面）依次为髓质（medulla）、皮质（cortex）和毛小皮（图2-10）。髓质是毛发的中心部分，毛发末端通常无髓质；皮质是毛发的主要构成部分，与毛发的物理、机械特征密切相关；在有色毛发中，黑素颗粒存在于皮质层的角质细胞内；毛小皮为一层扁平且重叠的角质细胞，包裹从毛干的表皮部分直到位于体外的末端，保护皮质免受外界理化伤害。

毛囊（hair follicle）位于真皮和皮下组织中，是毛发生长所必需的结构。不同部位毛囊的大小形状不同，但基本结构大致相同。皮脂腺开口于毛囊，自皮脂腺开口以上部分称为漏斗部；皮脂腺开口

至立毛肌附着处之间,称为毛囊峡部;毛囊末端膨大部分呈球状,称为毛球(hair bulb)。毛囊从内到外分三层,依次为内毛根鞘(inner root sheath,IRS)、外毛根鞘(outer root sheath,ORS)和结缔组织鞘(connective tissue sheath,CTS),前两者起源于表皮,结缔组织鞘起源于真皮。

内毛根鞘包括三层:亨勒层(Henle's layer)、赫胥黎层(Huxley's layer)和鞘小皮层(cuticle layer)。其中鞘小皮层与毛干的毛小皮层直接相连,通过鞘小皮层将毛干牢固锚于毛囊上,鞘小皮层细胞合成的角蛋白和毛透明蛋白能加强内毛根鞘对毛干的支持作用,同时影响并引导毛发向上生长。外毛根鞘由表皮的基底层和棘层延续而来。外毛根鞘包含黑素细胞、朗格汉斯细胞和梅克尔细胞。外毛根鞘在立毛肌附着点和皮脂腺导管之间形成隆突区(bulge region),隆突区存在毛囊干细胞。结缔组织鞘包裹于外毛根鞘外面,分为内层、中层和外层,内层为一透明玻璃样薄膜,中层由纤维组织构成,外层由疏松的胶原纤维和弹性纤维组成,与周围的结缔组织无明显界线。

毛球是毛发活跃生长的部分,其中央是真皮乳头(dermal papilla)。半球状包绕真皮乳头的角质形成细胞称为毛发基质(hair matrix),是毛发和内毛根鞘细胞生长、向上延伸的起点,黑素细胞也寄居于此,为毛发提供色素。毛球的最外层是外毛根鞘。

毛囊呈周期性生长,包括生长期(anagen)、退行期(catagen)和休止期(telogen)(图 2-11)。在生长期,毛球形成并包围毛囊真皮乳头,新的毛干形成并长出皮肤表面,此期可持续数年。毛发的长短和毛囊的生长期长短密切相关,例如头皮的毛囊生长期为 2~8 年,约 80%的时间处于生长期;而眉毛的毛囊生长期仅为 2~3 个月,因此眉毛相对于头发来说短很多。退行期是毛发生长期和休止期之间的过渡期,持续 10~14 天。退行期的早期表现是细胞分裂、增殖终止,毛发基质和真皮乳头体积缩小,部分黑素细胞也发生凋亡,黑素合成停止。其后毛发基质和真皮乳头继续收缩,

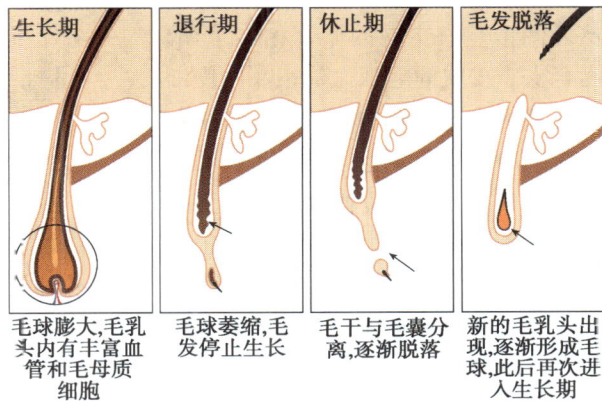

图 2-11 毛发生长周期

直至毛发基质消失、真皮乳头浓缩成球状。毛囊对毛干的包裹力下降,毛发呈杵状,易于脱落,称为杵状发(club hair)。进入休止期,毛囊完全消退,只残留部分毛囊隆突。杵状发包裹于残留毛囊上皮细胞内,可持续数月,最终脱落。大多数人每天可脱落 50~150 根头发。头皮毛囊进入休止期 2~3 个月后会再次进入生长期。

毛发生长受雄激素、雌激素、甲状腺素、糖皮质激素等因素影响,其中效果最明显的是雄激素。睾酮及其活性代谢物二氢睾酮通过作用于毛囊真皮乳头的雄激素受体发挥调节毛发生长的作用。

四、甲

甲(nail)是人体最大的皮肤附属器,覆盖在指、趾末端伸侧面。甲的主要功能包括保护指、趾尖,提高感觉辨别能力,辅助手指完成精细动作,具有搔抓以及美学功能。甲主要由甲母质(nail matrix)、甲床(nail bed)、甲板(nail plate)和甲廓(nail fold)等部分构成(图 2-12)。甲的外露部分称为甲板,呈外凸的长方形,厚度为 0.5~0.75mm,甲近端的新月状淡色区称为甲半月(lunula),甲板周围皮肤称为甲廓,深入近端皮肤中的甲板部分称

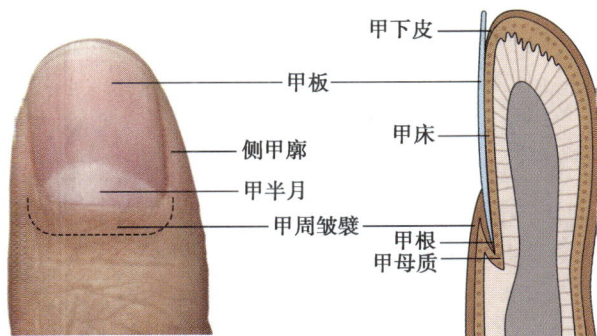

图 2-12 甲结构图

为甲根（nail root），甲板下方的皮肤称为甲床，其中位于甲根下方者称为甲母质，是甲板的生发结构。甲下真皮富含血管。指甲生长速度约为每3个月1cm，趾甲生长速度为每9个月1cm。疾病、营养状况、环境和生活习惯的改变可影响甲的性状和生长速度。

第六节　皮肤的血管、淋巴管、神经和肌肉

一、皮肤的血管和淋巴管

1. 皮肤的血管（vasculature） 皮肤的血管分布于真皮及皮下（图2-13）。皮肤的小动脉及真皮深部的较大微动脉具有内膜、中膜及外膜结构。真皮的微动脉、微静脉构成乳头下血管丛（浅丛）和真皮下血管丛（深丛），大致呈层状分布，与皮肤表面平行；两层血管丛之间由垂直走向的血管相连，构成吻合支。皮肤的毛细血管相邻内皮细胞间有细胞连接结构，大多为连续型。皮肤中的静脉系统总体上与对应的动脉系统相平行。真皮血管系统在附属器部位尤其丰富。皮肤的血管对于维

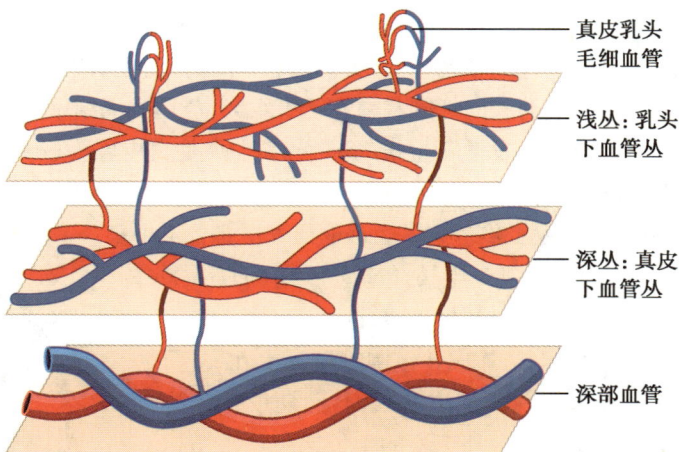

右侧标注：真皮乳头毛细血管
浅丛：乳头下血管丛
深丛：真皮下血管丛
深部血管

图2-13　皮肤的血管模式图

持皮肤正常结构与功能具有重要作用，如营养代谢及调节体温等作用。

2. 皮肤的淋巴管（lymphatic vessel） 起始于真皮乳头层，逐渐汇合成具有瓣膜的淋巴管，形成乳头下浅淋巴管网及真皮淋巴管网，与主要的血管丛平行，并进一步汇合至皮肤深部及皮下组织中更大的淋巴管。毛细淋巴管管壁由一层内皮细胞及稀疏的纤维组织构成，内皮细胞之间的通透性较大，皮肤中的组织液、游走细胞、细菌等均易通过淋巴管网引流至淋巴结，最后被吞噬处理或引发免疫反应，肿瘤细胞也可以通过淋巴管转移。

二、皮肤的神经

皮肤中有丰富的神经纤维，是周围神经的分支，分布于表皮、真皮及皮下组织中。皮肤的神经支配具有节段性，但相邻的节段间可有部分重叠。皮肤中的神经包括感觉神经纤维及运动神经纤维，通过与中枢神经系统联系，感受各类刺激，支配各类靶器官的生理活动，完成不同的神经反射。

1. 感觉神经 皮肤的感觉神经极其复杂，丰富的感觉神经末梢主要分布于表皮下及毛囊周围。感觉神经末梢分为神经小体及游离神经末梢，神经小体分为囊状小体和非囊状小体（如梅克尔细胞-轴突复合体），游离神经末梢呈细小树枝状分布。

囊状小体由结缔组织包裹的神经末梢构成，主要包括如下四类。

（1）环层小体：又称帕奇尼小体（Pacinian corpuscle），是体积最大的神经小体，直径可达0.5~2mm，切面呈环层同心圆结构。位于真皮较深部及皮下组织中，能感受压力。

（2）迈斯纳小体（Meissner corpuscle）：呈椭圆形，分布于真皮乳头内，指趾及掌跖处皮肤内最多见，感受触觉和压力。

（3）鲁菲尼小体（Ruffini corpuscle）：外周有薄层结缔组织包膜，感觉神经纤维末梢进入小体后分成很多更小的分支，盘绕成球状，位于真皮深部，能感受高温。

（4）克劳泽小体（Krause corpuscle）：外周有薄层结缔组织包膜，感觉神经纤维末梢进入小体后分成很多更小的分支盘绕成球状，位于真皮浅层，能感受低温。

感觉神经单独或与囊状小体一起作为受体，可以感受触、痛、痒、温度和机械刺激。

2. 运动神经　皮肤中运动神经末梢来源于交感神经节后纤维,呈细小树枝状分布。肾上腺素能神经纤维支配立毛肌、血管、血管球、顶泌汗腺、外泌汗腺及皮脂腺基底膜的肌上皮细胞,发挥血管收缩、顶泌汗腺分泌、立毛肌收缩或肌上皮收缩等作用。胆碱能神经纤维支配血管和外泌汗腺分泌细胞,使血管扩张、外泌汗腺分泌。面部横纹肌由面神经支配。

三、皮肤的肌肉

皮肤中有平滑肌和横纹肌。平滑肌最常见的结构是立毛肌,其一端起于真皮乳头层,另一端插入毛囊中部的结缔组织鞘内。当神经紧张或寒冷时,立毛肌收缩引起毛囊上提,形成"鸡皮疙瘩"。此外,尚有阴囊肌膜、乳晕平滑肌、血管壁平滑肌等。汗腺周围的肌上皮细胞具备平滑肌的某些功能。面部表情肌及颈部的颈阔肌属横纹肌。

第七节　皮肤的功能

皮肤的正常生理功能对维护体内环境稳定和机体健康十分重要,人体的一些异常情况也可反映在皮肤上。皮肤作为人体重要的器官,具有屏障、吸收、感觉、分泌和排泄、体温调节、代谢、免疫和美学等多种功能。

一、屏障功能

皮肤覆盖人体的整个体表,与外界环境直接接触,其重要的功能是在外界环境和内环境之间形成保护屏障,防御外界物理性、化学性及生物性等因素的入侵,防止水、电解质和其他物质丢失,维持内环境的稳定。皮肤屏障功能的维持主要依赖于角质形成细胞等多种结构和分子,如桥粒、细胞间脂质、角质层内水分、适宜的 pH 及角质细胞代谢相关酶等。

1. 物理性损伤的防护

皮肤对外界的各种机械性损伤(如摩擦、挤压、牵拉及冲击等)具有较好的防护作用。致密柔韧的角质层是主要的防护结构,经常受压和摩擦部位的角质层增厚,可增强对机械性损伤的耐受力;真皮内胶原纤维、弹性纤维及网状纤维相互交织成网状,使皮肤具有一定弹性和伸展性;皮下脂肪层对机械性外力有缓冲作用,使皮肤具有一定抗挤压、抗牵拉和抗冲撞的能力。

皮肤是电的不良导体,对低压电流有一定的阻抗。皮肤的角质层承担对电损伤的主要防护作用,角质层含水量增多时,导电性增加,容易发生电击伤。

皮肤对紫外线辐射的防护有两个屏障:表皮中的黑素屏障和蛋白质屏障,后者集中在角质层;两者均通过吸收紫外线辐射而发挥屏障作用。

2. 化学性损伤的防护

皮肤对各种化学物质都有一定屏障作用,角质层是皮肤防护化学性损伤的主要部位。正常皮肤具有缓冲一定浓度范围酸、碱损伤的能力。

3. 生物性损伤的防护

完整的皮肤能够防御微生物的侵入。皮肤表面的 pH 呈弱酸性,对抑制某些微生物的生长繁殖有一定作用;角质层的生理性脱落,可清除寄生于体表的一些微生物;寄居于人体表面的正常菌群可竞争性抑制其他致病菌的定居及生长;皮肤产生的抗菌肽可直接杀伤细菌、病毒和真菌等微生物。

4. 防止水、电解质、营养成分丢失

正常皮肤的角质层具有半透膜性质,有很好的屏障作用,可防止体内水、电解质和营养物质的丢失。

二、吸收功能

皮肤具有吸收一些外界物质的能力,称为经皮吸收、渗透或渗入,是皮肤外用药物治疗的理论基础。

1. 皮肤的吸收途径

皮肤主要通过角质层、毛囊皮脂腺和汗管三个途径吸收外界物质,角质层是最重要的途径。角质

层有半通透性,一定条件下可通过水分;一些可通透的物质其通透率与浓度在一定范围内成正比。少数化学物质和重金属通过毛囊皮脂腺或汗管进入皮肤。

2. 皮肤对主要物质的吸收作用

(1)水分:皮肤角质层本身的含水量为 10%~20%。完整的皮肤只吸收很少水分;离体状态的角质层放在 37℃水中,吸收的水分高达 60%。角质层水合程度的增高会促进药物吸收。

(2)电解质:既往认为皮肤只能吸收少数阴离子,如碘离子、氯离子等,而阳离子不被吸收。但放射性核素研究证明,一些阳离子如钠离子、钾离子、锶离子、钙离子等也能透过皮肤,可能是通过角质细胞间隙进入皮肤内。

(3)脂溶性物质:皮肤对这类物质吸收良好,如维生素 A、D 及 K 容易经毛囊皮脂腺透入。脂溶性激素,如雌激素、孕酮、睾酮、脱氧皮质酮等也易被吸收。

(4)油脂类:皮肤对动植物性油脂和矿物性油脂的吸收一般较好,主要是经过毛囊皮脂腺透入。亲水性油脂比疏水性油脂易于渗入,吸收的强弱顺序一般是羊毛脂>凡士林>植物油>液体石蜡。

(5)重金属及其盐类:皮肤能吸收多种重金属及其盐类,如汞、铅、锌、铜、镍、铋、锑及砷等。脂溶性的盐类较易吸收,有些金属可与表皮脂质膜内的脂肪酸结合,由非脂溶性物质变成脂溶性物质,从而被皮肤吸收。

(6)无机酸:水杨酸、苯酚、间苯二酚、连苯三酚和氢醌等多种无机酸可被皮肤吸收。一般而言,脂溶性无机酸易于吸收,而水溶性无机酸不易被吸收。

(7)有机盐基类:皮肤对这类物质的吸收情况依其是否为脂溶性而定。如植物碱、抗组胺剂、镇静剂、收敛剂、合成杀虫剂等,若盐基为脂溶性游离盐基,皮肤吸收良好;如果盐基是水溶性的,皮肤吸收较差。

(8)糖皮质激素类:氢化可的松易被皮肤吸收,但可的松不被吸收。其他合成类的糖皮质激素均有不同程度的吸收率,如曲安奈德、氟轻松和倍他米松等。

(9)气体:皮肤吸收气体很少,全身皮肤吸收的氧气量约为肺部的 1/160。皮肤不吸收一氧化碳,但氮、氢、氦、硝基苯和特殊的芳香油类蒸气等可透入皮肤。

3. 影响皮肤吸收的因素

(1)全身及皮肤因素

1)年龄和性别:年龄对透皮吸收的影响尚无定论,但性别之间无差异。

2)皮肤的结构和部位:皮肤的吸收能力与角质层厚度、完整性和通透性有关。不同部位角质层厚薄不同,依角质层厚度递增,吸收能力递减,一般而言,阴囊>前额>大腿屈侧>上臂屈侧>前臂>掌跖。角质层破损的皮肤吸收能力增强,此时应注意避免因药物过量吸收而引起的不良反应。

3)皮肤的水合程度:角质层的水合程度越高,皮肤吸收能力就越强。局部用药后密闭封包,药物吸收可增高数倍,原因是封包阻止了局部汗液和水分的蒸发,角质层的水合程度提高,临床上可用于肥厚性皮损的治疗。若角质层含水量低于 10%,角质层即变脆易裂,吸收能力下降。

(2)渗入物质的理化性质

1)分子量及分子结构:皮肤吸收与物质的分子结构、形状、溶解度有关,与分子量不完全相关,如分子量小的氨气极易透皮吸收,而某些分子量大的物质(如汞、葡萄糖分子等)也可通过皮肤吸收。

2)浓度:一般认为渗入物质的浓度越高,皮肤吸收越多,但对角蛋白有凝固作用的物质会影响皮肤通透性,导致吸收不良。如皮肤对低浓度的苯酚吸收良好;对高浓度的苯酚吸收较差,且会造成皮肤损伤。

3)电解度:一般而言,能离解的物质比不能离解的物质易于透入皮肤。

(3)外界环境因素

1)温度:环境温度增高时,皮肤吸收能力增强,是由皮肤的血管扩张,血流加快,已渗入组织内物质的弥散速度加快,物质不断地进入血液循环所致。

2）湿度：外界湿度升高时，角质层内外水分约浓度差减少，从而影响了皮肤对水分的吸收，对其他物质的吸收能力也降低。若外界湿度低，皮肤变得干燥，当角质层内水分降到 10% 以下时，角质层吸收水分的能力明显增强。

3）外用药剂型：同一种外用药物，由于剂型不同，皮肤吸收的情况也不同。粉剂、水溶液等很难吸收；霜剂中的药物可被少量吸收；软膏及硬膏可促进药物的吸收。有机溶媒（如二甲基亚砜、月桂氮酮）可增加脂溶性和水溶性物质的吸收。

4）病理状态：如皮肤充血、理化损伤和皮肤疾患等因素均可影响皮肤的吸收。

三、感觉功能

皮肤的感觉神经末梢和特殊感受器广泛分布于表皮、真皮和皮下组织内，可感知体内外各种刺激，产生各种感觉，引起相应的神经反射，维护机体健康。

皮肤的感觉分为单一感觉和复合感觉两大类。由神经末梢或特殊囊状感受器接受体内外单一性刺激，转换成一定的动作电位，沿相应的神经纤维传入中枢，产生不同性质的感觉（如触觉、压觉、冷觉、温觉、痛觉和痒觉等），称为单一感觉；由皮肤中不同类型的感觉神经末梢或感受器共同感受的刺激传入中枢，由大脑皮质综合分析而产生的感觉（如潮湿、干燥、平滑、粗糙、坚硬和柔软等），称为复合感觉。此外，皮肤还有形体觉、两点辨别觉和定位觉等。

使皮肤感受器起作用，产生皮肤感觉的最低能量称为感觉阈值。恐惧、焦虑、暗示和以往经验可改变痛觉阈值。有些感觉受性别、年龄影响，如温度阈值在女性较低，而振动阈值则在男性较低。

皮肤在接受各种刺激后，皮肤内的感觉神经 C 纤维的神经元、角质形成细胞、成纤维细胞、血管内皮细胞、巨噬细胞等，可产生多种神经肽和细胞因子，如 P 物质、神经激肽 A 和血管活性肠肽等。这些因子与其相应的受体结合，产生一系列生物学反应，经神经传导至中枢神经系统，形成各种感觉。

1. **触觉** 由微弱的机械刺激兴奋皮肤浅层的触觉感受器引起。正常皮肤内有三种：光滑皮肤处感知触觉的感受器主要是迈斯纳小体和表皮突基底层的梅克尔细胞，有毛皮肤处为平库斯（Pinkus）小体。皮肤表面触点散布，一般在指端腹面最多。

2. **压觉** 较强的机械刺激导致深部组织变形时引起的感觉，压觉由皮肤内的环层小体传导。触觉与压觉两者性质类似，仅是刺激强度不同，可通称为触-压觉。

3. **冷觉** 由皮肤内的克劳泽小体（又称皮肤黏膜感受器）传导，主要分布于唇红、舌、牙龈、眼睑、龟头、阴蒂及肛门周边等处。其他有毛部位的皮肤也可感知冷觉。

4. **温觉** 又称热觉，主要由鲁菲尼小体以及皮肤血管球上的游离神经末梢传导。

5. **痛觉** 由造成皮肤损伤的各种刺激引起。一般认为痛觉感受器是游离神经末梢。痛觉常伴有不愉快的情绪活动和防卫反应，是机体的一种保护性机制。

6. **痒觉** 又称瘙痒，是一种能引起搔抓欲望的不愉快感觉，属皮肤黏膜的一种特有感觉，也是机体的一种保护性机制。现认为痒觉也是通过具有自由神经末端的无髓鞘神经轴索传导。某些系统疾病、中枢神经系统的功能状态对痒觉也有一定影响。

四、分泌和排泄功能

通过汗腺和皮脂腺分泌、排泄汗液及皮脂，皮肤完成其分泌和排泄功能。

1. 汗腺的分泌和排泄

根据汗腺的结构和功能的不同，汗腺可分为小汗腺（或称外泌汗腺）和大汗腺（或称顶泌汗腺），其分泌物不同。

（1）汗液的成分：小汗腺分泌汗液，其中液体占 99%~99.5%，主要为水分；固体仅占 0.5%~1%，其中的有机物主要是乳酸和尿素，无机物主要是氯化钠，此外，还有钙、镁、磷和铁离子盐。顶泌汗腺的分泌物是无味液体，但经细菌酵解后可产生气味，所谓"狐臭"就是其中的一种。某些患者的顶泌汗腺还可分泌有色物质，使汗液呈现黄色、黄褐色、红色、绿色、青色或黑色等不同颜色，临床上称为色汗症；如含有血液成分，称为血汗；含尿素过多的，可嗅到尿液味，称为尿汗。

（2）影响汗液分泌的因素

1）温度：小汗腺的分泌受体内外温度的影响。在室温条件下，多数小汗腺处于休息状态，仅有少数小汗腺有分泌活动。正常人体每天通过表皮蒸发 600~800ml 水分，称为不显性蒸发（insensible perspiration）。当外界温度高于 31℃时，皮肤可见到或多或少的出汗，称为显性蒸发（sensible perspiration）。

2）精神因素：大脑皮质的兴奋或抑制可影响汗腺的分泌活动。小汗腺主要受交感神经的胆碱能纤维支配，压力、焦虑及疼痛可导致全身汗液分泌增多，以掌跖部位更明显，这种称为精神性出汗（psychological sweating）。

3）药物：一些药物可使小汗腺分泌活动增加或减少。如酒精、可卡因、海洛因、去甲替林、毛果芸香碱等药物可导致皮肤出汗增多；抗胆碱能药物、鸦片、肉毒杆菌毒素、α2 受体拮抗剂、巴比妥类药物等可导致出汗减少。

4）饮食：口腔黏膜和舌背等处分布着丰富的神经末梢和特殊的味觉感受器。咀嚼时可引起口周、鼻、面颈部和上胸部反射性出汗，进食辛辣食物或较热食物时更为明显，称为味觉性出汗。

（3）排汗的作用：降温、湿润皮肤是皮肤排汗的基本作用。另外，由于小汗腺数量巨大，在特定情况下（如高温低盐现象）可代替肾脏的部分功能，以维持水电解质平衡。

2. 皮脂腺的分泌和排泄

（1）皮脂的成分：皮脂腺分泌和排泄的产物称为皮脂，它是多种脂类的混合物，主要有角鲨烯、蜡酯、甘油三酯和胆固醇等。从出生到性成熟，皮脂的成分有两次显著变化：受母体激素的影响，出生不久的婴儿皮脂成分与成人相近；2~8 岁时，蜡酯和角鲨烯含量减少，而胆固醇含量增多；8~10 岁时，蜡酯和角鲨烯的含量达成人 2/3，10~15 岁时接近成人水平。

（2）影响皮脂分泌的因素

1）内分泌：皮脂分泌主要受激素的调节，包括雄激素、雌激素、孕激素、肾上腺皮质激素、垂体激素等。雄激素可加快皮脂腺细胞的分裂，促进皮脂合成增加；雌激素通过抑制内源性雄激素的产生或直接作用于皮脂腺，减少皮脂分泌；生长激素、催乳素等垂体激素可单独或与雄激素发挥协同作用。

2）其他：维 A 酸类药物可抑制皮脂的分泌。禁食可使皮脂分泌减少，皮脂成分改变。表皮损伤可使损伤处的皮脂腺暂停分泌。

（3）皮脂的功能：皮脂可以润滑毛发和皮肤，其中的游离脂肪酸对某些病原微生物的生长有抑制作用。

五、体温调节功能

体温是人体维持正常新陈代谢和生命活动的必要条件，皮肤有重要的体温调节作用。一方面皮肤可通过外周温度感受器感受外界环境温度变化，向下丘脑传递相关信息；另一方面皮肤作为体温调节的效应器，接受中枢信息，通过血管舒缩、寒战或出汗等反应对体温进行调节。

皮肤调节体温主要通过以下结构或功能实现。

1. 温度感应　皮肤的温度感受器是一种外周恒温器，多呈点状分布于全身皮肤，感受环境温度的变化，分为热敏感感受器和冷敏感感受器。当环境温度高于或低于阈值时，皮肤温度感受器便可向下丘脑传递信息，从而出现寒战、出汗等反应。

2. 皮肤散热　皮肤较大的体表面积为其散热提供了保障，皮肤散热的方式有辐射、传导、对流和汗液蒸发。

3. 血管舒缩反应　皮肤血流量的改变是人体调节体温的重要方式。在基础情况下，皮肤的血流量占全身血流量的 8.5%；而在热应激及血管完全扩张的情况下，皮肤血流量可增加 10 倍；在冷应激时，皮肤血流可因血管的收缩而近乎中断。

4. 丰富的动静脉吻合　温度增高时，皮肤的动静脉吻合扩张，皮肤血流量增加，散热增加；而温度降低时，动静脉吻合收缩，皮肤血流量减少，散热减少。

5. 汗腺反应　环境温度过高时，汗液蒸发是主要的散热方式。皮肤表面每蒸发 1g 水可带走

2.43kJ 热量。在热应激情况下，人体汗液的分泌速度可达 3~4L/h，散热量为基础条件下的 10 倍。

六、代谢功能

皮肤作为人体重要器官参与新陈代谢过程，但由于皮肤结构的特殊性，与其他组织器官相比，皮肤的代谢功能也有一定特殊性。

1. 皮肤特有的代谢

（1）黑素的代谢：皮肤颜色主要由黑素细胞产生的黑素决定。黑素的代谢分为黑素细胞合成黑素、向角质形成细胞转运和黑素排泄三个阶段。黑素细胞的黑素小体是合成黑素的场所，黑素合成是一个多步骤的酶促生化反应，有着复杂而精细的调控，酪氨酸酶是黑素合成的关键酶。黑素细胞以胞吐方式释放黑素小体，黑素小体继而被周围的角质形成细胞吞入胞内。黑素小体进入角质形成细胞后，有选择地向细胞表皮侧移动，一般聚集在角质形成细胞核的上方，随着角质形成细胞分化到达角质层后，随角质形成细胞脱落而消失，部分在角质形成细胞内被溶解酶消化而降解、消失；黑素颗粒也可从黑素细胞直接排出或被基底细胞吞噬后从淋巴管排出。病理情况下，真皮内可出现大量的色素颗粒，组织学上称为色素失禁。

遗传、激素、紫外线、年龄、炎症等因素可作用于黑素细胞本身、影响酪氨酸激酶活性或黑素小体向角质形成细胞的转运，影响黑素的代谢，从而影响皮肤的颜色。

（2）表皮中结构蛋白的代谢：表皮的角质形成细胞占整个表皮细胞构成的 80% 以上，而角蛋白是表皮角质形成细胞内的主要结构蛋白之一，也是角质形成细胞和其他上皮细胞的标志性成分，角蛋白基因的正确表达及功能性角蛋白网的形成是表皮正常分化的基础。

表皮是一种具有高度组织性、不断更新的组织，其更新过程表现为向终末分化即角质化过程，特征是表皮角质形成细胞发生了一系列复杂的形态学及生物化学变化；这些变化在时间和空间上互相配合，导致了形态学上由下而上分化程度渐增的复层状结构——基底层、棘层、颗粒层和角质层。基底细胞附着于表皮-真皮交界处，通过有丝分裂为表皮表面丢失的细胞提供后继。细胞一旦离开基底层进入棘层便失去分裂能力，形态上也从柱状或立方状变成大而扁的多角形，这种形态学上的改变伴随着生物化学上的相应变化（表 2-1）。就表皮主要的角蛋白而言，在增生的基底细胞层，表达的角蛋白是 K5/K14。随着细胞开始向终末分化移行到棘层，出现了 K1/K10 蛋白的表达。在进一步向终末分化过程中，K1/K10 的表达逐渐增高，而 K5/K14 的表达则渐趋下降；当细胞到达颗粒层上部时，K5/K14 基本消失，角蛋白纤维几乎全部由 K1/K10 组成。

表 2-1 表皮主要结构蛋白的表达

表皮层次	角蛋白	角蛋白相关蛋白
角质层	K1/K10	角质包膜：兜甲蛋白、内披蛋白
颗粒层	K1/K10, K5/K14	丝聚合蛋白、兜甲蛋白、内披蛋白
棘层	K1/K10, K5/K14	内披蛋白
基底层	K5/K14	

2. 皮肤中水、电解质、糖、蛋白及脂类的代谢

（1）水的代谢：皮肤含水量占成人体重的 18%~20%，儿童尤其是婴幼儿的比例更高，成人女性略高于男性。皮肤中的水分主要分布在真皮内，其中 75% 的水分贮存于细胞外，真皮的乳头层多于网状层。

皮肤内的水分不仅维系了各种生理活动的皮肤环境，也对体内水分的整体调节有一定作用。当机体脱水时，如严重的腹泻、呕吐等，皮肤可提供其 5%~7% 的水分，以维持人体循环血容量的稳定；当体内水分增多时，皮肤内的水分也随之增多，甚至出现皮肤水肿。

（2）电解质代谢：皮肤中含有多种电解质，如钠、钾、镁、钙、氯、磷、铜、铁、锌、锡和氟等，这些电解质的含量约占皮肤重量的 0.6%。其中钠、氯离子主要分布在细胞间液中，钾、钙、镁等离子主要分布

于细胞内，它们对维持细胞的晶体渗透压及细胞内外的酸碱平衡有重要作用；一些离子在酶的激活、细胞间黏着和维持细胞膜的通透性方面发挥作用。在皮肤受损或一些炎症性皮肤病（如急性湿疹、接触性皮炎）中，皮肤中的水分及钠盐、氯化物增加，在这种情况下，限制性饮水及低盐饮食对皮肤炎症的消退有利。

（3）糖代谢：皮肤中的糖主要以糖原、葡萄糖和黏多糖等形式存在。皮肤糖原在胎儿期的含量最高，成人期则明显降低。糖原主要分布在表皮的颗粒层、皮脂腺边缘未分化腺细胞、毛囊内外毛根鞘、生长期毛发等处。人体表皮细胞的滑面内质网中有糖原合成酶及分支酶等，通过磷酸葡萄糖或经糖醛酸途径合成糖原。其降解受血液循环中肾上腺素、胰岛素、胰高血糖素等激素的调节，通过信号转导引起磷酸化酶活化，促使糖原分解。皮肤的葡萄糖浓度为 3.33~4.50mmol/L，相当于血糖的 2/3 左右，表皮中的含量多于真皮和皮下组织。表皮通过有氧氧化、无氧酵解和磷酸戊糖通路三条途径分解代谢葡萄糖。有氧的条件下，表皮中 50%~75% 的葡萄糖通过有氧氧化提供能量；在缺氧情况下，有70%~80% 的葡萄糖通过无氧酵解提供能量。糖尿病患者皮肤的糖含量升高，易发生真菌和细菌感染。皮肤中糖的主要功能是提供能量，此外还可作为黏多糖、脂质、糖原、核酸、蛋白质等生物合成的底物。皮肤中的黏多糖主要存在于真皮，包括透明质酸、硫酸软骨素等，多与蛋白质形成蛋白多糖（或称黏蛋白），与胶原纤维结合形成网状结构，对真皮和皮下组织起支持和固定的作用。黏多糖的合成与降解主要通过酶促反应完成。但一些非酶类物质（如维生素 B_2、抗坏血酸、氢醌等）也可降解透明质酸，此外，内分泌因素也可影响黏多糖的代谢，如甲状腺功能亢进可使局部皮肤透明质酸、硫酸软骨素的含量增加，导致黏液性水肿。

（4）脂类代谢：皮肤中的脂类包括脂肪和类脂质，其总量占皮肤重量的 3.5%~6%。脂肪的主要功能是储存能量和氧化供能。类脂质是细胞膜的主要成分，也是某些生物活性分子的合成原料。表皮细胞在分化的不同阶段，其类脂质的组成存在显著差异，从基底层到角质层，胆固醇、脂肪酸和神经酰胺的含量逐渐增多，而磷脂的含量逐渐减少。亚油酸和花生四烯酸是表皮中最为丰富的必需脂肪酸，后者在日光的作用下可合成维生素 D。血液的脂类代谢异常可使脂质局部沉积于真皮并被组织细胞吞噬，在临床上引起皮肤黄色瘤损害。

皮肤表面的脂质（皮面脂质）主要来源于皮脂腺脂质和表皮脂质，其含量受皮脂腺分泌脂质（皮脂）量及脱落表皮细胞数量的影响。在皮脂腺丰富的部位（如头皮、前额、上背部），90% 的皮面脂质来源于皮脂腺。皮脂腺脂质和表皮脂质的主要成分包括鲨烯、蜡酯、甘油三酯、胆固醇、游离脂肪酸和磷脂等。二者成分的主要差异是：皮脂腺脂质中鲨烯、蜡酯、甘油三酯和游离脂肪酸较多，而表皮脂质中磷脂及固醇类较多。

表皮细胞的滑面内质网细胞质侧含有合成脂肪酸的转酰酶，可合成软脂酸和硬脂酸，继而经脱饱和反应产生小部分不饱和脂肪酸。亚油酸、花生四烯酸是表皮中最主要的必需脂肪酸，二者只能来源于食物，经过肝细胞合成为甘油三酯并形成脂蛋白（低密度脂蛋白），再通过血浆进入皮肤。亚油酸可与表皮细胞膜磷脂发生酯化以维持皮肤的屏障作用；花生四烯酸则可作为合成前列腺素（PG）及其他二十碳四烯酸代谢产物的前体。表皮脂类总量的 45% 是甘油三酯，其氧化分解与其他组织一样，在细胞质中水解为甘油和脂肪酸，甘油经磷酸化后进入糖代谢通路，脂肪酸则进入三羧酸循环。

（5）蛋白质代谢：皮肤蛋白质包括纤维性蛋白质和非纤维性蛋白质两类，前者包括角蛋白、胶原蛋白和弹性蛋白等，后者包括细胞内的核蛋白和调节细胞代谢的各种酶类。角蛋白是角质形成细胞和毛发上皮细胞的代谢产物和主要成分，属中间丝蛋白家族的成员，至少有 30 种。

皮肤中蛋白质的降解是在蛋白水解酶的作用下，通过催化多肽链的水解而完成的。蛋白水解酶的种类众多，但缺乏严格的底物特异性，分为肽链内切酶和肽链外切酶两类。人皮肤中的肽链内切酶包括酪蛋白水解酶、胰蛋白酶、糜蛋白酶、胶原酶、白明胶酶、弹性蛋白酶、激肽释放酶、C1-酯酶、纤维蛋白溶酶、组织蛋白酶和钙离子激活蛋白酶等；肽链外切酶包括氨肽酶、羧肽酶、二肽基肽酶及二肽酶等。皮肤中的蛋白水解酶除在生理状态下参与细胞与细胞外的结构物质代谢外，在病理状态下也参与皮肤的炎症过程和细胞功能的调节。

七、皮肤的免疫功能

皮肤是重要的免疫器官,随着皮肤免疫学的研究进展,1986 年,Bos 提出了皮肤免疫系统(skin immune system,SIS)的概念,从而使皮肤在免疫学中的定位提升为一个独特的系统。皮肤免疫系统包括免疫细胞和免疫分子两大部分,形成复杂的网络系统,通过多种免疫细胞及大量免疫分子完成免疫功能,皮肤免疫功能紊乱会导致疾病状态。

1. 皮肤中具有免疫功能的细胞

皮肤中有很多细胞可发挥免疫作用,如表皮中的角质形成细胞和朗格汉斯细胞,真皮内的树突状细胞、淋巴细胞、巨噬细胞、肥大细胞等多种细胞(表 2-2)。其中适应性免疫细胞主要是 T 细胞。

表 2-2 皮肤中主要免疫细胞的分布和功能

细胞	分布	主要功能
角质形成细胞	表皮	合成分泌细胞因子、参与抗原提呈等
朗格汉斯细胞	表皮	抗原提呈、合成分泌细胞因子、免疫监视等
真皮树突状细胞	真皮	抗原提呈、吞噬作用等
淋巴细胞	真皮	介导免疫应答、参与炎症反应等
巨噬细胞	真皮	创伤修复、吞噬作用、防止微生物入侵等
肥大细胞	真皮乳头血管周围	超敏反应、趋化作用、炎症反应等

角质形成细胞能接受外界"危险信号"刺激并转化传递给皮肤内免疫细胞预警。角质形成细胞可通过 Toll 样受体(Toll-like receptor,TLR)识别进化保守的病原微生物成分(病原体相关分子模式,pathogen-associated molecular pattern,PAMP)。TLR 被激活后可产生以 Th1 为主的免疫反应和 I 型干扰素(type I interferon)。除 TLR 外,角质形成细胞还可通过细胞质内的炎症复合体(inflammasome)识别 PAMP 和内源性危险模式分子(endogenous danger-associated molecular pattern,DAMP)。其受到刺激后能产生白介素、肿瘤坏死因子(tumor necrosis factor)、胸腺基质淋巴生成素(thymic stromal lymphopoietin,TSLP)和趋化因子等。此外,还能产生抗菌肽(antimicrobial peptide,AMP),包括 β-防御素(β-defensin)、内源性抗菌多肽类物质(cathelicidins)及 S-100 家族蛋白,直接杀死病原微生物。

皮肤树突状细胞为异质性群体,不同的树突状细胞可能摄取处理及提呈的抗原不同,进而启动免疫应答或诱导免疫耐受。根据其在皮肤中的分布位置不同,分为表皮内的朗格汉斯细胞和真皮内的树突状细胞。人类表皮内的朗格汉斯细胞表达 CD1a 和朗格汉斯细胞特异性凝集素(Langerin,又称 CD207),真皮内有分别表达 CD1c⁺、CD14⁺和 CD141⁺的三个树突状细胞群体。朗格汉斯细胞的树突能穿过细胞间的紧密连接伸入角质层内搜索捕捉抗原。在正常皮肤中,朗格汉斯细胞能选择性诱导皮肤常驻调节性 T 细胞(skin resident regulatory T cell,Treg)活化、增殖从而维持正常皮肤免疫耐受状态;但在感染状态下,朗格汉斯细胞识别外来抗原,活化后能诱导皮肤常驻记忆 T 细胞(resident memory T cell,Trm)活化,同时抑制调节性 T 细胞(regulatory T cell,Treg)活化,启动免疫应答。

成熟 T 细胞按其表面标记和生物功能可分为 CD4⁺T 细胞(helper T cell,Th)和 CD8⁺细胞毒 T 细胞(cytotoxic T lymphocyte,CTL)。CD4⁺T 细胞主要存在于真皮,可进一步至少分为 Th1、Th2、Th17 及 Treg 四个亚群。Th1 细胞主要产生 IFN-γ 和淋巴毒素(lymphotoxin),活化、增强巨噬细胞功能,杀死细胞内寄生病原体,如结核分枝杆菌;Th2 细胞主要分泌细胞因子 IL-4 和 IL-13,参与过敏反应性疾病;Th17 细胞主要分泌 IL-17A 和 IL-17F 细胞因子,在机体抵御细胞外病原体,如白念珠菌、金黄色葡萄球菌感染和慢性炎症的发生中起重要作用;Treg 细胞主要产生 TGF-β1、IL-10 及 IL-35 等细胞因子,可控制免疫应答反应程度和抑制对无害抗原或自身抗原的过度反应。CD8⁺T 细胞分布于表皮和真皮内,主要通过释放颗粒酶或 FasL/Fas 通路诱导细胞凋亡,直接杀死病毒或其他胞内微生物感染的细胞及肿瘤细胞,也能产生细胞因子 IFN-γ 等,促进细胞免疫应答效应。

2. 皮肤适应性免疫应答的启动和发生

表皮中的朗格汉斯细胞和真皮内树突状细胞均属专职抗原提呈细胞（antigen-presenting cell, APC）。这些细胞在皮肤损伤和病原微生物侵入的部位被激活，激活后的 APC 通过输入淋巴管向局部引流淋巴结迁移，渐入成熟状态并增强抗原提呈功能。在淋巴结内，活化成熟 APC 提呈的抗原被幼稚 T 细胞（naive T cell）识别，后者克隆扩增，最终分化为抗原特异性的效应 T 细胞（effector T cell）和记忆 T 细胞（memory T cell）。大部分效应 T 细胞和记忆 T 细胞移出淋巴结并随血流至损伤或感染的皮肤部位，通过表达皮肤归巢受体（称为皮肤淋巴细胞抗原，cutaneous lymphocyte antigen，CLA）与内皮细胞表达的 E-选择素（E-selectin）结合以及多种趋化因子和相应受体相互作用等机制移出皮肤后微静脉至皮肤组织内。皮肤再次受到相同的抗原刺激后，APC 提呈抗原给这些抗原特异性效应 T 细胞和记忆 T 细胞，使其发生免疫应答。小部分记忆 T 细胞表达 CD62L 和 CCR7，称为中心记忆 T 细胞（central memory T cell），移出淋巴结并在血液和周身淋巴内循环，通过这种方式能识别在不同部位（呼吸道和肠道）树突状细胞提呈的相同抗原，发生免疫应答。皮肤中的肥大细胞在 I 型变态反应中也发挥重要的作用。

八、美学功能

健美的皮肤可体现人的健康、美丽和自信。健美标准在不同种族、国家和地区，不同历史时间、文化背景、审美修养和阶层的人群之间都存在着一定差异，但有一些标准是共同的。

皮肤的健美由皮肤颜色、细腻度、弹性、润泽度和皮肤的日光反应性、功能完整度等指标决定，与遗传、性别、年龄、内分泌变化、营养及健康状况等因素有关。健美皮肤体现在皮肤颜色均匀、水分含量充足、水油分泌平衡，细腻有光泽、光滑有弹性、无皮肤病，面部皱纹程度与年龄相符，具有对外界刺激的正常反应。

1. **肤色**　皮肤颜色取决于皮肤内黑素和胡萝卜素含量、真皮血管血液供应及表皮的厚薄。我国健康人的肤色特征是在黄色基调上白里透红。

2. **细腻度**　主要由皮肤纹理和毛孔大小决定。细腻的皮肤具有皮沟浅而细、皮丘小而平整的纹理。健康的皮肤表现为纹理细腻、毛孔细小。

3. **弹性度**　皮肤的弹性体现在皮肤的湿度、张力、韧性、丰满度上，由皮下脂肪厚度、皮肤含水量、真皮胶原纤维和弹性纤维质量与功能状态决定。健康的皮肤表现为丰满、润泽、有弹性。

4. **润泽度**　指皮肤的湿润和光泽程度。皮肤的角质层外覆皮脂膜，由皮脂腺分泌的脂类和汗腺分泌的水分乳化而成。正常皮肤含水量维持在 10%~20%，皮肤表面水油平衡。

5. **日光反应性**　指皮肤经一定剂量的日光照射后，产生红斑和色素的程度，日光反应性皮肤分型又称为皮肤光型。

6. **功能完整**　健康的皮肤可有效地保持皮肤内外环境的平衡，灵活适应环境改变，保护机体免受外界有害刺激。

（高兴华　尹光文）

思考题

1. 简述皮肤的构成和构成表皮的细胞种类。
2. 表皮的分层依据是什么？分为哪几层？表皮角质形成细胞之间的连接方式有哪些？
3. 简述影响皮肤吸收的因素。
4. 简述皮肤的功能。

第三章
皮肤病的症状、体征与皮肤病诊断

【学习要点】

1. 皮肤病的症状及体征是皮肤科临床医师需要掌握的基本知识，是医师采集病史过程中记录的疾病特点。

2. 在皮肤病诊断方面，除了症状和体征外，辅助检查对疾病的诊断也有重要的意义。

第一节　皮肤病的症状

患者主观感受到的不适称为症状。皮肤病的局部症状主要包括瘙痒、疼痛、烧灼及麻木感等，全身症状包括畏寒发热、乏力、食欲缺乏和关节疼痛等。症状的轻重与原发病的性质、病变程度及个体差异有关。

瘙痒是皮肤病最常见的症状，可轻可重，时间可为持续性、阵发性或间断性，范围可局限或泛发，常见于荨麻疹、慢性单纯性苔藓（神经性皮炎）、湿疹、疥疮等，一些系统性疾病，如恶性肿瘤、糖尿病、肝肾功能不全等也可伴发瘙痒。

疼痛最常见于带状疱疹，亦可见于皮肤化脓性感染、结节性红斑、淋病和生殖器疱疹等，疼痛性质可为刀割样、针刺样、烧灼样、放射性等，多局限于患处。

麻木感及感觉异常，可见于偏瘫及麻风病患者，感觉异常包括蚁走感、灼热感等。

第二节　皮肤病的基本损害

皮肤病的基本损害即皮肤病的体征，是诊断皮肤病的基本要素，可分为原发性损害（primary lesion）和继发性损害（secondary lesion）两大类。原发性损害又称原发性皮损、原发疹，是由皮肤病的组织病理变化直接形成，包括斑疹、丘疹、水疱、脓疱、结节、囊肿、风团等；继发性损害，即继发性皮损，由原发性损害自然发展演变，或因人为搔抓、治疗不当等形成的皮肤损害，包括鳞屑、痂、糜烂、溃疡、浸渍、皲裂、瘢痕、萎缩、抓痕、苔藓样变等。有时二者不能截然分开，如脓疱可以为原发性损害，也可继发于丘疹或水疱。

一、原发性皮损

1. **斑疹（macule）**　皮肤黏膜的局限性颜色改变，既无隆起亦无凹陷，触觉不能感知，直径一般小于 1cm（图 3-1）。直径达到或超过 1cm 时称为斑片（patch）。

因发生机制和病理基础不同，斑疹可分为色素沉着斑、色素减退（或脱失）斑、红斑、出血斑等。色素沉着及色素减退（脱失）斑是表皮或真皮色素增加、减少（或消失）所致，压之均不褪色，如黄褐斑、花斑癣和白癜风等。红斑是局部真皮毛细血管扩张、充血所致，压之褪色，分为炎症性（如丹毒等）和非炎症性红斑（如鲜红斑痣等）。出血斑是由于毛细血管破裂后红细胞外渗到真皮内所致，压之不褪色，直径小于等于 2mm 称瘀点（petechia），大于 2mm 称瘀斑（ecchymosis）。

2. **丘疹（papule）**　为浅表性、局限性、实质性、直径小于 1cm 的隆起性皮损（图 3-2）。丘疹表面可扁平（如扁平疣）、脐凹状（如传染性软疣）、粗糙不平呈乳头状（如寻常疣）；颜色可正常皮色、红色（如扁平苔藓）、淡黄色（如黄色瘤）或黑褐色（如色素痣）。丘疹可由表皮细胞或真皮浅层细胞增殖（如

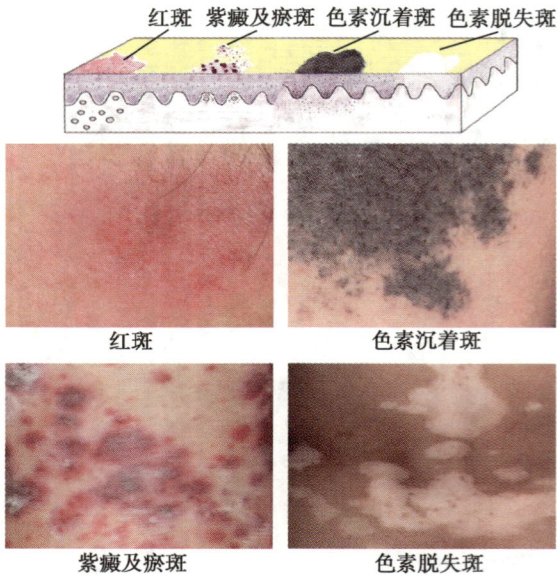

图 3-1 斑疹

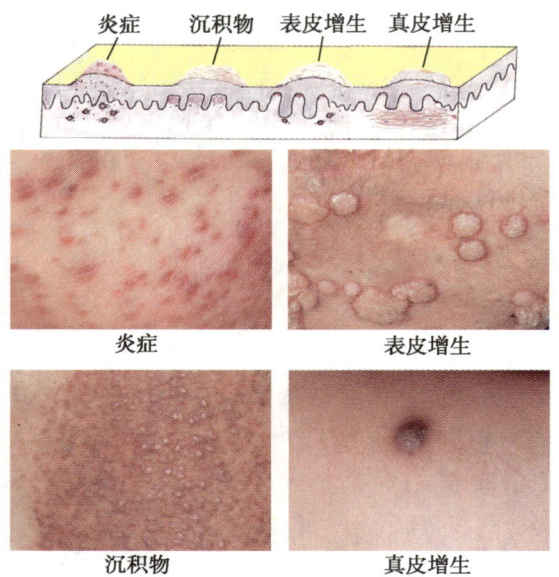

图 3-2 丘疹

湿疹、皮内痣)、代谢产物聚积(如皮肤淀粉样变)或炎细胞浸润(如湿疹)引起。

形态介于斑疹与丘疹之间的稍隆起皮损称为斑丘疹(maculopapule),丘疹顶部有小水疱时称丘疱疹(papulovesicle),丘疹顶部有小脓疱时称脓丘疱疹(papulopustule)。由丘疹扩大或较多丘疹融合形成直径大于 1cm 的隆起性扁平损害称斑块(plaque)。

3. 水疱(vesicle)和大疱(bulla)(图 3-3) 水疱(图 3-3)为局限性、隆起性、内含液体的腔隙性皮损,直径小于 1cm;直径大于 1cm 者称大疱;内容物含血液者称血疱。水疱在皮肤中发生位置不同,故疱壁可薄可厚。位于表皮内的水疱,疱壁薄,易破溃,可见于湿疹、天疱疮等;位于表皮下的水疱,疱壁较厚,不易破溃,见于大疱性类天疱疮等。

4. 脓疱(pustule) 为局限性、隆起性、内含脓液的腔隙性皮损,可由细菌感染(如脓疱疮)或非感染性炎症(如脓疱性银屑病)引起(图 3-3)。脓疱的疱液可浑浊、稀薄或黏稠,皮损周围常有红晕。水疱继发感染后形成的脓疱为继发性皮损。

5. 囊肿(cyst) 为含有液体或黏稠物及细胞成分的囊性皮损(图 3-4)。囊肿一般有完整的囊

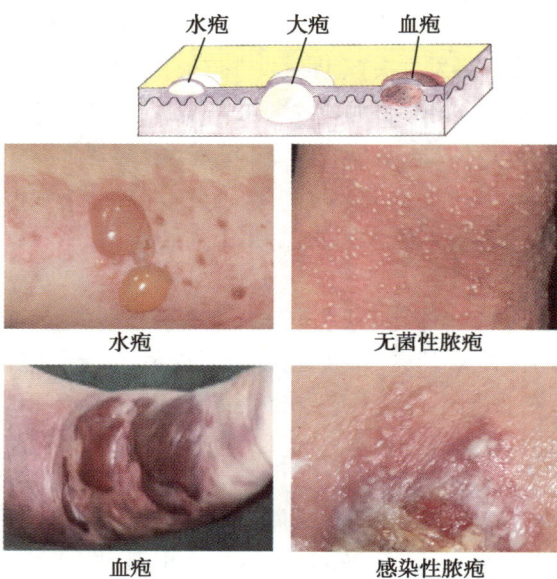

图 3-3 水疱、血疱和脓疱

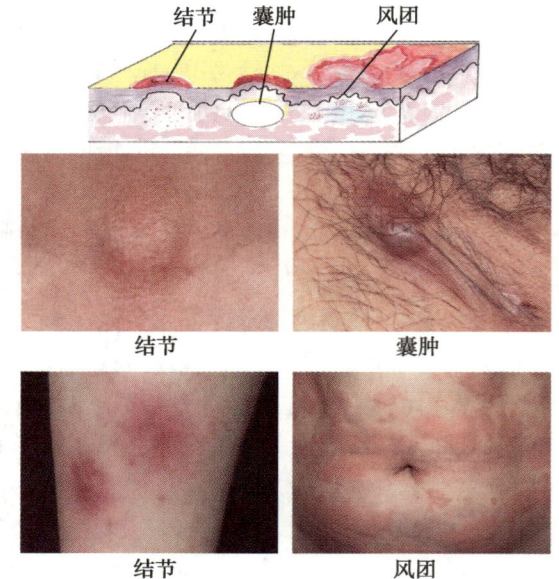

图 3-4 结节、囊肿和风团

壁,位于真皮或更深位置,可隆起于皮面或仅可触及,外观呈圆形或椭圆形,触之有囊性感,大小不等。见于皮脂腺囊肿、毛鞘囊肿、表皮囊肿等。

6. **结节(nodule)**　为局限性、实质性、深在性皮损,呈圆形或椭圆形,可隆起于皮面,或不隆起,需触诊方可查出,触之有一定硬度或浸润感(图3-4)。可由真皮或皮下组织的炎性浸润(如结节性红斑)或代谢产物沉积(如结节性黄色瘤)引起。结节可吸收消退,亦可破溃成溃疡,愈后形成瘢痕。结节与丘疹的区别在于,结节的损害比丘疹更深、更大,当结节的直径大于2~3cm时称为肿块。

7. **风团(wheal)**　为真皮浅层水肿引起的暂时性、隆起性皮损(图3-4)。皮损可呈淡红或苍白色,周围常有红晕,大小不一,形态不规则,发生快,消退亦快,此起彼伏,一般经数小时即消退,可反复发展,多不留痕迹,常伴有瘙痒。

二、继发性皮损

1. **鳞屑(scale)**　表皮细胞形成过快或正常角化过程受干扰时形成的干燥或油腻的角质层细胞层状堆积。鳞屑的大小、厚薄、形态不一,可呈糠秕状(如花斑癣)、蛎壳状(如银屑病)或大片状(如剥脱性皮炎)(图3-5)。

2. **痂(crust)**　由皮损中的浆液、脓液、血液与脱落组织、药物等混合干涸后凝结而成(图3-5)。痂可薄可厚,质地柔软或坚硬,附着于创面。根据成分的不同,可呈淡黄色(浆液性)、黄色(脓性)、暗红或黑褐色(血性),或因混杂药物而呈不同颜色。

3. **糜烂(erosion)**　局限性表皮或黏膜上皮块损形成,常由水疱、脓疱破裂或浸渍处表皮脱落所致(图3-6)。因损害仅累及表皮,愈后不留瘢痕。

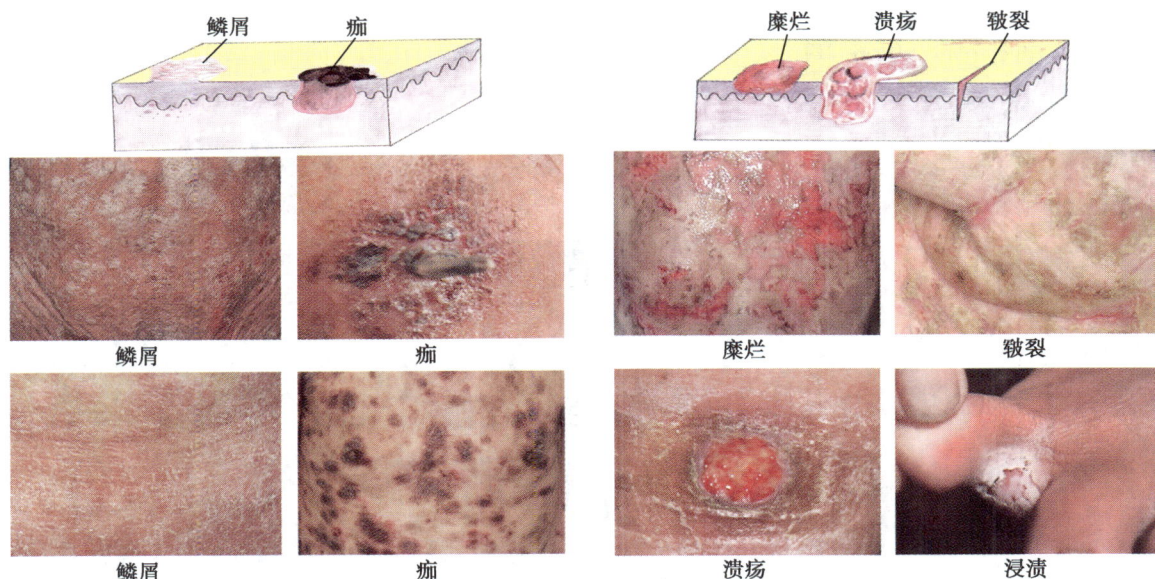

图3-5　鳞屑和痂

图3-6　糜烂、溃疡、皲裂和浸渍

4. **溃疡(ulcer)**　局限性皮肤或黏膜缺损形成的创面,达真皮或更深位置,可由感染、外伤、肿瘤、血管炎等引起(图3-6)。其基底部常有坏死组织附着,边缘可陡直、倾斜或高于周围皮肤。因损害深,愈合较慢且常留瘢痕。

5. **皲裂(fissure)**　为线状的皮肤裂口,深达真皮,常因皮肤炎症、角质层增厚或皮肤干燥导致皮肤弹性降低、脆性增加,牵拉后引起(图3-6)。好发于掌跖、指趾、口角等部位。

6. **浸渍(maceration)**　皮肤角质层吸收较多水分后变软变白,常见于长时间浸水或处于潮湿状态下的皮肤,如指、趾缝等皱褶处(图3-6)。摩擦后表皮易脱落而露出糜烂面。

7. **瘢痕(scar)**　真皮或深部组织损伤或病变后,由新生结缔组织增生修复而成,可分为增生性和萎缩性两类(图3-7)。增生性瘢痕呈隆起、表面光滑的暗红色条状或不规则硬斑块,见于外伤或烧伤性瘢痕及瘢痕疙瘩；萎缩性瘢痕较正常皮肤略凹陷，变薄，局部血管扩张，见于外伤愈合后、红斑狼疮等。

8. **萎缩（atrophy）**　因表皮、真皮、皮下组织减少所致的皮肤变薄。为皮肤的退行性变，可发生于表皮、真皮、皮下组织。表皮萎缩常表现为半透明外观，下方血管可见，皮肤表面有细皱纹，正常皮沟变浅或消失；真皮萎缩表现为局部皮肤凹陷，表皮纹理可正常，毛发可变细或消失；皮下组织萎缩则表现为明显凹陷，静脉可显现（图 3-7）。

9. **抓痕（excoriation）**　也称表皮剥脱，为线状或点状的表皮或深达真皮浅层的剥脱性缺损，常由搔抓、划破或摩擦等机械性损伤所致（图 3-8）。皮损表面可有渗出、血痂或脱屑，损伤深、大时愈后可留瘢痕。

10. **苔藓样变（lichenification）**　因反复搔抓、摩擦导致的皮肤局限性粗糙增厚，表现为皮嵴隆起，皮沟加深，皮损界限清楚（图 3-8）。见于慢性瘙痒性皮肤病（如慢性单纯性苔藓、慢性湿疹等），常伴瘙痒。

11. **坏死（necrosis）和坏疽（gangrene）**　为皮肤及皮下甚至更深组织因缺血而导致的变化。坏死多指微血管病变造成的小范围组织坏死；坏疽则多指较大血管病变造成的大面积皮肤或皮下软组织坏死，表现为局部组织变黑、萎缩，大面积坏疽还伴有温度降低、感觉消失等症状（图 3-9）。

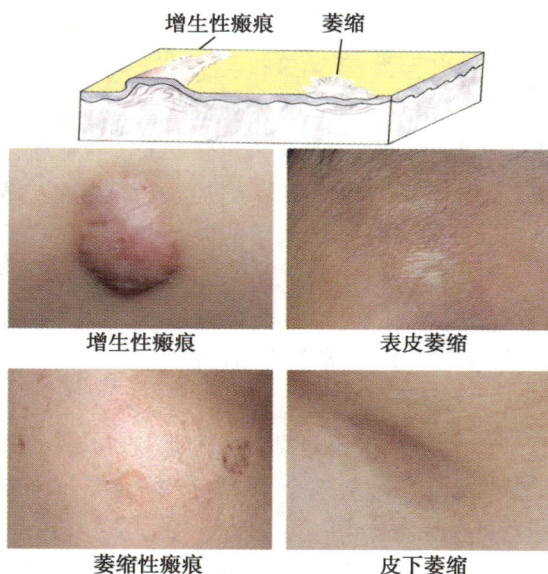

图 3-7　瘢痕和萎缩

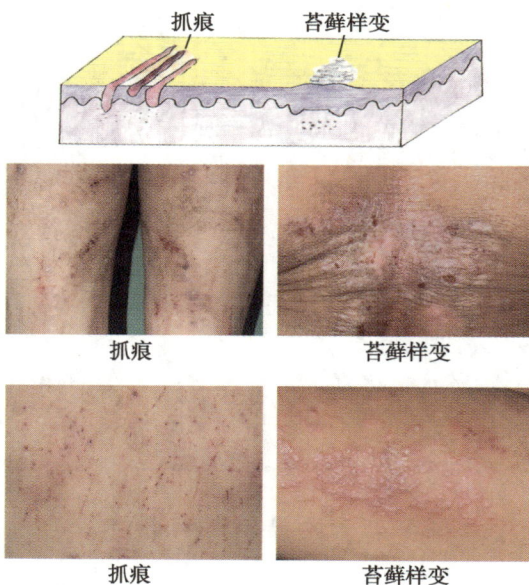

图 3-8　抓痕和苔藓样变

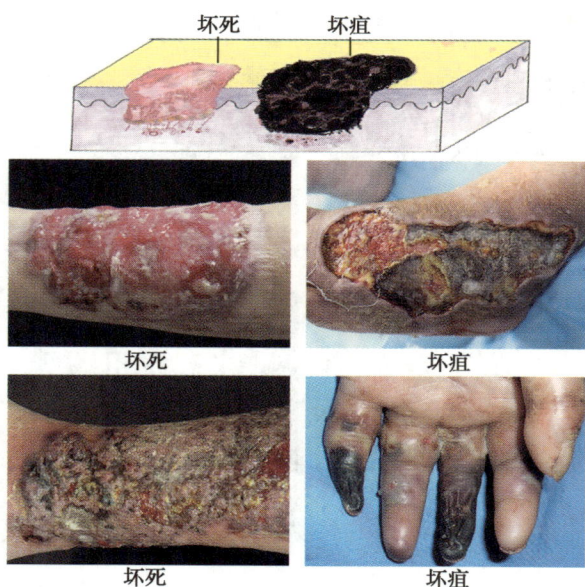

图 3-9　坏死和坏疽

第三节　皮肤病的基本病理改变

皮肤组织病理对皮肤病的诊断和鉴别诊断具有重要价值，对了解疾病的发生、发展、转归以及对治疗的选择有重要意义，是皮肤病诊疗中常用的辅助检查手段之一。

一、皮损的选择

皮疹的组织病理检查通常选择新发、未经治疗、充分发展、具有代表性的典型皮损；大疱性皮肤病及感染性皮肤病应选择早期、新鲜皮损；环形损害应在活动性边缘取材；结节性损害切取标本时应达到足够深度。取材时应包括小部分正常组织，以便与病变组织对照。尽量避免在腹股沟、腋窝、关节、胸前等部位取材。

二、取材方法及标本处理

1. 手术切取法　适用于各种要求及大小的皮肤标本，最为常用，应注意切缘锐利整齐，切口方向尽量与皮纹一致，足够深、足够大，尽量夹持切下组织的两端，以免夹坏组织而影响观察。

2. 环钻法　适用于较小皮损，或病变限于表浅处，或手术切取有困难者。

3. 切削法　可用于脂溢性角化病等浅表性皮损。

标本最好立即（一般不超过 20 分钟）放入 10% 甲醛液或 95% 乙醇中固定，固定液与组织之比为 8：1。若需做免疫病理，应立即将组织包于湿盐水纱布内 4℃保存，尽快送冰冻处理。

三、皮肤组织病理学的染色方法

皮损标本经固定、包埋、切片，最后经染色方可显微镜下观察。组织标本常规以苏木精-伊红（hematoxylin eosin，HE）染色，染色后，细胞核为蓝色，细胞质及结缔组织、肌肉、神经为红色，红细胞为明亮的粉红色。多数组织切片都可在 HE 染色下进行诊断。仅有少数病例针对不同的靶组织或病原体需要做特殊染色，包括 PAS 染色、阿尔辛蓝染色、吉姆萨染色、抗酸染色等。

四、皮肤组织病理学的常用术语

1. 角化过度（hyperkeratosis）　指角质层异常增厚（图 3-10）。因形成过多或潴留堆积，致角质层明显增厚，为绝对角化过度。若由于表皮其他层萎缩而使角质层相对增厚，为相对角化过度。见于扁平苔藓、掌跖角化病、鱼鳞病等。

2. 角化不全（parakeratosis）　指角质层内仍有残留的细胞核（图 3-11）。角化不全是由表皮细胞的转换速度过快，使细胞未能完全角化便达角质层所致。见于银屑病、玫瑰糠疹、汗孔角化症等。

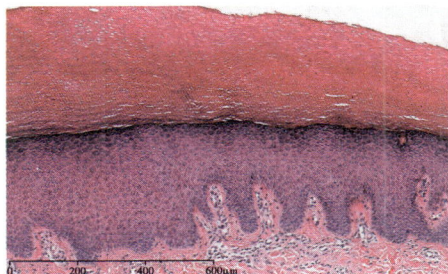

图 3-10　角化过度

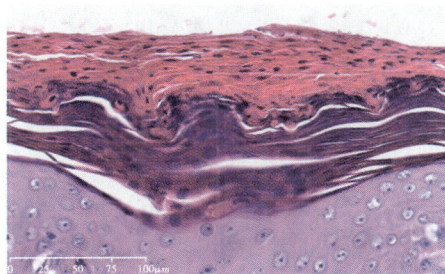

图 3-11　角化不全

3. 角化不良（dyskeratosis）　指表皮或附属器个别角质形成细胞未至角质层即显示过早角化，表现为核固缩、嗜伊红染色（图 3-12）。可见于良性疾病，如毛囊角化病、病毒感染等；恶性疾病中最常见于鲍恩病、鳞状细胞癌。鳞状细胞癌中角化不良细胞可呈同心性排列，接近中心部逐渐出现角化，称角珠（squamous pearl）（图 3-13）。

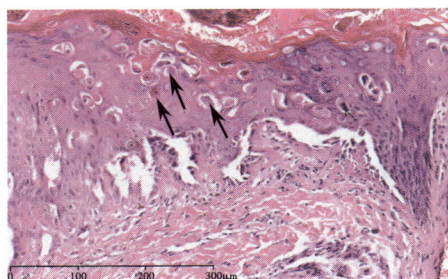

图 3-12　角化不良

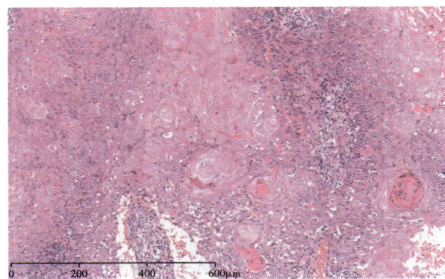

图 3-13　角珠

4. **颗粒层增厚（hypergranulosis）**　指颗粒层的厚度增加（图3-14）。可因细胞增生或肥大引起或两者均有。颗粒层增厚常伴有角化过度，如扁平苔藓、神经性皮炎等。

5. **棘层肥厚（acanthosis）**　指表皮棘细胞层增厚（图3-15）。常伴有表皮突延长或增宽，一般由棘层细胞数量增多所致，见于银屑病、慢性湿疹等，由细胞体积增大所致者称假性棘层肥厚。

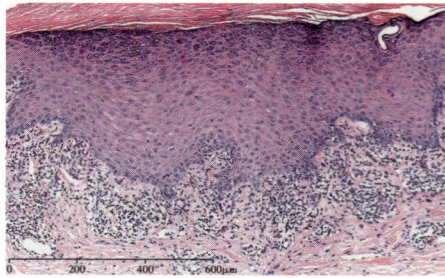

图 3-14　颗粒层增厚

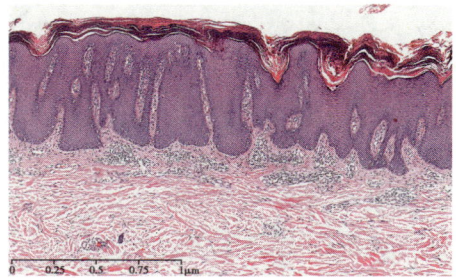

图 3-15　棘层肥厚

6. **疣状增生（verrucous hyperplasia）**　指表皮角化过度、颗粒层增厚、棘层肥厚和乳头瘤样增生四种病变同时存在，表皮宛如山峰林立（图3-16）。见于寻常疣、疣状痣等。

7. **乳头瘤样增生（papillomatosis）**　指真皮乳头不规则向上增生（图3-17）。往往表皮本身也出现并行的不规则增生，使表皮呈不规则的波浪状。见于黑棘皮病、皮脂腺痣等。

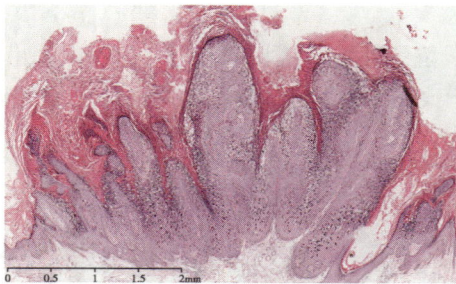

图 3-16　疣状增生

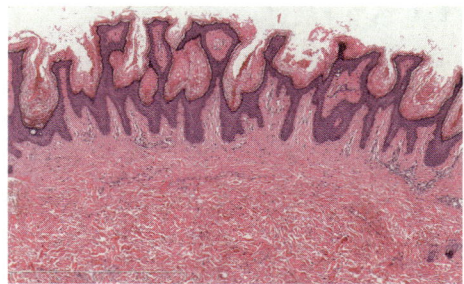

图 3-17　乳头瘤样增生

8. **假上皮瘤样增生（pseudoepitheliomatous hyperplasia）或假癌性增生（pseudocarcinomatous hyperplasia）**　指棘层不规则高度增生，呈现与鳞状细胞癌相似的改变，但细胞分化良好（图3-18）。见于慢性肉芽肿性疾病（如寻常狼疮）、慢性溃疡的边缘等。有时高分化鳞状细胞癌、瘢痕癌亦可表现为假上皮瘤样增生，造成误诊。

9. **细胞间水肿（intercellular edema）**　细胞间液体增多，细胞间隙增宽，细胞间桥拉长而清晰可见，状如海绵，故又名海绵形成（spongiosis），水肿严重时形成表皮内的海绵水疱（spongioticvesicle）（图3-19）。见于湿疹、接触性皮炎等。

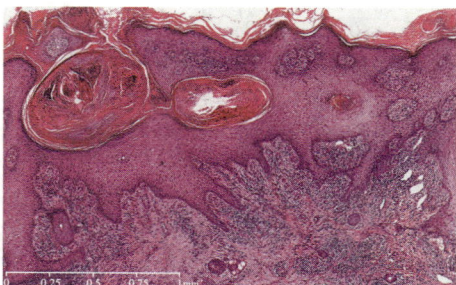

图 3-18　假上皮瘤样增生

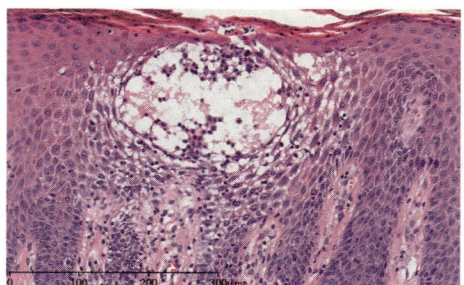

图 3-19　海绵水疱

10. 细胞内水肿（intracellular edema） 指棘层细胞内水肿，细胞体积增大，细胞质变淡（图3-20）。高度肿胀的细胞可呈气球状，称气球样变性（ballooning degeneration）；若细胞内水肿使细胞膨胀破裂，邻近残留的细胞膜连成许多网状中隔，最后形成多房性水疱，称网状变性（reticular degeneration）。见于病毒性皮肤病等。

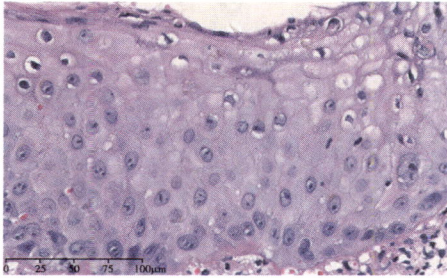

11. 棘层松解（acantholysis） 指表皮或上皮细胞间失去粘连，呈松解状态，致表皮内裂隙或水疱（图3-21）。当与周围细胞完全分离后称为棘层松解细胞，其核圆，染色均一，周围绕以嗜酸性浓缩的细胞质。见于天疱疮、毛囊角化病等。

图 3-20 细胞内水肿

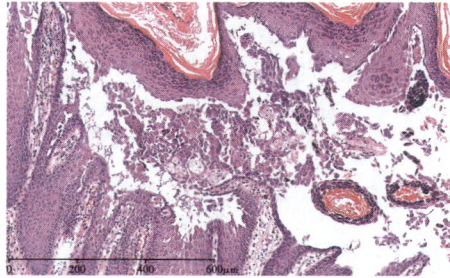

图 3-21 棘层松解

12. 基底细胞液化变性（liquefaction degeneration）及色素失禁（incontinence of pigment） 为基底细胞空泡化和崩解，重者基底层消失，棘细胞直接与真皮接触（图3-22）。基底细胞及黑素细胞损伤后黑素脱落被吞噬细胞吞噬，或游离于真皮上部称色素失禁，常伴真皮内噬黑素细胞浸润。见于扁平苔藓、红斑狼疮、皮肤异色症等。

13. Kogoj 微脓肿和 Munro 微脓肿 颗粒层或棘层上部海绵形成的基础上，中性粒细胞聚集成多房性脓疱，称 Kogoj 微脓肿（图3-23）；角质层内聚集的中性粒细胞形成的微脓肿，称 Munro 微脓肿（图3-24）。见于银屑病，特别是脓疱型银屑病等。

14. Pautrier 微脓肿 指表皮内或外毛根鞘淋巴样细胞聚集形成的细胞巢（图3-25）。脓肿本应

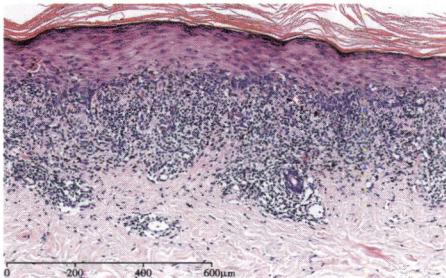

图 3-22 基底细胞液化变性

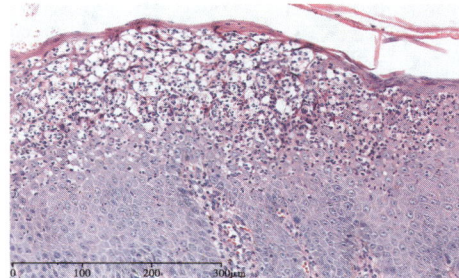

图 3-23 Kogoj 微脓肿

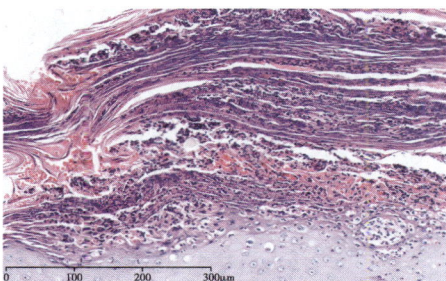

图 3-24 Munro 微脓肿

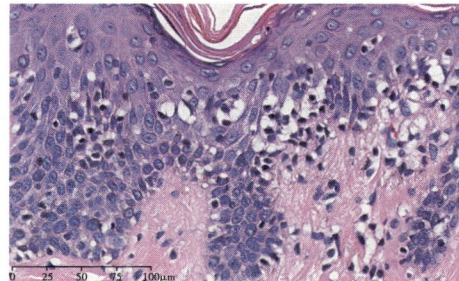

图 3-25 Pautrier 微脓肿

指中性粒细胞聚集,故此为错误名称的沿用。见于蕈样肉芽肿等。

15. 水疱、大疱和脓疱　皮肤内出现含有疱液的腔隙,小者为水疱,大者为大疱。可位于角层下、表皮内(图 3-26)、表皮下(图 3-27)。见于天疱疮、大疱性类天疱疮等。疱液中含有大量中性粒细胞即为脓疱,见于脓疱疮、掌跖脓疱病等。

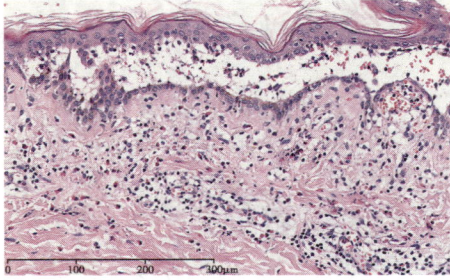

图 3-26　表皮内水疱

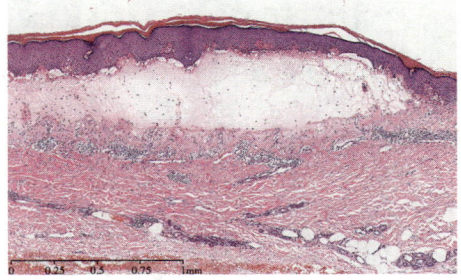

图 3-27　表皮下水疱

16. 纤维蛋白样变性(fibrinoid degeneration)　指结缔组织因病变而呈现明亮、嗜伊红、均质性改变,显示出纤维蛋白的染色反应(图 3-28)。HE 染色呈均质深红色。病变处最初基质增加,随后胶原纤维崩解,形成均质性或细颗粒嗜伊红物质。见于变应性血管炎等。

17. 嗜碱性变性(basophilic degeneration)　指真皮上部胶原组织失去正常的嗜伊红性,呈无定形、颗粒状的嗜碱性变化,重者呈不规则排列的嗜碱性卷曲纤维,与表皮之间隔以境界带(图 3-29)。见于日光性角化病等。

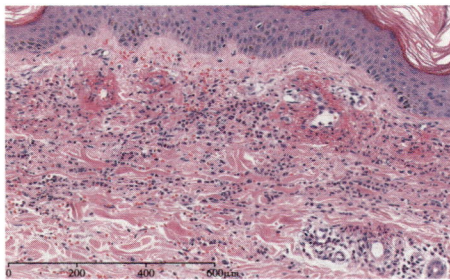

图 3-28　纤维蛋白样变性

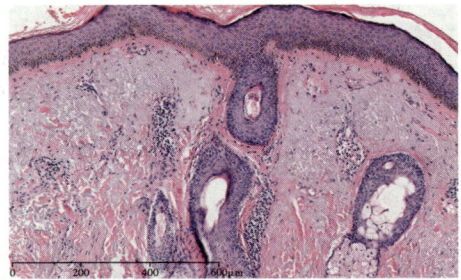

图 3-29　嗜碱性变性

18. 黏液变性(mucinous degeneration)　指胶原纤维基质中黏多糖增多,胶原纤维束间的黏液物质沉积而使间隙增宽。HE 染色可呈浅蓝色,阿尔辛蓝染色呈清晰的蓝色(图 3-30)。见于结缔组织病、黏液水肿等。

19. 弹性纤维变性(elastosis)　指弹性纤维断裂、破碎、聚集成团或粗细不匀呈卷曲状,量减少甚至溶解消失(图 3-31)。见于弹性纤维假黄瘤等。

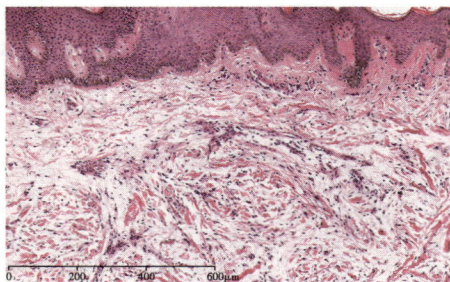

图 3-30　黏液变性

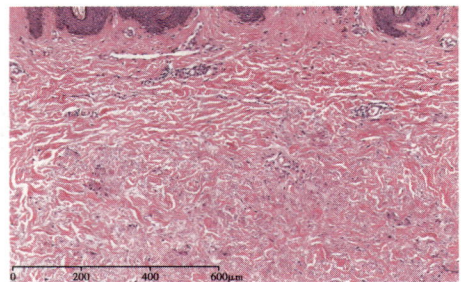

图 3-31　弹性纤维变性

20. 淀粉样变性（amyloid degeneration） 指在组织或血管壁内出现的呈特殊反应的无结构、半透明、均质性沉积物（图 3-32）。因其化学反应，遇碘呈棕色，类似淀粉，故得此名，实与淀粉无关。HE 染色切片中，淀粉样物质呈均匀一致的淡红色，其间可出现裂隙，结晶紫染色呈紫红色。见于皮肤淀粉样变等。

21. 肉芽肿（granuloma） 指各种原因所致的慢性增殖性改变，病变局部形成以组织细胞为主的结节状病灶，病变中可含有组织细胞（上皮样细胞、巨噬细胞）、多核巨细胞、淋巴细胞、浆细胞、中性粒细胞等。见于结核、麻风、梅毒和各种深部真菌病等（图 3-33）。

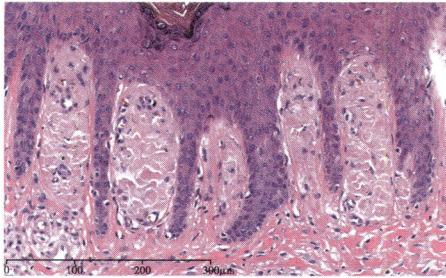

图 3-32 淀粉样变性

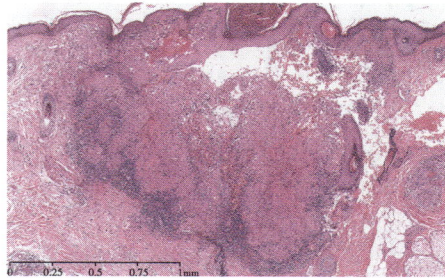

图 3-33 肉芽肿

22. 渐进性坏死（necrobiosis） 某些肉芽肿性皮肤病中，真皮结缔组织纤维及其内的血管等均失去正常着色能力，但仍可见其轮廓，无明显炎症，边缘常可见成纤维细胞、组织细胞或上皮样细胞呈栅栏状排列（图 3-34）。见于环状肉芽肿、类脂质渐进性坏死、类风湿结节等。

23. 血管炎（vasculitis） 指血管壁及血管周罻有炎症细胞浸润，同时伴有血管损伤，包括纤维素沉积、胶原变性、内皮细胞及肌细胞坏死的炎症。通常可见到红细胞外溢、中性粒细胞外渗，严重者可见中性粒细胞破碎形成的"核尘"。常见于变应性血管炎，如过敏性紫癜、结节性多动脉炎（图 3-35）等。

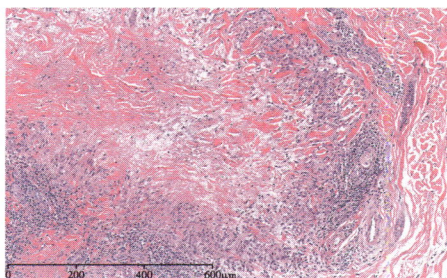

图 3-34 渐进性坏死

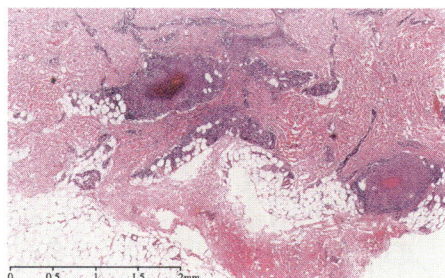

图 3-35 结节性多动脉炎

24. 脂膜炎（panniculitis） 指由炎症反应引起的皮下脂肪组织的炎症浸润、水肿、液化或变性坏死。可形成泡沫细胞、异物肉芽肿或噬脂肪细胞肉芽肿。脂膜炎又可分为间隔性（septal）（图 3-36）与小叶性（lobular）（图 3-37）两类，前者主要发生于脂肪小叶间，常见于结节性红斑等；后者主要发生

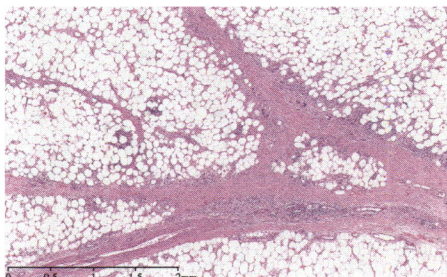

图 3-36 间隔性脂膜炎

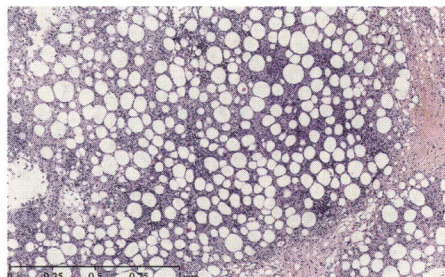

图 3-37 小叶性脂膜炎

于脂肪小叶本身,可见于红斑狼疮、硬红斑等。

第四节   皮肤病的实验室检查和辅助检查

一、病原学检查

1.病原体检查

（1）真菌检查:包括镜检及培养。浅部真菌的标本有皮屑、甲屑、毛发、痂等,深部真菌的标本可根据情况取痰、尿液、粪便、脓液、口腔或阴道分泌物、血液、脑脊液、各种穿刺液或组织。

1）涂片直接镜检:①KOH（氢氧化钾）湿片法:取标本置载玻片上,加一滴10%KOH溶液,盖上盖玻片,在酒精灯外焰上稍加热将角质溶解,轻轻加压盖玻片使标本透明即可镜检,观察有无菌丝或孢子（图3-38a）。②免疫荧光染色法:将标本置载玻片,加一定量的荧光染色液,盖上盖玻片,染色1~2分钟,将多余荧光染色擦拭干净,置于荧光显微镜下观察有无菌丝或孢子（图3-38b）。

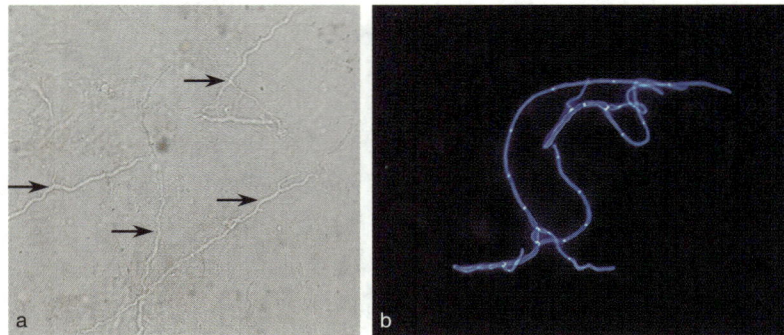

图 3-38   真菌直接镜检（箭头所指为菌丝）
a. KOH 湿片法；b. 免疫荧光染色法。

2）涂片染色后镜检:染色可更好地显示真菌形态及结构。白念珠菌、孢子丝菌等可用革兰染色；组织胞浆菌可用瑞特染色；隐球菌及其他有荚膜的真菌用墨汁染色后更好观察。

3）真菌培养:可提高真菌检出率,且能确定菌种。标本常接种于葡萄糖蛋白胨琼脂培养基,即沙氏培养基（Sabouraud's agar）,置25℃或35℃培养1~3周（图3-39）。菌种鉴定常根据肉眼下的菌落形态、显微镜下的菌丝、孢子形态判断,必要时可小培养协助鉴定,还可配合其他鉴别培养基、生化反应、分子生物学方法确定。

（2）疥螨检查:选择指缝、腕屈侧等部位未经搔抓的丘疱疹、水疱或隧道,以消毒针头挑出丘疱疹、水疱或隧道盲端灰白色小点置玻片上,或用蘸上矿物油的消毒手术刀轻刮皮损6~7次,取附着物移至玻片上,滴一滴生理盐水后镜下观察（图3-40）。

（3）蠕形螨检查:①挤刮法。选鼻唇沟、颊、颧等部皮损区,用刮刀或手挤压,将挤出物置于玻片

图3-39   真菌培养

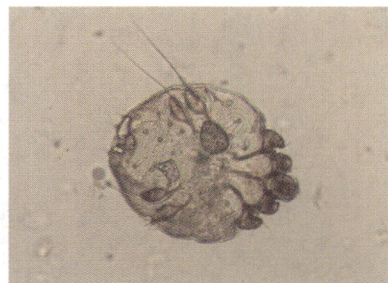

图3-40   疥螨

上,滴一滴生理盐水,盖上盖玻片并轻轻压平,镜下观察(图 3-41)。②透明胶带法。将透明胶带贴于上述部位,取下胶带贴于载玻片上,镜下观察。

（4）阴虱检查:用剪刀剪下附有阴虱或虫卵的阴毛,75% 乙醇或 5%~10% 甲醛溶液固定后置于载玻片上,滴一滴 10%KOH 溶液后镜检(图 3-42)。

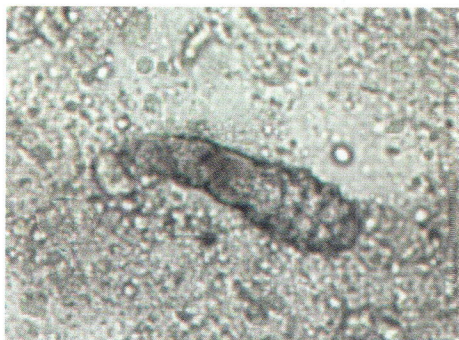

图 3-41　蠕形螨

图 3-42　阴虱

（5）其他病原体检查:包括各种性病病原体,如梅毒螺旋体、淋病奈瑟球菌、沙眼衣原体、解脲支原体等的检查,结核分枝杆菌、麻风分枝杆菌的抗酸染色检查,阴道、尿道分泌物的毛滴虫检查等,可参阅相关章节。

2. 病原体相关的其他检测方法　除了直接查找病原体,对于感染性疾病还可以通过其他间接手段来确定病原体的种类。

（1）检测病原微生物的特异性抗原、抗体

1）梅毒螺旋体(*treponema pallidum*,TP)的血清学试验:人感染一定时间后,血清中可产生心磷脂抗体、TP 特异性抗体等,因此可用免疫学方法进行检测,以达到明确诊断、确定治疗效果等作用。常用的检测分为非 TP 抗原血清试验和 TP 抗原血清试验两类,详见第八章第三节。

2）衣原体抗原检测:检测衣原体抗原明确病原体,阳性结果结合临床可确定感染,阴性时不能完全排除。

3）真菌 G 试验及 GM 试验:适用于深部真菌病的诊断。①G 试验:在深部真菌感染性疾病中,人体的吞噬细胞吞噬真菌后能持续释放真菌的细胞壁成分(1,3)-β-D-葡聚糖,使该物质在血液及体液中含量增高。(1,3)-β-D-葡聚糖能特异性激活鲎变形细胞裂解物中的 G 因子,引起裂解物凝固,故称 G 试验。适用于除隐球菌和接合菌(包括毛霉菌、根霉菌等)外所有深部真菌感染的早期诊断,尤其是念珠菌和曲霉菌,但不能确定菌种。②GM 试验:曲霉菌特有的细胞壁多糖成分是 β(1-5)呋喃半乳糖残基,菌丝生长时,半乳甘露聚糖从薄弱的菌丝顶端释放,是最早释放的抗原。GM 试验通过检测血液中的半乳甘露聚糖明确感染的真菌为曲霉菌,主要适于侵袭性曲霉菌感染的早期诊断。由于 GM 释放量与菌量成正比,该试验还可以反映感染程度,因此连续检测 GM 可作为治疗疗效的监测。

4）其他:包括 HSV、HIV 等病原体都可通过抗体检测得到诊断。

（2）分子生物学检测方法:分子生物学技术的飞速发展,为生物医学研究提供了非常便利的条件。PCR 技术(polymerase chain reaction,PCR)是用于体外选择性扩增特异性核酸片段的一项技术,通过设计特异性引物,扩增病原体中的保守基因,如目前常用的 rDNA 基因等,测序后经过比对,明确病原微生物种属。目前 PCR 检测技术已广泛应用于病毒、细菌、真菌等感染性皮肤病的诊断。

二、免疫病理学检查

1. 适应证　大疱性皮肤病、结缔组织病等自身免疫性皮肤病、某些感染性皮肤病及皮肤肿瘤的诊断和鉴别诊断。

2. 方法及原理　主要有直接免疫荧光、间接免疫荧光和免疫组织化学染色。

NOTES

（1）直接免疫荧光（direct immunofluorescence，DIF）：用于检测病变组织中存在的抗体或补体（图 3-43a）。将冷冻切片组织固定于玻片上，滴加荧光素标记的抗人免疫球蛋白抗体或抗 C3 抗体，经孵育、清洗等处理后，置于荧光显微镜下观察。若组织中有人免疫球蛋白或 C3 沉积，则荧光抗体与之结合呈现荧光。

（2）间接免疫荧光（indirect immunofluorescence，IIF）：用于检测血清中存在的循环自身抗体，可作抗体滴度测定（图 3-43b）。底物为正常人皮肤或动物组织（如鼠肝切片、大鼠膀胱上皮等），将被检血清滴于底物上，滴加荧光标记的抗人免疫球蛋白抗体等，置于荧光显微镜下观察。若血清中存在循环自身抗体，荧光标记的抗人免疫球蛋白抗体可与结合到底物上的抗体结合，呈现荧光。

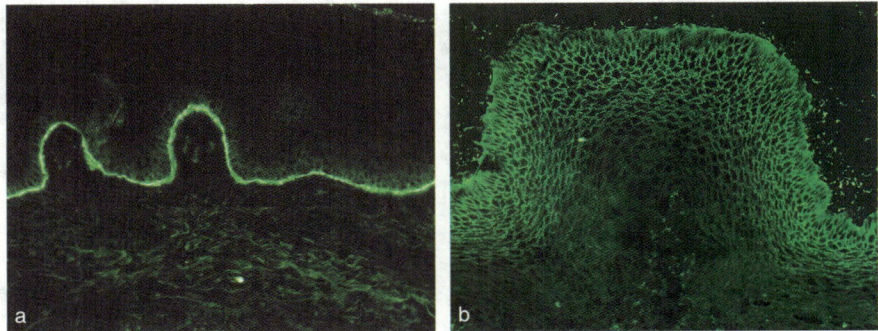

图 3-43　皮肤免疫荧光
a. 直接免疫荧光；b. 间接免疫荧光。

（3）免疫组织化学：又称免疫酶标法，有多种不同的检测系统和方法，机制与间接免疫荧光法类似，显色系统为催化成色反应的辣根过氧化物酶（黄色）、碱性磷酸酶（红色）等。主要标记细胞的某种特异性成分（图 3-44），常用于肿瘤的鉴别诊断，如皮肤淋巴瘤的分类及诊断，基本上都需免疫组化染色确定。

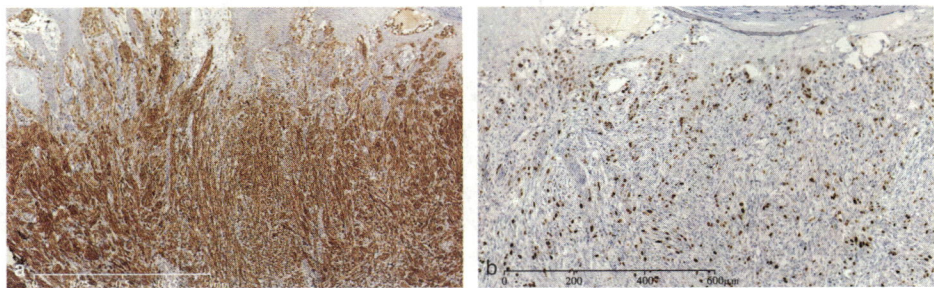

图 3-44　黑色素瘤免疫组化染色
a. 黑色素瘤免疫组化染色（S-100）；b. 黑色素瘤免疫组化染色（Ki-67）。

3. 标本处理　直接免疫荧光检查需将切取的新鲜皮肤标本用湿润的生理盐水纱布包裹，4℃下尽快送检。多数免疫组化染色可用普通病理方法制备的石蜡包埋组织块作为检验材料。

4. 结果分析

（1）直接免疫荧光：荧光显示的部位通常为棘细胞膜、皮肤基底膜带及血管壁。天疱疮见角质形成细胞间 IgG 呈网状沉积，大疱性类天疱疮、红斑狼疮在基底膜带可见 IgG 和/或 IgM、C3 沉积，疱疹样皮炎在真皮乳头部可见颗粒状 IgA 沉积，线状 IgA 皮肤病则在基底膜带出现 IgA 线状沉积，血管壁内免疫球蛋白或补体沉积可见于血管炎和红斑狼疮等。

（2）间接免疫荧光：可测定血清中自身抗体的性质、类型和滴度。如结缔组织病中抗核抗体的类型可分为周边型、均质型、斑点型及核仁型。

三、变应原检测

用于确定过敏性疾病患者的致敏物,特别是对职业性皮肤病的病因确定有重要价值。变应原检测可分为体内试验和体外试验。

1. 斑贴试验(patch test) 是目前临床用于检测Ⅳ型超敏反应的主要方法。根据受试物的性质,配制成适当浓度的浸液、溶液、软膏或原物作为试剂,以铝制斑试器或其他适当的方法将其贴于皮肤,一定时间后观察机体是否对其产生超敏反应。

(1)适应证:接触性皮炎、职业性皮炎、化妆品皮炎等。

(2)方法:将受试物置于斑试器内,贴于背部或前臂屈侧的健康皮肤,其上用一稍大的透明玻璃纸覆盖后再固定边缘。同时做多个不同试验物时,每两个受试点之间距离应大于4cm,同时必须设阴性对照(图3-45)。

(3)结果及意义:48~72小时后观察结果。受试部位无反应为(−),出现痒或轻度发红为(±),出现单纯红斑、瘙痒为(+),出现水肿性红斑、丘疹为(++),出现显著红肿、伴丘疹或水疱为(+++)。阳性反应说明患者对受试物过敏,但应排除原发性刺激或其他因素所致的假阳性反应,

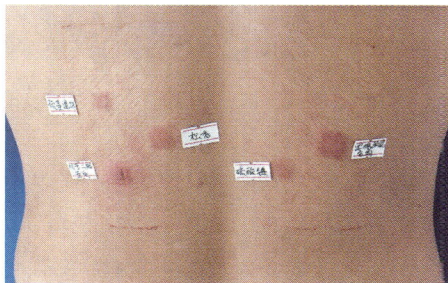
图3-45 皮肤斑贴试验

刺激性反应于受试物除去后红斑很快消失,而过敏反应除去受试物后24~48小时内,皮肤表现往往增强。阴性反应则表示患者对试验物无敏感性。

(4)注意事项:①需注意区分过敏反应及刺激反应;②假阴性反应可能与试剂浓度低、斑试物质与皮肤接触时间太短等有关;③不宜在皮肤病急性发作期做试验,不可用高浓度的原发性刺激物做试验;④受试前2周和受试期间服用糖皮质激素、受试前3天和受试期间服用抗组胺药物均可出现假阴性;⑤如果在试验后72小时至1周内局部出现红斑、瘙痒等表现,应及时就诊。

2. 皮肤光斑贴试验

(1)适应证:光变应性接触性皮炎,可发现致病的光敏物,确定光变应原。

(2)方法:测定患者的最小红斑量,将两份标准光斑贴试验变应原分别加入药室内,贴于上背部中线两侧正常皮肤,用不透光的深色织物遮盖。24小时后去除两处斑试物,其中一处用遮光物覆盖,避免任何光线照射作为对照,第二处用50%最小红斑量的UVA照射。照射后24、48、72小时观察结果,必要时第5、7天再观察。

(3)结果判断:同皮肤斑贴试验。

(4)临床意义:未照射区皮肤无反应,照射区有反应提示光斑贴试验阳性,考虑光变应性反应;两处均有反应且程度相同考虑接触性变应性反应;两处均有反应但照射区反应程度大,则考虑为变态反应性及光变态反应性反应共存。

(5)注意事项:受试前服用糖皮质激素及抗组胺药物均对试验结果产生影响;结果判断时,需要注意使用不适当光源引起物理性损伤的假阳性反应。

3. 点刺试验(skin prick test)、划破试验(scratch test)及皮内试验(intracutaneous test)

(1)适应证:荨麻疹、特应性皮炎、药疹等多种与速发型超敏反应相关的过敏性疾病。划破试验目前已被点刺试验取代。皮内试验主要用于药物速发超敏反应检测,如青霉素皮试。

(2)方法:一般选择前臂屈侧为受试部位,局部清洁消毒。点刺试验和划破试验按说明书将受试液经点刺或划破进入皮肤,5~10分钟后拭去试液;皮内试验一般选腕部,皮内注射受试液0.1ml,常用生理盐水或注射用水在对侧设阴性对照(图3-46、图3-47)。一般均以组胺液为阳性对照。

(3)结果:皮肤反应与生理盐水相同为(−),强度与组胺相似为阳性(+++),较强为(++++),较弱则相应标为(++)及(+)。若未设置阳性对照,无红斑或风团为(−);红斑直径≥1cm,伴轻度风团为(+);红斑直径约2cm,伴风团为(++);红斑直径>2cm,或/并出现伪足为(++++)。

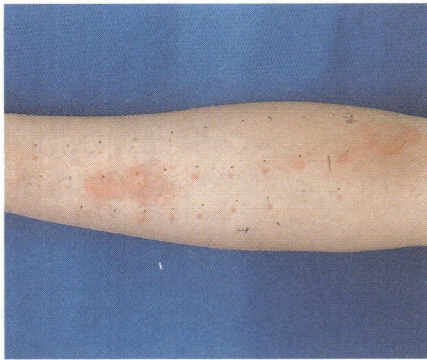

图 3-46　皮肤点刺试验

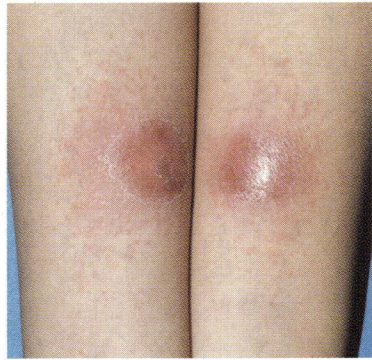

图 3-47　皮内试验（PPD 皮试）

（4）点刺试验注意事项：①宜在无临床表现时进行；②设生理盐水及组胺液为阴性及阳性对照；③结果为阴性时，应继续观察 3~4 天，必要时 3~4 周后重复试验；④有过敏性休克史者禁行试验；⑤有发生过敏性休克的可能，需备盐酸肾上腺素注射液；⑥受试前 2 天应停用抗组胺药物；⑦妊娠期尽量避免检查。

皮内试验注意事项同点刺试验④~⑥项。

4. 血清变应原检测　是一种变应原的体外检测方法，即将特异性变应原吸附于特定载体上，通过酶联免疫法、免疫印迹法等检测患者血清中特异性 IgE 或 IgG，从而为寻找特异性变应原提供线索。敏感的血清变应原检测需结合患者体验谨慎解释检测结果。

四、物理检查及皮肤科专用仪器检查

1. 玻片压诊（diascopic examination）　选择洁净、透明度好的玻片压迫皮损，15 秒后在玻片上观察皮损颜色变化情况。充血性红斑会消失而出血性红斑及色素斑不会消失，颜面播散性粟粒型狼疮皮损可出现特有的苹果酱颜色。

2. 皮肤划痕试验（dermatographic test）　在荨麻疹患者皮肤表面用钝器以适当压力划过，可出现以下三联反应，称为皮肤划痕试验阳性：①划后 3~15 秒，在划过处出现红色线条，可能由真皮肥大细胞释放组胺引起毛细血管扩张所致；②15~45 秒后，在红色线条两侧出现红晕，此为神经轴索反应引起的小动脉扩张所致；③划后 1~3 分钟，划过处出现隆起、苍白色风团状线条，可能是组胺、激肽等引起水肿所致。

在皮肤划痕 15 秒后出现血管收缩反应，呈苍白色，为白色皮肤划痕试验阳性，常见于特应性皮炎等。

3. 醋酸白试验　人乳头瘤病毒感染的上皮细胞与正常细胞产生的角蛋白不同，能被冰醋酸凝固变白。用 5% 醋酸溶液外搽或湿敷患处，2~5 分钟后，病灶局部变白且境界清楚者为阳性。

4. 滤过紫外线　滤过紫外线是高压汞灯——伍德灯（Wood 灯）（图 3-48）发射出的波长为 320~400nm 的紫外线光波，可用于色素异常性皮肤病、皮肤感染及卟啉病的辅助诊断，也可观察疗效。

图 3-48　伍德灯

（1）方法：在暗室内将患处置于 Wood 灯下直接照射，观察皮损处荧光类型。

（2）临床意义：色素减退、色素脱失或色素沉着性皮损更易与正常皮肤区别。假单胞菌属感染发出绿色荧光，铁锈色小孢子菌、羊毛状小孢子菌等感染为亮绿色荧光，黄癣菌感染为暗绿色荧光，马拉色菌感染为棕色荧光，紫色毛癣菌和断发毛癣菌感染无荧光。皮肤迟发性卟啉病患者尿液为明亮的粉红-橙黄色荧光,先天性卟啉病患者牙、尿、骨髓发出红色荧光,红细胞生成性原卟啉病患者可见强红色荧光。局部外用药(如凡士林、水杨酸、碘酊等)甚至肥皂的残留物也可有荧光,应注意鉴别。

5. 皮肤影像检查

(1)皮肤镜是一种可放大数十倍的皮肤显微镜,能检查从表皮到真皮细胞内外色素、血管内外的血液色素以及皮肤和毛发的细微变化。用皮肤镜检查时可将透镜覆盖在皮肤上进行观察,获得二维图像,放大固定 10 倍以上;亦可使用光纤皮肤镜,在屏幕上实时可视,并能达到更高的放大倍率。皮肤镜最重要的应用领域是黑色素瘤的诊断和鉴别诊断,如黑色素瘤与黑素细胞痣、脂溢性角化病、基底细胞癌、血管性肿瘤等肿瘤及出血性损害等的鉴别诊断(图 3-49 右下图所示皮损临床考虑色素痣或黑色素瘤;左下图示皮肤镜修正为血管角皮瘤并获病理证实)。此外,对毛发疾病、银屑病、扁平苔藓、疱病等均可提供重要的诊断线索。

(2)皮肤全反式共聚焦纤维镜检查又称为皮肤 CT,利用特殊波段的激光对皮肤组织进行扫描后在计算机辅助下成像,检测皮肤组织结构特征,为皮肤疾患诊断提供线索。皮肤 CT 主要用于皮肤肿瘤,如脂溢性角化、黑色素瘤、鳞状细胞癌等及非肿瘤性疾病,如白癜风、银屑病、湿疹等疾病的诊断。

(3)超声成像技术早已成为临床医学众多领域重要诊断工具之一,因传统超声成像体系分辨率不够、深度不够浅表及探头(超声换能器)过大而未应用于皮肤病学。现阶段,皮肤高频超声逐渐用于皮肤疾病,主要用于皮肤肿瘤、激光术后评估及美容填充监测等。

6. 光敏试验(photosensitization test)　光敏试验是通过测定最小红斑量(MED 值)判断受试者是否存在 UVA 及 UVB 的光敏感和光敏感强度的试验(图 3-50)。

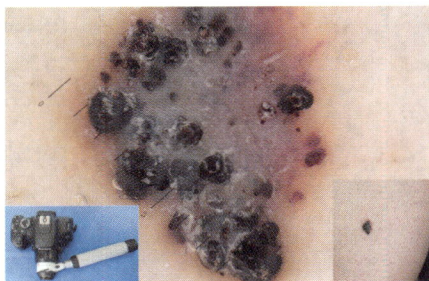

图 3-49　皮肤镜检查　　　　　　　　图 3-50　最小红斑量检测

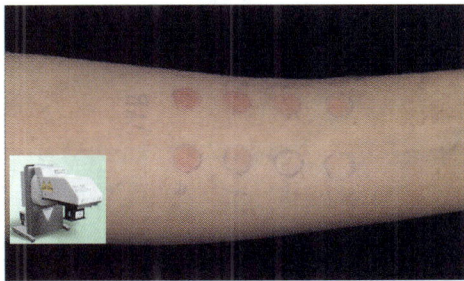

(1)适应证:多形性日光疹、慢性光化性皮炎等光敏性疾病及光线促发或加重的皮肤病。

(2)测定方法:取前臂屈侧、背部或腹部为受试部位,一侧照射 UVA、另一侧照射 UVB,每侧 8 孔,各孔照射剂量递增。

(3)结果判定及意义:24 小时判定结果,观察所测 UVA、UVB 孔内皮肤变化,观察到红斑的下 1 格作为最小红斑量(MED 值),MED 值低于正常人群提示光敏感;受试者 UVB 的 MED 值低于正常人群 MED 值,提示受试者光毒性耐受力降低;受试者 UVA 的 MED 值低于正常人群的 MED 值,提示光敏感性高;受试部位出现速发风团,提示日光性荨麻疹。

(4)注意事项:①进行照射时,受试者和操作人员须佩戴护目镜;②选择无皮损的正常皮肤为照射区;③试验过程中,操作人员不得离开现场,避免让受试者自行操作设备,操作人员应认真监护设备运行,做好辐照记录;④受试部位应避免日晒、烫洗、搔抓等刺激;⑤照射部位可出现红斑反应,继而色素沉着,红斑处可涂抹激素类外用药,色素沉着可自行消退。

第五节　皮肤病的诊断

皮肤病的诊断同其他疾病一样,需对病史、体格检查、辅助检查等信息进行综合分析。建议对皮肤病患者患处进行拍照、登记病史信息等。

一、病史

1. 一般资料　包括患者的姓名、性别、年龄、职业、民族、籍贯、婚姻状况、出生地等。这些虽属一般项目，但对疾病的分析、诊断有不可或缺的价值，如系统性红斑狼疮好发于育龄期妇女，演员易出现化妆品皮炎；有些疾病分布具有区域性，如麻风、深部真菌病等。准确的地址和电话有助于对患者进行随访。

2. 主诉　皮疹性状、症状及持续时间。

3. 现病史　患者发病至就诊的全过程，包括疾病诱发因素、前驱症状、初发皮损状况（如性质、部位、数量、分布、扩展顺序、变化规律等）、伴随的局部及全身症状、治疗经过及其疗效。应注意饮食、药物、接触物、季节、环境温度、日光照射等因素与疾病发生、发展的关系。

4. 既往史　过去曾罹患的疾病名称、诊治情况及其转归，特别是与现有皮肤病相关的疾病。应注意有无药物和/或其他过敏史。

5. 个人史　患者的生活情况、饮食习惯、婚姻及生育情况和性生活史，女性患者应包括月经史、妊娠史等。

6. 家族史　应询问家族中有无类似疾病及其他疾病，有无传染病、近亲结婚等。

二、体格检查

通过细致的查体可把握皮损的特点。不少皮肤病可能与其他系统异常存在密切关系，因此必要时应做系统查体。

皮肤检查时，应注意对皮肤黏膜及其附属器进行全面检查，以获得尽可能多的信息；光线应充足，最好在非直射自然光下进行，也可在日光灯下进行，以获得最接近真实的皮损信息；室内温度应适宜。

1. 视诊

（1）性质：应注意区别原发性皮损与继发性皮损，是否单一或多种皮损并存。

（2）大小和数量：斑疹大小可实际测量，丘疹、结节等有立体形态者可测量，亦可用实物描述，如芝麻、小米、黄豆、鸽卵、鸡蛋或手掌大小；数量为单发、多发，亦可用数字表示。

（3）颜色：正常皮色或红、黄、紫、黑、褐、蓝、白等。根据颜色的深浅，还可进一步划分描述，如红色可分为淡红、暗红、鲜红等。

（4）界限及边缘：界限可为清楚、比较清楚或模糊，边缘可整齐或不整齐等。

（5）形状：可呈圆形、椭圆形、多角形、不规则形或地图状等。

（6）表面：可为光滑、粗糙、扁平、隆起、中央脐凹状、乳头状、菜花状、半球形等，还应观察有无糜烂、溃疡、渗出、出血、脓液、鳞屑和痂等。应注意某些疾病皮损的细微特殊变化，如扁平苔藓的威克姆纹（Wickham striae）、盘状红斑狼疮的毛囊角栓等。

（7）基底：可为较宽、较窄或呈蒂状。

（8）内容：对水疱、脓疱和囊肿等，需观察内容物为血液、浆液、黏液、脓液、皮脂、角化物或其他异物等。

（9）排列：孤立或群集，排列呈线状、带状、环状或无规律。

（10）部位和分布：根据皮损发生部位可对皮肤性病的种类进行大致归类，应查明皮损位于暴露部位、覆盖部位或与某特定物一致，分布方式为局限性或全身性，是否沿血管分布、神经节段分布或对称分布。

2. 触诊　了解皮损坚实或柔软，浅表或深在，有无浸润增厚、萎缩变薄、松弛或凹陷，局部温度正常、升高还是降低，是否与周围组织粘连，有无压痛，有无感觉过敏、减低或异常，附近淋巴结有无肿大、触痛或粘连等。

三、实验室检查

根据上述病史、体格检查提供的线索，选择所需实验室检查及其他检查。

四、诊断

通过对病史、体格检查、实验室检查等资料进行认真地分析、归纳,即可对大多疾病得出诊断或初步诊断。

（崔　勇）

思考题

1. 皮肤病的原发性损害与继发性损害分别有哪些?
2. 皮肤病常见的组织病理变化有哪些?
3. 皮肤影像检查可用于哪些常见疾病?
4. 在临床工作中如何合理应用皮肤科特有的辅助检查?

第四章
皮肤病的预防与治疗

【学习要点】

1. 皮肤流行病学是以流行病学思想及研究方法为指导,以皮肤病学为基础,研究各种皮肤病的发病率、疾病负担等,从而制订更有效的皮肤病预防和治疗策略。

2. 皮肤病的治疗需要"协同防治";包括外用药物治疗、系统用药治疗、物理治疗和皮肤外科治疗。

3. 对于皮肤病的外用药物治疗,要掌握基本的原则,根据不同疾病、不同部位、不同年龄等,选择合适的药物。

4. 对于皮肤病的系统用药治疗,要掌握各种药物的潜在毒副反应,选择合适的药物、治疗周期,定期监测和及时干预等。

5. 对于皮肤病的物理治疗和外科治疗,需要掌握基本的原理及技巧,取长补短、综合治疗、联合治疗。

第一节 皮肤病的预防

皮肤与机体其他器官一样,在多种因素影响下出现病理生理改变,导致皮肤病发生。《健康中国行动(2019—2030年)》指出要"促进以治病为中心向以人民健康为中心转变",提高人民健康水平,因此皮肤病的预防和治疗同样重要。

要有效地预防皮肤病,就需要掌握皮肤病在人群中的发病水平和分布规律。皮肤流行病学是以流行病学研究方法为指导,以皮肤病学为基础,通过抽样调查、疾病监测等方法来描述人群中各种皮肤病的患病率、发病率、死亡率、疾病负担等指标,并分析与疾病分布有关的遗传和环境因素及其相互作用,为阐明皮肤病的病因与发病机制提供线索,为制订有效的预防和治疗策略提供科学依据。

皮肤病是影响我国人民健康的重要问题。据世界卫生组织估计,2005—2016年中国人皮肤及其附属器导致的健康寿命损失排在所有疾病的第四位。受全球环境气候的变化、我国社会经济的高速发展、卫生和医疗条件的改善、生活方式的急剧转变、人口老龄化等因素的影响,我国的皮肤疾病谱已逐渐由感染性疾病向慢性非感染性疾病转变。银屑病、特应性皮炎等慢性炎症性皮肤病的疾病负担高,与心血管疾病、糖尿病、抑郁、痴呆等呈现"共流行"的现象;恶性黑色素瘤、严重皮肤感染等皮肤病病死率高,是皮肤病相关寿命损失的重要原因。由此可见,皮肤病不仅患病率高,而且长期影响患者的生命质量,其协同防治具有重要的公共卫生意义。以下就一些基本的预防原则进行简要介绍。

一、一般性预防原则

1. 养成良好的护肤习惯 皮肤屏障主要由皮脂膜、角质层及脂质等共同构成,作用为抵御外界有害、刺激物进入,同时具有保湿抗炎作用。皮肤屏障受损将引起皮肤干燥、老化、色素沉着,并诱发特应性皮炎、银屑病、痤疮、脂溢性皮炎等多种皮肤疾病。研究表明,良好的护肤习惯可以维持健康的皮肤屏障功能,改善皮损症状,而过度清洁是特应性皮炎、痤疮、玫瑰痤疮等皮肤病的危险因素。应纠正不良护肤习惯,注意皮肤的正确护理和保健。注重保湿和保持皮肤卫生的同时,应避免沐浴次数过多、沐浴水温过高、过度使用清洁产品等。

由于化妆品成分相对复杂且部分化妆品成分不明,使用时容易导致过敏反应发生。因此,敏感体质的人在使用化妆品前,建议先进行斑贴试验,避免盲目地大量使用;粉底类化妆品有堵塞毛孔的风险,从而引发或加重痤疮,故应避免使用劣质或过期化妆品,减少长时间涂用彩妆,卸妆应彻底。

2. 坚持健康的生活方式　生活方式是诸多疾病的共同影响因素,不良生活方式可能通过增加氧化应激和炎症、加速衰老、促进代谢异常等机制参与各类皮肤病的发生发展。

吸烟和二手烟暴露是皮肤病的重要危险因素,可增加特应性皮炎、银屑病、系统性红斑狼疮等多种免疫相关性皮肤病的发病风险。烟草暴露可促进炎症因子的表达上调,造成免疫功能异常;颗粒物、一氧化碳等不完全燃烧产物可作用于角质形成细胞,造成氧化应激,损伤和破坏皮肤屏障功能;吸烟还能延缓伤口愈合,抑制成纤维细胞向皮损部位的迁移。

在饮食方面,红肉、加工食品、膳食钠、游离糖、饱和脂肪、反式脂肪酸等食物或营养素的过量摄入是银屑病、特应性皮炎、痤疮等皮肤病的危险因素。蔬菜、水果、鱼肉、酸奶、益生菌(元)、维生素 D、不饱和脂肪酸等食物或营养素的适量摄入可预防皮肤病的发生。地中海饮食模式对银屑病等有较好的预防作用。

适度体力活动是预防炎症性皮肤病、改善机体免疫功能的重要方式之一。久坐可增加湿疹、银屑病等炎症性皮肤病的风险,而适度运动可预防疾病或改善其症状。

日晒是皮肤老化最重要的原因,也是几乎所有色素沉着性皮肤病及光线性皮肤病的危险因素。此外,紫外线暴露可能会引发变态反应,从而导致多形性日光疹、日光性荨麻疹等皮肤疾病。因此,日常生活中应避免长时间暴晒,减少摄入光敏性食物和药物,避免使用光敏性化妆品。长时间户外活动时,可使用遮阳伞、防晒服等防晒装备,暴露部位涂抹防晒霜等。适度防晒可降低光线性角化病(癌前病变)的风险,对暴露部位的皮肤肿瘤,如皮肤鳞癌、基底细胞癌、黑色素瘤等有明确的预防作用。然而,过度防晒可能造成维生素 D 缺乏,影响免疫功能和骨健康,也应注意避免。

充足的睡眠及健康的情绪状态是维持免疫稳态的重要因素,不规律的睡眠、睡眠障碍及情绪问题与慢性自发性荨麻疹、特应性皮炎、手湿疹等炎症性皮肤病之间存在显著关联。

3. 避免抗生素和激素的不当使用　国内外多项观察性研究均报道了抗生素使用史与特应性皮炎、银屑病的关联。我国一项观察性研究显示,上呼吸道感染史和抗生素使用史是青少年特应性皮炎、手湿疹、食物/药物光过敏反应、急性荨麻疹、慢性荨麻疹的危险因素,可增加 10%~60% 的患病风险。此外,长期或不当局部使用糖皮质激素可引起糖皮质激素依赖性皮炎。建议在皮肤科医师的指导下合理使用糖皮质激素类药物,避免滥用、误用、长期使用。

二、特定皮肤病的预防原则

1. 感染性皮肤病的预防　对于感染性皮肤病,如疥疮、麻风、性传播疾病、头癣、脓疱疮等,发现传染源应及时隔离,切断传播途径,早发现、早诊断、早治疗。同时做好卫生宣教工作,向患者宣传教育有关预防传染性皮肤病的知识,改变不良卫生习惯。

2. 变态反应性、特应性皮肤病的预防　此类皮肤疾病发病的最主要危险因素为接触变应原。对于慢性荨麻疹等病因较复杂的皮肤病应仔细寻找变应原或病因,避免再次接触或再次摄入变应原;避免使用致敏药物,包括中成药或含致敏药物成分的复合药物;谨慎食用易引起变态反应的异种蛋白食物,如鱼、虾、蟹、蛋等;未使用过的化妆品应先小面积试用,如有过敏表现,应立即停用。

3. 瘙痒性皮肤病的预防　皮肤瘙痒产生的原因多样,需积极寻找原因并对应处理,劝诫患者不要过度搔抓或外用刺激性强的药物,勿用热水烫洗,加强皮肤保湿,禁食酒类、辛辣刺激性食物,注意规律作息,防止皮肤病加重和复发。

4. 职业性皮肤病的预防　职业性皮肤病的主要危险因素为职业暴露,即工作场所及工作过程中接触到的所有有害、致病因素。应开展对工作环境中致病因素的调查,仔细了解化学、物理、生物因素的接触方式、工作和工艺流程、与疾病的相互关系等。应尽可能发现病因、改进工艺流程、改善工作条件,对职业性皮肤病进行防护。还要指导工作人员了解职业性皮肤病的相关知识,做好个人防护。

5. 皮肤肿瘤的预防   长期日晒伤可诱发包括基底细胞癌在内的多种皮肤肿瘤,应避免日光暴晒。此外,应避免使用可能致癌的化学物质,不吸烟,定期进行皮肤自检,注意手足部等易摩擦部位色素痣及色素异常皮肤的变化情况,一旦出现异常应及时就诊,做到早发现、早治疗。

第二节   皮肤病的治疗

一、外用药物治疗

皮肤病多位于体表,外用药可直接作用于病变部位达到较好的治疗效果,因此外用药物在皮肤病的治疗中占有非常重要的地位。临床实践中外用药物的选择需要注意:①依据疾病病理选择针对性药物;②根据皮损表型选择黏附性、弥散性、穿透性好的剂型;③针对不同皮损部位选择药物类型,减少局部及全身副作用。因此在使用外用药时,必须对各种药物的作用、性质和副作用进行全面了解,并掌握各种药物剂型的选择及使用原则。

1. 药物经皮吸收及影响因素   药物被皮肤吸收,分布到皮肤各组织中发挥药理作用的过程称为药物的经皮吸收(percutaneous absorption)。经皮吸收是决定外用药物临床疗效的关键,临床医师必须熟悉影响药物经皮吸收的因素,从而根据患者皮损的特点,选择准确的药物和剂型,提高治疗效果。影响药物经皮吸收的主要因素包括以下三大类。

(1)角质层:角质层是影响药物经皮吸收的主要因素,具体包括三个方面。①年龄:儿童角质层较成人更薄,更易吸收。②厚薄:不同部位角质层的厚薄不同,对药物吸收能力区别很大,吸收能力从高到低依次为耳后、阴囊、腹部、头皮、前臂及足跖等。③损伤及病变:搔抓、机械刺激等可破坏角质层结构,使屏障功能被破坏,增加药物吸收量。

(2)药物理化性质:①药物的极性。同时具有亲水及亲脂性的药物较单一优势的药物透皮能力更强。②药物浓度。浓度越高,经皮吸收越多。③药物剂型。基质不同,药物的经皮吸收不同,按经皮吸收率排序为,硬膏>油膏>乳膏>水剂。④经皮吸收促进剂。包括了化学分子增渗剂,如二甲基亚砜、丙二醇等以及新型的脂质体等。也可以用超声、微针等物理治疗方案导入药物。

(3)其他影响因素:如覆盖和封包疗法,提高局部温度、湿度等。

2. 外用药物的剂型   皮肤病外用药的选择原则是在依据药物经皮吸收的原理上,根据皮损的部位及皮疹的特点选择具有针对性、靶向性药理作用的药物及外用药物剂型,从而达到治疗疾病的目的。外用药物剂型根据基质不同可分为以下几大类。

(1)粉剂(powder):有干燥、保护和散热作用。主要用于急性皮炎无糜烂和渗出的皮损,特别适用于间擦部位。常用的有滑石粉、氧化锌粉、炉甘石粉等。

(2)糊剂(paste):含有25%~50%固体粉末成分的软膏。作用与软膏类似,因其含有较多粉剂,因此有一定吸水和收敛作用,多用于有轻度渗出的亚急性皮炎、湿疹等,毛发部位不宜用糊剂。

(3)硬膏(emplastrum):由药物溶于或混合于黏着性基质中并贴附于裱褙材料上(如布料、纸料或有孔塑料薄膜)而成。硬膏可牢固地黏着于皮肤表面,作用持久,具有阻止水分散失、软化皮肤和增强药物渗透性的作用。常用的有氧化锌硬膏、曲安奈德新霉素硬膏、剥甲硬膏等。

(4)软膏(ointment):用凡士林、单软膏(植物油加蜂蜡)或动物脂肪等作为基质的剂型。具有保护创面、防止干裂的作用,软膏渗透性较乳剂更好,其中加入不同药物可发挥不同治疗作用,主要用于慢性湿疹、慢性单纯性苔藓等疾病,由于软膏可阻止水分蒸发,不利于散热,因此不宜用于急性皮炎、湿疹的渗出期等。

(5)乳剂(emulsion):油和水经乳化而成的剂型。有两种类型,一种为油包水(W/O),油为连续相,有轻度油腻感,主要用于干燥皮肤或在寒冷季节使用;另一种为水包油(O/W),水是连续相,也称为霜剂（cream），由于水是连续相，因而容易洗去，适用于油性皮肤。水溶性和脂溶性药物均可配成乳剂，具有保护、润泽作用，渗透性较好，主要用于亚急性、慢性皮炎。

（6）溶液（solution）：药物的水溶液。具有清洁、收敛作用，主要用于湿敷。湿敷有减轻充血水肿和清除分泌物及痂皮等作用，如溶液中含有抗菌药物还可发挥抗菌、消炎作用，主要用于急性皮炎、湿疹类疾病。常用的有 3% 硼酸溶液、0.5% 醋酸铅溶液、0.05%~0.1% 小檗碱溶液、1∶8 000 高锰酸钾溶液、0.1% 硫酸铜溶液等。

（7）酊剂和醑剂（tincture and spiritus）：药物的酒精溶液或浸液，酊剂是非挥发性药物的酒精溶液，醑剂是挥发性药物的酒精溶液。酊剂和醑剂外用于皮肤后，酒精迅速挥发，其中溶解的药物均匀地分布于皮肤表面，发挥其作用。常用的有 2.5% 碘酊、复方樟脑醑等。

（8）洗剂（lotion）：也称振荡剂，是粉剂（30%~50%）与水的混合物，二者互不相溶。有止痒、散热、干燥及保护作用。常用的有炉甘石洗剂、复方硫黄洗剂等。

（9）油剂（oil）：用植物油溶解药物或与药物混合，有清洁、保护和润滑的作用，主要用于亚急性皮炎和湿疹。常用的有 25%~40% 氧化锌油、10% 樟脑油等。

（10）凝胶（gel）：以高分子化合物和有机溶剂，如卡波姆（凝胶机制）、聚乙二醇为基质配成的外用药物。凝胶外用后可形成一层薄膜，凉爽润滑，无刺激性，急、慢性皮炎均可使用。常用的有过氧化苯甲酰凝胶、阿达帕林凝胶等。

（11）涂膜剂（film）：将药物与成膜材料（如羧甲基纤维素钠、羧丙基纤维素钠等）溶于挥发性溶剂（如丙酮、乙醚、乙醇等）中制成。外用后溶剂迅速蒸发，在皮肤上形成一层均匀薄膜，常用于治疗慢性皮炎，也可以用于职业病防护。

（12）气雾剂（aerosol）：又称喷雾剂（spray），由药物与高分子成膜材料（如聚乙烯醇、缩丁醛）和液化气体（如氟利昂）混合制成。喷涂后药物均匀分布于皮肤表面，可用于治疗急、慢性皮炎或感染性皮肤病。

（13）其他：二甲基亚砜（dimethyl sulfoxide，DMSO）、1%~5% 氮酮（azone）溶液、脂质体（liposome）等作为增渗剂，促进经皮吸收。

3. 外用药物的种类（表 4-1、表 4-2）

表 4-1　外用药物的种类及作用

种类	作用	代表药物
清洁剂 （clearing agent）	清除渗出物、鳞屑、痂和残留药物	生理盐水、3% 硼酸溶液、1∶1 000 呋喃西林溶液
保护剂 （protective agent）	保护皮肤、减少摩擦和缓解刺激	滑石粉、氧化锌粉、炉甘石、淀粉
止痒剂 （antipruritic agent）	减轻局部痒感	5% 苯佐卡因、1% 麝香草酚、1% 苯酚、各种焦油制剂
角质促成剂 （keratin promoter）	促进表皮角质层正常化	2%~5% 煤焦油或糠馏油、5%~10% 黑豆馏油、3% 水杨酸、3%~5% 硫黄、0.1%~0.5% 蒽林、钙泊三醇软膏
角质剥脱剂 （keratolytics）	使过度角化的角质层细胞松解脱落	5%~10% 水杨酸、10% 雷锁辛、10% 硫黄、20%~40% 尿素、5%~10% 乳酸
收敛剂 （astringent）	凝固蛋白质、减少渗出、抑制分泌、促进炎症消退	0.2%~0.5% 硝酸银、2% 明矾液和 5% 甲醛
腐蚀剂 （caustics）	破坏和去除增生的肉芽组织或赘生物	30%~50% 三氯醋酸、纯苯酚、硝酸银棒、5%~20% 乳酸
抗菌剂 （antiseptics）	杀灭或抑制细菌	3% 硼酸溶液、0.1% 乳酸依沙吖啶、5%~10% 过氧化苯甲酰、0.5%~3% 红霉素、1% 克林霉素

续表

种类	作用	代表药物
抗真菌药 （antifungal agent）	杀灭和抑制真菌	2%~3% 克霉唑、2% 酮康唑、1% 联苯苄唑、1% 特比萘芬、1% 奥昔康唑等
抗病毒药 （antiviral agent）	抗病毒	3%~5% 阿昔洛韦、10%~40% 足叶草酯、0.5% 足叶草酯毒素
杀虫药 （insecticide）	杀灭疥螨、虱、蠕形螨	5%~10% 硫黄、1% γ-666、2% 甲硝唑、25% 苯甲酸苄酯、20%~30% 百部酊、5% 过氧化苯甲酰
遮光剂 （sunscreen agent）	吸收或阻止紫外线穿透皮肤	5% 二氧化钛、10% 氧化锌、5%~10% 对氨基苯甲酸、5% 奎宁等
脱色剂 （depigment agent）	减轻色素沉着	3% 氢醌（hydroquinone）、20% 壬二酸
维 A 酸类 （retinoid）	调节表皮角化和抑制表皮增生和调节黑素代谢	0.025%~0.050% 全反式维 A 酸霜、0.1% 他扎罗汀凝胶
钙调磷酸酶抑制剂	免疫抑制作用	他克莫司软膏、吡美莫司软膏
糖皮质激素 （glucocorticoid）	抗炎、止痒、抗增生	根据强度分 4 级（详见表 4-2）

表 4-2 外用糖皮质激素的名称、作用强度和制剂浓度

分级	药物	常用浓度
弱效	醋酸氢化可的松（hydrocortisone acetate）	1%
	醋酸甲基泼尼松（methylprednisolone acetate）	0.25%
中效	醋酸地塞米松（dexamethasone acetate）	0.05%
	醋酸泼尼松（prednisone acetate）	0.5%
	丁酸氢化可的松（hydrocortisone 17-butyrate）	0.1%
	丁酸氯倍他松（clobetasone butyrate）	0.05%
	曲安奈德（triamcinolone acetonide）	0.025%~0.100%
	氟轻松（fluocinolone acetonide）	0.01%
	醋酸氟氢可的松（fludrocortisone acetate）	0.25%
强效	二丙酸倍氯米松（beclomethasone dipropionate）	0.025%
	二丙酸倍他米松（betamethasone dipropionate）	0.05%
	二丙酸地塞米松（dexamethasone dipropionate）	0.1%
	戊酸倍他米松（betamethasone 17-valerate）	0.05%
	氟轻松（fluocinolone acetonide）	0.025%
	哈西奈德（haloinonide）	0.1%
超强效	丙酸氯倍他索（clobetasol 17-propionate）	0.02%~0.05%
	戊酸倍他米松（betamethasone 17-valerate）	0.1%
	卤米松（halometasone monohydrate）	0.05%

外用糖皮质激素使用时需指导患者根据指尖单位（fingertip unit，FTU）涂抹。指尖单位指从 5mm 内径的药膏管中挤出的药膏长度约为成人示指最末一个指节，大约为 0.5g，可以均匀地涂抹到成人的两个手掌面（表 4-3）。长期外用糖皮质激素可引起局部皮肤萎缩、毛细血管扩张、色素增加、紫癜、多毛、痤疮、感染等。在应用糖皮质激素治疗面部、乳房、腋下、外生殖器等药物经皮吸收能力强的部位出现的损害时，应选择低浓度弱效的药物，如 1% 氢化可的松乳膏，而对手掌足跖的损害应选择高效的制剂，如卤米松或氯倍他索霜等。应用方法得当时，系统不良反应很少见。但大面积、长时间外用强效糖皮质激素或者封包治疗，也可发生系统使用糖皮质激素时出现的不良反应。婴儿的相对体表

面积较大,外用糖皮质激素也应注意系统不良反应出现的可能。

表4-3 不同部位、年龄外用糖皮质激素的量

年龄	面颈部/FTU	单侧上肢及手/FTU	单侧下肢及腿/FTU	前胸及腹部/FTU	后背及腰臀部/FTU
3~12月	1	1	1.5	1	1.5
>1~3岁	1.5	1.5	2	2	3
>3~6岁	1.5	2	3	2	3.5
>6~10岁	2	2.5	4.5	3.5	5
10岁以上	2.5	4	8	7	7

4. 外用药物的治疗原则

（1）正确选用外用药物的种类:应根据皮肤病的病因与发病机制等进行选择,如细菌性皮肤病宜选抗菌药物,真菌性皮肤病宜选抗真菌药物,变态反应性疾病选择糖皮质激素或抗组胺药,瘙痒者选用止痒剂,角化不全者选用角质促成剂,角化过度者选用角质剥脱剂等。

（2）正确选用外用药物的剂型:应根据皮肤病的皮损特点进行选择,原则为:①急性皮炎仅有红斑、丘疹而无渗液时可选用粉剂或洗剂,炎症较重、糜烂、渗出较多时宜用溶液湿敷,有糜烂但渗出不多时则用糊剂;②亚急性皮炎渗出不多者宜用糊剂或油剂,如无糜烂宜用乳剂或糊剂;③慢性皮炎可选用乳剂、软膏、硬膏、酊剂、涂膜剂等;④单纯瘙痒无皮损者可选用乳剂、酊剂等。

（3）详细向患者解释用法和注意事项:开具处方外用药后,应向患者详细解释使用方法、使用时间、部位、次数和可能出现的不良反应及处理方法等。

二、系统用药治疗

系统用药是皮肤病和性病的主要治疗手段,许多皮肤病和性病需通过口服或注射药物等方式进行治疗。其中抗组胺药物、糖皮质激素及抗感染药物是皮肤性病科应用最多的三种药物。

1. 抗组胺药 根据其竞争受体的不同,抗组胺药（antihistamine）可分为 H_1 受体拮抗剂和 H_2 受体拮抗剂两大类。H_1 受体主要分布在皮肤、黏膜、血管及脑组织,H_2 受体则主要分布于消化道黏膜。

（1）H_1 受体拮抗剂:多有与组胺相同的乙基胺结构,能与组胺争夺受体,消除组胺引起的毛细血管扩张、血管通透性增高、平滑肌收缩、呼吸道分泌增加、血压下降等作用,此外还有不同程度的抗胆碱及抗5-羟色胺作用。H_1 受体拮抗剂根据其对中枢神经系统的镇静作用不同可分为第一代和第二代。

常用的第一代 H_1 受体拮抗剂见表4-4。本组药物易透过血-脑脊液屏障,不良反应有乏力、困倦、头晕、注意力不集中等;部分还有抗胆碱作用,不良反应有黏膜干燥、排尿困难、瞳孔散大。高空作业、精细工作者和驾驶员需禁用或慎用,青光眼和前列腺肥大者也需慎用。

表4-4 常用第一代 H_1 受体拮抗剂

药名	剂量及用法	常见不良反应
氯苯那敏（chlorpheniramine）	2~12mg/d,分3次口服;5~20mg,肌内注射;2ml（10mg）,皮下注射	嗜睡、痰液黏稠、胸闷、咽喉痛、心悸、失眠、烦躁等
苯海拉明（diphenhydramine）	50~75mg/d,分2~3次口服;20~40mg/d,分次肌内注射	头晕、嗜睡、口干,长期应用（6个月以上）可引起贫血
多塞平（doxepin）	75mg/d,分3次口服	嗜睡、口干、视物模糊、体重增加,孕妇、儿童禁用
赛庚啶（cyproheptadine）	4~12mg/d,分2~3次口服	光敏性、低血压、心动过速、头痛、失眠、口干、尿潴留、体重增加
异丙嗪（promethazine）	50mg/d,分4次口服;25mg,肌内注射	嗜睡、低血压、注意力不集中,大剂量和长期应用可引起中枢兴奋性增加
酮替芬（ketotifen）	2mg/d,分2次口服	嗜睡、疲倦、口干、恶心、头晕、体重增加

常用的第二代 H_1 受体拮抗剂见表 4-5。本组药物一般口服吸收很快,最大的优点是不易透过血-脑脊液屏障,对中枢神经系统影响较小,不产生或仅有轻微困倦作用,故也称非镇静抗组胺药;同时抗胆碱能作用较小,作用时间较长,一般每天口服 1~2 次即可,因此目前在临床上应用较广,尤其适用于驾驶员、高空作业者及需长期使用者。

表 4-5　常用的第二代 H_1 受体拮抗剂

药物名称	成人口服剂量	注意事项
非索非那定(fexofenadine)	120~180mg/d	婴幼儿、孕妇、哺乳期妇女慎用
氯雷他定(loratadine)	10mg/d	2 岁以下婴幼儿禁用,孕妇、哺乳期妇女、肝肾功能损害患者慎用
西替利嗪(cetirizine)	10mg/d	婴幼儿、孕妇、哺乳期妇女慎用
依巴斯汀(ebastine)	10~20mg/d	12 岁以下儿童、孕妇、哺乳期妇女、肝功能损害患者慎用;依巴斯汀与酮康唑或红霉素联合应用时,可使 QT 间期延长
咪唑斯汀(mizolastine)	10mg/d	严重的肝病、心脏病患者禁用,轻度困倦、婴幼儿、孕妇、哺乳期妇女禁用,忌与大环内酯类抗生素、唑类抗真菌药合用
奥洛他定(olopatadine)	10mg/d,分 2 次	12 岁以下儿童、孕妇、哺乳期妇女、肝肾功能损害患者慎用
贝他斯汀(bepotastine)	20mg/d,分 2 次	肾功能障碍患者应慎用,可从低剂量(如 5mg)开始给药,出现异常时减量或停药。孕妇、哺乳期妇女慎用
枸地氯雷他定	8.8mg/d	严重肾功能不全患者慎用;12 岁以下儿童、妊娠与哺乳期妇女、老年人慎用
盐酸氮䓬斯汀	4mg/d,分 2 次	早饭前 1h 服用一次,晚上临睡前服用一次;临床试验中不良反应表现为嗜睡、头晕、口干、多梦、咳嗽、腹痛、恶心、乏力、鼻痛等。但患者对其耐受性较好,一般能自然缓解,不需特别处理
卢帕他定	10mg/d	肝肾功能不全的患者、老年人和儿童不推荐使用

(2)H_2 受体拮抗剂:与 H_2 受体有较强的亲和力,可拮抗组胺的血管扩张、血压下降和胃液分泌增多等作用。在皮肤科主要用于慢性荨麻疹、皮肤划痕症等。不良反应有头痛、眩晕,长期应用可引起血清转氨酶升高、阳痿和精子减少等,孕妇及哺乳期妇女慎用。主要药物有西咪替丁(cimetidine)、雷尼替丁(ranitidine)和法莫替丁(famotidine)等。

在实际临床应用中,抗组胺药物单药治疗效果欠佳的,部分药物可考虑剂量加倍,如效果仍欠佳,可考虑抗组胺药物联用。最常用的是第 1 代抗组胺药与第 2 代抗组胺药联合,也可抗 H_1 受体药物与抗 H_2 受体药物联合,或抗组胺药与其他抗过敏药物联合,这种联合方法应用最多,如抗组胺药加维生素 C、抗组胺药加葡萄糖酸钙、抗组胺药加糖皮质激素(内服或外用)等,用于荨麻疹、湿疹、神经性皮炎、皮肤瘙痒症、药疹等多种皮肤变态反应性疾病。

2. 糖皮质激素　糖皮质激素(glucocorticoid)具有免疫抑制、抗炎、抗细胞毒、抗休克和抗增生等多种作用,是皮肤科使用最广泛的一种抗炎药物。

(1)适应证:常用于过敏性皮肤病、大疱性皮肤病、血管炎、自身免疫性皮肤病、结缔组织病、嗜中性皮病及其他皮肤病(如结节病、扁平苔藓)等。

(2)常用种类和剂量见表 4-6。

(3)使用方法:应根据不同疾病及个体情况决定糖皮质激素的剂量和疗程,即强调激素使用的个体化。糖皮质激素剂量可分为小剂量、中等剂量和大剂量。一般成人用量,泼尼松 30mg/d 以下为小剂量,用于较轻病症,如接触性皮炎、多形红斑、急性荨麻疹等;泼尼松 30~60mg/d 为中等剂量,多用于自身免疫性皮肤病,如系统性红斑狼疮、皮肌炎、天疱疮、大疱性类天疱疮等的治疗;泼尼松 60mg/d 以上为大剂量,一般用于较严重患者,如严重系统性红斑狼疮、重症天疱疮、重症药疹、中毒性大疱性表皮松解症等。冲击疗法为一种超大剂量疗法,主要用于危重患者,如过敏性休克、红斑狼疮脑病等,

表 4-6　常用糖皮质激素剂量换算及用法

	药物名称	抗炎效价	等效剂量	成人剂量
短效	氢化可的松（hydrocortisone）	1	20	40mg/d,口服 100~400mg/d,静脉给药
中效	泼尼松（prednisone）	4	5	15~60mg/d,口服
	泼尼松龙（prednisolone）	4~5	5	15~60mg/d,口服 10~20mg/d,静脉给药
	甲泼尼龙（methyprednisolone）	7	4	16~40mg/d,口服 40~80mg/d,静脉给药
	曲安西龙（triamcinolone）	5	4	8~16mg/d,口服
长效	地塞米松（dexamethasone）	30	0.75	1.5~12mg/d,口服 2~20mg/d,静脉给药
	倍他米松（betamethasone）	40	0.5	1~4mg/d,口服 6~12mg/d,肌内注射

方法为甲泼尼龙 0.5~1.0g/d,加入 5% 或 10% 葡萄糖液中静脉滴注,在 2 小时内滴注完,连用 3~5 天后用原剂量维持治疗。自身免疫性疾病,如系统性红斑狼疮、天疱疮等,糖皮质激素的使用往往需要数年甚至更长时间,由于剂量较大、疗程较长,应当特别注意激素不良反应,递减到维持量时可采用每日或隔日早晨顿服,以减轻对下丘脑-垂体-肾上腺（HPA）轴的抑制。糖皮质激素皮损内注射适用于瘢痕疙瘩、斑秃等,常用 1% 曲安奈德或泼尼松龙混悬液 0.3~1.0ml 加等量 1% 普鲁卡因注射液（或 2% 利多卡因注射液）,或者复方倍他米松注射液,进行皮损内注射,可根据病情重复治疗,但不宜长期反复使用,以免出现不良反应。

（4）不良反应:一般短期使用糖皮质激素治疗急性皮肤病或自限性皮肤病相对安全。但短期使用仍可能出现情绪改变、胃肠道不耐受、高血糖、水钠潴留、食欲增强、体重增加、痤疮样皮损等。长期大量系统应用糖皮质激素的不良反应较多,主要有感染（病毒、细菌、真菌等易感性增加）、消化道溃疡或穿孔、肾上腺皮质功能亢进或减退、电解质紊乱、骨质疏松或缺血性骨坏死以及对神经、精神的影响等,还可加重原有糖尿病、高血压等,不适当停药或减量过快还可引起病情反跳。长期外用糖皮质激素可引起局部皮肤萎缩、毛细血管扩张、痤疮及毛囊炎等,故慎用于面部、外生殖器部位及婴儿,长期大面积外用还可导致系统吸收而引起全身性不良反应。

3. 抗菌药物

（1）青霉素类:主要用于 G^+ 菌感染（如疖、痈、丹毒、蜂窝织炎等）和梅毒等;半合成青霉素（如苯唑西林钠等）主要用于耐药性金黄色葡萄球菌感染。使用前需询问有无过敏史并进行常规皮试,以防过敏性休克等严重反应。

（2）头孢菌素类:包括头孢曲松、头孢氨苄等;主要用于耐青霉素的金黄色葡萄球菌和某些 G^- 杆菌的感染。对青霉素过敏者应注意与本类药物的交叉过敏。使用前需询问有无过敏史,如抢救车等设备设施齐全,可以不进行皮试。

（3）氨基糖苷类:包括链霉素、庆大霉素、阿米卡星等;多为广谱抗生素,链霉素还可用于治疗结核病。此类药物有耳、肾毒性,长期应用需加以注意。

（4）四环素类:包括四环素、米诺环素等;主要用于痤疮、玫瑰痤疮,对淋病、非淋菌性尿道炎也有效。8 岁以下儿童长期应用四环素易致牙齿黄染,米诺环素可引起眩晕。

（5）大环内酯类:包括红霉素、罗红霉素、克立霉素、阿奇霉素等;主要用于痤疮、淋病、非淋菌性尿道炎等。

（6）喹诺酮类:包括环丙沙星、氧氟沙星等;主要用于细菌性皮肤病、支原体或衣原体感染。

（7）磺胺类:包括复方磺胺甲噁唑等,对细菌、衣原体、奴卡菌感染有效。部分患者可引起过敏反应。

NOTES

（8）抗结核药：包括异烟肼、利福平、乙胺丁醇等。除对结核分枝杆菌有效外,也用于治疗某些非结核分枝杆菌感染。此类药物往往需联合用药,疗程较长。

（9）抗麻风药：包括氨苯砜、利福平、氯法齐明、沙利度胺等。氨苯砜可用于大疱性类天疱疮、变应性皮肤血管炎、红斑狼疮、扁平苔藓等;不良反应有贫血、粒细胞减少、高铁血红蛋白血症等。沙利度胺对麻风反应有治疗作用,还可用于治疗红斑狼疮、结节性痒疹、变应性皮肤血管炎等,成人剂量为100~200mg/d,分4次口服,主要不良反应为致畸和周围神经炎,孕妇禁用。

（10）新型抗菌制剂：如利奈唑胺和达福普汀等,可用于治疗各种严重的葡萄球菌和链球菌的皮肤感染(如耐甲氧西林金黄色葡萄球菌)。

（11）其他：甲硝唑、替硝唑除治疗滴虫病外,还可治疗蠕形螨、淋菌性盆腔炎和厌氧菌感染。此外,克林霉素、磷霉素、去甲万古霉素、多黏菌素等均可根据病情选用。

4. 抗病毒药物

（1）核苷类抗病毒药：主要有阿昔洛韦及同类药物。

1）阿昔洛韦（acyclovir,ACV）：可在病毒感染的细胞内利用病毒胸腺嘧啶核苷激酶,催化生成单磷酸阿昔洛韦,进一步转化为三磷酸阿昔洛韦,对病毒DNA多聚酶具有强大的抑制作用。主要用于单纯疱疹病毒、水痘/带状疱疹病毒感染和生殖器疱疹等。不良反应有注射处静脉炎、暂时性血清肌酐升高,肾功能不全患者慎用。

2）伐昔洛韦（valaciclovir）：口服吸收快,在体内迅速转化成阿昔洛韦,血浓度较口服阿昔洛韦高3~5倍。泛昔洛韦（famciclovir）口服吸收快,在体内可转化成喷昔洛韦,后者作用机制与阿昔洛韦相似,组织中浓度高。适应证类似于阿昔洛韦。

3）更昔洛韦（ganciclovir）：为阿昔洛韦的衍生物,抗巨细胞病毒作用较阿昔洛韦强,可用于免疫缺陷并发巨细胞病毒感染患者的治疗。

（2）膦甲酸（foscarnet）：膦甲酸是唯一批准用于治疗耐ACV的HSV感染药物,临床应用本品的六水合物——膦甲酸钠。本品因口服吸收差而主要用静脉滴注,主要经肾脏排出,半衰期为4.5~6.8小时。常用剂量为40mg/kg,静脉滴注,每8小时一次。不良反应主要包括与剂量相关的肾功能损害、电解质紊乱及中枢神经系统表现,如头痛、感觉异常、焦虑、癫痫发作等。

（3）溴夫定（brivudine）：新型抗病毒药物,通过对病毒DNA合成的选择性抑制,达到抑制HSV-1和VZV复制的作用。被HSV感染细胞吸收的浓度是正常细胞的40倍,有较好的选择性。在被病毒感染的细胞中,溴夫定经病毒的胸苷激酶（TK酶）催化最终转化为三磷酸衍生物,三磷酸脱氧胸苷竞争性抑制病毒DNA的复制。多用于带状疱疹等,成人每日一次,每次125mg,连续7天。此药对于肝功能及肾功能不全的患者,不用调整剂量。需要注意的是,溴夫定与5-氟尿嘧啶类药物同用可增加后者的毒性并能致命。

5. 抗真菌药物

（1）多烯类药物（polyene）：该类药物能与真菌胞膜上的麦角固醇结合,使膜上形成微孔,改变细胞膜的通透性,引起细胞内物质外渗,导致真菌死亡。

1）两性霉素B（amphotericin B）：广谱抗真菌药,对多种深部真菌抑制作用较强,但对皮肤癣菌抑制作用较差。成人剂量为0.1~0.7mg/(kg·d),静脉滴注,最高不超过1mg/(kg·d)。不良反应有寒战、发热、恶心呕吐、肾损害、低血钾和静脉炎等。

2）制霉菌素（nystatin）：对念珠菌和隐球菌有抑制作用。主要用于消化道念珠菌感染。成人剂量为200万~400万U/d,分3~4次口服。有轻微胃肠道反应,可制成软膏、栓剂等外用。

（2）5-氟胞嘧啶（5-fluorocytosine,5-FC）：人工合成的抗真菌药物,可干扰真菌核酸合成,口服吸收好,可通过血-脑脊液屏障,用于隐球菌病、念珠菌病、着色真菌病。成人剂量为100~150mg/(kg·d),分4次口服;50~150mg/(kg·d),分2~3次静脉滴注。有恶心、食欲缺乏、白细胞减少等不良反应,肾功能不良者慎用。

（3）唑类（azole）：为人工合成的广谱抗真菌药，主要通过抑制细胞色素 P450 依赖酶，干扰真菌细胞的麦角固醇合成，导致麦角固醇缺乏，使真菌细胞生长受到抑制，对酵母菌、丝状真菌、双相真菌等均有较好的抑制作用。克霉唑（clotrimazole）、咪康唑（miconazole）、益康唑（econazole）、联苯苄唑（bifonazole）等外用可治疗各种浅部真菌病；可内用的主要有以下几种。

1）酮康唑（ketoconazole）：可用于系统性念珠菌感染、慢性皮肤黏膜念珠菌病、泛发性体癣、花斑癣等。有较严重的肝脏毒性。

2）伊曲康唑（itraconazole）：三唑类广谱抗真菌药，有高度亲脂、亲角质的特性，口服或静脉给药，在皮肤和甲中药物浓度超过血浆浓度，皮肤浓度可持续数周，甲浓度可持续 6~9 个月。主要用于甲真菌病、念珠菌病、隐球菌病、孢子丝菌病、着色芽生菌病和浅部真菌病、组织胞浆菌病等。不良反应主要为恶心、头痛、胃肠道不适和转氨酶升高等。

3）氟康唑（fluconazole）：一种可溶于水的三唑类抗真菌药物，不经肝脏代谢，90% 以上由肾脏排泄，可通过血-脑脊液屏障，作用迅速。主要用于口咽、食管、阴道和系统性念珠菌病，肾脏及中枢神经系统等深部真菌感染。不良反应有胃肠道反应、皮疹、肝功能异常、低血钾、白细胞减少等。

（4）丙烯胺类（allylamine）：特比萘芬（terbinafine）能抑制真菌细胞膜上麦角固醇合成中所需的角鲨烯环氧化酶，达到杀灭和抑制真菌的作用，口服吸收好，作用快，有较好的亲脂和亲角质性。主要用于甲癣、浅表真菌感染，对念珠菌及酵母菌效果较差。主要不良反应为胃肠道反应。

（5）棘白菌素类（echinocandins）：属于新型抗真菌药物，作用靶点为真菌细胞壁，特异性抑制细胞壁 β-1,3-葡聚糖的合成，破坏真菌细胞壁的完整性，最终导致细胞溶解。由于哺乳动物无细胞壁，故药物不良反应少，患者耐受性好。主要用于深部真菌感染的治疗。

1）卡泊芬净（caspofungin）：第一个上市的棘白菌素类药物，主要用于治疗念珠菌、曲霉菌、卡氏肺孢菌等；需要静脉给药，常见不良反应包括头疼、发热等，剂量大时可出现转氨酶升高，少见不良反应有静脉炎、溶血性贫血等。需要注意的是，卡泊芬净应缓慢静脉给药，给药时间应超过 1 小时。

2）米卡芬净（micafungin）：主要用于目前治疗手段难以治愈的真菌感染患者以及预防造血干细胞移植患者的系统性真菌感染。不良反应少。

（6）其他：碘化钾（potassium iodide）为治疗孢子丝菌病的首选药物。常见不良反应为胃肠道反应，少数患者可发生药疹。

6. 维 A 酸类药物　维 A 酸类药物（retinoids）是一组与天然维生素 A 结构类似的化合物。本组药物可调节上皮细胞和其他细胞的分化、增殖，对免疫系统及胚胎发育发挥多重作用；主要不良反应有致畸、高甘油三酯血症、高血钙、骨骼早期闭合、皮肤黏膜干燥、肝功能异常等。根据分子结构的不同可分为 3 代。

（1）第一代维 A 酸：是维 A 酸的天然代谢产物，主要包括全反式维 A 酸（all-transretinoic acid）、异维 A 酸（isotretinoin）和维胺脂（viaminate）。全反式维 A 酸外用可治疗痤疮；后两者口服对寻常型痤疮、掌跖角化病等有良好疗效。成人剂量为异维 A 酸 0.5~1.0mg/（kg·d），分 2~3 次；维胺脂 50~150mg/d，分 2~3 次。

（2）第二代维 A 酸：为单芳香族维 A 酸，主要包括阿维 A 酯（etretinate）、阿维 A 酸（acitretin）及维 A 酸乙酰胺的芳香族衍生物。阿维 A 酯主要用于重症银屑病、各型鱼鳞病、掌跖角化病等，与糖皮质激素、PUVA 联用可用于治疗皮肤肿瘤。阿维 A 酸为阿维 A 酯的换代产品，用量较小，半衰期较短，因而安全性显著提高。本组药物不良反应比第一代维 A 酸轻。

（3）第三代维 A 酸：为多芳香族维 A 酸，其中芳香维 A 酸乙酯（arotinoid）可用于银屑病、鱼鳞病、毛囊角化病等；成人剂量为 0.03mg/d，晚餐时服。阿达帕林（adapalene）和他扎罗汀（tazarotene）为外用制剂，可用于治疗痤疮和银屑病。

7. 免疫抑制剂　可单独应用，也可与糖皮质激素联用以增强疗效、减少其不良反应。本组药物不良反应较大，包括胃肠道反应、骨髓抑制、肝损害、诱发感染、致畸等，故应慎用，用药期间应定期监测。

NOTES

（1）环磷酰胺（cyclophosphamide，CTX）：属烷化剂类，可抑制细胞生长、成熟和分化，对 B 淋巴细胞的抑制作用更强，因此对体液免疫抑制明显。主要用于红斑狼疮、皮肌炎、天疱疮、变应性皮肤血管炎、原发性皮肤 T 细胞淋巴瘤等。成人剂量为 2~3mg/（kg·d）口服，疗程为 10~14 天，或 500mg/m² 体表面积每周 1 次静脉滴注，2~4 周为 1 个疗程，治疗肿瘤用药总量为 10~15g，治疗自身免疫性疾病为 6~8g。为减少对膀胱黏膜的毒性，用药期间应大量饮水。

（2）硫唑嘌呤（azathioprine，AZP）：本药在体内代谢形成 6-巯基嘌呤，后者对 T 淋巴细胞有较强抑制作用。可用于治疗天疱疮、大疱性类天疱疮、红斑狼疮、皮肌炎等。成人剂量为 50~100mg/d，口服，可逐渐加至 2.5mg/（kg·d），以发挥最佳疗效。用药前应监测硫嘌呤甲基转移酶及血象。

（3）甲氨蝶呤（methotrexate，MTX）：为叶酸代谢拮抗剂，能与二氢叶酸还原酶结合，阻断二氢叶酸还原成四氢叶酸，干扰嘌呤和嘧啶核苷酸的生物合成，使 DNA 合成受阻，从而抑制淋巴细胞或上皮细胞的增生。主要用于治疗红斑狼疮、天疱疮、重症银屑病等。

（4）环孢素（cyclosporin A，CSA）：由 11 个氨基酸组成的环状多肽，可选择性抑制 T 淋巴细胞；主要用于抑制器官移植后排异反应，还用于治疗红斑狼疮、天疱疮、重症银屑病等。成人剂量为 12~15mg/（kg·d），口服，1~2 周后逐渐减量至维持剂量 5~10mg/（kg·d），或 3~5mg/（kg·d），静脉滴注。

（5）他克莫司（tacrolimus）：属大环内酯类药物，其免疫抑制作用机制类似环孢素，作用为其 10~100 倍。可用于治疗特应性皮炎、红斑狼疮和重症银屑病等。成人剂量为 0.3mg/（kg·d），分 2 次口服，2~4 周为 1 个疗程，或 0.075~0.1mg/（kg·d），静脉滴注。

（6）吗替麦考酚酯（mycophenolate，霉酚酸酯）：一种新型的免疫抑制剂，可选择性抑制淋巴细胞的增殖。可用于治疗系统性红斑狼疮等自身免疫性疾病。

8. 免疫调节剂　免疫调节剂（immunoregulator）能增强机体的非特异性和特异性免疫反应，使不平衡的免疫反应趋于正常。主要用于病毒性皮肤病、自身免疫性疾病和皮肤肿瘤等的辅助治疗。

（1）干扰素（interferon，IFN）：病毒或其诱导剂诱导人体细胞产生的一种糖蛋白，有病毒抑制、抗肿瘤及免疫调节作用。目前用于临床的干扰素有 α 干扰素（白细胞干扰素）、β 干扰素（成纤维细胞干扰素）、γ 干扰素（免疫干扰素）。成人剂量为 10⁶~10⁷U/d，肌内注射或皮下注射，疗程根据病种而定，也可皮损内局部注射或外用。可有流行性感冒样症状、发热和肾损害等不良反应。

（2）卡介菌（Bacillus Calmette-Guerin，BCG）及卡介菌多糖：牛结核分枝杆菌的减毒活菌苗，目前使用的是去除菌体蛋白后提取的菌体多糖，可增强机体抗感染和抗肿瘤能力。成人剂量为 1ml，肌内注射，隔天 1 次，15~18 次为 1 个疗程。

（3）左旋咪唑（levamisole）：能增强机体的细胞免疫功能，调节抗体的产生。成人剂量为 100~250mg/d，分 2~3 次口服，每 2 周连服 3 天为 1 个疗程，可重复 2~3 个疗程。可有恶心、皮肤瘙痒、粒细胞和血小板减少等不良反应。

（4）转移因子（transfer factor）：抗原刺激免疫活性细胞释放出来的一种多肽，可激活未致敏淋巴细胞，并能增强巨噬细胞的功能。成人剂量为 1~2U，肌内注射，每周 1~2 次，疗程为 3 个月~2 年。

（5）胸腺肽（thymosin）：胸腺因子 D 是从胸腺提取的多肽，对机体免疫功能有调节作用。成人剂量为 2~10mg/d 或隔天 1 次肌内注射或皮下注射，疗程根据病种和病情而定。不良反应可有局部注射处红肿、硬结或瘙痒等。

（6）注射用重组人白介素-2（IL-2）：一种淋巴因子，可使细胞毒性 T 细胞、自然杀伤细胞和淋巴因子活化的杀伤细胞增殖，并使其杀伤活性增强，还可以促进淋巴细胞分泌抗体和干扰素，具有抗病毒、抗肿瘤和增强机体免疫功能等作用。一般皮下注射 3 次/周，6 周为 1 个疗程。

9. 细胞因子激动剂及拮抗剂　随着医学科学技术的进步，针对发病机制中的关键靶点研发生物制剂进行治疗已经成为多种疾病的重要治疗手段。在皮肤科，应用生物制剂最广泛的疾病是银屑病，主要制剂有肿瘤坏死因子 α（TNF-α）拮抗剂、白介素-12/23（IL-12/23）拮抗剂和白介素-17（IL-17）拮抗剂，其他疾病还包括变态反应性疾病（如特应性皮炎、慢性荨麻疹）、自身免疫性疾病（如天疱疮、结缔组织病)、皮肤肿瘤如黑色素瘤等。

　　该类药物的常见不良反应有头痛、寒战、发热、上呼吸道感染等。严重感染、结核病、肿瘤、心力衰竭、多发性硬化及其他脱髓鞘神经疾病患者禁用,长期的安全性和不良反应尚需进一步观察。按照其作用机制可分为以下几类(表4-7)。

表4-7　皮肤科常用生物制剂

作用位点	制剂名称	适应证	常见副作用
TNF-α	依那西普/英夫利西单抗/阿达木单抗	银屑病性关节炎、中重度银屑病、强直性脊柱炎、类风湿关节炎等	感染、乙肝和结核的再激活、远期致癌风险等
IL-12/23 受体	乌司奴单抗	中重度斑块状银屑病	心肌梗死、脑血管意外,甚至心源性猝死等
IL-17 受体	司库奇尤单抗、依奇珠单抗	中重度斑块状银屑病、强直性脊柱炎	感染,主要是皮肤念珠菌感染等
IL-4/IL-13 受体	度普立尤单抗	中重度特应性皮炎	注射部位反应、结膜炎、睑缘炎、角膜炎、头痛、带状疱疹病毒感染、一过性嗜酸性粒细胞增多等
IgE	奥马珠单抗	IgE 介导的哮喘及荨麻疹	免疫系统疾病、动脉血栓栓塞、血小板减少症等
CD19/CD20	利妥昔单抗	非霍奇金 B 细胞淋巴瘤、类风湿关节炎、天疱疮等	各种感染、乙肝病毒激活、过敏、重症药疹、心律失常、肾脏毒性等

　　10. 维生素类药物

　　(1)维生素 A(vitamin A):可维持上皮组织正常功能,调节人体表皮角化过程。可用于治疗鱼鳞病、毛周角化症、维生素 A 缺乏病等。长期服用应注意对肝脏的损害。

　　(2)β-胡萝卜素(β-carotene):为维生素 A 的前体物质,可吸收 360~600nm 的可见光,抑制光激发卟啉后产生的自由基,因此具有光屏障作用。可用于治疗卟啉病、多形性日光疹、日光性荨麻疹、盘状红斑狼疮等。长期服用可发生皮肤黄染。

　　(3)维生素 C(vitamin C):可降低毛细血管通透性,此外,其还是体内氧化还原系统的重要成分。主要用于过敏性皮肤病、慢性炎症性皮肤病、色素性皮肤病等的辅助治疗。

　　(4)维生素 E(vitamin E):有抗氧化、维持毛细血管完整性、改善周围循环等作用,缺乏时细胞膜通透性、细胞代谢、形态功能均可发生改变,大剂量维生素 E 可抑制胶原酶活性。主要用于血管性皮肤病、色素性皮肤病、卟啉病等的辅助治疗。

　　(5)烟酸(nicotinic acid)和烟酰胺(nicotinamide):烟酸在体内转化为烟酰胺,参与辅酶Ⅱ组成,并有扩张血管作用。主要用于治疗烟酸缺乏症,也可用于光线性皮肤病、冻疮、大疱性类天疱疮等的辅助治疗。

　　(6)其他维生素:维生素 K 为合成凝血酶原所必需的,可用于出血性皮肤病、慢性荨麻疹等的治疗;维生素 B_6 为肝脏辅酶的重要成分,可用于脂溢性皮炎、痤疮、脱发等的辅助治疗;维生素 B_{12} 为体内多种代谢过程的辅酶,可用于带状疱疹后遗神经痛、银屑病、扁平苔藓等的辅助治疗。

　　11. 其他

　　(1)氯喹(chloroquine)和羟氯喹(hydroxychloroquine):能降低皮肤对紫外线的敏感性、稳定溶酶体膜、抑制中性粒细胞趋化和吞噬功能及免疫活性。主要用于红斑狼疮、多形性日光疹、扁平苔藓等。主要不良反应为胃肠道反应、白细胞减少、药疹、角膜色素沉着斑、视网膜黄斑区损害、肝肾损害等,羟氯喹不良反应较小。

　　(2)雷公藤多苷(tripterygium glycosides):为中药雷公藤提取物,其中萜类和生物碱为主要活性成分,有抗炎、抗过敏和免疫抑制作用。主要用于痒疹、红斑狼疮、皮肌炎、变应性皮肤血管炎、关节病型银屑病、天疱疮等。成人剂量为 1~1.5mg/(kg·d),分次口服,1 个月为 1 个疗程。不良反应有胃肠道反应、肝功能异常、粒细胞减少、精子活动降低、月经减少或停经等。

（3）静脉注射免疫球蛋白（intravenous immunoglobulin,IVIg）:大剂量 IVIg 可阻断巨噬细胞表面的 Fc 受体、抑制补体损伤作用、中和自身抗体、调节细胞因子的产生。可治疗皮肌炎等自身免疫性疾病。成人剂量为 0.4g/(kg·d),连用 3~5 天,必要时 2~4 周重复 1 次。不良反应较小,少数患者有一过性头痛、背痛、恶心、低热等。

（4）钙剂:可增加毛细血管致密度、降低通透性,使渗出减少,有消炎、消肿、抗过敏作用。主要用于急性湿疹、过敏性紫癜等。成人剂量为 10% 葡萄糖酸钙或 5% 溴化钙溶液 10ml/d,静脉缓慢注射。注射过快可引起心律失常甚至有心脏停搏等危险。

（5）硫代硫酸钠（sodium thiosulfate）:具有活泼的硫原子,除可用于氰化物中毒的治疗外,还具有非特异性抗过敏作用。主要用于湿疹及特异性皮炎等的治疗。成人剂量为 5% 硫代硫酸钠 10~20ml/d,静脉缓慢注射。注射过快可致血压下降。也可以使用 5% 硫代硫酸钠 10~20ml/d 加白介素-2 针剂 50 万 IU,肌内注射,隔日一次联合治疗。

三、物理治疗

1. 电疗法

（1）电解术（electrolysis）:利用直流电对机体电解质产生电解作用,用电解针对较小的皮损进行破坏,一般用 6V、1.5mA 的直流电。目前适应证逐渐减少,可用于蜘蛛痣、色素痣、脱毛。

（2）电干燥术（electrodesiccation）:也称为电灼术,一般用较高电压、较小电流强度的高频电源对相对浅表的病变组织进行烧灼破坏,包括较小的软纤维瘤、寻常疣、扁平疣、脂溢性角化、化脓性肉芽肿等。

（3）电凝固术（electrocoagulation）:一般用比电干燥术电压低、电流强度大的高频电源,可使较大较深的病变组织发生凝固性坏死,亦可用于外科止血。适用于稍大的良性肿瘤或增生物。

（4）电烙术（electrocautery）:用电热丝对皮损进行烧灼破坏。适用于各种疣和较小的良性肿瘤。

2. 光疗法

（1）红外线（infrared ray）:波长为 760~1 500nm,其能量较低,组织吸收后主要产生温热效应,有扩张血管、改善局部血液循环和营养、促进炎症消退、加速组织修复等作用。适用于皮肤感染、慢性皮肤溃疡、冻疮和多形红斑等。

（2）紫外线（ultraviolet ray）:分为短波紫外线（UVC,波长 180~280nm）、中波紫外线（UVB,波长 280~320nm）和长波紫外线（UVA,波长 320~400nm）。UVB 和 UVA 应用较多,可发挥加速血液循环、促进维生素 D 合成、抑制细胞过度生长、镇痛、止痒、促进色素生成、促进上皮再生、免疫抑制等多重功效。适用于玫瑰糠疹、银屑病、斑秃、慢性溃疡、痤疮、毛囊炎、疖病等疾病治疗。照射时应注意对眼睛的防护,活动性肺结核、甲状腺功能亢进或严重心疾病、严重肝疾病、严重肾疾病、光敏感者禁用。其中窄波 UVB（narrow-band UVB,NB-UVB）波长为 311nm,由于波长单一,治疗作用相对增强,常用于银屑病、白癜风的治疗,其疗效肯定,不良反应少。

（3）光化学疗法（photochemotherapy）:内服或外用光敏剂后照射 UVA,DNA 中的胸腺嘧啶形成光化合物,抑制 DNA 的复制,从而抑制细胞增生和炎症。常用光敏剂为 8-甲氧补骨脂素（8-methoxypsoralen,8-MOP）,治疗中根据皮损反应逐渐增加照射时间,每周 3 次,大部分皮损消退后次数逐渐减少,部分患者需进行维持治疗。适用于银屑病、白癜风、原发性皮肤 T 细胞淋巴瘤、斑秃、特应性皮炎等。不良反应包括白内障、光毒性反应、皮肤光老化、光敏性皮损等,长期应用有发生皮肤癌的可能;治疗期间尽量避免摄入光敏性食物、药物等。

（4）激光（laser）:近年来皮肤科激光治疗进展迅速,不断有新的激光技术研发成功,激光的特点是单色性好、相干性强和能量高。

皮肤科常用的激光主要有以下几类。

1）激光手术：用二氧化碳激光器等发生高功率激光直接切割、破坏组织。适用于寻常疣、尖锐湿疣、跖疣、鸡眼、化脓性肉芽肿及良性皮肤肿瘤等。

2）激光理疗：氦氖激光和砷化镓半导体激光可促进炎症吸收和创伤修复。适用于毛囊炎、疖肿、甲沟炎、带状疱疹、斑秃、皮肤溃疡等。

3）选择性激光：基于选择性光热作用原理，针对病变组织中不同的治疗对象选择不同波长和不同类型的激光器。常用选择性激光见表4-8。

表4-8　皮肤科常用选择性激光

选择性激光类型		波长	作用靶基和激光特点	适应证
Q开关激光及皮秒激光	倍频Q开关Nd：YAG激光	532/1 064nm	作用靶基：黑素小体；特点：高能量、极短脉宽（纳秒级、皮秒级），产生爆破效应	532nm：针对表皮色素性皮肤病（如雀斑、咖啡斑、脂溢性角化）以及红色文身等 1 064nm：真皮色素性皮肤病（如太田痣、褐青色痣），黑色和深蓝色文身等
	红宝石激光	694nm		多种表皮和真皮色素性皮肤病，难治性色素疾病，如贝克痣、雀斑样痣、咖啡斑等
	翠绿宝石激光	755nm		多种表皮和真皮色素性皮肤病；对蓝色、绿色、黑色、紫癜样文身效果好
	皮秒755	755nm		多种表皮和真皮色素性皮肤病，皮肤年轻化
	皮秒532/1 064	532/1 064nm		
血管治疗性激光	闪光灯泵脉冲染料激光	585nm/595nm	作用靶基：血红蛋白；特点：毫秒级脉宽	血管瘤、鲜红斑痣、毛细血管扩张等血管性疾病
	长脉冲Nd：YAG激光	1 064nm		较为深在或皮损肥厚的血管性病变
	强脉冲光（非激光）	400~1 200nm		可覆盖血管性疾病治疗所需波段，但选择性较差，治疗次数多
脱毛激光	半导体激光	810nm	作用靶基：毛干的黑素，需通过热扩散效应损伤毛囊干细胞而达到永久脱毛的效果；特点：高能量、毫秒级脉宽	脱毛效果显著，不良反应少
	长脉宽翠绿宝石激光	755nm		脱毛效果好，但较易出现并发症（表皮损伤、毛囊炎、色素沉着等）
	强脉冲光（非激光）	400~1 200nm		并发症少，治疗次数多，脱毛效果逊于激光
点阵激光	非剥脱点阵激光	铒玻璃激光1 550nm；Nd：YAG 1 320/1 440nm；Er：Fiber激光1 410nm；1 565nm激光	作用靶基：水；特点：可作用于表皮、胶原纤维及血管等，主要产生热效应，促使胶原重塑、表皮更替，达到除皱、嫩肤、紧致及改善瘢痕等目的	对水的吸收弱于剥脱性点阵激光，不产生表皮气化，仅产生柱状热变性区，对组织损伤较轻，恢复快
	剥脱性点阵激光	铒激光2 940nm；CO_2激光10 600nm		水的吸收性强，治疗区产生即刻气化并形成柱状孔道，损伤较重，恢复时间较长。CO_2点阵较铒点阵激光穿透更深、作用更强
准分子激光	单频准分子激光	308nm	刺激黑素细胞，诱导T细胞凋亡	白癜风、银屑病

4）强脉冲光：又称光子，并不是严格意义上的激光，是一种由高能氙气闪光灯在高压作用下释放的连续、多色性脉冲光源，波长覆盖400~1 200nm范围，可对皮肤中多种靶基起作用。适应证广泛，主要用于改善皮肤老化，亦可用于色素性、血管性及炎症性皮肤疾病治疗。治疗前需对患者的肤色、疾病类型和治疗区域皮肤特点进行全面评估，从而在治疗过程中通过选择合适的滤光片、脉宽、脉冲间隔和能量等参数，以达到最佳的治疗效果，减少不良反应的发生。

（5）光动力疗法（photodynamic therapy，PDT）：光动力疗法的原理是通过系统或局部给予光敏剂后，使其在增生活跃的组织中聚集，在特定波长光源的照射下被激发产生单态氧或其他自由基，使病变细胞发生功能或形态变化，严重时导致细胞坏死，而不影响邻近正常组织，达到选择性治疗疾病的目的。该治疗三大要素包括光敏剂、光源、氧分子，缺一不可。其中光敏剂是光动力疗法的核心，目前已开发的光敏剂有十余种，我国临床常用并已被批准上市的是5-氨基酮戊酸（5-aminolevulinic acid，ALA）、海姆泊芬（hematoporphyrin monomethyl ether，HMME）。

ALA光动力可对皮肤肿瘤、炎症性皮肤病、感染性皮肤病等疾病组织进行选择性治疗，适应证包括基底细胞癌、鳞状细胞癌、鲍恩病（Bowen病）、光线性角化病、佩吉特病（Paget病）、痤疮、扁平苔藓、尖锐湿疣、跖疣等；HMME光动力目前的主要适应证为鲜红斑痣。

不同的光敏剂所需激发光源波段有所差别，ALA光动力多采用红光（630nm）和蓝光（410nm）两种光源，治疗仪则可选用半导体激光、He-Ne激光、LED光，在治疗腔道内病灶时常使用光纤。HMME光动力首选532nm LED光源。

3. 化学剥脱术（chemical peeling）　化学剥脱术是在皮肤上使用不同的化学制剂，使表皮和/或真皮浅层部分剥脱，降低角质形成细胞间的黏附性，促使黑素颗粒脱落，促进表皮细胞的更替并刺激胶原蛋白重组，达到重建的目的。用以辅助治疗轻中度痤疮、稳定期黄褐斑、雀斑等皮肤疾病，也适用于预防和延缓皮肤衰老。

临床常用于化学剥脱的试剂有果酸、水杨酸、杏仁酸及复合酸，根据不同的治疗需求选择不同的浓度。

4. 微波疗法（microwave therapy）　微波使用频率为300~3 000MHz的电磁波，使组织中电解质偶极子、离子随微波的频率变化而发生趋向运动，在高速振动和转动中互相摩擦产生热效应和非热效应，破坏组织而达到治疗目的。因止血作用良好、无烟尘形成等优点在临床上被广泛使用。适用于各种疣、皮赘、淋巴管瘤、汗管瘤以及多种血管性病变（蜘蛛痣、化脓性肉芽肿、毛细血管扩张症等）的治疗。

5. 冷冻疗法（cryotherapy）　利用制冷剂产生低温，在短时间内使病变组织坏死达到治疗的目的，细胞内冰晶形成、细胞脱水、脂蛋白复合物变性及局部血液循环障碍等是冷冻的效应机制。最常用的冷冻剂是液氮（-196℃），可选择不同形状、大小的冷冻头进行接触式冷冻，亦可用喷射式冷冻。冷冻后即刻出现局部组织表面冰霜、发白、肿胀，1~2天内可发生水疱，然后干燥结痂，约1~2周脱痂。适用于各种疣（如寻常疣、扁平疣、传染性软疣、尖锐湿疣）、良性增生性皮肤病（如脂溢性角化、汗孔角化症、疣状痣、毛发上皮瘤）、炎性增生性疾病（如瘢痕疙瘩结节、结节性痒疹、肥厚型湿疹）、浅表皮肤肿瘤（如光线性角化、Bowen病）等。不良反应有疼痛、水肿、继发感染、色素沉着或减退、瘢痕等。

6. 水疗法（hydrotherapy）　也称浴疗，是利用水的温热作用和清洁作用，结合加入药物的药效治疗皮肤病。传统水疗常见的有淀粉浴、温泉浴、人工海水浴、高锰酸钾浴、中药浴等，可用于治疗银屑病、慢性湿疹、瘙痒症、红皮病等。

臭氧水疗是近年来被广泛使用的一种水疗，利用臭氧的强氧化性进行杀菌，亦可通过刺激脑啡肽的释放发挥止痛作用，增加组织供氧，提高局部组织氧含量，达到促进创面愈合的效果。适用于各类瘙痒性皮肤病、感染性皮肤病、压疮、脉管炎、具有大面积创面的疾病（如大疱性皮肤病、烧烫伤、糖尿病足）的治疗。

7. 放射疗法（radiotherapy）　用射线照射治疗疾病的方法，皮肤科常用的放射源有浅层X线、核素,常用核素主要为磷-32和锶-90,作用深度比较表浅,是一种安全有效的治疗技术。适应证包括各种良恶性增殖性皮肤疾病,良性病变包括血管瘤(特别是草莓状和海绵状血管瘤)、瘢痕疙瘩、增生性瘢痕、化脓性汗腺炎、跖疣等;恶性病变如基底细胞癌、鳞状细胞癌、原发性皮肤T细胞淋巴瘤、乳房外Paget病等。此外,也可用于脱毛、止汗。治疗前应详细询问既往病史及治疗史,特殊部位如阴囊、胸腺、甲状腺、乳腺、腮腺等腺体组织对放射线敏感,进行治疗时一定要注意防护。

四、皮肤外科治疗

皮肤外科学是指通过外科技术,达到祛除皮肤疾患、恢复皮肤完整性、修复或改善其生理功能以及健美的一门学科。常用的皮肤外科治疗方法如下所示。

1. 浅表肿物切除术 浅表肿物切除术是皮肤外科最常用的治疗方法,该方法适用于全身各部位的浅表肿物,如色素痣、囊肿、纤维瘤、脂肪瘤、表浅血管瘤等良性肿瘤。

2. 皮片移植术(grafts transplantation) 皮片是指与机体不相连的一块单纯皮肤,或不含皮下脂肪组织的皮肤。由身体某一部位取皮片移植于另一部位,称为皮片移植术。皮片按厚度可以分为以下几种。

(1)刃厚皮片:平均厚度约0.3mm,组织学上包含皮肤的表皮层以及少许真皮乳头层。适用于感染后的肉芽创面、烧伤等导致的大面积皮肤缺损。刃厚皮片是最薄的皮片,具有易生长、抵抗力强、存活率高的优点,且供皮区恢复快,不易留瘢痕;但缺点是愈合部位常有挛缩,愈合后较硬,易继发功能障碍。

(2)中厚皮片:平均厚度为0.3~0.6mm,含表皮和部分真皮。适用于修复面部或者关节处的皮肤缺损、功能部位的新鲜创面、健康的肉芽创面。由于中厚皮片含有较多的弹性纤维,具有韧性好、耐摩擦、挛缩程度轻等优势,但愈合后可能有瘢痕形成。

(3)全厚皮片:包含表皮和真皮的全层,是最厚的皮片。适用于手掌、足趾等功能部位或面颈部等外观要求较高的部位。优点是成活后收缩少、色泽佳、坚固柔韧、能耐压和负重。但由于厚度较大,手术操作复杂,使用面积受限制,供皮区也不易愈合。

3. 任意皮瓣成形术 皮瓣是自带血供的一块皮肤和皮下组织,血供与皮瓣相连的部分称为蒂,任意皮瓣成形术是一种手术修复皮肤缺损的常见方法,是在手术创面的旁边切开一块带蒂的根部不切断的皮肤组织,然后扭转以覆盖创面。任意皮瓣包括局部皮瓣、邻位皮瓣和远位皮瓣等。

(1)局部皮瓣:色泽、厚度、柔软度与受区近似,可即时直接转移。分为推进皮瓣、旋转皮瓣、交错皮瓣(Z成形术)。旋转皮瓣适用于修复头部缺损、颊部或下颌部缺损、耳前区肿瘤切除造成的皮肤组织缺损等;交错皮瓣适用于瘢痕挛缩畸形的松解和修复,鼻腔、耳道的环状狭窄等。

(2)邻位皮瓣:在邻近缺损部位做皮瓣,但与局部皮瓣不同,它与缺损区不相连。如头皮皮瓣修复秃发,颈肩皮瓣或颈胸皮瓣修复颈部及口底、下颌缺损。

(3)远位皮瓣:在局部皮瓣和邻位皮瓣不适用的情况下,用身体较远且较为隐蔽的部位作为皮瓣供区。

4. Mohs显微描记手术(Mohs micrographic surgery) 通过精确评估100%的组织边缘来实现高治愈率,即需要将切除组织立即冰冻切片进行病理检查,以确定进一步切除的范围。这种方法能最大程度地保留正常组织,已成为治疗高危非黑素性皮肤癌的标准方法,目前在黑色素瘤中的应用也不断增加。适用于体表恶性肿瘤(如基底细胞癌、鳞状细胞癌)的切除,根治率可达98%以上。

Mohs显微描记手术的经济成本比一般手术高。另外由于需要反复检测肿瘤标本,所以手术时间也比较长。因此,应该根据患者的实际情况选择合理治疗方法。

5. 毛发移植术(hair graft) 毛发移植术是指应用显微外科手术技术取出一部分健康的毛囊组织,经加工培养后按照自然的头发生长方向艺术化地移植于患者秃顶、脱发的部位。该方法适用于修复遗传性脱发、外伤性脱发、雄激素性秃发、瘢痕性脱发等。

6. 腋臭手术 腋臭手术分为传统腋臭手术和微创腋臭手术。传统腋臭手术主要是通过Z形或S

形切口清除汗腺,而微创腋臭手术切口要远远小于传统手术,一般是 3~5mm 的切口。该方法适用于腋部出汗后有异味者。

　　7. 甲相关手术　甲是皮肤的附属器官,容易发生感染、肿瘤、机械性损伤等。常见的甲相关手术包括以下几种。

　　(1)机械排脓:适用于急性甲沟炎等有脓肿形成的疾病。需要用皮下注射针头之类的工具插入受累的甲皱襞和甲板的交界处引流排脓。

　　(2)手术切除:适用于由嵌甲发展来的慢性甲沟炎患者,表现为脓肿、肉芽形成和慢性甲皱襞肥大、甲板和甲皱襞变形。其原则是切除嵌甲所依托的甲床,从而改变指(趾)甲在甲沟部的生长方向。

　　(3)塞棉花法:适用于慢性甲沟炎或不愿意接受手术切除的患者。将棉签上的棉花拧成细线条状,其上可涂有莫匹罗星或者红霉素软膏,用牙签或者无菌的细针将准备好的细棉花条尽可能地塞到甲尖下面,将甲板与软组织隔开。

　　(4)甲活检术:适用于甲黑线、甲下血管瘤球、甲母痣、甲黑色素瘤等。

　　8. 其他

　　(1)皮肤磨削术(dermabrasion):指利用电动磨削器或微晶体磨削皮肤,达到消除皮肤凹凸性病变的目的。适用于痤疮和其他炎症性皮肤病遗留的小瘢痕、雀斑等。

　　(2)皮肤切削术(superficial shaving):指运用已消毒的剃刀片对病灶进行原位切削,切削深度为真皮乳头层。适用于脂溢性角化、疣状表皮痣、体表肿物的活检。

　　(3)皮肤刮除术:指用大小不等的特制刮匙刮除或破坏病变组织,包括刮匙治疗、电刮除术和手术刀刮除术,是皮肤科门诊常见易行的手术,一般不适用于面部。

　　上述方法由于美容效果佳,现已作为光动力、激光等的联合疗法,用于治疗跖疣、尖锐湿疣和光化性角化病等皮肤病。磨削和切削的主要目的是去除皮肤表面的厚角质层,增强光敏剂等药物或激光的穿透能力,以杀死顽固的病变组织细胞。瘢痕体质者禁用。常见并发症有疼痛、水肿、继发感染、瘢痕增生、皮肤潮红、色素沉着等,一般都可自行消退。

(陈　翔)

思考题

　　1. 简述指尖单位的定义。

　　2. 概述皮肤科外用药物的治疗原则。

　　3. 系统使用糖皮质激素的不良反应有哪些?

　　4. 常用的皮肤外科治疗方法有哪些?

第五章

皮肤护理与美容

扫码获取
数字内容

【学习要点】

1. 了解皮肤类型是皮肤护理与美容的基础,护肤品及美容的方式应根据皮肤类型选择。

2. 清洁、保湿、防晒是皮肤护理的主要内容;良好的生活方式是保持皮肤健康和美丽的基本要求。

3. 皮肤美容的方法有注射美容、激光及光电美容、化学剥脱术等物理、化学和手术治疗手段及使用相关化妆品。

第一节　皮肤的分型

根据皮肤对日光照射的反应特点以及反应程度进行分型,称皮肤日光反应性分型(sun-reactive skin typing),又称皮肤光型(skin phototype)。该分型在皮肤光生物学研究、皮肤色素的形成与代谢研究、光相关技术治疗皮肤病、防晒化妆品功效评价等方面广泛应用。目前最常使用的是 Fitzpatrick 皮肤日光反应性分型(表 5-1)。

表 5-1　Fitzpatrick 皮肤日光反应性分型

皮肤光型	日晒红斑	日晒黑化	未暴露区肤色
Ⅰ型	极易发生	从不发生	白色
Ⅱ型	容易发生	轻微晒黑	白色
Ⅲ型	有时发生	有些晒黑	白色
Ⅳ型	很少发生	中度晒黑	浅棕色
Ⅴ型	罕见发生	呈深棕色	棕色
Ⅵ型	从不发生	呈黑色	黑色

注:中国人皮肤日光反应性分型多数是 Ⅲ~Ⅳ型。

主观面部皮肤类型(subjective facial skin type)是人们常用的皮肤分型方法,对于护肤习惯和化妆品的选择有一定的指导意义。根据皮肤含水量、皮脂分泌状况、皮肤 pH 以及皮肤对外界刺激反应性的不同,面部皮肤可分为五种类型。

1. **干性皮肤**　干性皮肤(dry skin)又称干燥型皮肤。角质层含水量低于 10%,pH>6.5,皮脂分泌量少,皮肤表面皮脂少,皮肤干燥,皮纹细,毛孔细小,洗浴后皮肤有明显紧绷感,对气候、温度等外界变化敏感,皮肤易出现皲裂、脱屑和皱纹。引起干性皮肤的因素包括遗传和环境因素,如经常风吹日晒、过度烫洗、过多使用碱性洗涤剂等。

2. **中性皮肤**　中性皮肤(normal skin)也称普通型皮肤。角质层含水量为 20% 左右,pH4.5~6.5,皮肤表面光滑,油腻度适中,有弹性,对外界刺激适应性较强,是最标准的皮肤类型。

3. **油性皮肤**　油性皮肤(oily skin)也称多脂型皮肤,中青年及肥胖者多见。角质层含水量为 20% 左右,pH<4.5,皮脂腺分泌活动旺盛,皮肤表面皮脂较多,外观油腻发亮,也易黏附灰尘;皮肤毛

孔一般较粗大,肤色往往较深,但弹性好,不易起皱,对外界刺激比较耐受。皮脂分泌旺盛多与高雄激素水平,高糖和高脂饮食等因素有关,油性皮肤易患痤疮、脂溢性皮炎等皮肤病。

4. 混合性皮肤　混合性皮肤(combination skin)是干性、中性或油性皮肤混合存在的一种皮肤类型。面中部(即前额、鼻部、鼻唇沟及下颏部)皮肤呈油性,而双面颊、双颞部等部位皮肤呈中性或干性。

5. 敏感性皮肤　敏感性皮肤(sensitive skin,SS)特指皮肤在生理或病理条件下发生的一种高反应状态,主要发生于面部,临床表现为受到物理、化学、精神等因素刺激时,皮肤易出现灼热、刺痛、瘙痒及紧绷感等主观症状,伴或不伴红斑、鳞屑、毛细血管扩张等客观体征。

第二节　皮肤的护理

为了保持皮肤健康和美丽,延缓衰老,加强皮肤护理非常重要。有研究显示,较早开始皮肤护理的人群其皮肤外观优于未护理的同龄人。

良好的生活方式是皮肤健康和美丽的基本要求,应保持舒畅心情、充足睡眠,注重健康饮食,加强身体锻炼,适度解压。

皮肤护理主要包括以下几个方面。

1. 清洁　皮肤表面附有灰尘、污垢、排泄物、微生物等,可堵塞毛囊皮脂腺及汗腺导管开口。清洁时,应根据皮肤类型选择不同的洁面产品。洗浴次数及时间应根据季节、环境的不同而异,水温以35~38℃为宜,夏天可每天洗澡1次,而冬天以3~6天洗澡1次为宜。

2. 保湿　皮肤水分流失令皮肤粗糙、暗哑、形成干纹,甚至引发皮肤病,因此做好皮肤保湿是维持皮肤健康和美丽的关键。

根据不同的作用机制,保湿剂可分为4类:①封闭剂(主要为油脂类)在皮肤表面形成封闭薄膜,减少经皮水丢失,称为封闭性保湿;②吸湿剂从真皮及外界环境中吸收水分,保存于角质层中,称为吸湿保湿;③含有与水结合的大分子(亲水基质)以保持水分的水合保湿;④修复角质细胞的修复保湿。市售保湿剂模拟人体皮肤中由油、水、天然保湿因子等组成的天然保湿系统,主要成分包括封闭剂、吸湿剂、亲水基质和一些特殊添加成分,外用后延缓水分丢失、增加表皮-真皮水分渗透,保持皮肤滋润。

3. 防晒　紫外线照射会导致皮肤出现皱纹、色素沉着等,并增加皮肤癌的风险。因此,应尽量避免长时间紫外线照射,外出时可通过穿戴长袖衣服、长裤和宽边遮阳帽,打遮阳伞等方法进行物理遮挡,也可使用防晒霜。

4. 医疗防护中的皮肤护理　在抗击新型冠状病毒感染疫情过程中,人们使用个人防护装备(personal protective equipment,PPE)显著增加。佩戴防护面罩和医用防护口罩等PPE使皮肤长期处于温暖、潮湿、封闭的环境,容易导致皮肤屏障破坏,诱发细菌定植;紧密贴合弹性材料因摩擦等慢性刺激,可能诱发和加重一些皮肤病。痤疮和刺激性接触性皮炎是与PPE相关的最常见面部皮肤病,其他包括接触性皮炎、脂溢性皮炎、毛囊炎、玫瑰痤疮、口周皮炎等。

预防PPE相关面部皮肤病的主要措施包括:①保持口腔及面部卫生,使用温和清洁产品;②涂抹保湿剂,加强保湿,保持皮肤滋润;③正确规范佩戴面部PPE,保证松紧适宜;④在防护允许范围内定期取下面罩休息,减轻皮肤压力并防止水分积聚,恢复皮肤屏障;⑤长期佩戴PPE的人员,可利用皮肤液体保护膜保护局部皮肤,以防皮肤过度潮湿,并在保证防护效果的前提下,在面部易发生压力性损伤的部位(鼻梁、面颊等部位)利用超薄泡沫敷料进行局部减压。

5. 头发的保健　应保持头发清洁,每周洗头1~2次,水温可略高于体温,以不超过40℃为宜,清洗时间约5~7分钟。根据发质选择适宜的洗发剂和护发素,如油性头发可选用控油的洗发剂,头屑较多时可选用含去屑成分的洗发剂等。

第三节　皮 肤 美 容

皮肤美容用以治疗影响容貌的皮肤病、祛除皮肤瑕疵、改善皮肤质地和延缓皮肤衰老。皮肤美容方法包括物理、化学和手术等治疗手段及使用相关化妆品,本节重点介绍临床常用及新近的皮肤美容技术。

1. 注射美容技术　通过在皮肤内注射肉毒毒素、填充剂等减轻或消除皱纹、改善皮肤凹陷等皮肤问题,从而达到美容的目的。

（1）肉毒毒素注射:通过在特定部位注射肉毒毒素（botulinum toxin,BT）,不仅可减轻或消除额、眉间、眼角、颈部等部位的深大动态皱纹,而且还可通过面部咬肌内注射肉毒毒素使其萎缩,达到瘦脸、修饰面型的效果。肉毒毒素的作用机制为阻断神经终末的突触释放乙酰胆碱,使肌肉麻痹松弛。

（2）美容填充:通过局部注射胶原、透明质酸、聚乳酸、硅酮、自体脂肪等填充剂（filler）,达到填补软组织缺陷、消除皱纹、隆鼻、修饰唇部等美容目的。填充剂按其在体内降解的难易快慢分为非永久性填充剂（胶原、透明质酸等）和永久性填充剂（硅胶、硅酮等）。

2. 激光及光电美容技术　光学在医学上的应用由来已久,近年来光相关技术发展迅猛,光电技术现已广泛应用于皮肤美容领域。

（1）激光治疗术:激光（laser）种类很多,根据激光器介质的不同分为二氧化碳激光、红宝石激光等;根据其对皮肤的作用程度分为剥脱性激光和非剥脱性激光;根据其能量释放的方式分为连续激光、半连续（准连续）激光和脉冲激光。点阵是一种激光发射的模式,点阵激光通过特殊的图像发生器后被分成极细的光束,呈点阵状排列,作用于皮肤后形成多个微小热损伤区,每个损伤区周围都保留正常的皮肤,促进其快速复原。不同类型的激光有不同的治疗适应证,如染料激光（dye pulse laser,DPL）治疗血管性皮肤病,Q开关翠绿宝石激光（波长为755nm）治疗色素性疾病,308nm 准分子激光治疗白癜风,点阵激光治疗痤疮瘢痕等。

（2）强脉冲光:强脉冲光（intense pulsed light,IPL）是一种强复合光,其本质是一种非相干的普通光而非激光,波长在 500~1 200nm 之间,其工作原理与激光相同。可用于皮肤年轻化、脱毛、毛细血管扩张等。

（3）发光二极管光疗:发光二极管（light-emitting diodes,LED）可产生多种窄谱低能量非相干可见光,发挥有益的光生物调节作用,简称为光调作用。LED 在皮肤科广泛应用,如蓝光照射具有杀灭痤疮丙酸杆菌及抗炎作用,可用于痤疮治疗;黄光多用于黄褐斑治疗;红光可用于雄激素性秃发的治疗;红外光具有促进皮肤修复的功能等。临床中,多波段联合应用也成为一种趋势,各种光的组合在痤疮、激光术后修复、皮肤年轻化等方面的应用卓有成效。

（4）光动力学疗法:光动力学疗法（photodynamic therapy,PDT）的作用机制是利用光激活靶细胞中外源性或内源性的光敏物质（如原卟啉）,形成单线态氧或其他氧自由基,从而诱导组织细胞或菌体死亡。PDT 可用于治疗皮肤基底细胞癌、鲍恩病、日光性角化症、皮脂腺增生症、痤疮、病毒疣、鲜红斑痣等。PDT 与 IPL、点阵激光等联合使用,可增强后者的治疗效果。

（5）射频技术:射频为无线电和微波等电磁辐射能量的统称。射频设备根据电极数分为单极和双极射频两种。射频的作用机制是通过电极间电场的快速变化,使电场中带电粒子产生快速的方向改变,并利用组织对电流的电阻作用而在皮肤组织中产生热能,通过对靶组织的热作用起到治疗的作用。此外,近年来点阵射频（微针点阵射频和非侵入式点阵射频）在临床上用于紧肤、除皱等治疗,也可促进药物或化妆品的皮肤渗透。

3. 化学剥脱术　化学剥脱术（chemical peeling）也称化学换肤术,是通过化学物质作用于皮肤表层引起皮肤不同水平的可控损伤,从而诱导表皮和真皮结构重建,起到治疗作用。常用的化学剥脱剂包括 α-羟基酸、β-羟基酸、复合酸。依据化学剥脱剂作用的深度,可分为浅层、中层和深层。目前化学剥脱术主要应用于痤疮、玫瑰痤疮、瘢痕、光老化、色素性皮肤病等疾病的治疗。

4. 微针技术　微针是利用微细针状器械对皮肤软组织实施物理性微创损伤刺激获得治疗作用的医疗技术。借助于微针,可同步或分步给予药物,提高其透皮吸收效率,从而增强治疗或美容功效。可用于皮肤老化、黄褐斑、寻常痤疮、瘢痕、脱发等疾病的治疗。

5. 超声波、等离子体导入技术　人体表面的自然孔径较小,一般药物分子不能穿透皮肤达到深层,超声波和等离子导入等促渗方法能提高药物和化妆品的透皮吸收效果。超声波穿透力强,能深入皮下,从而改善局部血液和淋巴液的循环,增强细胞的通透性,提高组织的新陈代谢和再生能力。此外,利用超声波的空化作用,使皮肤孔道数量增多,孔径变大,能促进活性成分快速渗透至皮肤深层。等离子体可改变皮肤屏障特性并促进药物输送。

6. 皮肤磨削术　利用磨削器或激光等技术手段对表皮和真皮浅层进行磨削,消除皮肤凹凸不平的病变,从而达到美容效果。皮肤磨削术最主要的适应证是瘢痕,包括痤疮瘢痕和外伤所致瘢痕,也可用于治疗鼻赘型的玫瑰痤疮。

（蒋　献）

思考题

如何根据皮肤含水量、皮脂分泌状况、皮肤 pH 以及皮肤对外界刺激反应性区分皮肤类型?

第二篇

各　论

第六章

病毒性皮肤病

【学习要点】

1. 单纯疱疹由单纯疱疹病毒感染所致,临床以簇集性水疱为特征,本病有自限性,但易复发。分为原发性和复发性感染,好发于生殖器和口唇部位。

2. 带状疱疹是由水痘-带状疱疹病毒再激活所致,临床表现为沿同一感觉神经节段区出现红斑,在此基础上出现簇集性水疱,伴神经痛,早期、足量抗病毒治疗可明显减少后遗神经痛发生。

3. 人乳头瘤病毒包含150多种基因亚型病毒,感染皮肤和黏膜上皮细胞,引起各种疣(寻常疣、扁平疣、尖锐湿疣等),部分型别可能和皮肤癌、宫颈癌、阴茎癌等有关。主要使用物理治疗和外用药物治疗,目前尚缺乏特异性的抗病毒治疗。

4. 传染性软疣是由传染性软疣病毒感染引起的,通常为直接接触传染,临床表现为蜡样光泽、顶端凹陷的小丘疹,可挤出软疣小体。

5. 艾滋病是由人类免疫缺陷病毒(human immunodeficiency virus,HIV)引起的慢性传染病。HIV 主要侵犯 $CD4^+$ T 淋巴细胞,使机体细胞免疫功能受损直至缺失,并发各种严重的机会性感染和肿瘤。HIV 感染者会出现皮肤黏膜损害,是早期诊断艾滋病的重要线索。目前抗反转录病毒治疗是主要治疗手段。

6. COVID-19 是一种新型急性感染性疾病,传染性强,人群普遍易感。COVID-19 累及多系统,以呼吸系统症状为主要表现,也可引起皮肤损害。皮肤表现多种多样,有时为首发症状,可为识别感染者提供一定线索。

病毒性皮肤病是指由人类感染病毒引起的以皮肤黏膜改变为主的一类疾病。有些病毒有显著的嗜表皮特性,多引起局部皮肤感染,如人乳头瘤病毒和人类疱疹病毒等;更多的病毒呈泛嗜性,导致全身组织损伤,同时可累及皮肤黏膜,如麻疹病毒、肠道病毒等。不同病毒感染所致的皮损差别很大,可表现为新生物型(如各种疣)、疱疹型(如单纯疱疹)和红斑发疹型(如麻疹),皮肤黏膜损害可成为全身病毒感染诊断的线索。

第一节 单 纯 疱 疹

单纯疱疹(herpes simplex)由单纯疱疹病毒(herpes simplex virus,HSV)感染所致,是世界上最流行的感染性疾病之一,据估计,世界上约三分之一的人口已出现症状性 HSV 感染。临床以簇集性水疱为特征,本病有自限性,但易复发。

【病因和发病机制】

HSV 属疱疹病毒科 α 亚科。依据抗原性不同分为 Ⅰ 型(HSV-Ⅰ)和 Ⅱ 型(HSV-Ⅱ),病毒颗粒中病毒蛋白至少由 30 种多肽组成,其中位于包膜的多肽与病毒的吸附、入侵和刺激机体产生特异性免疫应答有关。两型病毒基因组在核苷酸序列、框架结构、编码蛋白及功能上存在较大的同源性,故感染后可产生交叉保护性免疫。

传染源常为患者或无症状病毒携带者,后者在传播中更为重要。HSV-Ⅰ型初发感染多发生在 5

岁以下的幼儿,主要通过直接接触被污染的唾液或其他体液而传染,主要引起生殖器以外的皮肤黏膜及脑部感染;HSV-Ⅱ型初发感染多发生在性活跃人群,通过密切性接触传播,引起生殖器部位感染,偶可经垂直传播致新生儿感染。病毒在人体内感染分为急性感染、潜伏感染和潜伏状态的病毒再激活等3个阶段。病毒侵入皮肤黏膜后,首先在感染部位复制,形成原发感染,同时沿神经末梢逆行至支配皮损区域的神经节背侧根,形成潜伏感染并持续存在,病毒可自发或被某种诱因再次激活,如发热、受凉、经期、劳累、手术、紫外线、情感应激、免疫抑制以及局部组织损伤等,并沿神经轴索移行至神经末梢分布的上皮,形成疱疹复发。

【临床表现】

原发感染,指 HSV 感染发生在体内缺乏 HSV 亢体的个体,潜伏期为 2~12 天,平均 6 天。单纯疱疹易复发,且有在同一部位或区域多次复发的倾向,称为复发性单纯疱疹,HSV-Ⅱ复发率比 HSV-Ⅰ高,口唇复发率为 30%~50%,在生殖器可高达 95%。大多数原发感染缺乏临床症状,当第一次出现临床症状时常是首次复发,临床上一般将第一次发作称为初发感染。复发性单纯疱疹有以下共同特征:①可发生于任何部位;②多发生在同一区域,但不一定是同一部位;③水疱较小且较簇集,持续时间短,容易发生糜烂、渗液、干燥、结痂;④病程较短,约 7~10 天;⑤通常无全身症状。根据 HSV 感染部位分为皮肤黏膜型和系统型。

1. 皮肤黏膜型

(1)口周疱疹:口周疱疹(peristomatous herpes)是临床最常见的一型,大部分原发感染无症状,临床所见绝大多数为复发感染。95% 以上由 HSV-Ⅰ感染所致。初起局部先有灼热、瘙痒及潮红,1~2 小时后局部出现密集成群、针头大小水疱,破溃后糜烂、渗液,逐渐干燥结痂,水肿和疼痛性的口腔溃疡偶可导致流涎和吞咽困难。不合并感染情况下病程约 7~10 天,愈后局部可留有暂时性色素沉着。皮损好发于皮肤黏膜交界处(图 6-1),尤其是复发皮疹常出现在唇缘。较少见部位包括鼻黏膜、面颊。偶可在口腔内覆盖骨性部位的黏膜如牙龈、硬腭处复发。口周疱疹常常发生于感冒或发热后,又称感冒疮(cold sore)或热病性疱疹,此外紫外线辐射特别是 UVB,也是口周疱疹复发的常见诱因,而且发作的严重程度可能与阳光暴露的程度有关。唇部的牙科或外科手术也可诱导复发,因此对这些患者应考虑到既往是否有过 HSV 的感染。

(2)生殖器疱疹:生殖器疱疹(genital herpes)多为 HSV-Ⅱ所致,或 HSV-Ⅰ和 HSV-Ⅱ混合感染,以复发感染为主。复发性生殖器疱疹通常皮损范围较为局限,水疱较小(图 6-2),局部症状较轻,病程 1 周左右,通常不伴随淋巴结肿大和发热。HSV-Ⅱ型复发概率较 HSV-Ⅰ型更大,复发概率和原发感染的严重程度直接相关。成人的复发性疱疹也可发生在臀部及下肢,女性多于男性,实际上是发生在生殖器外的复发性生殖器疱疹,又称生殖器外疱疹(extragenital herpes)。皮损表现为红斑基础上,发生细小的群集性水疱,亦可为脓疱,在同一部位或相邻部位反复发作。部分皮损呈带状分布,容易误诊为复发性带状疱疹。发作时或发作间歇期生殖道分泌物可检出 HSV-Ⅱ型。

HSV 感染可以发生于皮肤和黏膜的任何部位。表 6-1 总结了 HSV 感染的其他皮肤和黏膜表现。

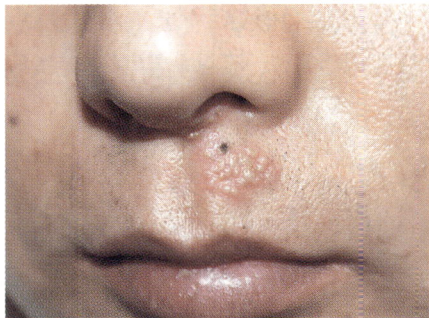

图 6-1 单纯疱疹

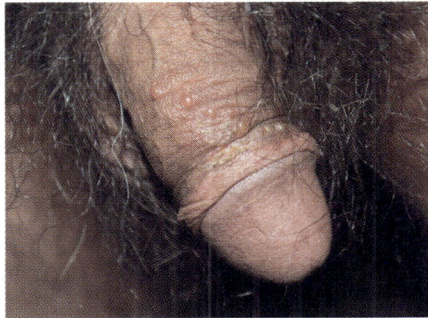

图 6-2 生殖器疱疹

表 6-1　HSV 感染的其他皮肤和黏膜表现

疾病名称	HSV 类型	临床表现
颜面疱疹	多由 HSV-Ⅰ引起	发生在颊部、眼睑、耳垂等处，表现同口周疱疹，但通常皮损面积较大，可固定于同一部位，容易误诊为蜂窝织炎或大疱性脓疱疮等
疱疹性龈口炎	多由 HSV-Ⅰ引起	多见于儿童和青少年，发病无季节性。好发于口腔、牙龈、舌、硬腭、咽等部位。表现为迅速发生的群集性小水疱，很快破溃形成浅溃疡。疼痛明显，可伴发热、咽痛及局部淋巴结肿大。有自限性，病程 1~2 周
疱疹性瘭疽	幼童常由 HSV-Ⅰ引起，青少年、成人多由 HSV-Ⅱ引起	手指上疼痛、肿胀及群集水疱且位置深；水疱出现可延迟，临床上易被误诊为甲沟炎或其他炎症过程
格斗性疱疹	多由 HSV-Ⅰ引起	对抗性运动（如摔跤）皮肤接触感染
疱疹性角膜结膜炎	新生儿多由 HSV-Ⅱ引起，成人、儿童多由 HSV-Ⅰ引起	初发表现为角膜结膜伴眼睑水疱、水肿、流泪、畏光、结膜充血水肿和耳前淋巴结肿大，重者可发生角膜树枝状溃疡、穿孔、瘢痕和失明。复发常见，且多为单侧

2. 系统型

（1）新生儿单纯疱疹（neonatal herpes simplex）：多由围生期感染 HSV 的母亲经产道感染新生儿，复发性生殖器疱疹母亲传播的风险较低（小于 1%~3%）。可由 HSV-Ⅰ或 HSV-Ⅱ引起，后者占病例的 30%~50%，以早产儿和缺乏获得性母体抗 HSV IgG 的新生儿为主。一般出生后 4~6 天发病，表现为喂养困难、高热、肝脾肿大和黄疸，皮肤、口腔黏膜、结膜可出现水疱、糜烂，严重者可伴有意识障碍。可分为皮肤-眼-口腔局限型、中枢神经系统型和播散型，后两型病情凶险，病死率高达 15%~50%，多数幸存者出现神经功能障碍。

（2）播散性单纯疱疹（disseminated herpes simplex）：又称系统性单纯疱疹，多发生于营养不良、淋巴瘤、使用免疫抑制剂等免疫缺陷的患者，以及特应性皮炎等皮肤屏障受损的患者。本症多伴有高热，甚至惊厥，发生病毒血症后引起广泛内脏受损，包括疱疹性肝炎、脑炎、胃肠炎等，可以伴有或不伴有皮肤黏膜损害。皮肤表现为广泛性水疱，水疱顶端有脐窝状凹陷；黏膜部位可以出现浅表溃疡。

【组织病理】

原发感染和复发感染组织病理变化相同，早期均表现为表皮细胞水肿、气球样变性，后出现网状变性和凝固性坏死，棘细胞内及细胞间水肿，导致表皮内水疱形成，部分可见细胞核内病毒包涵体。表皮和真皮上部可有淋巴细胞、中性粒细胞、嗜酸性粒细胞浸润，真皮乳头层轻度水肿，复发性皮损中炎症略轻微。播散性皮损中，可出现表皮的广泛坏死。

【诊断和鉴别诊断】

根据好发于皮肤黏膜交界处的簇集性水疱及易复发等特点，一般可得出诊断，必要时结合实验室检查和组织病理检查。皮损处刮片进行细胞学检查（Tzanck 涂片）见多核巨细胞和核内嗜酸性包涵体，可快速诊断；用免疫荧光法和 PCR 分别检测疱液中病毒抗原和 DNA，有助于明确诊断；病毒培养鉴定是诊断的"金标准"；血清 HSV 抗体检测对确诊价值有限，可用于流行病学调查。本病应与带状疱疹、脓疱疮、手足口病等鉴别。

【预防和治疗】

1. 预防　HSV 感染的预防需要被特别关注。在无症状排毒期，70%~80% 的 HSV 可传播给他人。减少接触，特别是避免不安全的性行为是预防本病的重要措施，即使使用避孕套也可能造成疾病传播。妊娠后期发生的原发感染，需要有效的抗病毒治疗，减少对新生儿传播。目前有数种用于防治 HSV 感染和复发的疫苗正在进行研究和临床评估。

2. 治疗　治疗原则为缩短病程、预防继发细菌感染和全身播散、减少复发频率和疾病传播。

（1）系统药物治疗：阿昔洛韦及其衍生物是抗 HSV 最有效的药物。

1）皮肤黏膜型：阿昔洛韦每次 200mg，每日 5 次口服；或阿昔洛韦每次 400mg，每日 3 次口服；或伐昔洛韦每次 500mg，每日 2 次口服；或泛昔洛韦每次 250mg，每日 3 次口服。原发感染疗程 7~10 天，复发感染通常 5 天为一个疗程，免疫功能低下者或合并 HIV 的 HSV 感染者，建议用药至所有皮肤黏膜损害痊愈。肾功能受损者，需根据肌酐清除率调整抗病毒药物剂量。

对于 1 年复发 6 次以上生殖器疱疹患者，为减少复发次数，减少无症状性排病毒，可采用每日抑制疗法，即阿昔洛韦每次 400mg，每日 2 次口服；或伐昔洛韦每次 500mg，每日 1 次口服；或泛昔洛韦每次 250mg，每日 2 次口服。一般需连续口服 6 个月以上。

2）系统型：全身感染症状严重或皮损广泛患者，阿昔洛韦 5~10mg/（kg·d），静脉滴注，每 8 小时一次，疗程为 5~7 天或直至临床症状消失。阿昔洛韦耐药时可改用膦甲酸（foscarnet），40mg/kg，每 8~12 小时静脉滴注一次，连用 14 天。

（2）外用药物治疗：以收敛、干燥和防止继发细菌感染为主。可选用 3% 阿昔洛韦软膏、1% 喷昔洛韦乳膏或硫黄炉甘石洗剂；继发感染时可用 0.5% 新霉素霜、莫匹罗星软膏；对疱疹性龈口炎应保持口腔清洁，用 1∶1 000 苯扎溴铵溶液含漱。阿昔洛韦耐药的患者可选用 1% 西多福韦软膏代替。

第二节　卡波西水痘样疹

卡波西水痘样疹（Kaposi varicelliform eruption）是由 HSV 引起的皮肤播散性感染，通常在某些皮肤疾病或皮肤屏障破坏的基础上发生，临床以特应性皮炎多见，故又称疱疹样湿疹（eczema herpeticum）。

【病因和发病机制】

HSV-Ⅰ和 HSV-Ⅱ均可引起本病，以 HSV-Ⅰ更常见。基础疾病常为特应性皮炎，尤其是 5 岁前发生的特应性皮炎，或其他原因导致皮肤屏障受损的患者可出现类似表现：烧伤、毛囊角化病、鱼鳞病、脂溢性皮炎、脓疱疮、疥疮、免疫性疱病、皮肤 T 细胞淋巴瘤、变应性接触性皮炎及其他炎症性皮肤病等。大样本调查发现，其也与较高的 IgE 水平、嗜酸性粒细胞水平增高、放射变应原吸附试验确定的食物和环境变应原等有关。发病机制不明，有研究表明，发病风险与聚丝蛋白基因突变有关。局限性损害可能由 HSV 局部播散所致，广泛性皮损可能由 HSV 进入血液，通过血行播散而发生。

【临床表现】

本病可发生在任何年龄，多见于 3 岁以内的儿童及 20~40 岁青壮年。局限性感染通常无全身症状，典型表现为脐窝状凹陷性水疱（图 6-3），可出现小糜烂、血痂。广泛性皮肤感染通常在皮损出现前数小时或 1 天有高热、全身不适、嗜睡等中毒症状，后开始发疹，突然发生大量群集性水疱，迅速变为脓疱，也可先发生小红色丘疹，而后很快形成水疱、脓疱，基底显著潮红，部分疱顶有脐窝状凹陷。2~3 天后损害可相互融合，但周围可有典型皮损。好发于面部、胸前、肩背等原有皮肤病部位，也可发生在正常皮肤上。附近淋巴结肿大伴疼痛。

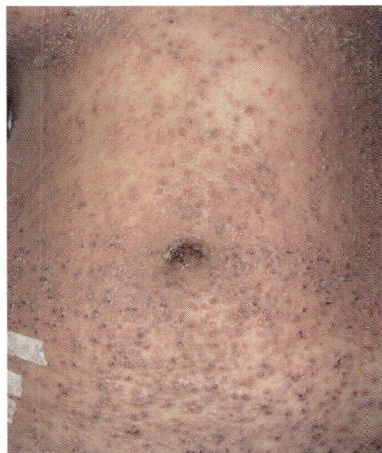

图 6-3　卡波西水痘样疹

【组织病理】

病理改变类似于单纯疱疹，但常有多核的上皮细胞。由于原有炎症性皮肤病，加上病毒感染，使病理改变复杂化，常难以发现细胞核内病毒包涵体。

【诊断和鉴别诊断】

有单纯疱疹等患者接触史，突然在原有皮肤病基础上发生的多发的脐窝状凹陷性水疱和脓疱，伴有全身症状,可以诊断。明确诊断可以通过皮损部位检查 HSV 抗原或 DNA,或病毒分离鉴定。鉴别诊断包括柯萨奇病毒 A6 感染引起的"湿疹"和链球菌感染,后者常以脓疱为主,无脐窝状凹陷性水疱,抗生素治疗有效。

【预防和治疗】

1. 预防   加强卫生宣传教育,有特应性皮炎等炎症性皮肤病患者应避免接触单纯疱疹患者。

2. 治疗

(1)抗病毒治疗:确诊后应尽快给予抗病毒治疗,局限性感染可以考虑口服泛昔洛韦或伐昔洛韦,症状严重者可静脉输注阿昔洛韦,剂量和疗程同单纯疱疹;免疫功能低下者,建议用药至所有皮肤黏膜皮疹痊愈。

(2)支持治疗:可给予补液、补充电解质及输注血浆等支持治疗,原发病用糖皮质激素治疗时需考虑减量,必要时停药。

(3)局部治疗:局部湿敷,或给予 1% 新霉素乳膏、夫西地酸软膏或莫匹罗星软膏等治疗,以预防细菌感染。

第三节   水   痘

水痘(varicella)是由水痘-带状疱疹病毒(varicella-zoster virus,VZV)引起的原发感染。本病经呼吸道传播,主要侵犯儿童。

【病因和发病机制】

VZV 属疱疹病毒科 α 亚科。病毒呈砖形,有立体对称的衣壳,内含双链 DNA 分子,只有一种血清型。VZV 对体外环境的抵抗力较弱,在干燥的痂内很快失去活性。

人是 VZV 的唯一宿主。病毒经呼吸道或口腔黏膜进入机体后,首先在黏膜内复制,2~4 天后释放入血形成首次病毒血症,此时无症状,暴露 14~16 天后,病毒在网状内皮系统中完成两轮复制后形成二次病毒血症,并广泛播散全身,特别是皮肤黏膜,导致水痘。VZV 随后从黏膜皮损部位转移至背根神经节细胞,并保持潜伏状态。本病偶可因直接接触破裂的水痘或带状疱疹的水疱感染。感染后可获得终身免疫。

【临床表现】

1. 典型水痘   潜伏期为 10~21 天,通常 2 周左右。发热 1~2 天后,成人通常有轻微发热、乏力和肌肉酸痛的前驱症状。皮疹先发生于躯干、头部,逐渐扩散至面部,最后四肢。通常躯干皮疹较多,四肢及面部相对较少,呈向心性分布(图 6-4)。开始为粉红色针头大小的斑疹,数小时后变成丘疹,再经数小时变成水疱或脓疱,水疱基底部有一圈红晕,数日后结痂,脱痂后可留下暂时性色素减退

图 6-4   水痘
a. 躯干水痘皮疹;b. 面部水痘皮疹。

斑。病程中可同时见到不同时期的皮疹。口腔、咽部或外阴等黏膜也常有皮疹。病程 1~2 周。健康儿童水痘病程通常自限,且预后良好。青少年和成人水痘感染临床症状往往比儿童严重,皮损数量也更多。

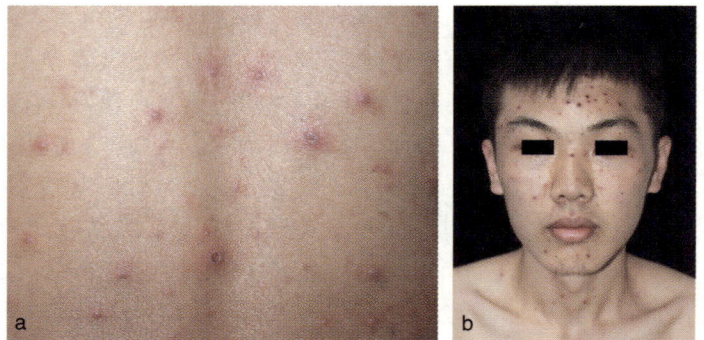

2. 不典型水痘（表6-2）

表6-2　不典型水痘的临床表现

疾病类型	临床表现
大疱型水痘	较少见，见于2岁以下的儿童，为成批发生的直径2~7cm的大疱
出血性水痘	好发于营养不良和淋巴瘤等患者，患者全身表现为出血性水疱，伴有高热等症状，预后差
新生儿水痘	母体分娩前5天至分娩后2~10天内发生水痘，且易引起播散，病情重
成人水痘	与儿童水痘相比，前驱期长，可达1周以上。全身症状重，出疹时间长，皮疹数量多，可有肺和肝受累，预后良好
先天性水痘综合征	多发生在妊娠28周前，特别是20周前患水痘的孕妇，新生儿出生时表现为体重低、瘢痕性皮肤病变、视神经萎缩、白内障、智力低下等，女性胎儿多见，反复的超声检查有助于监测风险的发生

3. 并发症　水痘一般呈良性经过，炎症反应重或继发细菌感染后遗留的瘢痕为最常见并发症，成人感染后少数可并发肺炎。罕见并发症包括肝炎、视神经炎、角膜炎、血管炎、脑炎、脑病合并内脏脂肪变性综合征（Reye综合征）、血小板减少性紫癜和多形红斑等。

【组织病理】

病变部位可见表皮棘细胞水肿，呈气球样变性，特征性核内嗜酸性包涵体形成，可见多核巨细胞。真皮可见轻度的炎细胞浸润，以中性粒细胞为主。

【诊断和鉴别诊断】

根据成批出现的斑疹、丘疹、水疱、结痂及向心性分布特征，结合黏膜受累等，可确定诊断。不典型水痘需与脓疱疮、丘疹性荨麻疹、药疹、疥疮等鉴别。

【预防和治疗】

1. 预防　幼儿期接种两剂减毒活疫苗可预防水痘的发生。对于免疫正常人群，水痘暴露后7~10天开始预防性口服常规剂量抗病毒药物7天可有效降低水痘发生率。对1岁以上、免疫正常的水痘暴露者，可在72~120小时内接种水痘疫苗来预防或改善疾病状态。对孕妇及高危新生儿，可静脉注射免疫球蛋白来提供被动免疫。水痘患者需严格隔离。

2. 治疗　水痘为自限性疾病，治疗以对症处理为主。发热时卧床休息，高热可给予退热药。出疹后24~72小时使用抗病毒药物能减轻水痘的严重程度并缩短病程。抗病毒治疗见表6-3。儿童水痘需注意皮肤清洁，修剪患儿指甲，减少搔抓，防止继发细菌感染。肾病患者根据肌酐清除率调整剂量。

表6-3　水痘-带状疱疹病毒感染的抗病毒治疗

疾病	药物和剂量
水痘	阿昔洛韦每次800mg，每日5次口服；或每次400mg，每日3次口服，疗程5~7d 伐昔洛韦每次1 000mg，每日3次口服，疗程5~7d 泛昔洛韦每次250mg，每日3次口服，疗程5d
带状疱疹	阿昔洛韦每次400~800mg，每日5次口服，疗程7d 伐昔洛韦每次300~1 000mg，每日2次口服，疗程7d 泛昔洛韦每次250~500mg，每日3次口服，疗程7d 溴夫定（brivudine），每日125mg，每日1次口服，疗程7d 磷钾酸钠，静脉输注，每次40mg/kg，每8小时1次
免疫力低下患者、播散性带状疱疹、拉姆齐-亨特综合征	阿昔洛韦，静脉输注，每次5~10mg/kg，每8小时1次，疗程7d

第四节 带 状 疱 疹

带状疱疹（herpes zoster）由潜伏在神经节中的 VZV 再激活引起，表现为沿同一感觉神经节段分布的单侧区域出现簇集性水疱，常伴显著的神经痛。

【病因和发病机制】

潜伏在神经节中的 VZV 再激活是本病发病的基础。潜伏的病毒被激活，沿感觉神经轴索下行，到达该神经所支配区域的皮肤内复制，产生水疱，同时周围和中枢神经受累后形成痛觉敏化，产生神经病理性疼痛。

造成 VZV 再激活的机制并不十分清楚。可自发出现，也可因为某种诱因，如创伤、疲劳、恶性肿瘤、病后虚弱、使用免疫抑制剂等，导致机体抵抗力下降，特别是特异性细胞免疫抑制，是病毒再激活的主要原因。发生水痘后，机体可建立有效的特异性细胞免疫，但随着年龄增长，这种免疫水平逐渐降低，临床上表现为患病率随年龄增长而增加。另外影响机体细胞免疫功能的因素或疾病，如血液系统肿瘤、使用激素及细胞毒药物、HIV 感染等发生带状疱疹风险显著增加，且病情严重。本病愈后可获得较持久的细胞免疫，一般不复发。

【临床表现】

本病春秋季节多发，好发于成人。

1. **典型表现**　发疹前可有前驱症状，患处皮肤自觉瘙痒、刺痛、压痛、感觉过敏和/或剧烈疼痛，可类似心肌梗死、急腹症或牙痛等。持续 1~5 天，亦可无前驱症状即发疹。好发部位依次为肋间神经、脑神经（最常见为三叉神经支）、腰部神经和骶部神经支配区域。患处最初表现为感觉神经支分布的区域出现水肿性红斑，后在此基础上出现粟粒至黄豆大小簇集分布而不融合水疱，疱壁紧张，疱液澄清；皮损呈带状排列，多发生在身体的一侧，一般不超过正中线（图 6-5）。神经痛为本病的重要特征，通常老年或皮疹严重患者较为剧烈。水疱干涸、结痂脱落后留有暂时性淡红斑或色素沉着。年轻患者病程一般为 2~3 周，老年患者为 3~4 周甚至更长时间。

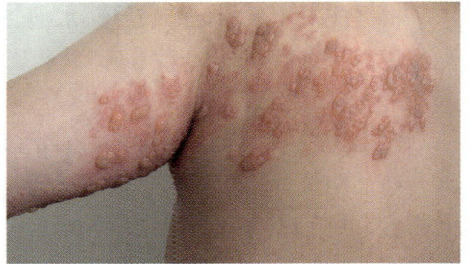

图 6-5　带状疱疹

皮损的严重程度和持续时间与患者的年龄、机体抵抗力等密切相关。免疫力较强的患者可表现为顿挫型（不出现皮损仅有神经痛）、不全型（仅出现红斑、丘疹而不发生水疱即消退），免疫力较弱的患者可表现为大疱型、出血型、坏疽型和泛发型（同时累及 2 个以上神经节产生对侧或同侧多个区域皮损）。

2. **特殊类型带状疱疹的临床表现**

（1）眼带状疱疹（herpes zoster ophthalmicus）：为三叉神经眼支受累，疼痛剧烈。眼部受累最常见的表现为葡萄膜炎，其次为角膜炎。鼻翼、鼻尖或眼睑缘出现水疱，常提示有眼部受累。

（2）耳带状疱疹（herpes zoster oticus）：系病毒侵犯面神经及听神经所致，表现为耳道或鼓膜出现水疱。膝状神经节受累同时侵犯面神经的运动和感觉神经纤维时，可出现面瘫、耳痛及外耳道疱疹三联征，称为拉姆齐-亨特（Ramsay-Hunt）综合征。如果感染累及前庭耳蜗神经，可出现耳鸣、听力丧失或眩晕等。

（3）播散性带状疱疹（disseminated herpes zoster）：指在受累的皮节外有 20 个以上的皮损，并可伴有黏膜受累，主要见于机体抵抗力严重低下的患者，如老年人、血液系统肿瘤患者、艾滋病患者等，可播散至肺、中枢神经系统等部位。皮损可是出血性的或坏疽性的，常不成簇，与水痘类似，多为脐窝状。

（4）HIV 感染合并带状疱疹：HIV 感染者发生带状疱疹的危险性较普通人群增加 30 倍，皮损表现较重，或不典型，发生如深脓疱疮样皮损、疣状损害，病程较长，引起眼部和神经系统合并症多，易复发。

3. **带状疱疹相关性疼痛（zoster-associated pain，ZAP）**　带状疱疹在疹前、疹时以及皮损痊愈后均可伴有疼痛。按照病程可分为急性(病程30天内)、亚急性(病程30~120天)和慢性(病程大于120天)。ZAP表现持续性隐痛、发作性撕裂痛和诱发痛,后者表现为异常性疼痛即非疼痛性刺激,如轻触皮肤引起的疼痛,或痛觉过敏,即轻度的疼痛刺激即可致严重的疼痛。如果皮损消退后神经痛持续存在超过1个月,则称为带状疱疹后神经痛(postherpetic neuralgia,PHN)。

【组织病理】

组织病理学改变与单纯疱疹相似,表现为表皮内水疱,可见气球样细胞和核内嗜酸性包涵体。真皮上部可见血管水肿和毛细血管扩张,血管周围有淋巴细胞和多形核白细胞浸润。

【诊断和鉴别诊断】

根据典型临床表现即可作出诊断。疱底刮取物涂片找到多核巨细胞和核内包涵体有助于诊断,必要时可进行PCR检测VZV DNA和病毒培养予以确诊。对皮损严重、范围广泛、愈合时间较长的患者,注意明确基础疾病或诱因。

本病前驱期或无疹型应与肋间神经痛、胸膜炎、阑尾炎、坐骨神经痛、尿路结石、偏头痛、胆囊炎、心绞痛等进行鉴别,发疹后有时需与单纯疱疹、脓疱疮等鉴别。

【预防和治疗】

去除诱发因素(如治疗原发病)、减少或避免使用免疫抑制剂、避免劳累等是预防本病的基础。50岁及以上的免疫功能正常的人群接种带状疱疹疫苗可有效降低带状疱疹的疾病负担,但有效率随年龄增长而降低。

本病具有自限性,治疗原则为抗病毒、止痛、消炎、防治并发症。

1. 系统药物治疗

(1)抗病毒药物:早期、足量抗病毒治疗,是减轻神经痛和缩短病程的重要措施。通常应在发疹后24~72小时内开始抗病毒治疗,如表6-3所示。对肾功能不全、肾衰的患者,可选用溴夫定治疗,其他抗病毒药物需要根据肌酐清除率调整剂量。

(2)镇静止痛:急性期可选择小剂量三环类抗抑郁药,可依据止痛效果逐渐增加剂量。亚急性或慢性疼痛可选择单用加巴喷丁或普瑞巴林。可酌情选用非甾体抗炎药,如双氯酚酸钠。

(3)糖皮质激素:多认为及早合理应用可抑制炎症过程,与抗病毒药物联合使用可缩短急性期疼痛的病程,提高生活质量,如无禁忌证可以使用,但对PHN无肯定的预防作用。病程7天以内的皮损严重、疼痛显著的患者,可口服泼尼松30~40mg/d,控制疼痛后递减,疗程1~2周。

2. 局部药物治疗

(1)皮肤外用药:以干燥、消炎为主。疱液未破时可外用炉甘石洗剂、阿昔洛韦乳膏或喷昔洛韦乳膏;疱疹破溃后可酌情用3%硼酸溶液或1:5 000呋喃西林溶液湿敷,或外用0.5%新霉素软膏或2%莫匹罗星软膏。局部外用复方利多卡因乳膏或0.025%辣椒素(capsaicin)乳膏对慢性疼痛可能有效。

(2)眼部处理:如合并眼部损害,应请眼科医生协同处理。可外用3%阿昔洛韦眼膏、碘苷滴眼液。局部禁用糖皮质激素类外用制剂。

第五节　传染性单核细胞增多症

传染性单核细胞增多症(infectious mononucleosis)是由EB病毒(EBV)引起的淋巴细胞增生性疾病,以发热、咽峡炎、淋巴结肿大、皮疹伴血中异常淋巴细胞增多为临床特征,多见于儿童和青少年。

【病因和发病机制】

EB病毒属于人类疱疹病毒属γ亚科,是一种嗜淋巴细胞的DNA病毒,主要侵犯人黏膜上皮细胞和B淋巴细胞。EB病毒主要通过唾液传播,少数可经输血传播。病毒进入口腔后,进入局部淋巴组织并大量复制,引起广泛的淋巴组织增生,而导致皮疹、发热、淋巴结肿大、脾脏肿大等,随着感染后机体免疫反应特别是细胞免疫的建立,病毒复制停止并在B淋巴细胞中形成潜伏感染。当机体免疫力下降后,B 淋巴细胞可以被激活并大幅增殖,引发 EB 病毒诱导的淋巴组织增生异常性疾病。

【临床表现】

本病好发于 15~25 岁青少年和成人,潜伏期 30~50 天,儿童或青少年潜伏期较短。大多数患者有乏力、头痛、畏寒、食欲缺乏等前驱症状,随后 80% 以上患者出现持续 10 天及以上的发热、咽峡炎和淋巴结肿大三联征。一般为中等程度发热,咽部红肿,肿胀显著时可出现呼吸或吞咽困难。还可出现渗出性咽炎(灰白色分泌物)、食欲缺乏、恶心、呕吐、咳嗽和关节痛。多数患者有淋巴结肿大,全身淋巴结多可以受累,以颈后三角区为最常见,质地中等,无明显压痛,持续存在至热退后数周才消退。半数患者可伴肝脾肿大。

30%~70% 患者在发病的第 4~6 天出现皮疹,表现为斑丘疹、麻疹样疹、风团、猩红热样红斑等,首先出现在躯干和上肢近端,随后扩散到面部和前臂,也可见眼睑瘀斑、眶周水肿和软硬腭交界处瘀点(Forsheimer 斑)。持续 1 周左右消退。少数可以表现为水疱、大疱或紫癜样皮疹。

本病患者若使用氨苄西林治疗后可发生超敏反应性皮疹,为传染性单核细胞增多症-氨苄西林综合征(infectious mononucleosis-ampicillin syndrome)。表现为使用抗生素后 7~10 天,出现瘙痒性、铜红色猩红热样或多形红斑样斑疹,先发生于四肢伸侧,随后向躯干及肢端扩散并融合,一周后皮疹消退。其他半合成的抗生素,如阿莫西林、头孢菌素等也可引起,但少见。该症状为非 IgE 介导的过敏反应,但具体发生机制并不清楚。若患者之前对使用的抗生素不过敏,在疾病恢复后仍可使用这些药物。

【诊断和鉴别诊断】

依据临床表现,特别是发热、咽峡炎、淋巴结肿大三联征,可初步诊断本病。因临床表现复杂,容易误诊,需依靠实验室检查明确诊断。如外周血淋巴细胞比例>50%、异常淋巴细胞比例>10%、轻度血小板减少、轻至中度的肝转氨酶升高,需高度怀疑本病。检测异嗜性抗体、EBV 抗体或 EB 病毒 DNA 阳性对诊断有很大的帮助。本病需与药物反应、甲型溶血性链球菌感染、急性病毒性肝炎、淋巴瘤、原发性 CMV 和 HHV-6 和 HIV 感染相鉴别。

【预防和治疗】

1. **预防**　急性期患者需隔离,6 个月内禁止作为供血者。EB 疫苗尚未研制成功。

2. **治疗**　本病为自限性疾病,治疗以对症支持为主,目前缺乏特效治疗手段。急性期需卧床休息,减少活动。脾脏肿大的患者在恢复前严格限制活动,防止外伤。虽然阿昔洛韦对 EBV 有抑制作用,但研究发现口服阿昔洛韦或合并应用糖皮质激素对改善病情无肯定的效果。考虑到糖皮质激素的副作用,目前只适用于复杂病例,如严重的血小板减少、肝衰竭、溶血性贫血和危及气道的淋巴结肿大。发病期间避免使用氨苄西林等半合成的青霉素,以免加重病情或使病情复杂化。

第六节　幼 儿 急 疹

幼儿急疹(exanthema subitum)又称婴儿玫瑰疹,是 6~36 个月婴幼儿常见的发疹性传染病,表现为突发高热,3 天后热退出疹,短期内迅速消退。

【病因和发病机制】

目前认为人类疱疹病毒 6 型(HHV-6)是本病的病原体,该病毒具有嗜 $CD4^+$ T 淋巴细胞性,但也能感染其他类型的细胞,如神经元。初次感染后,病毒终身潜伏在 $CD4^+$ T 淋巴细胞中,以后可被再次激活,尤其是免疫抑制时。该病毒主要通过空气飞沫传播,冬春季节多见。发病机制不明,多认为病毒血症引起机体免疫反应造成皮肤损伤。

【临床表现】

本病潜伏期为 8~15 天,起病急骤,多无前驱症状即表现高热,数小时内体温达到 39℃以上,持续 3~5 天后体温骤降,热退后出疹。皮疹为淡红色斑疹或斑丘疹,直径 2~3mm,压之褪色。皮疹开始于颈部和躯干,迅速波及耳后、臀部及四肢近端,1 天内不再新发皮疹。皮疹很少融合,以躯干、臀部为多,四肢远端和面部少被累及。1~2天后消退,消退后无明显的色素沉着。也可见软腭上的红色丘疹 (Nagayama点),以及悬雍垂和腭舌交界处溃疡。发热时可以伴有轻度的呼吸道症状,如咳嗽、流涕等, 也可有消化道症状,如腹泻、呕吐等。1岁以内的婴儿高热时可伴有惊厥。本病多呈良性自限性过程。

【诊断和鉴别诊断】

根据患儿突然高热、热退出疹等临床特点可作出初步诊断。必要时可检测血中的抗HHV-6 IgM 抗体,或PCR检测外周血淋巴细胞、唾液或呼吸道分泌物中HHV-6 DNA确定诊断。本病主要与麻疹、 风疹、传染性单核细胞增多症、药疹等鉴别。

【预防和治疗】

本病主要对症治疗,高热时可给予物理降温。由于本病症状多不严重,预后良好,病程较短,故不 需要抗病毒治疗。目前无疫苗用于本病的预防,针对儿童机构中出现疑似的患者,可考虑暂时隔离 治疗。

第七节　麻　疹

麻疹(measles)是由麻疹病毒(measles virus,MV)引起的急性呼吸道传染病。主要症状有发热、 上呼吸道炎和结膜炎等,以麻疹黏膜斑和依序出疹为特征。

【病因和发病机制】

MV属副黏病毒科,麻疹病毒属。MV在外界生活力不强,对阳光及一般的消毒剂均敏感。

MV随飞沫侵入宿主的上呼吸道和眼结膜,随后与宿主细胞结合,进行核酸复制并通过淋巴系统 入血,2~3天形成首次病毒血症。后病毒大量复制和扩散,被单核-吞噬细胞系统吞噬,在全身广泛繁 殖后再次入血,于发病后3~7天引起第二次病毒血症。此时全身靶器官,如淋巴组织、肝、脾、皮肤和 黏膜等都有病毒繁殖,皮肤出现广泛的麻疹样病变。

【流行病学】

1. 传染源　麻疹患者是唯一传染源。从潜伏期末(发病前2天)至出疹后5天内,患者的鼻、咽、 眼结膜、气管分泌物及血液、尿液均有传染性。恢复期后无传染性。

2. 传播途径　飞沫传播为主,经间接接触传播者少见。

3. 易感人群　人群普遍易感。人感染MV后可获终身免疫。6月龄内婴儿有来自母体的抗体保 护,很少发病。患过麻疹的母亲所产的婴儿,来自母体的保护性抗体的持续时间较接种麻疹疫苗母亲 所产婴儿更长,可长达产后9~12个月。

4. 流行特征　麻疹多见于冬春季节。6个月至5岁儿童体内保护性抗体逐渐消减,因此为儿童 麻疹的好发人群。大规模麻疹疫苗的接种使得麻疹自然感染率下降,育龄期妇女抗体水平逐渐减少, 使得6月龄内婴儿的麻疹发病率有所增加;另外,婴儿初次免疫后激发的保护性抗体通常可维持约 15年,这也是成人麻疹的发病原因之一。

【临床表现】

1. 典型麻疹

(1)潜伏期:多为10~14天,其长短与感染病毒量和被动免疫注射有关,如接受过被动或主动免 疫,可延迟至3~4周。

(2)前驱期:多为2~4天,主要表现为①发热:体温在38~39℃,小儿可骤然升高,伴惊厥。②上 呼吸道炎:咳嗽、流涕、喷嚏、咽部充血等卡他症状。③眼部症状:眼结膜充血、畏光、流泪等。④麻疹 黏膜斑(Koplik斑,图6-6a):出现于发热后2~3天。表现为双侧近第一臼齿所对颊黏膜直径0.5~1mm 大小的灰白色小点,周围有红晕,增多后可融合成片,似鹅口疮;也可见于牙龈、下唇内侧及上颚,持续 2~3天消退,此为麻疹的临床特征,具有早期诊断价值。

(3)出疹期:持续3~5天。一般于发病后4~5天,全身中毒症状达到高峰时开始出现,皮疹自耳后、发际,自上而下迅速发展至头面、躯干及四肢,约 2~3 天累及手足。皮疹为直径 2~5mm 淡红色斑疹、斑丘疹,充血性,压之褪色;后皮疹转为暗红色,相互融合成不规则斑片,少数为出血性,疹间可见正常皮肤(图 6-6b)。出疹高峰时患者全身毒血症状加重,体温可达 40℃以上,伴嗜睡、抽搐、频繁咳嗽等。全身淋巴结、肝、脾均可肿大。合并肺炎者,双肺可闻及干湿啰音,胸片可见肺部弥漫性浸润,肺纹理增多。

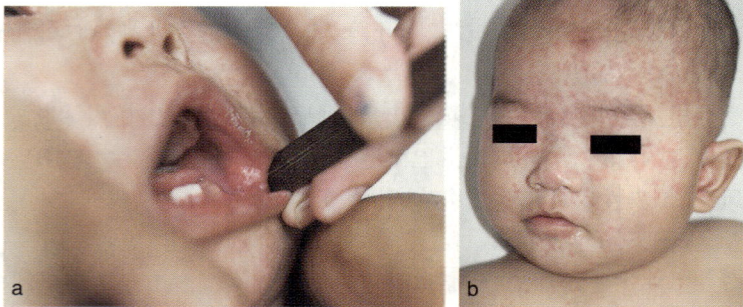

图 6-6　麻疹
a. Koplik 斑;b. 皮疹表现。

　　(4)恢复期:出疹 3~5 天后,体温开始下降,全身各症状缓解,皮疹按出疹先后顺序依次消退,遗留浅褐色色素沉着,可伴有糠秕样脱屑。历时 2~3 周完全消退。成人麻疹免疫反应较重,全身症状较儿童多见。若热退后体温再次升高,且伴有咳嗽加重或声音嘶哑,需警惕麻疹相关并发症或合并其他感染可能。

　　2. 不典型麻疹　受病毒毒力、侵入人体数量、感染者机体免疫状态以及麻疹疫苗的普遍接种等因素影响,临床上可见轻型麻疹、重型麻疹、非典型麻疹综合征、无疹型麻疹、新生儿麻疹及成人麻疹等不典型麻疹表现。

　　3. 并发症　包括肺炎、中耳炎、脑炎、肝炎、亚急性硬化性全脑炎、心肌炎、肾损害等,以肺炎最为常见,重症肺炎是麻疹患者死亡的重要原因。

【诊断和鉴别诊断】

　　在麻疹流行季节,有麻疹患者接触史,出现发热,上呼吸道卡他症状,眼结膜充血、畏光,早期口腔黏膜出现麻疹黏膜斑,依序出疹,即可临床诊断。非典型患者可以依据分离病毒及测定病毒血清特异性 IgM 抗体确诊。

　　麻疹应与其他有麻疹样发疹的皮肤疾病鉴别(表 6-4)。

【预防和治疗】

　　1. 预防

　　(1)管理传染源:及时发现、及时报告和及时隔离患者。多数隔离至出疹后 5~6 天,伴有上述并发症者应延长至 10 天。易感者接触麻疹传染源后应隔离检疫 3 周,有被动免疫注射者需延长至 4 周。

　　(2)切断传播途径:流行期间避免易感儿童在密闭环境中群聚玩耍或探亲访友。患者接触过的环境应开窗通风至少 0.5 小时。医务人员应做好消毒隔离工作。

　　(3)保护易感人群:未曾感染麻疹病毒的小儿应接种麻疹减毒活疫苗。目前国内的计划免疫定于 8 月龄初种,7 岁时复种。年幼、体弱或免疫缺陷的患者在接触麻疹后,应尽早采取被动免疫。

　　2. 治疗　主要以对症治疗为主。采用综合措施,加强护理,预防并发症。

　　(1)一般治疗:卧床休息,呼吸道隔离,开窗通风。保持室内安静、温度适宜。加强眼、口、鼻、耳及皮肤的清洁护理。鼓励多饮水,给予富有营养、易于消化的食物。

　　(2)对症治疗:高热时给予小剂量退热药物,烦躁不安或惊厥表现时给予镇静剂,剧咳时给予祛痰止咳药物,避免使用镇咳剂。

　　(3)及时合理处理并发症。

表6-4　儿童麻疹样发疹性疾病的鉴别诊断

疾病名称	疹热关系	皮疹特点	黏膜损害	出疹顺序和部位	病因	辅助检查	伴随症状
麻疹	发热第3~5天出疹	暗红色斑疹、斑丘疹，可融合成片	发热2~3天后可见Koplik斑	顺向性发疹，耳后发际→额→面→颈→躯干→四肢→手掌足底	麻疹病毒	麻疹病毒IgM和RNA阳性	结膜充血、卡他症状、淋巴结，肝脾可肿大、双肺啰音
风疹	发热第1~2天出疹	红色或淡红色斑疹、斑丘疹，较麻疹稀疏	可伴软腭瘀点或暗红色斑点	自上而下发疹，面颈→躯干→四肢，皮疹向心性分布	风疹病毒	血清风疹抗体IgM阳性	"三后"（颈后、枕后、耳后）淋巴结肿大
幼儿急疹	高热3天后热退疹出	红色点状斑、斑丘疹，48~72小时后皮疹消退	咽和结膜轻可充血	离心性发疹，躯干→四肢和颈→面、肘膝以下皮疹小或无	人类疱疹病毒6型(HHV-6)	疱疹病毒筛查HHV-6 PCR阳性	一般情况好，愉悦度好，也可出现高热惊厥和腹泻
传染性单核细胞增多症	1/3发热4~6天出皮疹	麻疹样红斑或猩红热样	咽峡炎、软硬腭交界处出血点	多数离心性发疹，躯干→四肢和颈→面	EB病毒	异形淋巴细胞>10%,EB病毒IgM和EB病毒DNA阳性	高热、淋巴结肿大、肝脾大
川崎病	发热与皮疹关系不大	多形性皮疹，可为麻疹样或多形红斑样皮损；肛周红、脱皮；手足硬性水肿和掌跖红斑	唇黏膜发红皲裂，结膜发红，杨梅舌	全身泛发，以手足和腔口部位明显	不明，感染诱发免疫应答有关	白细胞、中性粒细胞、血小板，CRP、ESR升高	高热5d以上，颈部淋巴结肿大、手足水肿，冠状动脉扩张，恢复期指趾端脱屑
肠道病毒疹	不确定	猩红热样或麻疹样红斑	疱疹性咽峡炎	面颈→躯干→四肢，皮疹全身分布	柯萨奇病毒、埃可病毒	柯萨奇病毒或埃可病毒IgM阳性	浅表淋巴结肿大、可有肠炎、脑炎和脑膜炎
麻疹样发疹型药疹	不确定	麻疹样或猩红热样红斑和斑丘疹，皮疹颜色深，伴水肿	与原发病相关	躯干、四肢明显	药物致敏	血嗜酸性粒细胞、肝功能、心肌酶等	伴剧烈瘙痒样

第八节 风　　疹

风疹(rubella)是由风疹病毒(rubella virus)感染所致的急性传染病,临床以低热、全身皮疹为特点,常伴有淋巴结肿大。妊娠前 3 个月感染风疹病毒可引起胎儿受染,造成发育畸形等严重后果。

【病因和发病机制】

风疹病毒为一种小球形包膜病毒,含单链 RNA,属披膜病毒科。对外界环境抵抗力弱,常用的医用消毒措施,如紫外线、乙醇、氯仿及 56℃ 30 分钟加热,均可将其杀灭,但对寒冷及干燥有一定的耐受力。

风疹病毒感染后,主要侵犯上呼吸道黏膜,引起上呼吸道炎症。继而病毒侵入耳后、枕后、颈部等浅表淋巴结,大量增殖复制,进入血液循环引起病毒血症。此时患者出现发热、皮疹、淋巴结肿大等典型临床表现。孕妇妊娠前 3 个月感染风疹病毒后,病毒可通过胎盘感染胎儿,由于此时胎儿缺乏细胞和体液免疫,造成病毒在体内长期大量存在和复制,形成缓慢、进行性多器官的全身感染,由此产生多种先天性畸形和缺陷。

【流行病学】

1. **传染源**　风疹患者是唯一传染源。在其口、鼻、咽分泌物中存在大量病毒,在发病前 1 天和发病当天传染性最强。

2. **传播途径**　飞沫传播为主,可见垂直传播和密切接触传播。

3. **易感人群**　多见于 5~9 岁儿童。冬春季节多见。感染后大多具有持久免疫力。

【临床表现】

1. **自然感染的风疹**

(1)潜伏期:一般为 14~21 天(平均 18 天)。前驱期多数患儿无明显不适,成人或青少年则可有低热、头疼、咽痛、咳嗽、食欲缺乏、乏力等症状。

(2)出疹期:前驱期后 1~2 天进入出疹期。皮疹初起于面颈部,之后迅速自上而下蔓延,多数 1 天内遍布躯干和四肢,向心性分布,但手掌和足底多数无疹。皮疹为红色或淡红色斑疹、斑丘疹,直径 0.2~0.3cm,可融合成弥漫性红斑(图 6-7)。皮疹一般持续 1~4 天,按照出疹顺序逐渐消退,消退后不留色素沉着和脱屑。出疹期间伴有低热、轻度上呼吸道症状、全身浅表淋巴结肿大,其中以耳后、枕后、颈后的“三后”淋巴结肿大最具有特征性,可伴触痛。

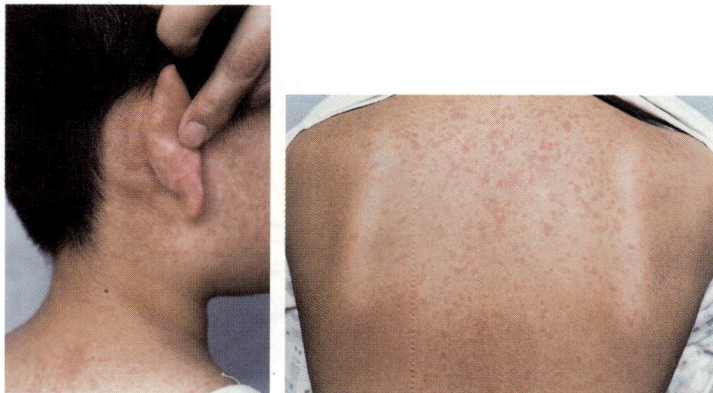

图 6-7　风疹

(3)风疹并发症:可并发脑炎、心肌炎、关节炎、肝炎、肾炎、血小板减少等。

2. **先天性风疹综合征**　可表现为先天性白内障、青光眼、耳聋、先天性心脏病、小头畸形、智力障碍等。

【诊断和鉴别诊断】

依流行病学接触史、低热、充血性斑疹、耳后及枕后淋巴结肿大等典型表现可临床诊断。流行期间不典型病例和隐性感染者需进行病毒分离和血清风疹特异性 IgM 抗体测定以确诊。

本病需与麻疹、猩红热、传染性单核细胞增多症等相鉴别。猩红热多有发热、咽痛等前驱症状，1~2天出现密集分布的充血性针尖大小红斑，特异性环口苍白圈，及恢复期出现手足袜套样脱屑等表现。实验室检查提示血白细胞总数及中性粒细胞增加，咽拭子培养可见A组乙型溶血性链球菌。

【预防和治疗】

1. 目前尚无特效抗风疹病毒药物，以对症治疗为主；少数症状较重者，卧床休息和对症处理即可。免疫缺陷或重症者为缩短病程、减轻症状，可试用干扰素、利巴韦林等。

2. 控制传染源 风疹患者应隔离至出疹后5天；先天性风疹综合征的患儿应隔离至病毒分离阴性为止。

3. 保护易感者 幼儿、少女以及育龄期妇女应接种风疹疫苗。妊娠前3个月孕妇应避免接触风疹患者。接触风疹者后应注射高效价免疫球蛋白进行被动免疫。

第九节 手足口病

手足口病（hand-foot-mouth disease）是以手、足和口腔发生水疱为特征的一种病毒性皮肤病。

【病因】

引起手足口病的病毒主要为小RNA病毒科肠道病毒属的柯萨奇病毒（Coxsackie virus）A组16、4、5、7、9、10型，B组2、5、13型，埃可病毒（ECHO virus）和肠道病毒71型（EV 71），其中以EV 71及Cox A16型最为常见，EV71感染引起重症病例的比例较大。

本病春、夏季节高发。75%乙醇不能杀灭肠道病毒，但高锰酸钾、漂白粉、碘酊都可灭活此类病毒。病毒在50℃时可被迅速灭活，在4℃时可存活1年，在−20℃时可长期存活，在外环境中病毒可长期存活。

【流行病学】

1. **传染源** 主要为本病患者及隐性感染者。

2. **传播途径** 主要经粪-口和/或呼吸道飞沫传播，亦可经接触传播。

3. **易感人群** 多见于2~7岁的儿童，5岁以下更常见。

【临床表现】

1. 潜伏期为3~6天。发疹前患儿可出现不同程度的发热、头痛、食欲缺乏等前驱症状。

2. 典型的手足口病皮疹是手、足、口腔黏膜出现0.2~0.4cm大小的丘疹、丘疱疹，多数为淡红色、红色，疱液少（图6-8），周围红晕，水疱破溃后可形成灰白色糜烂或浅溃疡。口腔部位疱疹疼痛明显，可造成婴幼儿哭闹、进食困难、流涎不止。皮疹发于手足部位时，以掌跖部位出现与皮纹长轴一致的水疱更有诊断意义。此外，皮疹也可以出现在双膝关节伸侧、臀部，亦可泛发全身。多数皮疹7~10天自然消退，不留瘢痕，恢复期可出现甲分离。

3. 疱疹性咽峡炎 口腔疱疹可单独发生，表现为咽后、软腭、悬雍垂等处散在灰白色疼痛性疱疹

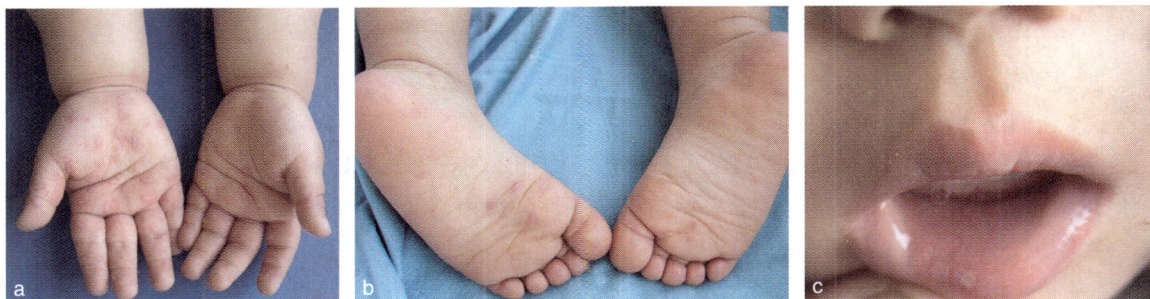

图6-8 手足口病

a. 手部表现；b. 足部表现；c. 口腔黏膜表现。

或浅表溃疡,伴高热,影响吞咽。

4. **重症手足口病**　如患者出现持续高热、抽搐、心率加快、呼吸困难、四肢无力,应警惕重症手足口病可能。重症手足口病可伴发脑膜炎、脑炎、肺水肿、心肌炎等,危及生命。

【诊断和鉴别诊断】

根据发生于手、足、口腔等部位的特征性皮损,结合流行病学即可诊断。也可通过病毒核酸检测明确。合并神经系统症状时应行脑脊液检查。本病需要与多形红斑、水痘、脓疱疮等相鉴别。

【预防和治疗】

轻症患者预后良好,治疗以加强支持疗法和对症处理为主。口腔溃疡可外用金霉素鱼肝油,手足皮损处可外用炉甘石洗剂。也可口服利巴韦林等广谱抗病毒制剂 5~7 天。板蓝根冲剂、银翘散加减等解毒疏风的中药治疗亦有一定效果。出现重症手足口病表现时,应及时转入传染病专科医院诊治。

第十节　传染性软疣

传染性软疣(molluscum contagiosum)俗称"水瘊子",是一种由传染性软疣病毒(molluscum contagiosum virus,MCV)感染所致的传染性疾病。

【病因和发病机制】

MCV 属痘病毒科(poxviridae)软疣病毒属,为双链 DNA 病毒。MCV 感染细胞后,在细胞质内复制,软疣体逐渐增大,最终占据整个细胞,导致表皮高度增生,向下增生成梨状兜囊。周围真皮内结缔组织受压形成包膜,囊内嗜酸性包涵体形成于棘层深部。感染 MCV 的细胞多数有卵圆小体形成,体积逐渐增大,细胞核固缩,最终形成嗜酸性包涵体,之后可变为嗜碱性,即临床中所指的软疣小体。

【流行病学】

人类是传染性软疣病毒的唯一天然宿主。本病主要通过接触传染,幼托机构、宿舍、游泳场馆是较常见的传染场所,亦可自身接种。

【临床表现】

潜伏期为 2 周至 6 个月。儿童、青少年及皮肤娇嫩或皮肤屏障功能异常者易感。典型皮疹表现(图 6-9)为 0.3~0.5cm 大小坚实、有脐凹的珍珠样丘疹,表面呈蜡样光泽,挤破表皮可见奶酪样物质(软疣小体)。患此病数周至数月内,疣体可由一个发展到数十个甚至上百个。皮疹可布于全身,以皮肤褶皱部位(腋窝、颈部)、躯干、大腿、臀部以及生殖器区域居多,手掌及足底少见。传染性软疣一般无自觉症状,但也有患者疣体周伴发湿疹或感染,可出现瘙痒或红肿热痛等表现。免疫缺陷患者皮损可泛发,以面部、肛门及生殖器部位为主。此时,单个皮损直径较大(可达 6cm),且单个皮损中可见数个至数十个软疣小体,部分可出现中央坏死。

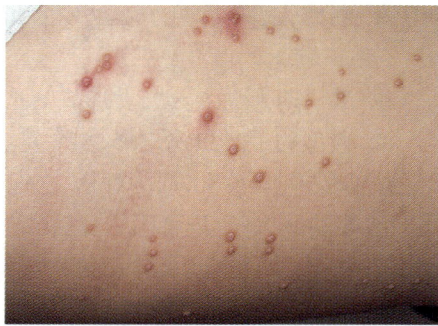

图 6-9　传染性软疣

免疫功能健全的患儿病程呈自限性,为数月至数年不等。

【诊断和鉴别诊断】

根据蜡样光泽、顶端凹陷如脐窝状、可挤出奶酪样物质的丘疹及发病部位,可得出诊断,必要时结合病理检查。单个较大的皮损需要与一些皮肤良恶性肿瘤相鉴别,如角化棘皮瘤(keratoacanthoma)、基底细胞癌(basal cell carcinoma,BCC)等,后两者无软疣小体,且皮肤病理具有各自特征表现。

【预防和治疗】

1. **预防**　本病需加强个人卫生,避免搔抓引起自身接种,勿用公共浴巾,减少使用搓澡巾,并注意消毒。

2. 治疗　挤挤疗法是治疗传染性软疣最便捷、有效的方法。无菌条件下，用镊子夹住疣体根部，将其中软疣小体挤出后外涂碘伏即可。其他方法包括刮除、电灼、冷冻、激光，局部使用角质剥脱剂等。

第十一节　HPV 感染性皮肤病

一、寻常疣和扁平疣

寻常疣和扁平疣是由人乳头瘤病毒（human papilloma virus，HPV）感染引起的一种慢性增生性皮肤黏膜疾病。

【病因和发病机制】

HPV 是一种 DNA 病毒，呈球形，直径 45~55nm，为小而无包膜的对称性 20 面体，有 72 个壳粒。在其细胞核中能发现嗜酸性包涵体，病毒主要在核内复制。HPV 有 100 余种亚型，近 80 种与人类疾病相关。

本病的传染源为患者和病毒携带者，经直接或间接接触传播。外伤或皮肤破损是发生 HPV 感染的重要因素。HPV 有嗜鳞状上皮细胞特性，通过皮肤黏膜微小的破损进入表皮的基底细胞内复制、增殖，致上皮细胞异常分化和增生，引起良性增生物形成。

【临床表现】

潜伏期一般为 6 周~2 年。人群普遍易感，随年龄增长发病率逐渐增高，到青壮年达高峰，以 16~30 岁为主，免疫缺陷状态者发病率高。

1. 寻常疣　寻常疣（verruca vulgaris）多由 HPV-2 所致，皮损可发生在身体的任何部位，以手部为多，手外伤或水中长期浸泡是常见的诱因。典型皮损为呈灰褐色、棕色或皮色丘疹，表面粗糙，质地坚硬，多为黄豆大小或更大，呈乳头瘤状增生（图 6-10）。皮损发生在甲周者称为甲周疣（periungual wart）；发生在甲床者称甲下疣（subungual wart）；单个细软的丝状突起伴顶端角化者称丝状疣（verruca filiformis）；好发于头皮及趾间的参差不齐的多个指状突起称指状疣（digitate wart）。

发生在足底的寻常疣称为跖疣（verruca plantaris，plantar wart），多由 HPV-1 所致。皮损以足底受压部位为主。因受到压迫而形成淡黄或褐黄色胼胝样斑块或扁平丘疹，表面角化，粗糙不平，界限清楚，边缘绕以稍高增厚的角质环。用小刀去除表面角质层可见下方疏松的角质软芯，并可见出血后形成的小黑点。有时数个疣聚集在一起形成多个角质软芯，称为镶嵌疣（mosaic wart）。

2. 扁平疣　扁平疣（verruca plana）又称青年扁平疣，主要侵犯青少年，多由 HPV-3 所致，好发于颜面部位，其次为手背、前臂。大多骤然出现，皮损为米粒至黄豆大小的圆形或椭圆形扁平隆起性丘疹，表面光滑，质硬，正常肤色或淡褐色，常多发且密集。搔抓后皮损可沿抓痕呈条状或串珠状排列（图 6-11）。

【组织病理】

角化过度，间有角化不全，表皮乳头瘤样增生，棘层肥厚；颗粒层和棘层上部细胞空泡化变性，其

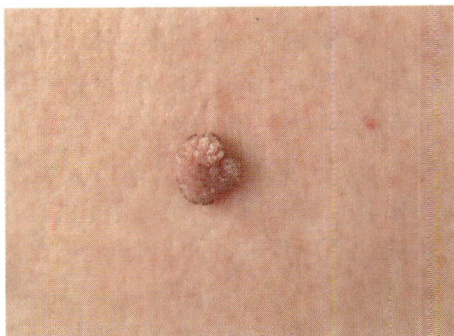

图 6-10　背部寻常疣

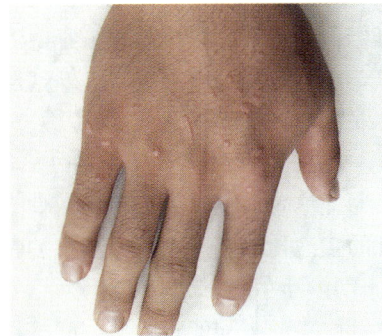

图 6-11　扁平疣

NOTES

变性细胞内常含有嗜碱性包涵体和嗜酸性包涵体,嗜碱性包涵体为病毒颗粒。

【诊断和鉴别诊断】

根据皮损特点,结合好发部位及发展情况等易于诊断。必要时结合组织病理学检查,或检测组织中的 HPV DNA 以进一步确诊。寻常疣要与脂溢性角化病、外毛根鞘瘤等相鉴别,扁平疣要与汗管瘤、脂溢性角化病等相鉴别,跖疣要与鸡眼、胼胝、点状掌跖角化症等相鉴别。

【预防和治疗】

1. 预防　日常生活工作中,应注意防止皮肤黏膜损伤。

2. 治疗　本病主要使用物理治疗和外用药物治疗(表6-5),皮损数量较多或久治不愈者可采用系统药物治疗,但目前尚无确切有效的抗 HPV 治疗药物。

表 6-5　疣的常见治疗

治疗手段	药物分类/名称	使用方法
外用药物	维 A 酸类	
	0.05%~0.10% 维 A 酸	每日 1~2 次外用
	免疫调节剂	
	5% 咪喹莫特霜	每日 1 次或每周 3 次外用
	细胞毒类	
	氟尿嘧啶软膏	每日 1~3 次外用
	平阳霉素	10mg 平阳霉素用 1% 普鲁卡因 20ml 稀释于疣体根部注射,每个疣注射 0.2~0.5ml,每周 1 次
物理治疗	CO$_2$ 激光	用原光束或聚焦后烧灼或切割病损组织
	冷冻疗法	需多次浸蘸液氮、多次冷冻才能达到治疗目的
	其他	
	电灼疗法、刮除术、红外凝固治疗、光热治疗	适用于数量少的寻常疣和跖疣

二、尖锐湿疣

尖锐湿疣(condyloma acuminatum,CA)又称肛门生殖器疣(genital warts),是由 HPV 感染引起的以皮肤黏膜疣状增生性病变为主的常见性传播疾病。多发生于性活跃人群。

【病因和发病机制】

人类是 HPV 的唯一天然宿主。与尖锐湿疣相关的 HPV 型别有 15 种以上,最常见的有 6、11、16 和 18 型。传染源为患者和亚临床感染者。主要通过性接触直接传染,也可通过间接接触传染或垂直传播。

【临床表现】

本病潜伏期一般为 1~8 个月,平均为 3 个月。多发生于生殖器、肛门或肛周部位的皮肤、黏膜上,也可累及腹股沟或会阴等区域,少数患者可见于肛周生殖器以外部位。皮损可表现为丘疹、斑块、乳头状、鸡冠状或菜花状赘生物,单发或融合,同一患者可有多种表现(图 6-12a、b、c)。少数患者因免疫功能低下或妊娠而发展成大的疣体,称巨大尖锐湿疣(Buschke-Lowenstein 瘤),是一种以局部侵袭、快速生长为特征的 “类癌性尖锐湿疣”,呈外生性生长,最大直径通常超过 10cm,为一种疣状癌,但组织学提示为良性病变。一般无自觉症状,少数患者可有瘙痒、异物感、压迫感或灼痛感。

【组织病理】

表皮乳头瘤样增生,颗粒层和棘层上部可见空泡化细胞(挖空细胞),细胞体积大,核深染,核周细胞质不同程度的空泡化改变。在部分皮损的颗粒层细胞内可见到粗大的紫色包涵体颗粒。

【诊断和鉴别诊断】

根据病史(性接触史、配偶感染史或间接接触史等)和典型临床表现可以诊断本病,必要时结合组织病理、醋酸白试验、皮肤镜、HPV DNA 及病毒学检查等予以确诊。本病需与以下疾病相鉴别(表 6-6)。

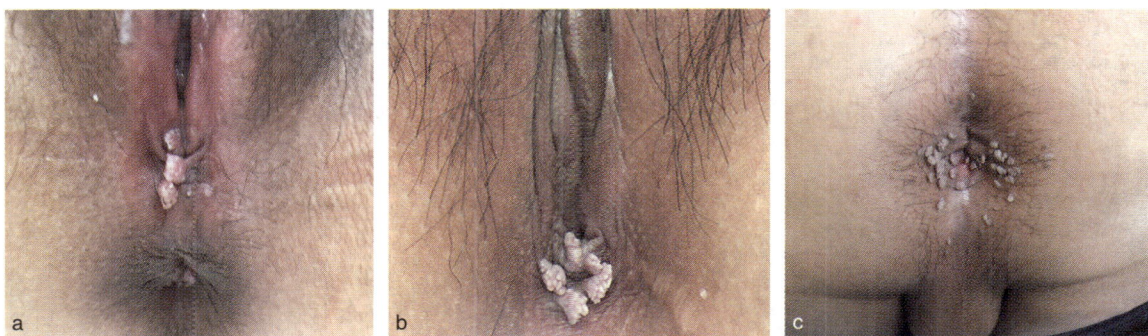

图 6-12 尖锐湿疣
a、b. 外阴尖锐湿疣;c. 肛周尖锐湿疣。

表 6-6 尖锐湿疣的鉴别诊断

疾病名称	发病部位	临床特点	辅助检查
阴茎珍珠状丘疹	龟头冠状沟边缘	沿龟头冠状沟呈排列整齐、大小一致的珍珠样丘疹	醋酸白试验阴性 皮肤镜:呈大小基本一致的白色透明的鹅卵石状突起,中心有点状血管或逗号状血管
假性湿疣	成年女性小阴唇内侧	鱼卵状或细小绒毛状、排列规则的增生物,互不融合,长期不变	醋酸白试验阴性 皮肤镜:呈对称的透明细指状结构,粗细均匀,基底彼此独立,中心可见不规则的线状血管
皮脂腺异位症	男性包皮龟头黏膜及女性小阴唇处	群集针尖大小淡黄色小丘疹	醋酸白试验阴性
阴茎系带旁丘疹	阴茎系带两侧	针头大小,白色或淡红色丘疹,每侧一般仅 1~2 个	醋酸白试验阴性
扁平湿疣	肛周及外生殖器周围	基底宽,无蒂,外观扁平,疣面潮湿、光滑	暗视野显微镜可检测到梅毒螺旋体,梅毒血清学反应阳性
鲍恩样丘疹病	外阴部位	成群扁平棕红色或褐色小丘疹	组织病理示病变细胞累及表皮全层,散在分布非典型上皮细胞和核分裂象,可见挖空细胞
鳞状细胞癌	头皮、面、颈、手背暴露部位	增生性斑块或结节,易发生溃疡,基底有浸润感	组织病理检查可见鳞状细胞异型性明显,排列紊乱,常可见角珠,无空泡化细胞

【预防和治疗】

1. **预防** 健康教育,使用避孕套,疫苗接种。
2. **治疗** 以外用药物和物理治疗为主。目前治疗方法见表 6-7。

三、疣状表皮发育不良

疣状表皮发育不良(epidermodysplasia verruciformis,EV)是一种罕见的遗传性皮肤疾病,患者对 HPV 的易感性和发生皮肤癌的风险显著增加,其临床特征为泛发性扁平疣或寻常疣样损害。

【病因和发病机制】

本病对 HPV 存在遗传易感性,约 25% 患者呈常染色体显性遗传,亦有报道显示,本病为 X 连锁隐性遗传,家系研究发现,染色体 17q25 和 2p21-p24 两个位点与本病相关。位于 17 号染色体的 *TMC6* 和 *TMC8* 基因纯合失活突变可造成患者对 HPV 易感和皮损的发展。

NOTES

表 6-7 尖锐湿疣的主要治疗方法

治疗手段	药物分类/名称	主要作用	注意事项
外用药物	0.5% 鬼臼毒素酊或 0.15% 鬼臼毒素软膏	抗有丝分裂,具有细胞毒性,可致疣体坏死	局部瘙痒、灼痛、红肿、糜烂等。有致畸作用,孕妇禁用,育龄期妇女使用需注意避孕
	5% 咪喹莫特乳膏	局部免疫活性增强剂,可刺激干扰素及其他细胞因子产生	局部瘙痒、灼痛、红斑、糜烂,偶见色素减退。孕妇禁用
	茶多酚软膏	有多种免疫调节和抗增殖作用	红斑、瘙痒、烧灼感、疼痛、溃疡、水肿、硬结和水疱。孕妇禁用
	80%~90% 的三氯醋酸(TCA)溶液	腐蚀剂,通过化学试剂凝固蛋白,破坏疣体	局部刺激、红肿、糜烂、溃疡等
	皮损内干扰素注射治疗	抗病毒、抗增殖和免疫刺激作用	低热和流行性感冒样症状,常为一过性
	5-氟尿嘧啶	阻止 DNA 合成	局部炎症反应、疼痛、烧灼感和溃疡等,不作为一线疗法
	中药	通过细胞毒性作用对 HPV 发挥抑制和杀灭作用	局部刺激、红肿、糜烂、溃疡,肝功能、肾功能损害等,不作为一线疗法
物理治疗	激光治疗	使用红外线或近红外光束加热和烧灼目标区域,有效清除疣体	疼痛、色素沉着或色素减退
	冷冻疗法	低温作用于病变组织使之发生坏死	局部明显疼痛、水疱,复发率高
	微波治疗	通过振动中产生的热效应和非热效应使疣体组织凝固、脱落	复发率较高
	电离子和高频电刀	产生热量破坏组织,并对组织产生切割和凝固	操作深度过深可遗留瘢痕
	光动力疗法(PDT)	局部使用光敏剂,经光照射后引起局部细胞死亡	轻度灼烧感、刺痛感、红斑、轻度水肿、糜烂和色素沉着
手术治疗	—	直接去除疣体	适用于较大疣体

1. **病毒感染** 与本病相关的 HPV 类型包括正常宿主类型,如 3 型和 10 型,也有本病感染的独特类型,如 5、8、12 和 15 型等。

2. **免疫缺陷** 目前认为患者对 HPV 有选择性细胞免疫缺陷,特别是 T 辅助细胞的数量与功能缺陷。

3. **日光照射** 暴露部位病变可发生恶变。

【临床表现】

本病多自幼发病,皮损好发于面、颈、躯干、四肢。根据皮损形态分为四型。

1. **扁平疣型** 最常见,分布广,数量较多,颜色较深。

2. **花斑癣型** 较少见,为色素减退或不同程度棕色色素沉着性扁平鳞屑性斑丘疹,轻度角化,临床似花斑癣。

3. **点状瘢痕型** 极少见,皮损轻度萎缩凹陷,轻微角化。

4. **肥厚斑块型** 少见,为淡红到紫色斑块,好发于四肢,类似脂溢性角化。患者常伴有掌跖角化、指甲改变、雀斑样痣及智力发育迟缓等。20%~30% 的患者可发展为鳞状细胞癌。

【组织病理】

类似扁平疣。

【诊断和鉴别诊断】

根据早年发病,全身泛发性扁平疣样或寻常疣样皮损,结合病理检查可以诊断本病。本病主要与以下疾病相鉴别(表6-8)。

表6-8　疣状表皮发育不良的常见鉴别诊断

疾病名称	病因	好发部位	皮损形态	数量
疣状表皮发育不良	HPV感染	面、颈、躯干、四肢	扁平疣状丘疹,分布对称	可较多,可聚集
疣状肢端角化症	常染色体显性遗传病	手背、足背、膝、肘	扁平疣状丘疹,手掌有弥漫性增厚及角化	常密集成群
扁平苔藓	未明	四肢屈侧	紫红色扁平丘疹,Wickham纹,常有黏膜损害	密集或散在
花斑癣	糠秕马拉色菌感染	上胸部、肩背部	圆形或椭圆形,色素减退或沉着斑,上覆少量鳞屑	弥漫对称性分布或多部位发病
扁平疣	HPV感染	颜面、手背、前臂	扁平丘疹,肤色或淡褐色	常为多发,可聚集

【预防和治疗】

本病无满意治疗方法。可试用阿维A,但停药后常复发。需密切观察有无鳞状细胞癌或癌前病变形成,一旦发现要及时治疗;避免过度日光照射,建议使用有效的防晒霜。

第十二节　艾　滋　病

艾滋病,即获得性免疫缺陷综合征(acquired immunodeficiency syndrome,AIDS),是由人类免疫缺陷病毒(human immunodeficiency virus,HIV)引起的慢性传染病。

【病原学】

HIV属于逆转录病毒科慢病毒属灵长类慢病毒群,分为HIV-1型和HIV-2型。

HIV为直径100~120nm的球形颗粒,有包膜,表面有刺突状结构的糖蛋白,每个刺突由gp120和gp41的三聚体构成。病毒的衣壳由核心蛋白p24组成,核心内有两条相同的单链RNA;核心和衣壳共同组成核衣壳。

HIV在室温下液体环境中可存活15天,对热敏感,液体中的HIV在56℃10分钟即可灭活,真空冷冻干燥的血制品68℃72小时灭活。消毒剂也可灭活HIV,但HIV对紫外线不敏感。

【发病机制】

HIV主要侵犯CD4$^+$T淋巴细胞,使其数量进行性减少,也能感染单核巨噬细胞、B淋巴细胞、自然杀伤细胞、小神经胶质细胞和骨髓干细胞等,使机体细胞免疫功能受损直至缺失,并发各种严重的机会性感染和肿瘤。

HIV也可形成潜伏感染状态,受到其他微生物或某些化学制剂的刺激即可激活大量复制,使细胞死亡。

【传播途径】

HIV感染者和AIDS患者是本病的传染源。其传播途径主要有以下几种。

1. **性接触传播**　是最常见的传播途径,全球大约70%~80%的感染者是通过同性、异性或双性性接触感染。

2. **血液传播**　包括接种或输注HIV感染者/AIDS患者的血液、血制品,共用针具静脉注射毒品,不安全规范的介入性医疗操作、文身等。

3. **垂直传播**　感染 HIV 的母亲可以通过妊娠、分娩和哺乳将 HIV 传给下一代。

【临床表现及分期】

1. **急性期**　常发生在初次感染 HIV 的 6 个月内。大多数患者临床症状轻微,持续 1~3 周后缓解。以发热最为常见,可伴有咽痛、皮疹、关节疼痛、盗汗、恶心、呕吐、腹泻、淋巴结肿大及神经系统症状等。此期在血液中可检出 HIV-RNA 和 p24 抗原,而 HIV 抗体则在感染后 4~8 周出现。CD4$^+$T 淋巴细胞计数一过性减少,CD4$^+$T/CD8$^+$T 淋巴细胞数值倒置。部分患者可有轻度白细胞和血小板减少或肝功能异常。

2. **无症状期**　可从急性期进入此期,或无明显的急性期症状而直接进入此期。持续时间一般为 4~8 年,时间长短与感染病毒的数量和型别、感染途径、机体免疫状况、营养条件及生活习惯等有关。可出现淋巴结肿大,但一般不易引起重视。此期 HIV 在感染者体内不断复制,患者免疫系统受损,CD4$^+$T 淋巴细胞计数逐渐下降。

3. **艾滋病期**　为感染 HIV 后的终末阶段。患者 CD4$^+$T 淋巴细胞计数多<200 个/μl。此期主要临床表现为 HIV 相关症状、体征及各种机会性感染和肿瘤。

【皮肤表现】

近 90% 的 HIV 感染患者会出现皮肤黏膜损害,且常为首发表现,是早期诊断 AIDS 的重要线索,也是患者免疫功能评估的重要指标。HIV 感染的皮肤表现通常分为三类。

1. **炎症性/增生性皮肤病**

(1)脂溢性皮炎:主要累及头面部、生殖器、腹股沟、腋窝等部位,表现为红斑和脱屑。

(2)HIV 相关性瘙痒性丘疹(HIV-PPE):以四肢为主,表现为散在分布的坚实红色、水肿性丘疹,瘙痒剧烈,对激素和抗组胺药抵抗,可作为 HIV 感染的一个标志。

(3)HIV 相关性嗜酸性毛囊炎(HIV-EF):以面部、躯干为主的毛囊性丘疹,少数表现为环状水肿性红斑丘疹,瘙痒持久,抗菌药、抗组胺药和外用激素无效,可见外周血嗜酸性粒细胞增多,血清 IgE 水平增高,其 CD4$^+$T 淋巴细胞计数常<200/μl。

(4)银屑病:常是 HIV 感染的第一征象。皮损可出现在身体的任何部位,同一患者可同时出现银屑病的多个类型。

(5)其他:如莱特尔综合征(Reiter 综合征)、药物不良反应、光敏性皮炎、血管炎、色素性疾病、毛发与甲病等。

2. **感染性皮肤病**

(1)病毒性皮肤病:在 HIV 个体中患病率明显增加,如急性 HIV 疹、单纯疱疹、带状疱疹、人乳头瘤病毒感染、传染性软疣、口腔毛状白斑、巨细胞病毒感染等。

(2)细菌性皮肤病:结核分枝杆菌感染是 HIV 感染者最常见的机会性感染,同时结核会加重 HIV 感染者的病情;鸟-胞内分枝杆菌复合群和堪萨斯分枝杆菌等非结核分枝杆菌感染的临床表现无特异性;其他细菌感染包括金黄色葡萄球菌或化脓性链球菌等感染,表现为毛囊炎、脓疱疮、蜂窝织炎、脓肿等。

(3)真菌性皮肤病:包括念珠菌、隐球菌、肺孢子菌病,马尔尼菲篮状菌、组织胞浆菌病等。

(4)寄生虫感染:可发生严重的蠕形螨毛囊炎、疥疮、弓形虫脑病等。

(5)梅毒:HIV 合并梅毒感染的概率很高,一期梅毒可表现为多个硬下疳、溃疡面大而深,二期梅毒的典型表现常为丘疹鳞屑性皮损,可同时合并硬下疳,面积可超过体表的 50%,新旧皮损此起彼伏。HIV 患者容易发生神经梅毒,难以治疗且容易复发。

3. **肿瘤性皮肤病**

(1)卡波西肉瘤:目前与人类疱疹病毒 8 型(HHV-8)感染的关系已得到确认,是患者进入 AIDS 期的标志之一。皮损初为淡红至紫红色的斑疹、斑片,可发展为斑块和结节,表面可发生溃疡或角化过度(图6-13)。损害通常累及多个部位,易累及内脏。

（2）AIDS 相关性淋巴瘤:以伯基特淋巴瘤及弥漫大B 细胞淋巴瘤多见,最常见的临床症状为发热,可侵犯神经、骨髓、胃肠道、淋巴结系统。

（3）其他恶性皮肤肿瘤:如鳞状细胞癌、基底细胞癌、黑色素瘤等。

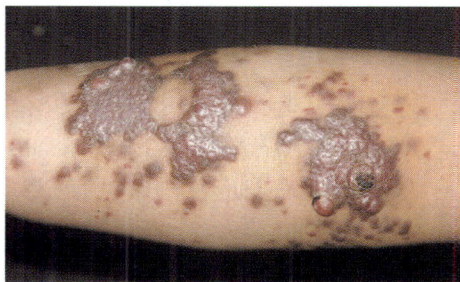

图 6-13　卡波西肉瘤

【诊断】

1. **诊断原则**　需结合流行病学史(包括不安全性生活史、静脉注射毒品史、输入未经 HIV 抗体检测的血液或血液制品、HIV 抗体阳性者所生子女、职业暴露史等)、临床表现和实验室检查等进行综合分析,慎重进行诊断。

2. **诊断标准**

（1）成人、青少年及>18 个月龄儿童,符合下列一项者即可诊断 HIV 感染:①HIV 抗体筛查试验阳性和补充试验阳性(抗体补充试验阳性或核酸定性检测阳性或核酸定量>5 000 拷贝/ml);②有流行病学史或艾滋病相关临床表现,两次 HIV 核酸检测均为阳性;③HIV 分离试验阳性。

（2）≤18 个月龄儿童,符合下列一项者即可诊断 HIV 感染:①为 HIV 感染母亲所生和两次 HIV 核酸检测均为阳性(第二次检测需在出生 4 周后采样进行);②有医源性暴露史,HIV 分离试验结果阳性或两次 HIV 核酸检测均为阳性;③为 HIV 感染母亲所生和 HIV 分离试验阳性。

【实验室检查】

1. **HIV-1/2 抗体检测**　是 HIV 感染诊断的金标准,也是感染者筛查的主要手段,包括初筛和确认两个步骤。

2. **HIV 抗原检测**　p24 抗原检测可以作为 HIV 的早期诊断方法,监测其浓度变化可以反映病情进展,缩短窗口期。

3. **核酸检测**　是目前最敏感的 HIV 检测手段。主要用于急性期/窗口期诊断、晚期患者诊断、HIV 感染诊断和<18 个月龄的婴幼儿 HIV 感染诊断。

【预防和治疗】

1. **预防**　艾滋病目前还不能治愈,疫苗研究尚未成功,因此预防的关键在于改变高危行为。

（1）控制传染源:无症状的 HIV 感染者或 AIDS 患者均具有传染性,因此要加强传染源的管理,但对 HIV 感染者或 AIDS 患者均无需隔离。

（2）切断传播途径:避免直接与 AIDS 患者的血液、精液、乳汁和尿液接触,切断其传播途径。对广大群众及高危人群加强艾滋病知识的宣传教育和行为干预,采取安全性行为,确保血制品安全,控制垂直传播,加强医院管理,预防职业暴露等。

（3）保护易感人群:疫苗对于 HIV 感染的预防和 AIDS 的治疗有重要价值,但 HIV/AIDS 适用性疫苗的研发仍任重道远。

2. **治疗**

（1）治疗目标:降低 HIV 感染及非 AIDS 相关疾病的发病率和病死率;最大程度地抑制病毒复制,使病毒载量降低至检测下限并减少病毒变异;重建或者改善免疫功能;减少异常的免疫激活;减少 HIV 的传播、预防垂直传播。

（2）高效抗逆转录病毒治疗(HAART):即应用二类药物中的三种药联合疗法,亦称鸡尾酒疗法。目前国际上共有 6 大类 30 多种药物(包括复合制剂),国内的 HAART 药物有 NRTI、NNRTI、PI、INSTI 以及 FI5 大类。一旦确诊 HIV 感染,无论 CD4$^+$ T 淋巴细胞水平高低,均建议立即开始治疗。启动 HAART 后,需终身治疗。同时针对各种机会性感染和肿瘤进行对症治疗。

（3）免疫调节治疗、中医药治疗、社会心理综合关怀等。

NOTES

第十三节   新型冠状病毒感染及其皮肤表现

新型冠状病毒感染（corona virus disease 2019,COVID-19）是一种累及多系统的急性感染性疾病，主要累及呼吸系统，但在临床中越来越多地发现其也可引起皮肤损害。

【病原学】

新型冠状病毒属于β属冠状病毒，有包膜，颗粒呈圆形或椭圆形，直径为60~140nm。对紫外线和热敏感，56℃ 30分钟和乙醚、75%乙醇、含氯消毒剂、过氧乙酸和氯仿等脂溶剂均可有效灭活病毒，氯己定不能有效灭活病毒。

【流行病学】

1. 传染源   主要是新型冠状病毒感染的患者和无症状感染者，在潜伏期即有传染性，发病后5天内传染性较强。

2. 传播途径   经呼吸道飞沫和密切接触传播是主要的传播途径；在相对封闭的环境中经气溶胶传播，接触被病毒污染的物品后也可造成感染。

3. 易感人群   人群普遍易感。感染后或接种新型冠状病毒疫苗后可获得一定的免疫力。

【发病机制】

新型冠状病毒以血管紧张素转换酶2（ACE2）作为病毒刺突的功能性受体，最终进入宿主细胞。其细胞受体基因ACE2在包括皮肤和脂肪组织在内的多种人体组织中均有表达，这可能是该病出现皮肤表现的原因。

免疫机制及炎症反应是皮肤相关损害的主要机制。新型冠状病毒感染后可引起细胞因子风暴，诱发血管炎，造成弥散性血管内凝血、抗磷脂抗体综合征等出凝血及供血异常；缺血再灌注损伤、药物相关高凝状态等多种因素共同作用，可引起以肢端为主的缺血和/或淤血表现，是青斑及皮肤坏死的主要原因。冻疮样皮肤损害与细胞免疫反应相关。红斑型皮损组织病理学显示真皮血管异常扩张，提示新型冠状病毒感染可影响小血管内皮细胞的相互作用。

【临床表现】

潜伏期为1~14天，多为3~7天。

感染新型冠状病毒后以发热、干咳、乏力为主要表现。部分患者以嗅觉、味觉减退或丧失等为首发症状。严重者可快速进展为急性呼吸窘迫综合征、脓毒症休克及多器官功能衰竭等。极少数患者还可有中枢神经系统受累、肢端缺血性坏死等表现。少数患者无明显临床症状。

新型冠状病毒感染者也可出现皮肤损害。部分新型冠状病毒感染者以皮肤表现为首发症状，其皮损主要好发于躯干和四肢。

1. 多形红斑样皮损   在儿童及青年新型冠状病毒感染者中更为常见，多为轻症患者。

2. 斑丘疹样皮损   包括斑疹样、丘疹样、玫瑰糠疹样和麻疹样等皮肤损害。成人斑丘疹样皮损通常不累及掌跖皮肤和黏膜，与更严重的疾病过程有关。有学者认为，玫瑰糠疹样皮损通常与病毒活化、疫苗接种和药物有关。

3. 血管病变   主要由凝血异常及血管损伤引起。瘀点或紫癜样皮损似乎是较轻的症状，一般情况下不会累及黏膜和掌跖皮肤。随着进一步加重，可出现肢端冻疮样皮损。最突出的现象是"COVID趾"，好发于肢端，最初为淡红色斑丘疹，类似于冻疮，1周左右皮损颜色逐渐加深变为紫色并变扁平，可自行缓解。这些病变可能疼痛、偶有发痒或无症状，可能是新型冠状病毒感染的唯一症状或晚期表现。目前报道的新型冠状病毒感染相关肢端紫癜及冻疮样损害患者主要为年轻人，多数患者除皮肤症状外无其他不适，成为识别无症状感染者重要线索之一。严重的凝血异常及血管损害会诱发肢端缺血坏死，甚至出现坏疽，预后较差。

4. 荨麻疹样皮损   主要累及躯干，多伴面部受累，无黏膜改变。口服抗组胺药可改善症状。

5. 水痘样皮损 常见于中年患者,皮损多发生于躯干或全身,无面部及黏膜受累,常伴有瘙痒,持续约 10 天,并且先于其他症状出现。有文献报道提出,水痘样皮损可能成为新型冠状病毒感染罕见的特异性皮肤改变。

6. 特殊类型皮肤损害 如双足融合性、瘙痒性红斑及黄色丘疹,皮损硬化后形成瘙痒性斑块。川崎病样皮损,包括红斑及手足硬肿后手套、袜套样皮肤剥脱等;眼眶周围暗红色斑片及色素异常,当新型冠状病毒感染痊愈后皮疹消退。推测眼周色素异常或许是由眼周血管凝血功能障碍引起的。

【预防和治疗】

目前对新型冠状病毒感染的治疗仍处于不断研究和探索的过程中。

1. 系统治疗 主要包括对症支持治疗、抗病毒治疗、免疫治疗、中医治疗、心理干预等。请参考国家相关指南更新治疗方法。

2. 皮肤损害的治疗 目前尚无系统的治疗方案,主要是对症治疗,如荨麻疹样皮损在抗病毒及抗过敏治疗后,皮损可完全消退;对于血管病变可给予抗凝治疗,研究表明其无法改善临床结局,但可以为治疗原发病争取时间,延缓疾病恶化速度。对于新型冠状病毒感染相关皮损的治疗仍需要更加深入的研究。

(王惠平 马 琳 冯文莉)

思考题

1. 糖皮质激素是否可用于中重度带状疱疹神经痛的治疗?为什么?
2. 与 EBV 感染相关的皮肤病有哪些?
3. 与 HHV-6 感染相关的皮肤病有哪些?
4. 与 HIV 相关的皮肤血管炎可能的致病机制有哪些?

第七章

细菌性皮肤病

【学习要点】

1. 细菌性皮肤病是由不同细菌感染不同部位引起的皮肤感染性疾病或性传播疾病。

2. 因病原菌多样,感染途径、感染部位不同,细菌性皮肤病的临床表现多样。

3. 治疗原则为及时、足量、足疗程、规则应用抗菌药物,不同病情采用不同的治疗方案。

第一节 脓 疱 疮

脓疱疮(impetigo)俗称"黄水疮",是儿童常见的细菌感染性皮肤病。

【病因和发病机制】

本病的病原菌主要为金黄色葡萄球菌、A 组乙型溶血性链球菌或二者混合感染。细菌主要侵犯表皮,引起化脓性炎症。

脓疱疮具有高度的传染性,感染途径主要是通过患者与易感者直接接触;也可通过接触患者的污染物被感染,因此在托儿所、幼儿园、中小学校常可导致小流行。

【临床表现】

1. **非大疱型脓疱疮** 非大疱型脓疱疮(nonbullous impetigo)又称寻常型脓疱疮(impetigo vulgaris),是最常见的类型,可发生于任何部位,但以口周、外鼻孔、耳郭和四肢等暴露部位为多。皮损初起为红色斑点或小丘疹,迅速转变成脓疱,周围有明显的红晕,疱壁薄,易破溃、糜烂,脓液干燥后形成蜜黄色厚痂(图 7-1),痂皮脱落后不留瘢痕。自觉瘙痒,皮损线状分布常提示与患者搔抓有关。少数病情严重者可有全身中毒症状伴淋巴结炎,甚至引起败血症或急性肾小球肾炎。

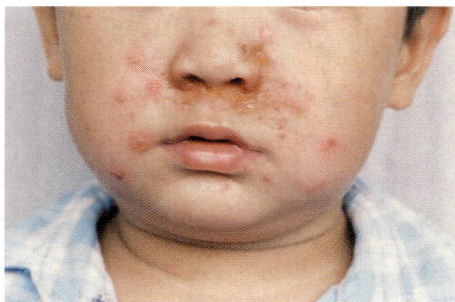

图 7-1 非大疱型脓疱疮的临床表现

2. **大疱型脓疱疮** 大疱型脓疱疮(bullous impetigo)主要由噬菌体 II 组 71 型金黄色葡萄球菌所致,多见于儿童。皮损好发于躯干和四肢,初起为散在水疱,在 1~2 天内迅速增大到直径 2cm 以上的浅表性大疱,疱液开始为淡黄色、清亮;约经 1 天后,疱液变混浊,疱壁松弛,由于重力作用,脓汁沉积,形成特征性半月积脓现象。由于疱壁薄,脓疱常很快破溃,通常见到的皮损多为疱破后遗留的表浅糜烂面,糜烂面干燥后形成淡黄色脓痂,痂脱落后可留有暂时性色素沉着或色素减退。

3. **深脓疱疮** 深脓疱疮(ecthyma)又称臁疮,主要由 A 组乙型溶血性链球菌所致,多累及营养不良的儿童或老人。好发于小腿或臀部。皮损初起为脓疱,渐向皮肤深部发展。典型皮损为坏死表皮和分泌物形成的蛎壳状黑色厚痂,周围红肿明显,除去痂后可见边缘陡峭的碟状溃疡。患者自觉疼痛明显。病程约 2~4 周或更长。

4. **新生儿脓疱疮** 新生儿脓疱疮(impetigo neonatorum)是发生于新生儿的大疱型脓疱疮。其传染源主要为婴儿室的工作人员、产妇本人或家属等;其次为污染的尿布或床单等。此外,营养不良、气候湿热、过度包裹以及其他使皮肤易发生浸渍等的因素,对引起本病也起一定作用。新生儿由于皮肤薄嫩,免疫功能尚未发育完善,尤其是早产儿或 IgG 水平低者,感染后易全身泛发,可并发肺炎、脑膜炎、葡萄球菌烫伤样皮肤综合征、败血症等而危及生命。

【诊断和鉴别诊断】

本病依据临床特点、有传染性等容易诊断。疱面、脓液细菌培养出金黄色葡萄球菌或/和溶血性链球菌不但能明确诊断,药敏结果还有助于治疗。

寻常型脓疱疮有时需与水痘、丘疹样荨麻疹等进行鉴别。新生儿脓疱疮主要与遗传性大疱性表皮松解症和葡萄球菌烫伤样皮肤综合征相鉴别。遗传性大疱性表皮松解症的水疱多发生于手、足、肘、膝等易受外伤及摩擦的部位。疱壁厚,疱液清澈,为紧张性水疱、大疱,可有家族史。葡萄球菌烫伤样皮肤综合征皮损特点为表皮剥脱似烫伤,尼科利斯基征(Nikolsky sign)阳性,口周放射状皲裂,口腔黏膜不受累。

【预防和治疗】

治疗原则为对于无并发症的轻至中度局限性皮损,以局部治疗为主;对于皮损广泛及有系统感染合并症的患者,以系统应用抗生素为主。

1. 局部治疗 在局部外用药前应先清洁皮损。可正常洗澡,淋浴为佳。局部消毒后外用莫匹罗星软膏、夫西地酸乳膏或复方多黏菌素 B 软膏等抗生素药膏。

2. 系统治疗 首选半合成青霉素或头孢菌素。如果在 7 天内临床效果不明显,提示可能出现耐甲氧西林金黄色葡萄球菌,可选用夫西地酸、替考拉宁或万古霉素,必要时根据药敏结果调整抗生素。

第二节 毛囊炎、疖和痈

毛囊炎(folliculitis)、疖(furuncle)和痈(carbuncle)是一组累及毛囊及其周围组织的细菌感染性皮肤病。

【病因和发病机制】

本组疾病多由金黄色葡萄球菌感染引起。部分毛囊炎可以由真菌(如糠秕马拉色菌)合并感染所致。长期口服抗生素治疗的寻常痤疮患者中偶尔会出现革兰氏阴性菌毛囊炎。高温、多汗、搔抓、卫生习惯不良、全身性慢性疾病、长期应用免疫抑制剂等为常见的诱发因素。

【临床表现】

毛囊炎、疖和痈疾病程度表现为从轻到重发展(图 7-2~图 7-4),具体临床表现见表 7-1。

【诊断和鉴别诊断】

根据病史和临床表现,必要时结合细菌学检查一般不难得出诊断。发生于头部的痈应注意与脓

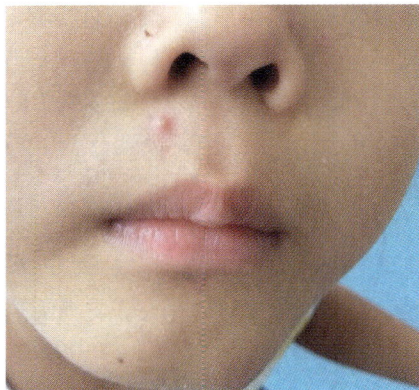

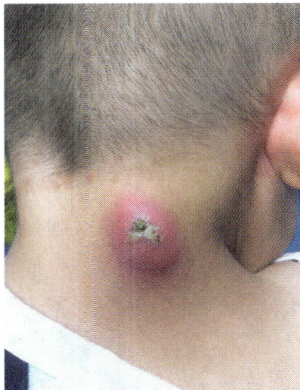

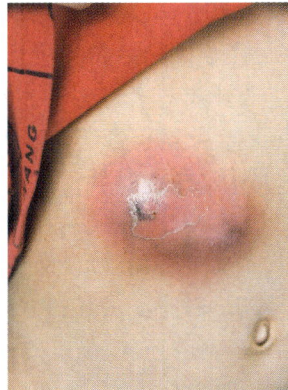

图 7-2 毛囊炎的临床表现　　图 7-3 疖的临床表现　　图 7-4 痈的临床表现

表 7-1 毛囊炎、疖和痈的临床表现及鉴别

疾病名称	定义	诱因	病原菌	临床表现
毛囊炎	单个毛囊细菌感染发生化脓性炎症	不清洁、搔抓及机体抵抗力低下	金黄色葡萄球菌	初起为与毛囊口一致的红色充实性丘疹,迅速发展成丘疹性脓疱,中间贯穿毛发,四周红晕有炎症,继而干燥结痂
疖	毛囊及毛囊深部周围组织的感染,多发及反复发作者称为疖	长期携带金黄色葡萄球菌、糖尿病、肥胖、不良卫生习惯以及免疫功能缺陷状态	金黄色葡萄球菌,肛门生殖器部位的复发性疖可继发于厌氧菌感染	局部出现红、肿、热、痛的小结节,以后逐渐肿大,呈锥形隆起。数日后,结节中央因组织坏死而变软,出现黄白色小脓栓;红、肿、痛范围扩大。再数日后,脓栓脱落,排出脓液,炎症便逐渐消失而愈
痈	相邻近的多个毛囊感染,炎症融合	抵抗力低下者,如糖尿病、肥胖、不良卫生习惯以及免疫功能缺陷状态	金黄色葡萄球菌	初为弥漫性浸润性紫红色斑疹或斑块,表面紧张发亮,触痛明显,之后局部出现多个脓头,有较多脓栓和血性分泌物排出,伴有组织坏死和溃疡形成,可见窦道,局部淋巴结肿大。愈合缓慢,伴有瘢痕形成

癣鉴别。后者常表现为红肿的痈状斑块上多发毛根处小脓疱,患处头发常易折断及拔出,真菌检查阳性。疖、痈的鉴别诊断还包括破裂的表皮样囊肿或毛发囊肿、化脓性汗腺炎和囊肿性痤疮。表皮样囊肿或毛发囊肿破裂后,内容物是角质性物质,疖或痈内容物是脓性分泌物;化脓性汗腺炎的特点为硬性结节、潜行性溃疡、交通性瘘道以及发生于腋窝或腹股沟等部位;囊肿性痤疮破溃后常流出带血的胶冻状脓液,以后形成窦道及瘢痕,且常伴黑头粉刺、炎症性丘疹及脓疱。

【预防和治疗】

1. **局部治疗** 适用于一般毛囊炎和早期轻症疖肿,治疗原则同脓疱疮。早期可同时辅以超短波、远红外线和半导体激光等物理治疗。

2. **系统治疗** 多发性毛囊炎、疖可口服给予抗生素,如疖肿、痈累及范围较广、全身症状明显可静脉给予抗生素。抗生素选择原则与脓疱疮相同。对于慢性反复发作患者应积极寻找有无糖尿病、贫血等基础疾病或诱因。

3. **手术治疗** 晚期皮损波动感明显或已化脓破溃的疖和痈应及时切开引流,切忌挤捏,尤其是发生在鼻孔及上唇"危险三角区"者。

第三节 丹 毒

丹毒(erysipelas)是指病原菌感染引起的皮肤及皮下组织内淋巴管及其周围软组织的急性炎症。

【病因和发病机制】

致病菌多为 A 组乙型溶血性链球菌,主要由皮肤或黏膜细微损伤而侵入。足癣和鼻炎常是引起小腿及面部丹毒的主要诱因。

【临床表现】

本病好发于小腿及头面部,婴儿常发于腹部。起病急剧,常先有全身不适、畏寒、发热等前驱症状。典型皮损为局部出现境界清楚的水肿性红斑,表面紧张发亮(图 7-5),皮温升高,并迅速向四周蔓延。有时红斑基础上可发生水疱、大疱或血疱。自觉灼热、疼痛,伴有局部淋巴结肿大。皮损消退后局部留有轻度色素沉着及脱屑。

下肢丹毒由于诱因未消除,常反复发作,导致皮肤淋巴管受损、被阻塞,淋巴液回流不畅,受累组织肥厚,形成象皮肿。

【诊断和鉴别诊断】

根据发病急骤,境界清楚的水肿性红斑及伴有全身中毒症状可确诊本病。

临床上须与以下疾病鉴别,①接触性皮炎:有接触外界刺激物的病史,常有瘙痒,无发热、疼痛和触痛。②类丹毒:常发生于手部,很少有显著的全身中毒症状。皮损处无发热、触痛,色泽不如丹毒鲜亮。常有海鲜类食物接触史。③蜂窝织炎:皮损中央部位红肿最重,境界不清,浸润深,化脓现象明显。

【预防和治疗】

本病以系统治疗为主,反复发作者应积极祛除附近慢性病灶,如足癣、溃疡、鼻窦炎及颜面部感染病灶等。

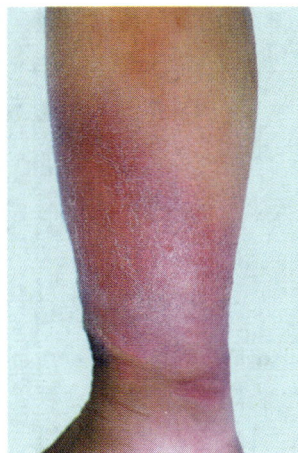
图7-5　丹毒的临床表现

1. **系统治疗**　首选青霉素或头孢菌素,对青霉素过敏者可选用克林霉素或万古霉素。一般需持续用药2周左右,以防止复发。

2. **局部治疗**　可用25%~50%硫酸镁溶液、0.5%呋喃西林溶液或0.1%依沙吖啶溶液冷湿敷,并外用莫匹罗星软膏、夫西地酸乳膏或复方多黏菌素B软膏等抗生素药膏。亦可采用半导体照射、超短波、红外线等物理治疗。同时抬高患肢,注意皮肤清洁,及时处理小创口。

第四节　蜂窝织炎

蜂窝织炎(cellulitis)是由病原菌感染引起的皮肤和皮下疏松结缔组织弥漫性化脓性炎症。

【病因和发病机制】

病原菌以金黄色葡萄球菌及A组乙型溶血性链球菌最为常见。本病大部分为原发感染,即由细菌通过皮肤的创伤直接侵入皮内所致;少数也可为继发感染。

【临床表现】

皮损好发于四肢、颜面、足背、指趾、外阴及肛周等部位。皮损初起为局部弥漫性浸润性红斑,界限不清,迅速扩散至周围组织,表面皮温高,疼痛明显。严重者可发生水疱、深部化脓和组织坏死。常伴有高热、寒战和全身不适,可有淋巴结炎、淋巴管炎,甚至败血症。慢性蜂窝织炎又称硬结性蜂窝织炎,皮肤呈硬化萎缩改变,类似硬皮病,有色素沉着或潮红、灼热,但疼痛不明显。

损害可因发病部位及深浅不同而轻重不一。病变部位较表浅且组织较疏松时,局部肿胀明显而疼痛较轻;病变位于较深的致密组织时,则疼痛剧烈而肿胀不明显。发生于指、趾的蜂窝织炎局部有明显搏动痛及压痛,炎症向深部组织蔓延可累及肌腱及骨。眶周蜂窝织炎可由局部外伤、虫咬感染或鼻旁窦炎扩散所致,表现为眼眶周围潮红、肿胀,播散至眼窝内及中枢神经系统时,可出现眼球突出及眼肌麻痹。患者往往伴有发热、畏寒、不适等全身症状,可伴有局部淋巴管炎及淋巴结炎。重者可发生坏疽、转移性脓肿及败血症。

【诊断和鉴别诊断】

根据发病急骤、典型的皮肤表现不难诊断。临床需进行血液培养排除败血症。

本病须与丹毒、深静脉栓塞、淤积性皮炎、脂膜炎及昆虫叮咬等引起的蜂窝织炎样表现相鉴别。

【预防和治疗】

一经确诊,即予足量抗生素全身治疗,可控制疾病进展。寻找潜在的易感因素,并进行治疗以防止复发。

1. **全身治疗**　首选青霉素或头孢菌素,对青霉素过敏者可选用克林霉素、万古霉素、复方磺胺甲噁唑(禁用于新生儿及2个月以下婴儿)或夫西地酸。颌面部位感染可同时应用甲硝唑。眶周蜂窝织炎除加强抗生素治疗外,应及时通过X线或CT了解眼窝及鼻旁窦情况,并可在应用足量敏感抗生素同时短期合用糖皮质激素,如地塞米松 0.3~0.5mg/(kg·d),可明显缓解症状,缩短病程。同时注意加强营养,提高抵抗力。

2. **局部治疗**　早期未化脓的皮损治疗同丹毒。皮损中间软化并有波动感时,则需要及时手术切开引流。

第五节　葡萄球菌烫伤样皮肤综合征

葡萄球菌烫伤样皮肤综合征(staphylococcal scalded skin syndrome,SSSS)又名新生儿剥脱性皮炎(neonatal exfoliative dermatitis)或 Ritter 病(Ritter's disease),主要是由金黄色葡萄球菌引起的一种急性感染性皮肤病。

【**病因和发病机制**】

病原菌为凝固酶阳性的金黄色葡萄球菌,主要是噬菌体Ⅱ组 71、3A、3C 和 55 型。感染灶多位于鼻咽部,其次为皮肤创伤处、结膜和血液,新生儿感染灶多位于脐部或泌尿道。致病菌在原发感染灶释放表皮剥脱毒素,后者经血行播散至表皮颗粒层,通过结合并破坏桥粒芯蛋白 1,导致颗粒层细胞松解、表皮剥脱而致病。表皮剥脱毒素主要通过肾脏代谢,而新生儿或婴幼儿肾脏排泄缓慢,使毒素在血清中含量增高并播散至皮肤引起损害。发生 SSSS 的成人多为肾脏排泄功能或机体免疫功能低下者,如肾炎、尿毒症、身体衰弱或免疫功能缺陷患者。

【**临床表现**】

本病多见于 5 岁以内的婴幼儿。病初患儿可有鼻炎、化脓性咽炎、皮肤化脓性感染或外伤、结膜炎,新生儿常有脐部或泌尿道感染。皮损初起为眼周、口周红斑,迅速波及躯干、四肢,以褶皱部位及脐部为重。特征性表现是在弥漫性红斑基础上出现无菌性脓疱或松弛性大疱,稍用力摩擦,表皮很快就发生剥脱,露出鲜红水肿性糜烂面,状似烫伤,尼科利斯基征阳性(图 7-6)。手足皮肤可呈手套或袜套样剥脱。皮损经过 2~3 天后渗出减少,开始出现结痂和干燥脱屑。由于口、眼的运动使口周、眼周的皮损表现为放射状皲裂,但无口腔黏膜损害,是本病的另一个特征。

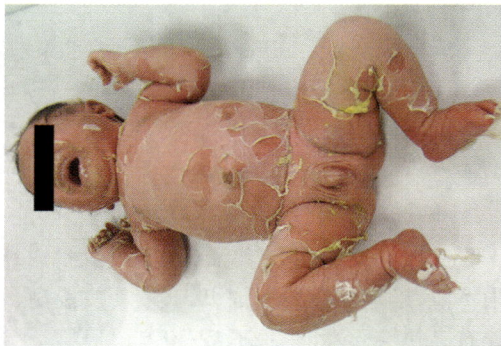
图 7-6　葡萄球菌烫伤样皮肤综合征的临床表现

急性期患儿自觉皮肤疼痛,触痛明显,表现为拒抱。还常伴有发热、厌食、腹泻或结膜炎等症状。病情轻者 1~2 周后可痊愈,不留瘢痕;病情严重者可继发肺炎、细菌性心内膜炎或败血症等危及生命。由于近年对本病认识的提高和及时的治疗,儿童的死亡率由以前的 30% 下降至目前的 4%~5%。

【**诊断和鉴别诊断**】

根据表皮剥脱似烫伤、口周放射状皲裂、不累及口腔黏膜等临床特点,再结合触痛、拒抱等可以诊断本病。对皮肤原发感染灶、咽部、外鼻腔、眼分泌物进行细菌培养,新生儿发生的 SSSS 还需对脐部、外阴部皮损进行培养,常可培养出金黄色葡萄球菌。

本病需与中毒性表皮坏死松解症相鉴别。后者主要由药物过敏引起,皮损表现多形,口腔、眼部、外生殖器等黏膜损害重,死亡率高。发生在新生儿的 SSSS 需与新生儿脓疱疮相鉴别。新生儿脓疱疮皮疹以脓疱为主,无表皮松解现象,尼科利斯基征阴性。该病还需与落叶型天疱疮相鉴别,落叶型天疱疮是一种获得性自身免疫性大疱性疾病,多见于成年人,皮损为在正常皮肤上出现松弛型的水疱,极易破裂干燥,呈大量叶片状痂皮,伴有恶臭,病理表现为表皮内水疱,具有特征性。

另外,本病的顿挫型易发生在大龄儿童,表现为弥漫分布猩红热样红斑伴皮肤触痛,尤其在褶皱和屈侧部位,一般不会出现水疱,尼科利斯基征阴性。这种皮损和猩红热很相似,但无杨梅舌和腭部瘀点表现。

【预防和治疗】

治疗包括早期使用有效抗生素、支持治疗及皮肤护理。

1. 系统治疗

（1）尽早使用有效抗生素是治疗关键：首选耐 β-内酰胺酶半合成青霉素（如苯唑西林或氯唑西林）或头孢菌素，疗程 7~10 天。对 β-内酰胺类抗生素过敏时，可选用克林霉素、复方磺胺甲噁唑（禁用于新生儿及 2 个月以下婴儿）、环丙沙星（禁用于 18 岁以下的小儿及青少年）或夫西地酸。住院患者（如重症监护室、手术后置管患者等）出现 SSSS，首选万古霉素、替考拉宁或利奈唑胺治疗。如果用药 7 天后临床表现无改善，应再次进行细菌培养并做药敏试验，根据结果调整相应抗生素种类。

（2）支持疗法：注意维持水和电解质平衡，尤其是口周皮损影响进食的阶段。严重病例可静脉使用丙种球蛋白治疗，一般建议给予 400mg/（kg·d），疗程 1~3 天。

2. 局部治疗

（1）急性期：由于皮损似烫伤，故护理原则同烫伤患者，如放置于消毒房间，应用烫伤支架；保持室内合适的温度、湿度；新生儿应置于暖箱内以保持体温；护理和陪住人员严格执行消毒隔离制度。由于疼痛剧烈及表皮剥脱，应尽量减少搬动患者的次数；皮损面积较小时，可用生理盐水或 1∶8 000 高锰酸钾溶液外洗或湿敷后涂抹莫匹罗星软膏、夫西地酸乳膏或复方多黏菌素 B 软膏等外用抗生素；皮损面积较大时，可用凡士林油纱贴敷于表皮剥脱区，不必每日揭除，按时用碘伏消毒即可。

（2）恢复期：由于自觉皮肤干痒，因此可应用沮扶霜剂修护皮肤屏障。

第六节　淋　　病

淋病（gonorrhea）由淋病奈瑟球菌引起，主要表现为泌尿生殖系统化脓性感染，是常见的性传播疾病。潜伏期短，传染性强，可导致多种并发症、后遗症。

【病因和发病机制】

淋病奈瑟球菌（简称淋球菌）是一种革兰氏阴性双球菌，卵圆形或肾形，相邻面扁平或稍凹陷，常成对排列，直径约为 0.6~0.8μm，常存在于多形核白细胞的细胞质内。淋球菌的适宜生长条件为 35~36℃、含 2.5%~5% CO_2 的环境。淋球菌离开人体后不易生长，42℃存活 15 分钟，50℃存活 5min，100℃立即死亡。在完全干燥的条件下 1~2 小时即死亡。各种消毒剂均能杀死淋球菌。

淋球菌主要侵犯黏膜上皮，尤其是柱状上皮和移行上皮。感染后，淋球菌侵入男性前尿道、女性尿道及宫颈等处，通过细胞菌毛、外膜蛋白Ⅱ迅速使淋球菌黏附于上皮细胞，通过柱状上皮细胞的吞噬作用进入细胞内繁殖。上皮细胞受到损伤，发生溶解，将淋球菌释放到黏膜下层，通过脂多糖内毒素与宿主补体协同作用，造成局部炎症反应，黏膜水肿，大量中性粒细胞聚集和死亡，黏膜上皮细胞也出现坏死与脱落，形成脓液。如治疗不及时，淋球菌进入尿道腺体和隐窝，成为慢性淋病的主要病灶。淋球菌也可进入血液，引起败血症和播散性淋病。

【临床表现】

淋病可发生于任何年龄，多发于性活跃的中青年男女。潜伏期一般为 2~10 天，平均 3~5 天。

1. 成人男性淋病　多表现为急性尿道炎。初起尿道口灼痒、红肿，有少量稀薄或黏液性分泌物流出，多数患者 24 小时后病情发展迅速，症状加重，分泌物变为黄白色脓性，量多，从尿道口溢出（图7-7）。可有尿痛、排尿困难等尿道刺激症状，有时可伴发腹股沟淋巴结感染。部分患者因症状轻微或无症状，未引起重视，一些患者有症状但未接受治疗，从

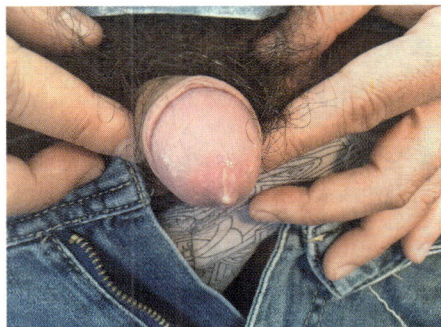

图 7-7　急性淋病

而转为慢性,成为重要的传染源。男性慢性淋病一般无明显症状,尿道分泌物量少而稀薄。由于炎症长期存在,淋球菌进一步侵入前列腺、精囊、附睾、睾丸等部位,可并发前列腺炎、精囊炎和附睾炎等。

2. 成人女性淋病 表现为尿道炎、宫颈炎、尿道旁腺炎、前庭大腺炎及直肠炎,以宫颈炎最常见,检查可见宫颈口红肿、触痛、脓性分泌物。与成年男性淋病患者相比,80% 的女性淋病患者症状轻微或无症状,因此如果怀疑有淋病或有与淋病患者接触史,仍应进行宫颈、尿道等部位的淋球菌培养检查。

淋球菌性宫颈炎未及时治疗,淋球菌上行感染可引起淋球菌性盆腔炎,包括子宫内膜炎、输卵管炎、盆腔腹膜炎,是淋球菌感染最重要的并发症。如不及时治疗,常可致不育、宫外孕和慢性盆腔痛。

3. 幼女淋病 幼女阴道上皮发育不完全,阴道内缺乏乳酸杆菌,因此容易受淋球菌侵犯。表现为外阴阴道炎,外阴及肛周红肿,阴道脓性分泌物较多,可引起尿痛、局部刺激症状。

4. 淋球菌性结膜炎 可发生于新生儿和成人,表现为结膜充血水肿,有脓性分泌物,严重者可致角膜溃疡和失明。新生儿结膜炎多由患淋病的母亲经产道感染,多为双侧。成人结膜炎常是自身或性伴侣通过直接接触分泌物或间接接触被污染的毛巾等污染眼部而引起,多为单侧。

5. 淋球菌性咽炎 多数患者无症状,少数可表现为轻微的咽痛及脓性分泌物,查体可见咽部黏膜充血,咽后壁附着有脓性分泌物。

6. 淋菌性直肠炎 多有肛交行为,大多数情况下为无症状感染,少数患者表现为肛门瘙痒和烧灼感,排出黏液和脓性分泌物,重者可有里急后重,排出大量脓性和血性分泌物。查体可见直肠黏膜充血、红肿,肛管直肠内有脓性分泌物。

7. 播散性淋球菌病 罕见,是淋球菌侵入血液引起淋球菌菌血症。女性发生率高于男性,患者常有发热、寒战、全身不适。最常见的是关节炎-皮炎综合征,肢端部位有出血性或脓疱性皮疹,手指、腕和踝部小关节常受累,出现关节痛、腱鞘炎或化脓性关节炎。少数患者可发生淋球菌性脑膜炎、心内膜炎等。

【诊断和鉴别诊断】

应仔细询问患者是否有非婚性接触史、多性伴史或性伴感染史,是否有与淋病患者共用物品史,新生儿患者的母亲是否有淋病史,此次患病的潜伏期是否符合淋病规律等。临床表现符合上述各种淋病的症状和体征,有实验室检查阳性结果即可得出诊断。

实验室检查:①直接涂片检查,无并发症的男性急性尿道炎患者的尿道分泌物可见白细胞内革兰染色阴性双球菌;不适用于其他类型的淋球菌感染(如咽部、直肠和女性宫颈感染)。②淋球菌培养,是诊断淋病的"金标准",需选用选择培养基,可见典型菌落;适用于男、女性及除尿液外的其他所有临床标本的实验室检查。③其他方法包括核酸检测技术等,核酸检测敏感性高于培养,适用于各种类型临床标本的检测。

淋病的常见鉴别诊断见表 7-2。

表 7-2 淋病的常见鉴别诊断

分类	疾病名称	临床特点
需与男性淋病相鉴别的疾病	非淋菌性尿道炎	潜伏期长(1~3 周),症状轻微,尿道分泌物量少,呈浆液性或黏液脓性。多数可检查出沙眼衣原体和解脲支原体,淋球菌检查阴性
	非特异性尿道炎	与性病无关的细菌性尿道炎,如继发于包茎的尿路感染,或继发于尿道插入术引起的损伤后感染,镜检常为革兰氏阳性球菌
需与女性淋病相鉴别的疾病	念珠菌性阴道炎	外阴、阴道剧烈瘙痒;白带增多,呈白色水样、凝乳样、豆渣样物,略有臭味;阴道黏膜充血水肿,有乳白色薄膜黏附,镜检可见成群卵形孢子及假菌丝
	滴虫性阴道炎	外阴瘙痒,白带呈黄白色或黄绿色泡沫状分泌物,伴腥臭味,阴道黏膜及宫颈明显充血,宫颈呈特征性草莓状外观,分泌物镜检可见毛滴虫
	细菌性阴道炎	白带增多,呈灰白色或灰绿色,伴鱼腥样恶臭,pH 增高,胺试验阳性,涂片可见乳酸杆菌减少。生理盐水湿片中可见线索细胞

【预防和治疗】

应遵循及时、足量、规则用药的原则;根据不同的病情采用不同的治疗方案;性伴侣应同时进行检查和治疗。治疗期间应避免性生活。具体治疗药物及方案见表7-3。

表7-3 淋病的常见治疗药物及方案

疾病名称	治疗药物及方案
淋菌性尿道炎、宫颈炎、直肠炎	推荐方案:头孢曲松 1g,单次肌内注射或静脉给药;或大观霉素 2g(宫颈炎 4g),单次肌内注射
	替代方案:头孢噻肟 1g,单次肌内注射;或其他第三代头孢菌素类
儿童淋病	体重≥45kg 者,按成人方案治疗
	体重<45kg 者,推荐方案:头孢曲松 25~50mg/kg(最大不超过成人剂量),单次肌内注射;或大观霉素 40mg/kg(最大剂量 2g),单次肌内注射
淋菌性附睾炎、前列腺炎、精囊炎	推荐方案:头孢曲松 1g,每日 1 次肌内注射或静脉给药,连续 10 天
	替代方案:头孢噻肟 1g,每日 1 次肌内注射,连续 10 天
淋球菌性结膜炎	新生儿:头孢曲松 25~50mg/kg(总量不超过 125mg),静脉或肌内注射,每日 1 次,连续 3 天。新生儿的母亲应进行检查,如患有淋病,同时治疗
	儿童:体重≥45kg 按成人方案治疗;体重<45kg:头孢曲松 50mg/kg(最大剂量 1g),单次肌内注射或静脉滴注。应同时应用生理氯化钠溶液冲洗眼部,并检查有无播散性感染
	成人:头孢曲松 1g,静脉或肌内注射,每日 1 次,连续 3 天;或大观霉素 2g,每日 1 次肌内注射,连续 3 天。应同时应用生理氯化钠溶液冲洗眼部,每小时 1 次
淋球菌性咽炎	头孢曲松 1g,单次肌内注射或静脉给药;或头孢噻肟 1g,单次肌内注射
播散性淋球菌病	推荐方案:头孢曲松 1g,每日 1 次肌内注射或静脉给药,共≥10 天
	替代方案:大观霉素 2g,肌内注射,每 12 小时 h1 次,共≥10 天
	淋球菌性关节炎者,除髋关节外,不宜施行开放性引流,但可以反复抽吸渗液,禁止关节腔内注射抗生素
	淋球菌性脑膜炎经上述治疗的疗程约 2 周,心内膜炎疗程>4 周
妊娠期感染	妊娠期淋病按照其不同感染类型采用相应的非妊娠期患者的治疗方案。禁用氟喹诺酮类和四环素类药物

近年来,耐药淋球菌感染的发生率逐年升高,尤其是对头孢曲松的耐药淋球菌感染的增加,给淋病治疗带来一定的挑战。淋球菌的耐药主要是通过质粒介导、染色体介导、mtr 外排系统和细胞膜通透性改变等机制实现的。目前开始推荐增加药物的剂量或者头孢曲松联合阿奇霉素对淋病进行治疗,这样可以减少耐药导致治疗失败病例的发生,同时加强对淋球菌耐药情况的监测。这些措施对淋病的防治有重大意义。

治疗结束后 2 周内,在无性接触史情况下符合如下标准为治愈:①症状和体征全部消失;②在治疗结束后 4~7 天复查,淋球菌培养阴性;③核酸扩增试验宜在治疗结束 3 周后进行,结果为阴性。

第七节 软 下 疳

软下疳(chancroid)是由杜克雷嗜血杆菌感染所致的生殖器部位的多个疼痛剧烈、质地柔软的化脓性溃疡,常合并腹股沟淋巴结化脓性病变。主要通过性接触传播。多见于热带和亚热带发展中国家,我国少见。

【病因和发病机制】

杜克雷嗜血杆菌(*haemophilus ducreyi*)是一种革兰染色阴性的兼性厌氧菌,多在细胞外成对或呈链状排列,无运动能力,无芽孢。低温下可长期存活,但耐热性差,65℃环境即可迅速被杀死。

【临床表现】

潜伏期为3~14天,平均4~7天。男性多见,男女患病率之比约为9:1。男性好发部位有包皮、包皮系带、冠状沟、龟头、阴茎体,女性好发部位为小阴唇、大阴唇、阴唇系带、前庭、阴蒂、子宫颈。也有报告溃疡见于乳房、大腿内侧、手指及口腔内。

患者常以化脓性生殖器溃疡伴疼痛为主诉。在接触病原体3天至2周内,感染部位出现一个炎性小丘疹,周围绕以红晕,1~2天后迅速发展为小脓疱,2~5天内脓疱破溃形成多个(2~5个)境界清楚、边缘不整齐的潜行性溃疡,圆形或椭圆形,直径2~20mm,溃疡基底触之较软,易出血,上覆灰黄色脓性分泌物及坏死组织,有恶臭(图7-8)。软下疳的三联征包括潜蚀性的溃疡边缘、脓性污秽的灰色溃疡基底及中等至严重程度的疼痛,对诊断有帮助。自身接种可在原发皮损周围出现对吻氏溃疡或成簇的卫星溃疡。男性患者疼痛明显,女性患者溃疡如发生在阴道或宫颈则疼痛较轻,但可有烧灼感。溃疡可在1~2个月内愈合,遗留瘢痕,但也有常年不愈者。

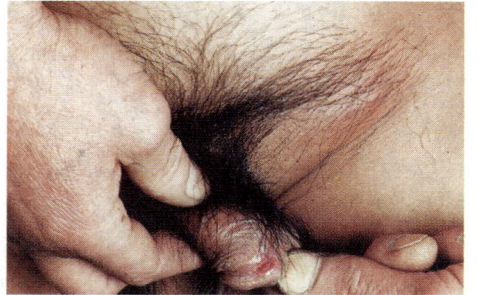

图7-8 软下疳

腹股沟化脓性淋巴结炎是软下疳另一特征性临床表现。肿大的淋巴结常有波动感,可自然破溃流脓,形成溃疡和窦道。尤其是窦道开口呈"鱼口样",具有特征性。并发症包括包皮炎、嵌顿包茎、尿道瘘、尿道狭窄、阴茎干淋巴管炎、阴囊或阴唇象皮肿以及溃疡继发其他感染等。

【诊断和鉴别诊断】

主要根据病史(当地流行病学背景及性接触史等)及典型临床表现,结合实验室检查可做出临床诊断,但确诊需要有病原学依据。直接涂片检查可发现革兰染色阴性杜克雷嗜血杆菌,但此法敏感性差。组织病理学检查有符合软下疳溃疡的组织病理表现,组织切片中有时可找到杜克雷嗜血杆菌。杜克雷嗜血杆菌对培养基的要求较高,敏感性低于80%,特异性为100%。其他方法有核酸扩增技术及免疫荧光技术。

本病应与一些生殖器溃疡性疾病鉴别,如硬下疳、生殖器疱疹、性病性淋巴肉芽肿、腹股沟肉芽肿、急性女阴溃疡、贝赫切特综合征等。

【预防和治疗】

1. **预防** 避免不安全性行为,提倡使用避孕套,在出现可疑的症状与体征时及早就医。

2. **治疗**

(1)治疗原则:应遵循及时、足量、规则用药的原则。治疗期间应避免性生活。性伴侣应同时检查和治疗。

(2)治疗方案:头孢曲松250mg,一次肌内注射;或阿奇霉素1g,一次顿服;或红霉素500mg,口服,4次/d,共7天;或环丙沙星500mg,2次/d,口服,共3天(孕妇及哺乳期妇女和小于18岁者禁用)。早期应用上述药物可预防腹股沟淋巴结炎的发生,如已有肿大淋巴结,不宜切开引流,应从邻近正常皮肤处潜行进针抽取脓液,也可注入抗生素治疗。局部皮损未破溃时外用鱼石脂、红霉素软膏;溃疡可用1:5 000高锰酸钾溶液或3%过氧化氢冲洗。

第八节 类 丹 毒

类丹毒(erysipeloid)是由猪红斑丹毒丝菌(亦称猪丹毒杆菌)侵入人体皮肤伤口,引起如丹毒样皮肤损害的一种急性感染性疾病。皮损多发于手部,可伴有全身症状。

【病因和发病机制】

猪丹毒杆菌是一种细棒状、微需氧、不活动的革兰氏阳性菌。存在于土壤及猪、鱼蟹、鸟类等动物体内,人类可因接触带菌的动物或其制品而感染,故本病常见于从事水产业、食品加工业、屠宰的工人,主要经外伤的皮肤感染致病。有时发生于洗鱼切肉时,手被刺伤或切伤引发感染。

【临床表现】

本病潜伏期为 2~7 天,最短 8 小时,极少超过 1 周。根据临床症状分为三型。

1. **局限型** 最常见,发病前往往有接触鱼肉类外伤史。在病菌侵入部位发生疼痛,随后患处皮肤出现红斑肿胀。最具有特征性的表现是边缘清晰的多角形紫色红斑。红斑迅速向周围扩散,中央部分消退,皮损不化脓,偶可形成水疱。多发生于手及腕部(图 7-9),局部有灼热感或瘙痒,一般不伴全身症状。本病有自限性,一般于 2~4 周内可自然痊愈。

2. **弥漫型** 少见。皮损发生在远离原发感染部位,皮损形态与局限型相同,但炎症更明显。常伴有发热、关节炎等全身症状。血培养阴性。

3. **败血症型** 罕见。全身症状明显,一般没有典型皮损,可发生广泛性红斑和紫癜。血培养阳性。死亡率高。

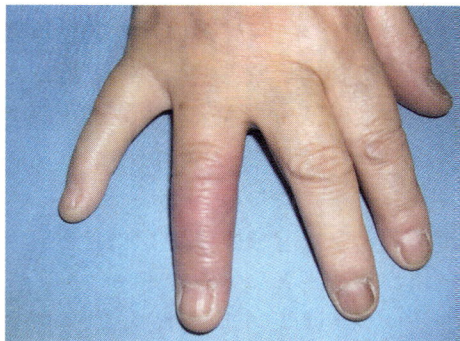

图 7-9 局限型类丹毒

【诊断和鉴别诊断】

根据职业或明确的鱼、肉或鱼制品接触史,皮肤破损史及特征性的境界清楚的紫红斑损害,即可诊断本病。本病需与其他细菌性感染相鉴别,如丹毒、蜂窝织炎。后两者皮损进展迅速,颜色鲜红,有畏寒发热等全身症状,实验室检查外周血白细胞、中性粒细胞增高。

【预防和治疗】

首选青霉素。局限型可口服或注射青霉素,连用 7~10 天,严重感染者应尽早大剂量青霉素静脉滴注,连用 4 周。青霉素过敏者可选用四环素、红霉素、磺胺类药等。头孢菌素、喹诺酮类等也用于类丹毒的治疗。局部可配合鱼石脂软膏敷包治疗。大部分未治疗的皮肤类丹毒约 3~4 周可自愈。早期应用青霉素治疗,可迅速缓解症状,复发者少。

第九节 猫 抓 病

猫抓病(cat-scratch disease)又称良性淋巴网状细胞增生症,是由汉赛巴尔通体(*Bartonella henselae*)引起的一种亚急性肉芽肿性炎性疾病。常见于儿童和青年,以痛性、区域性淋巴结炎为主要特征,是一种良性自限性疾病。

【病因和发病机制】

汉赛巴尔通体是一种棒状小杆菌,革兰染色阴性,存在于猫的口咽部,通过蚤在猫之间传播,通过猫抓或咬伤由猫传给人。

【临床表现】

超过 90% 的患者于发病近期有与猫密切接触及被猫抓咬史。大部分患者可见原发皮损,被猫抓、咬后 3~5 天局部出现红斑性丘疹,皮损类似昆虫叮咬,但痛痒不显著。皮损多在数周内愈合,留有暂时性色素沉着,通常无瘢痕形成。本病的主要特征是淋巴结肿大,于猫抓咬 2~4 周后出现,常为局限性和单侧性(伤侧),以头颈部、腋窝、腹股沟等处常见。典型表现为痛性、活动性的肿大淋巴结,表面皮肤红肿,若不处理,淋巴结一般会在 2~6 个月后消退,10%~25% 患者淋巴结会出现化脓,可出现低热、无力、食欲缺乏等轻微的全身非特异性症状。原发损害位于结膜者,可出现慢性肉芽肿性结膜炎和耳前淋巴结肿大，又称帕里诺（Parinaud）综合征。少见的并发症有急性脑病、视网膜炎、溶骨损害、肝脾脓肿、高钙血症等。此外，猫抓病患者皮肤可出现结节性红斑、多形红斑和紫癜等损害。免疫抑制患者通常病情较重，多有并发症。

【组织病理】

本病组织病理特征是淋巴结皮质区和副皮质区的中性粒细胞构成微脓肿性肉芽肿：中心坏死化脓，外周由上皮样细胞和巨核细胞排列成栅栏状。坏死区域 Warthin-Starry 银染可发现杆状菌。

【诊断和鉴别诊断】

有猫抓、咬史，发现原发皮损及单侧淋巴结肿大应怀疑本病。本病主要依据临床特征诊断，实验室检查可辅助诊断。实验室检查方法有病原体培养分离、血清抗体测定和皮肤试验等。①从患者淋巴结脓液及原发皮损处分离培养出汉赛巴尔通体则可确诊；②间接免疫荧光抗体试验（IFA）和酶联免疫吸附试验（ELISA-IgM）在淋巴结肿大的最初几个星期具有较高的敏感性和特异性；③皮肤试验（Hanger-Rose 试验）用于病史和临床表现特征性不足病例，极少用；④分子生物学技术，如 PCR 技术可检测出汉赛巴尔通体的 DNA，敏感性很高。

本病需与其他局限性淋巴结肿大疾病相鉴别，如梅毒、兔热病、性病性淋巴肉芽肿、孢子丝菌病、非结核分枝杆菌感染、霍奇金淋巴瘤等。

【预防和治疗】

注意宠物猫卫生，定期为宠物猫修理指甲。注意避免被猫咬、抓伤，若被猫咬、抓伤后，可局部涂抹碘伏及酒精，及时前往医院诊治。本病具有自限性，绝大多数患者可自愈，以对症治疗为主。淋巴结有波动感时可穿刺吸脓，不宜切开引流。症状严重、长期不愈的肿大淋巴结可手术切除。病情严重及免疫抑制患者，可使用多西环素、利福平等治疗。

第十节　皮　肤　结　核

皮肤结核（tuberculosis cutis）是由结核分枝杆菌感染所致的皮肤黏膜疾病。皮肤结核的感染途径包括体内感染灶结核菌随分泌物排出及邻近结核病灶直接扩散导致内源性和外源性结核分枝杆菌直接接种、血液传播引起的感染。

【病因和发病机制】

结核分枝杆菌是皮肤结核感染的最主要致病菌。牛型分枝杆菌及卡介苗，即减毒牛型分枝杆菌，偶尔也可引起皮损。结核分枝杆菌为细长而静止、无芽孢形成的需氧型丝状杆菌，抗酸、抗乙醇、表面覆以富含脂质的蜡样包膜，当被胞吞时可抵御胞内降解作用。结核分枝杆菌感染主要通过活动期患者的飞沫传播，也可通过食入或接种导致感染。完整的皮肤作为保护性屏障可有效抵御微生物的侵入，但皮肤黏膜受损可导致其感染。该病中肉芽肿的形成有利于初期细菌增殖及播散，而经典肉芽肿被认为是一种宿主为控制感染而形成的自我保护结构。宿主对结核分枝杆菌抗原的致敏状态（如既往是否感染过）、细胞免疫功能、感染路径及感染菌株的致病性，这些因素共同决定了机体受感染后的结局。免疫受损的宿主，其细胞免疫功能是受损的，因此可能导致疾病由静息状态再次激活。

【临床表现】

皮肤结核临床表现差异很大，分类复杂。按感染来源将其分为外源性原发、内源性继发、血源性皮肤结核及发疹性结核疹等四大类十余个型别。临床常见型别如下所示。

1. **结核性初疮（tuberculous chancre）**　即原发接种性结核，见于既往无结核感染病史的个体，发生于结核分枝杆菌接种皮肤后的 2~4 周。表现为无痛性、坚实的、红色至褐色的丘疹结节，缓慢增大，最终侵蚀破溃形成边界清楚的溃疡。疾病常可蔓延至引流区淋巴管及局部淋巴结，后者与结核性初疮合并时类似于肺结核的原发综合征。皮损通常在 3~12 个月内自行愈合，遗留萎缩性瘢痕及局部淋巴结钙化。结核偶可进展为疣状斑块、瘰疬性皮肤结核或寻常狼疮。

2. **寻常狼疮（lupus vulgaris）**　发生于既往已对结核分枝杆菌致敏的患者，由于患者细胞免疫完好，故其对结核菌素具有强阳性的迟发超敏反应。寻常狼疮常继发于疣状皮肤结核或瘰疬性皮肤结核以及其他内源性感染途径的结核病；偶也可发生于卡介苗接种后。早期皮损表现为针头至黄豆大小结节，红褐至棕褐色，质地柔软，称为"狼疮结节"，玻片压时呈棕黄色，表面用探针易刺入，内容物似半透明"苹果酱状"，逐渐扩大为微红褐色斑块（图7-10）。病变持续发展，部分自愈形成萎缩性瘢痕，部分皮损破溃形成溃疡，如此循环，多年不愈。

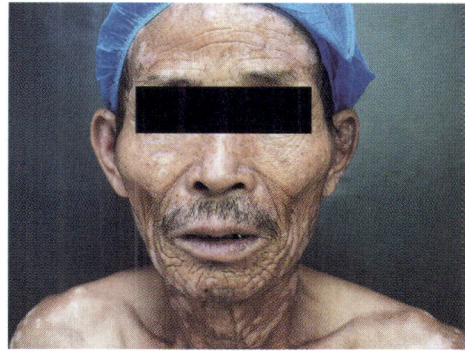

图7-10　寻常狼疮

3. **疣状皮肤结核（tuberculosis verrucosa cut s）**　由结核分枝杆菌外源性接种所致，易发生于外伤处，且见于既往曾有结核感染的患者。皮损表现为小而无症状的疣状丘疹。好发于手指、指背、足、小腿等暴露部位。初起损害为黄豆大暗红色丘疹，质硬、单侧分布，逐渐向周围扩大变成斑块，表面角质增厚，粗糙不平，形成疣状增生，有较深沟纹分隔，挤压可有脓液从裂隙中溢出，脓液中可查到结核分枝杆菌，干燥后结成污黄褐色痂，皮损外周呈暗紫色浸润带及暗红色晕。皮损中心疣状增殖逐渐变平结痂脱落，可遗留萎缩性网状瘢痕。病程持续数年或数十年。

4. **瘰疬性皮肤结核（scrofuloderma）**　又称液化性皮肤结核，该病的结核感染的原发灶通常为局部淋巴结或骨骼，亦可见于关节或睾丸，多由淋巴结结核、骨和关节结核直接蔓延或经淋巴管蔓延到邻近皮肤所致。病程缓慢，可迁延不愈。表现为黄豆大皮下结节，边界清楚，质硬、无痛，有活动性，正常皮色，皮肤表面温度不高。结节逐渐增大、增多，相互融合成斑块，中央坏死，软化。皮肤渐变薄而破溃，有干酪样物质和稀薄脓液排出，形成溃疡，基底部为柔软的肉芽组织，边缘为潜行性。附近肿大的淋巴结增大、软化、坏死，形成新的瘘管。随着病情进展，形成多发性瘘管。瘘管开口往往不大，但其下的溃疡可广泛而深入。溃疡愈合形成瘢痕组织挛缩后造成局部畸形，索状瘢痕是本病特征，可据比诊断本病（图7-11）。

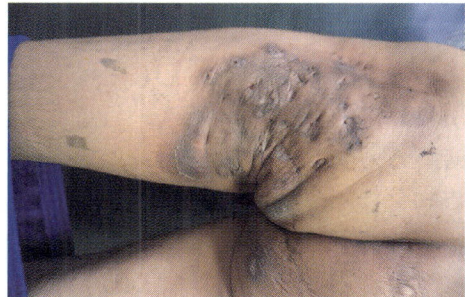

图7-11　瘰疬性皮肤结核

5. **丘疹坏死性结核疹（tuberculid papulonecrotica）**　多见于青年及儿童，结核菌素试验为阳性，皮损结核分枝杆菌PCR可为阳性。临床特征为好发于四肢伸侧及臀部的散发丘疹或丘脓疱疹，广泛对称分布，中央坏死，原皮损自愈后形成溃疡和瘢痕，新的皮损再度出现，使丘疹、结痂、溃疡、瘢痕并存。即使经过抗结核治疗，也可出现特征性的多次周期性发作。

6. **硬红斑（erythema induratum）**　即结节性血管炎，多见于女性，青春期早期和绝经期是发病的两个高峰，为一种小叶性脂膜炎。多对称发生于小腿下部屈侧，初起为绿豆大小的数个皮下结节，数周后结节逐渐增大与皮肤粘连，皮损略微高起，呈暗红色或紫红色，浸润明显，界限不清，固定且硬是本病特征。部分结节可逐渐软化破溃，形成深在性溃疡，流出稀薄脓液，顽固难愈，愈后遗留萎缩性瘢痕及色素沉着。结节亦可自行消退。患者无明显全身症状，局部有程度不等的触痛。病程缓慢，春秋及寒冷季节易复发。

【组织病理】

主要为真皮浅层的结核样肉芽肿，即由上皮样细胞、多核巨细胞形成典型的结核结节，中心有干酪样坏死，外围绕以密集的淋巴细胞浸润。较难查到抗酸杆菌。

【诊断和鉴别诊断】

根据皮肤结核病各型临床表现、组织病理特点、抗酸染色、IFN-γ释放试验、结核菌素试验不难诊断与鉴别诊断。分枝杆菌培养和 PCR 可明确是否为结核分枝杆菌感染。目前正在开发更高敏感性的 PCR 检测法，包括单管内结合巢式及实时 PCR。

【预防和治疗】

1. 抗结核治疗　需早期、足量、规则、联合及全程应用抗结核药。主张 2~3 种药物联合使用。除皮肤结核有脑膜受累，一般总疗程应为 12 个月。

（1）异烟肼（isoniazid）：口服 5mg/（kg·d），成人 0.3g/d。

（2）利福平（rifampicin）：口服 450~600mg/d。一般每日早饭前 1 小时顿服。

（3）链霉素（streptomycin）：成人 0.75g/d，肌内注射。

（4）乙胺丁醇（ethambutol）：口服 15mg/（kg·d），成人常用口服每次 0.25g，每日 3 次。

（5）利福喷丁：成人口服每次 0.6g，每日 1 次，一周服药 1~2 次。

20 世纪 80—90 年代结核病复燃，多重耐药结核菌逐渐增多，除此之外，更难治疗的广泛耐药 TB 菌株也在世界各地出现。对于广泛耐药结核分枝杆菌，新药正在不断研发中，贝达喹啉是一种二芳基喹啉，可抑制分枝杆菌的 ATP 合成酶，地依麦迪为一种二氢-硝基-咪唑并噁唑衍生物，可抑制结核分枝杆菌细胞壁叶酸成分的合成。序贯的卡介苗接种和表达 85A 抗原的重组改良痘苗病毒可诱导出强势的抗结核分枝杆菌免疫力。

2. 局部治疗　可用 5% 异烟肼软膏、利福平软膏、对氨基水杨酸软膏等外敷。损害较小者可局部异烟肼或链霉素局灶注射，也可手术或激光去除皮损。

第十一节　非结核分枝杆菌感染

非结核分枝杆菌（non-tuberculous mycobacteria，NTM）指既不属于结核分枝杆菌，又不属于麻风分枝杆菌的分枝杆菌属，目前报道的非结核分枝杆菌已达 170 余种，其感染可累及皮肤及皮下组织。近些年，随着免疫抑制剂的应用、艾滋病感染人群的增加以及医美填充和外科手术等操作的增加，非结核分枝杆菌引起皮肤感染的报道明显增多。

【病因和流行病学】

1. NTM 病原学和传播途径　NTM 的致病力与菌种有关，毒力较结核分枝杆菌低。NTM 的形态学特征主要表现为细长、不活动、需氧、无孢子的杆状细菌形态。大部分属腐物寄生菌，广泛存在于自然界的水、土壤、动植物中。NTM 的表面有薄层的肽聚糖及脂质结构，使其具有易附着、抗消毒剂及抗生素等特点。创伤、手术及经常接触受污染的水和土壤可导致 NTM 感染，尤其是合并慢性基础疾病或免疫功能低下者。

2. 非结核分枝杆菌的分类　Timple 和 Runyon 在 1954 年根据分枝杆菌生长速度和在光线下或暗处产生色素的能力进行系统分类，至今仍被广泛应用。

（1）Runyon Ⅰ 群（光产色菌）：包括海分枝杆菌、堪萨斯分枝杆菌、猿分枝杆菌。在罗氏（Lowenstein-Jensen）培养基、37℃曝光 24 小时的条件下，该菌可产生黄色色素。

（2）Runyon Ⅱ 群（暗产色菌）：此类分枝杆菌在避光培养条件下产生橙黄色色素，这类分枝杆菌中的瘰疬分枝杆菌、戈登分枝杆菌是主要病原体。

（3）Runyon Ⅲ 群（不产色菌）：此类分枝杆菌不产生色素，包括鸟-胞内分枝杆菌复合群、嗜血分枝杆菌、鸟分枝杆菌和溃疡分枝杆菌。

（4）Runyon Ⅳ 群（快速生长菌）：不产生明显色素，生长迅速，生长率为 3~5 天。其中最常见的病原体为偶发分枝杆菌、龟分枝杆菌、脓肿分枝杆菌。

一、海分枝杆菌感染

海分枝杆菌感染又称游泳池肉芽肿（swimming pool granuloma，SPG），因其早期多见于游泳池、鱼缸清理人员而得名。海分枝杆菌（M.marinum）导致的皮肤和皮下组织感染约占非结核分枝杆菌感染的 50%~80%。近年来,海分枝杆菌感染发病率有增加趋势。

【病因和发病机制】

海分枝杆菌是一种不活动、无孢子的革兰染色阳性芽孢杆菌,属于 Runyon 分类中 I 类光产色菌,自然栖息地是水,以温热地区的自然池塘、海水中多见,也可见于鱼缸、游泳池等。海分枝杆菌对生长条件要求严苛,在罗氏培养基内的最适生长温度为 32℃,当外界温度达到 37℃时,其生长明显受限。海分枝杆菌感染的高危人群为渔民、加工海鱼工人、海洋水族馆工作人员、免疫抑制者,也有因有创手术、填充等操作引起海分枝杆菌感染的患者。

单核巨噬细胞、T 细胞、自然杀伤细胞等参与感染的发生,细胞因子,如 IL-12、IFN-γ、TNF-α 等在此过程中发挥杀灭病原菌、促进肉芽肿形成及感染播散的重要作用。

【临床表现】

本病无明显年龄、性别差异。皮肤局部外伤及暴露于污染的水环境是海分枝杆菌感染的必备条件,患者多有感染部位外伤史,并接触过海水、海洋生物、鱼缸、游泳池等。皮损多在病菌侵入部位发生,好发于四肢等易受外伤部位,如手、足、踝、指(趾)、前臂、小腿等处,免疫功能低下患者可发生播散。

皮损常单发,表现为紫红色丘疹、结节或斑块,偶可形成表浅溃疡,或向下侵蚀形成深部感染(图 7-12)。皮损多数无自觉症状,也可有压痛或叩击痛。皮损可在数月至 2~3 年内自然痊愈,部分病例的病程可持续数年至十数年。免疫力低下者可发生播散性感染,出现结节增多、皮疹沿淋巴管排列、局部淋巴结轻度肿大等表现。在播散性感染病例中有广泛的狼疮样损害,发生于躯干和四肢,可有持久性溃疡或脓毒性关节炎,进行性感染可引起广泛骨髓炎。

海分枝杆菌感染的临床表现可归纳为“水、手、冷、慢、轻”。“水”指鱼水接触史;“手”是指本病多发生于手部等易受外伤的部位;“冷”是指皮疹触诊时皮温不高;“慢”是指病程很长;“轻”是指病情轻、多无全身症状。

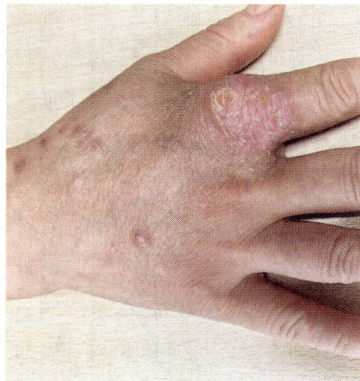

图 7-12　海分枝杆菌感染

【组织病理】

组织病理学改变与结核性肉芽肿很相似,常出现角化过度和乳头瘤样增生。早期损害为真皮为非特异性炎症性反应,主要是淋巴细胞、中性粒细胞及组织细胞。陈旧皮损为真皮肉芽肿反应,有时可达皮下组织,呈典型的结核性肉芽肿结构,可见上皮样细胞及朗格汉斯细胞,但无干酪样坏死。在抗酸染色的组织切片中,有时可发现较结核分枝杆菌长而粗的抗酸杆菌。

【实验室检查】

对病原体进行培养鉴定是诊断的“金标准”。本菌在 32℃培养 7~14 天可见抗酸分枝杆菌生长,培养阳性率可达 70%~80%。此外,在光暴露下产生色素,硝酸还原试验阴性,尿素酶试验阳性也是检测海分枝杆菌的手段。近年来,运用分子生物学的方法从皮损组织中检测病原菌特定基因片段也得到广泛应用,使用分枝杆菌属特异性引物的聚合酶链反应(PCR)扩增技术可在皮损样本中直接检测海分枝杆菌的存在。在部分报道中,67%~100% 的患者结核菌素试验为阳性。

【诊断和鉴别诊断】

根据患者外伤史、皮损特点、组织病理、抗酸染色和病原体培养可明确诊断。

本病最常误诊为孢子丝菌病。孢子丝菌病临床表现与 SPG 相似,但感染源多来自土壤,组织病理 PAS 染色可见 4~6μm 大小圆形或卵圆形小体,有时可见到星状小体。真菌培养可分离出孢子丝菌,碘化钾或其他抗真菌药有效。本病还应与着色真菌病、隐球菌感染、组织胞浆菌病、皮肤利什曼病等鉴别。

NOTES

【预防和治疗】

本病的预防主要在于避免皮肤外伤,且外伤后不要游泳,特别是到野外的湖泊、河流中游泳。海产品经营者等高危人群要注意劳动保护,清洗鱼缸等时要戴橡胶手套,避免皮肤划伤。外科手术、医学填充、文身等操作时应严格遵循无菌操作原则,术后进行规范的伤口护理。

海分枝杆菌感染的治疗主要以药物治疗为主。近期研究认为,常规药敏试验对指导海分枝杆菌感染的治疗意义不大,体外检测药物敏感性与临床的治疗反应之间并无显著相关性。利福平是抗海分枝杆菌最有效的药物,此外,乙胺丁醇、亚胺培南、利奈唑胺、克拉霉素、米诺环素、多西环素、四环素、复方磺胺甲噁唑等也有效。免疫功能正常患者可使用米诺环素单药治疗(100mg,每日 2 次);对四环素和磺胺类药物治疗无效的患者,利福平 600mg/d 和乙胺丁醇 800mg/d 也可能治愈。外科清创手术可联合药物治疗同时进行。病情控制后,免疫力正常的患者应维持治疗至少 2 个月,免疫低下患者则需两种抗生素同时应用至少 6 个月。

二、其他非结核分枝杆菌感染

1. 布鲁里(Buruli)溃疡　为溃疡分枝杆菌(M.ulcerans)引起的损毁性皮肤病。溃疡分枝杆菌主要存在于池塘、沼泽、蓄积水及流动缓慢的河流等处,主要通过破损皮肤接触溃疡分枝杆菌污染的环境而致病。本病好发于非洲地区,以 15 岁以下儿童多见,潜伏期为 5~8 周,部分可达 6 个月。皮损多见于四肢尤其是腿部,早期表现为无痛性结节、斑块、皮肤肿胀,约 4 周后逐渐出现溃疡、皮肤及皮下组织的坏死。溃疡边缘潜蚀性发展,感染侵犯或压迫神经时可引起疼痛;病变继续向下侵蚀可引起关节、骨的受累及骨髓炎。未治疗患者及广泛的深部溃疡患者将出现瘢痕挛缩、畸形、骨缺失及肢体坏死等致残致畸性损伤。临床分期分为 3 类:Ⅰ 类为单一、局限皮肤病变,Ⅱ 类为非溃疡性或溃疡性斑块、结节和水肿型感染,Ⅲ 类表现为播散性感染或出现骨、骨髓、关节受累。本病的诊断可通过皮损处的镜检、组织病理、病原菌的培养及 PCR 明确。早期诊断和治疗对疾病的进展及预后至关重要。布鲁里溃疡的治疗原则为抗菌、清创促愈、创面护理。不论临床分期,利福平与链霉素联合治疗应用应持续 8 周及以上,除此之外,利福平与克拉霉素或莫西沙星也可用于布鲁里溃疡的治疗。可联合外科手术切除病灶、植皮等。

2. 堪萨斯分枝杆菌感染　堪萨斯分枝杆菌(M.kansasii)属于见光产色的慢速生长的分枝杆菌。其最适生长的温度范围为 32~42℃,可出现在供水系统中。堪萨斯分枝杆菌感染性皮肤病主要见于免疫功能低下者,如免疫抑制状态、HIV 感染晚期。临床表现为结节、脓疱、疣状增生、脓肿、溃疡等。组织病理学可见结核样肉芽肿结构,抗酸染色阳性。堪萨斯分枝杆菌对异烟肼、利福平、乙胺丁醇、克拉霉素、氟喹诺酮类、氨基糖苷类药物敏感,但对吡嗪酰胺有一定耐药性。

3. 快生长分枝杆菌感染　多由偶发分枝杆菌(M.fortuitum)、龟分枝杆菌(M.chelonae)和脓肿分枝杆菌(M.abscessus)所致,通过破损的皮肤接触致病菌而感染,感染途径包括创伤、外科手术、整形手术、注射、文身等皮肤有创操作。主要表现为丘疹、皮下结节、脓肿、蜂窝织炎样改变、皮肤溃疡等。感染扩散时可导致腱鞘炎、肌炎、骨髓炎及化脓性关节炎。快生长分枝杆菌对抗结核药物均有一定耐药性,阿奇霉素、克拉霉素、喹诺酮类、阿米卡星、亚胺培南等抗生素对快速生长分枝杆菌感染有一定疗效。

第十二节　麻　风

麻风(leprosy)又称汉森病(Hansen disease),是由麻风分枝杆菌导致的慢性感染,主要侵犯皮肤、黏膜和周围神经,临床表现为局限或播散性增生性皮损和肉芽肿样改变,周围神经功能受损,导致严重四肢畸残和面部损毁(图 7-13)。

【病因和流行病学】

麻风分枝杆菌(简称麻风杆菌)属于抗酸分枝杆菌,可在巨噬细胞内寄生,是一种革兰染色阳性、抗酸染色弱阳性的杆状菌。麻风分枝杆菌的最适生长温度为 27~33℃,生长缓慢,10~12 天,但至今仍未能成功培养麻风杆菌。

麻风在全球呈不均匀簇集和地方性流行,世界卫生组织于2000年宣布消灭麻风病,但世界各地仍不断出现新发病例,以印度、巴西、印度尼西亚等国家为主。全球新发病例中,有7.6%为儿童。我国目前90%以上县市已达到"基本消灭麻风病"(患病率≤1/10万)。

1. **传染源**　人类是麻风杆菌唯一的宿主和传染源,犰狳是麻风的人畜共患病动物。未经治疗的麻风患者传染性高,多菌型患者的传染性明显高于少菌型。

2. **传播途径**　直接接触是麻风最重要的传播方式,麻风杆菌主要通过呼吸道、破损的皮肤、黏膜侵入人体。另外,生活密切接触也可有传播风险。

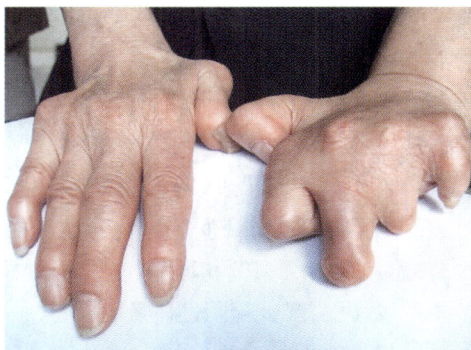
图7-13　麻风导致的手部损毁、畸形

3. **易感人群**　麻风感染的易感性个体差异很大,尤其与人体对麻风杆菌特异性细胞免疫力相关。绝大多数人对麻风杆菌有特异性免疫力,影响易感性的主要因素包括遗传易感性、与多菌型麻风患者密切接触、免疫抑制或免疫缺陷状态人群。致残的易感因素包括男性患者、瘤型麻风患者、麻风反应患者等。

【临床表现】

麻风病皮损临床差异很大,因个人免疫力不同,从单个皮损到全身泛发。临床根据患者免疫状态、皮损数量、形态、病理学特征及细菌多少有不同分型。

1. **分型**　现多沿用1962年提出的病谱分类法,按机体免疫力、皮损处含菌量进行分类(表7-4)。麻风病由免疫力强、含菌量少过渡至免疫力弱、含菌量多,依次分为结核样型麻风(TT)、界线类偏结核样型麻风(BT)、中间界线类麻风(BB)、界线类偏瘤型麻风(BL)和瘤型麻风(LL),以及各类麻风的早期阶段——未定类麻风(I)。1981年,WHO为便于流行病学调查及联合化疗现场观察,将麻风病分为少菌型(PB)和多菌型(MB)。

表7-4　麻风的分类

五级分类法	简化分类
未定类(I)	
结核样型(TT)	少菌型,皮损≤5个,查菌阴性
界线类偏结核样型(BT)	
中间界线类(BB)	
界线类偏瘤型(BL)	多菌型,皮损≥6个,查菌阳性
瘤型(LL)	

2. **临床表现**

(1)未定类麻风(lepra indeterminate,I):为麻风病早期表现。表现为单或多个浅色斑疹,表面光滑,可对称分布,可累及全身。皮损处有轻中度感觉障碍,一般无神经粗大。皮损可自行消退,皮肤查菌多为阴性。本型可自愈或转为其他类型麻风。

(2)结核样型麻风(tuberuoid leprosy,TT):患者免疫力较强,局部皮损含菌量少。TT好发于四肢、面部、臀部,皮损多为单个境界清楚的红色斑疹或斑块,皮损表面干燥、粗糙,毳毛脱落(图7-14),伴浅感觉障碍,皮损周围常可触及粗大的皮神经(图7-15),皮损处的引流淋巴结可肿大。神经受累严重时,可出现肌肉萎缩、运动障碍和畸形。肘部尺神经最易受累,相应部位出现皮肤感觉障碍和肌无力。皮肤涂片查菌阴性,麻风菌素试验强阳性。

（3）界线类偏结核样型麻风（borderline tuberculoid leprosy，BT）：的临床表现类似TT，但皮疹数量较多、分布广泛，部分皮损呈环状损害，以躯干、四肢、面部为多，呈红色或淡褐色斑疹、斑块，表面光滑，覆少许鳞屑，局部毛发可脱落。神经受累多见，可触及粗大而不对称皮神经，局部浅感觉障碍明显。皮损查菌一般为阳性，细胞密度指数为1~2+。麻风菌素试验阳性。

（4）中间界线类麻风（borderline leprosy，BB）：较少见。皮损数量较BT多，临床表现具有多形性，包括斑疹、斑块、浸润等，呈浅红、红褐色、棕色、黄色等。斑块可出现环状或靶形损害。面部皮损呈蝙蝠状，称为"蝙蝠状面容"。皮损处感觉轻中度减退，周围神经损害变异较大。细菌密度指数为2~4+。麻风菌素试验阴性。

（5）界线类偏瘤型麻风（borderline lepromatous leprosy，BL）：皮损数量较多，形态较小，边界不清，表面稍光亮，常呈浅红色、橘色或褐色。可有斑疹、丘疹、结节、斑块和弥漫性浸润等。有的损害较大，中央有"打洞区"，内缘清楚，外界浸润模糊。周围神经可广泛受累，眉毛、睫毛、头发可脱落，常不对称，感觉、运动神经功能明显受损。早期可累及黏膜，晚期常累及淋巴结、睾丸、眼及内脏，出现"狮面""鞍鼻"等。细菌密度指数为4~5+。麻风菌素试验阴性。

（6）瘤型麻风（lepromatous leprosy，LL）：患者免疫力极低，对麻风杆菌缺乏免疫力，皮损数量多，分布广泛而对称。早期皮损为淡红或浅色斑，边界不清，折光性好，无感觉障碍和闭汗，有时可出现蚁行感和微痒等感觉异常。中期皮损浸润明显，形成斑块、结节，表面光亮，眼结膜充血，呈醉酒样貌，眉睫可脱落。晚期斑块相互融合，进一步向深部浸润，遍及全身，面部表现为皮肤弥漫增厚，额部皮纹加深，鼻唇肥厚，耳垂肿大，眉睫脱落，呈"狮面"样外观，伴明显浅感觉障碍和闭汗（图7-16）。眼部受累时则可引起疼痛、畏光、结膜炎、角膜炎、青光眼，甚至失明。淋巴结、肝、脾受累程度加深。皮损处细菌密度指数为5~6+。麻风菌素试验阴性。

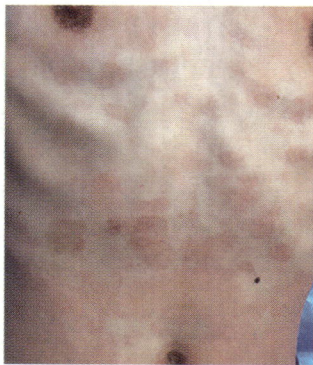

图7-14　结核样型麻风　　　　图7-15　神经粗大　　　　图7-16　瘤型麻风

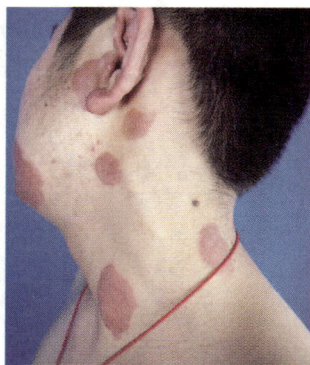

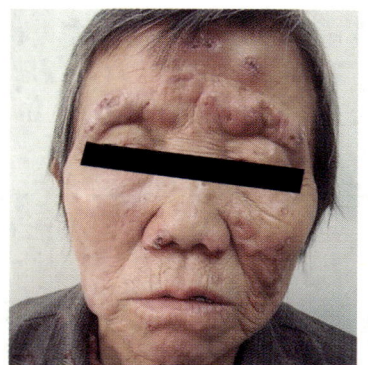

3. 麻风反应

（1）Ⅰ型麻风反应：是细胞介导的迟发性免疫反应，多见于免疫状态不稳定的界线类麻风患者（BT、BB、BL）。其临床表现为原有皮损较前加重，出现发红、肿胀。原受累的浅神经突然粗大、疼痛。部分病例出现脓肿。由于患者细胞免疫增强或减弱的变化及抗麻风药物有效治疗，病变出现向结核样型变化的"升级反应"和病变向瘤型变化的"降级反应"。

（2）Ⅱ型麻风反应（麻风结节性红斑，ENL）：属于抗原、抗体复合物变态反应（Ⅲ型变态反应）。常发生于瘤型和界线类偏瘤型。临床表现类似结节性红斑，表现为成批出现红色皮内及皮下结节，伴红斑及疼痛。严重时可出现脓疱、溃疡，伴明显全身症状，如畏寒、发热、食欲减退、关节痛、白细胞增多和贫血。

【实验室和辅助检查】

1. 组织病理　对麻风的诊断、分型和疗效判定都有重要意义。TT主要以上皮样细胞灶性浸润，形成结核样肉芽肿为特征，朗格汉斯细胞较多，抗酸杆菌染色阴性；LL表皮萎缩，表皮下有无浸润带，真皮内主要以巨噬细胞或泡沫细胞形成肉芽肿,淋巴细胞少,抗酸染色显示大量抗酸杆菌。组织病理的诊断特异性可达 70%,敏感性较低,但依然是诊断麻风的重要检查手段。

2. 麻风杆菌细菌密度镜检　取皮损及黏膜组织液,必要时可行淋巴结穿刺查菌。一般检查 5~6 个部位,如眶上、下颌、耳垂和活动性皮损。检查结果判定见表 7-5。

表 7-5　麻风杆菌细菌密度镜检检查结果判定

结果	判定标准
0	100 个油镜视野(OIF)内未见菌
1+	100 个 OIF 内有 1~10 条菌
2+	每 10 个 OIF 内有 1~10 条菌
3+	平均每个 OIF 内有 1~10 条菌
4+	平均每个 OIF 内有 10~100 条菌
5+	平均每个 OIF 内有 100~1 000 条菌
6+	每个 OIF 内有超过 1 000 条菌

3. 麻风菌素试验　用于测定机体对麻风杆菌的迟发型超敏反应,可部分反映机体对麻风杆菌细胞免疫力,TT 多呈强阳性,LL 多呈阴性。

4. 聚合酶链反应(PCR)　用以扩增麻风杆菌的 DNA,敏感性与麻风的临床分型相关。当患者为瘤型麻风时阳性率高,结核样型麻风的 PCR 阳性率则明显降低。

【诊断和鉴别诊断】

WHO 麻风专业委员会提出诊断麻风的 3 个征,同时满足 2 个即可诊断:①皮损伴感觉丧失;②周围神经受累、粗大伴感觉丧失;③皮肤涂片,见麻风杆菌阳性。

麻风皮损及神经损害可类似于多种皮肤及神经系统疾病,掌握麻风临床体征的几个特点,通过详细的体格检查,结合病理及查菌,不难鉴别。

【预防和治疗】

强调早期、足量、足程、规则治疗,减少畸残及复发。

1. 联合化疗(MDT)　WHO 推荐的麻风联合治疗方案如下所示。

(1)多菌型:利福平每月 600mg;氯法齐明每月 300mg(监服),50mg/d(自服);氨苯砜 100mg/d。疗程 24 个月。

(2)少菌型:利福平每月 600mg;氨苯砜 100mg/d。疗程 6 个月。

完成治疗的患者需每年定期监测临床及细菌学检查,不少于 5 年。

2. 麻风反应的治疗　可予糖皮质激素、沙利度胺、氯法齐明和镇痛、退热等对症处理,ENL 发生时除使用沙利度胺外,必要时可联合免疫抑制剂,如环孢素等。

（马　琳　杨　斌）

思考题

1. 概述丹毒和蜂窝织炎的鉴别要点。
2. 概述 SSSS 的病因、临床表现及治疗原则。
3. 概述淋病的诊断及治疗要点。
4. 概述麻风反应的定义及处理原则。

第八章
衣原体和螺旋体感染性皮肤病

【学习要点】

1. 泌尿生殖道衣原体感染的病原体为沙眼衣原体的D~K血清型/基因型,仅侵犯黏膜层;而性病性淋巴肉芽肿的病原体为沙眼衣原体的L1~L3血清型/基因型,容易侵犯黏膜下结缔组织和淋巴系统。首选的治疗药物是阿奇霉素和多西环素。

2. 梅毒的病原体为梅毒螺旋体,可累及全身各个器官系统,临床表现复杂多样,主要的实验室诊断方法是梅毒血清学试验,首选的治疗药物是青霉素。

3. 莱姆病和恙虫病均属于自然疫源性疾病,分别由硬蜱叮咬和恙螨幼虫叮咬所致,病原体分别为伯氏疏螺旋体和恙虫病立克次体。两种疾病均可引起多器官系统损害,特征性皮损分别为游走性红斑和单发性溃疡伴焦痂。首选的治疗药物是多西环素。

第一节　泌尿生殖道衣原体感染

泌尿生殖道衣原体感染(chlamydial genitourinary infection)是一种由沙眼衣原体(*chlamydia trachomatis*,CT)引起的以泌尿生殖道炎症为主要表现的性传播性感染,是35岁以下男性附睾炎、女性盆腔炎和不孕的首要病因。

【病因和发病机制】

病原体为CT的D~K血清型/基因型,主要感染黏膜上皮细胞,也可感染纤维母细胞、免疫细胞等,致病性主要与菌体脂多糖、膜蛋白等有关。机体感染CT后,中性粒细胞、淋巴细胞、巨噬细胞、浆细胞浸润,引起大量细胞因子和抗体的合成和释放,导致组织过度反应性炎症。CT持续存在引起更加严重的组织损伤和纤维化。

【传播途径】

通常由性接触传播。妊娠女性感染者通过产道分娩胎儿,可引起新生儿结膜炎或肺炎。

【临床表现】

最常累及15~24岁人群,潜伏期为1~3周。80%的女性感染者和50%的男性感染者无症状。

男性受累主要引起尿道炎,表现为尿道轻微刺痛或瘙痒,部分伴有尿频、尿急、尿痛、排尿困难。尿道口轻度红肿,可有少量稀薄浆液性或浆液脓性分泌物(图8-1)。晨起首次排尿前可见尿道口黏糊状分泌物。部分并发前列腺炎、附睾炎、输精管炎和Reiter综合征(尿道炎、结膜炎和反应性关节炎三联征)。

女性受累常引起黏液性脓性宫颈炎、尿道炎、输卵管炎、盆腔炎,表现为白带异常、下腹不适、阴道异常出血,可伴有轻度尿频、尿急、尿痛,还可出现宫颈充血、水肿及浆液性或浆液脓性分泌物,触之易出血,宫颈举痛,下腹触痛。如未经治疗可导致不孕、异位妊娠、肝周炎

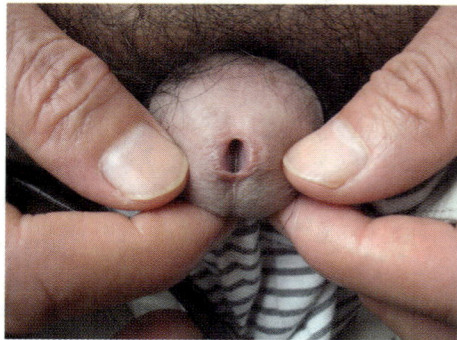

图8-1　衣原体感染性尿道炎

（Fitz-Hugh-Curtis 综合征），宫颈癌的发生风险显著增加。

【实验室检查】

主要有细胞培养法、直接荧光抗体检测、ELISA、实时荧光定量 PCR 和核酸扩增试验（NAAT）等，优先推荐 PCR 检测。分泌物或尿沉渣白细胞计数有助于诊断。

【诊断和鉴别诊断】

依据流行病学史、临床表现及实验室检查结果可以明确诊断。

需与淋病、阴道念珠菌病、滴虫性阴道炎、细菌性阴道病等相鉴别。鉴别主要依据分泌物的性状和病原学检查。

【预防和治疗】

1. **预防** 避免与感染者密切接触；避免无保护的性接触。

2. **治疗** 首选治疗方案：阿奇霉素 1g，一次性口服；或多西环素 100mg，每日 2 次口服，连服 7 天。替代治疗方案：米诺环素 100mg，每日 2 次口服，连服 7 天；或红霉素 500mg，每日 2 次口服，连服 7 天；或左氧氟沙星 200~400mg，每日 2 次口服，连服 7 天。新生儿 CT 结膜炎：红霉素 12.5mg/kg，每 6 小时口服，连服 14~21 天。外涂 0.5% 的红霉素软膏或 1% 的四环素眼膏。

第二节 性病性淋巴肉芽肿

性病性淋巴肉芽肿（lymphogranuloma venereum，LGV）是一种由沙眼衣原体引起、以腹股沟横痃和直肠结肠炎为主要临床特征的严重性传播性感染。LGV 在西非、东非、印度、东南亚、南美等地区流行，2003 年以来，在西欧、加拿大、美国和澳大利亚等地区的男男性行为（MSM）人群中流行。在我国少见，容易误诊和漏诊。

【病因和发病机制】

病原体为 CT 的 L1、L2、L2b 和 L3 血清型/基因型。L1~L3 血清型/基因型侵犯泌尿生殖道黏膜下结缔组织和淋巴系统，引起的炎症反应严重，而 D~K 血清型/基因型仅累及黏膜层。

【传播途径】

主要通过无保护的生殖器-肛门性接触传播，也可通过肛门-口途径传播。

【临床表现】

最常累及十几岁至二十几岁人群，男性患病率比女性高 6 倍，病情分为三个时期。

1. **一期 LGV** 外生殖器早期损害期，潜伏期为 3~30 天。初始损害发生在接种部位，通常为小的无痛性丘疹、浅表性溃疡或疱疹样损害，一般在 1 周内自行愈合。男性最常累及冠状沟、包皮、龟头和阴囊，女性最常见累及阴道后壁、宫颈后壁、阴唇系带和外阴。少数引起口咽部溃疡和颈部淋巴结肿大。

2. **二期 LGV** 腹股沟横痃期，发生在一期病变后 2~6 周内，持续时间长达 60 天。腹股沟-股部淋巴结肿大、波动感、疼痛和触痛，称为横痃，是 LGV 标志性体征，通常单侧受累。肿大的腹股沟和股部淋巴结位于腹股沟韧带两侧，引起特征性沟槽征，见于 1/3 男性患者（图 8-2）。女性患者中，仅 20%~30% 出现腹股沟淋巴结肿大，髂或直肠周围淋巴结受累常见，表现为背部和下腹疼痛。淋巴结受累的部位与一期损害部位直接相关。腹股沟淋巴结肿大由外阴前部、阴茎或尿道的原发性损害所致，直肠周围或盆腔淋巴结肿大由外阴后部、阴道或肛门的原发性损害所致。受累的淋巴结通常融合形成脓肿，破裂后形成窦道或瘘管。系统播散可引起关节、眼、心、肺、肝脏及脑膜受累。

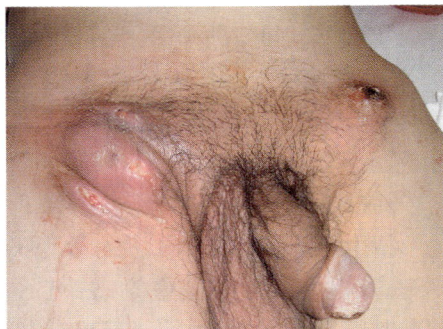

图 8-2 性病性淋巴肉芽肿腹股沟横痃

3. **三期 LGV** 特征是直肠结肠炎，最常见于女性和

MSM 人群,表现为血性黏液性脓性分泌物、直肠疼痛、里急后重、便秘、细如铅笔样大便。直肠结肠炎可引起直肠周围脓肿、坐骨直肠窝脓肿、直肠阴道瘘管、肛门瘘管和直肠狭窄。肠道和直肠周围淋巴管增生堵塞可形成淋巴管痔。极晚期典型表现为淋巴结纤维化和肉芽肿。女性可发生外阴肿胀、增厚和纤维化,称为女阴生殖器象皮肿。阴茎和阴囊水肿变形,称为萨克斯管样阴茎。

【实验室检查】

1. **两步操作法**　首先使用核酸扩增试验(NAAT)检测疑诊的临床样本中 CT DNA/RNA,然后应用 PCR 检测同一样本中 CT L1~L3 基因型特异性 DNA。

2. **血清学试验**　补体固定试验滴度≥1∶16 或微免疫荧光试验的滴度≥1∶512 均支持 LGV 的诊断。

3. **组织病理**　疾病早期表现为受累淋巴结肿大和弥漫性网状病变,后期出现化脓性肉芽肿性淋巴结炎、淋巴结周围炎和卫星状脓肿。

【诊断和鉴别诊断】

诊断依据流行病学史、临床表现和实验室检查结果。

需鉴别的疾病包括软下疳、梅毒、腹股沟肉芽肿、生殖器疱疹、克罗恩病、阴茎癌、淋巴瘤等。与前四种疾病鉴别的依据主要是病原学检查、梅毒血清学试验,与后三种疾病鉴别的依据主要是组织病理学检查。

【预防和治疗】

1. **预防**　提倡使用避孕套。高危暴露者首选多西环素 100mg,每日 2 次口服,连服 7 天;替代方案是阿奇霉素 1g,一次性口服。

2. **治疗**　首选治疗方案:多西环素 100mg,每日 2 次口服,连服 21 天;然后予以阿奇霉素 1g,口服,每周 1 次,连服 3 次。替代治疗方案:红霉素 500mg,每日 4 次口服,连服 21 天。对于波动的横痃,使用注射器通过表面正常的皮肤进行抽吸,避免切开。

第三节　梅　　毒

梅毒(syphilis)是由梅毒螺旋体(*Treponema pallidum*,TP)感染引起的一种慢性进行性系统性传染性疾病,主要通过性接触或垂直传播,可引起全身多系统器官损害和妊娠不良结局。近 10 年来,全球梅毒的发病率迅速增加,特别是在 MSM 人群。2020 年,我国梅毒的发病率为 33.08/10 万。

【病因和发病机制】

TP 又称为苍白密螺旋体苍白亚种,是一种生长缓慢、可以运动的长螺旋状革兰氏阴性病原体,长 6~15μm,宽 0.1~0.2μm,运动方式包括旋转、蛇行和伸缩,大约每 30 小时分裂繁殖一次。TP 对热、日光和消毒剂敏感,但耐寒性强。

TP 表面蛋白 Tp0954、Tp0136 介导 TP 黏附和定植于宿主组织细胞,然后启动 TP 感染和播散。CD4$^+$/CD8$^+$ T 细胞和巨噬细胞是清除 TP 的主要细胞。机体感染 TP 后,引发强烈免疫反应,清除 TP,同时 TP 感染引起人体组织器官损害。

【传播途径】

主要通过性接触和垂直传播,小部分通过直接接触患者的皮肤黏膜破损、间接接触含有 TP 的用品、输血、哺乳或经唾液途径传播。早期梅毒的传染性最强,随着病程延长,其传染性逐渐减弱。

【临床表现】

根据传播途径的不同,梅毒分为获得性梅毒和先天性梅毒。病程以 2 年为界,获得性梅毒分为早期梅毒(≤2 年)和晚期梅毒(>2 年)。早期梅毒包括一期、二期和早期潜伏梅毒;晚期梅毒包括晚期皮肤黏膜、骨、眼、心血管、神经梅毒以及晚期潜伏梅毒。年龄以 2 岁为界,先天性梅毒分为早期先天性梅毒(≤2 岁)和晚期先天性梅毒(>2 岁)。

1. 获得性梅毒

（1）一期梅毒：通常发生于性接触 2~4 周后，损害包括硬下疳（chancre）和硬化性淋巴结炎。90% 以上的硬下疳发生于外生殖器，少数发生于口腔、肛门、直肠、宫颈和阴道等，典型表现为单个无痛性椭圆形溃疡，直径 1~2cm，基底及周边硬肿，具有软骨样硬度，表面有少量浆液性分泌物，内含大量 TP，传染性极强（图 8-3）。少数患者损害多发、不典型或疼痛（图 8-4），可合并软下疳或化脓性感染。硬下疳出现 1~2 周后，腹股沟或患处附近淋巴结出现无痛性肿大，常为单侧。硬下疳发生 2~6 周后可自行消退。

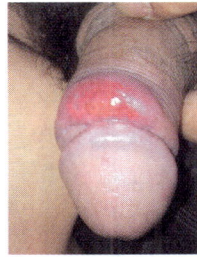

图 8-3　单发性硬下疳　　图 8-4　多发性硬下疳

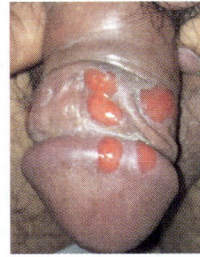

（2）二期梅毒：通常发生于感染 9~12 周后，由 TP 在血液循环中大量增殖、播散至全身各系统器官所致。18%~32% 的患者同时伴发硬下疳。患者皮损、分泌物和体液中含有大量 TP，传染性极强。90% 以上感染者出现皮肤和/或黏膜损害。前驱症状包括头痛、咽痛、肌痛、全身不适、淋巴结肿大和低热等。

皮损类型多种多样，包括斑疹、斑丘疹、丘疹、斑块、结节、脓疱、糜烂、溃疡等；颜色为粉红、鲜红、紫红、铜红、暗红及红褐色；局限或泛发；一般无痒痛。特征性皮损为掌跖梅毒疹和扁平湿疣（condyloma lata），前者表现为手掌、足底对称分布的铜红色斑疹或扁平丘疹，表面常出现领圈样脱屑（图 8-5）；后者好发于肛周、外生殖器或会阴，表现为红色或灰白色扁平丘疹、斑块，表面糜烂、湿润（图 8-6）。TP 侵犯头皮毛囊常引起头发弥漫性虫蚀状脱落。恶性梅毒是二期梅毒罕见的表现，主要发生于免疫功能低下者，如合并 HIV 感染、营养不良、糖尿病、酗酒、吸毒等，表现为全身泛发性丘疹、脓疱、结节、溃疡性损害及全身症状。

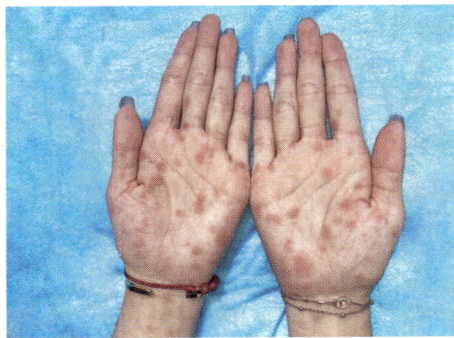

图 8-5　掌跖梅毒疹　　　　　　　图 8-6　扁平湿疣

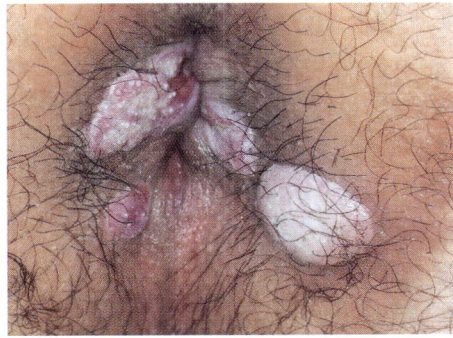

皮肤黏膜外器官系统损害：骨、关节、眼、肺、心、肝、肾、消化道、血液系统和中枢神经系统等均可受累，出现相应临床表现。

（3）晚期梅毒：大多数发生在感染 3~4 年后，表现为皮肤黏膜、骨骼、关节、眼、鼻、肝、脾、心血管系统和中枢神经系统等系统、器官损害。

1）皮肤黏膜损害：见于 16% 的晚期梅毒患者，主要为结节性梅毒疹和梅毒性树胶肿（syphilitic gumma），前者好发于头面、肩、背及四肢伸侧，为簇集铜红色结节，直径 0.2~1.0cm，可发生溃疡、结痂；后者是梅毒破坏性最大的一种损害，主要累及皮肤黏膜，少数发生于骨骼及内脏器官，为直径 2~10cm 大小的穿凿状溃疡，伴有树胶状分泌物。

2）眼梅毒：少数引起虹膜睫状体炎、视网膜炎及间质性角膜炎等。

3）晚期心血管梅毒：占晚期梅毒的 10%，多发生在感染 15~20 年后，主要累及升主动脉，包括梅毒性主动脉炎、主动脉瓣关闭不全、冠状动脉狭窄、主动脉瘤以及心肌树胶肿五种类型。

4）晚期神经梅毒（neurosyphilis）：占晚期梅毒的 10%，多在感染 2~20 年后发病，分为无症状神经梅毒、脑膜梅毒、脑膜血管型梅毒、脑实质梅毒（麻痹性痴呆和脊髓痨）和树胶肿性神经梅毒，常见症状包括头痛、呕吐、颈部强直、精神行为异常、认知障碍、记忆力下降、四肢无力、偏瘫、失语、肢体震颤、失明、阿-罗瞳孔、共济失调、癫痫及大小便失禁。脊髓受累可引起脊髓痨，表现为下肢闪电样痛、感觉异常、触痛觉和温度觉障碍等。

（4）潜伏梅毒：包括早期、晚期和病程不明的潜伏梅毒，指梅毒血清学试验阳性而脑脊液检查正常，无梅毒的任何临床症状和体征。病程不明的潜伏梅毒视为晚期潜伏梅毒。

2. 先天性梅毒　先天性梅毒是 TP 由母体经胎盘传染给胎儿所致。如果感染发生在妊娠前 3 个月内，可引起早产、流产、死产、非免疫性葡萄胎或围产期死亡。如果感染发生在妊娠中期或晚期，大多数婴儿健康，出生时无临床或实验室感染的证据。

（1）早期先天性梅毒：通常在出生后 4~8 周内发病，表现为早产和低体重，营养发育差，全身系统、器官均可受累。

1）皮肤黏膜损害：表现为红斑、丘疹、扁平湿疣、水疱、大疱、脓疱，口周和肛周皲裂及放射状瘢痕。口腔受累，出现灰白色黏膜斑。持久性鼻炎通常为首发症状。鼻黏膜溃疡和鼻腔血性黏稠分泌物堵塞鼻孔造成呼吸、吸吮困难，严重可导致鼻中隔穿孔，鼻梁塌陷，形成鞍鼻。

2）骨损害：长骨最常受累，包括骨软骨炎、骨髓炎、骨膜炎等。各种骨损害造成患儿肢体疼痛、无力和活动受限，类似肢体麻痹，称为 Parrot 假性瘫痪或梅毒性假瘫。

3）内脏损害：常有全身淋巴结肿大、肝脾肿大、黄疸、肾病综合征及血液系统损害等表现。神经系统损害多在出生 3~6 个月后表现出明显的临床症状，常见的是脑膜炎。

（2）晚期先天性梅毒：一般在 5~8 岁开始发病，主要侵犯眼、牙齿、骨骼、神经及皮肤，其中以角膜炎、骨损害和神经系统损害常见。间质性角膜炎、哈钦森牙（Hutchinson 牙）和神经性耳聋称为 Hutchinson 三联症，为晚期先天性梅毒的标志性损害。此外，还可出现桑葚齿、虹膜睫状体炎、脉络视网膜炎、视神经萎缩、麻痹性痴呆、癫痫、脑神经麻痹、前额隆突、鞍鼻、佩刀胫、胸锁关节增厚和 Clutton 关节。

（3）潜伏性先天性梅毒：患儿无临床症状，梅毒血清学试验阳性，脑脊液检查正常。

3. 梅毒与 HIV 感染　梅毒与 HIV 感染相互促进。梅毒性生殖器溃疡含有致密浸润的淋巴细胞，为 HIV 感染提供有利的条件。梅毒增加 HIV CCR5 受体的表达或人单核细胞中 HIV 基因的表达，促进 HIV 的传播。在 HIV 感染者中，梅毒的发病率显著增加。HIV 可促进二期梅毒快速进展为晚期梅毒，甚至进展为恶性梅毒。伴发 HIV 感染的梅毒患者中枢神经系统受累多见，易发生前带现象，对治疗反应差。

【实验室和辅助检查】

1. TP 检查　适用于早期梅毒皮肤黏膜损害，方法有暗视野显微镜检查、直接免疫荧光法、改良银染色法和 PCR 检测等。

2. 梅毒血清学试验　当人体感染 TP 4~10 周后，血清中可产生非特异性抗心磷脂抗体（又称反应素）和 TP 特异性抗体。根据检测所用抗原不同，该试验分为两大类：一类为非 TP 血清学试验，采用心磷脂、卵磷脂及胆固醇作为抗原，检测抗心磷脂的 IgG 和 IgM 抗体，主要包括 VDRL、RPR、TRUST 等；另一类为 TP 血清学试验，采用 TP 提取物或其重组蛋白（Tp17、Tp37、Tp47）作为抗原，检测 TP 特异性抗体，包括 TPHA、TPPA、FTA-ABS、ELISA 等。

（1）非 TP 血清学试验：一期、二期和晚期潜伏梅毒诊断敏感性分别为 62%~78%、97%~100% 和 64%~75%。病毒性肝炎、传染性单核细胞增多症、麻风、自身免疫性疾病、慢性肝肾疾病、恶性肿瘤、静脉药物成瘾者、妊娠及老年人等情况可出现生物学假阳性，持续时间与潜在的病因有关。经过有效治疗后，血清中抗体的滴度逐渐下降，如病情复发或再感染，滴度可再次升高，适用于梅毒患者病情和临床疗效的评估。

前带现象（prozone phenomenon）是指患者外周血中出现显著高滴度的抗心磷脂抗体，干扰正常的抗原抗体反应，导致非 TP 血清学试验呈弱阳性或阴性，血清经过稀释后呈现阳性反应或反应增强。

为避免这种情况,应将血清从1:1倍比稀释至1:32。

梅毒血清学固定(syphilis serofast)是指梅毒患者经过规范的治疗,临床症状消失,但是非TP血清学试验在6个月后滴度下降低于4倍或在一定的随访期限(一期梅毒随访1年,二期梅毒随访2年,晚期梅毒随访3年)内未有转阴,并排除再感染、神经梅毒、心血管梅毒和生物学假阳性等情况。

(2)TP血清学试验:敏感性为70%~100%,特异性为94%~100%,可以筛查出既往治疗过、未经治疗或治疗不充分的梅毒患者,该方法常用于梅毒的筛查和确诊。极少数自身免疫性疾病和恶性肿瘤患者出现假阳性。TP血清学试验阳性可以持续多年甚至终身。

3. **脑脊液(CSF)检查**　用于神经梅毒的诊断,包括白细胞计数、蛋白定量、葡萄糖水平、VDRL(或RPR、TRUST)、TPPA和TP-PCR检测。白细胞计数增加是诊断神经梅毒的必要条件,WBC≥$5×10^6$/L;合并HIV感染者,WBC≥$20×10^6$/L。CSF VDRL高度特异,但敏感性低。CSF RPR、TRUST可以用于神经梅毒的诊断。CSF TPPA敏感性高,阴性结果可以排除神经梅毒。

4. **影像医学检查**　包括X线、CT、MRI、彩超等。

5. **组织病理**　主要表现包括:①血管内膜炎,血管内皮细胞肿胀、增生和闭塞;②血管周围炎,有大量淋巴细胞和不同程度的浆细胞浸润;③晚期梅毒还伴有坏死性肉芽肿性炎症。部分出现大量中性粒细胞浸润或假上皮瘤样增生。

【诊断和鉴别诊断】

梅毒的临床表现复杂多样,类似其他多种皮肤黏膜疾病或系统性疾病。临床上对于病情用其他疾病不能合理解释的病例,均需要考虑梅毒的可能。诊断依据流行病学史、临床表现、梅毒血清学试验或TP检查结果。神经梅毒的诊断还需要结合CSF检查结果。先天性梅毒的诊断需要同时对患儿和其母亲进行非TP血清学试验,比较患儿的血清滴度是否≥母亲的4倍。

鉴别诊断包括各种感染性疾病、过敏性疾病、免疫性疾病、肿瘤性疾病等。鉴别依据主要是梅毒血清学试验和试验性驱梅治疗。

【预防和治疗】

1. **预防**　对于具有高危暴露史、患有其他性传播疾病、母亲患有梅毒的新生儿均应进行梅毒血清学试验,同时对健康体检、婚检、孕检常规开展梅毒筛查,及早发现潜伏梅毒。妊娠梅毒患者避免哺乳。在高危暴露后12周内,即使梅毒血清学试验结果为阴性,也应按照早期梅毒进行预防性治疗。

2. **治疗**

(1)治疗原则:青霉素G是梅毒首选的治疗药物,常用的有苄星青霉素G、普鲁卡因青霉素G和水剂青霉素G。青霉素过敏者优先选择第三代头孢菌素(头孢曲松、头孢他啶和头孢克肟等),青霉素过敏性休克者禁忌使用,其次选择多西环素、米诺环素或红霉素、阿奇霉素。妊娠妇女、儿童禁用多西环素或米诺环素。

(2)治疗方案:获得性梅毒和先天性梅毒的治疗方案分别见表8-1、表8-2。

未有进行CSF检查者按照CSF异常者处理;儿童剂量不超过成人剂量。

(3)吉海反应及治疗后随访

1)吉海反应(Jarisch-Herxheimer reaction,JHR):是一种由非内毒素性致热原和螺旋体脂蛋白所致的急性发热性反应,通常见于梅毒、莱姆病、钩端螺旋体病患者应用高效抗生素治疗后24小时内,表现为寒战、发热、头痛、呼吸加快、心动过速、全身不适和皮疹加重,此外还可出现急性呼吸窘迫、主动脉瘤破裂、心肌损害、低血压、意识障碍、癫痫、中风。妊娠患者可发生早产、流产和胎儿宫内窘迫。JHR通常在24小时内自行缓解。抗生素治疗1天前开始口服泼尼松(20~30mg/d),连续3天,有助于预防或减轻JHR。

2)临床随访:定期随访评价临床疗效。治疗结束后第1年每3个月、第2年每6个月、第3年年末复查一次。神经梅毒每6个月进行CSF检查。妊娠梅毒在分娩前每月复查一次。对于梅毒血清学阳性或母亲血清学阳性的婴儿,应在出生后第1、2、3、6和12个月末进行随访。

表 8-1　获得性梅毒的治疗方案

分期	是否青霉素过敏	治疗方案
早期梅毒	NPA	BPG 240 万 U im qw×1~2 次；或 PPG 80 万 U im qd×10~14d
	PA	CRO 1~2g iv qd×10~14d；或 DOX（或 MNO）100mg po bid×14d；或 ERY 500mg po qid×14d
晚期梅毒（皮肤黏膜、骨和心血管梅毒）	NPA	BPG 240 万 U im qw×3 次；或 PPG 80 万 U im qd×21d；并发心力衰竭、心绞痛者，先予以控制，同时前 3 天予以 aPG，第 1 天 10 万 U im qd，第 2 天 10 万 U im bid，第 3 天 20 万 U im bid，第 4 天起按照标准方案治疗
	PA	DOX（或 MNO）100mg po bid×28d；或 ERY 500mg po qid×28d
晚期神经梅毒、眼梅毒	NPA	aPG 300~400 万 U iv q4h 或 PPG 240 万 U im qd 联合丙磺舒 500mg po qid×10~14d；然后予以 BPG 240 万 U im qw×3 次
	PA	CRO 2g iv qd×14d；或 DOX（或 MNO）100mg po bid×28d；或 ERY 500mg po qid×28d
妊娠梅毒	NPA	根据梅毒分期的不同，及时应用合适的方案治疗；妊娠初 3 个月及末 3 个月各治疗一个疗程
	PA	选择 ERY 治疗

注：NPA：青霉素不过敏；PA：青霉素过敏；BPG：苄星青霉素 G；PPG：普鲁卡因青霉素 G；aPG：水剂青霉素 G；CRO：头孢曲松；DOX：多西环素；MNO：米诺环素；ERY：红霉素。

表 8-2　先天性梅毒的治疗方案

分期	CSF 是否正常	治疗方案
早期先天性梅毒	正常	BPG 5 万 U/kg im qw×1 次；或 PPG 5 万 U/kg im qd×10~14d
	异常	aPG 5 万 U/kg iv q12h（年龄≤7d）或 q8h（年龄>7d）×10~14d；然后予以 BPG 5 万 U/kg im qw×1 次
	正常或异常	PA 者，CRO 20~50mg/kg iv qd×10~14d；或 ERY 5mg/kg po q6h×14d
晚期先天性梅毒	正常或异常	aPG 5 万 U/kg iv q4h~q6h×10~14d，然后予以 BPG 5 万 U/kg im qw×3 次
	正常或异常	PA 者，CRO 20~50mg/kg iv qd×14d；或 ERY 5mg/kg po q6h×28d

注：PA：青霉素过敏；BPG：苄星青霉素 G；PPG：普鲁卡因青霉素 G；aPG：水剂青霉素 G；CRO：头孢曲松；ERY：红霉素。

第四节　莱　姆　病

莱姆病（Lyme disease，LD）也称莱姆疏螺旋体病（Lyme borreliosis），是一种由硬蜱叮咬传播、伯氏疏螺旋体（*Borrelia burgdorferi*）感染引起的以皮肤、神经、心脏及关节炎症性病变为主的系统性感染性疾病。LD 主要在北美、欧洲和亚洲流行，已经在全球 80 多个国家传播。我国主要发病地区是东北和西北林区，发病高峰期在 6~8 月份，患者年龄高峰为 5~9 岁和 50~55 岁。

【病因和发病机制】

伯氏疏螺旋体是一种稀疏而不规则的左螺旋体，长 10~40μm，宽 0.2~0.3μm，分裂繁殖一代需要 12~18 小时，迄今发现 22 种基因型，其中 6 种对人致病，包括狭义伯氏、阿氏、伽氏、斯氏、巴伐利亚和梅奥型。伽氏、阿氏是我国主要的致病基因型。病原体表面有多种具有致病性和免疫原性的蛋白，如鞭毛蛋白、OspA、OspC、BmpA、DbpA、DbpB、BBK32 等，参与感染定植、微血管播散和免疫逃逸。LD 的临床表现是由病原体及其成分诱导的炎症反应所致的。

【临床表现】

潜伏期为 3~32 天，平均 1~2 周，分为早期局限期、早期播散期和晚期莱姆病三个时期，可以依次出现或交叉重叠出现。极少患者早期症状不明显，直接进入晚期。LD 主要累及皮肤、中枢神经系统、关节和心脏。

1. 早期局限性莱姆病　特征性病变为蜱叮咬部位的单发性游走性红斑（erythema migrans,EM），见于 80% 的患者,表现为进行性扩展的环状红斑,外缘呈鲜红色,中央皮损逐渐消退,随着皮疹扩展和部分消退,形成同心性环状红斑,呈靶样或牛眼样外观,通常直径≥5cm,2~3 周自行消退,好发于躯干、大腿、腋窝、腘窝、腹股沟等处。

2. 早期播散性莱姆病　通常发生在蜱叮咬后 3~10 周内。肌肉骨骼和神经系统症状最为常见,其次是心脏、皮肤和眼部病变。关节病变主要为单关节炎,累及膝、踝和腕关节。莱姆心脏炎表现为心肌炎、心包炎、房室传导阻滞。皮损表现为多发性 EM。

神经系统莱姆病在感染数周至数月后引起神经并发症,见于大约 5%~20% 病例。病程≤6 个月为早期,>6 个月为晚期。通常引起脑膜炎、脑神经炎、外周神经炎、脊神经根炎、脑脊髓炎。

3. 晚期莱姆病　又称慢性莱姆病,发生在最初感染后数月至数年内,主要引起关节和神经系统病变。

莱姆关节炎（Lyme arthritis,LA）常见于携带 *HLA-DR2*、*HLA-DR3* 或 *HLA-DR4* 等位基因的个体,主要为单关节性或寡关节性大关节炎,膝关节最常受累,见于 80% 患者,表现为关节肿胀僵硬、关节腔积液,疼痛极其轻微。

神经系统莱姆病约 2% 为晚期,可表现为非特异性症状,如疲劳、认知能力下降或记忆力减退。外周神经系统表现为感觉性多发性神经病变伴发慢性萎缩性肢端皮炎。脊髓最常受累,脊髓炎表现为痉挛-共济失调步态和膀胱功能障碍。此外还可引起脑炎、慢性脑膜炎、脑血管炎和脑神经受累。

5%~15% 的 LD 患者在接受足够疗程治疗后仍然具有非特异性症状,如疲劳、头痛、关节痛、肌痛、认知和/或记忆困难,持续 6 个月以上,缺乏治疗失败、再感染或复发的客观证据,称为治疗后莱姆病综合征。

【实验室和辅助检查】

1. 间接检测方法　感染伯氏疏螺旋体 3 周后可以在患者外周血中检测到特异性抗体。IgM 滴度通常在感染后 6~8 周达到高峰,持续 4~6 个月后消失。IgG 抗体通常在感染后 6~8 周内可以检测到,在 4~6 个月达到高峰。

标准的两步血清学试验是 LD 主要的诊断实验策略,检测患者外周血中特异性 IgM 和 IgG 抗体的滴度。第一步应用酶免疫分析（EIA）、ELISA 或 IFA 检测,第二步应用免疫印迹法对第一步检测结果为阳性或可疑阳性的血清进行确证。改良的两步法使用酶免疫法检测体内表达的抗原 C6 肽和 OspC 蛋白。血清、脑脊液中检测到高滴度（≥1:128）的特异性 IgG 抗体或双份血清特异性抗体滴度≥4 倍升高,或血清 IgM 抗体阳性,均具有诊断价值。

2. 直接检测法　PCR 可以用于检测螺旋体 DNA,高度灵敏和特异,包括 5S~23S rRNA 基因间隔区特异性 PCR、*OspA* 或 *OspC* 基因型特异性 PCR 和荧光定量 PCR。

3. 其他检查　包括关节针吸、CSF 检查、心电图、头颅 CT 或 MRI。当疑诊为神经系统莱姆病时,应检查其 CSF 莱姆病抗体指数,即 CSF 抗体水平/血清抗体水平,当 CSF 中抗体滴度高于血清时,判定为阳性。

4. 组织病理　EM 最常见表现为真皮浅层和深层血管周围以淋巴细胞为主的炎症细胞浸润,也含有少数嗜酸性粒细胞、中性粒细胞、巨噬细胞和浆细胞。

【诊断和鉴别诊断】

诊断依据流行病学史、临床表现和实验室检查结果。在合适的流行病学背景下,早期莱姆病诊断依据 EM 进行。

鉴别诊断包括结节性红斑、硬红斑、深部红斑狼疮、皮下脂膜炎样 T 细胞淋巴瘤、成人反应性关节炎、青少年特发性关节炎、风湿性关节炎、银屑病关节炎、败血症性关节炎等。鉴别依据主要是伯氏疏螺旋体特异性抗体或 DNA 检测、组织病理学检查。

【预防和治疗】

1. **预防**   预防蜱叮咬，及时去除体表的蜱。去除蜱虫 72 小时内，一次性口服多西环素 200mg。

2. **治疗**   及早使用适当的抗生素治疗，大多数早期莱姆病患者病情可以快速和完全缓解，也可以避免后期的主要并发症（表 8-3）。

表 8-3 LD 的抗感染治疗方案

临床症状	成人抗感染治疗方案
早期局限性 LD	
局限性 EM	DOX 100mg po bid×10~21d
	AMX 500mg po tid×10~21d
	CXM 500mg po bid×10~21d
早期播散性 LD	
多发性 EM	DOX 100mg po bid×10~21d
	AMX 500mg po tid×10~21d
	CXM 500mg po bid×10~21d
早期莱姆心脏炎	对于有症状、PR 间期>300ms 的 Ⅱ 或 Ⅲ 度 AVB 者，CRO 2g iv qd，病情改善后改为口服疗法，共 21~28d
早期莱姆面神经麻痹	DOX 100mg po bid×10~21d
早期莱姆脑膜炎	CRO 2g iv qd×21~28d
晚期莱姆病	
晚期 LA	DOX 100mg po bid×28d
	AMX 500mg po tid×28d
	CXM 500mg po bid×28d
晚期 LNB	CRO 2g iv qd×21~28d

注：DOX：多西环素；AMX：阿莫西林；CXM：头孢呋辛；CRO：头孢曲松。

第五节 恙 虫 病

恙虫病（tsutsugamushi disease）又称为丛林斑疹伤寒（scrub typhus），是一种由恙螨幼虫叮咬传播、恙虫病立克次体（*Rickettsia tsutsugamushi*，Rt）感染引起的急性发热性感染性疾病，病情严重者可出现全身多系统器官损害。恙虫病主要发生在亚洲太平洋地区，我国是重要疫区。

【病因和发病机制】

恙虫病立克次体属于立克次体家族，是一种专性细胞内寄生的革兰氏阴性菌，多见短杆状、球状。56kDa 外膜蛋白是主要的抗原决定簇，具有高度的变异性。目前至少存在 30 种抗原性不同的菌株，我国以 Gilliam 型为主，其次为 Karp 型。Rt 通过受感染的恙螨叮咬后传染给人类。Rt 接种到皮肤后，经内吞作用进入真皮树突状细胞和活化的单核巨噬细胞内，然后通过血液和淋巴系统播散，导致全身多个器官、系统损害。

【临床表现】

根据发病季节，恙虫病可分为夏季型、秋季型和冬季型，发病高峰分别在 6~8 月、10~11 月和 12 月~次年 2 月，我国以夏季型和秋季型为主。

发病的潜伏期为 6~20 天，平均为 10 天。临床表现多样，初期表现包括发热、寒战、全身不适、淋巴结肿大、头痛、关节痛、肌痛、皮疹等。最常见的临床表现是持续高热，体温可达 39~41℃，见于 98% 以上患者。

人体被恙螨叮咬后，Rt 在接种部位增殖，首先出现丘疹，然后坏死溃疡形成特征性焦痂，焦痂呈圆形或椭圆形,直径 0.5~1.0cm,多数患者仅有一处,无痒痛。焦痂可以出现在身体任何部位,男性患者主要位于腋窝、腹股沟和生殖器,而女性患者主要位于胸、腹部。在发病一周后,大约 35% 的患者开始出现暗红色斑丘疹,直径 0.2~0.5cm,先累及躯干,后蔓延至四肢,无瘙痒。

在发病第 2 周可出现严重并发症,包括支气管肺炎、胸腔积液、急性呼吸窘迫综合征、心肌炎、心衰、心包炎、心肌梗死、脾肿大、脾梗死、肝炎、急性胰腺炎、消化道出血、肠梗阻、急性肾损害、脑膜炎、脑膜脑炎、脑血管意外、横贯性脊髓炎、急性炎症性脱髓鞘性多发性神经病、噬血细胞综合征、DIC、多器官功能衰竭等。未经治疗的患者病死率可高达 70%。

【实验室和辅助检查】

1. **血清学试验**　首选的实验室检查方法包括 IFA、ELISA、补体结合试验、外斐试验,用于检测 Rt 的 IgM 和 IgG 抗体,IgM 抗体在感染 1 周内达到可检测的水平,IgG 抗体在感染第 2 周产生。IFA 是血清学诊断恙虫病的"金标准",外斐 OX-K 凝集试验的敏感性和特异性低。

2. **PCR 检测**　包括巢式 PCR 和实时荧光定量 PCR,靶向 56kDa 和 47kDa 外膜蛋白以及 16S rRNA 基因产物,敏感性和特异性均较高,可用于早期诊断。

3. **组织病理**　基本病理改变是局限性或弥漫性血管炎、血管内皮细胞变性和血管周围白细胞浸润。

【诊断和鉴别诊断】

诊断依据流行病学史、临床表现和实验室检查结果。特征性焦痂是恙虫病具有诊断价值的体征,应进行详细的体格检查。

鉴别诊断包括急性病毒性感染、疟疾、炭疽、登革热、麻疹、严重性发热-血小板减少综合征、兔热病、伤寒、伴肾功能衰竭的出血热综合征和钩端螺旋体病等。鉴别诊断主要依据临床特征和 Rt 特异性抗体或 DNA 检测。

【预防和治疗】

1. **预防**　穿保护性衣服,使用驱虫剂,到流行地区暴露前或暴露后 6 周内,一次性口服多西环素 200mg。

2. **治疗**　首选治疗方案是多西环素 100mg,口服或静脉注射,每 12 小时 1 次,连续 7 天。替代治疗方案是米诺环素 100mg,口服,每 12 小时 1 次,连续 7 天或阿奇霉素 500mg,口服,每天 1 次,连续 5 天。阿奇霉素 1g,一次性口服,对于轻症病例有效。同时积极处理各种并发症。

（王培光）

思考题

1. 患者,男,30 岁,已婚,反复尿道分泌物伴尿痛 2 周。发病 4 天前有不洁性接触,发病 1 天前与其配偶发生性生活,均未使用避孕套。发病第 3d 开始尿道分泌物较多,为黄绿色脓液,排尿时尿道疼痛明显,第 5 天到医院就诊,分泌物涂片见较多革兰氏阴性双球菌和中性粒细胞,诊断为急性淋病。予以头孢曲松钠 1g 静脉滴注一次,尿道分泌物消失,尿痛缓解。2 天后大量饮酒,再次出现尿道分泌物,呈米汤样,量少,伴尿道轻度疼痛。该患者应该采取哪些治疗措施?

2. 患者,男,70 岁,包皮溃烂伴疼痛 10 天。请思考:①作为接诊医师,采集病史和专科体格检查的重点内容包括哪些方面? ②初步诊断考虑哪些疾病? ③询问病史获知患者发病 20 天前有不洁性接触,既往无类似情况。平时体健,无药物过敏史;体检发现患者包皮冠状沟处见一处 1.5cm×0.8cm 大小椭圆形浅溃疡,基底硬肿,表面清洁,轻度触痛,右侧腹股沟触及一个 2cm×2cm 大小淋巴结,无触痛。溃疡表面分泌物涂片镜检,见少量革兰氏阳性球菌。血 TRUST 阴性,TPPA 阳性,抗 HIV 抗体阴性。该患者应如何诊疗?

第九章
真菌性皮肤病

【学习要点】

1. 真菌性皮肤病分为浅部真菌病、皮下真菌病、系统性真菌病。

2. 各种真菌病致病菌种不同。

3. 除典型的临床表现外,真菌学检查阳性是诊断的"金标准",必要时辅助组织病理学检查(尤其皮下真菌病)。

4. 治疗以外用和/或系统使用抗真菌药为主,强调个体化治疗方案。

真菌病(mycosis)即由真菌引起的感染性疾病。真菌按照菌落形态分为丝状菌(mold)和酵母菌(yeast)。有些真菌在室温或25℃培养时呈菌丝形态,而在组织中或37℃培养时呈酵母形态,称为双相真菌。根据真菌入侵组织深浅及部位的不同,临床上分为浅部真菌病、皮下真菌病及系统性真菌病(又称侵袭性真菌病)。

浅部真菌病的病原菌包括皮肤癣菌、酵母菌和其他霉菌。皮肤癣菌共同的特点是亲角蛋白可侵犯人或动物的皮肤、毛发和甲板。根据形态学特点可分为3个属:毛癣菌属(*Trichophyton*)、表皮癣菌属(*Epidermophyton*)、小孢子菌属(*Microsporium*)。浅部真菌病主要按发病部位命名,如头癣、体癣、股癣、手癣和足癣等;少数按皮损形态和致病菌命名,如马拉色菌毛囊炎、花斑糠疹等。

皮下真菌病是指侵犯真皮、皮下组织和骨骼的真菌感染,主要包括孢子丝菌病、着色真菌病、暗色丝孢霉病及足菌肿,也可由皮肤癣菌等感染引起。

系统性真菌病多由机会致病菌引发,易侵犯免疫力低下人群。近年来随着广谱抗生素、糖皮质激素、免疫抑制剂的使用,以及器官移植、各种导管和插管技术的开展、免疫受损人群的增多,使条件致病性真菌所致的系统性真菌感染发病率不断上升。一般按致病菌名称命名,如曲霉病、念珠菌病、马尔尼菲篮状菌病、隐球菌病等。

第一节 头 癣

头癣(tinea capitis)是指头皮及毛发的皮肤癣菌感染。

【病因和发病机制】

头癣的致病菌多为小孢子菌和毛癣菌属。根据皮肤癣菌在自然界的生态学及寄生宿主特点,可分为亲人性(arthropophilic)、亲动物性(zoophilic)和亲土性(geophilic)。白癣是最常见的类型,致病菌主要为犬小孢子菌(*M.canis*)和铁锈色小孢子菌(*M.ferruginium*),主要发生于儿童;黑点癣致病菌为断发毛癣菌(*T.tonsurans*)和紫色毛癣菌(*T.violaceum*),成人和儿童均可发病;黄癣的致病菌为许兰毛癣菌(*T.schoenleinii*),我国主要发病区域为新疆、内蒙古,其他地区少见;脓癣的致病菌多为亲动物性和亲土性真菌,可由黑点癣和白癣发展而来,致病菌多为犬小孢子菌、须癣毛癣菌(*T.mentagrophytes*)和石膏样小孢子菌(*M.gypseum*)等。

皮肤癣菌定植于头皮后,其繁殖与皮肤环境密切相关。皮脂腺的不饱和脂肪酸对真菌生长有抑制作用,但儿童皮脂腺发育不成熟,故易感染致病真菌。绝经后女性头癣增多,与雌激素水平下降后皮脂腺退化有关。成人头癣患者多数有免疫功能受损的基础疾病,如糖尿病、贫血、长期系统应用糖皮质激素或免疫抑制剂等。外伤可引起局部皮肤屏障功能受损,有利于皮肤癣菌的感染与繁殖;此外,皮损痂皮内混合细菌感染可进一步促进真菌的生长繁殖。

头癣好发于儿童,常与密切接触患病动物,如猫、狗、兔等有关,也可由与无症状带菌者直接密切接触传染。患者的病发、头皮、痂皮中带有大量真菌,易污染床单、枕巾、衣帽等,与带菌者共用污染的理发工具、帽子、枕巾等物品也可引起间接传染。不同的致病菌引起的临床表现不同,全球范围的流行病学也不同。因家养宠物逐渐增多,头癣感染率近年有所增加,临床上应引起重视。

【临床表现】

根据致病菌的种类和宿主反应的不同,可将头癣分为四种类型,即白癣、黑点癣、黄癣、脓癣(图 9-1)。其中,白癣发病率较高,新疆和内蒙古地区黄癣相对多见,随着宠物饲养的增多,脓癣发病率也有所增加。

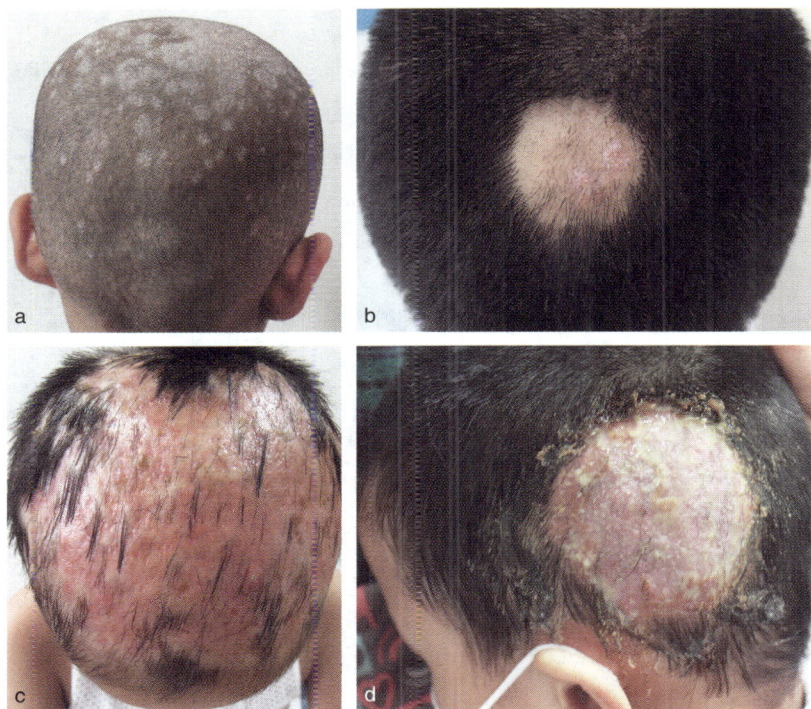

图 9-1 头癣
a. 白癣;b. 黑点癣;c. 黄癣;d. 脓癣。

1. **白癣(tinea alba)** 多见于儿童,男多于女。发病早期表现为群集的红色小丘疹,逐渐向四周扩展形成圆形或椭圆形斑,表面覆有灰白色鳞屑,随之附近可出现卫星病灶(图 9-1a)。头发多在距离头皮 2~4mm 处折断,残根部外周绕以灰白色菌鞘,菌鞘是由真菌寄生于发干而形成的。患者一般无明显自觉症状或有不同程度的瘙痒。白癣一般无炎症反应或炎症反应较轻,大多数患者到青春期可自愈。白癣致病菌一般不破坏毛囊,故不会造成永久性秃发,愈后不留瘢痕。严重时可转变成脓癣,常因接触患癣病的猫、狗、兔等引起。

2. **黑点癣(black-dot tinea)** 可见于儿童及成人。皮损初期以丘疹为主,逐渐向周围蔓延,形成钱币大小的环状斑片,表面覆以灰白色鳞屑,皮损逐渐扩大成片,中央有愈合倾向。随着病情进展,皮损处毛发失去光泽、卷曲甚至折断,因毛发在毛囊口折断形成"黑点"样外观,故名黑点癣(图 9-1b)。病灶处炎症较轻或无明显炎症反应。本病发展缓慢,久病不愈,患者无自觉症状或症状轻微,愈后可引起局灶性脱发和点状萎缩性瘢痕。

3. **黄癣（tinea favosa）** 是最严重的一种头癣。发病初期皮损为针尖大小的淡黄红色丘疹，表面覆盖薄片状鳞屑，随病情发展，逐渐形成边缘翘起的黄色痂，皮损中心紧附着于头皮，形成碟状（黄癣痂），去除厚痂后可见潮红色的糜烂面，黄癣痂逐渐扩大、融合形成大片状，严重者可覆盖整个头皮（图9-1c）。由于致病真菌在毛发内生长，易造成毛发破坏，病发干燥、无光泽，变脆易折断，毛囊破坏后引起毛发脱落并形成大片永久性秃发，大部分愈后可遗留萎缩性瘢痕。如继发细菌感染，可散发出特殊的鼠臭味。部分患者发病早期无明显自觉症状或仅伴有轻度瘙痒，少数患者无典型黄癣痂，仅表现为少量丘疹、鳞屑、瘙痒，容易误诊为脂溢性皮炎。

4. **脓癣（kerion）** 为头皮对致病真菌强烈的超敏反应及合并细菌感染所致，临床上表现出明显的炎症反应。皮损初起为密集的炎性毛囊性丘疹和小脓疱，迅速发展成为核桃大小或更大的、质地柔软的隆起性斑块、脓肿。常单发，界限清楚，触之有明显波动感（图9-1d）。肿块的毛囊口处形成蜂窝状，可挤压出半透明脓液，可伴有耳后、颈、枕部淋巴结肿大和触痛，也可同时继发癣菌疹。治疗切忌盲目切开引流，不规范治疗后也可留有永久性秃发和瘢痕。

【实验室检查】

1. **真菌直接镜检** 白癣病发外可见包绕毛发密集排列的圆形、卵圆形的小孢子，发根及鳞屑内也可见菌丝；黑点癣病发内可见链状排列的孢子，鳞屑内可见菌丝；黄癣病发内可见关节孢子、链状菌丝，痂皮内见厚壁孢子和鹿角状菌丝；脓癣可见发内或发外孢子及菌丝。真菌荧光显微镜检可提高阳性率（图9-2）。

2. **滤过紫外线灯（Wood灯）检查** 可用于辅助诊断及疗效观察，白癣呈亮绿色荧光；黑点癣无明显荧光，黄癣呈暗绿色荧光。

3. **皮肤镜检查** 可用于辅助诊断及疗效观察，白癣可见摩斯电码样断发或发外菌套；黑点癣可见螺旋形发、逗号样发；治疗后长出的新发远端（原病发残端）可呈烟灰状。

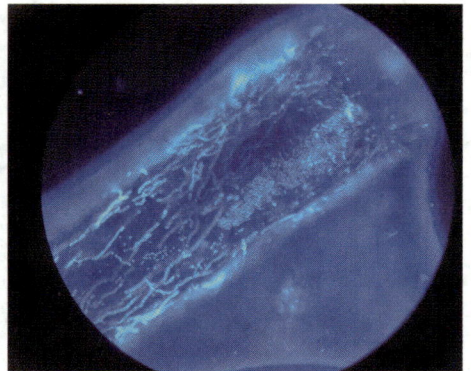

图9-2 荧光染色真菌镜检见典型的菌丝和孢子

【诊断和鉴别诊断】

根据典型的临床表现，结合真菌直接镜检、培养及滤过紫外线灯、皮肤镜检查，头癣容易诊断。皮肤癣菌的菌种鉴定主要依靠形态学特征，必要时借助分子生物学方法。

本病应与头皮银屑病、头皮糠疹、头皮脓肿、脂溢性皮炎、梅毒性脱发、头部扁平苔藓等进行鉴别。

【预防和治疗】

头癣在诊断明确后应及时治疗，采取综合治疗方案最佳，包括服药、剪发、洗头、搽药、消毒五步措施联合应用。

1. **服药**

（1）伊曲康唑：儿童3~5mg/（kg·d），成人100~200mg/d，餐后服用，疗程4~8周。

（2）特比萘芬：儿童体重小于20kg者，62.5mg/d；体重20~40kg者，125mg/d；体重大于40kg者，250mg/d；成人250mg/d，疗程4~8周。

（3）灰黄霉素：儿童15~25mg/（kg·d），成人600~800mg/d，分2~3次，小孢子菌头癣疗程一般为6~8周，毛癣菌头癣病程需12~18周。常见的不良反应包括头痛、消化道症状、光敏感、中性粒细胞减少等。目前灰黄霉素已较少使用。

2. **剪发** 尽可能全部剪除病发，每周1次，连续8周，剪掉的病发最好焚烧。

3. **洗头** 每天用2%酮康唑洗剂或硫黄皂洗头1次，连用8周。

4. **搽药** 单独外用抗真菌药不能治愈头癣，作为辅助治疗可降低带菌率及传染性。可用碘酊、咪唑类药物、丙烯胺类药物、阿莫罗芬、环吡酮胺等，应用至疗程结束。

5. **消毒** 患者所有使用过的物品，如梳子、帽子、枕巾、毛巾及理发工具要彻底煮沸消毒。

脓癣患者除口服抗真菌药外，如有癣菌疹发生或急性期炎症明显时可短期应用小剂量糖皮质激素，如继发细菌感染可适量联合抗生素，切忌切开引流，避免造成更大的永久性瘢痕。

第二节 体癣和股癣

体癣（tinea corporis）是指发生在除头皮、掌跖和甲以外体表部位的皮肤癣菌感染；股癣（tinea cruris）是特指臀部、腹股沟、会阴及肛周的皮肤癣菌感染。二者为皮肤癣菌病在不同部位的表现。

【**病因和发病机制**】

体癣和股癣的病原真菌为皮肤癣菌，以红色毛癣菌（*T. rubrum*）最为多见，其他包括须癣毛癣菌（*T.mentagrophytes*）、犬小孢子菌（*M.canis*）、石膏样小孢子菌（*M.gypseum*）等。该病可通过直接接触或间接接触传播，包括接触患者和患病的动物，也可通过手、足、甲癣等感染引起。

皮肤癣菌的定植、生长与真菌和机体两方面因素有关。皮肤癣菌在皮肤表面黏附、定植并穿透角质层细胞，繁殖形成菌丝，产生和分泌细胞外蛋白酶等炎症介质，引起机体的非特异性及特异性炎症反应。

【**临床表现**】

体癣及股癣在高温和湿热环境下多发。人群易感因素包括肥胖、多汗、糖尿病、慢性消耗性疾病、长期局部或系统应用糖皮质激素或免疫抑制剂。体癣还与患病动物接触有关。二者临床表现类似。

1. **体癣** 原发损害为针头大小的红色丘疹、丘疱疹或水疱，逐渐由中心向四周扩展蔓延形成境界清楚的鳞屑性红斑，表现为环状或多环状；皮损中央有自愈倾向，常出现色素沉着，炎症较轻；边缘隆起，由亲动物性皮肤癣菌（如犬小孢子菌）引起的病灶炎症反应较明显（图9-3）。自觉不同程度的瘙痒，也可因长期搔抓刺激等引起局部湿疹化或苔藓样改变。

2. **股癣** 典型皮损好发于腹股沟或臀部。单侧或双侧，有反复发作倾向。基本皮损与体癣相同，发生于腹股沟处的皮损下缘往往较显著，上缘并不清晰（图9-4）。由于患处潮湿、透气性差，且易受摩擦，常使皮损炎症明显，瘙痒显著。

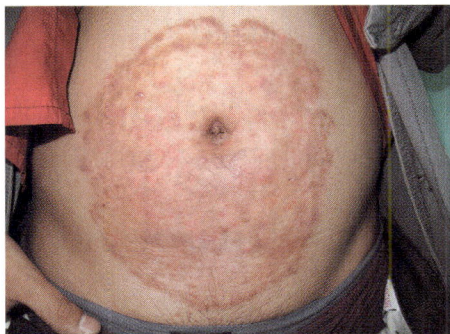
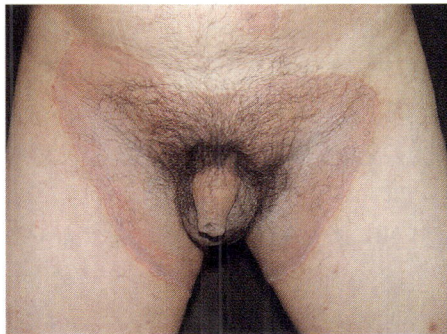

图9-3 体癣　　　　　　　　　　图9-4 股癣

3. **特殊类型**

（1）难辨认癣：皮损不典型，临床表现多样，境界不清，鳞屑较少，无明显的边缘隆起。可由患者外用糖皮质激素或不规范治疗引起。

（2）阴囊癣：既往认为阴囊很少有皮肤癣菌的感染，近年来报道明显增多，主要累及青少年。不同的致病菌引起的临床症状有一定的特征性，单纯的阴囊感染多由石膏样小孢子菌引起，表现为绿豆至黄豆大小类圆形斑疹，上覆白色膜样物，可融合成片，刮除膜样物后可见潮红基底。阴囊及其他部位的感染常由红色毛癣菌引起，临床表现为白色干燥的细碎鳞屑性斑片，自觉症状轻微。

（3）叠瓦癣：表现为泛发性同心圆样或板层样鳞屑性斑片，一般不累及毛囊，自觉症状轻微。

【诊断和鉴别诊断】

根据典型的临床表现、皮损处鳞屑直接镜检（荧光染色法可提高阳性率）和/或菌培养，查到菌丝或孢子，可明确诊断。其他辅助检查包括皮肤镜检查和反射式共聚焦显微镜（RCM），皮肤镜下可见红色基底上沿皮纹分布的点状血管，边缘可见环状薄层白色卷曲状鳞屑，毳毛受累时可呈螺旋状或条形码样改变。

体癣需要与慢性湿疹、慢性单纯性苔藓、玫瑰糠疹、银屑病等相鉴别。股癣需与红癣、念珠菌性间擦疹、慢性家族性良性天疱疮、反向型银屑病等相鉴别。

【预防和治疗】

应注意卫生清洁，不与患者共用衣物、鞋袜、毛巾、浴盆等，穿着透气性良好的内衣；不接触患病的动物；对手、足、甲癣患者，应及早发现，积极治疗，减少自身传染的可能。

本病治疗以外用药物为主，皮损泛发且较严重以及外用药疗效不佳者应考虑给予系统抗真菌药物治疗。

1. **外用药物治疗**　有多种抗真菌外用药物可供选择，如咪唑类、丙烯胺类、吗啉类、环吡酮类等。炎症较重的皮损可先给予弱效糖皮质激素和抗真菌药物的复方制剂，用药 1~2 周炎症减轻后改为抗真菌药物。疗程为 2~4 周或皮损消退后继续用药 1~2 周，以防止复发。应注意剂型的合理选择，需特别注意皮损炎症较重或特殊部位的感染，防止产生刺激反应，加重病情。

2. **系统药物治疗**　伊曲康唑（200~400mg/d，疗程 1~2 周）或特比萘芬（口服 250mg/d，疗程 1~2 周），与外用药物联合使用可增加疗效，缩短病程。

第三节　手癣和足癣

手癣（tinea manus）和足癣（tinea pedis）是由皮肤癣菌引起的浅表真菌感染，主要累及指/趾间、手掌、足跖及侧缘，也可蔓延至手足背部、手腕及足踝部。仅发生于手、足背部的皮损归入体癣范畴。

【病因和流行病学】

手、足癣的病原菌以毛癣菌为主，最常见的致病菌是红色毛癣菌复合体（T.rubrum complex）中的红色毛癣菌和须癣毛癣菌系（T.mentagrophytes-series）中的指（趾）间毛癣菌（T.interdigitale）。可通过直接接触或间接接触传染，在患者的不同部位可自身传播。

手、足癣是常见的浅部真菌病。我国南方地区较北方地区多发，夏季发病率高，多见于成年人，男女患病率无差别，复发率高，并可通过接触传播至身体其他部位。足癣具有一定的家族易感性，尤其是"两足一手"的手、足癣更为突出。

诱发因素主要为环境因素，潮湿高热的环境有利于真菌生长繁殖，因而该病好发于高温地区的体力劳动者、浸水作业者及长期穿通透性较差的鞋袜者；其他的诱发因素还包括系统或局部使用糖皮质激素及免疫抑制剂、糖尿病、肿瘤等。

【临床表现】

手癣常见于单侧，而足癣多累及双侧。根据临床表现与特点的不同，手、足癣可分为水疱型、间擦糜烂型、鳞屑角化型，这三种类型可单独或同时存在。

1. **水疱型**　此型好发于指（趾）间、掌心、足跖及足侧缘。发病初期为散在或群集的针尖大小的深在性水疱，壁厚，紧张发亮，不易破溃，部分水疱可融合成多房性大疱，去除疱壁可露出蜂窝状鲜红糜烂面。水疱数天后可干涸，出现脱屑，皮损可持续向周围蔓延，形成界限清楚的鳞屑性红斑（图 9-5a）。瘙痒显著。

2. **间擦糜烂型（也称浸渍糜烂型）**　主要累及 3~4 和 4~5 指（趾）间。临床特征为皮损处瘙痒、有臭味，指（趾）间皮肤湿润浸渍松软，可见渗液，去除浸渍发白的角质层可见其下潮红糜烂面，表面可

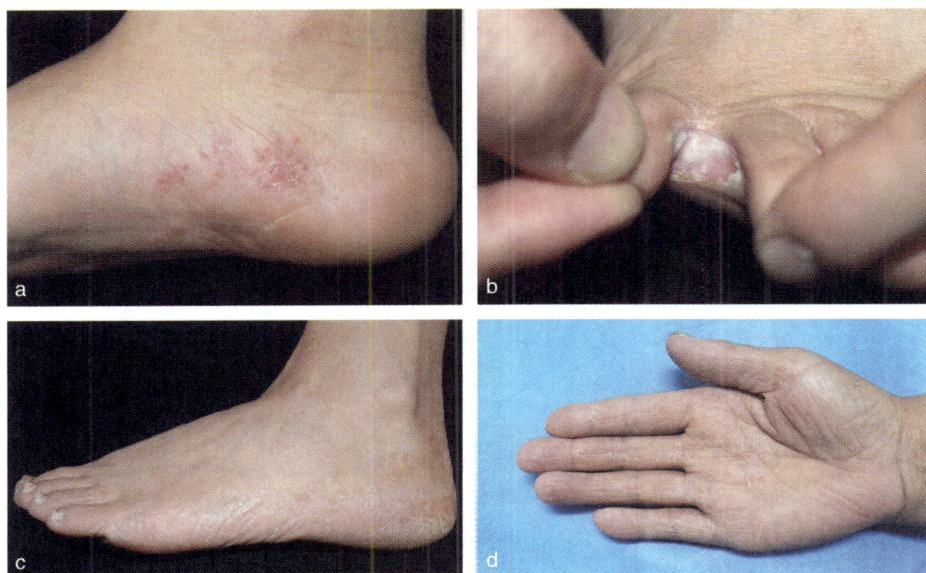

图 9-5　手、足癣
a. 水疱型足癣；b. 浸渍糜烂型足癣；c. 鳞屑角化型足癣；d. 鳞屑角化型手癣。

出现裂隙（图 9-5b）。

3. 鳞屑角化型　皮损多累及掌跖部及足跟、足侧缘。皮损处明显粗糙、角质增厚、干燥、脱屑（图 9-5c、图 9-5d），冬季皮损处易发生皲裂、出血、疼痛，皮损还可向足背蔓延。呈慢性病程。自觉症状轻微。

足癣（尤其间擦糜烂型）如不及时治疗，易继发细菌感染，感染源主要为金黄色葡萄球菌、溶血性链球菌等，出现脓疱、溃疡、脓性渗液，并继发丹毒、急性淋巴管炎、淋巴结炎和蜂窝织炎，炎症反应明显时还可引发局部湿疹样改变和癣菌疹。

【诊断和鉴别诊断】

根据典型临床表现，结合真菌直接镜检（KOH 法和荧光染色法）及培养结果不难得出诊断。但真菌学检查结果易受很多因素的影响（比如局部角化过度或患者外用药物等），真菌阴性也不能完全排除真菌感染。

手、足癣需与念珠菌、非皮肤癣菌引起的浅表性真菌感染、湿疹、汗疱疹、掌跖脓疱病、掌跖角化症、接触性皮炎等相鉴别。

【预防和治疗】

治疗要及时、彻底。注意个人卫生，穿透气性良好的鞋袜；不共用鞋袜、浴盆、脚盆等生活用品；日常生活中应避免刺激性物质对手足部皮肤的损伤；伴甲真菌病者应同时治疗，以免互相感染。

以外用药物治疗为主，治愈的关键在于坚持用药，疗程一般需要 2~4 周，如不规范用药，极易复发；鳞屑角化型手、足癣或单用外用药疗效不佳者应考虑系统用药。

1. 外用药物治疗　外用药物同体股癣，根据不同临床类型和外用药的使用原则，选择不同的处理方法。急性损害，如间擦糜烂型或伴有水疱时，给予 3% 硼酸溶液、0.1% 利凡诺等湿敷，渗出减少或消退后再给予软膏或乳膏剂型，可选择咪唑类、丙烯胺类等，疗程 2~4 周。鳞屑角化型无皲裂时可联合使用角质剥脱剂，如水杨酸等。

2. 系统药物　某些类型，如鳞屑角化型外用药物疗效欠佳者或对外用药物依从性差、反复发作者，可给予伊曲康唑（200mg/d，水疱型和间擦糜烂型疗程 1~2 周，鳞屑角化型疗程 2~4 周）或特比萘芬（250mg/d，口服，疗程同伊曲康唑）。足癣继发细菌感染时应联合应用抗生素，有渗液时可局部用 1∶5 000 高锰酸钾溶液或 0.1% 利凡诺湿敷；引发癣菌疹时，应在积极治疗原发病灶的同时给予抗过敏治疗。

NOTES

第四节　甲　真　菌　病

甲真菌病是由皮肤癣菌、酵母菌及非皮肤癣菌性霉菌(其他霉菌)引起的甲板和/或甲床的真菌感染(onychomycosis),而甲癣(tinea unguium)特指由皮肤癣菌感染引起的甲真菌病。

【病因和发病机制】

我国病原学调查显示致病菌中皮肤癣菌约占65%~70%,其中红色毛癣菌(T.rubrum)、指(趾)间毛癣菌(T.interdigitale)、絮状表皮癣菌(E.floccosum)是最常见的三种致病菌;酵母菌约占10%~30%,以白念珠菌(Candida albicans)为主,主要分布在南方温暖潮湿地区,女性手指甲感染比例较高;其他霉菌所致感染约占3%~12%,包括枝顶孢霉、帚状枝、镰刀菌、曲霉和毛壳菌。两种或两种以上的致病真菌可引起同一甲混合感染。

皮肤癣菌具有亲角质性,进入甲板后,可释放蛋白水解酶和酯酶,分解角蛋白。完整的甲具有一定的防御能力,可通过产生抗菌肽对入侵微生物进行杀伤。但甲缺乏细胞免疫功能,对真菌易感,甲板适宜真菌长期生存。

甲真菌病的发病与年龄、性别及部位均有关。老年人发病率更高,男性发病率高于女性,趾甲发病多于指甲,大脚趾甲罹患率高于其他甲。手、足癣患者更易出现甲真菌病。危险因素包括糖尿病、外周血管病变、神经病变、肥胖、吸烟、足部潮湿多汗等。天然免疫缺陷(如CARD9基因突变)或免疫受损(艾滋病、系统性应用糖皮质激素和/或免疫抑制剂等)人群易患甲真菌病,且病情较重。

【临床表现】

可表现为甲浑浊、增厚、分离、变色、萎缩、脱落、翘起、表面凹凸不平,钩甲以及甲沟炎等。根据不同的感染部位及临床特点,将甲真菌病分为以下几种类型。

1. **浅表白斑型甲真菌病(superficial white onychomycosis,SWO)**　真菌从甲板表面直接侵入。病变位于甲板表浅层。甲板出现白色不透明、边缘清楚的斑或横沟,质地较松脆易碎,逐步扩大或融合,日久可变成黄白色(图9-6)。

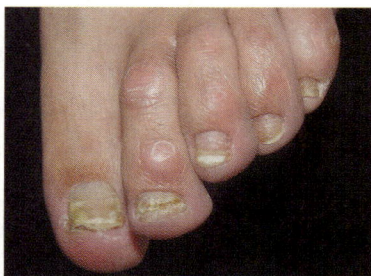

2. **远端侧位甲下型甲真菌病(distal and lateral subungual onychomycosis,DLSO)**　是最常见的一型,主要由红色毛癣菌引起。甲远端和/或侧缘临近皮肤感染的真菌,逐渐蔓延至甲。出现甲下角质过度增生,甲板游离缘上抬,甲板和甲床分离,甲板污浊,色泽和硬度发生变化,脆性增加,极易破损或呈虫蛀状(图9-7)。

此型临床最常见。一般病程均较长,趾甲较指甲感染更多见。DLSO也是皮肤癣菌性甲真菌病最常见的类型,可形成黄白色甲下角化过度或黄色纵行条纹,后者提示形成皮肤癣菌瘤(dermatophytoma),皮肤癣菌瘤是甲真菌感染时真菌成分聚集在一起形成的坚实团块,是一种真菌球。最常见的病原真菌是红色毛癣菌。其他霉菌也可引起DLSO,临床表现与皮肤癣菌病变相似。

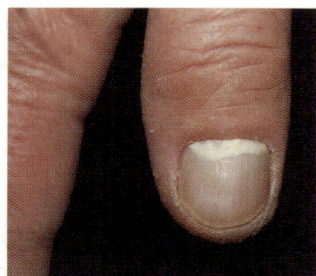

3. **近端甲下型甲真菌病(proximal subungual onychomycosis,PSO)**　真菌由近端甲边缘的甲小皮角质层入侵。甲板近端白斑样改变起始于甲半月部位及临近,随甲板生长可逐渐向远端推移并扩大,受累甲板多数无增厚,多累及趾甲(图9-8)。

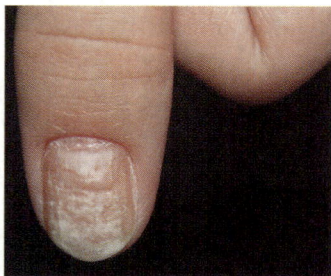

图9-6　浅表白斑型甲真菌病　　图9-7　远端侧位甲下型甲真菌病　　图9-8　近端甲下型甲真菌病

4. **甲板内型甲真菌病（endonyx onychomycosis，EO）** 损害仅局限在甲板，不侵犯甲下。甲板呈白色或灰白色，无明显增厚或萎缩，无明显炎症。此型临床少见。

5. **全甲损毁型甲真菌病（total dystrophic onychomycosis，TDO）** 上述各类型继续加重可累及全甲：全甲板受到侵蚀、破坏，甚至脱落，甲床异常增厚（图9-9）。

6. **混合型甲真菌病（MPO）** 指在同一病甲出现不同类型的损害。混合型甲真菌病最常见的混合类型包括：DLSO+SWO、PSO+SWO等。

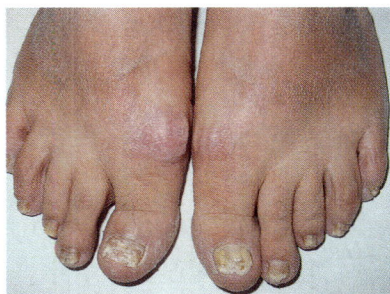
图9-9 全甲损毁型甲真菌病

7. **其他类型**

（1）念珠菌性甲真菌病（onychomycosis caused by Candida）：念珠菌导致近端和侧位甲皱襞慢性炎症，进而累及甲，表现为甲增厚、变色、变形，常伴有甲沟炎及甲小皮缺失。甲皱襞的炎症呈暗红色伴轻度肿胀，一般无化脓。慢性黏膜皮肤念珠菌病的患者可为全甲受累，甲板增厚，并伴有鹅口疮和皮肤损害。

（2）继发性甲真菌病（secondary onychomycosis）：指在非真菌性甲病基础上继发真菌感染，真菌侵入甲板及周围组织。常见于银屑病和外伤性甲疾病，一般可见到原发病的特征。

【**诊断和鉴别诊断**】

根据典型的临床表现，结合手、足癣病史或外伤史，进行真菌实验室检查可明确诊断。

甲真菌病诊断的"金标准"是真菌直接镜检及真菌培养，还可进行皮肤镜检查、组织病理学检查及分子生物学检查。

甲真菌病镜检的阳性率为30%~40%，取材对提高阳性率有非常重要的意义，理想的取材部位是在甲病变区与正常区交界处靠近甲床端。临床上可疑而真菌检查阴性者，可多处多次取材。对于怀疑非皮肤癣菌感染或疑难病例可进行甲病理检查。皮肤镜是甲真菌病诊断和鉴别诊断的辅助检查工具，特征性表现包括：甲下角化过度伴甲下碎屑，大理石样白色浑浊区；特征性模式有钉突的锯齿状边缘、短刺状模式、纵向条纹模式、近端甲参差不齐锯齿样边缘、远端不规则终止模式。

本病需与银屑病甲、扁平苔藓甲改变、湿疹甲改变、斑秃甲损伤、甲营养不良、甲下疣、甲下肿瘤、细菌及病毒感染所致的甲病等相鉴别。

【**预防和治疗**】

由于甲板坚硬，药物较难渗透，且甲生长缓慢，用药的关键在于合理选择和坚持用药。甲真菌病治疗包括外用药物、系统药物和其他辅助治疗。

1. **外用药物治疗** 单独外用抗真菌药物治疗适用于DLSO及SWO。可先对病甲进行处理，尽量去除病甲，外用药物包括抗真菌制剂、角质剥脱剂等。可选择的药物有5%阿莫罗芬（每周1~2次）、8%环吡酮胺、10%艾氟康唑溶液等，疗程较长，指甲3~6个月，趾甲6~12个月，直至新甲生成为止。

2. **系统药物治疗** 通过口服抗真菌药物治疗，与外用药物联合使用可提高疗效。

（1）间歇冲击疗法：伊曲康唑的成人剂量为200mg，2次/d，餐后即服或餐时服用，连续服用1周后停药3周为1个疗程，一般手指甲需2~3个疗程，足趾甲需3~4个疗程。治疗期间定期行真菌镜检及肝肾功能检查。

（2）连续疗法：特比萘芬的成人剂量为250mg，1次/d，指甲受累时，疗程一般为6~8周；趾甲受累时，疗程一般为12~16周。

3. **其他治疗方案** 包括激光治疗、光动力治疗、拔甲或病甲清除术，只作为药物治疗的辅助手段。

治疗时应根据临床类型、年龄以及其他因素，采取个体化的治疗方案。诊断为甲真菌病的患者中,治疗无效和复发的概率为 20%~25%。甲真菌病疗效判定终点包括临床治愈、真菌学治愈。临床治愈为甲板外观完全恢复正常,真菌学治愈为甲真菌镜检和培养均转阴。

第五节　花　斑　癣

花斑癣(tinea versicolor)是由马拉色菌(*Malassezia*)所致的皮肤浅表角质层的慢性感染。

【病因和发病机制】

马拉色菌为嗜脂酵母菌,是正常皮肤表面的常驻菌,可存在于头皮、面部、外耳道、胸背部,迄今已分为 18 个种。花斑癣的致病菌主要为合轴马拉色菌(*M.sympodialis*)、糠秕马拉色菌(*M.furfur*)、球形马拉色菌(*M.globosa*)。

本病具有遗传易感性,由宿主和环境因素综合作用而发病。易感因素包括机体免疫状态受抑制(HIV 感染者易感)、糖尿病、烧伤、营养不良、糖皮质激素及免疫抑制剂治疗、慢性感染等。

【临床表现】

多见于青壮年,男性多于女性。自觉症状不明显,可有轻度瘙痒。主要发生于躯干上部等皮脂分泌旺盛处,可延及颈和上肢近端,臀部及会阴、阴囊及包皮也可受累,儿童(特别是婴儿)好发于前额。皮损为褐色、淡褐色或白色斑,表面有细微鳞屑;初以毛孔为中心,为雨滴状,以后逐渐扩大,互相融合成大的斑片,界限清楚(图 9-10)。

【诊断和鉴别诊断】

根据好发部位和皮疹特点及真菌检查可确诊。真菌直接镜检见弯曲或弧形短菌丝和成群圆形厚壁孢子(图 9-11),具有特征性。伍德灯下皮损呈浅黄色或淡棕色荧光。应与白癜风、单纯糠疹、贫血痣、玫瑰糠疹等相鉴别。

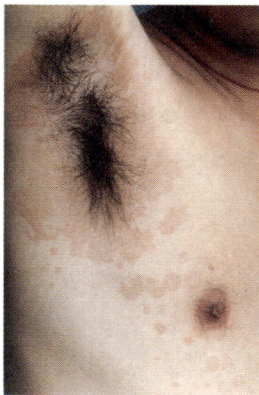

图 9-10　花斑癣

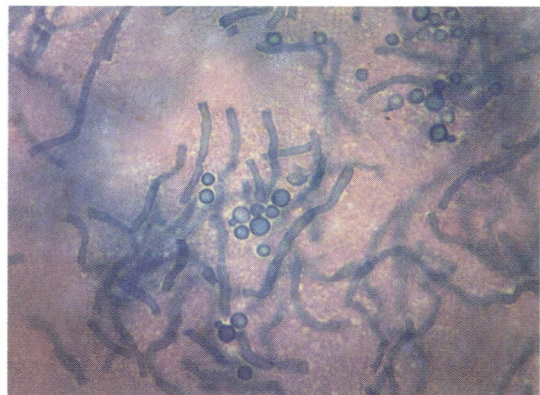

图 9-11　花斑癣鳞屑镜检

【预防和治疗】

本病治愈后常易复发。治疗以局部外用药物为主,皮损广泛者可加用内服药物。

1. **外用药物**　常用咪唑类、丙烯胺类药物、2.5% 硫化硒等抗真菌药物,疗程 2~4 周。

2. **系统治疗**　对皮损面积大、外用药物疗效不佳者,应酌情口服抗真菌药物,伊曲康唑 200~400mg,疗程 1~2 周。口服特比萘芬无效。

第六节　马拉色菌毛囊炎

马拉色菌毛囊炎(Malassezia folliculitis)是由马拉色菌在毛囊内过度生长引起的毛囊及其周围的

炎性皮肤病。

【病因和发病机制】

致病菌主要为球形马拉色菌（*M.globosa*），其次为合轴马拉色菌。正常情况下，毛囊内存在马拉色菌而不发病，但各种因素引起马拉色菌过度繁殖后可发病。本病好发于皮脂腺丰富部位，皮脂腺开口于毛囊，其分泌的脂质有利于嗜脂性马拉色菌在毛囊的微环境生长，在高温、潮湿等因素影响下，马拉色菌在毛囊内大量繁殖。该菌的脂肪分解酶将毛囊部位的甘油三酯分解成游离脂肪酸，后者刺激毛囊口产生较多脱屑并造成阻塞、毛囊扩张破裂，导致毛囊内容物释放入周围组织，产生炎症反应。

本病的诱发因素包括炎热潮湿的气候、封闭的环境、皮肤多汗、长期使用糖皮质激素或免疫抑制剂或广谱抗生素。

【临床表现】

本病多见于中青年，男性多于女性。好发于背部、胸前、肩、颈部、面部等皮脂腺丰富的部位。皮损为散在分布的毛囊性半球状红色丘疹，直径 2~4mm，表面有光泽，周边有红晕，间或有脓疱（图 9-12）。部分患者有瘙痒症状，皮损常成批出现。面部易伴发痤疮样损害。

【诊断和鉴别诊断】

根据躯干成批出现的典型毛囊炎性丘疹，结合真菌学检查（挤出毛囊内角栓直接镜检可见球形带芽颈的酵母样孢子）即可诊断。需与寻常痤疮、细菌性毛囊炎、皮肤念珠菌病等相鉴别。

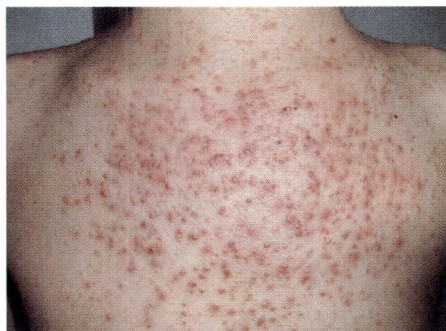

图 9-12　马拉色菌毛囊炎

【预防和治疗】

去除诱发因素，停用糖皮质激素或抗生素等。轻者以局部应用抗真菌药物为主，至少 4 周。可同时外用维 A 酸制剂（0.1% 维 A 酸软膏）改善毛囊角化。皮损广泛者应给予口服药物，伊曲康唑 200~400mg/d，连服 2~4 周。不宜内服药物者或难治者可试用光动力治疗。

本病易复发，可在痊愈后每月口服 1 次伊曲康唑及经常外用酮康唑预防。

第七节　皮肤念珠菌病

念珠菌病（candidiasis）是由致病念珠菌引起的皮肤黏膜的浅表感染或内脏器官的深部感染。

【病因和发病机制】

临床上，致病念珠菌以白念珠菌（*C.albicans*）最为多见，其次为热带念珠菌（*C.tropicalis*）、近平滑念珠菌（*C.parapsilosis*）、光滑念珠菌（*C.glabrata*）、季也蒙念珠菌（*C.guilliermondii*）、克柔念珠菌（*C.krusei*）等。

念珠菌是机会致病菌，存在于自然界及正常人的口腔、阴道、胃肠道及皮肤。感染的发生与真菌毒性和机体抵抗力有关。定植状态下念珠菌呈酵母相，并不引起感染，当条件适宜（如患者的免疫力减弱、局部环境 pH 达到 5.5 等）时可转变为菌丝相，其侵染宿主组织和穿透上皮细胞能力增强；可分泌一些胞外蛋白酶，促进其对上皮的黏附能力；同时，可分泌多种蛋白酶，如天冬氨酸蛋白酶、磷脂酶和脂肪酶，为其生长、繁殖提供营养；裂解宿主的多种免疫因子，在逃避宿主免疫中起关键作用。宿主的主要易感因素有：①各种原因造成的皮肤黏膜屏障功能降低；②长期、滥用广谱抗生素造成体内菌群失调，长期使用糖皮质激素和免疫抑制剂；③原发和继发的免疫功能下降。

【临床表现】

根据感染部位的不同，念珠菌病的临床表现可归纳为皮肤黏膜念珠菌病和深部念珠菌病两大类，每一类又可划分为多种临床类型。

1. 皮肤念珠菌病

（1）念珠菌性间擦疹（candidal intertrigo）：多见于婴幼儿及浸水作业者，肥胖多汗者和糖尿病患者也可发生。好发于会阴、腹股沟、乳房下、腋窝等皱褶部位，发生于指趾间者以 3、4 指（趾）间多见。皮损表现为界限清楚的红斑，外周可见散在米粒大丘疹、丘疱疹，损害中央可以出现糜烂、水疱、脓疱（图 9-13）。自觉瘙痒明显或伴有疼痛。

（2）念珠菌性甲沟炎及甲真菌病（candidal paronychia and onychomycosis）：多累及浸水作业者及糖尿病患者。多发于病甲及甲周。累及甲周可出现甲沟红肿、渗出、甲小皮消失等甲沟炎症状，重者可引发甲床炎，伴有不同程度的瘙痒或疼痛；累及甲板多表现为甲板增厚，呈淡褐色或灰白色，表面出现白色、绿色或黑色斑点、横沟或凹凸不平（图 9-14）。

（3）念珠菌性肉芽肿（candidal granuloma）：又称深在性皮肤念珠菌病，此型临床较为少见，由念珠菌感染皮肤引起组织增生、结节、溃疡或肉芽形成。多累及免疫功能低下的婴幼儿，细胞免疫缺陷者尤为多发，长期使用免疫抑制剂和糖皮质激素的成年患者也可发生。好发于头皮、面部、甲沟等部位。皮损可表现为炎性丘疹、脓疱、结节和斑块，表面覆有厚层黄褐色黏着性痂屑，部分皮损处角质过度增生，呈角皮样，去除角质后基底为肉芽组织（图 9-15）。病情慢性迁延可达数十年。

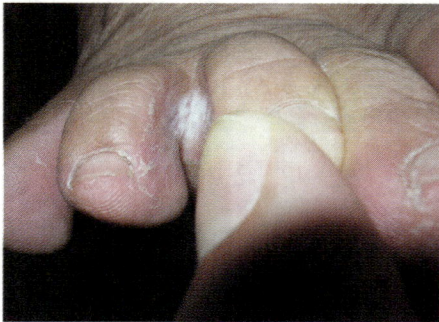

图 9-13　念珠菌性间擦疹　　　图 9-14　甲念珠菌感染　　　图 9-15　头皮念珠菌性肉芽肿

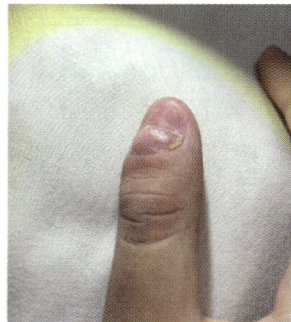

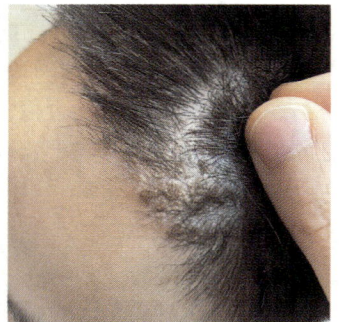

（4）慢性皮肤黏膜念珠菌病（chronic mucocutaneous candidiasis）：是一种较罕见的慢性复发性念珠菌感染性疾病，为一种先天性细胞免疫缺陷性疾病（详见第二十八章第一节）。幼年起病，慢性经过。表现为持续性口腔黏膜感染，逐渐累及皮肤及深部组织发生肉芽肿，一般不侵犯内脏。部分患者伴有多种内分泌异常（如甲状腺功能减退症、甲状旁腺功能减退症、肾上腺功能障碍、成人胸腺瘤、糖尿病等），还可伴发外胚层发育异常，及其他免疫功能异常。感染好发于头面部及四肢，皮损特点为发病初以红斑为主，以后逐渐隆起，表面结痂、形成结节及疣状增生，去除痂后可见基底部潮红糜烂面，痂皮内可见大量菌丝和孢子，掌跖部位慢性损害表现为弥漫性角质增厚。

2. 黏膜念珠菌病

（1）口腔念珠菌病（oral candidiasis）：包括急性假膜性念珠菌病、念珠菌性舌炎、念珠菌性唇炎、念珠菌性口角炎，以急性假膜性念珠菌病（又称鹅口疮）最多见。主要见于婴幼儿、老年人及免疫功能低下者（如艾滋病患者），新生儿可通过母亲产道被感染。多数发病急、进展快速，初起在口腔黏膜等部位出现乳状白色斑片，称为"假膜"，该假膜不易剥除，剥离假膜后可露出潮红糜烂面（图 9-16）。

在老年人（尤其镶义齿者）可发生慢性增生性口腔念珠菌病，表现为增生性白斑。

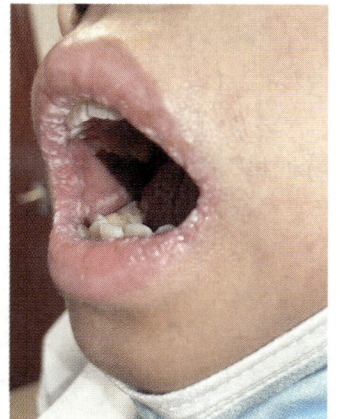

图 9-16　口腔念珠菌病

成人鹅口疮多见于免疫功能低下者,常常是深在性念珠菌感染的局部表现,应警惕消化道念珠菌病或播散性念珠菌病的早期征象。

（2）外阴阴道念珠菌病(vulvovaginal candidiasis)：多发生于育龄期及哺乳期妇女,可通过性接触传染。典型表现为外阴及阴道黏膜潮红水肿,表面白色或黄色凝乳状渗出物,伴白带增多,呈豆渣样,带有腥臭味。自觉明显瘙痒或伴有疼痛。部分患者可反复发作,称复发性外阴阴道念珠菌病,约10%~20% 的患者由光滑、热带、近平滑等念珠菌感染引起,复发的主要原因有妊娠、糖尿病、长期应用广谱抗生素等。

（3）念珠菌性包皮龟头炎(candidal balanoposthitis)：多发生于包皮过长或包茎的男性,可通过性接触传染。初期表现为包皮龟头轻度潮红、干燥,可伴有瘙痒,随着病情加重,皮损表面可出现针尖大小的红色丘疹,附着乳白色斑片,波及阴囊时产生红斑和脱屑。自觉瘙痒或无明显自觉症状。

【诊断和鉴别诊断】

念珠菌病的临床表现多样,可根据临床特点并结合真菌学检查诊断。由于念珠菌是人体正常寄居菌,开放部位标本一次真菌培养阳性不能够诊断为念珠菌病,必须进行 2 次以上培养。但如果直接镜检发现大量假菌丝和成群的芽孢,则有诊断意义。深部组织标本、血液、密闭部位的体液(如脑脊液、胸腔积液)等培养出念珠菌则可确诊,血培养阳性为念珠菌菌血症诊断的"金标准"。近年来,念珠菌病的血清学检测也逐渐得到临床认可,如 1,3-β-D 葡聚糖的检测(G 试验)对侵袭性念珠菌病具有一定的诊断价值,分子生物学检测如聚合酶链式反应(PCR)、真菌内转录间隔区(ITS)测序等,有助于菌种鉴定。病理检查中有真菌侵入组织可得出诊断。

口腔黏膜念珠菌病应与口腔扁平苔藓、黏膜白斑、核黄素缺乏、地图样舌等相鉴别;包皮龟头部位的念珠菌病应与其他包皮龟头部的炎症相鉴别;外阴阴道念珠菌病应与细菌性阴道炎、滴虫性阴道炎相鉴别;念珠菌性尿布疹应与湿疹相鉴别;慢性皮肤黏膜念珠菌病应与暗色真菌引起的增生性皮损进行鉴别。真菌学检查是以上鉴别诊断的主要手段。

【预防和治疗】

保持皮肤清洁干燥是预防及治疗的重要措施,同时应去除各种感染因素,积极治疗基础疾病,必要时给予支持疗法。

1. 外用药物治疗　用于皮肤黏膜浅表感染。口腔念珠菌病可外用制霉菌素溶液(10 万 U/ml)或 1%~2% 甲紫溶液,1%~3% 克霉唑液或 0.02% 氯己定液漱口,或 10mg 克霉唑片含服;皮肤间擦疹和念珠菌性龟头炎应外用抗真菌溶液或霜剂,如酮康唑、联苯苄唑液等;阴道念珠菌病可根据病情选用益康唑、克霉唑、咪康唑或制霉菌素栓剂。对于尿布皮炎等并发念珠菌感染可局部使用含糖皮质激素和/或抗生素的抗真菌制剂。

2. 系统治疗　主要用于大面积和深部皮肤念珠菌病、复发性生殖器念珠菌病、甲沟炎及甲念珠菌病。外阴阴道念珠菌病、龟头炎可用氟康唑 150mg 单剂口服,也可用伊曲康唑 200mg/d 口服,疗程1~2 周;甲念珠菌病、慢性皮肤黏膜念珠菌病需根据病情连续用药 2~3 个月或更长,定期复查肝功能。

第八节　孢子丝菌病

孢子丝菌病(sporotrichosis)是指由孢子丝菌感染皮肤、皮下组织及其附近淋巴组织引起的亚急性或慢性感染性疾病。皮损多见于四肢、面部等暴露部位,表现为慢性炎症性肉芽肿损害,重者可累及黏膜、骨骼甚至播散全身引起系统性损害。

【病因和发病机制】

孢子丝菌是一种存在于土壤、木材及植物的腐生菌,感染通常发生在皮肤创伤后,常沿淋巴管移行,如吸入分生孢子可导致肺部的感染,也可播散至骨骼、眼、中枢神经系统和内脏,但较少见。孢子丝菌分为 6 个种：申克孢子丝菌(*Sporothrix schenckii*)、球形孢子丝菌(*S.globosa*)、巴西孢子丝菌

（*S.brasiliensis*）、墨西哥孢子丝菌（*S.mexicana*）、白孢子丝菌（*S.albicans*）及卢艾里孢子丝菌（*S.luriei*）；我国孢子丝菌病大部分由球形孢子丝菌感染引起。

病原菌接触人体后是否会导致孢子丝菌病，或导致何种临床类型的孢子丝菌病主要取决于病原菌本身的致病毒力以及宿主的免疫状况，毒力因素主要有耐热能力、黑素、甘露聚糖等。孢子丝菌通过损伤的皮肤或黏膜进入体内，经过一段潜伏期，首先在局部形成化脓性炎症反应，继而局部组织细胞增生，引起淋巴细胞、多核巨细胞、浆细胞等聚集，发生肉芽肿样改变。如侵入病原菌数量较少，或机体抵抗力较强，病原菌被吞噬细胞清除，逐渐形成固定型或淋巴管型损害。若机体抵抗力低下，病原菌侵入血液后可引起全身播散和系统损害。

【临床表现】

本病在我国北方较为多见，在黑龙江省、吉林省部分地区有小范围流行，农民、矿工、造纸工人为主要的患病人群。临床上可分为四型。

1. **固定型**　最为常见，好发于面部、颈部、手背等暴露部位，皮损局限于初发部位。皮损初起为炎性红丘疹、脓疱，逐渐形成疣状结节、浸润性斑块、溃疡、肉芽肿，也可形成脓皮病样或呈坏疽样改变等多形性改变，易误诊（图 9-17a）。

2. **皮肤淋巴管型**　较为常见，原发皮损常在四肢远端，也可发生在面颈部，致病菌感染皮肤后，经数日或数月后，局部首先出现米粒大小炎性红丘疹，逐渐形成大小不等的皮下结节，皮损继续发展呈紫红色浸润性斑块，中央可出现坏死、溃疡，此时称"孢子丝菌性初疮"，随着病情发展，皮损沿淋巴管向心性排列呈串状，不断出现新的皮下结节，病变累及皮损附近的淋巴结，出现淋巴结明显肿大（图 9-17b）。随着旧的皮损愈合，可出现新的皮损，病情迁延数月至数年。

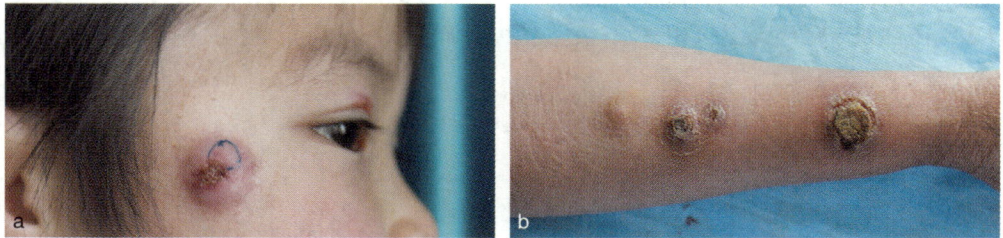

图 9-17　孢子丝菌病
a. 固定型；b. 淋巴管型。

3. **皮肤播散型**　少见，可继发于皮肤淋巴管型或由自身接种所致，全身出现散在多发性的实质性皮下结节、斑块，皮损表现为多形性，可出现囊肿、脓肿、破溃，或呈坏死性血管炎样改变。

4. **皮肤外型**　罕见，又称内脏型或系统性孢子丝菌病，多见于免疫功能低下者，本型常由血行播散引起，也可由吸入孢子引起肺孢子菌病，偶见骨骼、眼、中枢神经系统、甲状腺、心、肝、脾、胰、肾等器官受累。

【组织病理】

早期病理表现为真皮非特异性炎性肉芽肿；晚期皮损处出现典型的"三区"病变——中央为化脓区，周围为由组织细胞、上皮细胞和多核巨细胞组成的结核样结构，外层有浆细胞、淋巴细胞浸润，呈梅毒树胶肿样。PAS 染色可见红染的圆形、雪茄形孢子和星状体（图 9-18）。

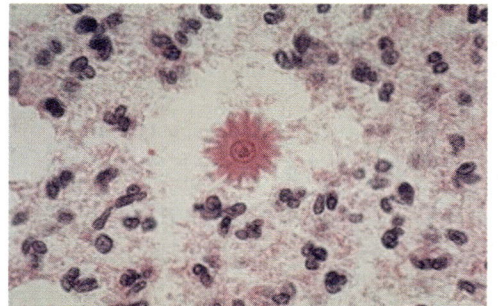

图 9-18　孢子丝菌病的病理学改变，可见星状体

【实验室检查】

病灶脓液、组织液或坏死组织涂片，革兰染色或 PAS 染色，高倍镜下可见革兰氏阳性或 PAS 阳性的卵圆

形或梭形小体;真菌培养早期可见乳白色酵母样菌落,逐渐形成咖啡色或黑色丝状菌落。分子生物学技术也越来越多地应用于本病的诊断。

【诊断和鉴别诊断】

根据临床表现,结合真菌培养和组织病理检查可明确诊断。需与皮肤结核、梅毒树胶肿、着色真菌病、脓皮病及皮肤肿瘤等相鉴别。

【预防和治疗】

从事造纸、农牧业的人员应做好个人防护;一旦皮肤发生轻微外伤,要及时进行正确处理,避免感染致病菌。

1. 系统药物治疗　碘化钾口服,常用10%碘化钾溶液10~20ml/d,每日3次口服,疗程3~6个月,皮损消退后可继续口服1~2个月,儿童用量应酌减,疗程一般为2~3个月。

伊曲康唑口服200~400mg/d,疗程3~6个月;儿童患者,伊曲康唑5mg/(kg·d)口服,疗程2~3个月。治愈率较高,且具有安全性。或口服特比萘芬250~500mg/d,疗程3~6个月;2岁以上儿童5.0~6.5mg/(kg·d)口服,疗程2~3个月。

也可碘化钾与伊曲康唑或特比萘芬联合使用,可提高疗效、缩短病程。病情严重者可用两性霉素B。

2. 外用药物治疗　可选择各种外用抗真菌制剂,但一般只用于辅助治疗,单用疗效较差。

3. 物理治疗　局部温热疗法适用于孕妇或口服药物不能耐受者,温度42℃左右,早晚各1次,每次30分钟,部分患者可在1~4个月内治愈。

第九节　着色芽生菌病

着色芽生菌病(chromoblastomycosis)是由多种暗色真菌所致的皮肤、皮下组织感染性疾病。

【病因和发病机制】

常见病原菌有裴氏着色霉(*Fonsecaea pedrosoi*)、monophora着色霉(*Fonsecaea monophora*)、*Nubica*着色霉(*Fonsecaea nubica*)、疣状瓶霉(*Phialophora verrucosa*)和卡氏枝孢霉(*Cladophialophora carrionii*)等。我国北方干燥地区以卡氏枝孢霉为主,南方温暖潮湿地区以裴氏着色霉为主。这些暗色真菌腐生于潮湿腐烂的树木、植物及泥土。皮肤和黏膜外伤,树枝、木刺和竹片等刺伤,及昆虫叮咬伤将病原菌植入人体是感染的主要途径。

【临床表现】

皮损多见于身体暴露部位,尤其是手足。患者自觉症状轻微,一般无全身症状。由于发病部位、病程和机体免疫状态不同,皮疹形态差异较大,可为结节性梅毒疹样、银屑病样、疣状皮肤结核样、乳头瘤样和瘢痕象皮肿样。接种部位开始为粉红色无痛性丘疹,逐渐扩大形成角化性斑块,表面疣状或乳头瘤样增生,呈乌褐色,常有溃疡并结褐色痂(图9-19)。沿淋巴管播散者,常在原发病灶周围形成卫星病灶。其中疣状增殖和结痂性皮损具有特征性。病变偶可侵及黏膜,甲亦可受累。并发细菌感染时可形成溃疡并有恶臭物排出。长期不愈及双重感染可引起淋巴回流严重受阻而形成象皮肿,本病一般不侵及肌肉和骨骼,但可因关节部位皮损产生的瘢痕挛缩造成关节强直畸形、肌肉萎缩、骨质疏松等继发损害。

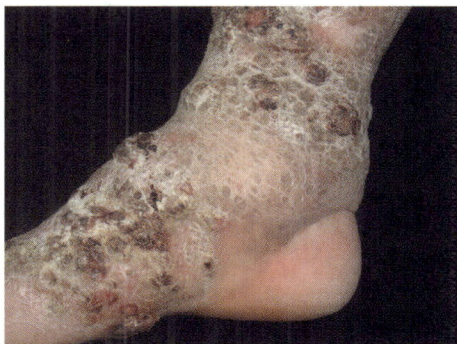

图9-19　着色芽生菌病

【诊断和鉴别诊断】

根据病史、临床症状可得出初步诊断,真菌学检测结果阳性是诊断的"金标准"。皮损涂片直接镜检或病理切片检查发现厚壁、棕色硬壳细胞(图9-20),培养有暗色真菌生长(需鉴定到种)可明确诊断。应与疣状皮肤结核、梅毒、盘状红斑狼疮、鳞癌及其他真菌感染性疾病相鉴别,主要依据是真菌学检查和组织病理。

【预防和治疗】

早期发现,将皮损彻底切除是最理想的疗法,但有导致局部播散的危险,术前应口服伊曲康唑或特比萘芬1周。目前尚无治疗着色真菌病的理想药物,伊曲康唑、5-氟胞嘧啶、氟康唑、特比萘芬,皆需要足剂量足疗程使用(半年至1年或更长),临床治愈后应继续服药1个月。疗效不佳者,建议联合用药。局部光动力治疗、温热疗法(40~45℃)、液氮冷冻都可作为系统治疗以外的辅助治疗。内服治疗后期仍残存的顽固局限皮损可手术切除后继续内服药物直至痊愈。

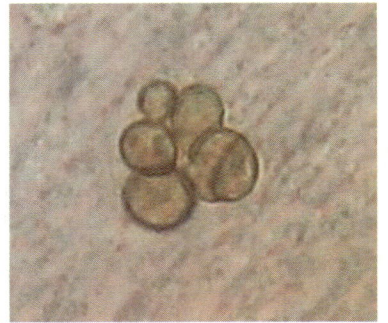

图 9-20　着色芽生菌病(硬壳细胞)

第十节　曲　霉　病

曲霉病(aspergillosis)是指由曲霉属(*Aspergillus*)引起的一组感染性或非感染性疾病。

【病因和发病机制】

曲霉遍布自然界,甚至存在于正常人的皮肤和黏膜表面,但一般不引起感染。曲霉是机会致病菌,人体对曲霉有较强的免疫力,只有人体免疫功能下降或者受到抑制时,才有可能发病。常见致病菌有烟曲霉(*Aspergillus fumigatus*)、黄曲霉(*Aspergillus flavus*)、黑曲霉(*Aspergillus niger*)和土曲霉(*Aspergillus terreus*)等。

【临床表现】

皮肤和软组织的曲霉病可以是播散性感染的皮肤表现,约5%的侵袭性曲霉病可血行播散至皮肤。开始为单个或多个斑丘疹,边缘清楚,很快变成脓疱并迅速形成溃疡,中央坏死,上覆黑痂并边缘隆起,溃疡可融合呈大片(图9-21)。皮肤曲霉病也可以是原发性皮肤感染,但原发性皮肤曲霉病较罕见,破损的皮肤、手术创伤,尤其是烧伤患者的创面暴露于空气或者接触曲霉污染的衣服、被褥等可导致感染。

【诊断和鉴别诊断】

创面的痂皮或脓液直接镜检可协助曲霉病的诊断,可见大量分隔菌丝和二分叉结构。由于空气及其他环境中有曲霉存在,对皮疹表面取材的培养阳性结果要认真分析。病变组织内见无色有隔菌丝及分叉结构和分生孢子头可确诊,PAS或嗜银染色时相关结构更清晰(图9-22)。

皮肤曲霉病要与其他感染、肿瘤等疾病相鉴别,主要依据是真菌学检查和组织病理。

【预防和治疗】

尽可能去除诱发因素,特别是纠正中性粒细胞缺乏、免疫受损和抑制状态。抗真菌药物可选用两

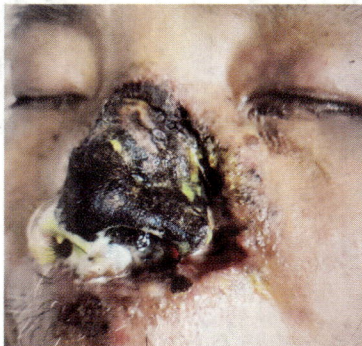

图 9-21　原发性皮肤曲霉病

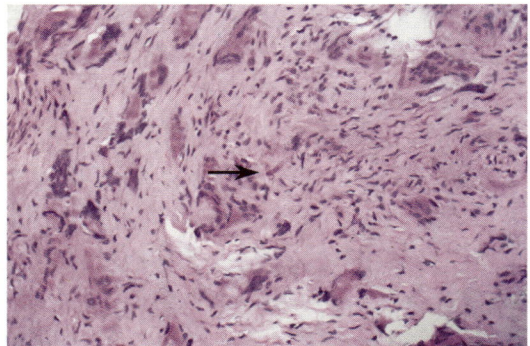

图 9-22　曲霉的二分叉结构(PAS 染色)

性霉素 B、两性霉素 B 脂质体、伊曲康唑、5-氟胞嘧啶等静脉滴注或口服。疗程视免疫状况及症状改善情况而定,一般数周至数月。必要时手术切除局部病灶,如导管入口处的损害,手术待中性粒细胞计数恢复正常后再进行。

第十一节 足 菌 肿

足菌肿(mycetoma)是由不同种类的真菌[真菌性足菌肿(eumycetomas)]或放线菌[放线菌足菌肿(actinomycetomas)]通过伤口植入引起的皮下组织和骨骼感染,最常见于非洲和南美洲干旱的热带及亚热带地区,在印度等亚洲国家和地区也有流行,其他地方为散发。

【病因和发病机制】

有 20 余种真菌和放线菌(actinomycete)与足菌肿有关。病原菌从土壤或植物及腐败植物中分离出来。约有 6 种真菌是真菌性足菌肿的常见病医,5 种需氧性放线菌是放线菌性足菌肿的常见致病菌。引起足菌肿的主要致病菌因地区而异。足菌肿大多见于户外活动者或农牧业劳动者,接触土壤、植物刺伤后致病菌从环境植入伤口。病灶位于皮下组织和骨骼,导致骨髓炎,形成相互贯通的窦道。足菌肿的特点是微生物形成颗粒团,被中性粒细胞包围形成脓肿及颗粒,经窦道排出到皮肤表面。

【临床表现】

足菌肿最常见于足部(70% 以上),其次是手部(约 10%)以及与土壤或腐生物相接触的身体其他部位,如肩背、颈和头后部,尤其是搬运被土壤污染的木材或货物者。

虽致病菌不一,但临床表现相似(图 9-23)。外伤后数月出现小而坚实的无痛性皮下结节,病灶处色素减退或色素沉着且伴皮肤肿胀,有单个或多个窦道向皮肤外排出含有特征性颗粒的脓液。新旧窦道交替出现和愈合,感染向邻近组织扩散累及骨骼,最终可影响局部关节的运动。大多无明显疼痛,约 20% 病例因疼痛而就诊。放射学检查常见局灶性骨质破坏伴空洞形成。真菌性足菌肿一般较放线菌性足菌肿进展慢、破坏性小、病变趋于局限性。放线菌性足菌肿皮损边界不清,与周围组织融合,进展较迅速,累及骨骼早且较广泛。

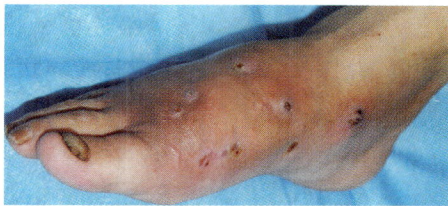

图 9-23 足菌肿

【诊断和鉴别诊断】

足菌肿特征性表现是窦道中含有放线菌或真菌菌丝形成的颗粒,据此与着色芽生菌病、皮肤结核以及其他疾病相鉴别。如身体其他部位受累且查不到颗粒时则难以诊断。用注射器穿刺柔软而未溃烂的结节,或用解剖针通过吸取窦道中流出的分泌物可检到颗粒。若无脓液应切取小块组织,用 70% 乙醇洗涤颗粒后用生理盐水冲洗,再接种培养。肉眼观察颗粒可提供病原菌线索,但最终依靠培养及分子生物学结果鉴定。镜检:放线菌性颗粒为非常细的菌丝(直径<1μm),真菌性的颗粒含有短菌丝(直径为 2~4μm),可有色素。培养:将颗粒(或分泌物或组织块)接种到琼脂平板上,在 25~30℃和37℃孵育。最常用葡萄糖蛋白胨琼脂,不加抗生素而加放线菌酮以分离放线菌,选择性培养基还包括脑-心浸汁或血琼脂;加抗生素而不加放线菌酮以分离真菌。放线菌生长缓慢,应持续培养 6 周。如果培养阴性,可在蜡块组织切片中,利用显微镜下激光切割收集颗粒,提取 DNA,用细菌和真菌的通用引物进行 PCR,产物测序鉴定菌种。

【预防和治疗】

防止外伤及伤后及时消毒抗感染非常重要。足菌肿若累及头颅或胸壁可致命,而累及肢体者主要是致畸和致残。放线菌性足菌肿的治疗常联用两种药物,抗生素及磺胺类药物对放线菌性足菌肿有明显疗效。青霉素每日 200 万 U 以上,肌内注射或加普鲁卡因局部封闭。磺胺类药物可单独使用,也可以与抗生素配合应用。口服碘制剂对病程较长的放线菌性足菌肿有一定效果。一般常用

5%~10% 碘化钾溶液口服,每日 3 次。平均疗程约为 9 个月,直到疼痛和肿胀消失,分泌物和颗粒排除停止、窦道闭合。对真菌性足菌肿可用酮康唑、氟康唑、伊曲康唑、特比萘芬、伏立康唑、两性霉素 B,但疗效差异较大,效果不理想者应手术治疗,必要时截肢。

第十二节 马尔尼菲篮状菌病

马尔尼菲篮状菌病是由马尔尼菲篮状菌(*Talaromyces marneffei*)感染所致,该菌又称马尔尼菲青霉(*Penicillium marneffei*)。该病具有地域性,主要发生在东南亚地区,我国广西、广东等地报道的病例较多,江西、云南、四川、重庆、北京、上海等地都有散发病例。

【病因和发病机制】

马尔尼菲篮状菌是温度依赖性双相真菌,在 25℃时呈菌丝相生长,培养基可见红色色素产生,37℃时呈酵母相生长,感染人或动物时以酵母相存于宿主体内。马尔尼菲篮状菌进入体内的可能途径主要为经皮肤破损处、消化道或呼吸道吸入,而吸入是最常见的感染途径。病原菌主要寄生于细胞内,机体主要靠细胞免疫清除病菌,细胞免疫缺陷时,极易感染发病。本病常常是 HIV 感染者发展成艾滋病的早期临床标志。

【临床表现】

该病临床表现复杂,发病隐匿,潜伏期长短不一。任何年龄皆可发病,患者多具有免疫缺陷或免疫功能低下等基础病。初发症状各不相同,根据临床表现可分为局限性和播散性感染。

1. **局限性马尔尼菲篮状菌病** 局限性感染的原发病灶与入侵门户有关。由于病原菌主要由呼吸道入侵,因此原发病灶主要在肺,临床表现类似肺结核,极易误诊。也有局限于其他内脏,如脾脏、肝脏的化脓灶感染,或皮肤、口腔黏膜的局限性感染。全身症状轻微,往往依据从病灶处分离鉴定出真菌而确诊。

2. **播散性马尔尼菲篮状菌病** 临床表现复杂且无特征性,主要决定于受累系统、脏器及病变程度。一些患者有首发症状,一些则无,易造成误诊、漏诊。主要表现为:①常有发热、畏寒,体温可高达 39~40℃,反复发热持续时间较长。②常有肺部症状及体征,如咳嗽、咳痰,X 线检查见肺部炎性阴影,伴发胸膜炎者有胸痛。③肝、脾、淋巴结常肿大,并有显著贫血和白细胞增多,青年人尤其是儿童脾大明显,贫血亦更显著。④常见多发性结节、脓肿,主要是皮下组织和深部组织的结节和脓肿。⑤皮肤损害也是进行性播散性马尔尼菲篮状菌病的特征,可为丘疹、结节或脓肿(图 9-24)。皮损为与传染性软疣相似的脐凹样改变,中央坏死结痂,具有一定特征性。偶有瘙痒,抓破后结痂,痂下有或无脓液。皮损可形成瘢痕而愈合,但此愈彼起,迁延不断。⑥少数病例有骨及关节损害。未经治疗的播散性马尔尼菲篮状菌病死亡率可高达 50%。

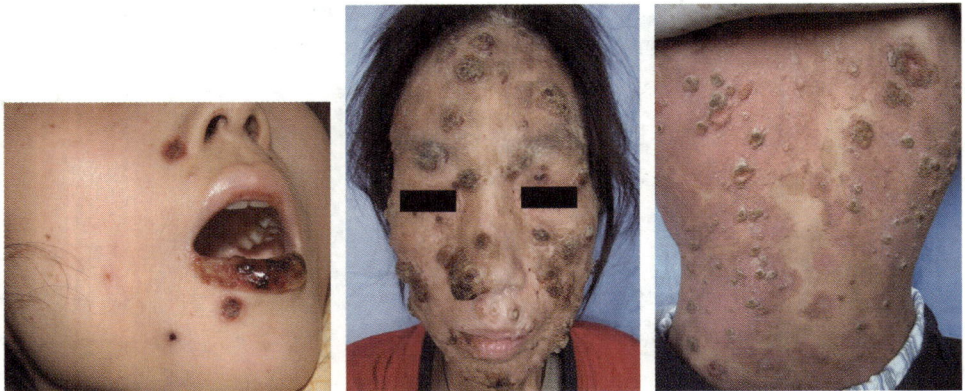

图 9-24 艾滋病合并马尔尼菲篮状菌病患者不同部位的皮疹表现

【诊断和鉴别诊断】

诊断主要依据临床和真菌学检查两个方面,分离出马尔尼菲篮状菌是诊断的"金标准"。①临床特征:具有消瘦、乏力、咳嗽、咳痰、咯血、多发性脓肿、皮疹,伴发浅表淋巴结肿大、贫血或白细胞数增高,肺部的浸润性炎症、肝脾肿大等要考虑本病;②真菌学检查:取患者皮疹刮片、溃疡分泌物、脓液、骨髓及血液涂片等。瑞特染色直接镜检见圆形、椭圆形和腊肠形的酵母样孢子,25℃沙堡弱培养基培养,可见产生红色色素的绒毛状真菌生长;③病理学诊断:病变组织切片 HE、PAS 染色可见巨噬细胞内外大量散在或成堆的、桑葚状或葡萄状排列的酵母样孢子;④骨髓涂片可见巨噬细胞内外有分隔的腊肠样酵母细胞(图 9-25);⑤提取 DNA,分子测序鉴定;⑥透射电镜观察发现酵母细胞有特征性的横隔,具有重要意义。

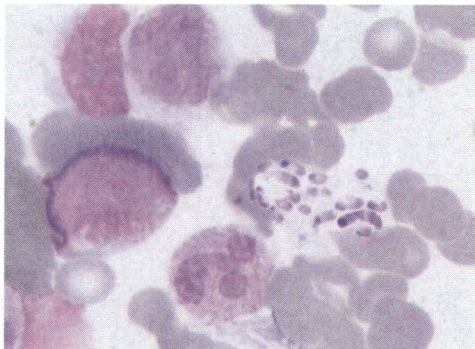

图 9-25 马尔尼菲篮状菌病患者骨髓涂片(瑞特染色)

马尔尼菲篮状菌病患者的皮疹要注意与艾滋病合并其他疾病出现的皮疹相鉴别,如组织胞浆菌病、隐球菌病、传染性软疣、痤疮等,真菌培养容易鉴别。

【预防和治疗】

早发现、早诊断、早治疗、足剂量、足疗程是马尔尼菲篮状菌病的治疗原则。抗真菌药物,如两性霉素 B、伊曲康唑、氟康唑、伏立康唑有效,必要时进行药敏试验,可联合使用两种以上的抗真菌药,用药至连续 3 次真菌镜检及培养阴性。治疗期间应监测患者肝功能。较大体表脓肿需切开引流,但必须是在系统使用抗真菌药物治疗的前提下进行,以免引起真菌扩散。

(李福秋 潘炜华)

思考题

1. 简述头癣的分类及致病菌。

2. 简述甲真菌病的分类及治疗。

3. 某女,25 岁,因 SLE 长期口服糖皮质激素,现激素用量为甲泼尼龙 24mg/d,2 周前躯干及上肢新发环状及多环状红斑,表面少量白色鳞屑,伴轻度瘙痒。考虑最可能是哪种疾病?应该做哪项检查明确诊断?

4. 简述念珠菌病的发病因素并阐明理由。

5. 简述孢子丝菌病的分型和临床表现。

第十章
原虫、寄生虫、昆虫及动物性皮肤病

【学习要点】

1. 利什曼病由利什曼原虫引起,传播媒介为节肢动物白蛉,其临床表现多样,取决于寄生宿主的免疫反应能力及所感染利什曼原虫类型。皮肤活检标本、组织印片、皮肤刮片或皮损穿刺涂片中发现真皮巨噬细胞内无鞭毛体,即可确诊皮肤利什曼病。

2. 疥疮是由疥螨在人体皮肤表皮层内寄生引起的接触性传染性皮肤病。两大临床类型,典型疥疮最为常见,患者携带疥螨数量较少;结痂型疥疮多见于老年人和免疫功能受损者,患者携带大量疥螨。

3. 虱病是虱叮咬皮肤所致的传染性皮肤病。人虱根据寄生部位的不同及形态、习性的差异,分为头虱、体虱和阴虱。

4. 虫咬皮炎是跳蚤、螨、蚊、臭虫、蠓虫等昆虫叮咬后引起的皮肤病,典型的皮损为鲜红色风团样丘疹,自觉瘙痒。

5. 隐翅虫皮炎是人体接触含隐翅虫毒素的虫液而引起的急性皮炎,多见于夏秋季节,好发于面、颈、四肢和躯干等暴露部位,以皮损部位出现疼痛、灼痒、片状水肿性红斑或小脓疱为主要表现。

6. 刺胞毒素、蜂毒、蛇毒中含有多种毒素和致敏物质,皮肤被蜇伤或咬伤后毒素进入人体,可引起局部皮肤红斑、肿胀,伴有疼痛,部分可出现全身中毒反应或过敏反应,病情较重者,需给予系统用药,积极救治。

第一节 利 什 曼 病

利什曼病(leishmaniasis)是由利什曼原虫(*Leishmania spp*)引起的人畜共患病,人类感染利什曼原虫可引起皮肤利什曼病、黏膜皮肤利什曼病和内脏利什曼病等一组疾病。本病波及全球 98 个国家和地区,每年约有 150 万~200 万新发病例。在我国,利什曼病目前主要在甘肃、新疆、四川、山西、陕西、内蒙古流行,其他省份和地区偶有输入性病例。

【病因和发病机制】

利什曼原虫是细胞内寄生原虫,属于动鞭毛纲动质体目锥虫科。利什曼原虫有两种形态,即无鞭毛体和前鞭毛体。其传播需要节肢动物媒介白蛉和哺乳动物宿主,传染源主要为该病患者、带虫者及病犬。当白蛉叮咬人体时,前鞭毛体从白蛉消化道释出,迅速被宿主的单核吞噬细胞吞噬,形成无鞭毛体,在细胞内大量复制,并被新的巨噬细胞不断吞噬。皮肤利什曼病的病原体主要是硕大利什曼原虫、热带利什曼原虫和墨西哥利什曼原虫等;黏膜皮肤利什曼病的病原体主要是巴西利什曼原虫,不侵犯内脏,只侵犯皮肤和黏膜;内脏利什曼病的病原体主要是杜氏利什曼原虫,既可以侵犯内脏,引起内脏利什曼病,同时又可以侵犯皮肤黏膜,引起皮肤利什曼病。

【临床表现】

1. **皮肤利什曼病** 皮肤利什曼病的原发皮损发生在白蛉叮咬的部位,因此通常多发于暴露部位。利什曼病的临床表现多样,取决于寄生宿主的免疫反应能力及所感染利什曼原虫类型。

(1)局部皮肤利什曼病:最为常见,皮损起初为白蛉叮咬部位的粉红色丘疹,随后发展为结节或斑块样病变,中央部位软化,边缘变硬,形成无痛性溃疡（图 10-1）。在旧大陆皮肤利什曼病中,溃疡表面通常覆盖角化过度的焦痂。在新大陆皮肤利什曼病中,溃疡表面覆盖有黄白色纤维素样物质。皮损周围可见小卫星灶,常沿引流淋巴管蔓延。

（2）复发性利什曼病:相对较罕见,多由热带利什曼原虫感染引起。好发于面部,原发皮损愈合后,持续存在的利什曼原虫导致瘢痕边缘周围形成新的丘疹,呈环状。

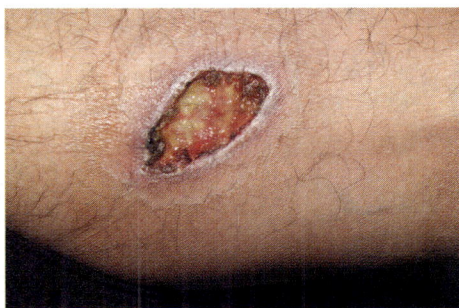

图 10-1 皮肤利什曼病

（3）弥漫性皮肤利什曼病:罕见,主要见于埃塞俄比亚利什曼原虫、墨西哥利什曼原虫等感染。患者通常有细胞免疫应答缺陷,常在面部和四肢伸面形成淡红色至紫红色的质软结节或斑块,也可累及全身。组织学检查可见皮损处有大量寄生虫,但局部无明显的免疫细胞聚集。该型治疗效果较差。

2. 黏膜皮肤利什曼病 也称为美洲利什曼病,多由巴西利什曼原虫感染引起。其典型特征为黏膜的破坏,导致鼻塞、黏膜出血、分泌物增加及坏死组织脱落等。部分患者可伴有疼痛、畸形和炎症。黏膜表面可发生糜烂,大多见于鼻部、口腔或鼻中隔,鼻软骨和周围组织破坏可引起严重面部毁损。若出现误吸、呼吸道梗阻等,可导致死亡。

3. 内脏利什曼病 内脏利什曼病又称黑热病,潜伏期一般为 1~36 个月不等。最早的损害是在白蛉叮咬部位出现淡褐色丘疹或结节,单核吞噬细胞系统首先受累,肝、脾、淋巴结均可受累。晚期皮肤发生斑片状色素沉着,以额、颊、口周及腹中部最明显,皮肤变黑又伴发热,故名黑热病。

黑热病起病缓慢。全身症状包括间歇性寒战、发热,体温 39~40℃,肝、脾、淋巴结明显肿大,粒细胞缺乏、贫血和血小板减少,临床表现为鼻和牙龈出血、皮肤紫癜,患者食欲下降,明显消瘦。

【组织病理】

临床上各种类型的皮肤利什曼病有着相同的组织病理学改变,主要表现为真皮内弥漫淋巴细胞、中性粒细胞、浆细胞、组织细胞、多核巨细胞浸润。部分区域形成小脓肿、坏死。组织细胞可形成结核样肉芽肿。在组织细胞内可见利什曼原虫,无被膜,含有一个核和一个副核,该结构称为利什曼小体。

【诊断和鉴别诊断】

根据病史、流行区域、皮肤黏膜及内脏损害特点,依据组织液涂片或皮肤组织病理,查到利什曼原虫即可确诊。该病需与麻风病、皮肤结核、结节病、蕈样肉芽肿、鳞状细胞癌相鉴别。

【预防和治疗】

1. 预防 本病的预防在于治疗患者,消灭白蛉,杀死动物宿主。目前利什曼病疫苗仍处在临床试验阶段,还未上市。

2. 治疗

（1）系统治疗:①锑剂,有葡萄糖酸锑钠（sodium stibogluconate,SSG）和葡甲胺锑酸盐（meglumineantimoniate,MA）两种制剂,两者活性成分均为 5 价锑离子。锑剂初治推荐"六日方案",即 SSG 总量 120~150mg/kg（成人）,200~240mg/kg（儿童）。将总量平分为 6 剂,每日肌内注射或静脉注射 1 次,疗程 6 天。②两性霉素 B 脂质体,WHO 推荐方案为 3~5mg/(kg·d),静脉注射,疗程 3~5 天。③伊曲康唑,200mg/d,口服,疗程 4~8 周。

（2）局部治疗:局限性损害可以采用冷冻或激光烧灼疗法,或行外科手术切除。亦有葡萄糖酸锑钠局部皮损内注射或外用 15% 巴龙霉素软膏治疗的报道。

第二节 匐 行 疹

匐行疹（creeping eruption）又称皮肤游走性幼虫病、幼虫移行症,系由某些线虫、吸虫或绦虫幼虫在人的皮肤移行掘进所引起的曲折线状损害。

【病因和发病机制】

寄生在猫、狗体内的钩口线虫幼虫是本病的主要病原体。这些有感染性的幼虫在土壤中发育,当人体尤其是儿童接触被污染的土壤和水源、食用未经煮熟的含有幼虫的肉食时,就可以被感染。此类幼虫多寄生在表皮下或皮下组织,偶有侵犯肺部及其他内脏器官者。

【临床表现】

本病常夏季发生,在气候温暖的地区常见,儿童多见。皮疹多发于足、手、小腿下部、臀部等与泥土经常接触的暴露部位。在幼虫钻入部位出现红斑、丘疹、丘疱疹等非特异性损害,幼虫向前爬行,渐渐发生鲜红色至暗红色微隆起的线状损害,宽 2~3mm,长短、数量不等(图 10-2)。若幼虫停止爬行,可在局部形成硬结。患者感奇痒,局部有压痛及虫爬感。

【组织病理】

幼虫在皮肤内通常穴居于颗粒层或棘层,引起海绵水肿。虫体附近的真皮,特别是在血管周围有慢性炎性细胞,包括淋巴细胞、组织细胞和大量嗜酸性粒细胞浸润。偶尔在表皮和毛囊中可见嗜酸性粒细胞聚集。由于幼虫对人体不能适应,在人体内一般不能发育成熟,多停留在幼虫阶段,因此在人体内查不到成虫或虫卵。

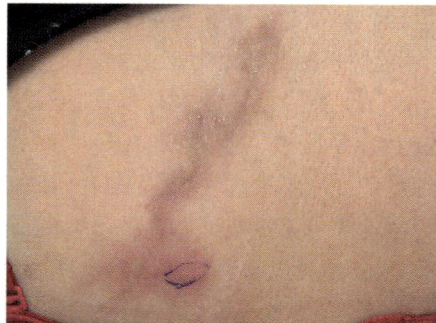

图 10-2　匐行疹

【诊断和鉴别诊断】

根据匐行疹的皮疹特点不难诊断。在皮损中挑出虫体或病理组织中查到虫体即可确诊。本病要和疥疮相鉴别,后者有接触史,常在集体单位或家庭中同时或先后多人患病,且皮疹分布广泛,在隧道末端常可查到疥螨或虫卵。此外,本病还应与接触性皮炎、裂头蚴病、丝虫病、血吸虫病、钩蚴皮炎相鉴别。

【预防和治疗】

1. 预防　注意个人卫生,避免接触被猫、犬排泄物污染的泥土,避免赤足在泥中行走。饭前便后要洗手,勿食未煮熟的鱼、肉类。

2. 治疗

(1)系统治疗:①伊维菌素:首选,每次 200μg/kg,口服,每日 1 次,疗程 1~2 天。单剂伊维菌素的治愈率为 94%~100%。②阿苯达唑:成人或 2 岁以上儿童口服单剂量 400mg,阿苯达唑的治愈率为 45%~100%。③噻苯达唑:每次 25~50mg/kg,口服,每日 2~3 次,7~10 天为一个疗程,其耐受性较阿苯达唑或伊维菌素差。

(2)局部治疗:皮疹表面可用液氮冷冻治疗,皮疹面积不大也可手术切除。

第三节　疥　　疮

疥疮(scabies)是由疥螨在人体皮肤表皮层内寄生引起的接触性传染性皮肤病。

【病因和发病机制】

疥螨又称疥虫,分为人型疥螨和动物疥螨。人的疥疮由人型疥螨通过直接接触而传播,也可通过患者使用过的衣物而间接传播。疥螨的生活发育史分为四期:卵、幼虫、若虫、成虫。雄性成虫与雌性二期若虫交配,雄虫交配后不久即死亡。雌性在交配后分泌蛋白水解酶破坏角质形成细胞,进入人体表皮内挖掘隧道,并在隧道内蜕皮,变为成虫。雌性成虫每日可产下 2~3 枚虫卵,直至 4~6 周后死亡。卵经 3~5 天后孵化成幼虫,并在隧道内经历三次蜕皮变成成虫。

疥螨的致病作用主要包括两方面:一方面是其在皮肤角质层掘凿隧道所引起的机械刺激,另一方面则是疥螨及其排泄物所诱发的迟发型超敏反应。

【临床表现】

疥疮的两大临床类型是典型疥疮和结痂型疥疮。典型疥疮最为常见,患者携带疥螨数量较少(约为 10~15 只);结痂型疥疮多见于老年人和免疫功能受损者,患者携带大量疥螨(可多达数百万只)。

1. **典型疥疮** 疥螨常寄生于皮肤较薄而柔软的部位,如指缝及其两侧、腕部屈侧、肘窝、腋窝、脐周、下腹部、生殖器、腹股沟及股上部内侧、臀部、乳房皱襞处,头面及掌跖部一般不累及,但婴幼儿例外。皮损为针尖大小的丘疹、丘疱疹或小水疱,散在性分布(图 10-3)。在指缝处常可见到很浅的匐行疹,是疥螨掘凿的隧道,盲端有一针尖大小的灰白色或淡红色小点,是停留于此的雌虫。患者夜晚常有剧烈的瘙痒。部分成年男性患者,除有典型的疥疮皮疹外,在阴囊、阴茎等处可出现淡红色或红褐色,绿豆至黄豆大结节,有剧痒,称为疥疮结节(图 10-4)。

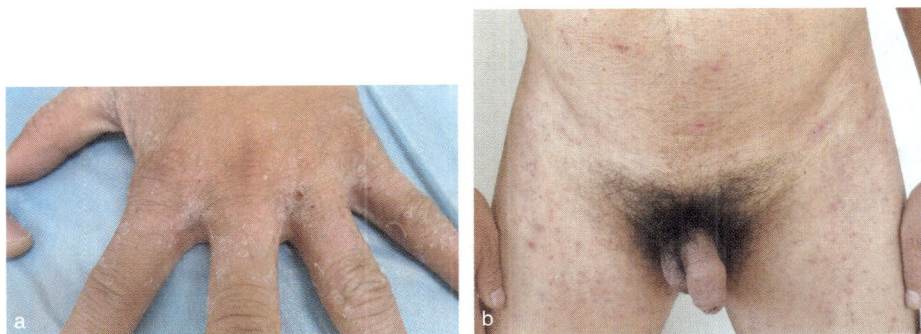

图 10-3 疥疮的临床表现
a. 疥疮的指间皮疹;b. 疥疮的腹部及下肢近心端皮疹。

皮损若经久不愈,往往发生继发性皮疹,如抓痕、血痂、色素沉着、湿疹样变或继发脓疱疮、疖肿、蜂窝织炎、淋巴管炎。

2. **结痂型疥疮** 也称为挪威疥、角化型疥疮,是一种严重的疥疮,多发生于身体虚弱或免疫功能低下的患者。其特点是皮疹广泛、任何部位均可受累,头皮、手、足尤其易感。治疗若不及时,可能会导致全身皮肤受累。皮肤干燥、脱屑,鳞屑可变为疣状,可出现结痂和皲裂,皮损有特殊臭味。患者指(趾)甲常见增厚、变色和营养不良。

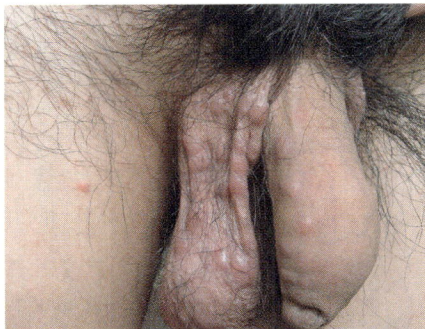

图 10-4 疥疮结节

【组织病理】

表皮棘层不规则增生肥厚,可见海绵状水肿及炎症细胞渗出。在角质层或棘层上部可见到隧道,有时可见内有虫体或虫卵。真皮浅层血管扩张,有嗜酸性粒细胞、淋巴细胞和组织细胞混合片状至弥漫性浸润。结痂型疥疮患者的角质层显著增厚。

【诊断和鉴别诊断】

根据传染病接触史和好发部位,尤以指间有丘疹、丘疱疹和隧道,夜间剧痒,家中或集体单位常有同样的患者,一般不难诊断。皮肤刮片镜检发现疥螨、虫卵可以确诊本病。皮肤镜检查可发现有疥螨("三角翼"征,"delta-wing jets" sign)或隧道的部位,有助于指导皮肤刮片的采样部位,提高镜检的阳性率。近年来,由于糖皮质激素的广泛使用,许多疥疮患者症状已不典型,有时易被误诊为湿疹。后者为多发性皮疹,无特殊的好发部位,无传染接触史,易复发。本病还需与虱病、寻常痒疹、皮肤瘙痒症、丘疹性荨麻疹等相鉴别。

【预防和治疗】

1. **预防** 注意个人卫生,发现患者立即隔离并及时治疗,患者穿过的衣服和使用过的被褥等要煮沸或烘干消毒。由于疥螨通常在离开人体皮肤数日后死亡,因此亦可将无法煮沸消毒的物品密封于塑料袋内至少 7 天,也能起到杀虫作用。

2. 治疗　治疗的目的是杀虫、止痒、治疗并发症。家中或集体单位的患者要同时治疗。

(1)外用药物治疗:①10% 硫黄软膏(婴幼儿用 5%):每日早晚各涂 1 次,连用 3 天;②1%γ-666 乳剂或软膏:孕妇、哺乳期及 2 岁以下婴儿不能应用,儿童慎用;③10%~25% 苯甲酸苄酯洗剂或乳剂;④40% 硫代硫酸钠溶液和 4% 稀盐酸溶液:先涂前者 2 次,待干后再涂后者 2 次。每日早晚各 1 次,连用 3~4 天;⑤10% 克罗米通乳剂或搽剂:每日早晚各涂 1 次,连用 3 天。

治疗程序如下:涂抹药物之前,最好用热水、肥皂洗澡,搽药时应从颈部以下(婴幼儿应包括头面)全身涂抹药物,皮疹集中的部位应反复涂药并加压摩擦。搽药期间不洗澡不更衣,以保持药效。第 4 天时再用热水、肥皂洗澡。及时更换衣被,并将换下衣被用水煮沸或烫洗暴晒灭虫。治疗后观察 2 周,如无新发皮疹出现,即为痊愈。如有新发皮疹,应重复治疗。

(2)疥疮结节的治疗:①焦油凝胶每晚涂搽,连用 2~3 周;②皮损内注射糖皮质激素(曲安奈德等);③曲安奈德新霉素贴膏局部外贴;④液氮冷冻治疗。

(3)系统药物治疗:外用药物治疗无效或结痂型疥疮患者,可选用伊维菌素 200μg/kg,单次口服。瘙痒严重者酌情选用抗组胺药物,继发感染者加用抗生素。

第四节　虱　　病

虱病(pediculosis)是虱叮咬皮肤所致的传染性皮肤病,又称虱咬症。虱叮咬皮肤,不仅可以引起皮肤损害,同时也是斑疹伤寒、回归热、战壕热等传染病的传播途径。

【病因和发病机制】

本病的病原虫是虱,种类很多,如人虱、牛虱、猪虱、鸡虱和鸭虱等,虱是终身不离开宿主的体外寄生虫,发育过程分为卵、稚虫(又称若虫)、成虫三个时期。寄生于人体的人虱由于寄生部位的不同及形态、习性的差异,分为头虱、体虱和阴虱,分别寄生在人的头发、内衣和阴毛上,均以刺器刺入皮肤吸吮血液维持生存,多见于个人卫生不良者。虱在人群中通过直接接触或通过梳篦、头巾、帽子、衣服、被褥间接传播。阴虱主要通过性接触传播。人虱适宜的温度是 29~30℃,当人体温度升高、出汗或人体死亡温度下降时,虱即会离开而另寻新宿主。

【临床表现】

虱叮咬后引起的症状因人而异,一般均有轻重不等的瘙痒和皮疹。按病原虫的不同,可分三种类型。

1. 头虱病(pediculosis capitis)　头虱寄生于头发部位,尤其是耳后发际和枕后部,藏于发中或附于发干上,常能见到针头大小白色的虱卵粘在头发上。少数可以寄生在睫毛、胡须上,多见于卫生条件差的儿童和妇女。虱叮咬可出现丘疹,皮下出血伴瘙痒,常因搔抓引起头皮抓痕、渗液、血痂或继发感染,形成疖或脓肿,局部淋巴结肿大。严重者头屑、血痂、渗液、尘埃与头发黏在一起,有腥臭味,日久使头发失去光泽,毛发脱落或形成瘢痕。

2. 体虱病(pediculosis corporis)　体虱较头虱大,淡灰色,通常隐蔽于贴身的内衣上,多见于裤裆、被褥缝和皱褶处。常在肩胛、腰部、臀部等处有体虱叮咬引起的红斑、丘疹及风团,中央有一出血点。常因搔抓在皮肤上出现线状抓痕、血痂或继发感染。日久皮肤苔藓化或留有色素沉着斑,常因剧痒而影响休息,多见于冬季。

3. 阴虱病(pediculosis pubis)　阴虱体小,寄生于外阴和肛周的体毛上,偶可侵犯眉毛、睫毛或腿毛。阴虱由于活动范围小,紧伏于皮面或牢牢附着于阴毛不动,叮咬皮肤引起剧痒,出现红斑或丘疹,经搔抓可出现表皮剥脱、抓痕、血痂或毛囊炎及继发损害(图 10-5)。有的患者可出现青斑,常持续存在数月。阴虱主要通过性接触传播,夫妻常同患此病。

【诊断和鉴别诊断】

根据接触史,头发、耻部或颈、腰等部位瘙痒,皮肤上有血痂和抓痕,应考虑此病的可能。如在头发、内衣、被褥、阴毛处发现成虱或虫卵,可以确诊。虱及虱卵通常肉眼或借助放大镜即可发现。该病要和疥疮、皮肤瘙痒症、痒疹、湿疹等皮肤病相鉴别。

【预防和治疗】

1. 预防　虱病的预防主要是做好个人卫生工作,经常洗澡、换衣、理发是防治虱病的良好办法。此外,要注意避免与患虱病的人直接或间接接触。

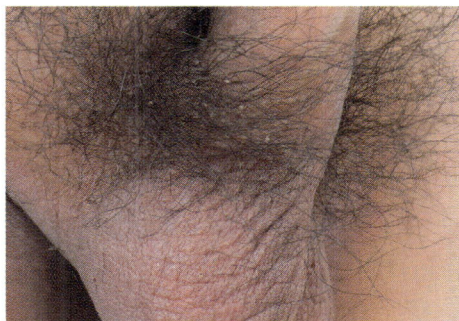

图 10-5　阴虱病

2. 治疗　治疗虱病以灭虱及灭卵为主。外用药物灭虱是虱病的一线治疗方案。

(1)头虱病:首先需剃除毛发,使虱无处附着。头发不便剪剃者可以将 50% 百部酊、扑灭司林、25% 苯甲酸苄脂、拟除虫菊酯、马拉硫磷、苯甲醇等搽于头发、头皮上,用毛巾包扎,每晚 1 次,连用 3 天,第 4 天用温水、肥皂洗头。

(2)体虱病:及时沐浴,换下的衣物、被单应煮沸灭虫,对于体毛上仍有少数虱卵的患者,建议外用扑灭司林乳膏治疗。

(3)阴虱病:应剃除阴毛,外搽 50% 百部酊、10% 硫黄软膏、25% 苯甲酸苄脂、扑灭司林、拟除虫菊酯及胡椒基丁醚灭虱。外用药物治疗无效的,可以采用伊维菌素(200~400μg/kg,每周 1 次)口服治疗方案。值得注意的是,家庭或同住其他成员患有虱病的,要同时治疗。

第五节　虫咬皮炎

虫咬皮炎(insect bite dermatitis)是指跳蚤、螨、蚊、臭虫、蠓虫等昆虫叮咬人类皮肤而引起的炎性皮肤病,虫咬皮炎又称为丘疹性荨麻疹,是常见于婴幼儿及儿童的鲜红色风团样、丘疹性皮肤病。

【病因和发病机制】

大多数病例的发生与昆虫叮咬有关,该病是跳蚤、螨、蚊、臭虫、蠓虫等叮咬后发生的一种变态反应。以春、夏、秋季多见,由于昆虫种类的不同和机体反应性的差异,可引起叮咬处不同的皮肤反应。昆虫叮咬时注入皮肤的唾液可能是致敏原。多次叮咬可产生耐受而出现脱敏现象。故本病症状可随着年龄的增长而逐渐减轻。

【临床表现】

本病常见于婴幼儿及儿童,也可见于成人,尤以儿童多发。以夏、秋季节最多见。好发于腰、臀部和四肢伸侧。基本损害为纺锤形、鲜红色风团样损害,皮损的长轴多与皮纹平行,其中央常有小水疱,有的出现伪足(图 10-6)。常成批发生,数量不定,多群集或线状分布,较少融合,红斑和水肿常在短期内消退,留有坚实性丘疹。有的在水肿性红斑的基础上很快出现大疱,张力高,呈半球形,周围无红晕。此种皮损多见于婴幼儿,剧痒。经搔抓后表皮剥脱或水疱破溃形成结痂。皮疹逐渐消退,留有短暂浅褐色色素沉着。病程一般为 7~10 天,可因继发感染而病程迁延。常常新旧皮损同时存在。部分可进展为持续性痒疹结节样皮疹。

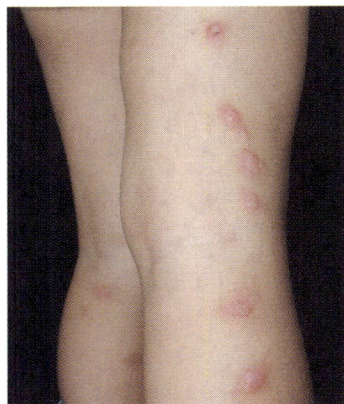

图 10-6　虫咬皮炎

【诊断和鉴别诊断】

根据发生于儿童腰、臀和四肢伸侧的纺锤形风团样丘疹,伴有剧烈的瘙痒,且多无全身症状,诊断不难。

NOTES

本病有时应与水痘相鉴别。后者多在发疹前有发热等全身症状,有流行性;皮疹为红斑、丘疹及小水疱,以小水疱为主,周围有红晕,数量一般较多,损害较小,散发于头面部、躯干及四肢,常常累及黏膜,痒感轻微;皮损数天至1周后干燥结痂自愈。

【预防和治疗】

1. **预防**　要保持卫生,勤晒衣物,杀灭害虫,注意防蚊虫叮咬等。

2. **治疗**　以对症和抗过敏治疗为主,可给予口服抗组胺药物、维生素C等,局部外用止痒洗剂,也可使用糖皮质激素。若有继发感染时可外用含有抗菌药物的止痒洗剂,必要时口服抗生素。

第六节　隐翅虫皮炎

隐翅虫皮炎(paederus dermatitis)是人体接触隐翅虫毒素引起的急性皮炎,多见于夏秋季节,好发于面、颈、四肢和躯干等暴露部位,是以皮损部位出现疼痛灼痒、片状水肿性红斑或小脓疱为主要表现。

【病因和发病机制】

隐翅虫(paederus)是昆虫纲鞘翅目隐翅虫科甲虫的通称,属多食亚目的隐翅虫大类,是鞘翅目中物种最丰富的一科。鞘翅极短,因其翅藏匿于前翅之下而不易察觉而得名。此类昆虫种类很多,其中毒隐翅虫有致病作用。此类昆虫分布于世界各地,常栖息于草木或石下,以8~9月间活动最甚,昼伏夜出,多在灯下飞行。

隐翅虫虫体各段均含有毒素,为一种强酸性的毒汁,pH为1~2,也有人测定pH为5~6,这可能与毒虫的种类有关。该虫腹部的末端有肛门,能分泌毒液,爬行时尾部向上翘起,末端常有一小滴透亮的液体,即为该虫分泌的毒素。当夏秋季节皮肤裸露,隐翅虫可落于皮肤表面,多数虫体在皮肤上爬行时并不释放毒液,只有当虫体被摩擦、拍击或压碎时,可导致毒液释放,沾染皮肤,进而引起皮肤损害。

【临床表现】

皮疹常发生于暴露部位,如面、颈、胸、背、四肢等。人群普遍易感,当毒虫开始侵犯皮肤时,有爬行感或异物感,用手拍打或翻身压死毒虫,由于毒液的刺激,2~4小时后皮肤上出现点状、条索状红肿和瘙痒,逐渐有灼热疼痛感,继之皮肤上可出现水疱,多为透明的薄壁疱,有的发展为脓疱或灰黑色坏死,常因搔抓引起糜烂面(图10-7)。侵犯眼睑时,致眼睑红肿。病程一般为1~2周,以后干燥脱痂而愈,留有色素沉着或浅表瘢痕。皮损的严重程度取决于毒虫的种类、数量和机体的反应状态,轻者仅为点状或条索状红斑,严重者可出现大面积的糜烂面或浅层的皮肤坏死。亦可有发热、头痛、头晕、恶心、淋巴结肿大等全身症状,若继发感染则病情加重。

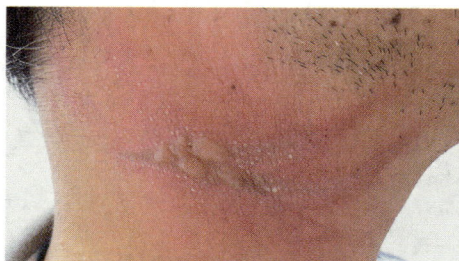

图10-7　隐翅虫皮炎

【诊断和鉴别诊断】

在夏秋季节,晨起发现身体暴露部位出现的条索状、点状或斑片状的水肿性红斑、丘疹、水疱或脓疱,伴有瘙痒和灼痛感,应考虑本病的可能。该病常在集体单位中有多人同时出现或造成小范围流行,一般诊断不难。要和湿疹、接触性皮炎、脓疱疮、虫咬皮炎等皮肤病相鉴别。发生在眼睑结膜、鼻黏膜的损害要和细菌、病毒感染引起的结膜炎、鼻前庭炎相鉴别。

【预防和治疗】

1. **预防**　搞好环境卫生,消除住宅周围的杂草、垃圾,消灭隐翅虫的滋生地。安装纱窗门或挂蚊帐防止毒虫的侵入,睡眠时要熄灭室内的灯光。如发现皮肤上落有虫体,可吹落或借助工具将其取下,不要徒手捏取或拍击。

2. 治疗 如已经出现了皮炎,应尽早用肥皂水清洗皮肤,然后涂搽 1% 薄荷炉甘石洗剂或糖皮质激素膏剂。若红肿明显或有糜烂面,可用 1%~2% 明矾液或 1:5 000 高锰酸钾溶液湿敷。若有脓疱或发生继发感染,要进行抗菌治疗。

第七节 刺胞皮炎

刺胞皮炎(nematocyst dermatitis)是由刺胞动物蜇伤引起的急性皮炎,少数人可有全身反应。

【病因和发病机制】

腔肠动物门又称刺胞动物门,是海洋有毒生物的一大类群,分为钵水母纲、水螅纲和珊瑚纲,绝大多数生活在海洋中,能蜇人的有 100 多种。腔肠动物及其他水生动物引起皮肤病的方式有以下几种。

1. 刺胞毒素的吸收 刺丝囊(nematocyst)是刺胞动物特有的细胞器,位于刺细胞中,是捕食和御敌的武器。当刺细胞受到物理、化学及生物等因素的刺激,盘曲的刺丝弹射出来,若穿入人的皮肤,刺胞内的毒液经管状的刺丝注入皮内,毒液内含有类蛋白质、肽类、组胺及致痛剂等物质,在局部可引起皮炎,毒素的吸收可致严重的全身症状或死亡。

2. 机械性损伤 一些腔肠动物具有锐利的外骨骼,例如珊瑚,人体接触后易引起割伤。

3. 异物刺激 腔肠动物的外骨骼及棘刺若残留在皮肤内,可引起异物肉芽肿反应、继发感染。

【临床表现】

本病好发于夏秋季节,7~9 月为高发季节。主要发生在渔民、贻贝养殖者、潜水和游泳者等人群。在有防鲨网的海滨浴场仅有散发患者。渔民或游泳者通常能够明确指出蜇伤是由于接触大型水母或其碎片引起的。还有很多人在被蜇时看不到异物,刺胞可随水滴或污泥溅落到皮肤表面,也能引起刺胞皮炎。

裸露的肢体在水中被蜇伤后即有触电样刺痛感,约经 3~5 分钟即感到局部刺痒、疼痛或烧灼感。继之皮肤可出现水肿性红斑、丘疹或风团样皮损,重者可呈瘀斑、水疱、大疱等表现,由于水母的触手很长,皮疹多呈线状、条带状、鞭痕状、缠绕状(图 10-8),数条至数十条不等,其外观颇为特殊,故在临床上具有诊断价值。皮损常在 2~3 天后开始缓解消退,一般经 2 周可痊愈。

若全身多处蜇伤,或者被大型水母、毒性强的水母蜇伤,则会出现系统性的反应,例如出现畏寒、腹痛、恶心、呕

图 10-8 刺胞皮炎

吐,更严重者可出现呼吸困难、肺水肿、血压下降和肾脏衰竭等症状,国内外均有水母蜇伤致死的报告。死亡原因可以是吸收毒素引起的中毒反应,也可是毒素引起的过敏性休克。

【组织病理】

一般表现为急性、亚急性非特异性炎症改变。

【诊断和鉴别诊断】

根据有无下海及腔肠动物的接触史,结合皮疹的特点一般不难诊断。也可用透明胶纸粘取或用玻片斜刮患者皮疹表面,在显微镜下观察,看到刺胞结构,可明确诊断。

【预防和治疗】

1. 预防 海水浴场应架设严密的网具以防水母进入,水中作业者应穿防护用具,减少接触水母的机会;不要随意触摸、抓取不明软体海生物;游泳时发现水母不要紧张,可缓慢绕开。

2. 治疗

(1)局部处理:发生蜇伤时,要立刻用海水冲洗患处,不能用淡水冲洗,因为淡水能促进刺胞毒素

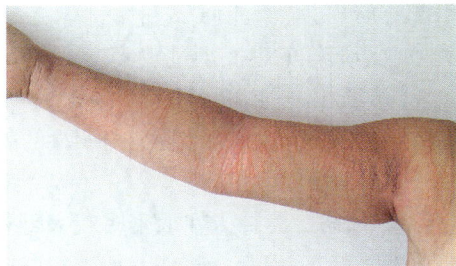

的释放。然后用干布、干沙擦去黏附在皮肤上的触手或毒液。

局部可外用饱和明矾溶液、5%~10% 碳酸氢钠溶液、炉甘石洗剂、糖皮质激素软膏外涂,利多卡因软膏、溶液外用可缓解瘙痒及疼痛感。

（2）系统治疗：对皮损面积较大、全身反应严重者,及时给予抗组胺药和糖皮质激素治疗。疼痛严重者,可给予哌替啶或吗啡。出现胸闷憋气、呼吸困难、血压下降、肾衰等严重全身症状者,应及时抢救。

第八节　蜂　蜇　伤

蜂蜇伤（bee sting）是指由胡蜂（亦称黄蜂）、蜜蜂、蚁蜂、细腰蜂及丸蜂等的尾部毒刺蜇入皮肤后,注入毒素而引起的局部或全身反应。

【病因和发病机制】

蜂属于昆虫纲膜翅目,种类很多,喜群居,蜂尾的毒刺和蜂体后数节的毒腺相通,蜂蜇人时毒刺刺入皮肤,随即将毒汁注入皮肤内。根据蜂种类的不同,其毒液的成分也不完全一样,如蜜蜂分泌的毒液包括盐酸、蚁酸、正磷酸及碱性毒液;胡蜂的毒液呈碱性,毒性更强,除含有组胺外,还含有 5-羟色胺、胆碱酯酶、缓激肽和蚁酸等,故毒液被吸收后可引起严重的全身变态反应及全身毒性反应。

【临床表现】

皮肤被蜂刺伤后立即有灼痒和刺痛感,不久出现局部红肿,发生风团和水疱,中央被蜇伤处有一瘀点,如多处被蜇伤,可产生大面积显著水肿,有剧痛。如眼周围、口唇被蜇伤,局部出现明显的肿胀。红肿数小时后可自行消退。如果蜂刺留在伤口内（在红肿中心有一黑色小点）,有时局部可引起化脓。除有局部症状外,部分患者还出现不同程度的全身症状,如头晕、恶心、呕吐等,严重者可出现休克、昏迷或者迅速死亡,有的可发生血红蛋白尿,以致急性肾衰竭。有过敏体质的人,即使单一蜂蜇伤也可引起荨麻疹、水肿、哮喘或过敏性休克。可于数小时内或数日后死亡。蜇伤后 7~14 天甚至可能发生类似血清病样的迟发型过敏反应。

【诊断和鉴别诊断】

根据有蜂蜇史,局部疼痛与明显的肿胀症状,一般不难诊断。但要与其他的虫咬皮炎相鉴别。

【预防和治疗】

1. 预防　养蜂人在取蜜时或去野外林区工作时要穿长袖衣衫,戴面罩及手套、披肩。教育儿童不要戏弄蜂巢,以免蜂蜇伤。如被蜂群攻击,注意用衣物保护好头颈部,反向逃跑或原地趴下。

2. 治疗

（1）局部处理：检查患处,如有毒刺折断留在皮内,可用镊子拔出;局部外用肥皂水、3%~10% 氨水或 5%~10% 碳酸氢钠溶液冲洗或冷湿敷。

（2）药物治疗

1）若疼痛明显,可口服止痛药物;也可用 1% 盐酸吐根碱溶液 3ml,加 2% 利多卡因在蜇伤近端或周围皮下注射,可很快止痛消肿。

2）局部红肿处,可应用糖皮质激素软膏,严重者可口服抗组胺药及糖皮质激素类药物。

3）有全身症状者,根据病情予以不同处理。过敏反应重者,应迅速用 0.1% 肾上腺素 0.3ml 皮下注射,氢化可的松 100~200mg 静脉滴注;发生血红蛋白尿者,应碱化尿液,并适当补液以增大尿量;对群蜂蜇伤或伤口感染者,应加用抗菌药物。

第九节　毒　蛇　咬　伤

毒蛇咬伤（venomous snake bite）指蛇牙咬入组织,毒液通过蛇牙注入人体引起局部或全身中毒症状。

【病因和发病机制】

蛇分无毒（普通）蛇和毒蛇两类。我国境内的毒蛇近50种，主要为眼镜蛇科、海蛇科、蝰蛇科和蝮蛇科。蛇毒成分主要为蛋白质、多肽类和多种酶类。按蛇毒所致临床表现可分为对神经系统有损害作用的神经毒和对血液系统有损害作用的血循毒。

【临床表现】

多见于成年人，约98%叮咬部位在四肢，最常见于上肢。普通蛇咬伤只在人体伤处皮肤留下细小的齿痕，轻度刺痛，无全身性反应。毒蛇咬伤后，可见到成对的、较深的咬伤痕迹，局部出现红斑、肿胀和瘀斑；出血和坏死常见。除Mojave响尾蛇咬伤外，其他毒蛇咬伤部位通常疼痛。严重病例出现全身中毒症状，包括全身肌肉疼痛、眼睑下垂、声音嘶哑、呼吸肌麻痹及全身瘫痪等神经毒症状和/或发热、烦躁、谵妄、心律失常、出血乃至循环衰竭等血循毒症状。

【诊断和鉴别诊断】

根据毒蛇咬伤史、伤处较深的齿痕、有局部和全身症状，诊断不困难；无毒蛇咬伤后，伤口有四行均匀而细小的牙痕，且无全身症状，易鉴别。

【预防和治疗】

1. **预防**　在毒蛇分布地区夜间外出时要加强个人防护，蛇一般不会主动伤人。

2. **治疗**　无毒蛇咬伤后，可用酒精消毒，外加纱布包扎。毒蛇咬伤后要尽快采取结扎、伤口清创等措施，防止毒液扩散和吸收。口服及外敷蛇药，抗蛇毒血清是治疗的重要组成部分，即使在处理被延迟的情况下也有效。如出现休克、呼吸衰竭、循环衰竭或肾衰竭，应及时采取相应措施，积极抢救。

无法判定是否为毒蛇咬伤时，按毒蛇咬伤急救。

（陈官芝）

思考题

1. 简述疥疮成功治疗的要点。
2. 简述虱病的鉴别诊断。
3. 简述虫咬皮炎常见致病昆虫及其临床表现。
4. 简述虫咬皮炎的治疗原则。

第十一章

职业性皮肤病

【学习要点】

1. 职业性皮肤病是在职业活动中接触有害因素引起的皮肤病,临床表现与非职业性皮肤病相似。

2. 职业性皮肤病的诊断需有明确的职业史、接触史及临床表现。

3. 职业性皮肤病的关键在预防,改善职业条件、隔离或减少致病因素的接触是关键。

职业性皮肤病(occupational dermatosis)是指在职业活动中接触化学、物理、生物等生产性有害因素引起的皮肤及其附属器的疾病。

由于产业结构调整、生产技术进步、工艺流程优化、劳动保护加强,一些原来常见或严重的职业性皮肤病已逐渐减少或消失,但新物质、新材料、新产业的不断出现,引发很多新型职业性皮肤病。很多皮肤病的发生都可能与职业有关,但是否属于职业性皮肤病及判断其严重程度,应由国家专门机构具有职业性皮肤病诊断资质的医生依据国家职业性皮肤病相关诊断标准集体会诊认定。

本章涉及多种皮肤病,其中大多数会在有关章节中进行描述。职业性皮肤病首先是皮肤病,其次考虑职业相关性。

【病因和发病机制】

1. **化学因素**　最常见,种类最多,各行各业劳动者均有可能接触,分为原发性刺激物、致敏物及光敏物。

2. **物理因素**　多与化学因素协同发病,包括机械损伤、电离辐射、温度及湿度变化等。

3. **生物因素**　工作环境中的致病细菌、病毒、真菌、寄生虫、植物的浆汁、花粉及动物的尘屑等。

除以上三大类致病因素外,年龄、性别、皮肤类型、季节、原有皮肤病情况、生产环境、个人卫生及其防护等对发病亦有一定影响。

【职业性皮肤病的种类】

根据中华人民共和国国家职业卫生标准《职业性皮肤病的诊断　总则》(GBZ 18—2013)规定,职业性皮肤病包括以下 14 种临床类型:①职业性皮炎;②职业性皮肤色素变化;③职业性痤疮;④职业性皮肤溃疡;⑤职业性接触性荨麻疹;⑥职业性皮肤癌;⑦职业性感染性皮肤病;⑧职业性疣赘;⑨职业性角化过度、皲裂;⑩职业性痒疹;⑪职业性浸渍、糜烂;⑫职业性毛发改变;⑬职业性指甲改变;⑭其他。

第一节　职业性皮炎

职业性皮炎(occupational dermatitis)最常见,约占全部职业性皮肤病的 80% 以上。按其致病原因不同可分以下几种。

1. **职业性接触性皮炎(occupational contact dermatitis)**　在劳动或作业环境中直接或间接接触具有刺激和/或致敏作用的职业性有害因素引起的急、慢性皮肤炎症性改变。按其发病机制不同可分为职业性刺激性接触性皮炎(occupational irritant contact dermatitis)和职业性变应(过敏)性接触性皮炎(occupational allergic contact dermatitis)两型。

2. 职业性光接触性皮炎(occupational contact photodermatitis) 在职业活动中,接触光敏物(如煤焦沥青、煤焦油、蒽、氯丙嗪及其中间体、苯绕蒽酮等),并受到日光(紫外线)照射而引起的皮肤炎症性病变。分为职业性光毒性接触性皮炎(occupational phototoxic contact dermatitis)和职业性光变应性接触性皮炎(occupational photoallergic contact dermatitis)两型。

3. 职业性电光性皮炎(occupational electroflash dermatitis) 在劳动中接触人工紫外线光源,如电焊器、炭精灯、水银石英灯等引起的皮肤急性炎症。

4. 职业性药疹样皮炎(occupational medicamentose-like dermatitis) 接触三氯乙烯等化学物后引起的皮肤、黏膜炎症性反应,严重时伴发热、肝损害和浅表淋巴结肿大。

【病因和发病机制】

1. 职业性刺激性接触性皮炎 由致病物的原发刺激性作用引起,在接触部位通过非免疫机制直接作用于皮肤而发病。接触至发病的时间不仅与接触物的性质、温度有关,同时与接触刺激物的浓度、时间有密切联系,且接触刺激物的浓度、时间与皮损程度有明显的剂量-效应关系。个体差异不明显,同样条件下大多数接触者发病。常见的原发性刺激物有酸、碱、有机溶剂、某些金属盐类、石油产品、有机卤素化合物、农药、动物(隐翅虫、螨虫等)、植物(无花果、鹅不食草等)、肥皂、洗涤剂等。

2. 职业性变应(过敏)性接触性皮炎 由皮肤致敏物引起皮肤超敏反应,属典型的Ⅳ型变态反应,即由T淋巴细胞介导的细胞免疫反应。其发病过程分为诱导和激发两个阶段,诱导期大致需要5~14天。初次接触致敏物时并不引起皮肤反应,经过一定的潜伏期,再接触该致敏物很快在接触部位发生炎症反应。反应程度因接触致敏物的强弱及个体的反应性差异而有所不同,同样条件下接触者只有少数人发病。常见的接触性致敏物有染(颜)料及其中间体类、显影剂类、橡胶制品及橡胶制品的促进剂与防老剂、天然树脂及合成树脂、某些金属及其盐类、药物、香精、清洁剂、植物(檀木、乌木)及杀虫剂等。

3. 职业性光毒性接触性皮炎 是被光能激活的光敏性物质对皮肤毒理作用的结果,是一种非免疫性反应。任何个体只要存在某种光敏物质,再经过适当波长及时间的光照,半小时到几小时后即可在暴露部位出现晒斑样损害。常见的光毒性化合物有煤焦油、煤焦沥青、蒽、吖啶、蒽醌基染料、补骨脂素类、氯吩噻嗪、氨苯磺胺等。

4. 职业性光变应性接触性皮炎 进入皮肤的光敏物质,经光能作用转化为半抗原,然后与载体结合形成完全抗原后引起变态反应。发病有一定的潜伏期。初次接触光变应性物质和照光后不发病,经过5~14天后或更长时间再接触和照光时,一般在24小时内发病,发病与光照有明显关系。常见的光变应性化合物有卤代水杨酰胺、酚类化合物、氯丙嗪、磺胺类、噻嗪类化合物等。

5. 职业性电光性皮炎 紫外线被皮肤的色基吸收后,导致表皮和真皮细胞的广泛损伤并引发以组织修复为目的的炎症反应。

6. 职业性药疹样皮炎 类似于某些药物通过各种途径进入人体后引起的药物性皮炎,其发病机制为Ⅳ型变态反应。

【临床表现】

1. 职业性刺激性接触性皮炎 急性皮炎表现为红斑、水肿、丘疹或在水肿性红斑基础上密布丘疹、水疱或大疱,疱破后呈现糜烂、渗液、结痂,自觉灼痛或瘙痒。慢性改变者呈现不同程度浸润、增厚、脱屑或皲裂(图11-1)。自接触到发病所需时间和反应强度与刺激物的性质、浓度、温度有关。接触高浓度强刺激物,常立即出现皮损。在同样条件下,大多数接触者发病。皮损局

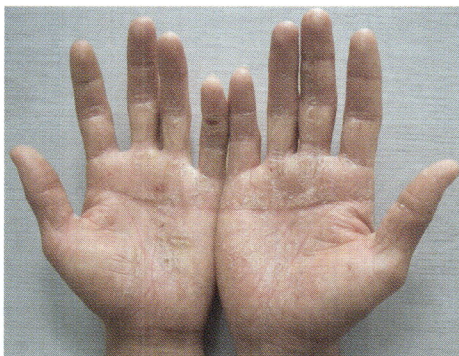

图11-1 职业性刺激性接触性皮炎

限于接触部位,界限清楚。病程具有自限性,去除病因后易于治愈,再接触可再发。

2. **职业性变应(过敏)性接触性皮炎**   皮损表现与职业性刺激性接触性皮炎相似,但大疱少见,常呈湿疹样表现。自觉瘙痒。初次接触不发病,一般情况下从接触到致敏约需 5~14 天或更长时间,致敏后再接触常在 24 小时内发病,皮肤反应程度与致敏物的致敏强度和个体素质有关。在同样条件下,接触者仅少数人发病。皮损初发于接触部位,界限清楚或不清楚,可向周围及远隔部位扩散,严重时泛发全身。病程可能迁延,再接触少量致敏物即能引起复发。以致敏物进行皮肤斑贴试验常获阳性结果。

3. **职业性光毒性接触性皮炎**   皮损呈局限性片状红斑,有烧灼感或疼痛,严重时可出现水肿和水疱,常伴有眼结膜炎及全身症状,如头痛、头晕、乏力、口渴、恶心等。接触光敏物并受日光(紫外线)照射后即发病;皮损多发生于曝光部位,界限清楚;同工种、同条件下大多数人发病;脱离接触光敏物或避免日光(紫外线)照射后,炎症消退较快,局部常留有不同程度的色素沉着。

4. **职业性光变应性接触性皮炎**   皮损为水肿性红斑,尚有小丘疹或水疱,边缘常不清楚,伴有不同程度的瘙痒。发生过程同职业性变应(过敏)性接触性皮炎。同工种、同条件下仅少数人发病。皮肤光斑贴试验常获阳性结果。

5. **职业性电光性皮炎**   皮损表现为急性炎症,其反应程度视光线强弱、照射时间长短而定。轻者表现为界限清楚的水肿性红斑,有灼热及刺痛感;重者除上述症状外可发生水疱或大疱,甚至表皮坏死,疼痛剧烈。常伴有电光性眼炎。在无适当的防护措施或防护不严的情况下,于照光后数小时内发病,皮损常发生于面、手背和前臂等暴露部位,界限清楚。

6. **职业性药疹样皮炎**   皮损表现为急性皮炎,多呈剥脱性皮炎,部分为多形红斑、重症多形红斑或大疱性表皮坏死松解症,常伴有浅表淋巴结肿大,严重者伴内脏损害,死亡率高。同工种、同条件下仅个别人发病。

【 **诊断和鉴别诊断** 】

根据明确的职业史、接触史及临床表现,必要时结合皮肤斑贴试验(适用于职业性变应性接触性皮炎,不适用于职业性刺激性接触性皮炎,操作过程中应注意斑试物浓度,选择合适的赋形剂)、光斑贴试验或其他特殊检查结果,参考现场职业卫生学调查和同工种发病情况综合分析,排除非职业因素引起的类似皮肤病并依据《职业性接触性皮炎的诊断》(GBZ 20—2019)、《职业性光接触性皮炎诊断标准》(GBZ 21—2006)、《职业性电光性皮炎诊断标准》(GBZ 19—2002)、《职业性三氯乙烯药疹样皮炎诊断标准》(GBZ 185—2006)方可诊断。

职业性皮肤病应与非职业性皮肤病进行鉴别,职业暴露是关键因素。

【 **预防和治疗** 】

1. **治疗原则**   及时清除皮肤上存留的致病物,暂时避免接触致病物及其他促使病情加剧的因素,根据病情依照皮炎的治疗原则对症治疗。

职业性接触性皮炎按一般接触性皮炎的治疗原则对症治疗。职业性接触性皮炎中某些致病物既有刺激作用又有致敏作用,临床上难以分型时,可诊断为职业性接触性皮炎,并按职业性变应(过敏)性接触性皮炎处理。同时,某些化学物在引起接触性皮炎时,可能有经皮吸收导致中毒的可能,应予以注意。

职业性药疹样皮炎建议住院治疗,按药疹样皮炎的处理原则进行治疗。

2. **其他处理**   职业性变应(过敏)性接触性皮炎和职业性光变应性接触性皮炎反复发作、迁延不愈、影响工作者,可调换工种,脱离有致敏物的环境。职业性药疹样皮炎一经诊断应立即脱离原岗位。

3. **预防**   关键在于隔离或减少与致病因素的接触,采取综合的预防措施。改善劳动条件,操作过程自动化、机械化,保持清洁的生产环境,减少作业场所刺激物和变应原对皮肤的刺激;加强个人防护,防止化学物质直接接触皮肤。

第二节　职业性皮肤色素变化

职业性皮肤色素变化分为职业性黑变病和职业性白斑两种类型。

职业性黑变病(occupational melanosis)是指劳动或作业环境中存在的职业性有害因素引起的慢性皮肤色素沉着性疾病。随着我国工业发展以及从业人数的增加,职业性黑变病潜在患病人群逐年扩大,黑变病的发病率也呈现出上升趋势,占职业性皮肤病的2%~5%。

职业性白斑(occupational leukoderma)是指长期接触苯基酚或烷基酚类等化学物引起的皮肤色素脱失斑。

【病因和发病机制】

1. **职业性黑变病**　常见的外源性致病因素主要有三大类:煤焦油、石油及其分馏产品;橡胶添加剂及橡胶制品;某些颜料、染料及其中间体。其发病机制尚未完全明了,可能是由于致病物对皮肤的长期接触,炎症可促进巯基氧化,增加酪氨酸酶的活性,或是垂体中黑素细胞刺激素分泌受刺激而增加,加速黑色素代谢过程,使黑素增加。致病物含有刺激皮肤的酚、萘等多种物质,可引起皮炎,所含的吖啶、蒽等光感物,使皮肤对光线过敏而发生日光性皮炎。接触致病物人群中只有少数人发病,且与个体因素有关,一般认为内分泌紊乱和神经精神因素可能是本病的诱因。

2. **职业性白斑**　某些苯基酚和烷基酚类,如对苯二酚、对苯二酚单苯醚、对叔丁酚、儿茶酚、甲酚、3-羟苯甲醚、4-羟苯甲醚等皆有脱色作用,因此接触石油化学、树脂、橡胶业以及使用含酚制品的工人中发病率较高。其发病机制比较复杂,多认为酚类化学物质在黑素体被酪氨酸酶氧化成醌类,其中可能形成半醌游离基,弥散进入黑素细胞细胞质,通过脂类过氧化反应,使细胞质内细胞器的脂蛋白膜遭受破坏,造成细胞的损伤。半醌游离基对黑素细胞具有选择性破坏作用,引起色素脱失。致病物质作为抗代谢剂,可改变呼吸与产能反应而选择性地作用于黑素细胞,使之变性或死亡;抑制黑素形成,阻止酪氨酸酶氧化成多巴,阻止氧化酶与色素前身物结合,通过抑制酶的作用而影响黑素代谢。

【临床表现】

1. **职业性黑变病**　多发生于中年人,女性多见,经常在冬季发病。本病呈渐进性慢性过程,呈现以暴露部位为主的皮肤色素沉着,严重时泛发全身,可伴有瘙痒及轻度乏力等症状。色素沉着前期或初期,常有不同程度的阵发性红斑或瘙痒,待色素沉着较明显时,这些症状即减轻或消失;皮损形态多为网状或斑点状,有的可融合成界限不清的弥漫性斑片;有的呈现以毛孔为中心的小片状色素沉着斑,少数可见毛细血管扩张和表皮轻度萎缩;皮损颜色呈深浅不一的灰褐色、褐黑色、紫褐色等,在色素沉着部位表面往往有污秽的外观(图11-2);色素沉着部位以面部的额、颞、颊、鼻沟、耳前、眼周等露出部位为主,也可以发生在耳后、颈部、躯干、四肢或分布于全身;可伴有轻度乏力、头晕、食欲不振等全身症状。

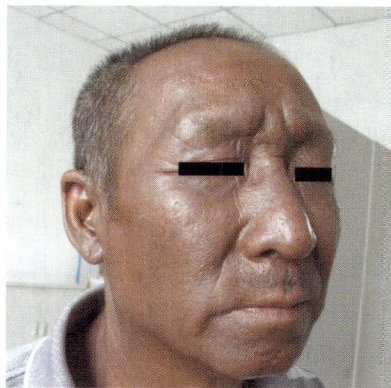

图11-2　职业性黑变病

2. **职业性白斑**　于接触致病物1年或更长时间后发病。皮损好发于手、腕部及前臂、颈部等暴露部位,亦可发生于前胸、后背、腰腹等非暴露部位,少数患者皮损可泛发全身;皮损呈大小不一、不规则形、点状或片状色素脱失斑,境界比较清楚,少数皮损边缘色素略为增深,部分白斑中央可见岛屿状色素沉着;脱色程度与接触致病物的时间及强度有关;呈慢性病程,无自觉症状。发病后若继续接触致病物,皮损面积可继续增大、融合。

【诊断和鉴别诊断】

根据明确的职业接触史、在接触期间内发病、皮损部位、特殊的临床表现、病程经过、动态观察,参

NOTES

考现场作业环境调查和同工种发病情况进行综合分析,除外非职业性皮肤色素改变和继发性色素改变。依据《职业性黑变病诊断标准》(GBZ 22—2002)、《职业性白斑的诊断》(GBZ 236—2011)做出诊断。目前职业性黑变病尚无特异性的化验诊断指标,血清中巯基的变化可供参考,但不能作为诊断依据。

职业性黑变病应与非职业性黑变病和继发性色素沉着症、黄褐斑、扁平苔藓、色素性荨麻疹、多发性斑状色素沉着症、艾迪生病、血色病等相鉴别,组织病理学检查有助于职业性黑变病和某些色素性皮肤病的鉴别诊断,必要时可对皮损进行活检。职业性白斑应与非职业性白癜风、花斑糠疹、特发性点状色素减少症、炎症后色素脱失斑等相鉴别。

【预防和治疗】

1. 治疗原则 避免继续接触致病物,根据病情,按照黑变病及白癜风治疗原则对症处理。

(1)职业性黑变病:维生素 C、β-巯乙胺可抑制黑素形成,因此可系统使用。也可服用多种维生素对症治疗。局部可外用 3% 氢醌霜。

(2)职业性白斑:按非职业性白癜风治疗原则对症治疗。

2. 改善生活环境与劳动条件,安装良好的通风、吸尘设备,降低车间中烟尘、粉尘浓度,加强个人防护,采取必需的防护措施。避免直接接触致病物是预防本病的重要措施。

3. 职业性黑变病停止接触后一般消退较慢,恢复接触后仍可复发,但不影响患者的劳动能力。职业性黑变病和职业性白斑一经诊断,建议患者调换工种,避免继续接触致病物,必要时应调离发病环境。

第三节 职业性痤疮

职业性痤疮(occupational acne)是指在生产劳动中接触矿物油类或某些卤代烃类引起的毛囊、皮脂腺系统的慢性炎症损害。由煤焦油、页岩油、天然石油及其高沸点分馏产品与沥青等引起的,称为油痤疮;由某些卤代芳烃、多氯酚及聚氯乙烯热解物等引起的,称为氯痤疮。

【病因和发病机制】

1. 油痤疮(oil acne) 由石油(包括原油、各种柴油、机油、润滑油、切割油、乳化油、变压油等)和煤焦油分馏产品(包括煤焦油、焦油沥青及杂酚油等)引起。矿物油引起毛囊上皮细胞增殖和角化过度,使皮脂排出障碍;机械性的阻塞作用将毛孔堵塞,形成黑头粉刺;继发细菌感染可形成毛囊炎与疖肿;青年工人发病与其皮脂腺功能有关。

2. 氯痤疮(chloracne) 由卤代烃类化合物,包括多氯(溴)萘、多氯(溴)联苯、多氯苯、多氯酚、多氯氧芴、四氯氧化偶氮苯、二噁英(TCDD)、聚氯乙烯热解物等引起。其发病机制与皮脂腺的鳞状上皮增生以及毛囊外根鞘部位的增粗有关。致病物质作用于未分化的皮脂腺细胞,使其转化为角质形成细胞,导致细胞增殖角化,产生黑头粉刺及囊肿。

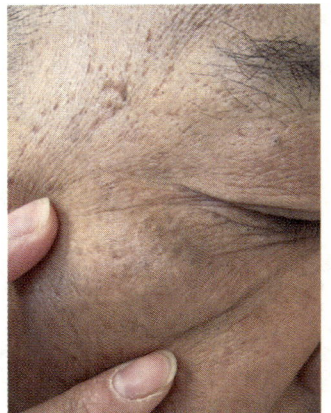

图 11-3 油痤疮

【临床表现】

1. 油痤疮 接触部位多数毛囊性损害,表现为毛孔扩张、毛囊口角化、毳毛折断及黑头粉刺。常有炎性丘疹、毛囊炎、结节及囊肿。较大的黑头粉刺挤出黑头脂质栓塞物后,常留有凹陷性瘢痕。皮损一般无自觉症状或有轻度痒感、刺痛。多发生于眼睑、耳郭、四肢伸面,特别是与油类浸渍的衣物摩擦的部位(图 11-3)。

2. 氯痤疮 接触部位发生成片的毛囊性皮损,表现以黑头粉刺为主。初发时常在眼外下方及颧部出现密集的针尖大的小黑点,日久则于耳郭周围、腹部、臀部及阴囊等处出现较大的黑头粉刺,伴有毛囊口角化,间有粟丘疹样皮损,炎性丘疹较少见。耳及ㅈ囊等处常有草黄色囊肿。

【诊断和鉴别诊断】

根据职业接触史,特有的临床表现及发病部位,参考工龄、发病年龄、作业环境调查及流行病学调查资料;结合对病情的动态观察,进行综合分析,排除寻常痤疮及非职业性外源性痤疮,依据《职业性痤疮诊断标准》(GBZ 55—2002)方可诊断。

职业性痤疮主要应与寻常痤疮相鉴别。寻常痤疮有其固定的好发部位(面、颈、胸、背、肩)及好发年龄(15~25 岁),而职业性痤疮可发生于任何年龄和任何接触部位。

【预防和治疗】

1. 治疗原则　参照寻常痤疮的治疗原则,对证处理。注意及时清除皮肤上存留的致病物。囊肿较大者可考虑手术切除。

2. 其他原则　合并多毛性毛囊炎、多发性囊肿及聚合性痤疮治疗无效者,应调换工作,避免接触致病物。

3. 加强就业前体检,改善生产环境及劳动条件,加强通风,减少有害气体及粉尘外逸。加强个人防护,工作后及时洗浴,穿戴好防护服并保持清洁,局部暴露部位涂抹皮肤防护剂。

第四节　职业性皮肤溃疡

职业性皮肤溃疡(occupational skin ulcer)是指生产劳动中直接接触铬、铍、砷等化合物所致形态较特异、病程较慢性的皮肤溃疡,如铬溃疡(铬疮)、铍溃疡等。

【病因和发病机制】

常见致病物为铬酐、铬酸、铬酸盐、重铬酸盐等六价铬化合物及氟化铍、氯化铍、硫酸铍等可溶性铍化合物。这些物质具有较强的刺激性和腐蚀性,可经过伤口或摩擦穿透皮肤引起腐蚀发病。

【临床表现】

皮损初起多为局限性水肿性红斑或丘疹,继之中心演变成淡灰色或灰褐色坏死,并于数天内破溃,绕以红晕,而后溃疡四周逐渐高出皮面。典型的溃疡多呈圆形,直径 2~5mm,表面常有少量分泌物,或覆以灰黑色痂,周边为宽 2~4mm 的质地坚实的暗红色堤状隆起,使整个皮损状似鸟眼。恢复过程中炎症逐渐消退,溃疡变浅、缩小、愈合,最后堤状隆起逐渐变平,遗留轻度萎缩性瘢痕。如继续接触刺激物,溃疡难以愈合,病程可长达数月乃至 1 年。溃疡可有轻度压痛;疼痛一般不明显,但可于接触强刺激物后加重。

【诊断和鉴别诊断】

根据明确的职业接触史、特殊的皮肤表现,结合作业环境劳动卫生调查资料,排除其他类似的皮肤损害,依据《职业性皮肤溃疡诊断标准》(GBZ 62—2002)方可诊断。

本病应注意与化学性皮肤灼伤、臁疮(深脓疱疮)引起的溃疡相鉴别。

【预防和治疗】

1. 治疗原则　及时清除皮肤上残留的致病物;清洁创面,对症治疗。

2. 加强生产设备的管理、清洁和维修,以防止污染作业环境。加强通风,减少有害物质浓度。做好个人防护,配备防护用品。做好就业前体检,及时发现禁忌证。

第五节　其他类型的职业性皮肤病

在国家规定的职业病名单中有单独列项的职业性皮肤病,并有独立诊断标准。以下职业性皮肤病可依据《职业性皮肤病的诊断　总则》(GBZ 18—2013)进行诊断。

1. **职业性接触性荨麻疹**(occupational contact urticaria)　接触天然橡胶、食品、动植物、药物、

NOTES

金属及其他化学物等引起的皮肤风团样反应,常伴有瘙痒及红斑,严重时可出现全身症状。

2. **职业性皮肤癌**(occupational skin carcinoma)　长期接触砷剂等引起的鳞状细胞癌、基底细胞癌及鲍恩病等。

3. **职业性感染性皮肤病**(occupational infectious dermatosis)　接触细菌、病毒等微生物引起的皮肤炭疽、类丹毒、挤奶员结节等职业性皮肤病。

4. **职业性疣赘**(occupational verruciform neoplasm)长期接触沥青、煤焦油、页岩油及其高沸点馏分矿物油等,在接触部位引起扁平疣样、寻常疣样及乳头瘤样皮损(图11-4);以及接触石棉引起的石棉疣。

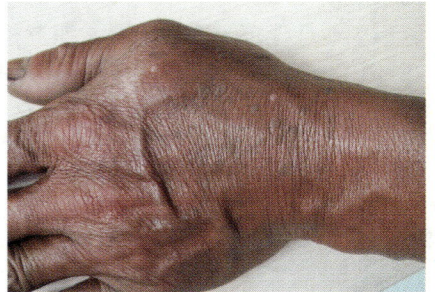
图11-4　职业性疣赘

5. **职业性角化过度、皲裂**(occupational hyperkeratosis,fissure)　接触有机溶剂和碱性物质以及机械性摩擦等引起的皮肤粗糙、增厚与皲裂。

6. **职业性痒疹**(occupational prurigo)　由螨、尾蚴等生物性因素引起的丘疹性荨麻疹样损害。

7. **职业性浸渍、糜烂**(occupational maceration,erosion)　长期从事浸水作业引起的皮肤乳白色肿胀、起皱与糜烂。

8. **职业性毛发改变**(occupational hair abnormality)　接触矿物油、沥青等引起的毛发折断或增生等毛发异常。

9. **职业性指甲改变**(occupational nail abnormality)　长期接触碱类物质、矿物油及物理因素等引起的平甲、匙甲及甲剥离等甲损害。

10. **其他**　与职业接触有明确因果关系的其他职业性皮肤病,如接触玻璃纤维、铜屑以及多种化学物粉尘或气体引起的皮肤瘙痒症等。

(栗玉珍)

思考题

1. 职业性刺激性接触性皮炎与职业性变应(过敏)性接触性皮炎诊治方面有哪些异同?
2. 有哪些需要与职业性皮炎相鉴别的其他疾病?
3. 职业性皮肤色素改变与其他色素改变性皮肤病的鉴别方法有哪些?
4. 简述职业性痤疮的皮损特点。
5. 职业性皮肤溃疡的常见致病因素有哪些?

第十二章
物理性皮肤病

【学习要点】

1. 物理性皮肤病是指物理因素（如光线、射线、压迫、摩擦、温度等）直接或间接引起皮肤损害而导致的各种皮肤疾病。

2. 引起皮肤病的光线主要是紫外线，发病机制包括光毒性反应（如日晒伤）和光变态反应（如慢性光化性皮炎）两种。严格、正确的防晒措施是预防和治疗光线性皮肤病的最重要手段。

3. 放射性皮炎是由各种类型电离辐射（如 α、β、γ、X 射线，电子、质子等）照射皮肤、黏膜引起的炎症性损害。放射线可使组织细胞 DNA 发生可逆或不可逆性损伤，引起细胞死亡或 DNA 突变，甚至导致恶性肿瘤。

4. 高温、潮湿、闷热环境可引起痱，而皮肤长期受不足以引起烧伤的高温作用可引起火激红斑。

5. 长期机械刺激（如压迫和摩擦）可引起鸡眼和胼胝。

6. 压疮是局部长期受压影响血液循环，导致皮肤和皮下组织营养缺乏而引起的组织坏死。

人体皮肤常暴露于外界环境，很多物理因素（如光线、压迫、摩擦、温度等）可直接或间接引起皮肤损害，这类皮肤病变统称为物理性皮肤病。本章介绍几种常见的物理性皮肤病。

第一节　日　晒　伤

日晒伤（sunburn）也称为晒斑或日光性皮炎（solar dermatitis），是由于正常皮肤接受过度的日光（紫外线）照射后，暴晒处皮肤发生的急性光毒性反应。

【病因和发病机制】

本病由皮肤接受了超过皮肤耐受量的紫外线引起，紫外线以 UVB 为主，UVB 导致红斑的能力约是 UVA 的 1 000 倍。造成日晒伤的原因主要有：①环境中的紫外线辐照过强；②暴露于紫外线的时间过长；③个体的皮肤光生物学类型（Fitzpatrick 皮肤类型）影响日晒伤的程度，通常 Fitzpatrick Ⅰ、Ⅱ型皮肤的人（白种人）容易被晒伤。

皮肤经紫外线过度照射后，细胞中蛋白质和核酸吸收大量的紫外线产生一系列复杂的光生物化学反应，造成表皮细胞坏死，释放多种活性介质，如组胺、5-羟色胺、激肽等，引起真皮血管扩张、组织水肿、黑色素合成加快等反应。

【临床表现】

本病春夏季多见，浅肤色人群（皮肤光生物学类型为Ⅰ、Ⅲ型者）、野外活动、高原地区、滑雪或水面作业人群易发病。临床症状的轻重与紫外线的强弱、暴露于紫外线的时间长短、个体的皮肤光生物学类型、种族等有关。

一般日晒后 30 分钟至 8 小时出现日晒伤，在 12~24 小时达到高峰，日光暴露部位出现境界清楚的红斑（图 12-1），呈鲜红色，数小时至数天逐渐消退。皮损较重时可出现红肿、

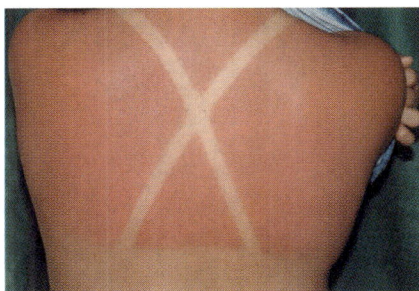

图 12-1　日晒伤

水疱,内容澄清,疱壁紧张,可破裂结痂。随后红斑渐淡和消退,脱屑,并留有色素沉着。自觉烧灼感或刺痛感。皮损广泛时可有全身症状,如发热、畏寒、头痛、恶心和全身不适等,甚至引起心悸、谵妄或休克。

【诊断和鉴别诊断】

根据强烈日光暴晒史及典型临床表现,本病容易诊断。本病应与接触性皮炎进行鉴别,后者有接触刺激物或过敏物质史,与日晒无关,可发生于任何季节,皮损发生于刺激物或过敏物质接触处。

【预防和治疗】

1. 预防　做好光防护是最好的预防方法。避免暴晒及过长时间的户外活动,使用各种物理防晒措施(如撑伞、戴宽檐帽、穿长袖衣衫)及正确选择、涂抹防晒产品等方法可有效预防。通过经常的户外锻炼、进行短时间日光浴,提高皮肤对日光的耐受性,也是很好的防晒伤方法。根据不同的环境条件和日光照射强度选择相应日光保护指数的产品,并在外出接触阳光30分钟前涂抹足够的剂量($0.5\sim1mg/cm^2$皮肤)。除非产品有长效的标识,否则每$2\sim3$小时需补充涂抹一次。

2. 治疗　以局部外用药物为主,以消炎、止痛为原则。一般可外用炉甘石洗剂和糖皮质激素,有糜烂、渗出者可用3%硼酸水或生理盐水等溶液冷湿敷。症状严重者可口服抗组胺药、维生素C、非甾体抗炎药(如吲哚美辛、阿司匹林)或小剂量糖皮质激素。

第二节　外源性光感性皮炎

光感物质通过局部接触、摄入、外用或系统用药等途径进入机体后,在一定波长的光线照射下,出现了相应的临床症状,称为外源性光感性皮炎(exogenous photosensitizing dermatitis)。临床上可分为光接触性皮炎和光线性药疹两种。

【病因和发病机制】

本病的主要病因是某些光感物质直接接触皮肤,或通过进食、口服、注射等途径进入皮肤,由于这些物质含有特殊的容易吸收光辐射的分子或色基,在接受特定波长的光线照射后出现了异常的生物学效应(包括光毒性和光变态反应性),从而导致疾病的发生。其作用机制尚不明确,作用光谱主要是UVA,也有UVB、UVA+UVB或波长为400~450nm的可见光。

常见的致病光感物质有①化妆品:如某些香料、防晒剂;②染料:如依沙吖啶等;③化学工业品:沥青、焦油等;④香豆素类:8-甲氧基补骨脂素等;⑤药物:磺胺类药及其衍生物、口服降糖药、抗菌药(尤其是喹诺酮类、四环素类和灰黄霉素)、利尿药、抗精神失常药、抗组胺药、抗心律失常药、抗肿瘤药、镇定安眠药、水杨酸盐类、避孕药、中草药等;⑥动植物:泥螺、苋菜、菠菜、马齿苋等。

【临床表现】

1. 光接触性皮炎　是在接触致病的光感物质后,接触部位的皮肤暴露于特定波长光线后(通常是日光暴晒,但也有实验室用于观察电泳结果的紫外灯等)所引起的红斑、水肿等炎症反应。根据其发病机制,可分为光毒性和光变态反应性接触性皮炎两种。

(1)光毒性接触性皮炎:皮肤暴露于光感物质并经光线照射后呈现出红斑、水肿,严重者出现水疱和糜烂,伴灼热、疼痛等日晒伤样症状,为光毒性反应。光毒性反应的发生机制是紫外线诱导光感物质活化,直接造成细胞和组织损伤。它可以发生于任何个体,通常在紫外线照射几个小时内即出现。

(2)光变态反应性接触性皮炎:已致敏的患者,在接触光感物质和曝光的皮肤上发生湿疹样损害,继之在未被照射的部位也出现皮疹,称为光变态反应性接触性皮炎。它是一种迟发型超敏反应,只发生于有过敏体质的个体,有7~10天的潜伏期。

2. 光线性药疹(actinic drug eruption)　是指系统使用光感性药品,皮肤暴露于光线后出现红斑、水肿、风团等皮损。临床上分为以下两种。

（1）光毒性药疹（phototoxic drug eruption）：因为系统使用某些光感性药物，经过一定量的光照后（主要是 UVA），体内药品吸收一定波长紫外线，成为光能的受体，从而引起光毒性反应。其临床表现常见为红斑、水肿伴烧灼和刺痛感，严重的出现水疱和大疱，而少见的光毒性药疹的皮损包括石板灰样色素沉着、扁平苔藓样皮疹、光性甲脱离等。严重者的全身症状包括发热、头晕、恶心、呕吐、乏力等。停用光感性药物或不接触紫外线后皮损可慢慢消退，遗留色素沉着和脱屑。

（2）光变态反应性药疹（photoallergic drug eruption）：患者系统使用某些光感性药品后，在特定波长光线（常见为 UVA）作用下，通过光化学途径改变摄入体内的药物或其代谢产物的结构，使其与体内的载体蛋白结合，从半抗原形成完全抗原，刺激机体产生相应抗体，导致迟发型超敏反应（即迟发型光变态反应），从而出现各种临床症状。其发病时间通常比光毒性药疹要迟，在日晒后 24 小时甚至数天出现；恢复比光毒性药物反应要慢，即使停用光感性药物，临床症状有时也会持续很长时间。皮损主要发生于暴露部位，也可累及非暴露部位。可表现为湿疹样皮疹、紫癜、色素沉着、血管炎、剥脱性皮炎等，严重者可出现头昏、乏力、发热、精神萎靡等症状，甚至出现过敏性休克。值得注意的是，一些光感性药物既可引起光毒性反应，也可引起光的迟发型超敏反应。

【诊断和鉴别诊断】

本病的诊断依据：①起病前一定时间内有接触或摄入光感物质，或使用光感性药物的病史；②皮疹发生于或最早出现在曝光部位；③脱离接触光感物质或停用可疑光感性药物后能够痊愈；④光试验或光斑贴试验阳性。

本病应与日晒伤、多形性日光疹、湿疹、接触性皮炎和其他类型的药疹等疾病相鉴别。

【预防和治疗】

1. 预防　对有光敏感病史的患者，找出致病的光感性物质或药物最重要，同时要尽量避免接触、摄入或使用可疑致病的光感物质及药物；避免过度日晒，高度敏感者要避免日光灯等能够产生紫外线的光源照射；外出时使用广谱防晒产品（同时防护 UVB 和 UVA），症状严重者甚至在室内、车内及阴天也要使用防晒产品（UVA 可以穿透玻璃，而且阴天也有强的 UVA 辐照）。

2. 治疗　轻者口服抗组胺药、维生素 C，严重者口服非甾体抗炎药或中小剂量的糖皮质激素。注意保护皮肤，急性期无渗液皮损可以用炉甘石洗剂外搽，有渗液时可用 3% 硼酸溶液冷湿敷，可配合使用氧化锌油。皮损干燥后及慢性期可用糖皮质激素霜剂。

第三节　多形性日光疹

多形性日光疹（polymorphous light eruption）是一种特发性、间歇性反复发作的、以多形皮损为特征的光感性皮肤病。

【病因和发病机制】

病因目前尚不清楚。目前一般认为可能是对尚不清楚的内源性皮肤光诱导的抗原产生的迟发型超敏反应，致病光谱较宽，UVA、UVB 和可见光均可。其发生也可能与遗传、内分泌、微量元素、代谢异常等有关。

【临床表现】

本病发病与季节有关，一般在紫外线辐照强度高的春夏季起病，秋冬季减轻。多见于中青年女性，好发于曝光部位（如面部、颈后、颈前 V 形区、手背和前臂伸侧）（图 12-2）。常在日晒 1 小时内自觉瘙痒，数日后出现皮损。皮损形态多样，常见的有小丘疹、丘疱疹，也可表现为水肿性红斑、大丘疹或斑块，但对每一位患者而言，皮损常以单一形态为主。患者自觉瘙痒显著，一般全身症状轻微，但易反复发作，病程长短

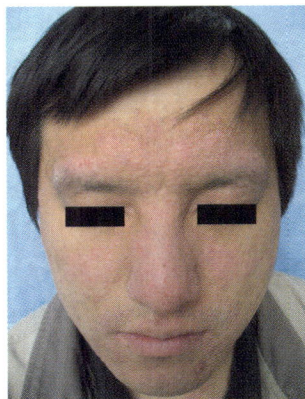

图 12-2　多形性日光疹

不一。

【诊断和鉴别诊断】

主要根据发生于青年女性曝光部位的多形性皮损，但以某一类型为主的特点进行诊断，常反复发作，可有光斑贴试验阳性、光试验（紫外线红斑试验）异常反应。

本病应与湿疹、慢性光化性皮炎、光线性痒疹、盘状红斑狼疮等进行鉴别。

1. **湿疹**　皮损多型性，可见于非暴露部位或全身，与日光、季节无明显关系。

2. **慢性光化性皮炎**　主要发生于 50 岁以上中老年男性，病情持久，可从春夏持续到冬季，严重者皮损可见于非曝光部位。

【预防和治疗】

应避免曝晒，外出时应使用广谱防晒产品；易感者也可在发病季节前，让皮肤适当地逐渐增加日晒或者进行预防性光疗以提高皮肤对光线的耐受力。

1. **外用药物治疗**　应根据皮损性质和部位选用药物及剂型，可外用炉甘石洗剂、糖皮质激素霜剂，但应避免使用焦油类等潜在光敏物质。

2. **内用药物治疗**　以口服抗组胺药为主，但应避免使用氯苯那敏、盐酸异丙嗪等光敏药物；症状明显、反复发作者可口服烟酰胺、氯喹或羟氯喹、沙利度胺、β-胡萝卜素，部分患者有效；严重者可口服糖皮质激素或硫唑嘌呤。

3. 严重者可使用预防性的硬化治疗，用窄谱 UVB 照射，每周 2~3 次，起始照射剂量为 50%MED 值，随后每次照射时剂量增加 10%~15%，连续 15 次为一个疗程。

第四节　慢性光化性皮炎

慢性光化性皮炎（chronic actinic dermatitis，CAD）是一组以慢性光敏感为特征的病谱性疾病，包括持久性光反应（persistent light reactive，PLR）、光敏感性湿疹（photosensitive eczema）、光敏性皮炎（photosensitive dermatitis，PD）、光线性类网织细胞增生症（actinic reticuloid，AR），病谱的两端分别是 PD 和 AR。

【病因和发病机制】

本病的致病光谱包括 UVA、UVB 和可见光。病因和发病机制至今未明，但光感物质及药物是重要的发病因素，涉及外源性（如化妆品中的香料和防腐剂、焦油、四环素等药物）或内源性光感物质（机体的载体蛋白受紫外线照射后结构改变，成为内源性抗原）的慢性光化性皮炎的发病机制为迟发型超敏反应。该病与免疫调节功能失常、色氨酸代谢障碍、过敏体质、皮肤成纤维细胞对紫外线敏感性增加等因素有关。

【临床表现】

本病好发于室外工作者，男性多见，约占 90%，大多 50~70 岁，50 岁以下少见。皮疹可发生于正常皮肤，也可发生于原有变应性接触性皮炎或光感性接触性皮炎等炎症的皮肤。常常合并对植物抗原、香料、外用药物的接触过敏。好发于日光暴露部位（图 12-3），但多数不累及皮沟深部、上眼睑、鼻唇沟、耳后及指间部位，严重者可累及非暴露部位，男性斑秃患者头顶部头发稀疏区也是常见部位。皮损的性质呈皮炎湿疹样，急性期表现为暴露部位弥漫性、水肿性红斑，可有散在的丘疱疹和轻度渗出（PD 相）。慢性期为暗红色或灰黑色、浸润性、苔藓样变的丘疹、融合的斑丘疹或斑块。严重者可发展成皮肤 T 淋巴细胞瘤样的皮损（AR 相）。部分患者毛发脱落、色素沉着或色素减少，极少数病例可发展为红皮病。

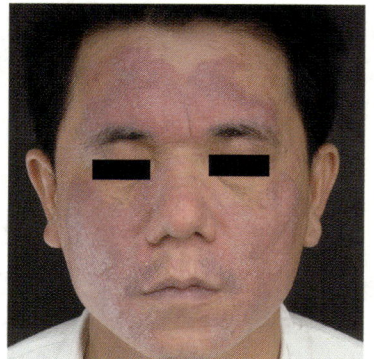
图 12-3　慢性光化性皮炎

慢性光化性皮炎是一种慢性持久性疾病,反复发作,终年不愈,常在春夏季或日晒后加重。但随着病程的延长,约 10% 患者 5 年、20% 患者 10 年、50% 患者 15 年后病情可逐渐自然缓解,预后较好。

【诊断和鉴别诊断】

本病的诊断标准包括:①持久性皮炎,主要累及光暴露区,也可扩展到非光暴露区;②患者对 UVB 异常敏感,也常对 UVA 或可见光敏感,光激发试验和光斑贴试验可阳性;③组织病理无特异性。

本病需与皮炎湿疹、多形性日光疹、皮肤 T 细胞淋巴瘤等疾病相鉴别。皮炎湿疹无明确的光敏史,多形性日光疹呈急性间歇性发作,皮肤 T 细胞淋巴瘤浸润的淋巴细胞以 CD4$^+$T 为主,而慢性光化性皮炎以 CD8$^+$T 为主。

【预防和治疗】

最重要的措施是严格的光防护及避免可能存在的接触性变应原。可通过斑贴试验、光试验和光斑贴试验检测致病的光线波长及致敏原。外出时使用广谱的高防晒值防晒产品、戴宽檐帽、穿长袖衣。

1. 口服大剂量烟酰胺、羟氯喹,辅以抗组胺药和 B 族维生素。急性加剧期可加用小剂量糖皮质激素或雷公藤制剂。严重病例可选用沙利度胺。酌情考虑免疫抑制剂,如环孢素、硫唑嘌呤、吗替麦考酚酯等。

2. 局部治疗一般使用糖皮质激素软膏或他克莫司等。

第五节 光 老 化

皮肤的老化主要包括内源性老化和外源性老化。内源性老化是指随年龄增长皮肤的程序性自然老化过程。外源性老化是指皮肤受环境因素影响而引起的衰老变化,其中主要以紫外线的影响为主。由紫外线等光线造成的外源性老化被定义为皮肤的光老化(photoaging)。

【病因和发病机制】

UVB(290~320nm)、UVA(320~400nm)均可导致皮肤光老化,其中 UVA 的作用最大,因为到达地表的 UVA 的量是 UVB 的 10 倍,且 UVA 能够穿透到真皮中层。紫外线能激活皮肤角质形成细胞和成纤维细胞表面的生长因子和细胞因子受体,诱导转录因子 AP-1 产生。激活的受体引起信号转导级联反应,继而导致了这两种细胞内多种分子的变化。经紫外线照射后,皮肤会发生活性氧簇(ROS)激活炎性介质、ROS 直接破坏正常胶原纤维、成纤维细胞线粒体 DNA 缺失突变、端粒缩短、细胞胶原合成功能降低,等等。同时,基质金属蛋白酶(matrix metalloproteinase,MMP)、溶菌酶、胶原酶等多种酶类均可分解胶原蛋白,导致光老化皮肤真皮胶原蛋白的减少。新近研究发现红外线也可以引起皮肤光老化,组织蛋白酶(cathepsin)家族在光老化发生机制中同样起重要作用。紫外线照射后,组织蛋白酶的表达发生改变,能够直接分解细胞外基质,或激活基质金属蛋白酶。

【临床表现】

光暴露部位,如颈项部、面部、前臂和手背等处,出现皮肤粗糙、增厚,弹性减弱,皮沟加深、皮嵴隆起,皱纹增加,出现皮革样外观。皮肤微循环也可以发生变化,如毛细血管扩张或消失,皮肤外观灰暗、无光泽或呈灰黄色。还可以出现色素异常斑和色素沉着斑。

光老化的严重程度受皮肤类型、光暴露性质(职业性的或户外活动等)、发型、衣着和个体修复能力等的影响。

【诊断和鉴别诊断】

根据临床特点不难诊断。但应注意皮肤光老化和皮肤自然老化往往叠加在一起。

【预防和治疗】

注意避光。外出时戴宽檐帽、穿长袖衣,外用防晒产品。

1. 口服或外用抗氧化剂也是预防皮肤光老化的有效方法。常用的口服抗氧化剂有维生素 C、维生素 E、β-胡萝卜素等,外用抗氧化剂如辅酶 Q10 等。

2. 维 A 酸是目前研究最多的治疗皮肤光老化的药物。其中 0.05% 的全反式维 A 酸霜可用于治疗皮肤光老化。

3. 近年来,激光已越来越多地用于皮肤光老化的治疗,并取得一定效果。光子嫩肤技术、果酸剥脱技术等也可用于皮肤光老化的治疗。

第六节　放射性皮炎

放射性皮炎(radiodermatitis)是由各种类型电离辐射(如 α、β、γ、X 射线,电子、质子等)照射皮肤、黏膜引起的炎症性损害。

【病因和发病机制】

本病多由于长期或短期内接受大剂量放射线或接受放射治疗,射线累积量过大所致。放射线可使组织细胞 DNA 发生可逆或不可逆性损伤,引起细胞死亡或 DNA 突变,甚至诱发恶性肿瘤。放射线还可以使组织分子电离产生活性氧和自由基,导致组织急、慢性损伤。发病过程及严重程度取决于不同类型辐射的生物学效应、辐射剂量及辐射部位组织细胞的敏感性。

【临床表现】

多见于接受放疗的患者和从事放射线工作的人员。根据临床表现(图 12-4)的不同可分为急性放射性皮炎和慢性放射性皮炎。

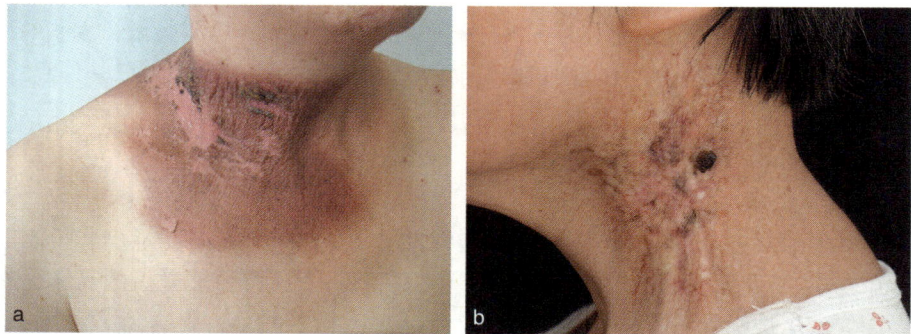

图 12-4　放射性皮炎
a. 急性放射性皮炎;b. 慢性放射性皮炎。

1. **急性放射性皮炎**　为短期内接受大剂量辐射所致,潜伏期短,一般为 1~3 周。其早期反应与热灼伤相似,常称为放射性烧伤,可分为三度。

(1)Ⅰ度:局限性水肿性红斑,边界清楚,常在暴露后 6 天出现,12 天左右达到高峰,3~4 周后消退,留有脱屑、色素沉着、暂时性脱毛等症状。自觉灼热与瘙痒。

(2)Ⅱ度:局部红肿明显,有水疱形成,破溃后出现糜烂和结痂,经 1~3 个月痊愈,遗留色素沉着或色素脱失、毛细血管扩张、皮肤萎缩、永久性毛发脱落及瘢痕形成等症状。自觉明显灼热及疼痛。

(3)Ⅲ度:局部红肿严重,损害累及真皮深部以下,很快出现组织坏死,形成顽固性溃疡。自觉剧痛。愈后留下萎缩性瘢痕、色素沉着或色素脱失、毛细血管扩张、毛发消失等症状,部分皮损难以治愈甚至形成永久性溃疡,溃疡和瘢痕部位易发生癌变。

Ⅱ、Ⅲ度放射性皮炎可伴全身症状,如乏力、头痛、头晕、恶心、呕吐、出血等,可有白细胞减少及继发感染。

2. **慢性放射性皮炎**　由长期反复接受小剂量放射线辐射所致,也可由急性放射性皮炎转变而来。潜伏期数月至数十年不等。表现为皮肤干燥、萎缩,汗腺、皮脂腺分泌减少,皮下组织纤维化、增厚,毛细血管扩张、色素沉着或减退,毛发稀疏、脱落,甲出现条纹、变脆、脱落,严重时可出现顽固性溃疡和皮肤癌变。

【诊断和鉴别诊断】

根据放射线照射史及典型临床表现可以诊断。有时外观可呈接触性皮炎样表现,需加以鉴别。

【预防和治疗】

从事放射线工作人员应严格遵守放射操作规程,加强安全防护措施;对接受放射线治疗患者,应掌握放疗适应证和总剂量;如发生放射源泄漏事件,应立即做好防护并脱离辐射源或污染区。

急性放射性皮炎应保护受损皮肤,避免局部刺激。治疗以对症处理为主,红肿显著时可用扑粉和振荡剂,渗出明显时可用 3% 硼酸溶液湿敷,无明显渗出时可外用糖皮质激素霜剂,对于长期不愈合的深溃疡,必要时行手术切除。

慢性放射性皮炎的治疗以保护和保湿为主,应避免破损,可外用保护性软膏;出现溃疡可用冷湿敷,可配合理疗以促进愈合,同时防止继发感染;溃疡疑有癌变应作组织病理学检查,对难治性溃疡或角化过度性皮损可在感染控制后手术切除并植皮。

第七节 痱

痱(miliaria)亦称粟粒疹,为夏季或高温、潮湿、闷热环境下常见的一种表浅性、炎症性皮肤病。

【病因和发病机制】

在高温、潮湿、闷热环境下,大量的汗液不易蒸发,使角质层浸渍肿胀,导致汗管变窄或阻塞,汗管内汗液滞留、压力增高、汗管破裂、汗液外渗入周围组织而发病。此外,皮肤表面的细菌大量繁殖,产生毒素也会加重炎症反应。

【临床表现】

依据汗管损伤和汗液溢出部位的不同,可分以下四种类型。

1. **白痱(miliaria crystallina)** 由汗液在角质层或以下的汗管溢出引起(图 12-5)。常见于卧床不起、体质虚弱、大量出汗患者,好发于躯干和间擦部位。皮损为成批出现的针头大小的表浅透明水疱,周围无红晕,易破。一般无自觉症状。1~2 天内吸收,留有细小脱屑。

2. **红痱(miliaria rubra)** 最常见,由汗液在棘层的汗管处溢出引起。多见于幼儿、家庭妇女、高温作业者,好发于腋窝、肘窝、额、颈、躯干、妇女乳房下等处。皮损成批出现,表现为密集排列的针头大小丘疹、丘疱疹,周围绕以红晕。伴有灼热和刺痒感。皮损消退后有轻度脱屑。

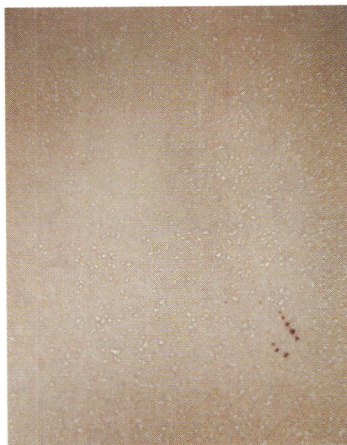

图 12-5 痱

3. **脓疱性痱(miliaria pustulosa)** 多由红痱发展而来。好发于皮肤皱褶处及小儿头颈部。皮损为密集的丘疹,顶端有针头大小浅在脓疱,细菌培养常为阴性。

4. **深部痱(miliaria profunda)** 汗液在表皮-真皮交界处的汗管破裂溢出,表皮汗管常被反复发作的红痱破坏,使汗液阻塞在真皮内,进而发生。多累及热带地区反复发生红痱者,好发于颈部、躯干等部位。皮损为密集的、与汗孔一致的非炎性丘疱疹,出汗时皮损增大,不出汗时皮损不明显,全身皮肤出汗减少或无汗,但常有代偿性面部多汗。一般无瘙痒,皮损广泛时可出现头痛、发热、头晕等全身症状。

【诊断和鉴别诊断】

根据发病季节、典型皮损等可以确诊。本病需与夏季皮炎、急性湿疹等进行鉴别。

【预防和治疗】

夏季或高温、潮湿环境应做好室内通风散热,衣着宽松透气,保持皮肤清洁干燥。

1. **外用药物治疗**　以清凉、收敛、止痒为原则,可外用薄荷炉甘石洗剂和痱子粉,脓疱性痱可外用莫匹罗星软膏、夫西地酸软膏、2% 鱼石脂软膏、硫黄炉甘石洗剂等。

2. **内用药物治疗**　瘙痒明显可口服抗组胺药,脓疱性痱感染严重时可口服抗生素。

第八节　火 激 红 斑

火激红斑(erythema abigne)指皮肤长期受不足以引起烧伤的高温作用,导致局部皮肤产生持久的红斑和网状色素沉着、毛细血管扩张的一种疾病。

【病因和发病机制】

本病是局部皮肤长期受温热作用(未发生烫伤)而引起的。可能与影响弹性纤维,使其增多、增粗,形成致密的粘连相关。见于热水袋局部热敷、经常进行烤火取暖、长期红外线照射的部位,也见于司炉、炊事员及经常进行高温作业的工人。

【临床表现】

皮损好发于大腿内侧、小腿伸侧、上胸部、下背部和腹部。开始表现为一过性网状红斑,久之呈边界不清的淡红、暗红或紫红色,最后可变成黑褐色,并出现毛细血管扩张和网状色素沉着(图 12-6)。这些变化可以在同一病损处同时存在。少数患者可以发生水疱、角化过度、表皮轻度萎缩等表现。病因去除后,皮损可缓慢消退。极少数患者可出现上皮不典型增生。

【诊断和鉴别诊断】

根据临床特点,不难诊断。但需与网状青斑等疾病相鉴别。

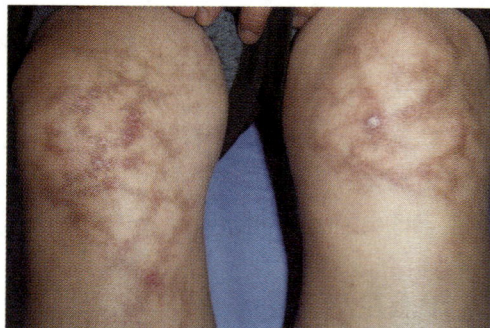

图 12-6　火激红斑

【预防和治疗】

祛除病因,防止进一步损伤。局部外用温和润肤剂或超氧化物歧化酶霜,色素沉着者外用 5% 氢醌霜、0.1% 维 A 酸霜或软膏。

第九节　冻 疮

冻疮(pernio)是一种与寒冷相关的末梢部位局限性、淤血性、炎症性皮肤病。

【病因和发病机制】

由于长期暴露于寒冷、潮湿的环境中,皮肤血管痉挛收缩,导致组织缺氧引起细胞损伤;久之血管麻痹扩张引起静脉淤血、毛细血管扩张、渗透性增加,血浆渗入组织间隙而引发本病。周围血液循环不良、缺乏运动、手足多汗、营养不良、贫血、鞋袜过紧等均可加重病情。

【临床表现】

本病易发于初冬、早春季节。各年龄组均可发生,但多见于儿童、青年女性或末梢血液循环不良者。好发于肢端及暴露部位(图 12-7),如手指、手背、耳郭、鼻

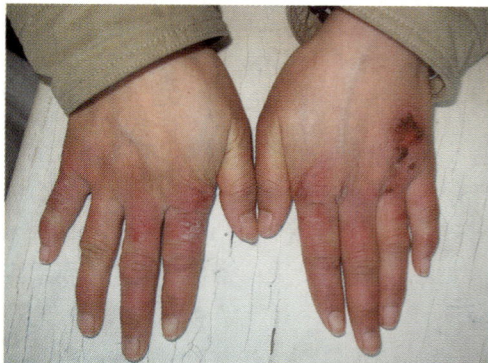

图 12-7　冻疮

尖等处。皮损为局限性水肿性紫红斑块或结节,按之褪色,境界清楚,严重时皮损表面可有水疱,破溃后形成溃疡。自觉有痒感和肿胀感,瘙痒受热后加剧,有溃疡者自觉疼痛。冬季发病,气候转暖后自愈,容易第二年复发。

【诊断和鉴别诊断】

根据发病季节和典型临床表现易于诊断。本病应与多形红斑等进行鉴别。

【预防和治疗】

应注意保暖,保持干燥;加强营养,高蛋白及高维生素饮食;坚持体育锻炼可促进血液循环,提高机体对寒冷的耐受性。

1. 外用药物治疗 以消炎、消肿、改善循环为原则。未破溃皮损可外用维生素 E 软膏和冻疮软膏等,已破溃皮损可用抗生素软膏,也可用氦氖激光等理疗。

2. 内用药物治疗 可口服烟酸、硝苯地平等扩血管药物。

第十节 鸡眼与胼胝

鸡眼(clavus)和胼胝(callus)均系长期压迫和摩擦诱发的角质层增厚。

【病因和发病机制】

二者均与长期机械刺激(如压迫和摩擦)引起的角质层过度增生有关。

【临床表现】

1. 鸡眼 本病好发于成人,女性多见。常累及足跖前中部、小趾外侧或𧿹趾内侧缘,也可见于趾背及足跟。皮损为境界清楚的淡黄色或深黄色圆锥形角质栓(图 12-8),其尖端嵌入皮内,如黄豆大小,表面光滑,与皮面平或稍隆起。因角质栓尖端压迫真皮层内末梢神经,站立或行走受压时自觉剧痛。

2. 胼胝 好发于掌跖受压迫和摩擦处,表现为黄色或蜡黄色增厚的角质性斑块(图 12-9),扁平或稍隆起,中央较厚边缘薄,质地坚实,边界不清,表面光滑且皮纹清晰。局部汗液分泌减少、感觉迟钝,多无自觉症状,严重者可疼痛。

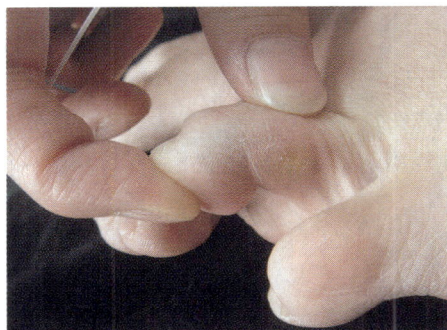

图 12-8 鸡眼

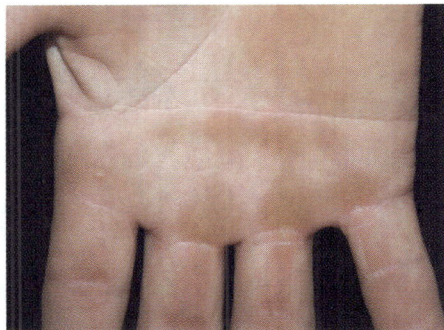

图 12-9 胼胝

【诊断和鉴别诊断】

根据好发部位和典型皮损易于诊断。有时需与跖疣进行鉴别,跖疣表面正常皮纹消失,常多发,不限于受压或摩擦部位,除去角质层可见棘状疣体,两侧挤压痛明显。

【预防和治疗】

去除诱因,尽量避免摩擦和挤压。鞋应适足,足若有畸形应矫正。

1. 鸡眼 可外用鸡眼膏、50% 水杨酸软膏,但应保护周围正常皮肤,也可将鸡眼手术切除。此外,冷冻、激光等方法可适当选用。

2. 胼胝 具有一定保护作用,一般无需治疗,若能减少摩擦,多可缓解。较厚皮损可先用热水浸泡再用刀削除,也可外用角质剥脱剂,如硫黄水杨酸软膏、维 A 酸软膏。

第十一节 压 疮

压疮(decubitus ulcer)是由患者身体局部长期受压,影响血液循环,导致皮肤和皮下组织营养缺乏而引起的组织坏死。

【病因和发病机制】

昏迷、瘫痪等患者长期卧床且体位固定不变,致身体局部长期受压。或使用石膏、夹板和绷带时,衬垫不当,松紧不适宜,使局部长期受压。

【临床表现】

压疮好发于受压的骨突部位(图 12-10),如骶尾骨、坐骨结节、股骨粗隆、足外踝及足跟等。受压后局部皮肤苍白、灰白或青红色,轻度水肿,境界清楚,自觉有麻木或触痛感,去除压力后可慢慢好转。如病情发展,表皮呈紫黑色,可出现水疱,破溃后形成溃疡。如不及时处理,溃疡可逐渐加深至肌肉、骨或关节。表面可形成坏疽。继发感染可引起败血症。

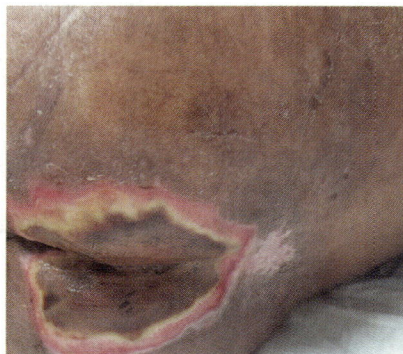

图 12-10 压疮

【诊断】

根据好发部位和典型皮损易于诊断。

【预防和治疗】

压疮是长期卧床者的常见并发症,护理得当可以避免。应定时翻身,避免相同部位持续受压。经常按摩受压部位。

一旦发生压疮,应避免再次受压,促进局部血液循环,加强创面处理,预防感染。压疮初期,局部可予热敷或 50% 乙醇涂抹,也可以用 2% 碘酊涂抹。注意防止皮肤干燥,可适量涂以甘油或液状石蜡。小溃疡可外用 0.5% 的硝酸银溶液湿敷,大溃疡必要时需行外科清创术。辅助性治疗,如超声波、紫外线、高压氧、生长因子、角质形成细胞移植等的疗效仍有待进一步研究。

第十二节 手 足 皲 裂

手足皲裂(rhagades manus et pedes)是指由各种原因引起的手足部皮肤干裂,既可是一种独立的疾病,也可以是某些皮肤病的伴随症状。

【病因和发病机制】

由于掌跖部位皮肤角质层较厚且缺乏无皮脂腺,皮肤容易干燥。加上各种因素影响,如摩擦、外伤、酸、碱、某些皮肤病等,使角质层变硬变脆,局部皮肤牵拉超过正常延伸限度时即可发病。

【临床表现】

好发于冬季。多累及成年手工劳动者的掌跖或经常受摩擦、牵拉的部位。皮损多沿皮纹方向发生(图 12-11)。根据裂隙深浅程度可分为三度:一度仅达表皮,无出血、疼痛等症状;二度达真皮浅层而觉轻度疼痛,但不引起出血;三度由表皮深入真皮、皮下组织,常引起出血和疼痛。

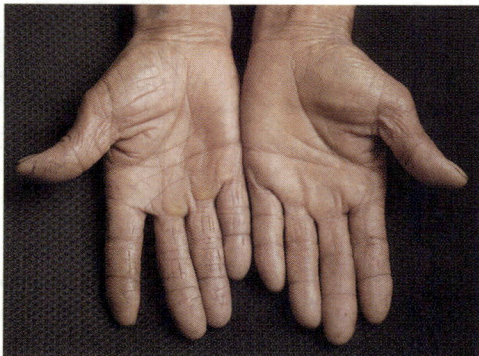

图 12-11 手足皲裂

【诊断】

根据典型临床表现易于诊断。

【预防和治疗】

冬天应注意保暖,干燥气候应外涂有滋润作用的油脂保护皮肤,应尽量减少局部摩擦,同时应避免物理、化学刺激。积极治疗湿疹、手癣、足癣等基础疾病。

可外用 10%~20% 尿素霜、水杨酸或维 A 酸软膏;严重者先用热水浸泡患处,再用刀片将增厚的角质层削薄,然后用药。

第十三节 擦 烂

擦烂(intertrigo)又称摩擦红斑、间擦疹,是一种发生在皮肤皱襞部位的急性表浅性炎症损害。

【病因和发病机制】

皮肤的皱褶部位由于温热、出汗、潮湿引起角质层浸渍,活动时使皮肤相互摩擦刺激而发病。

【临床表现】

本病多发于湿热季节。多见于婴儿和肥胖者的皱褶部位(如颈、腋下、乳房下、腹股沟、臀沟等处)。皮损初起为局限性鲜红或暗红斑(图 12-12),表面潮湿,境界清楚,分布与相互摩擦的皮肤皱褶一致,如不及时处理,皮损表面可出现浸渍、糜烂、渗出,严重者可出现水疱、溃疡。自觉瘙痒或灼痛。常继发细菌和念珠菌感染。

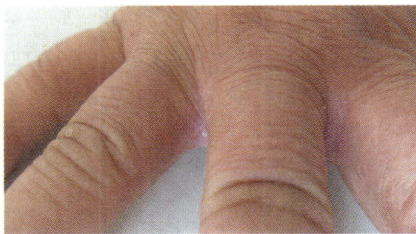

【诊断和鉴别诊断】

根据典型临床表现易于诊断。本病应与股癣、念珠菌皮肤感染、尿布皮炎等相鉴别。

图 12-12 擦烂

【预防和治疗】

应经常保持皱褶部位的清洁干燥。早期红斑可外用扑粉、炉甘石洗剂,同时避免使用软膏和肥皂、热水擦洗,避免摩擦刺激;出现糜烂的皮损可用糊剂,若渗液较多,可用 3% 硼酸溶液湿敷;若继发感染可外用抗感染药物。

(赖 维)

？ 思考题

1. 形成光变态反应性药疹的要素是什么?

2. 慢性光化性皮炎虽然是一种慢性、持久性、反复发作、终年不愈的疾病,但有部分患者经过一段时间后自然缓解,这种自然缓解现象对该病的治疗有什么启示?

3. 如何预防和治疗放射性皮炎?

第十三章
皮炎湿疹类皮肤病

【学习要点】

1. 接触性皮炎主要可分为刺激性接触性皮炎和变应性接触性皮炎,治疗原则是寻找病因、脱离或避免接触物并对症处理。

2. 特应性皮炎的发病与遗传和环境因素相关,皮肤屏障功能障碍、免疫异常和皮肤菌群紊乱等因素的相互作用是重要环节。临床上可分为婴儿期、儿童期、青少年期和成人期、老年期四个阶段。

3. 特应性皮炎的治疗目标是缓解或消除临床症状,避免诱发和/或加重因素,减少和预防复发,减少或减轻合并症,提高患者生活质量。治疗策略是根据疾病严重程度给予的"阶梯治疗",包括基础治疗、外用治疗和系统治疗。

第一节　接触性皮炎

接触性皮炎(contact dermatitis)指皮肤或黏膜暴露于外部刺激物或变应原后,在接触部位甚至以外的部位发生的炎症反应,表现为红斑、肿胀、丘疹、水疱甚至大疱,是最常见的炎症性皮肤病之一。主要分为刺激性接触性皮炎及变应性接触性皮炎两种类型。

【病因】

引起接触性皮炎的原发性刺激物和接触性致敏物有很多,主要包括动物性、植物性及化学性三种。常见的有①动物性:皮革、毛类、羽绒制品、昆虫毒毛及分泌物等。②植物性:如生漆、荨麻、无花果、银杏、芒果等。③化学性:如香水、染发剂等化妆品;清凉油、红汞、磺胺粉等外用药;敌敌畏、六氯环己烷等农药;机油、橡胶、塑料等化工原料及其产品;镍盐、铬盐及汞剂等重金属盐类。此外皮肤接触光感性物质如焦油类、氯丙嗪、蒽林、无花果、香料等,经过一定时间的日光(紫外线)照射后,可引起光毒性或光敏性接触性皮炎。

【发病机制】

1. **刺激性接触性皮炎**(irritant contact dermatitis)　是最常见的接触性皮炎类型,占所有病例的80%左右。是一种非免疫反应,通常由化学物质或物理介质对皮肤的直接损伤引起,其损伤速度快于皮肤自我修复的能力。炎症的严重程度及发病速度与接触物的性质、浓度和接触时间等有关。刺激物分两种,强刺激性或浓度高的毒性物质,如强酸、强碱等,可在短时间内发病;而弱刺激性物质常在较长时间接触后引起慢性皮炎,包括肥皂、洗涤剂、水、溶剂和食物成分等。

2. **变应性接触性皮炎**(allergic contact dermatitis)　占接触性皮炎病例的20%左右,是针对外界变应原的Ⅳ型迟发型超敏反应,分为致敏阶段和激发阶段。致敏物相对分子量较小,在初次接触时与表皮细胞的细胞膜蛋白结合形成完全抗原,经皮肤朗格汉斯细胞吞噬、处理并迁移至淋巴结,使T淋巴细胞致敏,并产生记忆性T淋巴细胞。当机体再次接触相同致敏物后可激发T淋巴细胞免疫应答,常在48小时以内引发免疫反应,导致皮肤炎症。由于记忆性T细胞的存在,常导致病情反复发作。

【临床表现】

接触性皮炎的范围通常与接触部位一致,境界清楚。如果接触物为挥发性物质,则多呈弥漫性、但常见于暴露部位。根据接触物性质、浓度、接触方式及个体反应性不同,临床表现也不尽相同。轻者表现为局部轻度水肿性红斑(图13-1),有时可见针尖大小密集丘疹。重者红斑肿胀明显,其上可见丘疹、水疱,甚至大疱,水疱破裂时可见糜烂、渗液、结痂。原发刺激严重时可出现表皮剥脱、溃疡等。患者多自觉瘙痒、烧灼、疼痛,严重者可出现全身反应。

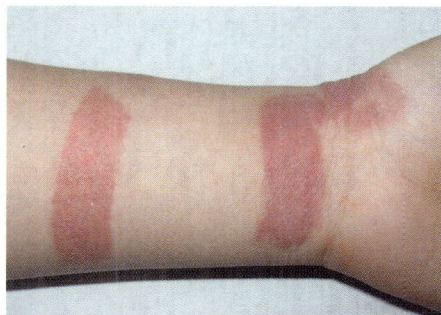

图13-1　接触性皮炎

　　本病有自限性,去除病因后,一般1~2周可痊愈。根据病程可分为急性期、亚急性期和慢性期。反复接触、处理不当,疾病可从急性期转入亚急性期或慢性期。急性期的形态特征是水肿、红斑和水疱,可有渗液、结痂。亚急性期渗出减少,而慢性期表现为干燥、脱屑、苔藓样变、皲裂等。

　　系统性接触性皮炎是接触性皮炎的一种特殊类型,指已有接触致敏的个体,再次通过口服、吸入、注射、透皮等方式暴露于同一种(或交叉反应)变应原而发生的炎症性皮肤病。常见变应原有金属、药物和食物。常表现为既往接触部位的皮炎复发型、手部汗疱疹型、泛发性湿疹型、发疹性药疹型、狒狒综合征。狒狒综合征是指股内侧、腹股沟和阴囊部位出现境界清楚的红斑,在眼睑、颈侧、腋窝、肘窝等部位出现对称性湿疹样改变。

【组织病理】

　　①急性期:表皮细胞间及细胞内水肿、水疱及海绵形成,疱内可见淋巴细胞、中性粒细胞;真皮浅层血管扩张,血管周围炎症细胞浸润,以淋巴细胞为主,可有少量中性粒细胞和嗜酸性粒细胞。②亚急性期:灶性角化不全、表皮细胞内水肿、海绵形成及少数水疱,棘层轻度肥厚;真皮浅层血管周围较多淋巴细胞浸润。③慢性期:角化过度、角化不全,棘层肥厚,表皮突延长;真皮浅层血管周围少量淋巴细胞浸润。

【诊断和鉴别诊断】

　　本病根据接触史、在接触部位或身体暴露部位突然发生的境界清楚的皮炎、皮疹形态多为单一形态、去除病因后很快消退等特点,容易诊断。当出现以下情况时,需要通过斑贴试验寻找变应原:①临床诊断不明显的疑似变应性接触性皮炎病例 包括突然发作的皮炎,特别是没有湿疹病史的成人;②特定分布部位的皮炎,如面颈部、眼睑、手足;③职业暴露相关皮炎;④其他类型的严重慢性皮炎(湿疹)经治疗未见改善,可能由未怀疑的接触性变应原引发。

　　接触性皮炎鉴别诊断如下(表13-1)。

【预防和治疗】

治疗原则是寻找病因、脱离或避免接触物并对症处理。

　　1. **一般治疗**　首先详细询问病史,尽快去除病因,避免再接触;慎用含致敏物或刺激物的物品;避免搔抓和用肥皂、热水烫洗。

　　2. **外用治疗**　根据皮损严重程度及分期选择合适的外用药物剂型:①急性期无渗液时可选用炉甘石洗剂;有明显渗液时用生理盐水冷湿敷,继发感染时用1∶8 000高锰酸钾液或1∶1 000依沙吖啶溶液冷湿敷,外涂抗生素软膏。②亚急性期无渗液时外用糖皮质激素霜剂;有少量渗液时可外用糖皮质激素糊剂或氧化锌油;继发感染时外用抗生素。③慢性期可外用润肤霜、糖皮质激素软膏、钙调磷酸酶抑制剂、磷酸二酯酶4抑制剂等。

　　3. **系统治疗**　以抗炎、止痒治疗为主,根据病情严重程度可给予抗组胺药物、维生素C及钙剂等治疗。皮疹严重、泛发的患者可短期应用糖皮质激素。对常规外用治疗无效的慢性皮炎患者,可选择PUVA、UVB治疗或系统应用免疫抑制剂,如甲氨蝶呤、环孢素、吗替麦考酚酯或硫唑嘌呤治疗,用药期间需注意监测药物不良反应。

NOTES

表13-1 特应性皮炎、刺激性接触性皮炎、变应性接触性皮炎鉴别

疾病名称	发病率	发病年龄	个人及家族特应性疾病史	临床症状	好发部位	发病机制	暴露后发病时间	病程	斑贴试验
特应性皮炎	成人2%~10%,学龄期儿童15%~20%	常从婴儿期开始	有	干燥、脱屑、瘙痒	婴儿期面部、四肢伸侧,儿童和青少年四肢屈侧,成人四肢屈侧、面部	遗传、环境、免疫、皮肤屏障缺陷的相互作用。主要是Th2细胞相关的细胞因子介导的疾病	一	慢性复发性病程	常阳性
刺激性接触性皮炎	占接触性皮炎80%	任何年龄,成人常见	可能有,可能没有	瘙痒、刺痛、疼痛	局限于接触部位(手和面部通常受影响)	非免疫反应。由化学物质或物理物质直接损伤皮肤引起	可数分钟至数小时,无致敏期	去除刺激物皮损可消退	阴性
变应性接触性皮炎	占接触性皮炎20%	任何年龄的易致敏人群,成人常见	常有	瘙痒、刺痛、疼痛	主要局限于接触部位,也可累及接触部位以外	免疫反应介导。T淋巴细胞介导的对外界变应原的Ⅳ型超敏反应	8~96h,通常在48h内,有致敏期	变应原去除后症状仍可能持续	阳性

第二节　特应性皮炎

特应性皮炎（atopic dermatitis，AD）又名特应性湿疹（atopic eczema），曾称为异位性皮炎、遗传过敏性湿疹等，以湿疹样皮损和剧烈瘙痒为特征，是一种慢性、复发性和炎症性皮肤病，通常在婴幼儿期起病，并可发生于各年龄段。全球儿童患病率为 15%~20%，成人最高达 10%。我国 1~7 岁城市儿童的患病率为 12.94%，1 岁以内婴儿的患病率达 30.48%，是一种常见多发病。

【病因和发病机制】

特应性皮炎的确切发病机制尚不完全清楚，目前认为发病与遗传和环境因素相关，皮肤屏障功能障碍、免疫异常和皮肤菌群紊乱等因素相互作用是发病的重要环节。

1. **遗传因素**　父母亲等家族成员有特应性疾病史是本病最强的风险因素，父母均有特应性疾病史者，子女特应性皮炎患病概率可高达 79%；父母一方有特应性疾病史者，子女患病率达 25%~50%。疾病相关的候选基因主要包括与皮肤屏障功能以及免疫功能相关的基因，其中编码聚丝蛋白（filaggrin，FLG）的基因突变是特应性皮炎发病的重要危险因素。

2. **环境因素**　包括气候导致温度、湿度的变化，生活方式的改变（如过度清洁和饮食习惯变化等），食物、吸入性或接触性变应原的刺激，环境污染（如室内外的空气污染），感染以及心理因素（如精神紧张、焦虑或抑郁等），均可诱发或加重特应性皮炎。

3. **皮肤屏障功能障碍**　无论在特应性皮炎的皮损区还是非皮损区都存在皮肤屏障功能障碍，表现为经表皮水分丢失增加、pH 升高、皮肤渗透性增加和保水能力降低、脂质构成比改变（如神经酰胺水平下降、组成发生变化）等。导致皮肤屏障功能破坏的原因有遗传因素，如 FLG 突变和表皮分化相关分子包括兜甲蛋白（loricrin）、内披蛋白（involucrin）、内封蛋白（claudin）1 和 23 表达下降，以及反复搔抓引起的物理损伤。微生物失调可以进一步破坏皮肤屏障，而 Th2 型免疫应答又可下调皮肤屏障相关基因的表达和角质层脂质含量，从而加剧皮肤屏障功能缺陷。

4. **免疫异常**　表皮屏障的破坏使外界环境物质，如微生物和变应原等进入机体，引起警报素（alarmin）IL-25、IL-33 和胸腺基质淋巴细胞生成素（thymic stromal lymphopoietin，TSLP）的释放，激活了树突状细胞（朗格汉斯细胞）和 Th2 型免疫反应，Th2 细胞释放 IL-4、IL-13 和 IL-31，并激活下游的 JAK 激酶（Janus kinase，JAK）途径，导致炎症与瘙痒，并进一步破坏表皮屏障，金黄色葡萄球菌定植增加，同时促进 B 细胞的 IgE 类型转换和产生抗原特异性 IgE。此外，其他 T 淋巴细胞亚型也参与了炎症的发生发展，如慢性期皮损中可见到 Th1、Th17 和 Th22 的混合炎症浸润。

5. **皮肤菌群紊乱**　表现为皮肤金黄色葡萄球菌定植增加和菌群多样性下降，以及肠道内微生物代谢物中的色氨酸代谢物吲哚-3-醛水平的显著降低等，共同促进了皮肤屏障的破坏和炎症的进展。

以上因素相互作用、相互影响，形成疾病加重的恶性循环。

【临床表现】

特应性皮炎的临床表现在不同年龄阶段有所不同，根据不同年龄阶段皮损的形态与部位分布特点，通常将特应性皮炎分为婴儿期、儿童期、青少年和成人期、老年期四个阶段。

1. **婴儿期（出生~2 岁）**　皮损以急性和亚急性湿疹样损害为主，最初表现为面颊部、额部和头皮的红斑、丘疹、丘疱疹，可伴渗出和结痂（图 13-2），并逐渐扩展至躯干和四肢伸侧，瘙痒剧烈，常引起婴儿哭闹和睡眠障碍。

2. **儿童期（2~12 岁）**　多由婴儿期发展而来，也可直接发病，

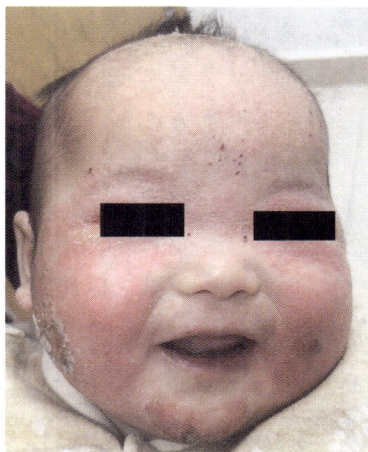

图 13-2　婴儿期特应性皮炎的临床表现

皮疹以亚急性和慢性湿疹样损害为主,典型皮损多发生于四肢屈侧,包括肘窝与腘窝、腕屈侧、踝前、颈前和颈侧、面部及眼周,主要表现为皮肤干燥、丘疹、斑块,伴有苔藓样变(图13-3)。

3. **青少年和成人期（12~60 岁）** 以亚急性和慢性湿疹样损害为主,主要表现为皮肤干燥、局限性红斑、鳞屑、丘疹、渗出或苔藓化斑块,多伴有表皮剥脱。好发部位在青少年阶段与儿童期类似(图13-4),而在成人阶段,特应性皮炎的皮损形态和皮损部位常不典型,可以单纯表现为痒疹样损害或慢性手湿疹样损害等。

4. **老年期（>60 岁）** 近年来新分类的一个特殊类型,男性多于女性,皮损通常严重而泛发(图13-5a),主要表现为慢性湿疹样损害,也可表现为四肢瘙痒性的丘疹和结节(图13-5b)等,甚至出现红皮病(图13-5a)。

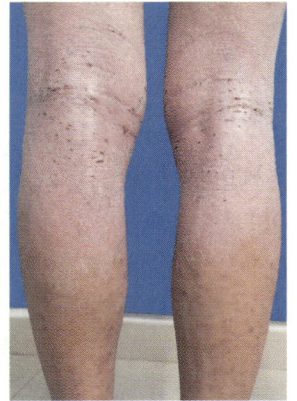

图 13-3　儿童期特应性皮炎的临床表现

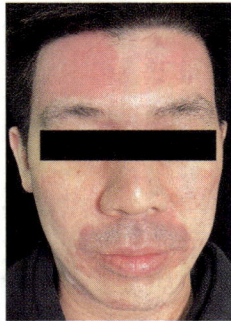

图 13-4　青少年和成人期特应性皮炎的临床表现

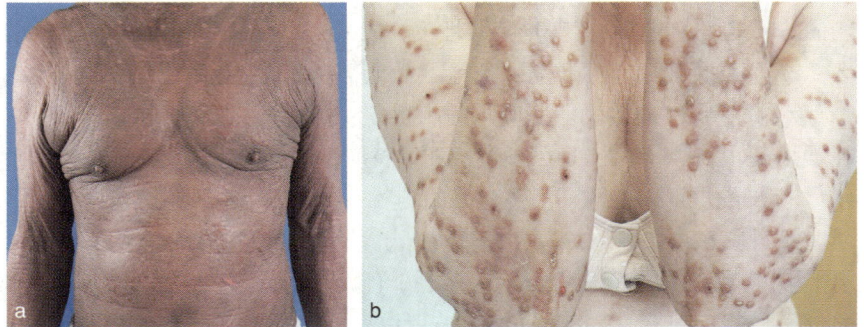

图 13-5　老年期特应性皮炎的临床表现
a. 红皮病；b. 痒疹性损害。

其他皮肤表现除了典型的各期湿疹样表现外,还可有耳郭、耳后、鼻孔下裂隙,口角唇炎,眼睑湿疹,乳头湿疹,白色糠疹,慢性头皮脱屑等,这些症状有助于疾病诊断。

部分患者可同时伴有其他变应性疾病,如约 1/3 患者合并过敏性哮喘,2/3 患者合并过敏性鼻炎,并与年龄阶段密切相关。此外,心血管疾病、炎症性肠病、神经精神系统疾病等在特应性皮炎患者中的患病风险显著增高。

大多数患者皮损处都有金黄色葡萄球菌的定植,容易继发毛囊炎、疖病甚至脓肿。易感单纯疱疹病毒,引起疱疹性湿疹,即卡波西水痘样疹,多见于儿童,在原有皮损基础上出现群集的单房水疱,破溃后结痂,形似痘疮样,好发于头面、颈部(图13-6)。

【诊断和鉴别诊断】

特应性皮炎的临床表现多种多样,异质性较大,但是湿疹样皮损、剧烈瘙痒、慢性复发的过程,是此病的基本特征。由于目前尚没有诊断相关的特征性生物标记物,因此诊断主要基于临床表现。根据不同年龄阶段的临床表现特点,结合病史、体检、家族史和实验室检查结果,本病诊断不难。目前国内外有多种诊断标准,中华医学会皮肤性病学分会推荐的诊断标准包括 Hanifin-Rajka 诊断标准、Williams 诊断标准、中国特应性皮炎诊断标准以及中国儿童特应性皮炎诊断标准。

鉴别诊断主要包括脂溢性皮炎、接触性皮炎、银屑病、疥疮、皮肤 T 细胞淋巴瘤以及内瑟顿综合征（Netherton syndrome）等遗传性疾病。

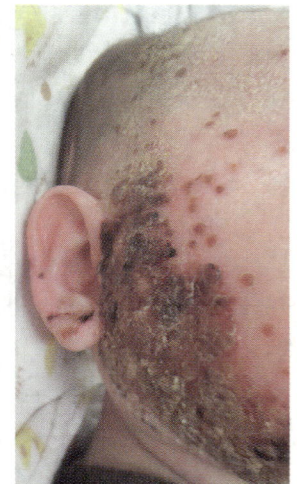

图 13-6　疱疹性湿疹的临床表现

NOTES

特应性皮炎严重度的评价方法很多,包括研究者的客观评分和患者的自我评分,常用的有特应性皮炎严重程度评分(Scoring of atopic dermatitis,SCORAD)、湿疹面积和严重度评分(eczema area and severity index,EASI)、研究者整体评分(investigator global assessment,IGA)、瘙痒程度视觉模拟评分法(visual analogue scale,VAS)等。根据SCORAD,可将特应性皮炎分为轻度(<25分)、中度(25~50分)和重度(>50分),作为临床治疗或研究的参考。

【预防和治疗】

本病无法根治,治疗目标是缓解或消除临床症状,消除诱发和/或加重因素,减少和预防复发,减少或减轻合并症,提高患者生活质量。治疗策略是根据疾病严重程度给予"阶梯治疗"(图13-7)。

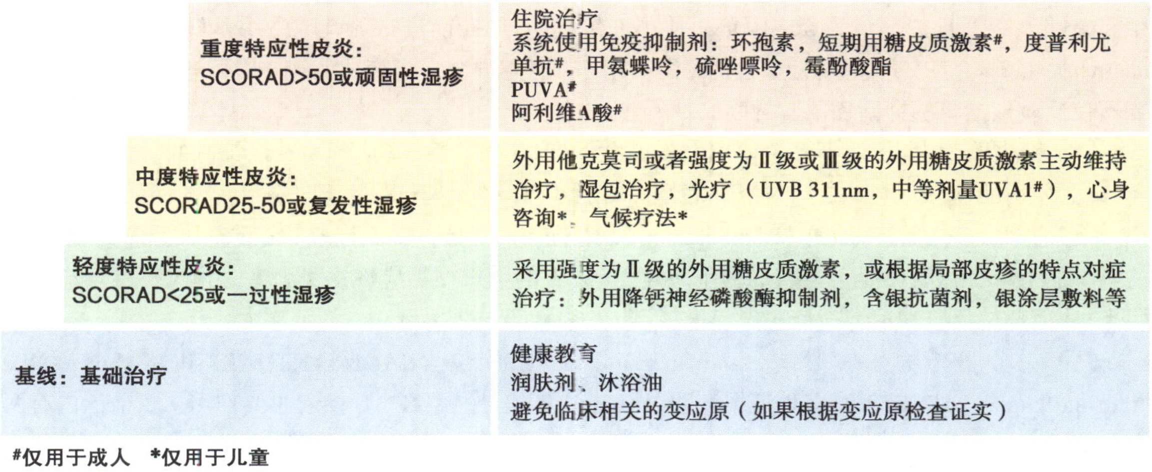

重度特应性皮炎: SCORAD>50或顽固性湿疹	住院治疗 系统使用免疫抑制剂:环孢素,短期用糖皮质激素#,度普利尤单抗#,甲氨蝶呤,硫唑嘌呤,霉酚酸酯 PUVA# 阿利维A酸#
中度特应性皮炎: SCORAD25-50或复发性湿疹	外用他克莫司或者强度为Ⅱ级或Ⅲ级的外用糖皮质激素主动维持治疗,湿包治疗,光疗(UVB 311nm,中等剂量UVA1#),心身咨询*,气候疗法*
轻度特应性皮炎: SCORAD<25或一过性湿疹	采用强度为Ⅱ级的外用糖皮质激素,或根据局部皮疹的特点对症治疗:外用降钙神经磷酸酶抑制剂,含银抗菌剂,银涂层敷料等
基线:基础治疗	健康教育 润肤剂、沐浴油 避免临床相关的变应原(如果根据变应原检查证实)

#仅用于成人　*仅用于儿童

图13-7　AD的阶梯治疗策略

1. 基础治疗

(1)健康教育:衣物宽松舒适,穿纯棉制品;保持适宜的环境温度,减少汗液刺激;避免各种机械、化学物质刺激,如搔抓、摩擦、羊毛织物、酸性或碱性物质、漂白剂等;保持清洁的生活环境,减少尘螨、动物皮屑、花粉等变应原;避免饮酒和食用辛辣食物,值得注意的是,除非明确食物和发疹之间的因果关系,否则不要盲目避食;尽可能避免接触镍、新霉素、香料、甲醛、防腐剂、羊毛脂和橡胶等接触致敏物,必要时进行可疑变应原检测;避免紧张和焦虑情绪。

(2)修复和维持皮肤屏障:每天或隔天用温水洗浴(32~37℃)5~10分钟,使用低敏无刺激、弱酸性的洁肤用品,彻底清洁皮肤。外用保湿润肤剂是日常预防和治疗特应性皮炎的重要措施,建议洗浴后立即涂抹,原则是足量和多次,建议儿童每周用量不少于100g,成人每周用量为250g,可根据当地气候、个体差异进行调整。

2. 外用治疗

(1)糖皮质激素:是各期特应性皮炎的一线治疗药物,根据患者年龄、皮损类型、部位及严重程度选用不同强度糖皮质激素,以快速有效控制炎症,减轻症状。炎症控制后需要采用"主动维持治疗",即皮损消退后每周使用2次。面部、颈部及皱褶部位应选用较弱效糖皮质激素,儿童慎用强效糖皮质激素。

(2)钙调磷酸酶抑制剂:通常作为特应性皮炎的二线治疗药物,在某些特殊部位,如面部、颈部及皱褶部位也可以作为一线治疗药物。该类药物包括1%吡美莫司乳膏、0.03%和0.1%他克莫司软膏,主要不良反应为一过性的局部烧灼感、疼痛或瘙痒。

(3)磷酸二酯酶4抑制剂:适应证为2岁及以上的轻中度特应性皮炎患者,最常报告的不良反应是用药部位疼痛。

(4)其他:可根据皮损情况选用生理盐水湿敷、外用氧化锌油等治疗。

NOTES

3. 系统治疗

（1）抗组胺药物：用于特应性皮炎瘙痒的辅助治疗，特别适合伴有荨麻疹、过敏性鼻炎、结膜炎、呼吸道过敏症状的患者，推荐使用第二代非镇静抗组胺药物治疗。对于瘙痒导致严重睡眠障碍的患者，可短期、间歇性使用第一代口服镇静抗组胺药物。第一代抗组胺药物的不良反应主要为可能影响睡眠质量和学习认知能力，因此不推荐长期使用。

（2）免疫抑制剂：适用于重度且常规疗法不能控制病情的患者，疗程通常为 6 个月以上。常用免疫抑制剂包括环孢素、甲氨蝶呤和硫唑嘌呤等。环孢素是首选免疫抑制剂，起始剂量为 3~5mg/（kg·d），控制病情后逐渐减量至 0.5~1mg/（kg·d），疗程不超过 2 年。主要不良反应为肾毒性和高血压。甲氨蝶呤每周的剂量为 10~15mg，可顿服，8~12 周可达最佳疗效，主要不良反应为肝脏毒性和致畸作用。硫唑嘌呤每日的剂量为 50~100mg，从小剂量开始，用药前进行巯基嘌呤甲基转移酶（thiopurine methyltransferase，TPMT）基因分型检测，用药期间严密监测血常规变化，8~12 周可达到最佳疗效，主要不良反应包括骨髓抑制、肝脏毒性和胃肠道症状。

（3）糖皮质激素：尽量不系统使用糖皮质激素，对疾病严重、其他药物难以控制的急性发作期患者，确需使用的，应短期（1~2 周）使用，病情好转后及时减量停药，避免长期应用。

（4）生物制剂：度普利尤单抗（dupilumab）是靶向 IL-4 和 IL-13 受体亚基 α 的全人源单克隆抗体，能够抑制 IL-4 和 IL-13 信号转导，适用于 6 岁及以上的中重度特应性皮炎患者。常见不良反应为结膜炎、注射部位反应和单纯疱疹病毒感染等。

（5）小分子药物：JAK 激酶（Janus kinase，JAK）家族包含 JAK1、JAK2、JAK3 和酪氨酸激酶 2（tyrosine kinase 2，TYK2），有多种证据表明，JAK-STAT 信号通路在 AD 中起主要作用。目前国内有两种选择性 JAK1 抑制剂（乌帕替尼和阿布昔替尼）已批准上市，分别用于治疗 12 岁及以上儿童和成人的中重度特应性皮炎。常见不良反应为上呼吸道感染、痤疮和头痛等。

4. 紫外线治疗　紫外线治疗适用于中重度慢性期患者，也可用于控制瘙痒症状及维持治疗。优先选择窄谱中波紫外线（NB-UVB）和中大剂量的 UVA1，后者还可用于急性期控制症状。紫外线治疗后应注意使用保湿润肤剂。12 岁以下儿童应尽可能避免全身使用紫外线疗法。不良反应主要为局部泛红、疼痛、瘙痒、烧灼和刺激感。

5. 抗微生物治疗　特应性皮炎皮损处存在金黄色葡萄球菌定植增加，通常只要注意彻底清洁皮肤即可，只有在有明显感染征象时，需要采用短期系统或外用抗生素治疗，可根据当前的耐药谱选择头孢氨苄或第一代头孢类抗生素，疗程为 1~2 周。发生疱疹性湿疹时积极给予系统抗病毒治疗，如使用阿昔洛韦、伐昔洛韦等。"头颈部"特应性皮炎亚型或抗马拉色菌 IgE 抗体阳性患者，外用或系统使用唑类抗真菌药可能有效。

第三节　其他皮炎

除了接触性皮炎和特应性皮炎外，部分皮炎湿疹类疾病也具有相对明确的病因，或者具有相对特征性的皮损特点或发病部位，这些疾病可通过识别皮损的主要特征和/或病因学的探索以及相关的诊断标准进行相应的特异性诊断，在本书中归类于"其他皮炎"。值得一提的是，临床上仍有部分皮炎湿疹类疾病虽然表现为湿疹样皮损，但病因不清或缺乏临床特征，在临床上可暂时给予"湿疹"作为描述性诊断用词，类似于国外的非特定性皮炎（unspecific dermatitis），但应进一步进行病史评估、实验室检查和随访，以寻找可能的疾病特征和病因。此外，不同的皮炎湿疹类疾病之间在病因、发病机制甚至临床表现上可能有交叉或重叠，需要不断地深入研究，才能作出清晰的分类。

一、脂溢性皮炎

脂溢性皮炎（seborrheic dermatitis）又称脂溢性湿疹，是发生在皮脂溢出部位的一种慢性丘疹鳞屑性、浅表炎症性皮肤病。主要累及头皮、面部、躯干上部等皮脂分泌旺盛的部位，表现为特征性红斑及油腻性鳞屑,伴不同程度瘙痒。

【病因和发病机制】

发病机制尚不完全清楚。目前认为与糠秕马拉色菌、皮脂分泌增多、免疫反应、皮肤屏障功能受损及个体易感性等因素相关。

【临床表现】

好发于头面、胸背部等皮脂溢出较多部位,可见于各年龄阶段。皮损初起为毛囊性丘疹,渐扩大融合成暗红或黄红色斑,被覆油腻鳞屑或痂,可出现渗出、糜烂和结痂,呈湿疹样表现(图13-8)。严重者皮损泛发全身,皮肤呈弥漫性潮红和显著脱屑,称为脂溢性红皮病。患者有不同程度瘙痒,慢性经过,可反复发作。头皮损害包括鳞屑型和结痂型两种主要类型。

【诊断和鉴别诊断】

根据典型临床特点,本病不难诊断。发生在头皮者主要与头皮银屑病相鉴别,发生在躯干部位者应与玫瑰糠疹、体癣、药疹、红斑型天疱疮等疾病相鉴别。

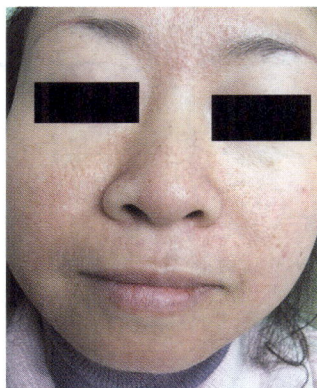

图13-8　脂溢性皮炎

【预防和治疗】

1. **一般治疗**　生活规律,睡眠充足,调节饮食,限制多糖及多脂饮食,多吃水果、蔬菜,避免辛辣食物及过度精神紧张。

2. **外用药物治疗**　对于炎症较重的皮损,可外用中弱效糖皮质激素乳膏,起效快、疗效好,但不宜长期反复使用,尤其是在面部。抗真菌药外用制剂,特别是咪唑类的药物有较好的疗效,通常使用含酮康唑(2%)、益康唑或咪康唑的洗发剂或霜剂。钙调磷酸酶抑制剂适用于严重患者或弱效糖皮质激素治疗无效者。一些外用洗剂,如二硫化硒洗剂、巯氧吡啶锌洗剂、硫黄或水杨酸洗剂等,具有抑菌、除屑、减少皮脂分泌及降低皮脂中脂肪酸含量的作用,可以酌情选用。

3. **系统药物治疗**　对于炎症明显、范围较大、有红皮病倾向的患者,可给予短期小剂量口服糖皮质激素(如泼尼松)。炎症较重的脂溢性皮炎病灶内往往合并细菌感染,可应用抗生素,如四环素或红霉素。瘙痒剧烈时,可予以止痒镇静剂。可酌情补充B族维生素。

二、乏脂性皮炎

乏脂性皮炎(asteatotic dermatitis)又称乏脂性湿疹,主要与皮肤水合能力降低、皮脂分泌减少等有关,常表现为皮肤干燥、脱屑,严重者甚至有裂纹。好发于老年人,冬季多见。

【病因和发病机制】

冬季空气干燥、皮肤水分脱失是重要的诱发因素。老年人皮脂分泌减少是内在的发病基础。近来研究表明,过度清洗、不进行保湿护理是诱发本病的重要因素。本病的发病有向年轻化发展的趋势,现代生活中频繁使用沐浴乳和经常更换衣服是可能的诱发因素。

【临床表现】

乏脂性皮炎常表现为皮肤干燥、脱屑。表皮及角质层可有细裂纹,皮肤呈淡红色,裂纹处红色更明显,垂直与水平的皲裂相互连接时,呈碎瓷或铺路石状(图13-9)。皮损可发生于任何部位,但多见于四肢,特别是年老者胫前部。患者可有针刺痒、蚁爬样感觉。

【诊断和鉴别诊断】

根据典型的临床表现,本病易于诊断。需要与鱼鳞病、特应性皮炎、瘙痒症等鉴别,乏脂性皮炎也可能是特应性皮炎的一个表现。

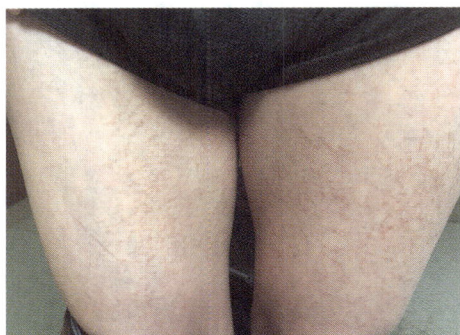

图13-9　乏脂性皮炎

【预防和治疗】

治疗时，首要去除诱因，同时合理使用润肤剂。避免过度清洗，减少洗浴次数和时间，沐浴后使用保湿剂，比如凡士林、植物油、矿物油等。如果瘙痒严重，影响睡眠，可短期外用中弱效糖皮质激素制剂、口服抗组胺药物以缓解症状。

三、钱币状皮炎

钱币状皮炎（nummular dermatitis）也称钱币状湿疹或盘状湿疹，是一种慢性、复发性、炎症性皮肤病，特征为多发性、瘙痒性、硬币状、湿疹样皮损。好发于中年男性。

【病因和发病机制】

发病机制尚不完全清楚，涉及多种致病因素，包括皮肤干燥和皮脂产生减少、药物因素、金黄色葡萄球菌定植、接触性过敏以及环境气传致敏原过敏、皮肤张力增加，精神紧张、焦虑等也在发病过程中发挥一定作用。

【临床表现】

好发于四肢，通常表现为密集的小丘疹或丘疱疹融合成的圆形或椭圆的硬币样斑片，境界清楚，直径 1~3cm（图 13-10），伴严重瘙痒。急性期有潮红色渗出；慢性期皮损肥厚，色素增加，表面覆有干燥鳞屑。偶有中央部分消退而形成环状皮损。钱币状皮炎可以单独出现，也可以作为特应性皮炎、乏脂性皮炎和淤积性皮炎的一种皮疹表现。

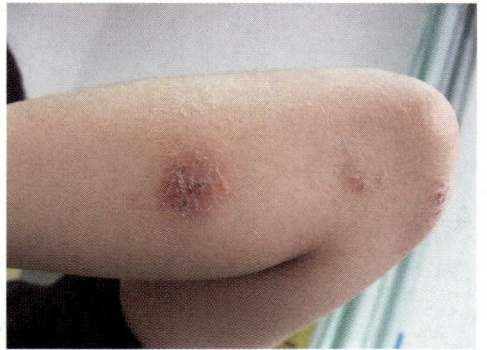

图 13-10　钱币状皮炎

【诊断和鉴别诊断】

根据患者皮肤干燥、特征性圆形硬币状皮损伴严重瘙痒，可以诊断。应注意与变应性接触性皮炎、体癣、银屑病、淤积性皮炎等鉴别。

【预防和治疗】

外用糖皮质激素是钱币状皮炎的主要治疗方法。初治时应选用强效或超强效糖皮质激素，炎症控制后逐渐过渡到中弱效糖皮质激素或钙调磷酸酶抑制剂。孤立的顽固性皮损可采用皮损内糖皮质激素注射。皮损广泛且外用糖皮质激素疗效不佳的患者可选择 UVA1 照射、窄谱中波紫外线（NB-UVB）照射或使用免疫抑制剂治疗。口服抗组胺药物可用于瘙痒症状的辅助治疗，原则上尽量避免系统应用糖皮质激素。

四、慢性单纯性苔藓

慢性单纯性苔藓（lichen simplex chronicus）是一种由于习惯性搔抓、摩擦等所致的以局限性皮肤肥厚/苔藓化为特征的湿疹样炎症，常伴阵发性瘙痒，又称局限性神经性皮炎。

【病因和发病机制】

慢性单纯性苔藓主要与局部反复刺激有关，具体发病机制尚不清楚，可能与大脑皮层兴奋和抑制功能失调、局部皮肤免疫反应失调、内分泌紊乱、慢性感染病灶、辛辣刺激食物、日晒等多种因素相关。

【临床表现】

局限型常发生于颈项侧、背部、肘部、腰部、会阴、阴囊等易搔抓部位，开始时局部先有瘙痒或摩擦等刺激，由于反复搔抓逐渐出现皮肤增厚、纹理增粗，呈现典型苔藓样变且边界相对清楚（图 13-11）。播散型被认为是成人期特应性皮炎的同病异名，局限型与特应性皮炎是否为

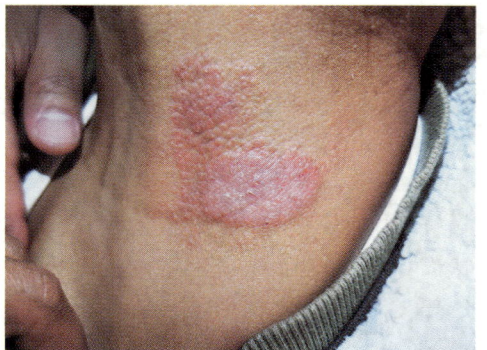

图 13-11　慢性单纯性苔藓

同一疾病还存在争议。

【诊断和鉴别诊断】

根据典型的局限性皮肤增厚、苔藓样变及阵发性剧痒的临床特点，结合好发部位，易于诊断。需要与局限性瘙痒症、皮肤淀粉样变、扁平苔藓等疾病相鉴别。

【预防和治疗】

尽可能减少或去除诱发因素，减少精神压力及情绪紧张，避免搔抓，阻断"瘙痒-搔抓-瘙痒"的恶性循环。根据皮损部位、严重程度可选择外用糖皮质激素软膏、钙调磷酸酶抑制剂等；对于肥厚苔藓化严重的皮损可选用糖皮质激素进行局部注射。瘙痒明显者给予抗组胺药物口服。局部光疗包括NB-UVB、308nm准分子激光、UVA1照射患处，也可一定程度改善症状。

五、白色糠疹

白色糠疹又名单纯糠疹（pityriasis simplex），是以干性细薄糠状鳞屑性色素减退斑为特征的一种皮炎。好发于儿童的面部，多春季发病。

【病因和发病机制】

目前本病病因尚未明确。本病是特应性皮炎的次要特征之一，最常见为特应性皮炎的一种轻微表现。特应性体质、糠秕马拉色菌定植、营养不良、维生素缺乏、日晒等因素可能在不同程度上参与本病的发生。

【临床表现】

常见于 3~16 岁的儿童及青少年，春季多见。单个皮损为圆形、椭圆形或略不规则形的斑片，呈粉红色或肤色，表面覆以细薄的糠状鳞屑。皮损初期为红斑，完全消退后留下边缘清楚或不太清楚的轻度色素减退的苍白色斑，伴有干燥性细糠状白色鳞屑（图 13-12）。通常皮损可有数个，也可单个发生，大小不一。一般无自觉症状或有轻度瘙痒。病程因人而异，皮损多可持续数天至数月，有的鳞屑完全消退后色素减退性白斑仍可持续 1 年或更久。

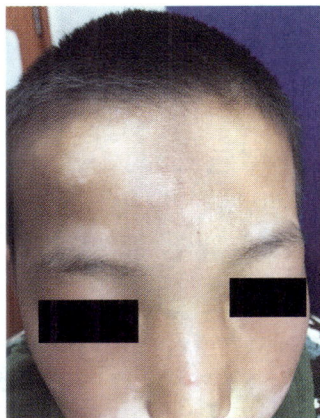

图 13-12　白色糠疹

【诊断和鉴别诊断】

根据发病年龄、皮损特点、皮损分布，一般不难诊断。应注意与白癜风、贫血痣、花斑癣、副银屑病等相鉴别。

【预防和治疗】

本病可自行消退，一般不必治疗。患部应避免碱性肥皂等过度清洗。症状明显者，可外用润肤剂（如硅油霜、5% 尿素软膏）；红斑期可使用短期外用弱效糖皮质激素或钙调磷酸酶抑制剂，酌情口服复合维生素 B。

六、手湿疹

手湿疹（hand eczema）是一类发生于手部的炎症性皮肤病，是临床常见病、多发病，国外研究报道一般人群发病率为 5‰~8‰，女性发病率高于男性。

【病因和发病机制】

病因复杂，可分为外源性和内源性。外源性因素主要包括接触因素和机械损伤；内源性因素主要包括遗传因素、特应性体质、精神状态、激素水平、机体免疫状态、微量元素变化等。

发病机制尚不清楚，且不同亚型的发病机制存在差异。一般认为变应性接触性皮炎是由Ⅳ型超敏反应引起的，而刺激性接触性皮炎则由外源性刺激物诱发的细胞毒作用导致。皮肤屏障功能受损是手湿疹反复发作的中心环节。聚丝蛋白基因功能丧失、角质层脂质及神经酰胺含量下降、经表皮失水增多以及皮肤菌群定植率升高可能与特应性手湿疹的发病相关。

【临床表现】

临床表现复杂多样，可呈红斑、丘疹、水疱、鳞屑、角化过度、皲裂等多种皮损，皮损通常为双侧，可

NOTES

累及手掌、手背（图 13-13）。长期病变患者可能出现甲改变，包括甲上皮丢失、甲襞增厚（慢性甲沟炎）以及甲板隆起和增厚等。主观症状包括不同程度的瘙痒、烧灼感或疼痛。

【诊断和鉴别诊断】

根据发病部位和皮损特点，结合必要的实验室检查可诊断。应注意与手癣、掌跖脓疱病、连续性肢端皮炎、疥疮、银屑病、掌跖角化病、剥脱性角质松解症等疾病相鉴别。

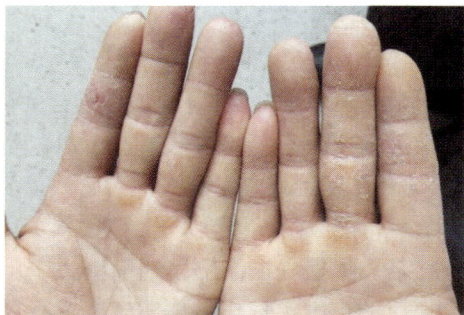

图 13-13　手湿疹

【预防和治疗】

手湿疹的防治应结合病因、诱发因素、严重程度、皮损特点等多方面因素，综合制订个体化方案。积极寻找病因和诱发因素，避免接触刺激物/变应原，合理使用手套，加强润肤保湿，适度清洁。治疗手段主要包括局部外用药物（外用糖皮质激素、外用钙调磷酸酶抑制剂）、物理治疗（紫外线治疗）、系统治疗（必要时可选用维 A 酸类药物、糖皮质激素、抗组胺药以及免疫抑制剂）以及中医中药治疗等。

七、汗疱疹

汗疱疹（pompholyx）又称出汗不良性湿疹，为掌跖部和指（趾）侧的一种复发性、瘙痒性水疱疹。

【病因和发病机制】

病因不明，一般认为是对多种内源性和外源性因子的应激反应，包括特应性体质、多汗、感染，对镍、铬等金属物质的系统性致敏。情绪压力和气候改变也可能参与部分患者的发病。

【临床表现】

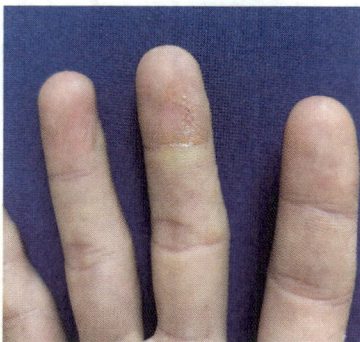

图 13-14　汗疱疹

好发于春末夏初，夏季明显，可每年定期反复发生。皮疹表现为手掌和手指侧缘、指间出现对称性、坚实的小水疱，无炎症反应，水疱可从针头大小到直径数厘米，散在或成群分布（图 13-14）。水疱一般不会自行消退，干涸后形成脱皮，露出红色新生上皮。有不同程度的瘙痒及烧灼感。皮疹偶可累及足底和足趾。

【诊断和鉴别诊断】

根据发病年龄和皮疹特点、部位等易于诊断。应注意与水疱型手癣、接触性皮炎、疥疮、掌跖脓疱病、多形红斑和发生在手部的药物反应等相鉴别。

【预防和治疗】

局部和系统使用糖皮质激素是主要的治疗方法。轻度的局限性皮损推荐使用中效到高效的糖皮质激素乳膏或软膏。外用他克莫司软膏或吡美莫司乳膏也有一定疗效，可单独使用，也可与激素合用。对于急性发作的病例，可系统应用糖皮质激素，但要慎用。可以泼尼松 0.5~1.0mg/(kg·d) 为起始剂量，好转后逐渐减量。严重的难治性汗疱疹可用免疫抑制剂，如硫唑嘌呤、甲氨蝶呤、环孢素、吗替麦考酚酯或依那西普。外用润肤剂和皮内注射肉毒杆菌毒素 A 有辅助治疗作用。手足部位进行 UVA 或 UVA1 照射有效。

八、肛周湿疹

肛周湿疹（perianal eczema）是发生于肛门周围、累及皮肤和/或黏膜的炎症性皮肤病，表现为反复发作的红斑、斑丘疹甚至苔藓化，常伴烧灼感、剧烈瘙痒。

【病因和发病机制】

内因与外因交互作用造成皮肤屏障破坏为本病的发病基础。内因包括特应性体质和免疫紊乱，外因包括物理性或化学性刺激以及搔抓。其独特的解剖结构和微环境有利于发病，比如，肛周汗腺和毛发分布密集导致微环境更加潮湿，粪便和肠道分泌物对肛周的刺激加重皮肤屏障功能破坏。

【临床表现】

1. **刺激性肛周皮炎**　本型多由物理或化学性直接刺激破坏肛周皮肤屏障引起,粪便、伤口分泌物、洗涤剂是较常见的刺激物。临床表现为局限性红斑、糜烂和渗出伴烧灼感,皮损可扩散至阴囊/大阴唇、大腿内侧。本型最常见的原因是非自主排泄物(如肛瘘)的刺激,危险因素包括化脓性汗腺炎、腹泻、过度清洗及过紧的衣物。

2. **特应性肛周皮炎**　本型是特应性素质个体(如患特应性皮炎)在肛门生殖器部位的表现。聚丝蛋白等结构蛋白功能失调或表达下降是引起皮肤屏障破坏的内因,物理、化学刺激是主要的外因。临床表现为累及肛周至阴囊/阴唇的红斑,常伴抓痕、炎症后色素减退,也常表现为单侧的湿疹;病程多慢性化,后期可出现苔藓化或纹理粗重。

3. **过敏性接触性皮炎**　本型是机体对于外源性变应原产生Ⅳ型超敏反应的结果。变应原通常来自护肤品所含成分、香精、抗生素、抗真菌制剂等。表现为变应原接触部位浸润性红斑,轻度或无瘙痒,通常无渗出、破溃。

4. **重叠型**　肛周湿疹的发病和加重过程可能同时伴随着多种诱因和危险因素,因此常常无法严格诊断为以上三种类型中的某一种。比如刺激性肛周皮炎和特应性肛周皮炎者更易发生接触性过敏;而特应性肛周皮炎又可增加刺激性肛周皮炎的易感性。

【诊断和鉴别诊断】

主要与发生在肛周的疾病相鉴别,包括红癣、肛周念珠菌病、扁平苔藓、佩吉特病(Paget病)、反向型银屑病、化脓性汗腺炎等。

【预防和治疗】

总体原则包括去除或干预可能的致病因素、诊断和治疗潜在的疾病、改善卫生状况和习惯、避免接触可疑变应原和刺激物。患者在日常生活中注意使用不含洗涤剂的温水冲洗肛周或坐浴,使用柔软、未经漂白、不含香味的纸巾,改良饮食习惯使大便成形,穿着宽松的纯棉内衣等。

外用药物治疗主要为应用弱效-中效的糖皮质激素制剂诱导缓解,1~2次/d,不超过4周;对于慢性复发病例可考虑使用钙调磷酸酶抑制剂维持治疗;合并细菌/真菌感染时,可联合外用糖皮质激素和外用抗生素/抗真菌制剂。

九、阴囊湿疹

阴囊湿疹(scrotum eczema)是发生在阴囊部位的一种常见的、瘙痒性、湿疹样炎症。

【病因】

病因复杂,包括内因和外因。内部因素包括患者特应性体质、精神紧张、情绪变化、系统疾病(如胃肠功能紊乱、内分泌失调、新陈代谢障碍等);外部因素包括局部潮湿、多汗、摩擦、搔抓及非棉质衣物刺激等。

【临床表现】

皮损可呈多形性。病灶局限于阴囊皮肤,有时延及肛周、阴茎。常伴剧烈瘙痒,易复发。①急性期表现为阴囊皮肤潮红、肿胀,密集分布的粟粒大小的丘疹、丘疱疹、水疱,糜烂、渗出明显,部分凝集成黄痂。②亚急性期多由急性期转变而来,糜烂、渗出较急性期明显减少,皮损以小丘疹、鳞屑、抓痕、血痂为主,亦可有轻度浸润。③慢性期多由急性、亚急性期反复不愈转化而来,亦可一开始即为慢性炎症,表现为阴囊皮肤皱纹深阔,浸润肥厚,多干燥的薄痂和鳞屑,部分色素增加或脱失(图13-15)。

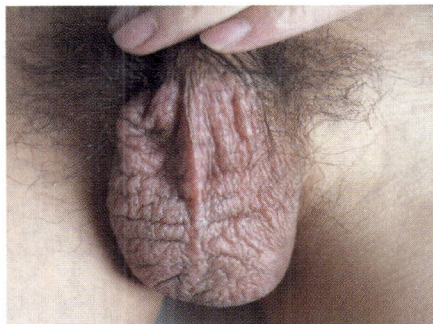

图13-15　阴囊湿疹

【诊断和鉴别诊断】

根据发病部位、各期典型皮损及剧烈瘙痒可诊断。本病需与阴囊癣、核黄素缺乏性阴囊炎、Paget

病等疾病相鉴别。

【预防和治疗】

阴囊湿疹以去除诱发因素、做好护理和对症治疗为主。局部用药包括硼酸溶液或者中药制剂湿敷、糖皮质激素及钙调磷酸酶抑制剂等;症状严重者可考虑口服抗组胺药物、短期系统使用糖皮质激素和免疫抑制剂。

十、女阴湿疹

女阴湿疹(pudendum eczema)是一种累及女性患者大、小阴唇及附近皮肤的急性或者慢性炎症,常伴有明显瘙痒。

【病因和发病机制】

发病机制尚未完全阐明。诱发因素包括各种原因导致的阴道分泌物增多所致的局部刺激、内裤不适、月经期间使用卫生巾等,特应性体质、情绪紧张、焦虑也参与部分患者的发病。

【临床表现】

女阴湿疹多发生于大、小阴唇和邻近的腹股沟区域,急性期表现为剧烈的瘙痒及外阴呈弥漫性潮红,皮损呈多形性,无明显界限;病情进一步发展,可出现丘疹、丘疱疹或小水疱、糜烂、渗出等。搔抓或处理不当可继发感染,出现腹股沟淋巴结肿大、发热及全身不适等表现。慢性期由于反复搔抓,可出现皮肤肥厚、苔藓化(图13-16)。

图13-16 女阴湿疹

【诊断和鉴别诊断】

根据发病部位、皮损特点,一般容易诊断。应注意与银屑病、扁平苔藓、硬化萎缩性苔藓、皮肤念珠菌病等相鉴别。

【预防和治疗】

积极寻找病因和诱发因素,避免情绪紧张、焦虑,避免搔抓和减少辛辣食物摄入是主要的措施。根据皮损严重程度选择个体化治疗方案。外用药物可选择外用糖皮质激素或钙调磷酸酶抑制剂;继发感染时联合使用抗生素软膏。考虑到本病的慢性化病程,在症状得到改善后,可采用间歇性维持治疗以防复发。

十一、口周皮炎

口周皮炎(perioral dermatitis,POD)是一种好发于口周、下颌和鼻唇褶皱区的炎症性疾病,好发于年轻女性,儿童也有报道。

【病因和发病机制】

机制尚未完全阐明,目前认为是一种多因素疾病。其发病主要与局部外用或吸入糖皮质激素、毛囊蠕形螨感染、皮肤屏障功能受损、外用药物等因素相关。

【临床表现】

好发于年轻女性,皮损多见于距口唇边缘约5mm的部位,表现为下颌和鼻唇褶皱的红斑及红斑基础上的丘疹、脓疱,红斑边缘清晰,可伴有瘙痒(图13-17)。肉芽肿型口周皮炎表现为口周、鼻周和眼眶周围肉色或红斑性炎性丘疹和微结节,脓疱很少见,多见于儿童。

【诊断和鉴别诊断】

根据发病年龄和皮损特点、部位等易于诊断。应注意与寻常痤疮、玫瑰痤疮、面部播散性粟粒型狼疮相鉴别。

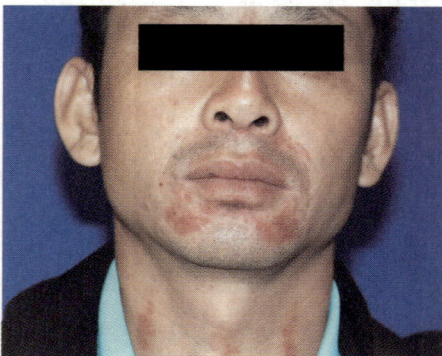

图13-17 口周皮炎

【预防和治疗】

根据严重程度、年龄、伴随症状采取个体化的治疗。轻度患者主要采取外用药物，如钙调磷酸酶抑制剂、外用抗生素(甲硝唑、红霉素)制剂；严重患者酌情口服四环素、多西环素或异维A酸。对于外用糖皮质激素诱发的患者，可考虑逐步减量并停用的降阶梯方案。

十二、淤积性皮炎

淤积性皮炎(stasis dermatitis，SD)又名淤积性湿疹、静脉曲张性湿疹，是由静脉瓣膜功能不全、瓣膜损坏、静脉高压所致的皮肤炎症性疾病，常见于重体力劳动、久站久坐、老年、妊娠、肥胖等高危人群。

【病因和发病机制】

淤积性皮炎的主要原因是下肢静脉功能不全、静脉高压导致的静脉回流受阻、皮肤神经营养障碍、炎症形成。重力作用、下肢浅或深静脉瓣膜功能异常、流出道阻塞或下肢肌肉泵故障可引发下肢静脉反流和静脉功能不全，诱发皮肤海绵水肿形成、乳头状结构改变和真皮乳头状小血管增生、含铁血黄素沉积、色素过度沉着等异常组织病理学改变；此外，血管外渗出的铁蛋白和铁离子水平升高可导致金属蛋白酶(MMP)活化和氧化应激，也参与了皮肤组织损伤过程。

【临床表现】

淤积性皮炎特征性表现为下肢界限欠清的红斑、斑片、渗出、脱屑、苔藓样变、色素沉着等湿疹样改变，常累及小腿下 1/3 段及内踝(图 13-18)。血管内渗出的血红蛋白分解成含铁血红素，大量沉积导致经久的色素沉着。临床症状可有下肢酸胀、疼痛、瘙痒、刺痛、皮肤脂肪硬化、白色萎缩、色素性紫癜样改变等不同表现。淤积性皮炎经久不治则会逐渐转变为淤积性溃疡，严重者可出现假性卡波西肉瘤样肢端血管性皮炎。

【诊断和鉴别诊断】

主要根据下肢发生湿疹样皮损及伴发静脉曲张，较易诊断，必要时结合下肢血管影像学检查。需要与接触性皮炎、丹毒或蜂窝织炎、过敏性紫癜或变应性血管炎、青斑性血管炎以及其他原因引起的小腿溃疡疾病相鉴别。

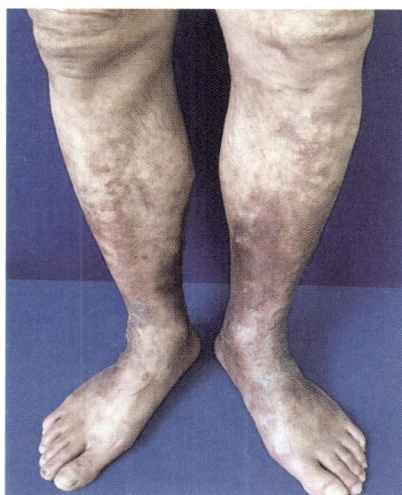

图 13-18 淤积性皮炎

【预防和治疗】

淤积性皮炎的治疗原则可按照皮炎湿疹类疾病的方案进行，包括外用糖皮质激素、钙调磷酸酶抑制剂、口服抗组胺药等。对于反复发作、常规治疗效果不佳的患者，应积极治疗引起静脉高压的基础疾病。针对下肢静脉功能不全，可采用医用弹力袜或弹力绷带进行加压疗法、隐静脉高位结扎加剥离治疗、超声引导下静脉腔内热消融或激光和泡沫硬化疗法。

十三、自体敏感性皮炎

自体敏感性皮炎(autosensitization dermatitis)又称瘙痒性、出汗不良样水疱性疹(itchy，dyshidrotic-like vesicular eruption，简称 Id 反应)，是一种发生在远离原发性炎症灶的皮肤部位的继发性皮炎，并且继发性急性皮炎不能用原发性炎症的激发原因解释。

【病因和发病机制】

自体敏感性皮炎发病机制尚未完全阐明。本病常见于静脉淤积性和变应性接触性皮炎患者。目前推测，在接触超敏反应过程中，机体产生了针对角质形成细胞源性抗原的自身反应性 T 细胞，并诱导了 Id 反应的发生发展。自体敏感性皮炎的病因包括创伤、淤积性皮炎、各种感染(结核、真菌、细菌)等。其他促发因素包括使用刺激性或致敏性化学品、电离辐射和保留缝合材料。自体敏感性皮炎可以由免疫或非免疫刺激机制介导。

【临床表现】

自体敏感性反炎最常见于静脉淤滞患者，其次是各种类型的感染，比如足癣可引起手部和/或下肢的湿疹样皮损。其他多种病原体,包括细菌、病毒、寄生虫和真菌,在远离感染部位的区域也可能引起自体敏感性皮炎。

经典的自体敏感性皮炎表现为湿疹样皮损,通常在原发性炎症后1~2周,在远隔部位出现瘙痒性、对称性、散在的红斑疹和/或水疱。最常见于四肢,也可见于面部,较少累及躯干。在皮炎的演变过程中,其形态可随病程迁延发生变化(比如,从最初的水疱演变成后期的皮肤肥厚、鳞屑)。自体敏感性皮炎并不总是以湿疹样皮损的形式出现,也可表现为荨麻疹样、苔藓样、麻疹样、银屑病样或猩红热样。此外,还可观察到结节性红斑和多形性红斑以及其他类型皮肤反应。

组织病理学上表现为海绵水肿、表皮内水疱,真皮浅层血管周围的淋巴组织细胞浸润,可能出现少量嗜酸性粒细胞。

【诊断和鉴别诊断】

根据皮损部位、特点以及原发疾病的特性等易于诊断。应注意与过敏性接触性皮炎、刺激性接触性皮炎、特应性皮炎、泛发性湿疹、多形性日光疹、疥疮、病毒疹等相鉴别。

【预防和治疗】

积极治疗原发(诱发)疾病,否则自体敏感性皮炎会持续并扩散。主要使用外用糖皮质激素和口服抗组胺药,急性渗出性和水疱性皮损也可使用收敛剂(如硫酸铝和醋酸钙)。泛发性、重症患者可系统使用糖皮质激素。

十四、痒疹

痒疹(prurigo)的皮损特征是数量不等、剧烈瘙痒的丘疹或结节,而这些丘疹或结节一般不融合,除了继发性抓痕、瘢痕外,不会出现其他形式的皮损。

【病因和发病机制】

大多数病因不明。昆虫叮咬、机械或电刺激、某些食物和化学刺激(如组胺)是潜在的致病因素。一些慢性痒疹常发生在中年人群,其发病偶尔与肾衰竭、肝衰竭和恶性肿瘤等潜在疾病有关。特应性皮炎也可出现痒疹型皮损。

【临床表现】

起初皮损为瘙痒性、风团样或红色丘疹,随着病程的延长可形成结节;后期由于反复摩擦和/或搔抓,皮损增多、增大,并伴有抓痕和多发性瘢痕。痒疹的分类尚未统一,根据临床形态可分为结节性痒疹、慢性多形性痒疹和未特定类型痒疹;根据诱因可分为皮肤病性、全身性、神经病理性,由精神/身心疾病、多因素或不明原因导致。根据临床病程,可分为急性和慢性。

1. **急性痒疹(acute prurigo)** 又称单纯性痒疹(simple prurigo),多见于成人,皮损好发于腰部和四肢伸侧。皮损为3~5mm的坚实丘疹,散在,不融合,分批出现,顶端常伴表皮剥脱,常有剧烈瘙痒。病程一般持续数周,但往往会复发。发病机制可能与特应性体质和对昆虫叮咬的过敏反应有关。

2. **慢性痒疹(chronic prurigo)** 分为慢性多形性痒疹(prurigo chronica multiformis)和结节性痒疹(prurigo nodularis)。慢性多形性痒疹最常见于老年人的躯干、臀部和腿部,皮疹最初为瘙痒性、风团样丘疹,最终演变成红棕色的坚实丘疹,由于搔抓,可出现红斑、渗出、结痂或苔藓化。结节性痒疹表现为过度性角化、圆顶状或疣状坚实结节,颜色为褐色,直径5mm~2cm,散在分布,多见于四肢,也可累及躯干(图13-19);由于搔抓可能会出现糜烂、结痂。

【诊断和鉴别诊断】

应注意与其他瘙痒性疾病鉴别,包括结节型疥疮、穿通性

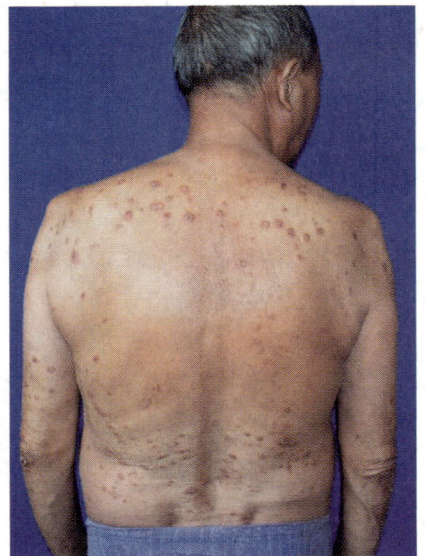

图13-19 结节性痒疹

皮肤病、结节性类天疱疮、肥厚性扁平苔藓、痒疹型大疱性表皮松解症等。

【预防和治疗】

　　避免搔抓,尽早治疗原发疾病。治疗上以外用糖皮质激素、钙调磷酸酶抑制剂、卡泊三醇、辣椒素等为主。局部注射类固醇和冷冻疗法也可用于治疗顽固性结节性痒疹;皮疹泛发者也可进行光疗。系统药物包括口服抗组胺药、沙利度胺、加巴喷丁等。严重泛发性病例可考虑口服甲氨蝶呤或环孢素。

（孙　青　姚志荣　宋志强）

思考题

　　1. 简述特应性皮炎、刺激性接触性皮炎、变应性接触性皮炎的鉴别要点。

　　2. 简述特应性皮炎的临床分期和各期临床表现。

　　3. 简述特应性皮炎的治疗策略。

第十四章
瘙痒与精神神经性皮肤病

【学习要点】

1. 瘙痒是一种可激发搔抓欲望,令人不愉快的主观感觉。皮肤瘙痒症是指没有原发性皮肤损害,而仅有瘙痒这一自觉症状的皮肤病。

2. 瘙痒根据部位可以分为局限性瘙痒和全身性瘙痒。

3. 根据病因,皮肤瘙痒症可以是原发性的,也可以是某些系统疾病的继发症状,包括①肾脏终末期疾病;②肝源性疾病;③内分泌疾病;④血液系统疾病;⑤HIV和寄生虫等感染;⑥恶性肿瘤等。另外神经精神因素、外界的刺激、妊娠、某些药物、皮肤干燥、皮脂缺乏(常见于老年冬季瘙痒症)等也是引起瘙痒症的原因。其中精神神经性皮肤病是由精神行为异常导致的皮肤病,如人工皮炎等。

第一节 局限性瘙痒症

局限性瘙痒症指瘙痒仅发生于身体的某一特定部位,如肛门、阴囊、外阴等的疾病,临床上常见。

一、肛门瘙痒症

肛门瘙痒症(pruritus ani)指发生于肛门及其周围皮肤的瘙痒。临床特征为肛周瘙痒、反复搔抓、苔藓化而无原发于肛周的皮疹。慢性患者可有明显焦虑和睡眠障碍。

【病因】

可分为原发性和继发性。原发性指患者无明显肛肠疾病,原因包括饮食(如过多摄入咖啡等)、不良卫生习惯以及精神性因素(如焦虑和抑郁等);继发性则有明确的病因,包括炎症性疾病、感染性疾病、系统性疾病、癌前病变、恶性肿瘤、肛门直肠病变。本病主要与接触某种致敏物或刺激物、过度清洗等有关。

【临床表现】

好发于中年男性,蛲虫感染引起者好发于儿童。瘙痒常局限于肛门周围,可累及阴囊或臀沟两侧。轻者皮肤外观正常或有轻度红斑,重者有明显刺激表现,常呈现浸渍、皱襞肥厚。因搔抓常发生辐射状皲裂、红斑、结痂或溃疡,日久肛周皮肤增厚而呈苔藓化、色素沉着(图14-1)。

【诊断和鉴别诊断】

根据无原发皮损而仅有瘙痒易于诊断。如诊断存在疑问或治疗无效,应考虑行皮肤活检、肠镜检查等以排除肿瘤性瘙痒。

【预防和治疗】

首先要尽可能帮助患者寻找病因,识别任何潜在的疾病、刺激因素,明确有无感染或肛门直肠肿瘤的证据,若明确病因,则根据病因进行治疗。

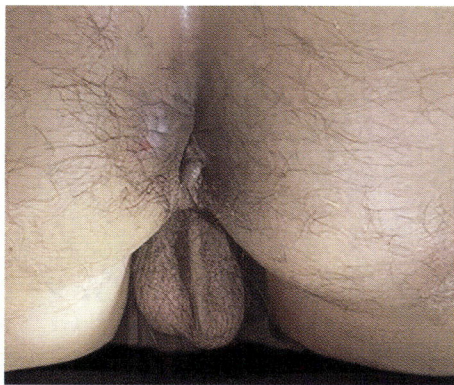

图14-1 肛门瘙痒症

对于无法查明原因的特发性肛门瘙痒症,应停止局部刺激、搔抓,避免食用刺激性强的食物,保持肛周的卫生,便后可坐浴。可应用温和的润肤剂积极修复屏障功能。局部外用糖皮质激素对大部分患者有效,推荐短期应用中弱效激素乳膏或软膏。也可使用钙调磷酸酶抑制剂。晚间加用有镇静作用的抗组胺药物可改善睡眠。

二、阴囊瘙痒症

阴囊瘙痒症(pruritus scroti)引发的瘙痒发生于阴囊,常累及阴囊悬垂部位;也可累及阴茎、会阴或肛门。主要与局部皮温高、多汗、摩擦或真菌感染等有关,常因精神因素诱发、加重。多为阵发性剧痒,长期剧烈搔抓可致阴囊皮肤水肿、肥厚、色素沉着、苔藓样变,可见点状糜烂、渗液、结痂等湿疹样改变或继发感染。以局部治疗为主,可外用弱效糖皮质激素制剂,也可外用钙调磷酸酶抑制剂、普鲁卡因或凡士林软膏等。

三、外阴瘙痒症

外阴瘙痒症(pruritus vulvae)即发生于女性外阴部的瘙痒症。

【病因和发病机制】

原发性外阴瘙痒,病因不明,也可继发于白带刺激、感染、恶性肿瘤、多种皮肤病及神经系统疾病,或由多种因素共同作用导致。

【临床表现】

多发生于成年女性,主要累及大、小阴唇,阴阜和阴蒂亦可发生。绝大多数为更年期和老年妇女。瘙痒为阵发性,夜间尤甚。因不断搔抓,阴唇常有皮肤肥厚及浸渍,阴蒂及阴道黏膜可出现红肿、糜烂。

【诊断和鉴别诊断】

根据无原发皮损而仅有瘙痒易于诊断,阴道分泌物检查有助于鉴别真菌性和滴虫性阴道炎性瘙痒。长期反复搔抓刺激可致大阴唇肥厚、苔藓化,与慢性单纯性苔藓的临床表现类似。

【预防和治疗】

治疗原则是阻断瘙痒-搔抓的恶性循环,恢复皮肤屏障并减轻炎症。病因明确者去除病因;病因不明者主要治疗原则是缓解症状,包括应用凡士林制剂或含氧化锌制剂,外用糖皮质激素,口服抗组胺药物。

第二节 冬季瘙痒症

冬季瘙痒症(winter itch)是一种与气候干燥有明显关系的全身瘙痒性疾病。

【病因和发病机制】

具体病因尚不清楚。常见于老年人,主要与老年人皮脂分泌减少、气候干燥、过度洗浴等引起皮肤干燥有关。干燥皮肤的表面弹性和抗张能力降低,容易形成浅层小皲裂,使皮肤容易受到外界因素的刺激。

【临床表现】

瘙痒多为全身性,好发于胫前及背部,常为阵发性,往往在脱衣时诱发,夜间瘙痒更甚,影响睡眠。温差剧变、空气干燥、过度洗浴、水温过高、使用碱性强的肥皂、穿着化纤或粗硬面料的内衣、搔抓、摩擦等可诱发或加重瘙痒。表现为皮肤干燥、粗糙,有少许细小鳞屑和裂隙,可见条状表皮剥脱和血痂;严重者,由于剧烈搔抓和外界因素的刺激而发生湿疹样变和苔藓样变,可进一步加重瘙痒症状。

【诊断和鉴别诊断】

根据皮肤干燥,只有瘙痒而无原发损害,常见于冬季,好发于老年人,结合病史(如开始仅有瘙痒而无皮疹)和典型的临床表现,方可诊断。

【预防和治疗】

指导患者尽量避免诱发或加重因素,用温水洗浴,沐浴后外涂润肤剂,使用加湿器以及穿着宽松的棉质衣物,避免烫洗、过度使用肥皂等。瘙痒严重者可应用抗组胺药、镇静催眠剂或抗焦虑药。长期不愈者应排除系统性疾病引起的瘙痒。

第三节 妊娠瘙痒症

妊娠瘙痒症（pruritus gravidarum）又称妊娠期肝内胆汁淤积症,是指妊娠期间出现的不伴有原发皮损的皮肤瘙痒,可伴有黄疸。病因和发病机制未明,有报道显示此病有一定遗传倾向,且证实雌、孕激素的代谢产物可影响胆汁酸代谢及肝脏排泄功能,从而引起胆汁酸、胆红素、转氨酶等升高。

常见于多次妊娠的妇女。多发生于妊娠期后 3 个月,也可发生在妊娠早期。临床表现为瘙痒而无原发性皮疹,瘙痒可为全身性或局限性,首先出现于腹部而后渐扩展至全身,常因搔抓引起表皮剥脱。部分患者可出现黄疸、尿色深、大便呈灰白色。瘙痒可在短期内自行消失,也可持续至妊娠终止,一般分娩后瘙痒及黄疸可在数天内消失,再次妊娠时可再发。胎儿的早产率和死胎率较高,还可伴有围产期的合并症,须注意监测。

治疗上可口服熊去氧胆酸等药物降低胆汁酸,针对皮肤瘙痒可外用润肤剂、止痒剂对症治疗。

第四节 系统性疾病引起的瘙痒症

瘙痒可以是某些系统性疾病的症状,常见的有慢性肾功能不全、胆汁淤积、血液系统疾病、甲状腺功能亢进、糖尿病、肿瘤、神经精神性疾病、寄生虫病等。

一、尿毒性瘙痒

尿毒性瘙痒（uremic pruritus）又称为慢性肾脏病相关性瘙痒,常见于慢性肾衰竭或终末期肾病患者,主要为正在接受血液透析治疗的患者,女性多发。可能与缺乏皮脂、缺铁、继发性甲状旁腺功能亢进,血液内多种致痒原,如组胺和阿片样物质等,以及对透析中所使用的物质过敏,尿毒症所致的运动、感觉、自主神经病变,钙磷代谢的改变等有关。瘙痒常是全身性和持续性的,症状明显,可影响患者睡眠和生活质量。瘙痒程度与接受透析的时间有明显的相关性。常有皮肤干燥,因搔抓可出现严重的表皮剥脱、皮肤苔藓样变或痒疹样结节。少数患者的瘙痒可局限。

治疗上可外用润肤剂、止痒剂,口服抗组胺药物,但多数患者止痒效果不佳。有报道显示,加巴喷丁可缓解尿毒症患者的瘙痒;若常规治疗效果不佳,有报道显示,度普利尤单抗等生物制剂可取得较好效果,也有报道称药物治疗效果不佳的患者可通过甲状旁腺切除或肾移植进行治疗。

二、胆汁淤积性瘙痒症

剧烈瘙痒是胆汁淤积患者常见的临床表现。可见于多种肝内或肝外性疾病,如原发性胆汁性肝硬化、乙型和丙型病毒性肝炎、原发性硬化性胆管炎、胆管癌、酒精性肝硬化、自身免疫性肝炎等。药物,如睾酮、氯丙嗪、避孕药、红霉素、别嘌呤醇和利福平等也可引起胆汁淤积性瘙痒。既往研究表明胆汁淤积性瘙痒的潜在致痒因子有胆盐、组胺、孕酮代谢产物、内源性阿片样物质和溶血性磷脂酸等,但确切发病机制尚不清楚。

瘙痒通常从肢端开始,随后逐渐泛发,大多为全身性、持续性,瘙痒顽固难以缓解,在手、足和衣服穿着过紧处尤为严重,夜间瘙痒剧烈,可伴有黄疸。很少累及颜面、颈部和阴股部。治疗药物可选用熊去氧胆酸或考来烯胺、纳洛酮、阿片受体拮抗剂等。对于终末期肝衰竭,肝移植可改善症状。抗组胺药疗效不佳。

三、血液病性瘙痒症

有些血液系统疾病可伴发瘙痒,如骨髓异常增生性疾病、铁缺乏症、真性红细胞增多症等,常导致难以控制的严重而顽固的瘙痒。真性红细胞增多症的典型表现是躯干部剧烈瘙痒。铁缺乏症可能是真性红细胞增多症、恶性肿瘤或系统性疾病的一种表现,可有全身性或局限性瘙痒（尤其在肛周和外阴部位）,在补充铁剂后可缓解;此外,瘙痒可先于上述疾病数年出现,因此,对严重、顽固的瘙痒患者,应考虑其是否患有真性红细胞增多症等血液病。骨髓移植后伴发移植物抗宿主反应（graft versus host reaction, GVHR）的患者也可出现瘙痒。

UVB 和 PUVA 可考虑作为一线治疗，抗组胺药对于此类瘙痒疗效可能欠佳。

四、内分泌性瘙痒症

甲状腺功能亢进、甲状腺功能减退、慢性肾衰竭伴甲状旁腺功能异常、糖尿病等内分泌疾病均可引起瘙痒。

糖尿病性瘙痒可能由神经病变、念珠菌感染、皮肤干燥和药物引起。瘙痒可泛发全身，更多局限于肛周及外生殖器部位，在女性患者更为常见，与血糖控制不佳有关。严重的全身性瘙痒可以是甲状腺功能亢进的一种表现，瘙痒出现的频率与病情的严重程度平行，发病机制不明，可能与皮肤血流加快和皮温持续升高有关。甲状腺功能减退发生的瘙痒可能与皮肤干燥等有关。绝经后女性外阴瘙痒可能与性激素缺乏有关。瘙痒也可与自身免疫性甲状腺炎和某些甲状腺的自身抗体相关。

五、恶性肿瘤相关性瘙痒症

任何一种恶性肿瘤都可能会引起瘙痒，称为副肿瘤性瘙痒症，但瘙痒与肿瘤之间的真正联系至今不明，可能与免疫调节、肿瘤代谢产物、皮肤干燥等有关。

肿瘤相关性瘙痒症多为全身性、持续性，治疗困难。瘙痒可以是某些肿瘤的早期症状或首发症状，可出现于肿瘤的进展期，也可早于肿瘤诊断前数年出现，瘙痒的程度和范围与肿瘤累及的范围无相关性。因此，对持续、难以解释的瘙痒或常规治疗无效的全身性瘙痒患者，应排查有无潜在的恶性肿瘤。蕈样肉芽肿及霍奇金病引起瘙痒常见，放疗或化疗后可缓解；慢性白血病、淋巴肉瘤、肺癌、肝癌、胃癌、结肠癌、前列腺癌、乳腺癌、胰腺癌、脑瘤晚期等，也可引起全身瘙痒。瘙痒也可以是塞扎里综合征（Sézary 综合征）的最初症状。类癌综合征的瘙痒多伴发颜面潮红。多发性内分泌肿瘤（multiple endocrine neoplasia, MEN）可发生肩胛部瘙痒和伴发淀粉样物质沉积。

对于恶性肿瘤相关瘙痒有效的治疗药物是帕罗西汀、阿司匹林，窄谱 UVB 或干扰素也可能有效。

六、神经及精神性瘙痒

神经性瘙痒的病因不清，可能与大脑皮质功能紊乱，感觉神经功能受损或功能失调有关，病变部位可起源于中枢神经也可位于外周神经。脑卒中、脑肿瘤等多种神经系统疾病均可能引起瘙痒。抗组胺药物对此类疾病的治疗效果往往不佳，而三环类抗抑郁药较抗组胺药物疗效更佳。

精神性瘙痒是一种以瘙痒为主要特征，精神因素在诱导和维持瘙痒中起重要作用的独立疾病。瘙痒程度与情绪状态相平行，缺乏原发皮损，但可以见到神经官能症性表皮剥脱等继发损害。精神性瘙痒的诊断必须排除其他皮肤源性瘙痒，精神性瘙痒多伴有心理障碍或精神障碍性疾病，如抑郁症、焦虑症、精神病（如寄生虫妄想症）。治疗上一般可对症治疗，但帮助患者寻找病因、积极治疗原发性疾病更为重要。

七、HIV 和肝炎病毒感染的瘙痒

皮肤瘙痒是 HIV 感染者的常见症状，也可能是部分患者的首发症状。慢性乙型肝炎和丙型肝炎患者也可出现瘙痒，尤其是伴有胆汁淤积症的患者。

八、其他疾病相关性瘙痒

风湿热、类风湿关节炎、结核、肠道寄生虫、感染等也可以引起全身性瘙痒。

第五节　人　工　皮　炎

人工皮炎（dermatitis factitia）是一种特殊的精神性皮肤病，主要指患者为了满足某种心理需要，有意或无意地用机械或化学方法伤害自身皮肤而引起的皮肤损害。

【病因和发病机制】

多数患者有人格障碍，因对某种应激性心理压力不适应而自我伤害。常见的自我伤害方式可分为

机械性、物理性或化学性,如化学和热烧伤、注射外源性物质、破坏原有瘢痕或手术切口处的旧皮损等。

【临床表现】

多发于青少年和年轻人,常见于手易触到的部位。皮损的外观取决于伤害方式,范围可为轻微的划伤至大面积的创伤,特点是皮损形态奇特怪异,周围绕以正常皮肤,边界清楚,具有群集或线状分布的倾向,可见红斑、浅表脱屑、水疱、大疱、溃疡,严重者可导致脓肿、坏疽或危及生命的感染(图 14-2)。多数患者常隐瞒病史,否认其自伤行为,并拒绝去精神、心理科就诊。

【诊断和鉴别诊断】

如遇形态奇异、用一般皮肤病难以解释的损害,应疑诊本病;可通过详细询问病史、观察和了解损害的演变以

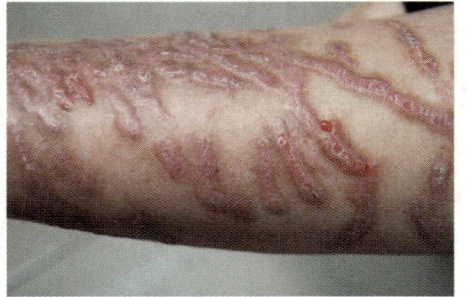

图 14-2   人工皮炎

及患者的性格类型,为确诊提供依据。首先应排除诈病。诈病是指为了获得额外的利益,如伤残或保险福利而故意造成皮损,这种情况不被认为有精神障碍。

【预防和治疗】

主要是对症和支持治疗。应用保护性敷料保护伤处,以免再次受伤。必要时应用抗抑郁药物,并通过引导鼓励,逐步改善其性格结构和生活适应能力。

第六节   寄生虫病幻想症

寄生虫病幻想症(delusions of parasitosis)是一种少见的原发性精神疾病,指患者在缺乏任何客观证据的情况下,坚信自己皮肤感染某种寄生虫,常自认为病情危重,导致其不断搔抓皮肤,以"拔除"侵入皮肤的生物或异物。

【病因】

本病属单症状疑病症精神病之一,为单症状性妄想,除坚信自己皮肤感染寄生虫外,并无其他精神异常,但常伴有抑郁、焦虑、敏感多疑或其他性格缺陷继发的精神病。

【临床表现】

本病见于青年或老年人,年龄呈双峰分布。患者常有蚁行感或蜇刺感。皮损为表皮剥脱、抓痕、血痂、结节及溃疡等继发性损害,部位不固定、分布不对称。以前患者常用火柴盒收集各种各样的"样本或标本",以此证明导致其疾病的原因,此行为被称为"火柴盒征"。常到医院要求进行不必要的检查与治疗,或自行挖取小块皮肤或皮屑、毛发等送到医院检查。当医务人员否认其有寄生虫病存在时,患者仍顽固地坚持其错误信念。患者常伴发焦虑、抑郁,有自杀风险。

【诊断和鉴别诊断】

对患者皮肤进行全面检查,在彻底排除了寄生虫感染而患者仍坚信其存在时,则可以明确诊断。

【预防和治疗】

本病治疗困难,以心理治疗为主。应仔细倾听患者主诉,同时表示关注。抑郁和焦虑症状明显者,可适当给予抗抑郁药或抗焦虑药或精神安定药,可使用,也可应用利培酮或奥氮平等。

第七节   咬 指 甲 症

咬指甲症(onychophagia)是一种经常咬甲的不良习惯。常发生在性情急躁、多疑的幼儿及有神经官能症的儿童、青少年,成人少见。咬甲多出现在精神紧张时,养成顽固的习惯后,有时可持续终身,常伴有吮指。指甲的游离端被咬的机会较多,表现为甲板缩短、甲游离缘常呈锯齿状。有时整个

指甲被啃咬,甲表面常无光泽,有横沟或嵴,亦可有甲下出血、匙形甲、甲软化、甲萎缩或伴发甲沟炎。

治疗应消除使患者不安的因素,建立健康的生活制度,进行卫生教育,纠正不良习惯。暗示疗法等心理治疗可获得较好的效果。只要停止啃咬甲板,指甲会慢慢恢复正常。

第八节　皮肤垢着病

皮肤垢着病(cutaneous dirt-adherent disease)是皮肤局限性、持续性污垢性物质附着,以反复发作的污垢样黏着的油性鳞屑样结痂为特征。被认为是一种精神性皮肤病,其发病与精神因素、头面外伤或长期未擦洗有关。有学者认为本病可能与糠秕马拉色菌有关。

【临床表现】

本病好发于面颊部、乳头、乳晕。皮损开始为绿豆大小、多发性黑褐色小丘疹,皮疹逐渐增多、扩大,表面呈现疣状污垢堆积或褐色痂,质硬,不易剥离,境界清楚。皮疹进一步扩大可形成大片黑褐斑,其上有污垢样角化性损害,或呈小结节,或为绒毛状。一般皮损仅限于某一部位,可为双侧性或单侧性分布,偶有瘙痒。

【诊断和鉴别诊断】

本病需与慢性皮肤黏膜念珠菌病进行鉴别;皮损发生于乳晕周围时,应与乳头乳晕角化过度症相鉴别,也应与良性黑棘皮病等进行鉴别。

【预防和治疗】

去除可能的诱因,伴有精神因素者进行心理治疗。可给予口服抗组胺药及镇静药。可外用20%紫草油擦洗,促使痂皮软化、脱落。

第九节　拔　毛　症

拔毛症(trichotillomania)是一种有意识、故意或下意识的病态行为,指患者不能克制地反复拔除自己的毛发,导致毛发缺失,在拔出毛发前有毛发不断增长的紧张感,拔出毛发时有轻松、愉悦和满足感。

【病因和发病机制】

幼年期缺少或失去关爱而导致的心理创伤或失衡、父母过分严厉或强制幼儿按父母规定的模式生活可能与发病有关,亦有人认为本病是强迫症的表现。

【临床表现】

见于儿童和成年人。好发于头皮,最常见于额顶部。受累区域毛发明显稀少,散布长短不一或有折断的毛发,皮肤无萎缩、炎症及脱屑,可形成大小不等、形状不规则、边界不整的不完全性脱发斑(图14-3)。

严重者头皮毛发被完全拔除,极少数患者亦拔眉毛及睫毛、胡须、腋毛或阴毛。隐秘的拔毛行为可引起下颏、胸部、会阴区或大腿部的毛囊炎,少数患者会嗜食拔除的毛发,吃掉发根即食毛根症,吃掉所有的毛发称食毛症,这种行为几乎仅见于女孩和年轻女性,且发病率高;有少部分患者吃掉较多的头发甚至会发生胃肠道毛粪石,儿童可出现腹痛、体重减轻、恶心、呕吐、厌食和口臭,需引起注意。胃部毛石可引起肠道出血、胰腺炎或梗阻症状。

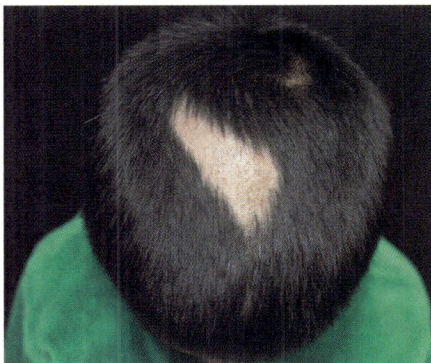

图14-3　拔毛症

【诊断和鉴别诊断】

根据反复的不自主拔毛行为,导致明显脱发,拔毛前出现紧张感,拔发后得到放松或满足,拔发区域无炎症,不存在妄想或幻觉等可诊断。本病需与斑秃、头癣等相鉴别。皮肤镜是诊断、鉴别拔毛症的有力工具。拔毛症在皮肤镜下表现为黑点征和断发,毛囊周围出血、毛软化。皮肤镜下断发的形态学特点异于斑秃,残端有分裂和卷曲,但无斑秃头皮局部炎症而导致的毛干粗细不一和"感叹号发"表现。

【预防和治疗】

一般采用心理疏导,每当出现拔毛冲动时立即有效地转移注意力,逐渐纠正拔发习惯。必要时可给予抗抑郁药、抗焦虑药或小剂量镇静药。

（陈爱军）

思考题

1. 瘙痒是一种可激发搔抓欲望、令人不愉快的主观感觉,引起瘙痒的原因有很多,请尽可能多地列举出引起瘙痒的原因。

2. 一位孕 32 周的孕妇,出现全身皮肤瘙痒且伴巩膜轻微发黄,应该询问哪些问题以及完善哪些检查来帮助诊断?

3. 哪些系统性疾病可以引起瘙痒的感觉? 请阐述 3~5 个可以引起瘙痒的系统性疾病。

第十五章

荨麻疹与血管性水肿

【学习要点】

1. 荨麻疹是由于皮肤黏膜小血管暂时扩张和通透性增加而引发的一种局限性水肿反应,临床表现为风团,可伴或不伴血管性水肿,常伴有剧烈瘙痒和烧灼感。

2. 血管性水肿是由于渗出液从血管渗漏到周围的皮肤和组织而引起的肿胀,分为获得性和遗传性。

3. 过敏性休克是一种突然发生的有潜在致命风险的即刻反应,数分钟至数小时内发病,肾上腺素是一线治疗药物。

第一节 荨 麻 疹

荨麻疹(urticaria)是由于皮肤、黏膜小血管暂时扩张和渗透性增加而出现的一种局限性水肿反应。临床表现为大小不等的风团伴瘙痒,约 20% 的患者伴有血管性水肿。

【病因】

荨麻疹的病因较为复杂,依据来源不同通常分为外源性和内源性。

1. 外源性

(1)食物及食品添加剂:食物过敏是急性荨麻疹的常见原因,最常见食物变应原为巧克力、贝壳类(虾、蟹)、草莓、番茄、坚果、牛奶、鸡蛋等,通常动物蛋白比植物蛋白更容易致敏诱发荨麻疹。目前尚没有证据表明食物变应原和慢性荨麻疹相关。少数慢性荨麻疹患者发病与食品添加剂(如防腐剂、染色剂和甜味剂等)和天然水杨酸盐有关。食物中的添加剂或血管活性物质(如组胺),及一些水果、蔬菜和调味料中的天然物质等可引起与真性过敏反应相似的超敏反应或不耐受,统称为"假变应原(pseudoallergen)"。

(2)药物:是引起急性荨麻疹的常见原因,如抗生素、非甾体抗炎药(NSAID)、生物制品等。慢性荨麻疹病因中最常见的相关药物是血管紧张素转换酶抑制剂(ACEI)和非甾体抗炎药。

(3)感染:上呼吸道感染是急性荨麻疹最常见的原因,儿童急性荨麻疹患者中,感染发生率可达48.4%,多种病毒(腺病毒、肠道病毒、轮状病毒、呼吸道合胞病毒等)是可能的病原体。各种细菌、病毒、寄生虫或真菌感染也可能是慢性荨麻疹的潜在原因,体内的一些局灶性感染,如口腔、咽部、扁桃体、牙齿和胆囊等感染与慢性荨麻疹的发生可能有关。

(4)物理因素:摩擦、压力、冷、热、振动、日光照射等。

(5)吸入物和植入物:已知能引起荨麻疹的吸入物有花粉、羽毛、尘螨、甲醛、真菌等;植入物包括人工关节、吻合器、心脏瓣膜、骨科用钢板或钢钉及节育器等。

2. 内源性 包括一些精神因素(如情绪波动、精神紧张、抑郁等)、系统性疾病(如糖尿病、甲状腺功能亢进症、肾病、慢性胆囊炎、白血病、骨髓瘤、结缔组织病等)、劳累、维生素 D 缺乏,及针对 IgE 或高亲和力 IgE 受体(FcεRI)的自身免疫反应。

通常急性荨麻疹可找到原因(不超过 50%),而慢性荨麻疹的病因多难以明确,被认为是一种多因素疾病,称为慢性特发性荨麻疹。

【发病机制】

肥大细胞和嗜碱性粒细胞是参与荨麻疹发病机制的主要炎症细胞。

1. 肥大细胞依赖途径　肥大细胞可被免疫或非免疫因素激活。免疫机制中 IgE 介导的即刻超敏反应是肥大细胞激活的经典机制。慢性荨麻疹也可能与抗 IgE 或抗 FcεRI 的功能性自身抗体的存在有关，见于小于 50% 的患者，可通过自体血清皮肤试验（autologous serum skin test，ASST）进行评估，其敏感性和特异性分别为 70% 和 80%。

放射性造影剂、阿片类药物、神经肽（如 P 物质）和某些食物以及活性氧等可以直接激活肥大细胞的非免疫机制；补体 3a（C3a）、补体 4a（C4a）和补体 5a（C5a）作为过敏毒素可直接作用于肥大细胞表面，触发组胺释放。

肥大细胞活化后可发生三个事件，即脱颗粒、分泌细胞因子及合成前列腺素和白三烯等炎症介质。肥大细胞脱颗粒释放的组胺可结合皮肤毛细血管后微静脉上的受体，导致血管扩张和血浆蛋白外渗，是风团形成的主要机制。组胺、肿瘤坏死因子 α 等炎症因子可使内皮细胞的黏附分子表达上调，促进循环中的炎症细胞从血管内迁移至皮损处，引起炎症反应。后期合成的前列腺素和白三烯等炎症介质，一方面导致变态反应迟发相的形成，另一方面可加重肥大细胞不稳定，是慢性荨麻疹反复发作的基础。

2. 非肥大细胞依赖途径　除肥大细胞外，其他多种细胞（嗜碱性粒细胞、嗜酸性粒细胞、T 细胞、B 细胞、内皮细胞等）被认为在荨麻疹的发病机制中发挥作用。其中，嗜碱性粒细胞的作用被认为仅次于肥大细胞，两者为组胺的主要来源，嗜碱性粒细胞的表面也表达 FcεRI。此外，有些情况下，荨麻疹的发病机制不涉及肥大细胞或组胺。一个常见的例子是接触山梨酸、肉桂酸、肉桂醛等发生接触性荨麻疹，这些患者对抗组胺药无应答，而对非甾体抗炎药有反应。

3. 其他机制　研究表明，脂肪因子（如脂质运载蛋白 2）可影响免疫应答和慢性荨麻疹，脂质运载蛋白 2 与荨麻疹活动度呈负相关，提示其在慢性荨麻疹中具有抗炎作用。凝血系统异常激活也被认为在慢性荨麻疹的发病机制中发挥作用，慢性荨麻疹患者显示出凝血和纤溶级联反应的外源途径活化，而这两者都与疾病加重相关。

【临床表现】

任何年龄都可以发病。根据病因，荨麻疹临床上分为自发性荨麻疹（spontaneous urticaria）和诱导性荨麻疹（inducible urticaria）。

1. 自发性荨麻疹　根据病程可分为急性自发性荨麻疹（acute spontaneous urticaria，ASU）和慢性自发性荨麻疹（chronic spontaneous urticaria，CSU），后者指风团和/或血管性水肿每天或几乎每天发作，持续超过 6 周。

（1）急性自发性荨麻疹：起病急，常先有皮肤瘙痒，很快出现风团，风团呈鲜红色、苍白色或皮色，大小不一，开始孤立散在，周围多绕以红晕，可逐渐扩大、融合成片（图 15-1）。中央消退后呈环状、地图状或不规则状。风团可局限或泛发，数小时后消退（不超过 24 小时），消退后不留痕迹。患者自觉剧痒，少数有烧灼感或刺痛感。可伴有恶心、呕吐、腹痛、腹泻等消化道症状，重者可累及咽喉部和支气管，引起呼吸困难、窒息，甚至可出现心慌、烦躁、血压下降等过敏性休克样症状。

（2）慢性自发性荨麻疹：病程大于 6 周，主要表现为风团或伴有红斑，常不伴其他系统症状。风团可表现为每天或几乎每天发作，称为慢性持续性荨麻疹；亦可风团发作和消退交替，间歇数天或数周，称为慢性发作性荨麻疹。慢性荨麻疹病程迁延，可持续数月或数年。

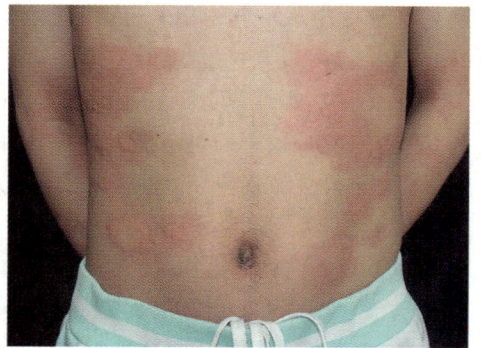

图 15-1　急性荨麻疹的临床表现

2. 诱导性荨麻疹　诱导性荨麻疹（inducible urticaria，IndU）表现为暴露于特定刺激后反复出现瘙痒性风团和/或血管性水肿。IndU 常见，估计患病率为 0.5%，在成人中，女性发病占优势（74% 为女性）。除延迟压力性荨麻疹（delayed pressure urticaria，DPU）外，皮损持续不超过 2 小时。根据病因不同，诱导性荨麻疹分为物理性荨麻疹和非物理性荨麻疹。

（1）物理性荨麻疹：是一种独特的亚型，包括人工性荨麻疹或称皮肤划痕症（dermatographism）、冷接触性荨麻疹（cold contact urticaria，CCU）、延迟压力性荨麻疹、热接触性荨麻疹、日光性荨麻疹、振动性血管性水肿。其中，皮肤划痕症和冷接触性荨麻疹是最常见的两种类型。

1）皮肤划痕症：最常见，人群中的发病率约 5%，表现为在相对较小的压力处，如腰带、袖口、领口摩擦处或搔抓后出现界限分明的线状风团，周围绕以红晕（图 15-2）。皮损通常在数分钟内消退。平均病程 5~7 年。

2）冷接触性荨麻疹：特征是暴露于冷空气、冷的液体或固体后数分钟内发生风团，并持续约 1 小时。主要累及年轻人，女性多于男性。广泛的寒冷接触，如在冷水中潜水，除发生风团外还可能引起全身症状，如呼吸困难、低血压和意识丧失，类似过敏性休克。冰块试验结果常呈阳性（图 15-3）。CCU 与病毒、细菌和寄生虫感染以及单克隆 IgG 或 IgG/IgM 和 IgG/IgA 混合的冷球蛋白血症相关。也有一些病例报道显示，CCU 与膜翅目昆虫叮咬、食物和药物不耐受、C1 酯酶抑制因子（C1 esterase inhibitor，C1-INH）和 C4 水平降低以及趋化因子水平改变相关。

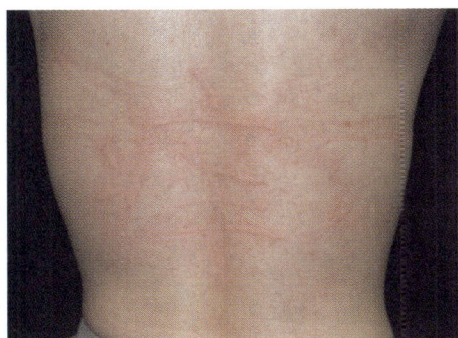

图 15-2　皮肤划痕症

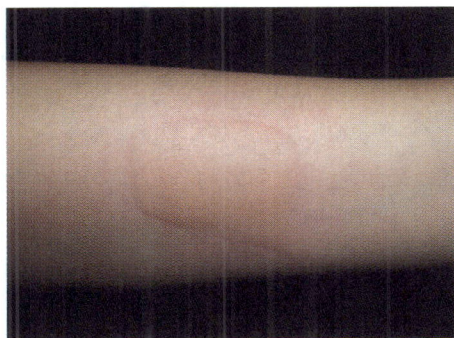

图 15-3　冷接触性荨麻疹（冰块试验）

（2）非物理性荨麻疹：包括胆碱能性荨麻疹（cholinergic urticaria，ChU）、接触性荨麻疹、水源性荨麻疹等，以胆碱能性荨麻疹最常见。

胆碱能性荨麻疹是由于运动、发热、热水浴、情绪压力、高温或进食辛辣食物和饮料等引起体温突然升高而导致的风团出现。ChU 表现为短暂的、瘙痒性小风团（直径不超过 6mm），即所谓点状风团。主要累及躯干和四肢近端，掌跖不受累。发作严重时，可伴有头痛、流泪、流涎、恶心、腹泻等症状。多见于年轻人，部分患者冬季为发作高峰。有研究发现，本病与特应性体质和支气管高反应性相关。

【诊断和鉴别诊断】

诊断中应仔细询问病史，包括病程、发作规律、发病诱因、基础疾病等，部分患者可以找到明确的病因或诱因。对怀疑变应原引起的荨麻疹，可以进行皮肤点刺试验和血中变应原特异性 IgE 检测。对怀疑物理性荨麻疹的患者，可做必要的冷热等试验，以明确诊断。通常不需要进行过多的实验室检查。慢性荨麻疹病程较长、抗组胺治疗反应较差的患者，可选择性开展血常规、红细胞沉降率、C 反应蛋白、免疫球蛋白、抗甲状腺自身抗体等检查。

主要与荨麻疹性血管炎鉴别，后者的风团通常持续 24 小时以上，消退后留有色素沉着，病理提示有血管炎性改变。此外，还需要与表现为风团或血管性水肿形成的其他疾病，如荨麻疹型药疹、血清病样反应、丘疹性荨麻疹、败血症、成人 Still 病、遗传性血管性水肿、大疱性类天疱疮、肥大细胞增多症、自身炎症综合征、严重过敏反应等相鉴别，可依据其他临床表现、实验室检查或组织病理学检查明确诊断。

【预防和治疗】

1. 病因治疗 对病因明确或可疑的患者要进行病因治疗,尽量避免诱发物质的吸入、接触和食入。祛除感染,避免冷、热、日光等一些物理因素,可有效预防物理性荨麻疹的发生。特异性免疫疗法,即脱敏治疗在荨麻疹治疗中的作用还不确定。

2. 对症治疗 药物选择应遵循安全、有效和规律使用的原则,旨在完全控制荨麻疹症状,提高患者的生活质量。根据患者的病情和治疗效果制订并调整治疗方案。

(1)急性荨麻疹的治疗:首选第二代非镇静抗组胺药,常用的包括西替利嗪、左西替利嗪、氯雷他定、地氯雷他定、非索非那定、阿伐斯汀、依巴斯汀、依匹斯汀、咪唑斯汀、苯磺贝他斯汀、奥洛他定、卢帕他定等。在明确并去除病因以及口服抗组胺药不能有效控制症状,尤其是伴有咽喉部水肿或显著的系统症状时,可选择糖皮质激素,如泼尼松 20~50mg/d,口服 4~5 天后停药。1:1 000 肾上腺素注射液 0.2~0.4ml 皮下或肌内注射,可用于急性荨麻疹伴休克或严重的荨麻疹伴血管性水肿患者。

(2)慢性荨麻疹的治疗(表 15-1)

表 15-1　慢性荨麻疹的阶梯治疗策略

治疗方案	治疗方法	注意事项
一线治疗	常规剂量的第二代抗组胺药	疗程 3~6 个月或更长
二线治疗	更换或联合使用其他抗组胺药;增加第二代抗组胺药剂量至 2~4 倍:比拉斯汀、西替利嗪、地氯雷他定、依巴斯汀、非索非那定、氯雷他定、左西替利嗪、卢帕他定和咪唑斯汀等	排除心脏毒性的潜在危险因素,如遗传性长 QT 综合征、老年人、心血管疾病、低钾血症和低镁血症,使用具有直接延长 QT 间期或抑制第二代抗组胺药代谢的药物
三线治疗	加用奥马珠单抗:150~300mg 皮下注射,每 4 周一次,治疗半年或更长时间	停药后复发,再治疗仍然有效
四线治疗	加用环孢素:3~5mg/(kg·d),分 2~3 次口服;雷公藤多苷片:1~1.5mg/(kg·d),分 3 次口服;糖皮质激素:泼尼松 0.3~0.5mg/(kg·d),好转后逐渐减量,通常疗程不超过 2 周;UVA 和 UVB 治疗 1~3 个月	糖皮质激素仅适用于上述治疗效果不佳的严重患者

(3)特殊类型荨麻疹的治疗

1)皮肤划痕症:减少搔抓,一线治疗为常规剂量的非镇静第二代抗组胺药经治疗未获得完全控制的患者,最大可将抗组胺药的剂量增加到标准剂量的四倍。对抗组胺药治疗抵抗的患者可使用奥马珠单抗和环孢素。光疗和光化学疗法也被报道有效,但使用较少。

2)冷接触性荨麻疹:患者应避免皮肤长时间接触寒冷物体或暴露于低于其阈值温度的环境中。一线治疗是非镇静第二代抗组胺药,控制不佳者可增加剂量。研究显示,冷接触性荨麻疹患者使用奥马珠单抗 150mg 和 300mg,完全应答和部分应答率高,疾病活动度显著降低。冷脱敏是一种以反复寒冷暴露诱导皮肤对寒冷敏感性降低的治疗手段,但在脱敏过程中可能诱发过敏性休克,因此必须在专业人员的监督下进行。其他治疗药物或方法包括白三烯受体拮抗剂、环孢素、阿那白滞素(IL-1 受体拮抗剂)、依那西普(TNF 抑制剂)和 UVB 治疗。

3)胆碱能性荨麻疹:应尽可能避免可能诱发或加重的因素,非镇静第二代抗组胺药常规剂量或增加剂量对部分患者有效。奥马珠单抗和规律体育锻炼对部分患者有效。

第二节　血管性水肿

血管性水肿(angioedema)又称巨大荨麻疹(giant urticaria),是一种急性、暂时性、局限性、无痛性、发生于较疏松部位的真皮深部和皮下组织或黏膜的局限性水肿,分获得性和遗传性两种。

【病因和发病机制】

获得性和遗传性血管性水肿的发病机制不同,可根据血清 C1q 浓度是否降低区分获得性血管性水肿(acquired angioedema,AAE)(C1q 浓度降低)和遗传性血管性水肿(hereditary angioedema,HAE)(C1q 浓度正常)。AAE 发生于有过敏体质的个体,药物(如血管紧张素转换酶抑制剂)、食物、感染、尘螨、花粉、冷热等为常见病因或诱因。AAE 为自身抗体导致的 C1-INH 消耗增加(Ⅰ型)或失活(Ⅱ型)的结果。HAE 为常染色体显性遗传,根据其发病机制不同分为 3 型:Ⅰ型最常见,约占 85%,为正常的 C1 酯酶抑制因子呈低抗原性和低功能性;Ⅱ型占 15%,为 C1-INH 抗原性正常或增强,但功能障碍;Ⅲ型罕见,为 C1-INH 功能正常,补体正常,部分由于机体因子Ⅻ基因功能获得性突变导致凝血因子Ⅻ缺陷而致病。此外,血管生成素-1 基因或纤溶酶原基因突变的 HAE 也有报道。

【临床表现】

1. **获得性血管性水肿**　AAE 往往发生在 40 岁以后,无家族史,Ⅰ型 AAE 通常发生在风湿性疾病和 B 淋巴细胞增生性疾病患者中。可能每周发作,也可能间隔多年发作。多达 50% 的患者有前驱症状,如皮肤紧绷、刺痛,或在血管性水肿明显前几小时或 1 天出现边缘红斑。皮损表现为突发的局限性、非凹陷性肿胀,边界不清,呈肤色或淡红色,表面光滑,触之有弹性,常为单发,偶可多发,持续 2~5 天,然后自行消退,也可在同一部位反复发作。无瘙痒,常有痛感。好发于组织疏松部位,如眼睑(图 15-4)、口唇、舌、外生殖器,但也可能发生于身体其他部位。如累及鼻、咽、喉、口腔黏膜,可引起流涕、呼吸困难、吞咽困难、声音嘶哑,严重的咽喉部水肿可造成窒息致死。

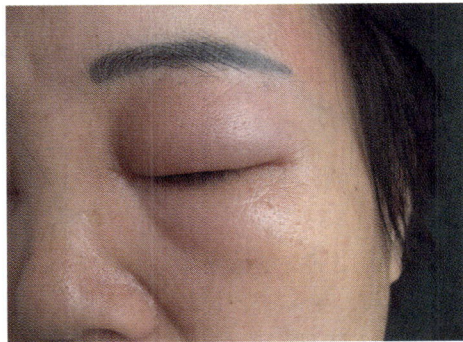

图 15-4　血管性水肿

2. **遗传性血管性水肿**　常有家族史,一般开始于儿童期,并在青春期变得更为严重,但也有婴儿和老年发病的报道。突然且频繁发作,每 2 周发作 1 次,持续 2~5 天,皮损为局限性、非凹陷性皮下水肿,常为单发。自觉不痒,也不出现风团。肿胀呈典型的不对称性,常发生在面部或一侧肢体,亦可累及外生殖器。可累及口腔、咽部、呼吸道和胃肠道黏膜等并出现相应的症状,上呼吸道水肿可危及生命。疾病反复发作,可持续终身,但部分患者中年以后发作频率和程度可减轻。HAE 可能为自发性,也可能由创伤、医疗或牙科手术、情绪压力、月经、感染、外源性雌激素替代疗法等引起。

【诊断和鉴别诊断】

根据好发于疏松部位,突发无症状性肿胀,可自行消退,可以明确诊断。若近半数家庭成员发病,皮损显著不对称性,累及多个系统,则考虑遗传性,检测血清 C1-INH、C3、C4 和 C1q 水平有助于诊断。

【预防和治疗】

1. **获得性血管性水肿**　对于潜在疾病的治疗有助于缓解症状,同时注意避免触发变应原或药物,抗组胺药和糖皮质激素可有助于更快地缓解症状。对于急性发作,C1 酯酶抑制因子(C1-INH)可能有效,但具有高水平自身抗体的患者可能对治疗抵抗。抗纤溶药物的长期治疗比活性减弱的雄激素(attenuated androgens)显示出更好的效果。对每周发作两次或更多次的患者,可以最低剂量 C1-INH 每周 2 次长期预防。

2. **遗传性血管性水肿**　抗组胺药、糖皮质激素和肾上腺素治疗无效,C1-INH 可用于急性发作的治疗和预防,主要药物包括血源性 C1-INH(pd-C1-INH)和重组人 C1-INH(rh C1-INH)。缓激肽受体拮抗剂醋酸艾替班特和血浆激肽释放酶抑制剂艾卡拉肽也可用于 HAE 急性发作。活性减弱的雄激素,如达那唑(danazol,400~600mg/d)或司坦唑醇(stanozolol,2~12mg/d)可用于治疗和预防 HAE 发作;由于治疗急性发作的作用较慢,因此不推荐用于急性发作。不良反应可能包括体重增加、性欲改变、多毛症、转氨酶异常、高胆固醇血症和显微镜下的血尿。静脉注射含有 C1-INH 的新鲜冰冻血浆（fresh frozen plasma，FFP）存在争议，因其含有激肽原可能导致缓激肽的产生增加，因此，FFP 并不常规用于治疗急性加重患者。FFP 对于外科手术和牙科手术前 12~24 小时的短期预防有效，但 C1-INH 仍为首选。抗纤溶酶药物，如氨甲环酸和 6-氨基己酸可作为三线药物用于儿童和成人。

第三节　过敏性休克

过敏性休克（anaphylactic shock）是致敏的个体接触相应的过敏物质后，肥大细胞和嗜碱性粒细胞迅速释放大量的炎性介质，引起全身毛细血管扩张和通透性增加，有效血容量减少。过敏性休克是一种急性、危及生命的临床综合征，常伴有皮肤黏膜的改变。

【病因和发病机制】

1. 病因　作为变应原引起本病的抗原性物质主要有：①异种蛋白，包括食物蛋白、抗血清、橡胶、蜂类毒素、蛋白酶制剂、内分泌激素（如胰岛素等）等；②药物，包括抗生素类（青霉素、头孢菌素等）、麻醉药（如利多卡因、普鲁卡因等）、造影剂、维生素（如维生素 B_1）等；③多糖类，如右旋糖酐等；④血液制品。

2. 发病机制　可分为三种：免疫性、非免疫性和特发性。过敏性休克的免疫性机制是由 IgE 抗体通过肥大细胞和/或嗜碱性粒细胞表面的 FcεRI 介导，非免疫机制涉及肥大细胞介质释放，而没有针对变应原的 IgE 抗体或 FcεRI 活化。特发性机制涉及肥大细胞活化（血清胰蛋白酶急性升高，尿液中组胺或其代谢产物也可急性升高）和淋巴细胞活化。

【临床表现】

数分钟至数小时急性发病，临床表现主要由休克症状和伴随的过敏相关症状组成。

1. 皮肤黏膜表现　常常是过敏性休克最早出现的表现，表现为皮肤潮红、瘙痒，后迅速出现广泛性风团，可伴有血管性水肿（唇、舌、外阴肿胀）。黏膜受累时患者出现喷嚏、水样鼻涕、声嘶等，严重者可有呼吸困难。

2. 呼吸道症状　最为常见，也是最主要的死亡原因。因气道水肿、分泌物增加，同时伴有喉和支气管痉挛，出现咽喉部堵塞感、胸闷、喘鸣、憋气、发绀等，严重者窒息死亡。

3. 循环系统症状　出现循环衰竭，表现为心悸、出汗、面色苍白、脉速，进一步发展成肢冷、发绀、血压下降、脉搏消失，血压急剧下降到 80/50mmHg 以下，最终导致心跳停止。

4. 意识障碍　先有烦躁不安、头晕等，进一步发展至意识不清或完全丧失。

【诊断】

本病发生很快，应及时做出诊断。凡是接触有抗原性物质或注射某种药物后发生的全身反应，有过敏相关的症状和休克表现，应马上考虑本病，一般诊断不难。

【预防和治疗】

过敏性休克可引起死亡，其预后主要取决于及时发现休克的早期症状和进行有效的抢救，因此必须当机立断，不失时机地积极处理。

1. 一般处理　①立即脱离过敏物质环境或停止过敏物质摄入；②保持呼吸道通畅，面罩给氧；③密切监测生命体征，包括神志、血压、呼吸、心率等。

2. 肾上腺素　是救治本病的首选药物。立即给予 0.1% 肾上腺素 0.3~0.5ml，肌内注射，必要时间隔 5~15 分钟重复治疗。有证据表明，在 17% 的食物过敏反应病例中，可能需要第二剂肾上腺素。

3. 其他药物　H_1 抗组胺药可以缓解某些皮肤黏膜症状，皮质类固醇（静脉滴注地塞米松 10~20mg），可以减少或预防晚期双相反应（休克经治疗缓解后再发作）。

4. 对症治疗　应及时补充血容量，以恢复有效循环；对顽固性低血压，可酌情使用抗休克药物，如间羟胺等，以维持血压稳定。

　　明确致病的变应原并进行有效避免是最有效的预防方法,包括用药前询问病史、减少不必要静脉给药、过敏体质患者注射药物后密切观察和皮肤试验发现可疑过敏的药物等。

（姚志荣）

思考题

　　1. 简述荨麻疹的临床表现和分类。

　　2. 简述慢性荨麻疹的诊断和治疗策略。

　　3. 简述血管性水肿的临床表现和分类。

　　4. 简述过敏性休克的处理原则。

NOTES

第十六章

药物性皮炎

【学习要点】

1. 常见的致敏药物：抗生素、解热镇痛药、抗癫痫药及镇静催眠药、异种血清制剂及疫苗、中药。

2. 麻疹型或猩红热型药疹是药疹的最常见类型。部分 AGEP、SJS/TEN、DRESS 和剥脱性皮炎型药疹属于重症。

3. 药物性皮炎（亦称药疹）的治疗首先需尽早停用致敏药物。支持疗法和抗炎是治疗的主要手段。

药物不良反应是指正常剂量的药物用于预防、诊断、治疗疾病或调节生理功能时出现的有害的和与用药目的无关的反应。国家药品不良反应监测中心对药物不良反应的分类如下所示：A 类为扩大反应，药物对人体呈剂量相关的反应；B 类为微生物反应，由促进某些微生物生长引起的药物不良反应，如二重感染；C 类为化学反应，该类反应取决于赋形物或药物的化学性质，化学刺激是其基本形式，如过氧化苯甲酰外用制剂对皮肤的刺激性接触性皮炎；D 类为给药反应，反应由给药方式引起，如注射剂中的微粒引起的血管栓塞；E 类为撤药反应，它是生理依赖的表现，只发生在停药或剂量减少后，再次用药症状改善，常见的引起撤药反应的药物有糖皮质激素（无论系统使用还是局部外用）、阿片类、苯二氮䓬类、三环类抗抑郁药等；F 类为家族性反应，仅发生在由遗传因子决定的代谢障碍敏感个体中，此类反应必须与人体对某种药物代谢能力的正常差异而引起的药物不良反应相鉴别，如葡萄糖-6-磷酸脱氢酶（G-6-PD）缺陷引起的镰状细胞贫血是 F 类反应；G 类为基因毒性反应，能引起人类基因损伤，如致畸、致癌等；H 类为超敏反应，非药理学可预测，且与剂量无关；U 类为未分类反应，指机制不明的反应，如药源性（特比萘芬）味觉障碍等。

药物引发、参与的皮肤损害是药物不良反应的重要组成部分。药物的皮肤损害，主要是药物性皮炎（dermatitis medica-mentosa），亦称药疹（drug eruption），是药物通过口服、注射、吸入、栓剂、外用药吸收等途径进入人体后引起的皮肤黏膜不良反应，可以同时伴有内脏损害。

药疹多数属于 H 类不良反应，也有属于 C 类、F 类和其他类别不良反应者。随着越来越多新药不断面市、用药人群不断增多及药物应用愈来愈频繁，药疹的发生率不断增高。药疹表现多种多样，病情轻重不一，严重者累及多个系统，甚至危及生命。

【病因】

1. 个体因素 不同个体对药物反应的敏感性差异较大，其原因涉及遗传因素、某些酶的缺陷、机体病理或生理状态的影响等。即便是同一个体在不同时期对药物的敏感性也可以不同，有研究揭示重症药疹，如伴有嗜酸性粒细胞增多及系统症状的药疹（DRESS）的迁延发展可能与病毒（HHV-6、HHV-7、CMV、EBV 等）的再激活有关。药物导致药疹的家族聚集性、编码药物代谢酶的基因的单核苷酸多态性和特定药物发生重症药疹的 HLA 易感基因，都是发生药疹的个体因素。

2. 药物因素 大部分药物都可能导致药疹，但不同种类药物致病的危险性并不相同。如阿莫西林、氨苄西林比头孢菌素类更易引起药疹。目前已知的临床上易引起药疹的药物有以下几种。①抗生素：青霉素类、磺胺类、头孢菌素类、四环素类、氯霉素类，以青霉素为多见，包括半合成青霉素；②解热镇痛药：如阿司匹林、对乙酰氨基酚等；③抗癫痫药及镇静催眠药：如苯巴比妥、苯妥英钠、卡马西平、丙戊酸钠、拉莫三嗪等；④异种血清制剂及疫苗：如破伤风抗毒血清、狂犬病抗毒血清、蛇毒免疫血清等;⑤中药:引发药疹并不少见。其他如抗痛风药物、抗甲状腺功能药物和吩噻嗪类药物引起的药疹也不少见。新近广泛使用的新型肿瘤靶向治疗药物出现药疹的概率也较大,如 EGFR 抑制剂和免疫检查点抑制剂。

【发病机制】

药疹的发病机制极为复杂,大致可分为超敏反应机制和非超敏反应机制两大类,其中超敏反应机制占多数。

1. **超敏反应机制**　多数药疹属于此类反应。大分子药物(如血清、疫苗及生物制品)本身即为完全抗原,而大多数小分子药物属于半抗原,需在机体内与蛋白等载体结合为完全抗原后,才能激发超敏反应。药物中引起超敏反应的变应原既可以是药物原型,也可以为其降解产物、赋形剂甚至杂质。

各型超敏反应均可发生于药疹,如 Ⅰ 型(部分荨麻疹型药疹)、Ⅱ 型(紫癜型药疹)、Ⅲ 型(紫癜型药疹、血管炎型药疹)和Ⅳ型(固定性药疹、剥脱性皮炎、发疹型药疹、湿疹型药疹和急性泛发性发疹性脓疱病型药疹等)。其中,Ⅳ型超敏反应又可细分为四个亚型:固定性药疹、部分重症多形红斑型药疹[如史蒂文斯-约翰逊综合征(SJS)]/中毒性表皮坏死松解型药疹(drug-induced toxic epidermal necrolysis,TEN)都属于Ⅳa 型超敏反应;DRESS 属于Ⅳb 型超敏反应;发疹型药疹和部分 SJS/TEN 属于Ⅳc 型超敏反应;急性泛发性发疹性脓疱病型药疹则属于Ⅳd 型超敏反应。临床医师通常可以从上述的皮疹形态反推具体患者发生药疹的可能机制。此外,还有一些药疹类型由未知类型超敏反应介导,如光敏性药疹、药物性红斑狼疮样综合征等。

与超敏反应机制有关的药疹具有如下共同特点:①有相对一致的潜伏期,首次用药一般约需4~20 天出现临床表现。已致敏者再次用药,可在数分钟至 24 小时内发病。潜伏期越长,病情通常越重。②只发生于少数患者。③皮损及病情轻重与药物的药理及毒理作用、剂量无相关性。④临床表现复杂,皮损形态各种各样,一种药物致敏同一患者后,不同时期可发生不同类型皮疹。⑤在高敏状态下可发生交叉过敏及多价过敏现象,前者指机体被某种药物致敏后,若再用与该种药物化学结构相似或存在共同化学基团的药物也可发生过敏反应;后者指个体处于高敏状态时,同时对多种化学结构无相似之处的药物发生过敏。⑥病程多数自限,抗过敏、抗炎治疗常有效。

2. **非超敏反应机制**　①免疫效应途径的非免疫活化:某些药物,如阿司匹林可直接诱导肥大细胞脱颗粒释放组胺引起荨麻疹,造影剂则通过激活补体效应途径引起过敏症状,非甾体炎药可通过抑制环氧化酶使白三烯水平升高而引起皮疹。②过量反应与蓄积作用:过量反应多见于老年人和肝肾功能不良者,因对药物吸收、代谢、排泄速度存在个体差异,故常规剂量也可出现不良反应。使用多种药物,存在药物代谢相互影响时更容易出现。蓄积作用主要见于某些药物排泄缓慢或用药时间过久,如碘化物长期使用引起的痤疮样皮损,长期服用含有重金属中药者可以出现砷角化和色素沉着。③参与药物代谢的酶缺陷或抑制可影响药物的正常代谢途径和速度而诱发药疹。④药物本身的药理作用:不少新型靶向药物导致的皮疹与其药理作用密切相关,甚至可以被用来评估抗肿瘤治疗的疗效。

超敏反应机制和非超敏反应机制并非截然分开,如苯妥英钠导致超敏反应综合征,除符合一般的超敏反应机制外,通常发生在环氧化物水解酶缺陷的个体,后者通常有基因缺陷。

3. **药疹的基因机制**　多数重症药疹患者存在基因缺陷。卡马西平等抗癫痫药物导致的重症药疹可能与 *HLA-B*1502* 等位基因和 *HLA-A*3101* 等位基因相关;*HLA-B*5801* 等位基因与别嘌呤药物引起严重不良反应存在强关联;氨苯砜综合征的风险基因位点是 *HLA-B*1301*。使用阿巴卡韦发生药疹可能与 *HLA-B*5701* 等位基因相关,而且在不同种族人群中呈现一致性。药物代谢酶及药物作用靶受体的基因多态性与药疹发生也存在相关性。药疹的基因机制是目前的研究热点之一。

【临床表现】

药疹的临床表现非常复杂。不同药物可引起同种类型药疹,而同一种药物对不同患者可引起不同临床表现类型的药疹,同一患者在不同时期也可出现不同临床表现类型的药疹。

1. **固定性药疹(fixed drug eruption)**　常由磺胺类、解热镇痛类、巴比妥类、四环素类和硝基咪唑类药物引起。好发于口腔和生殖器的皮肤黏膜移行部位，偶可累及躯干四肢，特点是每次发作几乎在同一部位出现类似皮疹，因而得名固定性药疹（图16-1）。典型皮损为圆形或类圆形境界清楚的水肿性暗紫红色斑疹，直径1~4cm，常为单发，严重者红斑上可出现水疱或大疱，黏膜皱褶处易糜烂渗出。自觉轻度瘙痒，可有疼痛，一般无全身症状。停药1周左右红斑可消退并遗留持久的炎症后色素沉着，如反复在同一部位发作，则具有特征性。随着复发次数增加，皮损数量亦可增多，面积可扩大。如皮疹泛发、皮损大者，称为大疱性固定性药疹，偶可误诊为大疱表皮松解型药疹。此型病情相对较重，也可发热。

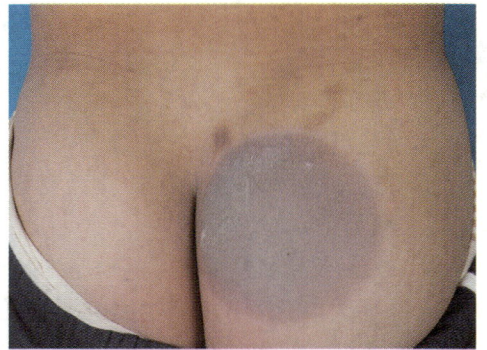

图 16-1　固定性药疹

2. **荨麻疹型药疹（urticarial drug eruption）**　较常见，可由超敏反应机制及非超敏反应机制引起，前者多由血清制品（以破伤风抗毒血清、狂犬病抗毒血清最为常见）、呋喃唑酮、青霉素及β-内酰胺类抗生素等引起，后者则以阿司匹林和其他非甾体抗炎药（NSAID）为最常见的诱发药物。临床表现与急性荨麻疹相似，特点为潮红斑片状风团，瘙痒更为明显，持续时间也较长（图16-2）。风团及风团样损害可以作为唯一症状出现，也可同时伴有血清病样症状，如发热、关节疼痛、淋巴结肿大甚至蛋白尿等，严重病例与严重过敏反应相似，可并发过敏性休克；可伴有外周血白细胞的反应性升高。

3. **麻疹型或猩红热型药疹（morbilliform drug eruption and scarlatiniform drug eruption）**　是药疹中最常见类型，又称为发疹型药疹，常见于使用青霉素（尤其是半合成青霉素）、磺胺类、解热镇痛类、巴比妥类等药物的患者，也可因其他药物引起。皮损多在首次用药一周内出现，发病突然，可伴发热等全身症状，但较麻疹及猩红热轻微。麻疹型药疹类似麻疹，皮损为针头或粟粒大小红色斑丘疹，对称分布，可泛发全身，以躯干为多，严重者可伴发小出血点，多有明显瘙痒。猩红热型药疹皮损呈弥漫性鲜红斑或呈米粒至豆大红色斑疹或斑丘疹，密集对称分布，常从面颈部开始向躯干及四肢蔓延，1~4天即可遍布全身，尤以皱褶部位或四肢屈侧更为明显。两种类型的皮损先后或同时发生，缺乏猩红热和麻疹其他特有症状。患者一般情况良好，病程1~2周，皮损消退后可伴糠状脱屑（图16-3）。值得注意的是，少数患者初期可以表现为本型，但皮疹迅速演变，可发展为重症。

4. **湿疹型药疹（eczematous drug eruption）**　患者多首次接触或外用青霉素、链霉素、磺胺等药物使局部皮肤致敏并引起接触性皮炎，以后再次使用相同或相似药物导致药疹，出现全身泛发性湿疹

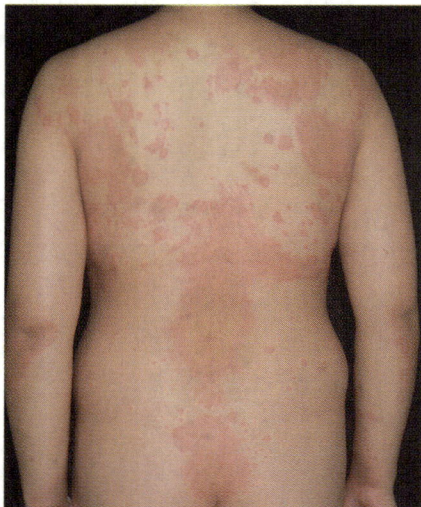

图 16-2　荨麻疹型药疹

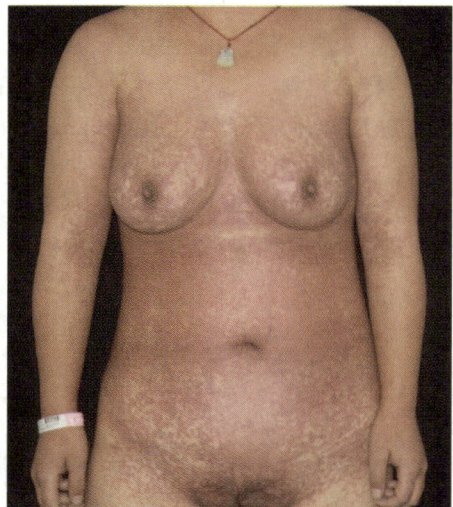

图 16-3　发疹型药疹

样改变，与系统性变应性接触性皮炎类同。皮损表现为大小不等的红斑、小丘疹、小丘疱疹及水疱，常融合成片，泛发全身，可继发糜烂、渗出。处理不当可导致慢性病程，皮肤干燥，浸润肥厚，类似慢性湿疹，伴有不同程度瘙痒。

5. **紫癜型药疹（purpuric drug eruption）**　可引起紫癜表现的药物有抗生素、巴比妥类、利尿剂等，这类型药疹可通过Ⅱ型超敏反应（引起血小板减少性紫癜）或Ⅲ型超敏反应（引起血管炎）介导。皮疹好发于双下肢，两侧对称，轻者表现为针头至豆大红色瘀点或瘀斑，散在或密集分布，稍隆起，压之不褪色，可伴发风团或血疱，严重者可累及躯干四肢。此种类型药疹的病情可较重，病情严重者可有关节肿痛、腹痛、血尿、便血等表现。羟基脲治疗骨髓增生异常综合征（MDS）时，可因大量白细胞碎裂导致类似皮疹。

6. **多形红斑型药疹（erythema multiforme drug eruption）**　多由磺胺类、解热镇痛类及巴比妥类药物引起。根据病情分为轻型和重型。前者多对称分布，好发于四肢远端，常在发热和流行性感冒样前驱症状后发生皮损，典型皮损为圆形或椭圆形水肿型红斑，境界清楚，边缘潮红，中心呈暗紫色，形如虹膜状，中央常出现水疱，自觉瘙痒，累及口腔及外生殖器黏膜时可疼痛（图16-4）；后者称为重症多形红斑型药疹（如SJS），属于重症药疹范畴。发病前有较重的前驱症状，皮损迅速泛发全身并在原有皮损基础上出现大疱、糜烂及渗出，通常累及黏膜，尤以口、眼、外阴黏膜受累严重，可出现剧烈疼痛，可伴有高热、外周血白细胞升高、肝肾功能损害及继发感染等，病情凶险。

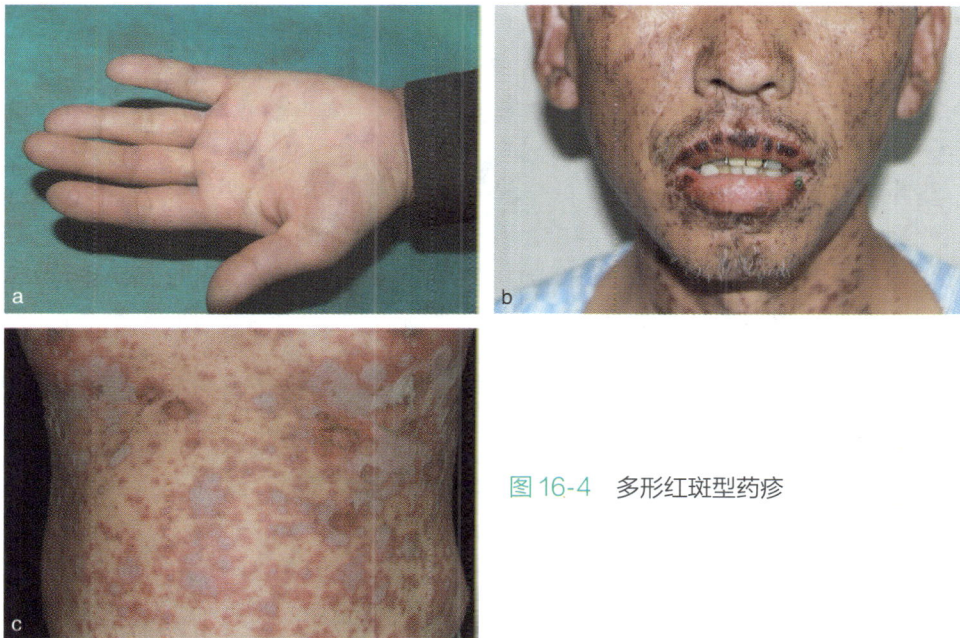

图16-4　多形红斑型药疹

7. **大疱性表皮松解型药疹（drug-induced bullosa epidermolysis）**　又称中毒性表皮坏死松解型药疹（drug-induced toxic epidermal necrolysis，TEN），属于重症药疹。常由磺胺类、解热镇痛类、抗生素、巴比妥类等药物引起。起病急骤。部分患者的皮疹在发病初期可为其他型别。特点是皮损迅速发展为弥漫性紫红或暗红斑片并且迅速波及全身，在红斑处出现大小不等的松弛性水疱和表皮松解，尼科利斯基征阳性，稍受外力即形成糜烂面，出现大量渗出，如烫伤样外观（图16-5）。皮损触痛明显。口腔、眼、呼吸道、胃肠道黏膜均可累及。可伴有显著内脏损害，全身中毒症状较重，可出现高热、恶心、腹泻、谵妄、昏迷等全身症状，甚至因肝肾衰竭、电解质紊乱、内脏出血、继发感染等而死亡。

8. **急性泛发性发疹性脓疱病型药疹（drug-induced acute generalized exanthematous pustulosis，AGEP）**　又称中毒性脓疱病（toxic pustuloderma）和脓疱型药疹（pustular drug eruption）。AGEP通常是由药物（尤其是抗生素）引起，用药后1~2周内发疹，多数在24小时内发疹。急性发生数十至数百个无菌性浅表性非毛囊的小脓疱（图16-6），集簇性分布于水肿性红斑上，可以伴有显著的面部肿胀

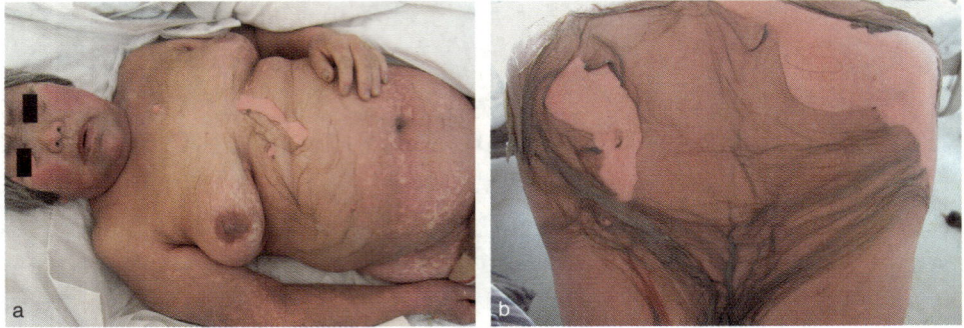

图 16-5　大疱性表皮松解型药疹

和下肢紫癜样皮损。约 20% 的患者有轻度的黏膜受累(通常为口腔),10~15 天后脓疱消退,可以看到典型的项圈状脱屑。本病通常伴中高热、外周血白细胞和中性粒细胞升高。

9. 剥脱性皮炎型药疹(drug-induced exfoliative dermatitis)　常由磺胺类、巴比妥类、抗癫痫药、解热镇痛类、抗生素等药物引起。潜伏期较长,首次发病者潜伏期多在 20d 以上,发病前先有全身不适、发热等前驱症状。皮损初期多呈麻疹样或猩红热样,部分患者也可因在麻疹型、猩红热型或湿疹型药疹的基础上继续用药或治疗不当所致。亦可以初发泛发的大片损害。皮损逐渐加重并融合成全身弥漫性潮红、肿胀,尤以面部及手足为重,可伴水疱、糜烂和

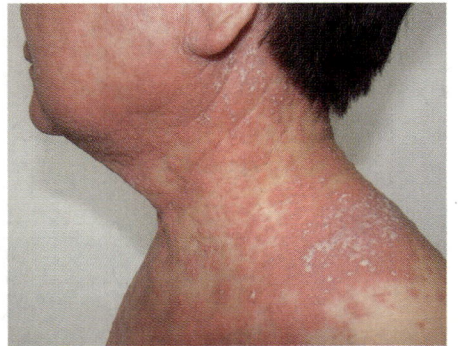

图 16-6　急性泛发性发疹性脓疱病型药疹

渗出,因渗出物分解而出现特异性臭味,经 2~3 周后皮肤红肿渐消退,全身出现大量鳞片状或落叶状脱屑,掌跖部则呈手套或袜套状剥脱,头发、指(趾)甲亦可脱落,病愈后可再生。可累及口腔黏膜和眼结膜,出现口腔糜烂、进食困难、眼结膜充血和畏光等,全身症状明显,表浅淋巴结常肿大,常伴有寒战、发热、呕吐等。本型药疹病程较长,如不及时治疗,严重者常因肝、肾衰竭、粒细胞缺乏、全身衰竭或继发感染而导致死亡。

10. 痤疮型药疹(acniform drug eruption)　多由于长期应用碘剂、溴剂、糖皮质激素和避孕药等引起。表现为毛囊性丘疹、丘脓疱疹等痤疮样皮损,多见于面部及胸背部,病程进展缓慢,一般无全身症状。新型靶向治疗肿瘤药物更容易出现痤疮样药疹。

11. 光敏感型药疹(photosensitive drug eruption)　多由于使用氯丙嗪、磺胺类、四环素类、灰黄霉素、补骨脂、喹诺酮类、吩噻嗪类药物及避孕药等,后经日光或紫外线照射而发病。可分为两类。①光毒反应性药疹:多发生于曝光后 7~8 小时,仅在曝光部位出现与晒斑相似的皮损。任何人均可发生,反应与药物剂量和照射剂量都相关,停药后消退较快,不一定有既往接触史或需要免疫系统的参加。②光超敏反应性药疹:仅少数人发生,有一定潜伏期,表现为曝光部位出现湿疹样皮损,可同时累及非曝光部位,病程较长。

12. 药物超敏反应综合征(drug hypersensitive syndrome)　亦称伴有嗜酸性粒细胞增多及系统症状的药疹(DRESS),属于重症药疹。本型潜伏期偏长,常于用药后 2~6 周内发生,多见于环氧化物水解酶缺陷的个体。引起药物超敏反应综合征的药物主要是抗癫痫药和磺胺类药物,较少情况下也可由别嘌醇、米诺环素、钙通道阻滞剂及雷尼替丁等引起。发病突然,临床特征为发热、皮损、淋巴结肿大、血液学异常及内脏器官受累。早期皮损可表现为面部、躯干上部及上肢的麻疹样皮损,迅速发展至周身。因毛囊水肿明显而导致皮损浸润变硬,故面部水肿具一定的特征性,真皮浅层水肿可导致水疱形成,也可出现无菌性脓疱及紫癜。除皮疹外,内脏损害往往是救治难点。嗜酸性粒细胞增高并浸润内脏,可以引起相应临床表现。嗜酸性粒细胞浸润肺脏,可以有湿性啰音;浸润肝脏可以使转氨酶增高;浸润肠道则引起腹泻症状;浸润心脏可以出现心率加快,甚至引发嗜酸性粒细胞浸润性心

肌炎。此型药疹与病毒（HHV-6、HHV-7、CMV、E3V 等）再激活之间的关系，是近年的关注热点。如未能及时诊断，本型药疹死亡率可达 10% 左右。

13. 红斑狼疮样、扁平苔藓样、天疱疮样、结节性红斑样药疹　有些药物引起的皮疹可以类似红斑狼疮、扁平苔藓、天疱疮和结节性红斑，所以在对上述疾病进行诊断时，应该常规考虑有无药物性因素，把相关药疹列入鉴别诊断的范围。

14. 手足综合征　5-氟尿嘧啶（5-FU）的前体药物卡培他滨、EGFR 抑制剂均可引起手足综合征，即在手足部位发生红斑，主要发生于受压区域。本质是药物的皮肤毒性。肿瘤患者在接受化疗或分子靶向治疗的过程中可出现。其特征表现为皮肤肿胀或红斑、脱屑、皲裂、硬结样水疱，同时可有麻木、感觉迟钝、感觉异常、麻刺感或疼痛感。卡培他滨出现手足综合征稍晚，但较普遍（约 50%）；EGFR 抑制剂的治疗初期即可出现手足综合征，但发生率稍低（约 25%）。

15. 新型靶向药物相关皮肤损害　值得注意的是，新型靶向药物既可以出现传统意义上的药疹，也可以出现并不符合传统规律的皮肤损害。如 PD-1 抑制剂可以引发大疱性类天疱疮样的皮肤损害，也可以引发皮肤干燥和色素减退等。多种靶向药物可以引发血管瘤。这些并不符合传统药疹的皮肤损害，其大致的特点是：不具备超敏反应的潜伏期，通常更长；可能与药物的药理作用和免疫重建相关；严重程度可能与剂量和疗程相关；多数情况下不强调停药。

16. 其他药疹　药物还可以引起黄褐斑、皮肤色素沉着、角化过度等皮损，也可以出现皮肤假性淋巴瘤，甚至在病理上也出现类似假性淋巴瘤的表现。博来霉素和香菇多糖制剂可以引起"鞭打皮炎"样损害，此种类似鞭打样条状红斑丘疹，本质是 IL-1 升高导致的局限性毛细血管壁通透性增加，通常于无意中被发现，无痛无痒，2 周左右可自愈。

【实验室检查】

致敏药物的检测可分为体内试验和体外试验两类。怀疑为速发型超敏反应机制的药疹，建议选用药物点刺试验、药物皮内试验、药物特异性 IgE 检测和嗜碱性粒细胞火花试验（BAT）等。怀疑为非速发型超敏反应机制的药疹，建议选用药物皮肤斑贴试验、淋巴细胞增殖试验（LTT）、酶联免疫斑点试验（ELISPOT）、淋巴细胞活化试验（LAT）和酶联色谱测定颗粒溶解素等。

1. 体内试验

（1）皮肤试验：常用的特异性检查包括皮内试验、划破试验、点刺试验、皮窗试验和斑贴试验等。以皮内试验较常用，准确性较高，适用于预测皮肤速发型超敏反应，如临床上预测青霉素和普鲁卡因等引发的过敏反应，但阴性不能绝对排除患者发生临床反应的可能，有对药物高度过敏史者禁用。为预防皮肤试验诱导严重全身反应（过敏性休克），应在测试前准备好肾上腺素、吸氧等抢救措施。

（2）药物激发试验：药疹消退一段时间后，内服试验剂量（一般为治疗剂量的 1/8~1/4 或更小量），以探寻可疑致敏药物。此试验仅适用于口服药物所致的较轻型药疹，同时疾病本身又要求必须使用该药治疗时（如抗结核药、抗癫痫药等），一般不用于速发型超敏反应性药疹和重型药疹患者。本试验有一定危险性，应在皮损消退至少半个月之后进行。试验前应该获得伦理批准和知情同意，并做好抢救准备。

2. 体外试验　体外试验安全性高，可选择药物特异性 IgE 检测、嗜碱性粒细胞脱颗粒试验、放射变应原吸附试验、淋巴细胞转化试验、琼脂弥散试验等，但上述试验结果均不稳定，操作繁杂，临床尚难普遍开展。

3. 基因检测和基因多态性检测　患者开始服药前筛查 *HLA-B*1502*（东南亚裔）、*HLA-A*3101*（北欧裔）等位基因有可能预防卡马西平等抗癫痫药物诱发的重症药疹，筛查 *HLA-B*5801* 等位基因有可能避免别嘌醇导致重症药疹，筛查 *HLA-B*1301* 等位基因有可能提示出现氨苯砜综合征的风险，筛查 *HLA-B*5701* 等位基因有可能避免阿巴卡韦药疹。

【诊断和鉴别诊断】

本病根据明确的服药史、潜伏期及各型药疹的典型临床皮损进行诊断，同时需排除具有类似皮损的其他皮肤病及发疹性传染病。一般来说，药疹皮损的颜色较类似皮肤病更为鲜艳，瘙痒更为明显，且停用致敏药物后较快好转。如患者服用两种以上药物,准确判断致敏药物将更为困难,应根据患者的服药史、药疹史及此次用药与发病的关系等信息综合分析。

药疹的鉴别诊断非常重要。麻疹型或猩红热型药疹应与麻疹或猩红热进行鉴别;荨麻疹型药疹应与急性荨麻疹、荨麻疹样血管炎鉴别;大疱性表皮松解型药疹应与葡萄球菌烫伤样皮肤综合征、免疫性大疱病等进行鉴别;剥脱性皮炎型药疹则需要与能够引起红皮病的多种疾病进行鉴别;AGEP 则经常要与角层下脓疱性皮病、疱疹性脓疱病和泛发性脓疱型银屑病鉴别。

药疹诊断明确后,判断其严重程度非常重要。皮疹广泛固然可以提示病情严重,潜伏期长、初始(未使用糖皮质激素时)外周血嗜酸性粒细胞降低、稽留高热或体温持续低于正常、皮疹进展迅速且转型、黏膜(包括呼吸道和消化道)累及和内脏损害(无论是作为基础病变还是药疹诱发)更是重症药疹的预警信号。TEN 患者的基线 SCORTEN 评分系统有助于判断预后和转归,对患者做连续的 SCORTEN 评分也有意义。其他型别的重症药疹也可参照使用 SCORTEN 评分系统。

【预防和治疗】

1. **预防**　药疹为药源性疾病,预防尤为重要。临床用药过程中必须注意以下几点。

(1)获知患者及其家族成员的过敏史最为重要。用药前应仔细询问药物过敏史,查看患者药物过敏记录卡,避免使用已知过敏药物或结构相似药物。将已知致敏药物记载于患者病历首页并作醒目标记或建立患者药物禁忌卡片,并嘱患者牢记,每次看病时应告知医师。

(2)应用青霉素、链霉素、普鲁卡因、血清制剂等前应做皮试,皮试前应备好急救药物,以应急需。皮试阳性者一般禁用该药。必须使用者(如使用 TAT 等主动免疫时),则行脱敏注射,同时加强观察并做好抢救的准备工作。皮试应规范执行,出现可疑情况时,则应做对照。

(3)尽量减少用药,采取安全的给药途径。对过敏体质者尽量选用已知致敏较低的药物,尤应注意复方制剂中含有的已知过敏药物。对某些中药制剂(如正清风痛宁、炎琥宁、香丹、喜炎平、穿琥宁等)宜保持警惕。

(4)注意药疹的早期症状,用药期间如突然出现不明原因的瘙痒、皮疹、发热等表现,应立即停用一切可疑药物并密切观察,已出现的皮疹应做妥善处理。

(5)如有条件,可建议患者在用药前接受相关的基因筛查,以避免重症药疹。

2. **治疗**　药疹的治疗首先是根据已知的常见致敏药物目录和潜伏期来尽可能确定致敏药物,根据利弊酌情停用致敏药物,包括可疑致敏药物,慎用结构相近的药物,加速药物的排除,采用合适的药物尽快拮抗并中止致敏药物引发的变态反应和炎症,防止和及时治疗并发症。支持疗法在药疹处理,特别是重症药疹救治中非常重要。

(1)轻症药疹:停用致敏药物后,皮损多可消退。可给予抗组胺剂、维生素 C 等,必要时给予中小剂量泼尼松(30mg/d 以下),皮损停止发展后即可逐渐减量、停药。局部若以红斑丘疹为主可外用炉甘石洗剂或糖皮质激素霜剂,以糜烂渗出为主用 0.1% 依沙吖啶或 3% 硼酸溶液等间歇湿敷,湿敷间歇期间可选用氧化锌油外用。

(2)重症药疹:包括 AGEP、重症多形红斑型药疹、TEN、剥脱性皮炎型药疹、DRESS 等。应注意初期皮疹不重但是已经出现显著的内脏损害者。

1)及早使用足量的免疫抑制药物:多数情况下习惯选择糖皮质激素,也可以选择大剂量静脉输注丙种球蛋白(IVIg)、环孢素、肿瘤坏死因子拮抗剂(包括融合蛋白和单克隆抗体)等。环孢素、肿瘤坏死因子拮抗剂既可和糖皮质激素联合应用以减少糖皮质激素的剂量和缩短疗程,也可以单独使用。

2)糖皮质激素的应用:一般可给予甲泼尼龙 40~80mg/d 静滴,或氢化可的松 300~400mg/d 静滴,或地塞米松 10~20mg/d 静滴。糖皮质激素的使用应以控制炎症为目标。考虑到大多数药疹属于自限性过程,糖皮质激素不宜追求高剂量。糖皮质激素如足量,病情应在 3~5 天内得到控制,此时皮疹颜色应转暗淡,一般不再出现新皮疹或继续发生表皮坏死,同时体温开始逐渐下降。如控制不满意,应酌情加大剂量(增加原剂量的 1/3~1/2);病情严重者应慎用甲泼尼龙冲击,1g/d 静脉滴注,连续 3 天。

控制病情后应逐渐减量。同时应注意和预防大剂量糖皮质激素引起的不良反应,如继发的各种感染、消化道应激性溃疡、继发性糖尿病和高血压等。

3)支持治疗:应给予高蛋白高碳水化合物饮食。由于高热、进食困难、创面大量渗出或皮肤大量脱屑、大片剥脱等常导致低白蛋白血症、水电解质紊乱,应及时加以纠正。同时注意维持血容量,必要时可输入新鲜血液、血浆或白蛋白以维持胶体渗透压。对内脏受累者及时做相应处理(如伴有肝脏损害时,应加强保肝治疗)。应酌情给予能量合剂。

4)大剂量静脉输注丙种球蛋白(IVIg):其作用机制为①直接提供中和抗体和抗毒素,从而发挥抗病毒和抗细菌感染的作用;②与单核吞噬细胞系统膜上的 IgG Fc 受体结合,使带有自身抗体的靶细胞和组织免受单核吞噬细胞系统的破坏;③可与补体表面的 Fc 受体结合,阻断补体介导的炎症反应;④调节体内单核细胞和巨噬细胞合成或释放细胞因子和炎症介质,调节机体中细胞因子的水平,减轻机体的免疫反应;⑤通过阻断 Fas 受体及其配体的结合,抑制角质形成细胞凋亡的过程,对 TEN 等有治疗作用。对于重症药疹患者宜早期选用。较小剂量可按照 400mg/(kg·d),连用 3~5 天,必要时可重复使用。但要严格掌握适应证和警惕不良反应,尤其是肾毒性。

5)防治合并和继发的感染:应加强消毒隔离,医护人员在治疗和护理过程中要做到无菌操作,尽可能减少感染的机会;如有细菌感染存在,选用抗生素时应注意避免使用易过敏的药物(特别应注意交叉过敏或多价过敏)。在有细菌学检查结果之前,宜选用广谱的不易致敏抗生素,在有细菌学检查结果后,可结合菌种和药敏试验结果选用抗生素。如抗生素治疗效果不佳,应注意耐药菌的存在及是否并发其他感染(如真菌感染),并按具体的情况及时调整治疗方案。应重视伴随的病毒感染。事实上,多形红斑、SJS、TEN 甚至 AGEP 都有可能与病毒感染相关,DRESS 更可能与病毒的再激活相关。如有病毒感染的明确依据(如相应的特异性 IgM 抗体阳性或 IgG 抗体滴度上升 4 倍),则试行抗病毒处理。

6)注意控制原发病:如癫痫患者服用抗癫痫药物后发生重症药疹,应立即停止使用原抗癫痫药物,为了控制癫痫,可能需要更换抗癫痫药,并慎用糖皮质激素。

7)重视护理及外用药物治疗:病室要严格管理,宜温暖、通风、隔离、定期消毒。对皮损面积广、糜烂渗出严重者,局部可用 3% 硼酸溶液或生理盐水湿敷,或以暴露干燥创面和湿敷交替治疗。累及眼睛、黏膜者应注意护理,需定期冲洗以防止球、睑结膜粘连、减少感染,闭眼困难者可用油纱布覆盖以防止角膜长久暴露而损伤,口腔黏膜损害要注意清洁,可用碳酸氢钠溶液漱口。注意防止压疮的发生。

8)血液透析、血浆置换和超滤可慎用于部分重症药疹患者的救治。

(施 辛)

思考题

1. 麻疹型药疹与麻疹如何鉴别?
2. 药疹的发病机制是什么?
3. 重症药疹的治疗原则是什么?

第十七章
红斑鳞屑性皮肤病

【学习要点】

1. 多形红斑是一种急性、自限性、炎症性皮肤病,典型皮损为反复发作的水肿性红斑、丘疹,可见靶形皮损,可有黏膜受累。

2. 银屑病是常见的慢性炎症性皮肤病,病情迁延,易反复发作,典型皮疹为境界清楚的鳞屑性丘疹、红斑或斑块,分为寻常型、关节病型、脓疱型及红皮病型四个主要类型。

3. 玫瑰糠疹是一种急性自限性皮肤病,可能与感染及细胞免疫有关,表现为躯干及四肢近端出现长轴沿皮纹走向、对称分布的斑疹,附着细小糠状鳞屑。

4. 扁平苔藓是发生于皮肤、头发、指甲和黏膜的特发性炎症性疾病,基本皮损为紫红色多角形扁平斑丘疹,组织病理表现为表皮角化过度,颗粒层楔形增厚,基底细胞液化变性,真皮上部致密的淋巴细胞呈带状浸润,可见胶样小体及噬黑素细胞。

5. 毛发红糠疹皮损主要特征为角化过度的毛囊性丘疹,可融合为黄红色斑块,间有正常皮岛,掌跖部位受累表现为特征性的黄红色、蜡样光泽的角化性斑块,组织病理为水平方向及垂直方向交替出现的角化过度及角化不全。

6. 红皮病是一种严重的炎症性皮肤病,红斑面积超过体表面积90%。病因多样,包括药物过敏、继发于其他炎症性皮肤病及肿瘤等,需针对病因及生命体征支持治疗。

红斑鳞屑性皮肤病是以红斑或红斑鳞屑性皮损为主要临床表现的皮肤病,偶可见水疱、糜烂或结痂。多数红斑鳞屑性皮肤病的病因和发病机制至今尚未完全清楚。

第一节 多 形 红 斑

多形红斑(erythema multiforme)又称渗出性多形红斑,是一种急性、自限性、炎症性皮肤病,典型表现为肢端对称分布、可反复发作的水肿性红斑、丘疹,可有黏膜受累。

以往将轻型多形红斑、史蒂文斯-约翰逊综合征(Stevens-Johnson syndrome,SJS)、中毒性表皮坏死松解症(toxic epidermal necrolysis,TEN)看作一个疾病从轻到重的病谱。但近年来认为三者不仅临床表现有区别,而且病因上亦存在差异,轻型病因与单纯疱疹病毒感染有关,SJS 与 TEN 多为药物过敏,目前已作为重症药疹的同一疾病谱。

【病因和发病机制】

本病是易感个体在机体防御外界致病因素时发生的独特免疫反应,病因如下。

1. **感染** 约占 90%,以单纯疱疹病毒最为常见,大部分轻型多形红斑与单纯疱疹病毒感染有关;其他感染因素包括支原体、细菌(溶血性链球菌、葡萄球菌属、沙门菌属、变形杆菌属、结核分枝杆菌等)、真菌(组织胞浆菌等)和原虫(疟原虫、阴道毛滴虫等)等。

2. **药物** 最常见的是磺胺类药物,其他包括非甾体抗炎药、抗癫痫药、抗结核药、抗生素等。

3. **其他因素** 某些自身免疫性疾病、恶性肿瘤、光线辐射、妊娠、月经等。

【临床表现】

本病春秋季好发,女性多于男性,以 10~30 岁年龄组发病率最高。本病确切的发病率尚不清楚。

轻型多形红斑(erythema multiforme minor)可有轻微的前驱表现,如轻度的上呼吸道感染;皮损发生突然,初期表现为界限清楚的红斑,24~48 小时内可逐渐增大为水肿性的丘疹或斑块;皮损中央可扁平或出现丘疹、水疱或大疱,周围可出现隆起的水肿性苍白环,环的外缘为紫红色斑。典型的虹膜状或靶形皮损有"三带"现象:中央为紫癜样灰褐斑,周围为隆起的水肿苍白环,最外层为红斑,多见于掌跖或四肢伸面(图 17-1、图 17-2)。有时可见同形现象或光照后皮损加重。皮损可无自觉症状或微痒,消退后可遗有色素沉着。单一皮损可持续 1~4 周。该病容易复发。水疱性损害的尼科利斯基征一般为阴性。约 25% 的轻型多形红斑病例可有黏膜受累。

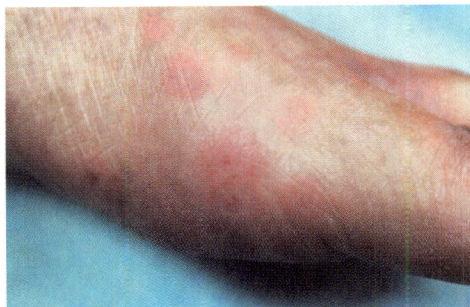

图 17-1　足部靶形皮损

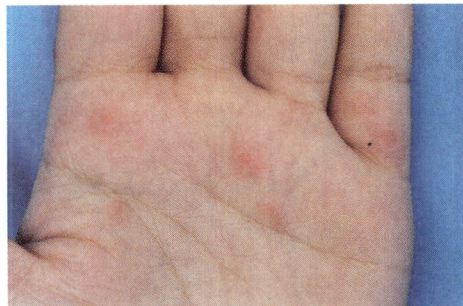

图 17-2　手心靶形皮损

重型多形红斑(erythema multiforme major)发病前有前驱症状,经 1~13 天后,突然发病,伴发热、头痛等全身症状。红斑数量多,主要分布于四肢,常扩散至躯干,有多数典型的靶形损害,尼科利斯基征可阳性,黏膜损害严重,可累及两个部位以上的黏膜,口腔和口唇黏膜充血、水疱、糜烂、溃疡最为常见,其次为球结膜和肛门生殖器黏膜。本病还可累及呼吸道、食管、鼻咽等黏膜部位。全身浅表淋巴结肿大。本病若治疗不及时,有一定的死亡率。

【组织病理】

特征性组织病理改变是空泡性界面皮炎,即表皮基底细胞空泡变性或液化变性,表皮中可见散在或融合的坏死角质形成细胞,真皮浅层以淋巴细胞浸润为主,真皮上部血管扩张,红细胞外渗,水肿明显,血管周围淋巴细胞或伴少数嗜酸性粒细胞浸润。在重症多形红斑中,表皮角质形成细胞大片融合性坏死,基底细胞严重液化变性,表皮下水疱形成,真皮浅层水肿,血管周围淋巴细胞、组织细胞及嗜酸性粒细胞浸润。

免疫荧光检测无特异性,可见 IgM 和 C3 呈颗粒状沉积于真皮浅表血管周围及局灶性真皮-表皮交界部位。

【诊断和鉴别诊断】

根据典型临床表现,特别是虹膜状或靶形红斑容易诊断。本病应与下列疾病进行鉴别(表 17-1)。

表 17-1　多形红斑的主要鉴别诊断疾病

疾病名称	好发人群	好发部位	临床特点
荨麻疹	任何年龄	躯干四肢近端	风团,皮损为一过性,持续时间大多 <24h
冻疮	儿童、青年女性	四肢末端及耳郭、面颊暴露部位	冬季多见,无虹膜样改变,痒感明显
玫瑰糠疹	中青年	躯干四肢近端	长轴与皮纹一致的椭圆形红斑,不发生水疱,无黏膜损害

NOTES

续表

疾病名称	好发人群	好发部位	临床特点
大疱性类天疱疮	老年人	胸腹部、四肢近端及手足部	皮损为红斑、水疱,伴或不伴黏膜受累,伴瘙痒
疱疹样皮炎	中青年	肩胛、臀部和四肢伸侧	水疱排列呈环状,瘙痒剧烈,慢性经过,无黏膜损害
二期梅毒疹	不洁性行为者	躯干、四肢、掌跖、生殖器	皮损为圆形或椭圆形,铜红色,孤立散在
固定性药疹	任何年龄	口腔及生殖器皮肤-黏膜交界处	单个或多个暗红斑,伴或不伴中央大疱或坏死;发病前有用药史
Stevens-Johnson综合征/中毒性表皮坏死	20~40 岁	躯干四肢、面部、黏膜	紫癜样斑片和不典型的靶形损害,伴黏膜损害、严重时表皮坏死剥脱及出现系统症状,有用药史
多形性日光疹	女性	光暴露部位	红斑、丘疹或痒疹样皮损,多在春夏发病,秋冬自然痊愈

【预防和治疗】

大部分多形红斑不需治疗,皮损可在 2 周左右自然消退;重症型往往危及生命,需住院积极治疗。

1. **预防**　去除可能的药物等诱因;反复发作的病例可考虑尽早服用抗病毒类药物,如阿昔洛韦、泛昔洛韦等,连续服用半年以上可有效抑制发作;停药后还可复发,但症状减轻。氨苯砜、抗疟药物、沙利度胺和硫唑嘌呤也可用于对抗病毒药物无效的患者。

2. **病因治疗**　注意查找病因,如病毒感染、药物等,应进行抗病毒治疗,停用可疑致敏药物等。

3. **局部治疗**　局部治疗原则为消炎、收敛、止痒、预防感染。外用糖皮质激素类药物有助于缓解局部炎症和皮肤瘙痒等不适,有水疱和渗出者可采取湿敷,有感染时应用抗生素。此外应注意眼、口、鼻、呼吸道、外阴部的护理。

4. **系统治疗**　口服抗组胺药物可减轻瘙痒等自觉症状,但对病程无明显影响。有病毒感染证据者应及时予以抗病毒治疗,有细菌感染诱因或伴细菌感染者则应选择适当抗生素。对于重症多形红斑病例系统应用糖皮质激素的作用目前尚有争议,在功能损伤等严重情况下,推荐早期应用较大剂量的糖皮质激素[1~2mg/(kg·d),静脉滴注],应用时要注意其不良反应,并在病情控制后尽快减量停用,同时给予支持疗法,维持水、电解质平衡,保证热量、蛋白质和维生素的需要。对于糖皮质激素疗效不佳或有糖皮质激素禁忌证者,可静脉滴注人丙种球蛋白[0.20~0.75g/(kg·d)],连用 4~5 天。此外还可使用其他免疫抑制剂,如环磷酰胺、环孢素、硫唑嘌呤、羟氯喹等。

第二节　中毒性红斑

中毒性红斑(toxic erythema)也称毒性红斑或中毒疹(toxic eruption),为多种原因引起的全身性或局限性红斑损害。

【病因和发病机制】

病因尚不明确,常为食物过敏(贝壳类、鱼类、水果等);其次为药物过敏(巴比妥、磺胺类、血清制剂等);还可与某些细菌、病毒感染性疾病(急性咽炎、扁桃体炎、风湿热、单核细胞增多症、布鲁氏菌病、肺炎、脑脊髓膜炎等)相关。

【临床表现】

常见于儿童和青年,发病急,以面部、胸部、上臂和股部显著,呈猩红热样或麻疹样红斑,压之褪色。初起为孤立性红斑,迅速扩展并融合成片,颜色由鲜红色转变为暗红色,有瘙痒、刺痛或灼热感,严重者可波及全身,黏膜亦可受累。多有发热,发热与皮疹发生无一定次序,可伴有头痛和关节痛等全身症状。

【诊断和鉴别诊断】

根据发病急,皮疹形态,发病前有食用某些可疑过敏食物或感染病史,诊断不难。需与猩红热、麻疹及结节性红斑相鉴别。

【预防和治疗】

去除病因,对症治疗,内服抗组胺药物、维生素 C。伴发感染者应及早进行抗感染治疗。

第三节 离心性环状红斑

离心性环状红斑(erythema annulare centrifugum,EAC)为一种原因不明、可反复发作的环形红斑性皮肤病。该病可发生于任何年龄,但以青壮年多见。

【病因和发病机制】

病因复杂,发病机制不确切。可能与感染性疾病相关,如真菌(皮肤癣菌、念珠菌)、病毒(HIV、水痘-带状疱疹病毒)、细菌(假单胞菌)、螺旋体、寄生虫等感染;一些食物和药物(如真菌性食品、非甾体抗炎药、抗疟药、利尿剂等)也可为致病因素;有些患者发病与恶性肿瘤有关,被称为副肿瘤性离心性环状红斑;也有报道显示,该病与肝炎、系统性红斑狼疮、干燥综合征等疾病相关。

【临床表现】

好发于躯干和四肢,很少累及头皮、黏膜、手掌和足底。皮损开始为淡红色扁平丘疹,然后离心性向外扩大,中央皮损消退,边缘稍隆起,形成环状或半环状(图 17-3),多环互相重叠可呈地图状,环的内缘侧可有少许鳞屑。非典型患者可伴有毛细血管扩张、紫癜、小水疱等。皮疹发展缓慢(每天 2~3mm),直径很少超过 10cm,一般无自觉症状或有轻微瘙痒。有学者将该病分为浅表型和深在型,前者在红斑消退或移行后留有鳞屑并有痒感;后者浸润显著,通常无鳞屑或瘙痒,消退后无瘢痕,但可见炎症后色素沉着。总持续时间从几天至几十年不等,可反复或周期性发作。实验室检查可有白细胞计数增高、抗链球菌溶血素 O 抗体阳性、红细胞沉降率增高等改变。

【组织病理】

表皮轻度或中度海绵水肿、病灶区角化不全;真皮中下部血管周围有境界清楚、袖套状分布的以淋巴细胞、组织细胞和少量嗜酸性粒细胞为主的炎症细胞浸润。

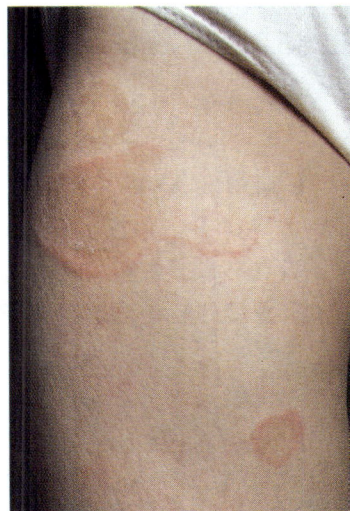

图 17-3 下肢环状及半环状斑块

【诊断和鉴别诊断】

根据典型临床表现,诊断一般不难。本病应与以下疾病鉴别(表 17-2)。

表 17-2 离心性环状红斑的主要鉴别诊断疾病

疾病名称	临床特点	好发人群及(或)部位	可能病因
匐行性回状红斑	红色斑丘疹,缓慢扩展构成同心圆状、水纹状、脑回状等奇异形状	中老年妇女,躯干	常与体内恶性肿瘤相关
风湿性环状红斑	红斑呈游走性和多发性,变化较快,常在数小时或 2~3d 内消失,红斑无鳞屑,无自觉症状。伴发热、关节炎、心肌炎	儿童,躯干	风湿热

续表

疾病名称	临床特点	好发人群及（或）部位	可能病因
回状单纯红斑	为不规则的环状或回旋状的线状红斑，无自觉症状	青年女性，四肢	可能与食物、药物、胃肠障碍有关
体癣	干燥的环形或片状红斑，有轻度炎症、丘疹及细薄鳞屑	除手足、毛发、甲及阴、股部以外的部位	真菌感染
二期梅毒	扁平丘疹或斑丘疹连接成环形、弧形、回形或匐行状	面部	梅毒螺旋体感染
麻风	红色斑块中央逐渐消退而平坦，边缘坚实隆起，边界清楚，常有鳞屑。可伴随感觉障碍	皮肤黏膜、周围神经	麻风分枝杆菌感染
环状肉芽肿	隆起的坚韧结节，逐渐向周围扩展成斑块，中央扁平，四周隆起呈环状或弧形，无自觉症状	双手和足	可能和糖尿病、昆虫叮咬、外伤等有关
盘状红斑狼疮	环形不规则斑块表面紧附鳞屑，鳞屑底面有角栓突起，用力剥离可露出顶针样扩张的毛囊口	青年女性，光暴露部位	自身免疫性疾病
亚急性皮肤型红斑狼疮	皮损可多样，可为环型、多环型或丘疹鳞屑型，甚至剥脱性红皮病样表现，患者可有发热、关节痛等全身症状	青年女性	自身免疫性疾病
环状扁平苔藓	丘疹扩大呈斑块，中央略消退	中年人，肛门、外生殖器和四肢远端	病因不明

其他疾病，如环状银屑病、荨麻疹、多形红斑以及自身免疫性疾病（类天疱疮、疱疹样皮炎、线状IgA大疱性皮肤病）等也可表现出环形损害，但往往其他表现更明显，易于鉴别。

【预防和治疗】

本病具有自限性，多数患者可自然缓解，治疗上在无法确定潜在致病因素时以对症治疗为主。对症治疗包括口服抗组胺药物、局部使用糖皮质激素等。有感染者可及早进行抗感染治疗。某些患者发病与恶性肿瘤有关，注意肿瘤筛查。

第四节　银　屑　病

银屑病（psoriasis）是一种慢性炎症性皮肤病，典型皮疹表现为鳞屑性丘疹、红斑或斑块，具有病情迁延和反复发作的特点，常对患者生活质量造成严重影响。银屑病也可被看作是一种系统性疾病，部分患者可伴有炎症性关节损害，患者罹患代谢综合征和动脉粥样硬化性心血管疾病的风险增加。

银屑病的发病情况在世界各地差异很大，与种族、地理位置、环境等因素有关。白种人患病率为1%～3%甚至更高，亚洲人群的患病率低于1%，黑种人患病率则更低。我国2008年在部分省市的流行病学调查显示，银屑病患病率约为0.47%，北方多于南方，由于人口基数较大，我国银屑病患者多达数百万。

【病因和发病机制】

银屑病确切的病因和发病机制尚不清楚，目前认为是遗传因素与环境因素相互作用，由T细胞为主的免疫紊乱介导所致。

1. 遗传因素　流行病学资料、HLA分析和全基因组关联分析（genome wide association study，GWAS）均支持银屑病的遗传倾向，目前将其定义为多基因遗传病。20%左右的患者有银屑病家族史，父母一方有银屑病时，其子女的发病率为16%左右；而父母均为银屑病患者时，子女的发病率高达50%。同卵双生和异卵双生双胞胎之间发病一致性的研究表明，遗传因素对银屑病发病影响很大。HLA Ⅰ类抗原中 Cw6 位点与银屑病相关性最明显。通过全基因组扫描或 GWAS 已经确定的银屑病易感基因位点有 *PSORS1-9*、*IL-12B*、*IL23R*、*LCE3B/3C/3D*、*ZNF313*、*IL23A*、*ERAP1*、*TNFAIP3*、*TRAF3IP2*、*NFKBIA*、*PTPN22* 等。

2. 环境因素　感染、精神紧张和应激事件、外伤、手术、妊娠、肥胖、饮酒、吸烟、某些药物、温度与湿度等环境因素在诱发及加重银屑病中起重要作用。尽管遗传易感性个体的皮肤屏障功能缺陷可能是环境刺激易于启动机体异常免疫应答的重要基础，但各种环境因素诱发银屑病的具体机制仍不清楚，是当前研究的重点。

3. 免疫因素　银屑病的免疫学机制非常复杂，固有免疫和适应性免疫应答均参与其发病。一般认为，环境诱因首先刺激固有免疫系统发生活化，树突状细胞通过产生 IL-12、IL-23 等介质驱动 T 细胞向辅助性 T 细胞 Th1 和 Th17 亚群分化，后者产生以 IL-17 为代表的一系列炎症因子并作用于表皮，使表皮角质形成细胞发生过度增生和异常分化，从而产生银屑病皮损。此外，角质形成细胞、中性粒细胞、血管内皮细胞、朗格汉斯细胞、固有淋巴样细胞、CD8$^+$T 细胞、调节性 T 细胞等多种细胞成分，以及 IFN-γ、TNF-α、IL-1、IL-6、IL-22、角蛋白 17 等多种炎性分子均介入银屑病的发生发展过程，在不同的阶段以不同的方式发挥作用，形成局部或系统的恶性循环，共同构成银屑病的免疫紊乱。

【临床表现】

根据患者的临床特征，可将银屑病分为寻常型、关节病型、脓疱型及红皮病型四个主要类型；其中以寻常型最常见，约占 90%，其他类型多由寻常型银屑病发展或转化而来。

1. 寻常型银屑病　寻常型银屑病（psoriasis vulgaris，PSO）初起皮损为红色丘疹或斑丘疹，逐渐扩展成为典型的境界清楚的红色或暗红色斑块，又称斑块状银屑病。皮损可呈多种形态，如圆形、不规则形、带状、钱币状、地图状、蛎壳状等，上覆厚层银白色鳞屑，若刮除最上层的银白色鳞屑，可观察到鳞屑成层状的特点，就像在刮蜡滴一样（蜡滴现象）；刮去银白色鳞屑后可见淡红色发光半透明薄膜（薄膜现象）；继续剥去薄膜则可见点状出血（Auspitz 征），由真皮乳头顶部迂曲扩张的毛细血管被刮破所致。蜡滴现象、薄膜现象与点状出血现象对银屑病有诊断价值。皮损常呈对称性，可发生于全身各处，以头皮、躯干和四肢伸侧，特别是肘部、膝部、骶尾部、小腿胫前最为常见，屈侧皮损一般较少或较轻（图 17-4）。少数特殊患者皮疹的分布恰恰相反，主要或仅发生在腋下、乳房和腹股沟等皱褶部位，

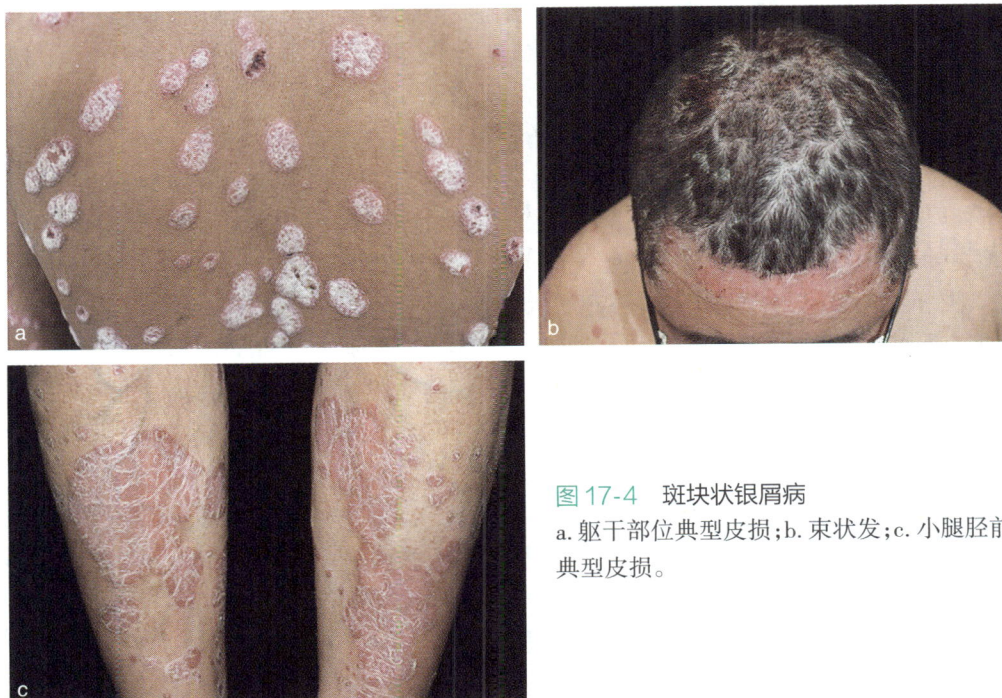

图 17-4　斑块状银屑病
a. 躯干部位典型皮损；b. 束状发；c. 小腿胫前典型皮损。

以红斑为主,鳞屑少或基本无鳞屑,称为"反向银屑病"。不同部位的皮损表现可略有不同,面部皮损多为浸润性红斑、丘疹或呈脂溢性皮炎样改变;头皮皮损常超出发际范围,鳞屑较厚,头发呈束状(束状发);指(趾)甲受累较常见,多表现为顶针状凹陷或甲癣样损害。少数损害可发生在唇、颊黏膜、龟头或女阴等处,颊黏膜损害为灰白色环状斑,龟头和女阴损害为境界清楚的红色斑片。患者的瘙痒程度差异很大,有的瘙痒剧烈,有的可完全没有瘙痒症状。

寻常型银屑病根据病情发展可分为三期。①进行期:旧皮损不断扩大或新皮损不断出现,皮损炎症明显。在此期间,如果针刺、搔抓、外伤、手术等损伤外观正常的皮肤,可在受损愈合处出现典型的银屑病皮损,称为同形反应(isomorphism)或 Kobner 现象(图 17-5)。②静止期:皮损稳定,无新皮损出现,旧疹也不见消退,常堆积较厚的鳞屑。③退行期:皮损缩小或变平,炎症基本消退,可遗留色素减退或色素沉着斑。

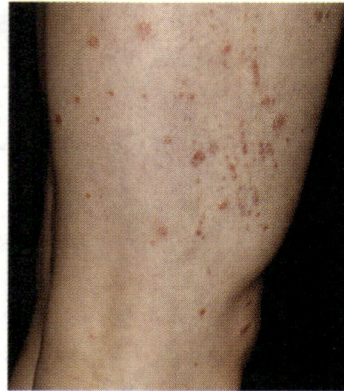

急性点滴状银屑病(acute guttate psoriasis)又称发疹型银屑病,多为银屑病首次发生或复发早期的表现,常见于青年,发病前常有咽部链球菌感染史。起病急骤,数天可泛发全身,皮损为0.3~0.5cm 大小的红色丘疹、斑丘疹,覆以少许鳞屑,痒感程度不等(图 17-6)。

图 17-5 银屑病的同形反应　图 17-6 点滴状银屑病

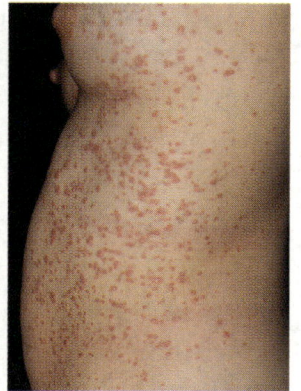

去除诱因并经适当治疗可在数周内消退,部分患者可转化为慢性病程和斑块状表现。

2. 关节病型银屑病　关节病型银屑病(psoriasis arthropathica,PsA)又称银屑病关节炎,除皮损外可出现炎性关节病变,表现为关节疼痛、红肿、晨僵,进一步发展出现不同程度的功能障碍,甚至发生残毁畸形。超过 75% 的 PsA 患者先发生皮损,后出现关节病变;部分患者皮疹与关节症状同时发生;少数患者先发生关节损害,数月甚至数年后才出现皮疹,常给诊断造成困难。关节损害可累及任何关节,根据受累情况又分为三个亚型:①外周关节炎型,表现为远端指间关节炎、单关节炎或非对称性寡关节炎、对称性多关节炎、附着点炎、指/趾炎、残毁性关节炎等,其中远端指间关节炎是常见且特征性表现;②中轴(脊柱)关节炎型,炎症累及脊柱和骶髂关节,临床特征与强直性脊柱炎相似;③外周脊柱混合型,患者除脊柱及骶髂关节受累外,外周各大小关节均可受累,以手足小关节、膝关节常见。

影像学检查具有重要诊断价值,常规 X 线检查可发现手足关节软骨丢失引起关节间隙变小、关节边缘骨侵蚀形成"鼠耳征"、骨末端变形呈"笔尖-笔帽征"、外周骨侵蚀和骨增生等改变;超声检查主要用于外周关节的探查,可显示关节积液、滑膜炎、骨赘及骨侵蚀,炎症活跃时滑膜内多普勒血流信号增多;磁共振成像(MRI)在脊柱炎、骶髂关节炎的检查方面具有优势,可以显示骨髓水肿和骨质侵蚀、附着点炎、滑膜炎以及关节周围的皮下组织水肿。

3. 脓疱型银屑病　脓疱型银屑病(psoriasis pustulosa)分为泛发性和局限性两型。

(1)泛发性脓疱型银屑病:泛发性脓疱型银屑病(generalized pustular psoriasis,GPP)常急性发病,在寻常型银屑病皮损或无皮损的正常皮肤上迅速出现针尖至粟粒大小、淡黄色或黄白色的浅在性无菌性小脓疱,密集分布,可融合形成片状脓湖,皮损可迅速发展至全身,伴有肿胀和疼痛感(图 17-7a)。常伴全身症状,寒战和高热,呈弛张热型。患者可有沟状舌,指、趾甲可肥厚浑浊。一般一周到数周后脓疱干燥结痂,病情自然缓解,但可反复呈周期性发作;严重病例可因继发感染、并发症、全身衰竭而死亡。

根据患者的发病情况和皮疹分布,泛发性脓疱型银屑病又有急性泛发性脓疱型银屑病(von Zumbusch 型)、妊娠期泛发性脓疱型银屑病、婴幼儿泛发性脓疱型银屑病及环状泛发性脓疱型银屑病

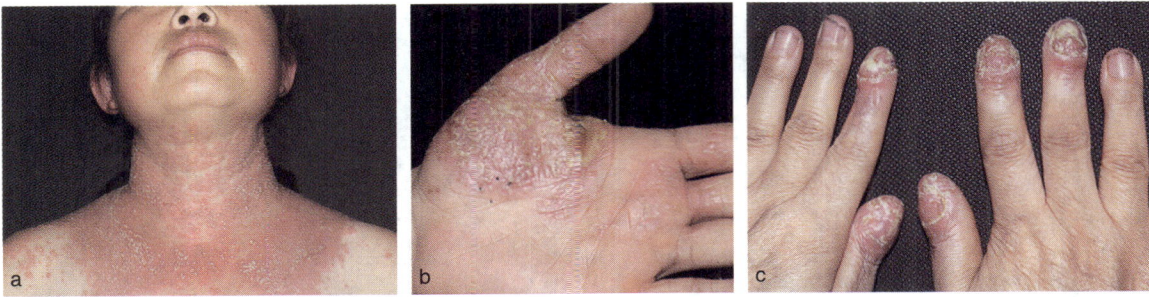

图 17-7 脓疱型银屑病
a.泛发性脓疱型银屑病;b.掌跖脓疱病;c.连续性肢端皮炎。

等四个亚型。

（2）局限性脓疱型银屑病:局限性脓疱型银屑病包括掌跖脓疱病和连续性肢端皮炎。掌跖脓疱病(pustulosis palmoplantar,PPP)皮损局限于手掌及足跖,对称分布,皮损为成批发生在红斑基础上的小脓疱,1~2周后脓疱干涸、结痂、脱屑,新脓疱又可在鳞屑下出现,时轻时重,经久不愈(图 17-7b);连续性肢端皮炎(acrodermatitis continua,AC)是一种少见类型,可发生在手指或足趾末端,常先从一个指(趾)开始,可逐渐加重累及多个指(趾),局部外伤是常见诱因。皮损为红斑基础上发生脓疱,之后可见到鳞屑和结痂,甲床也可有脓疱,受累甲板常脱落(图 17-7c)。

局限性脓疱型银屑病大多仅累及掌跖或指(趾),但也可与其他部位的斑块型银屑病、脓疱型银屑病伴发,或可伴有关节损害。

4. 红皮病型银屑病 红皮病型银屑病(psoriasis erythrodermic)多由其他类型银屑病急性进展或处置不当发展而来,表现为全身皮肤弥漫性潮红、浸润、肿胀、疼痛,并伴有大量糠状鳞屑,可伴有全身症状,如发热、浅表淋巴结肿大等。病程较长,易复发。患者常伴有明显的低蛋白血症。

【组织病理】

寻常型银屑病表现为表皮角化过度伴融合性角化不全,角化不全区可见 Munro 微脓肿,颗粒层明显减少或消失,棘层增厚,表皮突整齐向下延伸,真皮乳头上方棘层变薄,毛细血管扩张、延伸并迂曲、周围可见淋巴细胞、中性粒细胞等炎症细胞浸润(图 17-8a);脓疱型银屑病表现为表皮内或角层下中性粒细胞聚集形成 Kogoj 海绵状脓疱(图 17-8b);红皮病型银屑病则主要为表皮海绵水肿,真皮浅层血管扩张充血更明显,其余与寻常型银屑病相似。

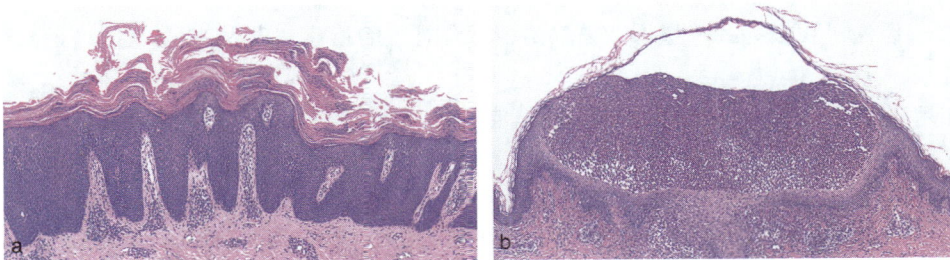

图 17-8 银屑病的组织病理表现
a. 寻常型银屑病;b. 脓疱型银屑病。

【诊断和鉴别诊断】

根据典型临床表现,诊断不难,组织病理学检查具有一定的诊断价值。寻常型银屑病的主要鉴别诊断如表 17-3 所示。

【预防和治疗】

银屑病的治疗应遵循正规、安全、个体化的原则,在分析患者病情的基础上进行分型、分级、分期

表 17-3　寻常型银屑病的鉴别诊断

疾病名称	好发人群	临床特点	组织病理特点	其他实验室检查
寻常型银屑病	青壮年	头皮、躯干四肢伸侧好发,境界清楚的红斑、斑块,银白色鳞屑,Auspitz 征阳性	角化过度伴不全,部分可见 Munro 微脓肿,颗粒层消失,表皮突延长,真皮乳头毛细血管迂曲扩张	—
脂溢性皮炎	青春期、成年人	头皮或面部皮疹,红斑境界不清,细小的黄色油腻鳞屑,可伴毛发稀疏	毛囊口角化过度伴角化不全,表皮海绵水肿	—
头癣	儿童	头皮皮疹,伴脱发、断发	可见菌丝或孢子	真菌镜检或培养阳性
二期梅毒	性活跃人群	多发暗铜色皮损,掌跖部铜红色浸润性斑丘疹伴领圈样脱屑	易见浆细胞浸润	梅毒血清学试验阳性
扁平苔藓	中年人	紫红色扁平斑丘疹,呈多角形或椭圆形,可见 Wickham 纹	表皮颗粒层楔形增厚,基底细胞液化变性,真皮浅层淋巴细胞带状浸润呈苔藓样界面皮炎	—
慢性湿疹	无特定好发人群	暗红斑或斑块常对称分布,瘙痒明显	表皮海绵水肿	—
慢性苔藓样糠疹	无特定好发人群	连续成批出现的红棕色、苔藓样丘疹或斑片	表皮散在角质形成细胞坏死和基底细胞空泡变性,真皮浅层及血管周围淋巴细胞浸润,可见亲表皮现象	—
玫瑰糠疹	中青年	圆形或椭圆形红褐色斑片,附糠状鳞屑,好发于躯干,沿皮纹呈对称性分布。常先有母斑	真皮浅层淋巴细胞浸润,可见红细胞外溢	—

规范治疗。治疗的目的是控制皮疹,消除或减轻症状,使患者获得较满意的生活质量。目前尚无法阻止病情复发,但通过积极寻找并尽可能去除诱因联合有效的治疗和巩固,能最大限度地减少或减轻复发。

1. **外用药物治疗**　糖皮质激素霜剂或软膏有明显疗效,适合小面积短期应用。应注意大面积长期外用强效或超强效制剂可引起系统不良反应;维生素 D_3 衍生物,如卡泊三醇、他卡西醇等也有较好疗效;维 A 酸制剂常用 0.05%~0.1% 他扎罗汀凝胶,对斑块状银屑病效果良好;不同的外用药可以联合或交替使用,近年研发的糖皮质激素与卡泊三醇复方制剂、糖皮质激素与他扎罗汀复方制剂具有疗效更高、副作用更少的优点,已成为银屑病的主要外用治疗药物。本维莫德乳膏是我国研发的新型靶向性外用药,对寻常型银屑病具有良好的疗效。此外,还可根据皮疹特点选用焦油制剂、蒽林软膏、喜树碱软膏、水杨酸软膏、尿素乳膏等外用制剂。

2. **传统系统药物治疗**　国内外指南推荐的一线传统系统药物包括阿维 A、甲氨蝶呤、环孢素等。阿维 A 适用于寻常型、脓疱型和红皮病型银屑病,推荐剂量为 0.5~1.0mg/(kg·d),口服;甲氨蝶呤、环孢素等免疫抑制剂适用于各型银屑病,需根据患者的分型与严重程度、基础情况、既往治疗反应等情况酌情选择,要注意其对肝、肾、骨髓等方面的毒副作用;需特别注意糖皮质激素不应作为银屑病的系统治疗方法,只有在其他治疗方法无效或不耐受的红皮病型和泛发性脓疱型银屑病,病情严重甚至危及生命时方可谨慎使用,宜与免疫抑制剂、阿维 A、生物制剂等联合应用以减少剂量、缩短疗程,并逐渐减量以防止病情复发或反跳。

3. 靶向性系统药物治疗　包括生物制剂和小分子靶向药物,是银屑病治疗的重大进展,具有起效快、疗效高、安全性好等优点,在重症、难治以及特殊类型银屑病的治疗方面发挥了积极的作用。我国已经批准上市用于银屑病治疗的生物制剂包括三大类。①肿瘤坏死因子 α(TNF-α)抑制剂:依那西普(etanercept)、英夫利西单抗(inflaximab)、阿达木单抗(adalimumab);②白介素-12/23(IL-12/23)抑制剂:乌司奴单抗(ustekinumab)、古塞奇尤单抗(guselkumab);③白介素-17A(IL-17A)抑制剂:司库奇尤单抗(secukinumab)、依奇珠单抗(ixekizumab)。应用生物制剂需严格掌握适应证和禁忌证,用药前要进行严格的筛查,避免诱发结核分枝杆菌、乙型肝炎病毒感染或再激活等副作用。

小分子靶向药物已有磷酸二酯酶 4(PDE4)抑制剂阿普米斯特(apremilast)、酪氨酸激酶 2(TYK2)抑制剂氘可来西替尼(deucravacitinib)正式获批用于斑块状银屑病的治疗;尚有 Janus 激酶(JAK)抑制剂等多种小分子药物处于临床研发阶段。

4. 物理治疗　常用窄谱中波紫外线(NB-UVB)治疗,对寻常型银屑病皮损疗效确切且方便、安全,在脓疱型和红皮病型银屑病的恢复期可从较小剂量谨慎使用;其他如光化学疗法(PUVA)、宽谱中波紫外线(BB-UVB)、308nm 准分子激光或准分子光、沐浴疗法等均可酌情应用。

5. 中医治疗　根据中医辨证,给予清热凉血、凉血活血、活血化瘀等中药。

第五节　急性痘疮样苔藓样糠疹

急性痘疮样苔藓样糠疹(pityriasis lichenoides et varioliformis acuta,PLEVA)又称 Mucha-Habermann病,是一种原因不明的炎症性皮肤病,表现为与银屑病相似的鳞屑性丘疹,曾被称为痘疮样型副银屑病。目前学术界倾向于不再使用"副银屑病"或"类银屑病"。

【病因和发病机制】

病因和发病机制尚未阐明。有报道显示,发病与感染有关,可能的感染因素包括 EB 病毒、弓形虫病、HIV 及其他病毒;也有人认为本病是一种原发的淋巴细胞增生性疾病,CD4+ 和 CD8+ 细胞均参与发病过程,但以细胞毒性 T 细胞作用为主;此外,还有免疫因素参与,患者血清中可以检测到循环免疫复合物,同时在表皮-真皮交界处或血管壁有 IgM 或补体 C3 沉积,提示其可能是一种免疫复合物介导的血管炎。

【临床表现】

患者可有低热、头痛、乏力和关节痛等系统表现,发生于皮疹出现之前或与皮疹同时发生。特征性的皮疹是直径 2~3mm 的红色斑点,很快发展成为丘疹并附以鳞屑。随着鳞屑的增厚,其周围一圈发生游离而中央附着。其后丘疹的中央出现丘疱疹、脓疱,发生出血性坏死并形成溃疡,可覆盖以棕红色痂(图 17-9a)。皮疹常无自觉症状,偶有瘙痒或灼痛感。溃疡愈合后留有痘疮样瘢痕以及色素沉着或色素减退。皮疹好发于躯干、四肢近端和轻褶部位,但也可见弥漫泛发者,但手足、头面和黏膜一般不受累。皮疹常呈多形性,在同一患者可同时见到发生阶段和消退阶段的皮疹,病程持续数周、数月甚至数年不等。

发热性溃疡坏死性穆-哈病(febrile ulceronecrotic Mucha-Habermann's disease,FUMHD)是本病的急性重症亚型,表现为进展迅速的坏死性丘疹形成大的溃疡,有出血性大疱、脓疱,附坏死性痂。溃疡可深在,疼痛明显,易继发感染,愈合后遗留明显萎缩性瘢痕。患者常伴高热、咽喉疼痛和中枢神经系统症状,也可发生腹疼、关节炎、结膜溃疡等,死亡率高。

【组织病理】

表皮角化不全,轻到中度棘层增生,基底细胞空泡变并有坏死的角质形成细胞,偶见表皮内水疱。充分发展的皮损表现为表皮楔形坏死;真皮浅层较致密淋巴细胞浸润并可移入表皮,可见红细胞外

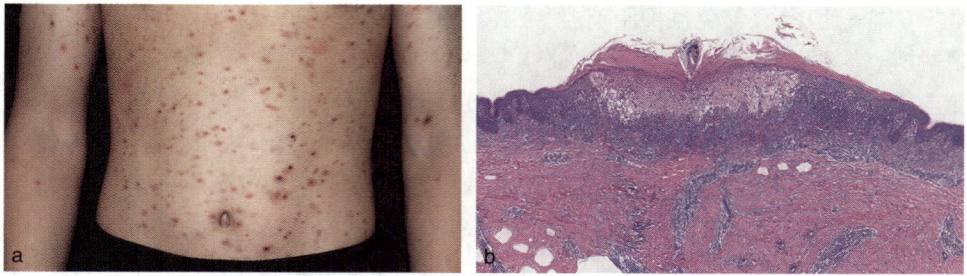

图 17-9 急性痘疮样苔藓样糠疹
a. 临床表现；b. 病理改变。

溢，血管壁炎细胞浸润，偶可见纤维素样沉积及白细胞碎裂核尘，陈旧皮损真皮硬化（图 17-9b）。

【诊断和鉴别诊断】

诊断主要依靠典型的皮损形态和分布，结合组织病理学表现。应与下列疾病相鉴别。

1. **点滴状银屑病** 鳞屑为银白色，较厚，刮除鳞屑可见点状出血，无水疱或坏死性皮疹，头皮易受累，有甲病变及典型的组织学特征。

2. **二期梅毒** 皮损广泛对称，常累及掌跖，有黏膜损害、全身淋巴结肿大；梅毒血清学反应阳性。

3. **扁平苔藓** 皮损为紫红色多角形扁平丘疹，鳞屑少而紧贴，瘙痒剧烈，黏膜可受累；有典型的组织病理学特征。

4. **丘疹坏死性结核疹** 好发于四肢伸侧，病理组织表现包括干酪样坏死；结核血清学或 PPD 试验阳性。

5. **多形红斑** 典型皮疹为靶形红斑，分布以肢端为主，黏膜受累常见，病理表现为空泡性界面皮炎。

6. **皮肤变应性血管炎** 一般为急性病程，皮疹多为紫癜性、坏死性斑丘疹，组织病理学上表现为白细胞碎裂性血管炎改变。

7. **淋巴瘤样丘疹病** 临床表现为群集发生的丘疹、结节、坏死，可自愈。其病理改变与苔藓样糠疹不同，浸润淋巴细胞常有明显的异形性。

【预防和治疗】

本病可尝试以下治疗方法。

1. **紫外线光疗** NB-UVB 或 UVA 对本病有良好的效果，也可采用光化学疗法。

2. **外用治疗** 可用糖皮质激素、焦油类、维 A 酸类、10% 尿素软膏、5% 水杨酸软膏等。

3. **系统治疗** 重症或顽固病例可给予糖皮质激素，成人泼尼松 30~60mg/d，可单独或与四环素类、红霉素等抗生素联合应用；也可试用甲氨蝶呤、硫代硫酸钠、抗疟药、氨苯砜、抗组胺药、维生素 D_2、维生素 C、E 及 B 族维生素等。

第六节 慢性苔藓样糠疹

慢性苔藓样糠疹（pityriasis lichenoides chronica，PLC）以往被称为点滴型副银屑病，表现为附有鳞屑的红色丘疹、斑片，与银屑病有相似之处。

【病因和发病机制】

病因不明，与急性痘疮样苔藓样糠疹类似，其发病也有三种假说：感染介导的炎症反应、继发于 T 细胞异常的炎症反应或免疫复合物介导的超敏性血管炎。

【临床表现】

临床较急性痘疮样苔藓样糠疹常见。表现为连续成批出现的红棕色、圆形或椭圆形、苔藓样丘疹,直径3~10mm,一般无自觉症状。皮损中央可黏着鳞屑,边缘部分鳞屑较少(图17-10a)。受累部位主要为躯干和四肢近端;手足和面部很少受累。皮疹可缓慢扩大成小斑片,经4~6周逐渐扁平,鳞屑脱落,遗留轻度色素沉着或色素减退。在肤色深的患者,偶尔可见皮疹仅表现为泛发的色素减退斑片而无丘疹和鳞屑。皮疹有不断新发和消退的现象,整个病程可能持续达数年。

【组织病理】

表皮角化不全,轻或中度棘层增生,局灶性海绵水肿,可见角质形成细胞坏死和基底细胞空泡变,但都较轻微;真皮浅层及血管周围轻度淋巴细胞浸润,局部少数淋巴细胞移行进入表皮,偶见红细胞外溢,无血管炎表现(图17-10b)。

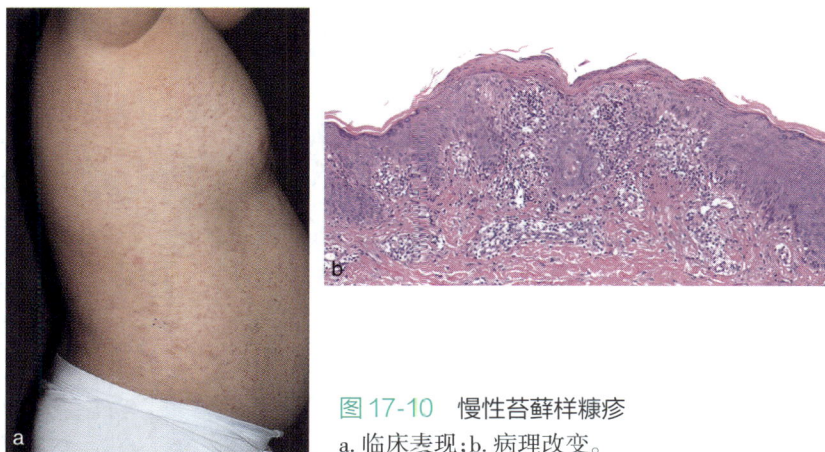

图17-10　慢性苔藓样糠疹
a. 临床表现;b. 病理改变。

【诊断和鉴别诊断】

诊断主要依靠皮损形态、分布和演变过程,结合组织病理学表现。应与下列疾病相鉴别(参见表17-3)。

1. **斑块状银屑病**　鳞屑为银白色,较厚,刮除鳞屑可见点状出血,无水疱或坏死性皮疹,头皮易受累,有甲病变及典型的组织学特征。

2. **二期梅毒**　皮损广泛对称,常累及掌跖,有黏膜损害、全身淋巴结肿大;梅毒血清学反应阳性。

3. **扁平苔藓**　皮损为紫红色多角形扁平丘疹,鳞屑少而紧贴,瘙痒剧烈,黏膜可受累;有典型的组织病理学特征。

4. **蕈样肉芽肿斑片期**　皮损较大,浸润明显,呈进行性发展,无成批出现和消退的现象;组织病理显示,真皮淋巴细胞浸润更显著,有时可见到异形淋巴细胞,亲表皮现象明显,必要时需借助免疫组化和T细胞受体基因重排检测确定诊断。

5. **玫瑰糠疹**　典型皮疹为圆形或椭圆形红褐色斑片,附糠状鳞屑,好发于躯干,沿皮纹呈对称性分布。常先有母斑。组织病理显示,炎细胞浸润和红细胞外溢更显著。

【预防和治疗】

临床应用的治疗方法很多,但大都缺乏系统的观察和循证医学证据。

1. **紫外线光疗**　NB-UVB或UVA对本病有确切的效果,也可采用光化学疗法。皮损清除后仍有复发的可能,因此应注意巩固治疗。

2. **外用疗法**　外用糖皮质激素制剂是最常用的一线治疗方法,但长期应用要注意局部和全身副作用。维A酸外用有效,安全性好,适合长期应用。

3. **系统用药**　最常用的系统用药包括抗生素和甲氨蝶呤,其中抗生素又以四环素类和红霉素最常用。此外,环孢素、氨苯砜、维A酸等也可试用。

NOTES

第七节　玫瑰糠疹

玫瑰糠疹（pityriasis rosea）是一种急性自限性红斑鳞屑性皮肤病；初发皮疹后 1~2 周可出现泛发皮疹，持续 6~8 周。

【病因和发病机制】

病因不明。本病多在春秋季发病，有时有群发性，病程自限，无传染性。本病可能与病毒感染有关，曾有研究报道发现皮损内人类疱疹病毒 6 型、7 型（HHV-6/7）感染证据；也有观点认为本病与细菌、真菌或寄生虫感染及过敏因素有关，但尚未被证实。某些药物也可引起玫瑰糠疹，包括砷剂、巴比妥类、铋剂、卡托普利、异维 A 酸等。此外，研究表明细胞免疫反应参与本病发生，如皮损内的浸润细胞以辅助 T 淋巴细胞亚群为主。

【临床表现】

本病患病率为 0.15%~2%，男女比例约 1∶2，大多发生在 10~40 岁。部分患者可有头痛、发热、关节痛等前驱症状。初起皮损为躯干或四肢近端孤立的玫瑰色淡红斑，直径迅速扩大至 2~4cm，上覆细小鳞屑，边缘可有领圈征，称为前驱斑或母斑。1~2 周后，躯干及四肢近端出现多个类似性质的圆形或椭圆形斑疹，附着细小糠状鳞屑，直径小于母斑，对称分布，长轴与皮纹一致，可呈圣诞树样外观，面部及掌跖部较少累及（图 17-11）。不典型病例可无母斑，还可出现紫癜、风团、水疱等。瘙痒程度不等，多无全身症状，少数有轻度头痛、咽喉痛、低热及淋巴结肿大等。本病有自限性，病程一般为 6~8 周，少数可迁延半年以上。

【组织病理】

本病无特征性组织病理学改变，主要为慢性炎症相关的非特异性表现：表皮局灶性角化不全及棘层轻度肥厚，可有海绵水肿或小水疱；真皮上部水肿，毛细血管扩张伴不同程度的淋巴细胞浸润，可见红细胞外溢。

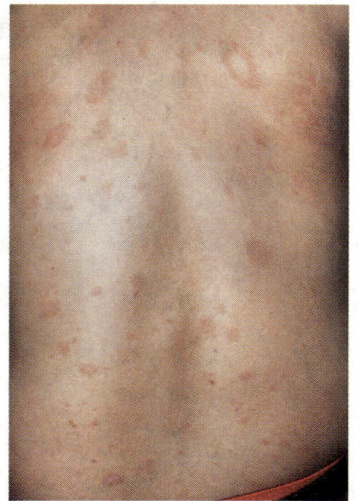

图 17-11　玫瑰糠疹（背部椭圆形淡红斑，长轴与皮纹一致）

【诊断和鉴别诊断】

根据皮损特点、好发部位、排列特点不难诊断。必要时皮肤镜检查有助于诊断，镜下表现为淡黄色背景、外围鳞屑、中央散在点状血管呈斑片状分布。本病应与下列疾病进行鉴别（表 17-4）。

表 17-4　玫瑰糠疹的主要鉴别诊断疾病

疾病名称	临床特点	相关病史	专科检查
二期梅毒	多发暗铜色皮损，掌跖部铜红色浸润性斑丘疹伴领圈样脱屑	不洁性交史，硬下疳病史	梅毒血清学试验阳性
体癣	境界清楚的环状或多环状鳞屑性红色斑片，中央趋于消退	手、甲、足癣，动物接触史	真菌镜检可见菌丝及孢子
花斑癣	围绕毛孔淡红、淡褐色或白色点状斑疹，逐渐扩大成片	—	真菌镜检可见弧状菌丝及成簇孢子
寻常型银屑病	多形性红色斑片/块，上覆银白色鳞屑，好发于四肢伸面、骶尾部，有蜡滴现象、薄膜现象、点状出血等	—	病理检查可见表皮角化过度伴角化不全

【预防和治疗】

本病有自限性，以对症治疗为主。

1. **系统治疗**　可口服抗组胺药物、维生素 C、维生素 B$_{12}$、葡萄糖酸钙及硫代硫酸钠等,一般不倡用糖皮质激素;也有应用氨苯砜或红霉素成功治疗的报道。

2. **局部治疗**　皮损瘙痒患者可局部外用炉甘石洗剂、5% 樟脑霜、硫黄霜或少量弱至中效糖皮质激素制剂;窄谱中波紫外线照射对进行期或剧烈瘙痒者可能有效,可用红斑量或亚红斑量交替照射。

第八节　扁平苔藓

扁平苔藓(lichen planus,LP)是一种发生在皮肤及黏膜的慢性炎症性皮肤病,其人群患病率为 0.2%~1.0%。约有 2/3 的病例在 30~60 岁发病,儿童发病者仅占 1%~4%。

【病因和发病机制】

目前认为,LP 是 T 细胞介导的自身免疫炎症性疾病,自身抗原可能是基底层角质形成细胞表面被改变的抗原,随之造成细胞损伤。疾病发生可能与受损的角质形成细胞暴露于外源性的抗原(如病毒、药物、接触性变应原)有关。其发病与下述因素有关。

1. **免疫机制**　在真皮表皮交界处可有 IgM、补体、纤维蛋白沉积;皮损内可见朗格汉斯细胞和亲表皮性 T 细胞浸润,早期为 CD4 阳性 T 细胞,晚期为 CD8 阳性 T 细胞,γ 干扰素是主要的炎症介质。

2. **遗传因素**　1.5%~10.7% 的患者有家族史,姐妹同患者较多,也有单卵双胞胎发病者;患者的 HLA 抗原某些位点异常,HLA-A3、A5、B7、B9、BW35、A28、B16、BW38、DR1、DQ1 抗原的阳性频率显著高于正常人。

3. **感染**　电镜下曾观察到皮损细胞内有包涵体存在,可能与病毒感染有关,且本病与丙型肝炎病毒的相关性已被证明;借助原位杂交和免疫组化技术,67% 以上的口腔扁平苔藓皮损中发现了人类疱疹病毒 6 型(HHV-6),近期研究发现本病的缓解与 HHV-7 蛋白的表达下降有关。

4. **神经精神因素**　约 10% 患者发病时有精神紧张因素,少数患者常合并有精神性溃疡;心理治疗对某些患者有效。

5. **其他疾病**　扁平苔藓可合并肝硬化,7%~25% 的患者有转氨酶异常升高,9.5%~13.5% 伴发慢性活动性肝炎;本病还可伴发自身免疫性疾病,如 SLE、皮肌炎、硬皮病、白癜风、天疱疮、斑秃、甲状腺疾病等,部分患者合并糖尿病、结核、恶性肿瘤及内分泌功能异常。

6. **其他**　本病还与吸烟、药物有关,最常见药物包括血管紧张素转换酶抑制剂、噻嗪类利尿剂、抗疟药、奎尼丁和金制剂。

【临床表现】

多见于中年人,好发于四肢,也可泛发全身。典型皮损为紫红色扁平斑丘疹,呈多角形或椭圆形,境界清楚,部分有蜡样光泽,可见 Wickham 纹;皮疹常见于腕和前臂的屈侧、手背、胫前、颈部和骶骨前区也常受累,50% 患者可伴有黏膜损害,表现为网状白色或灰白色角化斑或斑块,也可表现为糜烂、溃疡或大疱性皮损;部分患者有甲损害,表现为甲板变薄、纵嵴、远端甲板分裂、甲溶解、甲下角化过度等(图 17-12)。

LP 临床上有多种表现或亚型:发生于龟头或光暴露部位,皮损多表现为环形,称为环状扁平苔藓;有的皮疹可表现为线状分布,称为线状扁平苔藓;发生于四肢或指关节伸侧的皮疹可呈疣状增生,称为肥厚性扁平苔藓;皮损中央萎缩,界限清楚的蓝白色小斑或斑片,称为萎缩性扁平苔藓;如出现水疱、大疱,称为大疱性扁平苔藓;出现糜烂或溃疡,称为糜烂/溃疡性扁平苔藓;仅表现为境界清楚的褐色斑片,无明显隆起或萎缩者,称为色素性扁平苔藓;毛囊性扁平苔藓表现为毛囊口部位的灰红斑,伴有角化和鳞屑,久之可有毛发脱落,形成假性斑秃。有时扁平苔藓与红斑狼疮症状同时发生,称为扁平苔藓-红斑狼疮重叠综合征。

【组织病理】

表皮角化过度不伴角化不全、颗粒层楔形增厚、棘层不规则增厚,表皮突呈锯齿状,基底细胞液化

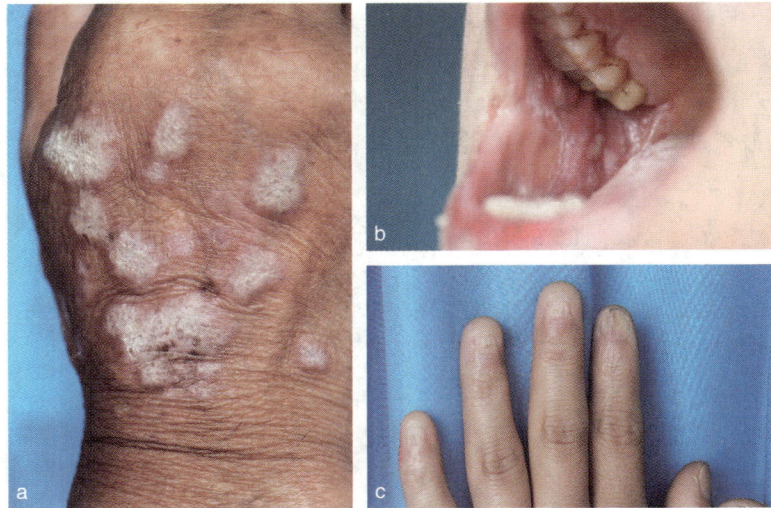

图 17-12   扁平苔藓的临床表现
a. 手部紫红色多角形斑块；b. 口腔黏膜 Wickham 纹；c. 甲损害。

变性，严重者形成表皮下裂隙乃至大疱。真皮浅层有致密的、呈带状浸润的淋巴细胞，称为苔藓样界面皮炎。表皮内及真皮浅层可见红染的胶样小体及噬黑素细胞。

【诊断和鉴别诊断】

LP 典型皮损表现较特异，但临床分型较多，增加了诊断难度。无创影像学检测技术可为临床不典型病例提供诊断信息，指导诊疗方向；根据典型的皮肤损害、好发部位、无创诊断特征以及特征性组织病理改变可确诊该病。

皮肤无创影像诊断如下所示。

1. **皮肤镜**   主要表现为三种模式：①Wickham 纹（网状或分支状白色结构）；②血管模式（皮损周边放射性分布的线状、点状或小球状血管结构）；③色素模式（紫色、红色、粉色、褐色或黄色，有时可见黄白色小点或色素性结构）。

2. **反射式共聚焦显微镜（RCM）**   ①角化过度，棘层楔形增厚，颗粒层增厚；②真表皮交界（DEJ）模糊、液化变性；③真皮乳头和真皮浅层可见大量高折光黑色素细胞和中低折光的炎症细胞。

本病应与下列疾病进行鉴别（表 17-5）。

表 17-5   扁平苔藓的主要鉴别诊断疾病

疾病名称	好发部位	临床特点	鉴别点
银屑病	头皮、四肢伸侧	鳞屑性红斑、斑块	Auspitz 征（＋），病理银屑病样增生改变
红斑狼疮	面部、头皮及耳部	唇部及口腔黏膜的皮损呈灰白色斑块，糜烂、浅溃疡及萎缩	直接免疫荧光检查
线状苔藓	单侧肢体	线状苔藓样小丘疹	皮疹特点及组织病理可鉴别
慢性单纯性苔藓	颈项部、肘部、腘窝部	圆形或多角形丘疹，逐渐融合成境界清楚的苔藓样皮损	皮疹特点及病理诊断可鉴别

【预防和治疗】

目前关于 LP 治疗的高质量循证医学依据尚不充分。建议生活作息规律，消除或减轻精神紧张，避免烟酒及刺激性食物，减少日光直接暴露，停用可能引起本病的药物，治疗慢性病灶（表 17-6）。

NOTES

表 17-6　扁平苔藓的主要治疗

治疗手段	药物分类/名称	具体应用	注意事项
外用药物	**糖皮质激素**		长时间应用可引起皮肤萎缩,同时面部及外阴需注意避免诱发黏膜真菌感染等
	卤米松、丙酸氯倍他索乳膏	肥厚性皮损	
	1% 氢化可的松霜、丁酸氢化可的松霜或可的松栓	外阴、腔道皮损	
	0.05% 氯倍他米松戊酸酯气雾、倍他米松溶液（0.6mg/5ml）	口腔 LP	
	维 A 酸类		
	0.01%~0.1% 阿维 A 软膏 0.1% 异维 A 酸霜或软膏 0.1% 阿达帕林凝胶	肥厚型及甲 LP	黏膜部位浓度宜低,禁用于糜烂及溃疡型 LP
	钙调磷酸酶抑制剂		轻度刺激
系统药物	**糖皮质激素**	严重病例、糜烂溃疡性黏膜损害、进行性甲破坏或复发	TCS 相关不良反应
	维 A 酸类 阿维 A	单独或与 TCS 联合	肝功能、血脂等异常
	免疫抑制剂		
	环孢素 A	严重糜烂型或溃疡型 LP	肾毒性
	硫唑嘌呤、环磷酰胺、甲氨蝶呤	类天疱疮样 LP 及口腔糜烂性 LP	髓系异常、胃肠道反应等
	麦考酚吗乙酯（MMF）	播散型、糜烂型、角化过度型、水疱型及毛发 LP 均有效	
	氨苯砜（DDS）	中重型 LP 及大疱性 LP	常与 TCS 合用
	沙利度胺	与 TCS、雷公藤多苷及 DDS 联合用于重型 LP	妊娠禁用
	柳氮磺吡啶	泛发性 LP	黏膜 LP 无效
	氯喹 **羟氯喹**	光线性 LP、LP 甲病及口腔 LP	4-氨基喹啉类化合物过敏者禁用
	生物制剂及小分子药物 阿达木单抗 利妥昔单抗 磷酸二酯酶 4 抑制剂 JAK 抑制剂	难治性 LP 或重型 LP	
物理治疗	**光疗** 窄谱 UVB 光化学疗法（PUVA） UVA1		注意眼部防护
	激光疗法 二氧化碳激光/YAG 激光	肥厚型斑块、疣状增生性 LP	注意激光防护
	5-氨基酮戊酸（ALA）光动力疗法	阴茎 LP 有效	
	冷冻治疗	口腔 LP	
其他治疗	**外科手术治疗、中医药治疗**	溃疡性、肥厚性、癌变及口腔黏膜持续糜烂性 LP	

第九节 光 泽 苔 藓

光泽苔藓（lichen nitidus）是一种以具有特殊光泽的微小丘疹为特征的皮肤病，该病最早由 Felix Pinkus 于 1901 年描述，较为少见。

【病因和发病机制】

病因不清楚，可能与扁平苔藓共存，但组织病理表现有区别。组织学上与结核有类似之处，但缺乏结核相关的证据。亦有学者认为本病是反应性网状组织细胞增生症的表现之一。

【临床表现】

儿童和青少年略多见。好发于阴茎、龟头、下腹部、前臂、胸部、大腿内侧、肩胛部、踝腕关节、手足部位，也可播散全身。皮损多为 1~2mm 大小的圆形、半球状顶部扁平的丘疹，肤色、浅白或淡红色，坚实有光泽，散在不融合，有时因同形反应而呈线状排列（图 17-13）。甲可受累，表现为凹凸不平、断裂、纵嵴。一般无自觉症状，病程慢性，可自行消退。

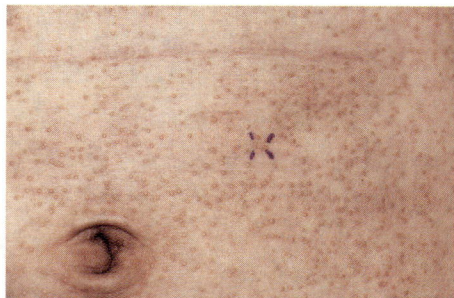

图 17-13 光泽苔藓（腹部密集淡肤色扁平丘疹）

【组织病理】

可见真皮乳头部局限性球形浸润，浸润细胞主要由淋巴细胞及组织细胞组成，有时可见上皮样细胞，偶见多核巨细胞，浸润灶两侧表皮突延伸并内弯，环抱浸润的细胞成抱球状，浸润灶上方表皮萎缩，可见基底细胞液化变性，表皮下或有空隙。

【诊断和鉴别诊断】

根据皮损特点，好发部位以及组织病理表现可以确诊。本病应与下列疾病进行鉴别（表 17-7）。

表 17-7 光泽苔藓的主要鉴别诊断疾病

疾病名称	好发人群	皮疹形态	好发部位	自觉症状
扁平苔藓	中年人	紫红色，多角形丘疹或斑块	手腕、前臂、生殖器、下肢远端、骶骨前区	瘙痒明显
瘰疬性苔藓	患结核的青年	毛囊性丘疹	躯干	无
阴茎珍珠状丘疹	无特定人群	白色圆形小丘疹	冠状沟	无
毛周角化症	青少年	针尖至粟粒大小角化型毛囊性丘疹	四肢伸面	无

【预防和治疗】

由于大部分患者皮疹在一年或数年内会自然消退，治疗主要是对症治疗。瘙痒明显时，可局部外用糖皮质激素软膏和口服抗组胺药物及外用钙调磷酸酶抑制剂。若无自觉症状，常不需治疗。泛发性光泽苔藓用 NB-UVB、PUVA 治疗有效。

第十节 线 状 苔 藓

线状苔藓（lichen striatus）又称线状苔藓样皮病和 Blaschko 线状获得性炎症性皮肤疹，是一种以线状排列的苔藓样丘疹为特征的自限性皮肤病，好发于儿童。

【病因和发病机制】

线状苔藓沿 Blaschko 线分布提示它是一种皮肤镶嵌性疾病，由早期胚胎发生过程中的体细胞突变所致。这些异常的克隆可能保持静止，直到诱发事件破坏机体的免疫耐受并启动自身免疫反应。潜在的诱发因素包括：病毒感染、疫苗、创伤、妊娠、超敏反应和药物。而特应性可能是该疾病的一个易感因素。

【临床表现】

主要发生在儿童，女性略多于男性。皮损常沿四肢或躯干的Blaschko线分布，可累及甲，少数患者皮损分布于面部，多为单侧。初发皮损为针头大小或粟粒大小的苔藓样丘疹，呈多角形或圆形，呈粉色、肤色或者褐色，有光泽，或伴有少许白色鳞屑。丘疹迅速增多呈连续或断续的线状排列（图17-14），宽0.2~3cm不等；甲受累表现为甲板变薄或增厚、甲板条纹，纵嵴及甲脱落等。本病多无自觉症状，偶有瘙痒。病程缓慢，可自行消退，愈后皮肤恢复正常或留有色素沉着或减退，个别患者可复发。

图17-14　线状苔藓（下肢呈线状排列的淡红色丘疹）

【组织病理】

病理呈真皮浅中层血管周围致密的淋巴细胞和组织细胞浸润，偶见浆细胞，表皮海绵水肿，伴有不同程度的角化过度和角化不全，通常无明显棘层肥厚；有些患者表皮可见角化不良细胞，类似毛囊角化病的圆体细胞，但体积较小。

【诊断和鉴别诊断】

根据皮损特点、好发部位及组织病理改变进行诊断。

本病应与下列疾病进行鉴别（表17-8）。

表17-8　线状苔藓的主要鉴别诊断疾病

疾病名称	临床特点	好发人群及部位
线状扁平苔藓	多角形紫红色扁平丘疹，有Wickham纹	中年人，好发于四肢屈侧、黏膜常受累
带状银屑病	红色斑丘疹覆有银白色云母状鳞屑	四肢伸侧、骶尾部最常见
带状慢性单纯性苔藓	皮肤苔藓样变，瘙痒剧烈	中青年，好发于颈后、四肢伸侧、腰骶部等
炎性线状表皮痣	无自愈倾向，病理特征为疣状、乳头瘤样增生	出生时已经存在，沿Blaschko线分布

【预防和治疗】

本病有自限性，对症治疗即可。局部外用糖皮质激素软膏或钙调磷酸酶抑制剂可一定程度缓解瘙痒和促进皮损消退。

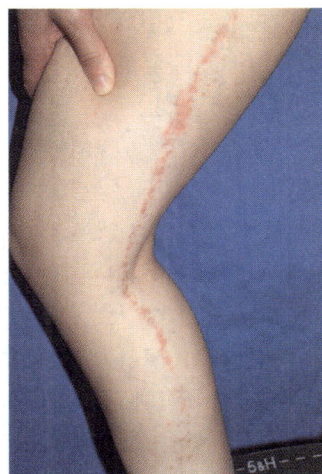

第十一节　毛发红糠疹

毛发红糠疹（pityriasis rubra pilaris，PRP）是一种罕见的慢性炎症性皮肤病，男女发病率相同。具有两个发病高峰期，分别为0~20岁及60岁左右。大多数病例为散发病例，部分为家族性。

【病因和发病机制】

可能与遗传因素、维生素A代谢异常、感染以及自身免疫等因素有关。儿童时期发病者可能与CARD14基因的功能获得性突变有关。CARD14基因编码的蛋白能通过激活NR-κB从而调节免疫及炎症反应。维生素A缺乏或代谢异常在诱发PRP中的确切作用仍不清楚，可能是某些抗原的异常免疫反应干扰了表皮类视黄醇信号通路，从而影响角质形成细胞分化。HIV感染能够诱发PRP（Ⅵ型PRP）证明了病毒及细菌感染在PRP的发生发展中的作用。有报道显示，PRP与重症肌无力、肌炎、炎性关节炎及甲状腺功能减退等自身免疫性疾病有关。此外,药物可能与诱发 PRP 有关,例如酪氨酸激酶抑制剂及抗病毒药物。

【临床表现】

　　成年经典型是 PRP 最常见的临床类型,皮损由头皮及颜面部开始,表现为红斑基础上较厚的灰白色糠秕样鳞屑,类似干性脂溢性皮炎。继之在颈部、躯干、四肢伸面(尤其是第 1、2 指节背部)、手腕关节、肘关节、膝部出现毛囊角化性坚硬丘疹,粟粒大小,正常皮色、淡红或红褐色(图 17-15),多聚集成片,外观似鸡皮疙瘩,触之有刺手感,丘疹中心有小角质栓,并有毳毛贯穿,基底浸润潮红,角质栓伸入毛囊较深,故不易剥除,此种皮损具有特征性,呈对称分布,继续发展可成为大小不等,境界清楚的脱屑性斑片。重症者可波及头皮及全身皮肤,呈弥漫性红皮病,常可见岛屿状正常皮肤残存,此种皮损酷似银屑病或扁平苔藓,但其边缘仍可见孤立的毛囊性丘疹。患者掌跖部易发生角化过度及

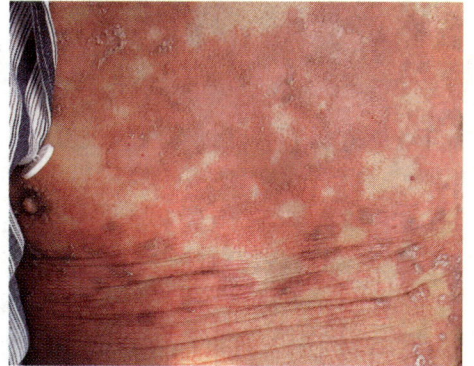

图 17-15　毛发红糠疹(胸部淡红色毛囊角化性坚硬丘疹)

皲裂。指甲及毛发也常受累,指甲浑浊肥厚,表面有嵴纹,但无银屑病的特征性点状凹陷;受累处毛发稀疏。发于口周者,可出现放射状皲裂,常伴沟状舌,少数患者在口腔黏膜,如硬腭等处可有白色线状或点状斑疹,个别伴有结膜炎,角膜混浊,或形成树枝状角膜溃疡。夏季日光暴晒后皮疹常可加重。皮损广泛或继发红皮病时,可出现发热、出汗减少、食欲减退、消瘦、继发感染等全身症状。

　　为了区分不同的 PRP 表现,Griffiths 提出基于发病年龄、疾病范围、皮损类型、持续时间等特点,将 PRP 分为六个亚型。Ⅰ型(成年经典型)最常见,临床特征如前所述,具有自限性,大部分患者可于 3 年内痊愈。Ⅱ型也见于成年人,但较Ⅰ型表现为更显著的掌跖角化,伴粗糙和板层状鳞屑,在下肢有类似于鱼鳞病样鳞屑。仅有 20%Ⅱ型患者可在 3 年内痊愈。Ⅲ型为幼年经典型,与成人经典型表现类似,也可在 3 年内痊愈。Ⅳ型为幼年局限型,是最常见的幼年型,皮疹局限于肘膝部,病程不定。Ⅴ型为非典型幼年型,家族性发病者多属于此类,临床特征类似于Ⅱ型 PRP,鱼鳞病样鳞屑更明显,病程慢性。Ⅵ型则与 HIV 感染有关,临床表现与Ⅰ型交叉,此外尚可有红色毛囊性丘疹和角化性棘状突起,以及聚合性痤疮和化脓性汗腺炎的结节囊肿性损害。

【组织病理】

　　主要病变是银屑病样皮炎,伴不规则角化过度。水平和垂直方向交替出现的角化过度与角化不全是特征性改变。病理变化包括毛囊口扩张、毛囊角栓形成、围绕扩张的毛囊可见角化不全、毛囊间表皮颗粒层及棘层肥厚、表皮突短粗、真皮浅层血管扩张、血管及毛囊周围有淋巴细胞浸润。表皮内棘层松解或局灶性棘层松解性角化不良会有助于毛发红糠疹与银屑病的鉴别诊断。

【诊断和鉴别诊断】

　　本病临床表现为特征性的红色毛囊角化性丘疹,好发于近端指背、颈侧和四肢伸面,皮肤增厚粗糙,有轻度或中度鳞屑,掌跖角化过度,可结合组织病理的特征综合诊断(表 17-9)。

表 17-9　毛发红糠疹的主要鉴别诊断疾病

疾病名称	好发部位	临床特点	病理特点
银屑病	好发于头部、骶部及四肢伸侧,掌跖部一般无改变	红色斑块,表面多层银白色鳞屑,剥除鳞屑有点状出血,皮疹不与毛囊一致	角质层内有 Munro 微脓肿,角化不全突出,乳头上表皮变薄
扁平苔藓	可累及口腔黏膜及生殖器部位,很少累及头面及掌跖部	紫红或暗红色有光泽的多角形扁平丘疹,有 Wickham 纹,无毛囊性角质栓	角化过度,颗粒层楔形增厚,基底层液化变性;真皮浅层带状淋巴细胞浸润

续表

疾病名称	好发部位	临床特点	病理特点
毛周角化病	四肢伸面,指背多不累及	棘状毛囊性小丘疹,无炎症,长期存在,不融合	毛囊漏斗部扩大,充满正角化细胞,毛囊角栓呈圆锥形突出皮面,可见盘曲毛发
脂溢性皮炎	多脂分布区	红斑鳞屑,无毛囊角化性丘疹	表皮海绵水肿或银屑病样皮炎;毛囊漏斗部灶性海绵水肿,开口两侧表皮角化不全
维生素A缺乏症	四肢伸侧	皮损为角化性毛囊丘疹,但无炎症,不发生红皮病,掌跖无改变;常伴夜盲、眼干燥症及角膜软化,暗适应延长	表皮中度角化过度,毛囊扩张,内有角栓及卷曲毛发;皮脂腺小叶明显缩小,皮脂腺口扩大,充满角质性物质

【预防和治疗】

由于PRP发病率低且有自发缓解的趋势,目前缺乏大规模的试验指导治疗,大部分证据来源于小型回顾性病例分析及个案报道(表17-10)。

表17-10　毛发红糠疹主要治疗方法

治疗手段	药物类型	地位	可选择药物及剂量
系统治疗	维A酸类	一线治疗	阿维A[成人:0.3~0.5(mg/kg·d)]及异维A酸[成人:0.5~2mg/(kg·d)]
	免疫抑制剂	重症病例	甲氨蝶呤:通常剂量为每周口服10~25mg,在3~6个月内见效 其他如硫唑嘌呤、环孢素,疗效各异
	生物制剂	主要用于治疗耐药或禁用其他全身药物的重症PRP	TNF-α抑制剂(如英夫利西单抗、依那西普、阿达木单抗),其他生物制剂(如乌司奴单抗、司库奇尤单抗)
局部治疗	外用药物	局限性疾病	强效糖皮质激素、维A酸、卡泊三醇、钙调磷酸酶抑制剂;角质剥脱剂可考虑应用于角化过度及掌跖角化症
	物理疗法	辅助治疗	糠浴、淀粉浴、温泉浴、光化学疗法(PUVA)均有效

【预后】

家族型发病缓慢,症状较轻,但常终身不愈。而非遗传PRP型发病较急,但有自发性缓解趋势。

第十二节　红　皮　病

红皮病(erythroderma)又称剥脱性皮炎(exfoliative dermatitis),是一种以全身90%以上皮肤潮红、肿胀、脱屑为特征的炎症性疾病。红皮病是根据临床特征"广泛性红斑和皮肤脱屑"来定义的,是多种疾病的临床表型。

【病因和发病机制】

病因较多且复杂,包括药物过敏、继发于其他皮肤病或恶性肿瘤,部分患者无确切病因,称特发性红皮病,也称为原发性红皮病。

1. **继发于其他皮肤病**　为红皮病最常见的病因,多由治疗不当或其他刺激引起。银屑病及特应性皮炎是最常见病因。其他还包括毛发红糠疹、获得性鱼鳞病、红斑狼疮、疥疮、大疱性类天疱疮、落叶型天疱疮和光线性皮肤病等。

2. **继发于使用药物**　常见为抗癫痫药(苯妥英、卡马西平和苯巴比妥)、抗生素(磺胺类、青霉素和万古霉素)、抗疟药、锂盐和别嘌呤醇等。

3. 继发于恶性肿瘤 约 1% 的红皮病患者伴有潜在的恶性肿瘤，包括皮肤 T 细胞淋巴瘤，如蕈样肉芽肿和 Sézary 综合征、慢性淋巴细胞白血病；实体器官恶性肿瘤，如胃癌、食管癌、结肠癌、肝癌、前列腺癌和肺癌等。

【临床表现】

依据病情、预后可分为急性与慢性。

1. 急性红皮病 发病急骤，伴高热、全身乏力、肝脾淋巴结肿大等。皮损初为泛发的细小密集斑片、斑丘疹，呈猩红热样或麻疹样，迅速增多、融合成全身弥漫性潮红、水肿，以面部、肢端显著，并伴大量脱屑，呈大片或细糠状（图 17-16），掌跖可呈手套或袜套样脱屑，手、足、四肢关节面出现皲裂，甚者出现脱发、甲脱落，口腔、外阴及皱褶部位可糜烂、渗出。常伴有剧烈瘙痒或疼痛。

2. 慢性红皮病 表现为慢性弥漫性浸润性潮红、肿胀，表面附着糠状鳞屑。皮肤血流量增加可导致过多热量丢失，体温调节失衡，患者可有畏寒、低热和高热交替。反复脱屑可引起蛋白质大量丢失，导致低蛋白血症、酮症酸中毒，还易继发感染及消化道功能障碍、心血管病变、内分泌失调等。

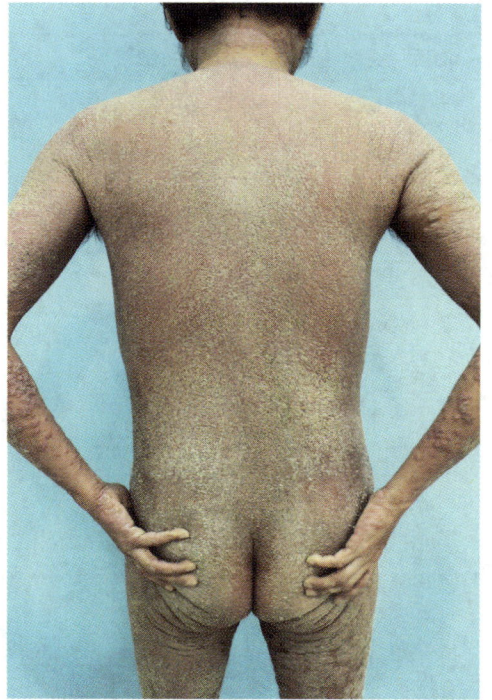

图 17-16 红皮病

依据病因可分原发性和继发性。原发性红皮病的红斑常始于躯干，可在数天和数周内扩展至全身，随之产生脱屑。继发性红皮病源于原先存在的局限性皮肤病，如银屑病和特应性皮炎等。

【诊断和鉴别诊断】

根据典型临床表现本病不难诊断，但寻找原因有时相当困难。红皮病有几个共同特点：皮肤红斑脱屑皮损面积超过体表面积的 90%。绝大多数患者主诉瘙痒，瘙痒程度因原发病的不同而各异，瘙痒最剧烈的为皮炎和皮肤淋巴瘤引发的红皮病。在瘙痒-搔抓的恶性循环下，患者皮肤反应性增厚，约 1/3 患者可有苔藓样变。慢性红皮病患者常有色素异常。30% 的红皮病患者可见掌跖角化皮损，而这往往是毛发红糠疹的体征。明确红皮病潜在病因首先要问清病史，约 45% 的红皮病患者之前有局限性皮肤病，20% 的红皮病患者由药物引起；其次，认真的临床检查可发现潜在的疾病；最后，可以通过进一步的实验室检查来确诊（表 17-11）。

表 17-11 红皮病常见原发皮肤疾病鉴别诊断

疾病名称	临床线索	病史线索	其他提示
银屑病	银屑病皮损；甲改变	个人或家族银屑病史；激素服用史，突然停用	组织病理学检查符合银屑病表现
特应性皮炎	剧烈瘙痒；红斑、丘疹、渗出或苔藓样变等典型皮损	个人特应性皮炎或家族史	血清 IgE 或嗜酸性粒细胞升高
药物反应	麻疹样或猩红热样皮损；瘙痒	药物服用史，并在停用药物 2~6 周后自行消退	组织病理学可见血管周围嗜酸性粒细胞浸润
皮肤 T 细胞淋巴瘤	疼痛性皲裂角化、脱发、狮面；皮肤浸润感明显；剧烈瘙痒	慢性病程	符合组织病理学表现；皮肤或血液中可发现克隆性 T 细胞扩增；$CD4^+$：$CD8^+$ 数值升高
毛发红糠疹	毛囊角化性丘疹、糠秕状鳞屑性棕褐色或橘红色斑片或斑块；掌跖角化	日晒后加重	组织病理学表现存在水平和垂直方向角化过度和角化不全交替

【预防和治疗】

红皮病是可危及生命的严重疾病,患者需要住院治疗。重视病因治疗,针对原发疾病进行积极治疗,有明确诱因者应尽早去除,如确诊为肿瘤者应积极治疗肿瘤。需密切监测患者的生命体征,及时补充营养,维持水、电解质平衡,注意保暖,维持正常体温。外用治疗所选择外用药应无刺激性,常见的红皮病治疗药物见下表(表17-12)。

表17-12　红皮病的主要治疗药物

治疗手段	药物分类/名称	主要作用
外用治疗	湿敷 　3% 硼酸溶液	用于局部渗出患者,具有消炎、消肿、抗菌、收敛及清洁创面作用
	润肤剂	保护皮肤屏障
	弱效糖皮质激素	小面积外用,抗炎作用
	氧化锌	具有收敛作用
系统治疗	糖皮质激素 　泼尼松 40~60mg/d 　[1~2mg/(kg·d)] 　根据病情调节剂量	用于药物反应、特发性红皮病病例,具有抗炎作用,能够减少组胞因子和其他促炎分子的产生,从而减少炎症细胞的浸润,根据病情调节剂量,注意不良反应
	静脉注射免疫球蛋白	用于严重患者,能够功能性阻断 Fc 受体;抑制补体介导反应的损害;减少循环抗体量;中和能够激发自身抗体的毒素等
	免疫抑制剂 　环孢素 5mg/(kg·d), 　病情好转后减量至1~3mg/(kg·d)	可用于顽固病例,抑制 $CD4^+$ 和 $CD8^+$ T 细胞,注意检测血常规、肾功能
	抗组胺药	可用于特发性红皮病、瘙痒明显的患者
	其他 　抗生素	合并感染时,根据药敏结果给予抗生素治疗
	生物制剂	如 TNF-α 抑制剂

(王　刚　王秀丽)

❓ 思考题

1. 简述多形红斑的临床表现。
2. 玫瑰糠疹如何诊断? 其特征性临床表现是什么?
3. 银屑病免疫学紊乱的主要特点是什么?
4. 银屑病的主要治疗方法有哪些?
5. 简述急性痘疮样苔藓样糠疹与点滴状银屑病,慢性苔藓样糠疹与斑块状银屑病的鉴别要点。
6. 试述扁平苔藓的临床及病理表现。

第十八章
结缔组织病

【学习要点】

1. 结缔组织病是一组在临床表现、组织病理及免疫学改变等方面具有相似或共通之处的自身免疫性疾病,有异质性和重叠性的临床特点,包括红斑狼疮、皮肌炎、系统性硬皮病、类风湿关节炎、干燥综合征、嗜酸细胞性筋膜炎、混合结缔组织病、重叠综合征等 20 余种疾病。

2. 由于疏松结缔组织广泛分布于全身各个系统,所以该组疾病可累及全身多系统。

3. 糖皮质激素和免疫抑制剂在本组疾病治疗中具有重要作用,但应密切关注其不良反应。

结缔组织病是一组多器官、多系统受累的自身免疫性疾病,包括红斑狼疮、皮肌炎、硬皮病、结节性多动脉炎、类风湿关节炎、干燥综合征、嗜酸细胞性筋膜炎、混合结缔组织病等。这些疾病在临床表现、组织病理以及免疫学异常等方面具有很多相同或相似之处,如多系统受累(皮肤、关节、肌肉、肾、肺、造血系统、中枢神经等),病程长,可伴发热、关节痛、血管炎、红细胞沉降率增快、丙种球蛋白增高等,皮损组织的基本病理特点为黏液样水肿、纤维蛋白变性、坏死性血管炎等,但又具有各自特征性的表现,糖皮质激素及其他类型免疫抑制剂治疗通常有效。

第一节　红　斑　狼　疮

红斑狼疮(lupus erythematosus,LE)是一种经典的自身免疫性疾病,常见于育龄期女性,为病谱性疾病,病情较轻的如皮肤型红斑狼疮(cutaneous lupus erythematosus,CLE),主要累及皮肤,具体包括多种不同类型;较重的如系统性红斑狼疮(systemic lupus erythematosus,SLE),可累及全身多器官、系统。CLE 与 SLE 之间的划分并无绝对界限,例如,少数 CLE 患者可随着病情发展演变为 SLE;而 SLE 累及皮肤时也可以表现为某一种常见的 CLE 皮损。

【病因和发病机制】

LE 确切的病因和发病机制尚不十分清楚,目前认为该病是具有遗传易感素质的个体在多种内外环境因素共同作用下发生的疾病。

1. 病因

(1)遗传易感性:少部分 LE 患者发病具有家族聚集性。LE 患者亲属患病率是一般人群患病率的 20 倍左右,同卵双胞胎发病一致率约为 24%~65%,而异卵双胞胎发病一致率仅为 2%~9%。目前已明确的与 SLE 相关的易感基因不少于 30 个,包括 *STAT4*、*IRF5* 和人类白细胞抗原(human leukocyte antigen,HLA)的多个基因位点如 *HLA DR3*、*DQA1*、*DQB* 等。不同人种间可能具有相同或不同的易感基因。中国汉族人群中开展的全基因组关联分析研究(genome-wide association study,GWAS)鉴定出的 SLE 遗传易感位点多达十余个。

(2)环境因素

1)理化因素:紫外线是诱发和加重 LE 较为肯定的环境因素之一。工农业生产及生活中可接触到的某些化学物质,如肼、联氨、芳香胺、重金属等与 LE 的发生也有一定的相关性。

2)药物:目前报道可诱发 LE 的相关药物达九十多种,如肼屈嗪、普鲁卡因胺、青霉素等。

3）感染：LE 发生、发展可能与某些病毒、细菌感染有关。

（3）性激素：LE 多见于育龄期妇女，妊娠、分娩、口服避孕药可能诱发或加重 LE 病情。动物实验证明雌激素可使狼疮模型鼠病情加重，而雄激素则可缓解其病情。这些均说明性激素与 LE 发病有密切关系。

（4）其他：精神抑郁、人种等因素与 LE 发病相关。

2. 发病机制 有研究表明，感染可能通过结构或功能上的模拟效应诱导交叉反应性自身抗体或自身反应性免疫细胞产生；紫外线可通过改变皮肤组织中 DNA 的化学结构、诱导细胞凋亡和组织损伤、增加自身抗原的暴露、诱导炎症因子的释放等机制诱发自身免疫反应的发生。近年研究发现，紫外线照射等环境因素可通过一系列表观遗传学机制引起 T 淋巴细胞 DNA 甲基化水平降低，而 SLE 患者 T 淋巴细胞中多种自身免疫相关基因（例如 *CD40L*、*CD11a*、*CD70*、*PRF1* 等）的启动子区发生了 DNA 低甲基化，导致这些基因过度表达，使 T 细胞自身反应性增加。

多种免疫细胞的异常，包括 Th1/Th2 细胞偏移、调节性 T 细胞（regulatory T cell，Treg 细胞）功能受损、滤泡辅助性 T 细胞（follicular helper T cell，Tfh 细胞）增多、循环 B 淋巴细胞多克隆活化等，导致自身抗体大量产生，后者与自身抗原结合形成免疫复合物，进而诱发炎症反应，造成组织损伤。

此外，单核吞噬细胞系统清除免疫复合物功能减弱、NK 细胞功能失常、补体系统缺陷、多种细胞因子异常（包括 Ⅰ 型干扰素、Ⅱ 型干扰素、IL-6、IL-2、IL-10、IL-17、肿瘤坏死因子等）也都可能参与了 LE 的发病。

【临床表现】

1. 皮肤型红斑狼疮（CLE） CLE 患者的临床表现以皮肤损害为主，一般无重要内脏器官损害，或仅有较轻微的系统损害。根据临床表现和组织病理特点，CLE 可划分为急性、亚急性、慢性和间歇性 CLE 四大类型（表 18-1）。

表 18-1 皮肤型红斑狼疮的分类

CLE 主要类型	亚型
急性皮肤型红斑狼疮（acute CLE，ACLE）	局限型 ACLE
	泛发型 ACLE
亚急性皮肤型红斑狼疮（subacute CLE，SCLE）	环形红斑型 SCLE
	丘疹鳞屑型 SCLE
慢性皮肤型红斑狼疮（chronic CLE，CCLE）	盘状红斑狼疮
	局限型盘状红斑狼疮
	泛发型盘状红斑狼疮
	疣状红斑狼疮
	深在性红斑狼疮
	冻疮样红斑狼疮
间歇性皮肤型红斑狼疮（intermittent CLE，ICLE）	肿胀性红斑狼疮

（1）急性皮肤型红斑狼疮（acute cutaneous lupus erythematosus，ACLE）：ACLE 常为 SLE 患者的皮肤表现，也有少数患者表现为单纯的 ACLE 皮损。ACLE 可分为两型：局限型和泛发型。局限型皮损限于颈部及以上，经典表现为双侧面颊和鼻背融合性水肿性红斑，即蝶形红斑（butterfly rash）（图 18-1）。泛发型多表现为全身对称分布的融合性小斑疹、斑丘疹，夹杂有紫癜样皮损，可发生于身体任何部位，口腔和鼻腔黏膜可见糜烂或浅溃疡。

（2）亚急性皮肤型红斑狼疮（subacute cutaneous lupus erythematosus，SCLE）：好发于中青年女性，可依皮疹特点分为两型：丘疹鳞屑型（图 18-2）和环形红斑型（图 18-3）。前者皮损近似于银屑病样，后者呈环形或多环形红斑表现。SCLE 皮损好发于暴露部位，如上背、肩、手臂伸侧、颈胸 V 形区，常伴光敏感,愈后不留瘢痕。部分患者可伴有发热、关节痛、浆膜炎、口腔溃疡等症状,还可出现血细胞减少、抗核抗体阳性等实验室指标异常,因而约半数患者可符合 SLE 分类标准,但较少出现肾脏、中枢神经系统严重损害。

（3）慢性皮肤型红斑狼疮（chronic cutaneous lupus erythematosus,CCLE）

1）盘状红斑狼疮（discoid LE,DLE）:是 CCLE 中最常见的一型,好发于中年,男女发病率约为 1:3。DLE 最常发生于头皮、面部、耳部及口唇。典型表现为境界清楚的盘状红斑、斑块,表面覆以黏着紧密的鳞屑,剥离鳞屑可见其背面有毛囊角栓,外周色素沉着,中央色素减退、轻度萎缩(图 18-4),愈后可产生萎缩性瘢痕,发生于头皮、

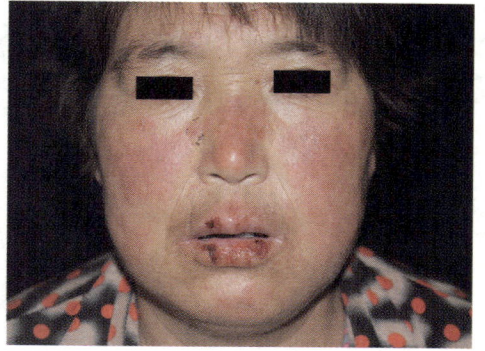

图 18-1　面部蝶形红斑(系统性红斑狼疮或急性皮肤型红斑狼疮的常见皮肤表现)

眉毛处的 DLE 可导致不可逆的瘢痕性脱发(图 18-5)。患者多无自觉症状,少数可有轻度瘙痒。DLE 分两型:皮损仅限于头面颈部的为局限型 DLE;若皮损波及躯干和四肢伸侧,则为泛发型 DLE,又称为播散性 DLE(disseminated DLE,DDLE)。约 5% 的 DLE 患者可发展为 SLE。极少数患者发生在口唇部位的 DLE 可在持续数年后继发鳞状细胞癌。

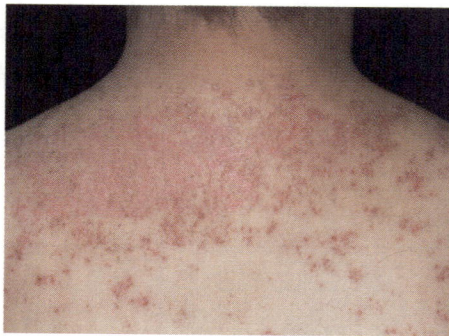

图 18-2　亚急性皮肤型红斑狼疮(丘疹鳞屑型)

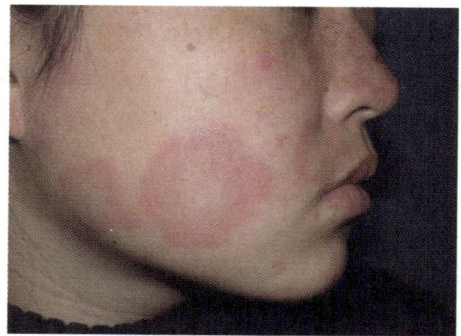

图 18-3　亚急性皮肤型红斑狼疮(环形红斑型)

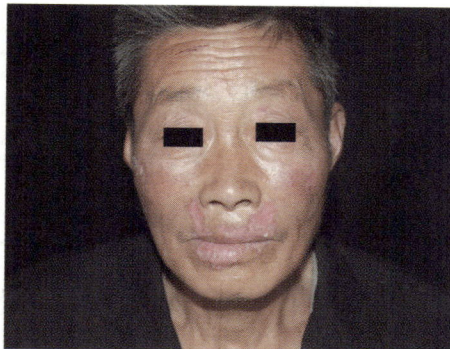

图 18-4　盘状红斑狼疮

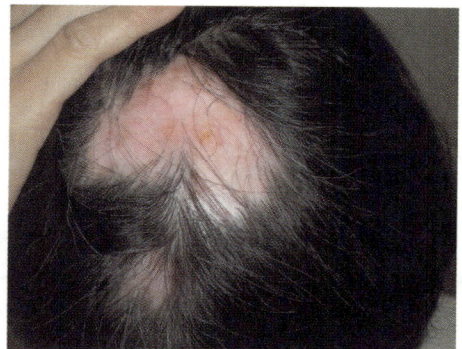

图 18-5　头皮盘状红斑狼疮

2）疣状红斑狼疮（verrucous lupus erythematosus,VLE）:临床较少见,常发生于上肢伸侧、手和面部,皮损增生肥厚呈疣状外观(图 18-6)。在其他部位常有典型的 DLE 皮损。

3）深在性红斑狼疮（lupus erythematosus profundus,LEP）:又称狼疮性脂膜炎(lupus erythematosus panniculitis,LEP),多见于女性,好发于面部、上肢(尤其三角肌部位)和臀部。皮损为境界清楚的皮下结节或斑块,表面皮肤正常或暗紫红色,极少破溃,可单发或多发,病程长,消退后可形成凹陷性瘢痕(图 18-7)。

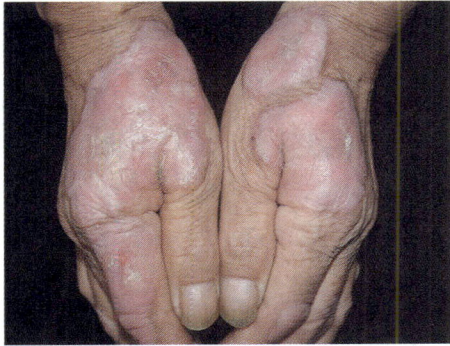

图 18-6 疣状红斑狼疮

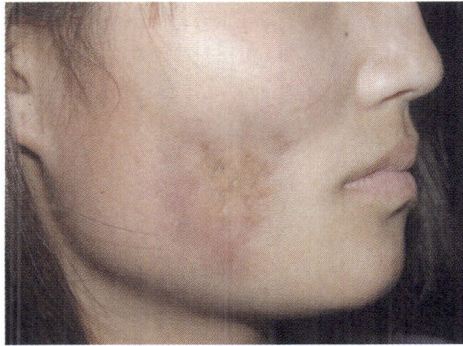

图 18-7 深在性红斑狼疮

4）冻疮样红斑狼疮（chilblain lupus erythematosus，CHLE）：皮损多发生于寒冷而潮湿的环境，表现为面颊部、鼻背、耳郭、手足和膝肘部紫红色斑块（图 18-8）。该型多数患者有光敏感和雷诺现象。

（4）间歇性皮肤型红斑狼疮（intermittent cutaneous lupus erythematosus，ICLE）：因其皮损呈现出发作与缓解反复交替的特点而得名，又称为肿胀性红斑狼疮（lupus erythematosus tumidus，LET 或 tumid lupus erythematosus，TLE），皮损表现为多环状隆起性红斑或风团样斑块，表面光滑，无鳞屑和毛囊角栓（图 18-9）。好发于面部或肢体，常有明显的光敏感。

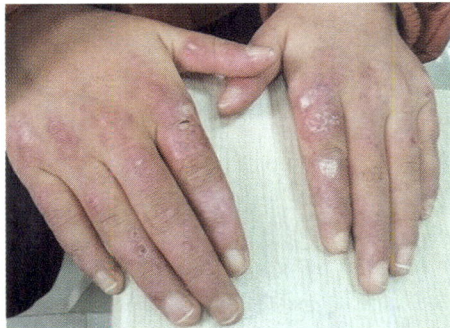

图 18-8 冻疮样红斑狼疮

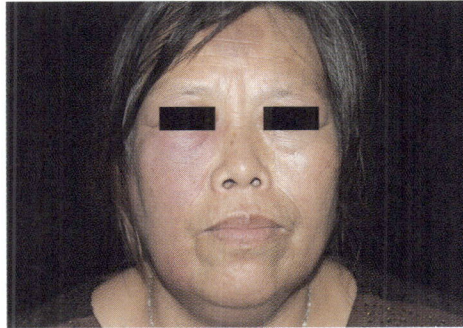

图 18-9 肿胀性红斑狼疮

除上述常见类型外，还有一种罕见的 CLE 类型，称为 Blaschko 线状红斑狼疮（Blaschko linear lupus erythematosus，BLLE），表现为沿 Blaschko 线走行、呈线状分布的红斑（图 18-10），皮损性质可符合 DLE、LEP、SCLE 或 LET 的特征。BLLE 约半数在儿童或青少年阶段起病，男女比例相当，光敏感和系统损害较少见，提示其与其他类型 CLE 在发病机制上可能有一定差异。

2. 系统性红斑狼疮 SLE 是一种以免疫性炎症为主要特征的系统性自身免疫病，好发于育龄期女性，男女患病率之比约为 1 : 9。病程较长，病情迁延，易复发，急性期或复发加重时常可出现发热、关节痛、口腔溃疡或浆膜腔积液等症状。临床表现多种多样，可累及多器官、多系统，且有较大的个体差异。

（1）皮肤、黏膜损害：可见于绝大多数 SLE 患者。SLE 患者最常见的狼疮特异性皮损为 ACLE，其中，面部蝶形红斑是其最具特征性的皮肤表现。肢端血管炎样红斑也是常见的特征性皮损，表现为双侧手掌和/或足跖散在的紫红色斑疹、出血点或点状凹陷性萎缩性瘢痕，可有触痛，指（趾）腹最常累及，红斑可融合成片（图 18-11）；累

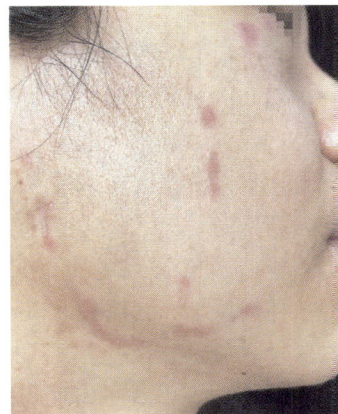

图 18-10 Blaschko 线状红斑狼疮

及甲周皮肤时多表现为毛细血管扩张性红斑。部分 SLE 患者也可出现 DLE 或其他 CCLE 样皮损。另外,10%~15% 的 SLE 患者可发生黏膜损害(如红斑、糜烂、浅溃疡等),常在病情活跃或加重时出现。脱发也为 SLE 的常见临床表现,包括两种主要类型。①弥漫性脱发:表现为累及整个头皮的明显脱发,可呈急性或慢性,多见于疾病活动期,病情缓解后可恢复(图 18-12);②狼疮发(lupus hair):又叫"羊毛发",主要累及前额部头发(图 18-13),表现为该部位头发散乱、干燥、无光泽,毛发变细、脆弱、容易折断及拔脱,病情缓解后可恢复。光敏现象在 SLE 患者中出现率很高,日光暴晒可诱发或加重 SLE。值得注意的是,部分 SLE 患者仅表现为狼疮非特异性皮损,如网状青斑、紫癜、白色萎缩、下肢溃疡等。

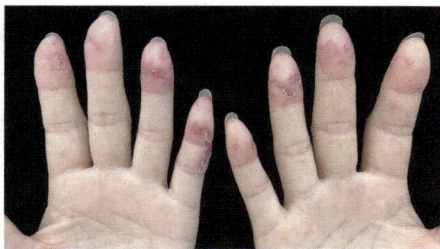

图 18-11 肢端血管炎样红斑

（2）内脏器官受累:任何系统均可受累,但不一定同时受累。关节病变常是 SLE 最早出现的症状,常出现对称性多关节疼痛、肿胀,部分伴有晨僵。肌痛和肌无力可见于部分 SLE 患者。

肾脏损害是 SLE 最常见和最严重的内脏损害之一,50%~70% 的患者病程中会出现临床肾脏受累,肾活检显示几乎所有 SLE 均有肾脏病理学改变。临床表现为尿检出现蛋白、红细胞、白细胞和/或管型,可出现水肿、高血压,病情进展后期可能出现肾功能不全甚至尿毒症。世界卫生组织（WHO）将狼疮性肾炎（lupus nephritis）病理分为 6 型:Ⅰ型为正常或微小病变、Ⅱ型为系膜增殖性、Ⅲ型为局灶节段增殖性、Ⅳ型为弥漫增殖性、Ⅴ型为膜性、Ⅵ型为肾小球硬化性。LN 病理分型对于估计预后和指导治疗有重要意义。

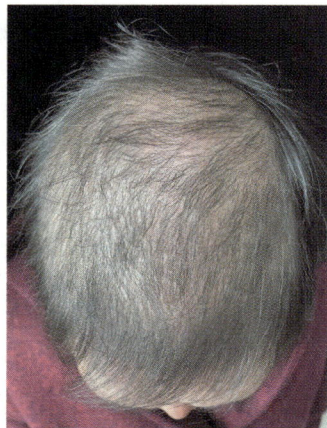

图 18-12 SLE 活跃期出现的弥漫性脱发

SLE 患者血液系统受累可表现为贫血和/或白细胞减少和/或血小板减少。部分患者可伴有淋巴结肿大和/或脾肿大。

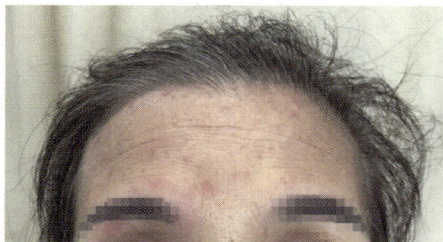

图 18-13 狼疮发

心脏损害常表现为心包炎、心包积液,也可表现为心肌炎、心律失常、疣状心内膜炎（Libman-Sack 心内膜炎）、冠状动脉炎或粥样硬化。部分 SLE 患者可出现周围血管病变,如动脉炎或血栓性静脉炎等。

呼吸系统损害可表现为干性胸膜炎或胸腔积液,病程长者可出现弥漫性间质性肺炎、肺萎缩、肺动脉高压,弥漫性出血性肺泡炎是重症 SLE 表现之一。

精神、神经系统损害是 SLE 疾病严重或活跃的表现之一,既往称之为狼疮性脑病,现已更名为神经精神性系统性红斑狼疮（neuropsychiatric systemic lupus erythematosus,NPSLE）,轻者仅有头痛、情绪改变、记忆力减退或认知障碍,重者可表现为脑血管意外、昏迷、癫痫持续状态、精神病等。

部分 SLE 患者可出现肠系膜血管炎、急性胰腺炎、肝脏损害等消化系统损害。此外,SLE 患者还可出现眼部受累。部分 SLE 患者可伴有继发性干燥综合征,表现为口干、眼干等。少数还可继发抗磷脂抗体综合征,可出现血栓形成、习惯性流产、血小板减少等。

3. 特殊类型红斑狼疮

（1）新生儿红斑狼疮（neonatal lupus erythematosus,NLE）:本病是由母亲体内的自身抗体(主要为抗 Ro/SSA 和/或抗 La/SSB 抗体)经胎盘传递给胎儿所致,多见于出生后几周的女婴,皮损表现为环形红斑型 SCLE 样红斑（图 18-14），通常在 6 个月内自行消失、不留瘢痕。患儿可伴有完全性或不完全性先天性房室传导阻滞，也可有血小板减少、溶血性贫血、白细胞减少、肝炎等系统症状。大部分预后良好，但极少数出现严重房室传导阻滞者预后差。

（2）药物性红斑狼疮（drug-induced lupus erythematosus，DILE）：也称药物性狼疮，是由于服用某些药物后出现类似于自发性 SLE 表现的一种综合征。多数 DILE 的症状轻，常有关节痛和肌痛，其次为胸膜炎、肺部异常及心包炎，皮肤黏膜损害较少见。常伴有 ANA 阳性，而抗 dsDNA 抗体常阴性。大部分 DILE 为自限性，停用药物后可恢复。

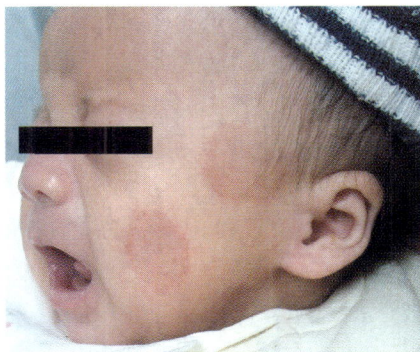

图 18-14　新生儿红斑狼疮

【辅助检查】

1. **常规检查及各系统特异性检查**　对于 SLE 患者，血常规可表现为贫血、淋巴细胞和/或白细胞减少、血小板减少；约 15% 的患者 Coombs 试验为阳性；活动期常有红细胞沉降率增快、补体下降、循环免疫复合物水平升高。少部分 SCLE 患者可出现上述指标的轻度异常；而 CCLE、ICLE 患者大多无上述改变。部分 SLE 患者类风湿因子可为阳性，可有丙种球蛋白升高、白蛋白/球蛋白比率倒置。SLE 患者肾脏受累时，尿常规检查可有蛋白尿、血尿、白细胞尿、管型尿，24 小时尿蛋白定量是判断 LN 病情活动的重要指标之一。当其他内脏器官受累时可出现相应的肺功能、胸部 CT、心电图、超声、头颅磁共振和脑脊液等检查异常。

2. **自身抗体检查**　对 LE 的诊断至关重要。主要有以下几种。

（1）抗核抗体（anti-nuclear antibody，ANA）：95% 以上的 SLE 患者 ANA 阳性（滴度在 1∶80 或以上），为目前最佳的 SLE 筛选试验，如多次阴性则 SLE 可能性不大。ANA 滴度并不反映 SLE 疾病活动程度。此外，ANA 可在约 80% 的 SCLE 患者中呈阳性，而在大部分 CCLE 患者（DDLE 除外）中不能检出。ANA 有均质型、周边型、斑点型、核仁型等多种不同类型，周边型为 SLE 所特异，均质型和斑点型对 SLE 无特异性，核仁型在 SLE 中不常见。

（2）抗双链 DNA（anti-double stranded DNA，抗 dsDNA）抗体：是具有诊断价值的 SLE 标记抗体，特异性为 96%~99%，敏感性为 50%~70%；也是 SLE 主要的致病性抗体，其滴度升高常与病情活动有关，疾病缓解期滴度可下降甚至转阴，有助于狼疮活动性监测及疗效评判。SCLE 和 CCLE 患者极少出现抗 dsDNA 抗体。

（3）抗可提取性核抗原（anti-extractable nuclear antigen，抗 ENA）抗体：为一个抗体谱，包括多种自身抗体。其中，抗 Sm 抗体是特异性的 SLE 标记抗体，对 SLE 具有诊断价值，但与疾病活动性无关。抗 Ro/SSA 抗体、抗 La/SSB 抗体在 SCLE 及干燥综合征患者中常表现为高滴度或阳性，SLE 患者也可有阳性，其与光敏感和 NLE 的发生有关。此外，抗 ENA 抗体谱中的抗 U1 核糖核蛋白（anti-U1 ribonucleoprotein，抗 U1-RNP）抗体、抗核糖体 P 蛋白抗体、抗组蛋白抗体等，也在部分 SLE 患者中呈阳性。

（4）抗磷脂抗体（anti-phospholipid antibodies，aPL）：持续呈阳性者，往往提示继发抗磷脂综合征，后者主要表现为复发性静脉或动脉栓塞、习惯性流产、血小板减少症等，梅毒血清学反应常可出现假阳性。

3. **皮肤组织病理和免疫病理检查**　皮肤活检对于各类型 CLE 及 SLE 的诊断具有重要价值，其皮肤组织病理学特点包括：基底细胞液化变性，可有毛囊口扩张及角质栓；真皮浅层水肿，胶原纤维间黏蛋白沉积，皮肤附属器周围淋巴细胞浸润，小血管壁纤维蛋白沉积、红细胞外渗等血管炎改变。其中，DLE 常有表皮角化过度，而 SLE 多呈现出表皮萎缩。

活检时所取的新鲜皮损组织还可制作快速冰冻切片，进行免疫病理检查，也称为直接免疫荧光（direct immunofluorescence，DIF）检查，通常可在 LE 皮损的表皮和真皮交界处检出 IgG、IgM、IgA

和/或补体 C3 的颗粒样线状沉积。对疑诊 LE 患者的皮损以及非皮损处外观"正常"皮肤进行直接免疫荧光检查，称为狼疮带试验（lupus band test，LBT）。表皮和真皮交界处检出上述免疫球蛋白和补体的沉积带，即为 LBT 阳性。LBT 特异性高，有助于 LE 的诊断及鉴别。外观"正常"皮肤 LBT 阳性高度提示 SLE，有助于与 DLE 鉴别，也有助于确诊无皮损的 SLE，尤其是无肾外表现的狼疮性肾炎。

【诊断和鉴别诊断】

DLE、SCLE 和 ACLE 可依据典型临床表现结合组织病理学改变进行诊断，但应注意有无系统受累，以与 SLE 鉴别。多器官、系统受累且自身抗体阳性的患者，应考虑 SLE 的可能。SLE 的诊断主要依据 SLE 分类标准（classification criteria），目前国内外使用最普遍的是美国风湿病学会（American college of rheumatology，ACR）1997 年修订的 SLE 分类标准（表 18-2），其敏感性和特异性分别为 95% 和 85%。2012 年，系统性狼疮国际临床协助组（systemic lupus international collaborating clinics，SLICC）对 SLE 分类标准做了更加细化的修订，提高了诊断的敏感性；2019 年，欧洲抗风湿病联盟（EULAR）与 ACR 共同推出新的 SLE 分类标准，敏感性和特异性进一步提高，但两者在我国均还有待进一步验证。

表 18-2　1997 年 ACR 修订的 SLE 分类标准

1. 颊部红斑	扁平或高出皮肤的固定红斑，分布于两颧突出部位，一般不累及鼻唇沟
2. 盘状红斑	高出皮肤的红色斑片，覆有黏着性角质鳞屑和毛囊栓；陈旧病变可发生萎缩性瘢痕
3. 光敏感	对日光的异常反应诱发皮疹，从病史中得知或经医生观察到
4. 口腔溃疡	经医生观察到的口腔或鼻咽部溃疡，一般为无痛性
5. 关节炎	非侵蚀性关节炎，累及 2 个或更多的外周关节，有压痛、肿胀或积液
6. 浆膜炎	胸膜炎（病史中有过胸膜炎疼痛，或听诊到胸膜摩擦音，或有胸腔积液证据）；心包炎（经心电图检查或心包摩擦音提示心包炎，或有心包积液证据）
7. 肾脏病变	持续存在的蛋白尿（尿蛋白>0.5g/d 或 +++）或细胞管型（可以是红细胞、血红蛋白、颗粒状、管状或混合型）
8. 神经病变	癫痫发作或精神病，除外药物或已知的代谢紊乱所致
9. 血液学异常	溶血性贫血（伴网织红细胞增多症）或白细胞减少（至少两次低于 4 000/mm³）或淋巴细胞减少（至少两次低于 1 500/mm³）或血小板减少（低于 100 000/mm³，除外药物所致）
10. 免疫学异常	抗 DNA 抗体阳性：针对自身 DNA 的抗体，滴度异常；抗 Sm 抗体阳性：存在针对核抗原 Sm 的抗体；抗磷脂抗体阳性（基于以下三者中至少 1 项：血清中 IgG 或 IgM 型抗心磷脂抗体水平异常，或使用标准方法检测狼疮抗凝物呈阳性，或经梅毒螺旋体固定试验或荧光螺旋体抗体吸收试验证实的、持续至少 6 个月的梅毒血清学试验假阳性）
11. 抗核抗体	通过免疫荧光或其他等效方法检测出抗核抗体的滴度异常，除外使用可诱发"药物性狼疮"综合征的药物所致

注：符合上述 11 项标准中至少 4 项者（可相继出现或同时出现），排除感染、肿瘤及其他结缔组织病后，可诊断 SLE。

DLE 需与脂溢性皮炎、扁平苔藓、多形性日光疹等相鉴别。SCLE 应注意与银屑病、环形红斑、离心性环状红斑、Sweet 综合征等相鉴别。不典型的 CCLE 需与环状肉芽肿、寻常狼疮、三期梅毒疹、日光性角化、寻常疣、结节病和淋巴细胞浸润症等进行鉴别。SLE 可累及多个器官、系统，每种临床表现均应注意与相应系统的相应疾病进行鉴别，还应考虑与药物性狼疮、皮肌炎、成人斯蒂尔病、系统性血管炎、类风湿关节炎、急性风湿热、感染性疾病及淋巴瘤等相鉴别。

【预防和治疗】

1. 皮肤型红斑狼疮的预防和治疗　给予患者正确的健康指导是规范化治疗的基础，同时，应综合考虑皮损类型及其严重程度、有无合并系统损害、对既往治疗药物的反应以及患者的其他实际情况和需求，合理选择治疗药物（图 18-15）。

（1）预防及一般治疗：做好患者教育，消除其恐惧心理，使患者正确认识疾病、积极配合治疗、定期复诊，并避免加重或诱发狼疮的可能诱因，包括戒烟、注意防寒，避免日晒、劳累、精神紧张，避免服

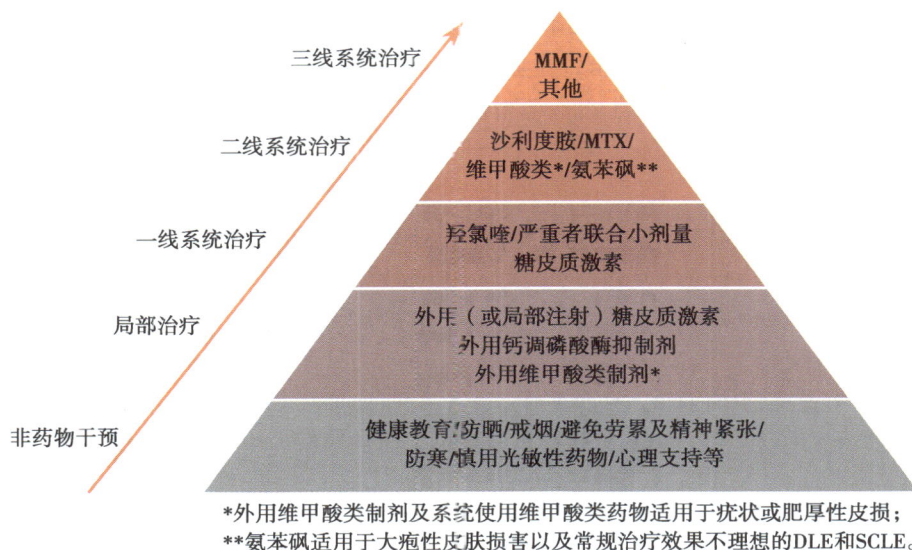

三线系统治疗　　MMF/其他

二线系统治疗　　沙利度胺/MTX/维甲酸类*/氨苯砜**

一线系统治疗　　羟氯喹/严重者联合小剂量糖皮质激素

局部治疗　　外用（或局部注射）糖皮质激素　外用钙调磷酸酶抑制剂　外用维甲酸类制剂*

非药物干预　　健康教育/防晒/戒烟/避免劳累及精神紧张/防寒/慎用光敏性药物/心理支持等

*外用维甲酸类制剂及系统使用维甲酸类药物适用于疣状或肥厚性皮损；
**氨苯砜适用于大疱性皮肤损害以及常规治疗效果不理想的DLE和SCLE。

图 18-15　皮肤型红斑狼疮的常用治疗选择

MMF：吗替麦考酚酯；MTX：甲氨蝶呤；DLE：盘状红斑狼疮；SCLE：亚急性皮肤型红斑狼疮。

用四环素、磺胺等光敏性药物。外出时应加强物理防晒措施（如减少日光暴露时间、穿长衣长裤、打伞、戴帽），可使用广谱、高 SPF 值的遮光剂。

（2）外用药物治疗：外用糖皮质激素（在本章下文中简称"激素"）或钙调磷酸酶抑制剂，皮损顽固者或肥厚性、疣状皮损可行激素皮损内注射。

（3）系统性药物治疗：用于外用药疗效不佳以及皮损较广泛或伴有全身症状者。

1）抗疟药：为各型 LE 的一线用药，常用羟氯喹 0.2~0.4g/d，分 2 次口服；病情好转后减为半量，主要不良反应为眼底病变，长期服用者应定期进行眼底检查。有心动过缓或有传导阻滞者禁用抗疟药。

2）沙利度胺：用于抗疟药不敏感或不适用者，1~2mg/（kg·d），分 2 次口服。该药具有明确的致畸风险，孕妇及备孕期间禁用。主要不良反应有便秘、末梢神经炎等。

3）维 A 酸类药物：对 LE 疣状损害（即 VLE）效果较好，常用异维 A 酸 0.5mg/（kg·d）。该药具有致畸风险，孕妇及备孕期间禁用。

4）糖皮质激素：仅用于皮损泛发者或合并系统损害的病例，一般用小剂量泼尼松 15~30mg/d，病情好转后逐步缓慢减量直至停药。

5）免疫抑制剂及其他药物：个别患者对上述药物治疗无反应，可考虑使用免疫抑制剂，如甲氨蝶呤或吗替麦考酚酯。

2. 系统性红斑狼疮的预防和治疗　规范、恰当的治疗可以使大多数患者的病情得以缓解。对于累及多器官、系统且病情复杂的系统性红斑狼疮患者，必要时应组织多学科协作诊治。

（1）预防及一般治疗：与 CLE 的预防及一般治疗基本相同。另外，应对症治疗和去除各种影响疾病预后的因素，如控制高血压、防治糖尿病和骨质疏松等。

（2）轻型 SLE 的药物治疗：包括非甾体抗炎药、羟氯喹、沙利度胺、小剂量激素（泼尼松≤30mg/d），必要时可用免疫抑制剂。针对狼疮皮损可外用激素制剂或钙调磷酸酶抑制剂。随着疾病控制和稳定，激素应逐步减量，并以最小剂量长期维持，部分患者可最终尝试停药。

（3）重型 SLE 的药物治疗：重型 SLE 的治疗主要分 2 个阶段，即诱导缓解和巩固维持治疗。

1）糖皮质激素：是一线治疗药物，通常剂量是泼尼松 1~1.5mg/kg，每日 1 次；对于发展迅速、严重损害重要器官功能或危及生命的重症患者（也称为"狼疮危象"），例如重症狼疮性肾炎、NPSLE 等，应考虑大剂量激素冲击疗法，例如甲泼尼龙 500mg/d 静脉滴注，连续 3~5 天，以尽快控制病情；病情改善或稳定后,开始逐步缓慢减量,最终以小剂量长期维持治疗。SLE 的激素疗程漫长,应注意防治激素的不良反应,如感染、高血压、高血糖、低钾血症、骨质疏松等。

2)免疫抑制剂:包括环磷酰胺(CTX)、吗替麦考酚酯(MMF)、环孢素(CsA)、他克莫司(TAC)、甲氨蝶呤(MTX)、硫唑嘌呤(AZA)等,与激素联合使用有助于增强疗效和减少激素用量。每一种免疫抑制剂的优势和不良反应、禁忌证各有不同,应根据患者的具体情况综合分析,选用最适合的,并注意动态监测和防治其不良反应。CTX、MMF、MTX 具有致畸风险,孕妇、哺乳期及备孕期妇女禁用。

3)大剂量静脉注射丙种免疫球蛋白(intravenous immunoglobulin,IVIg):常用剂量为 $0.4g/(kg·d)$,静脉滴注,连续 3~5 天,必要时 2~4 周后可重复一次。对于重症 SLE,包括严重的溶血性贫血或血小板减少者,常有较好疗效。

4)其他:血浆置换、血液灌流或免疫吸附、生物制剂(如贝利尤单抗、泰它西普)以及干细胞移植等,可根据具体情况酌情使用。中医中药应辨证施治。血液透析可用于肾功能衰竭患者的肾脏替代治疗。

第二节 皮 肌 炎

皮肌炎(dermatomyositis,DM)是一组主要累及皮肤和肌肉的自身免疫性疾病,也可仅累及皮肤或肌肉。本病可发生于任何年龄,发病年龄的第一个高峰是 10~15 岁的儿童,伴小血管炎及钙质沉积的概率增加,预后相对较好;第二个高峰是 40~60 岁的成年人,多达四分之一的成人患者可能伴有潜在的恶性肿瘤。男女患病率之比为 1:2。

【病因和发病机制】

皮肌炎发生于遗传易感个体,通常在外界因素作用下,由免疫反应介导。确切病因和发病机制尚不清楚。

1. **遗传易感性** 具有特定类型人类白细胞抗原(human leukocyte antigen,HLA)的人群患皮肌炎的风险升高,例如北美白人的 *HLA-A*68*,非洲裔美国人的 *HLA-DRB1*0301*,我国汉族人的 *HLA-DQA1*0104* 和 *HLA-DRB1*07*。此外,*DRB1*03-DQA1*05-DQB1*02* 单倍型与皮肌炎间质性肺病的发生密切相关。

2. **免疫异常** 先天性免疫系统的不当激活以及适应性免疫反应的继发性失调被认为是皮肌炎的核心致病特征。皮肌炎患者血液中 I 型干扰素诱导的基因表达和 NK 细胞功能的降低与疾病活动密切相关。由体液免疫介导的靶向毛细血管的自身抗体和 T 细胞对肌肉纤维直接和间接的毒性作用,导致肌肉纤维坏死和肌肉无力。

3. **环境因素** 病毒感染,例如 B 组柯萨奇病毒、EB 病毒、人类免疫缺陷病毒(HIV)、肠道病毒和细小病毒等可能通过引起细胞蛋白质改变、自我耐受破坏、抗原表位暴露、自身抗体诱导的 B 细胞活化和分子模拟等机制诱发皮肌炎。此外,紫外线照射、某些空气污染物和某些药物也可能诱发皮肌炎。

【临床表现】

本病多为逐渐发病,少数急性发病。临床表现以皮肤和肌肉病变为主,但两者可不平行。根据临床表现可分为六个类型:①多发性肌炎(polymyositis,PM);②皮肌炎;③伴恶性肿瘤的多发性肌炎/皮肌炎;④儿童皮肌炎;⑤伴其他结缔组织病的多发性肌炎/皮肌炎;⑥无肌病性皮肌炎(amyopathic dermatomyositis,ADM)。

1. **皮肤损害** Gottron 丘疹和 Heliotrope 征是皮肌炎的特征性皮肤表现。Gottron 征、沿光照部位分布的红斑、皮肤异色症、甲襞毛细血管扩张、头皮银屑病样改变及皮肤钙化也是 DM 的典型表现。

(1)Heliotrope 征:以双上眼睑为中心的水肿性紫红色斑(图 18-16)。

(2)Gottron 丘疹:对称性分布于骨性突起的皮肤表面,尤其是掌指关节和指间关节伸面的紫红色多角形扁平丘疹,其中心可发生萎缩并伴有毛细血管扩张和色素减退(图18-17)。类似皮损累及双侧肘、膝、踝、手关节伸侧,可形成对称性、融合性、脱屑性紫红色斑疹、斑片,称为Gottron征。皮损消退后可遗留皮肤萎缩、毛细血管扩张和色素减退。

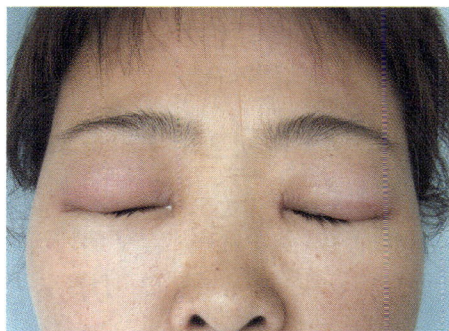

图18-16 Heliotrope 征

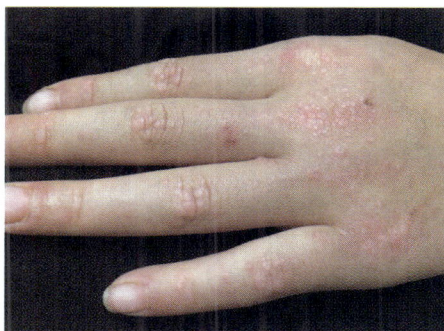

图18-17 Gottron 丘疹

(3)面部红斑:面中部红斑,可类似于SLE患者的颊部红斑但容易累及鼻唇沟。

(4)皮肤异色症(poikiloderma):皮肤异色症是指皮肤紫红斑的基础上同时有色素沉着、色素减退、毛细血管扩张和表皮萎缩的特点(图18-18)。典型受累区域为上背部(披肩征)、颈部及上胸部的V形区(V字征)。DM患者的皮肤异色症常为紫罗兰色,皮疹通常伴有明显瘙痒。

(5)其他皮肤表现:部分皮肌炎患者可出现"枪套征"(大腿外侧出现的皮肤异色症)、甲襞毛细血管扩张、甲周红斑、皮肤钙化、雷诺现象、网状青斑、坏死性血管炎或皮下脂肪萎缩等皮肤表现,少数甚至可能出现红皮病样改变。

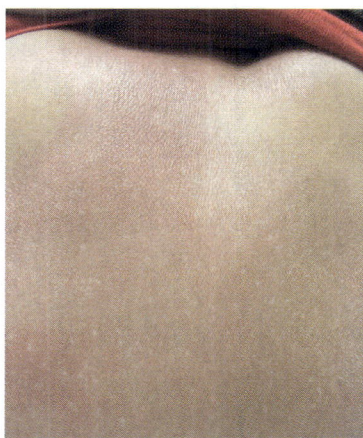

图18-18 皮肤异色症

2. 肌肉损害 主要累及横纹肌,亦可累及平滑肌,常表现为对称性四肢近端肌无力。最常侵犯的肌群是四肢近端肌群、肩胛带肌群、髋部屈肌、颈部和咽喉部肌群。临床上可表现为举手、抬头、上楼、下蹲等动作困难、吞咽困难及声音嘶哑等。病情严重时可累及呼吸肌和心肌,出现呼吸困难、心悸、心律不齐甚至心力衰竭。早期患者即使有明显肌无力,也通常无肌萎缩,但病程长的重症患者会出现肌萎缩。25%~50%的患者会出现轻度肌痛或肌肉压痛。肌肉症状和皮疹出现的时间并不一定同步。

3. 伴发恶性肿瘤 DM患者的恶性肿瘤发病率是一般人群的5~7倍,40岁以上者发生率更高。宫颈、肺、卵巢、胰腺、膀胱及胃的腺癌约占皮肌炎相关恶性肿瘤的70%,我国以鼻咽癌多见。恶性肿瘤可出现于皮肌炎诊断之前、之后或同时。皮肌炎诊断时和诊断后1年内是恶性肿瘤的发病高峰。肿瘤切除或治愈后,皮肌炎症状亦可改善或痊愈。

4. 其他表现 可伴不规律发热、消瘦、贫血,少数患者可出现关节肿胀疼痛,并发弥漫性肺间质病变、心律失常或传导阻滞。部分儿童患者可出现广泛血管炎,累及消化道致胃肠道穿孔或出血。另外,部分成人皮肌炎患者可重叠其他结缔组织病。

【实验室和辅助检查】

1. 血清肌酶 肌酸磷酸激酶(CPK,也称肌酸激酶或CK)、醛缩酶(ALD)、谷草转氨酶(AST)、谷丙转氨酶(ALT)和乳酸脱氢酶(LDH)都是肌肉损伤的敏感指标,特别是CK和ALD特异性较高。肌酶的水平常与肌肉炎症的活动性平行。

2. 自身抗体 皮肌炎患者血清中可出现多种自身抗体,如抗核抗体(ANA)、抗Jo-1抗体、抗

PL-7抗体、抗肌凝蛋白抗体等。抗Jo-1抗体在合并有肺间质病变患者中的阳性率可达60%。抗Mi-2抗体阳性与DM的急性发作有关。抗MDA5抗体与DM相关间质性肺病密切相关。

3. **皮肤组织病理**　皮肤组织病理改变包括表皮萎缩、基底细胞液化变性、血管周围淋巴细胞浸润、真皮间质黏蛋白沉积等。

4. **肌肉活检及肌肉影像学检查**　肌肉的病理改变包括肌纤维萎缩、坏死、变性，血管、肌束周围淋巴细胞浸润。四肢近端肌肉的MRI或超声检查常用于替代肌肉活检，MRI可显示肌肉炎症区域、肌纤维水肿、纤维化和钙化。

5. **神经肌电图**　是一项敏感但非特异性检查。皮肌炎患者肌电图显示为肌源性损害。

【诊断和鉴别诊断】

关于多发性肌炎/皮肌炎的诊断有多种可参照的标准，如Bohan-Peter标准、WHO诊断标准、日本厚生省的诊断标准以及2017年EULAR/ACR修订的分类标准等。目前临床上多采用1975年Bohan-Peter建议的诊断标准（表18-3）。

表18-3　Bohan-Peter诊断标准

五项主要标准

① 对称性肢体近端肌无力、颈前屈肌无力，伴或不伴吞咽困难和呼吸肌无力

② 血清肌酶升高，特别是CK升高

③ 肌电图结果为肌源性损害

④ 肌活检提示肌炎病理改变

⑤ 皮肌炎特征性的皮肤损害

诊断可信度

确定诊断（definite diagnosis）：具备上述①②③④项者，可诊断为PM；具备第⑤项，再加上①~④项中的3项或4项，可诊断为DM

诊断可能性大（probable diagnosis）：具备上述①~④项中的3项者，拟诊为PM；具备第⑤项，再加上①~④项中的2项，拟诊为DM

可能诊断（possible diagnosis）：具备上述①~④项中的2项者，考虑PM可能；具备第⑤项，再加上①~④项中的1项，考虑DM可能

皮肌炎应与系统性红斑狼疮、系统性硬皮病等其他结缔组织病，以及重症肌无力、包涵体肌炎、类固醇性肌病、吉兰-巴雷综合征等相鉴别。

【预防和治疗】

1. **一般治疗**　急性期应卧床休息，适当进行肢体被动运动，以防肌肉萎缩。注意防晒。加强营养，促进机体蛋白的合成。积极排查恶性肿瘤，每4~6个月排查1次，至少随访2年。

2. **药物治疗**　以糖皮质激素（简称激素）或激素联合免疫抑制剂为主（表18-4）。

表18-4　皮肌炎的治疗方式

治疗手段	药物类别	适应证	用法
系统药物	羟氯喹	皮肌炎出现皮疹和/或光敏感	0.2~0.4g/d
	糖皮质激素	皮肌炎出现肌肉病变	剂量取决于病情严重程度，通常成人初始剂量为泼尼松1mg/（kg·d），病情控制后根据肌力和肌酶水平逐渐减至维持量
	免疫抑制剂	作为激素辅助用药，或存在激素禁忌证者	甲氨蝶呤、硫唑嘌呤、吗替麦考酚酯、环磷酰胺、环孢素、他克莫司等。其中，甲氨蝶呤起始剂量为每周10~15mg

续表

治疗手段	药物类别	适应证	用法
系统药物	免疫球蛋白（IVIg）	危及生命的重度肌无力患者或有误吸风险的严重吞咽困难患者	激素联合静脉用免疫球蛋白，如 400mg/（kg·d），连用 5 天
外用药物	外用激素	头部、躯干和肢体皮肤病变的首选局部治疗	每日外用 1~2 次，获得满意疗效后，逐渐减少用药并适时停用
	外用钙调磷酸酶抑制剂	外用激素无效者或面部、腋下、腹股沟等部位	0.03% 或 0.1% 他克莫司，或 1% 吡美莫司，每日外用 2 次，获得满意疗效后，逐渐减少用药频率

第三节 硬 皮 病

硬皮病（scleroderma）是一种慢性多系统疾病，其特点为广泛的血管功能障碍，以及皮肤和内脏器官的进行性纤维化。硬皮病可分为局限性硬皮病（localized scleroderma，LS）和系统性硬皮病（systemic sclerosis，SSc）。局限性硬皮病主要局限于皮肤，内脏一般不受累，预后较好；系统性硬皮病则有广泛分布的皮肤硬化、雷诺现象和多系统受累，预后较差。

【病因和发病机制】

病因尚未明确，可能与遗传易感性及环境因素有关，后者包括长期接触硅尘、氯乙烯、二氧化硅、被污染的菜籽油、L-色氨酸、X线等。另外，病毒感染（如巨细胞病毒、细小病毒 B19）和药物（博来霉素、喷他辛、可卡因及紫杉烷类药物多西他赛和紫杉醇等）也可能导致硬皮病的发生。系统性硬皮病的发病机制十分复杂，涉及自身免疫、血管内皮细胞损伤、胶原合成异常增多等方面。

【临床表现】

1. **局限性硬皮病（localized scleroderma，LS）**　根据皮损形态，分为以下类型。

（1）局限型硬斑病（localized morphea）：此型为成人最常见的硬斑病亚型，儿童与成人均可发生。皮损多表现为直径数厘米的斑片或斑块，也可见点滴状损害。皮损初期呈圆形或不规则、淡红色或紫红色水肿性斑块，数周或数月后扩大至10cm以内或更大的光滑质硬、稍凹陷、象牙白或黄白色皮损，表面干燥，有蜡样光泽，周围可有紫红色晕，伴毛细血管扩张，触之如皮革（图 18-19）。点滴状硬斑病表现为胸、颈、肩和背部平滑或凹陷的小灰白色斑，皮损可不坚硬。本型皮损可于 3~5 年内自然消退或萎缩。

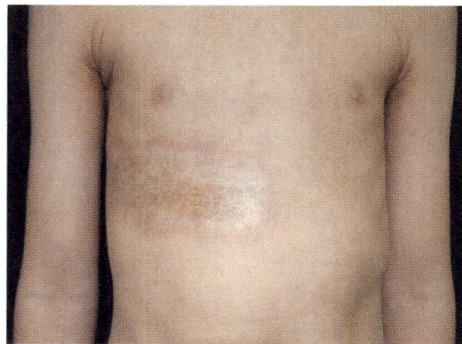

图 18-19　局限型硬斑病

（2）线状硬斑病（linear morphea）：也称为线状硬皮病（linear scleroderma），为儿童最常见的硬斑病亚型，多于 10 岁以前起病。皮肤硬化沿一侧肢体或肋间神经呈带状分布，或见于前额正中部，皮损呈刀砍形，局部显著凹陷，皮肤菲薄不发硬，不同程度地贴于骨面上，病变可延伸至头皮，引起永久性脱发（图 18-20）。线状硬斑病累及下肢时可出现脊柱裂、肢体运动障碍、偏侧萎缩或屈曲挛缩。

（3）泛发性硬斑病（generalized morphea）：表现为广泛性硬化性斑块，至少出现 4 个硬化性斑块，且至少有 2 处不同解剖部位受累。可分布于全身各处，病变通常始于躯干部位，然后向肢端扩散，且通常不累及手指和足趾。皮损常融合，伴有色素沉着或色素减退，也可伴有肌肉萎缩，但无系统受累，此型可转化为系统性硬皮病，很少能自然缓解。

（4）全硬化性硬斑病：表现为真皮、脂膜、筋膜、肌肉，甚至是骨骼的硬化，关节运动受限甚至

NOTES

残疾。

（5）混合型硬斑病：指同时存在超过 1 种亚型的硬斑病。

2. 系统性硬皮病（systemic sclerosis,SSc） 又称为系统性硬化症，多见于中青年女性，除皮肤受累外，亦可累及内脏多器官系统，病情常较重。根据病情进展程度，分为肢端型硬化症和进行性系统性硬化症。

（1）肢端型硬化症：皮损开始局限于手部，有时累及手部和面部下方，表现为手指皮肤肿胀，光亮紧绷，随后变尖变细，此期常称为肢端型硬化症（图 18-21）。一般有明显的血管病变表现，包括严重的雷诺现象和黏膜皮肤毛细血管扩张，之后可能出现迟发性肺动脉高压。若同时出现钙质沉着、雷诺现象、食管功能障碍、指（趾）端硬化和毛细血管扩张，称为 CREST 综合征。通常病情较轻，预后较好。

（2）进行性系统性硬化症（progressive systemic sclerosis,PSS）

1）皮肤损害：皮损最先累及手及面部，渐蔓延至前臂、颈部、躯干，依次经历水肿期、硬化期及萎缩期，呈对称性。水肿期皮损表现为红斑、肿胀、紧绷；进入硬化期后，皮肤变得光滑、蜡样光泽、坚硬、不易捏起；最后进入萎缩期。典型表现为面部弥漫性色素沉着、皱纹减少、嘴唇变薄、唇周出现放射状沟纹、鼻尖变锐似鹰钩，张口伸舌受限，面部缺乏表情，呈"假面具脸"样（图 18-22）；双手指硬化呈腊肠状，指半曲呈爪样，指端及指关节伸侧皮肤可发生坏死和溃疡，不易愈合，可见瘢痕。疾病后期可发生色素沉着或色素减退或弥漫性青铜色改变。

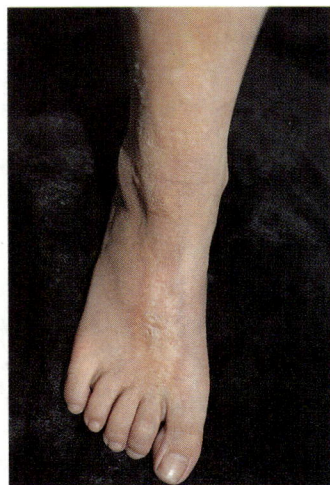

图 18-20 线状硬斑病

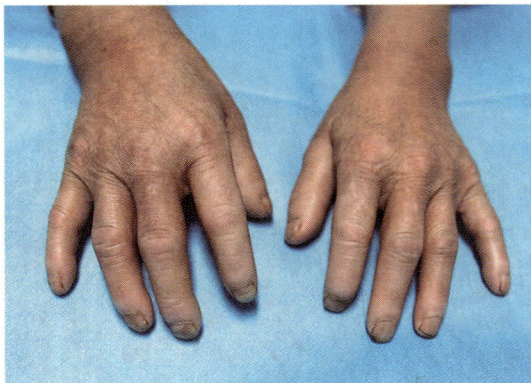

图 18-21 系统性硬皮病（肢端型）

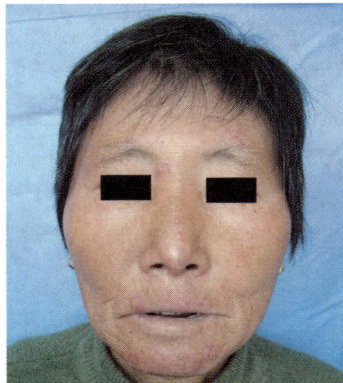

图 18-22 系统性硬皮病（面部表现）

2）肺部受累：超过 80% 的 SSc 患者都会出现一定程度的肺部受累，多为双肺间质纤维化导致换气功能障碍而引起呼吸困难，严重者可并发气胸、肺炎、肺动脉高压等。

3）消化道受累：90% 的 SSc 患者胃肠道受累，以食管受累最为常见。胃肠道硬化导致张力缺乏、运动障碍，可引起吞咽困难、反流性食管炎、胃肠蠕动减慢、便秘或腹泻等。

4）心脏受累：可累及心肌层、心包和/或传导系统，可出现心悸、呼吸困难、传导改变等症状。

5）肾脏受累：可能出现微量蛋白尿、血浆肌酐浓度轻微升高和/或高血压等。

6）骨关节和肌肉损害：全身大小关节均可受累，以手关节受累最常见，表现为关节间隙狭窄，末节指骨吸收缩短，指关节畸形；手和足可发生骨质疏松和硬化；肌肉受累表现为肌无力、肌痛及肌萎缩等。系统性硬皮病患者出现肌腱摩擦音是出现侵袭性疾病和内脏器官受累（包括肾危象）风险升高的标志。系统性硬皮病患者出现破坏性关节病时可能提示重叠综合征（兼具 SSc 与类风湿关节炎的特征）。

7）血管损害：血管内膜增生、管腔狭窄，对寒冷及情绪刺激反应异常，可见甲皱襞毛细血管扩张、出血。

8）其他：如疾病早期可出现正中神经受压、腕管综合征等神经系统病变；部分患者伴有干燥综合征，表现出口干、眼干；20%~40% 的患者可出现甲状腺功能减退。

【实验室和辅助检查】

1. 实验室常规检查 系统性硬皮病患者可出现红细胞沉降率增快、贫血、类风湿因子和冷凝集素或冷球蛋白阳性，亦可有丙种球蛋白增高、C3、C4 降低等表现。

2. 自身抗体检查 90% 以上的系统性硬皮病患者可检出 ANA 阳性，其中核仁型最特异。ANA 均质型为多发性肌炎-硬皮病重叠的标记；抗着丝点抗体（ACA）和 ANA 斑点型是 CREST 综合征敏感而特异的标记；抗 Scl-70 抗体阳性患者易发生弥漫性躯干受累、肺纤维化、指（趾）凹陷性瘢痕等；抗 RNA 聚合酶抗体可见于进行性系统性硬化病患者，且常与快速进展性皮肤受累以及肾危象风险增加相关。

3. 组织病理 局限性硬皮病的组织病理改变主要是皮肤的过度纤维化和小动脉病变。病变初期真皮胶原纤维肿胀，真皮和皮下脂肪交界处血管周围有淋巴细胞浸润；后期真皮胶原纤维均质化，附属器减少或消失。系统性硬皮病的皮肤组织病理改变与之类似，此外，其他受累的器官组织也可出现纤维化和小动脉病变。

4. 其他检查 如钡餐可显示食管、胃肠道蠕动减弱或消失，下端狭窄，近侧增宽；胸部 X 线检查可显示双肺间质性病变、肺纹理增强，也可见网状或结节状致密影，以肺底显著；高分辨率 CT 是检测和随访间质性肺病的主要手段。

【诊断和鉴别诊断】

局限性硬皮病根据典型的皮损及皮肤组织病理即可确诊。

对于 SSc 的诊断，由于 1980 年美国风湿病协会（ARA）提出的分类标准敏感性和特异性不高，美国风湿病学会/欧洲抗风湿病联盟（ACR/EULAR）已于 2013 年制定新的分类标准（表 18-5）。

表 18-5 ACR/EULAR 系统性硬皮病分类标准（2013 年）

指标	子指标	权重得分
双侧手指皮肤增厚并延伸至掌指关节近端（充分标准）	—	9
手指皮肤增厚（只计最高分）	手指肿胀	2
	指端硬化（离掌指关节较远，但离指间关节较近）	4
指尖损伤（只计最高分）	指尖溃疡	2
	指尖点状瘢痕	3
毛细血管扩张	—	2
甲襞毛细血管异常	—	2
肺动脉高压和/或间质性肺疾病（最高为 2 分）	肺动脉高压	2
	间质性肺疾病	2
雷诺现象	—	3
SSc-相关自身抗体［抗着丝点抗体、抗拓扑异构酶Ⅰ抗体（抗 Scl-70 抗体），抗 RNA 聚合酶Ⅲ抗体］（最高为 3 分）	抗着丝点抗体	3
	抗 Scl-70 抗体	
	抗 RNA 聚合酶Ⅲ抗体	

注：将每一指标对应子指标的最高分相加（如指尖损伤中同时出现指尖溃疡和指尖点状瘢痕时，只计 3 分），当总分≥9 分时可确诊为 SSc。

局限性硬皮病需与硬化性苔藓、类脂质渐进性不死等相鉴别。系统性硬皮病应与成人硬肿病、嗜酸细胞性筋膜炎等相鉴别。

【预防和治疗】

局限性硬皮病一般无明显自觉症状，部分病例经治疗后能缓解或停止发展。除泛发性硬斑病及伴血清免疫学异常的局限性硬皮病患者以外，主要以局部治疗为主，包括激素、钙调磷酸酶抑制剂、卡泊三醇等外用制剂以及紫外线光疗（UVA1）。对于急性泛发性或快速进展性硬斑病患者，还可系统性给予激素和/或免疫抑制剂（如甲氨蝶呤、吗替麦考酚酯）等。对于系统性硬皮病，早期治疗的目的在于阻止和延缓皮肤及脏器受累的加重，晚期的治疗在于改善已有的症状，治疗措施包括抗炎和免疫调节、抗纤维化以及针对血管病变的治疗。

第四节　混合性结缔组织病

混合性结缔组织病（mixed connective tissue disease，MCTD）是一种少见的结缔组织病，临床可表现为系统性红斑狼疮、系统性硬皮病、多发性肌炎/皮肌炎、类风湿关节炎等疾病的部分症状，但均达不到这些疾病各自的诊断标准，血清学以高滴度抗 U1-RNP 抗体为特征。1972 年由 Sharp 等学者首先报道。本病好发于女性，女性与男性之比约为 4∶1，儿童和成年患者均有报道，主要起病年龄段为 30~40 岁。

【病因和发病机制】

遗传因素、免疫异常及病毒感染等可能与本病的发病有一定关系。研究提示本病与 HLA-DR4、DR5 等密切相关。

多种异常的免疫学因素在 MCTD 的发病机制中起作用。其中，高滴度的抗 U1-RNP 自身抗体是 MCTD 的标志性免疫学特征。该自身抗体的抗原是位于细胞核内的剪接体核糖核蛋白（ribonucleoprotein，RNP），其主要成分是一种由 437 个氨基酸构成的多肽，在核内与 U1-RNA 以非共价形式结合，在细胞凋亡和 RNP 氧化裂解等过程中形成自身抗原。多种免疫细胞，如 T 淋巴细胞、B 淋巴细胞等也参与了 MCTD 的发病。MCTD 患者外周血中 Th1 细胞和 Treg 细胞数量较对照组明显降低，而过渡 B 细胞和幼稚 B 细胞的数量则显著升高，提示 MCTD 患者体内的免疫失衡。

【临床表现】

典型的 MCTD 常缓慢起病，出现雷诺现象、腊肠样指和双手肿胀，伴有多关节痛、肌肉酸痛、易疲劳等不适。但事实上 MCTD 的临床表现具有很大的异质性，可以呈现出类似系统性红斑狼疮、系统性硬皮病、多发性肌炎/皮肌炎和/或类风湿关节炎的所有临床症状及体征，但均达不到这些疾病各自的分类标准。除皮肤、关节、肌肉外，多种内脏系统均可能受累，包括肺、胃肠道、肾、血液、心血管和神经系统等。

MCTD 疾病的严重程度因人而异。相当一部分患者临床症状较轻，部分患者则可能发展为系统性红斑狼疮、系统性硬皮病、多发性肌炎/皮肌炎或类风湿关节炎等。部分患者可能出现脏器功能的严重受损，甚至危及生命。

【实验室检查】

抗核抗体（ANA）几乎可在所有 MCTD 患者中呈阳性，且多为斑点型。高滴度的血清抗 U1-RNP 抗体是 MCTD 的重要特征之一。有研究发现，存在高滴度抗 U1-RNP 抗体而无任何相应临床表现者，常可在两年内发展至 MCTD。半数以上患者可有贫血、白细胞减少以及血清中的类风湿因子（RF）阳性。内脏器官受累时可有相应的检查异常，例如肺间质病变可出现肺功能检查、肺部高分辨率 CT 的相应改变。

【诊断和鉴别诊断】

有雷诺现象、关节痛或关节炎、肌痛、手肿胀的患者，如果有高滴度斑点型 ANA 和高滴度抗 U1-RNP 抗体阳性，而抗 Sm 抗体阴性，要考虑 MCTD 的可能；其中，高滴度抗 U1-RNP 抗体是诊断 MCTD 必不可少的条件。Alarcon-Segovia（1986 年）和 Kahn（1991 年）提出的分类标准对 MCTD 诊断具有最高的敏感性和特异性（表 18-6）。

表18-6 MCTD诊断标准

标准名称	血清学标准	临床标准	确诊标准
Alarcon-Segovia标准	抗U1-RNP抗体≥1∶1 600（血凝法）	（1）手肿胀；（2）滑膜炎；（3）肌炎；（4）雷诺现象；（5）肢端硬化	血清学标准及至少3条临床标准，必须包括滑膜炎或肌炎
Kahn标准	存在高滴度抗U1-RNP抗体，相应斑点型ANA滴度≥1∶1 200	（1）手肿胀；（2）滑膜炎；（3）肌炎；（4）雷诺现象	血清学标准及至少3条临床标准，必须包括滑膜炎或肌炎

MCTD需与其他类型的结缔组织病相鉴别，这些疾病均可出现雷诺现象及ANA阳性，但诊断时均有各自的分类标准。如果同时满足两种（或以上）结缔组织病各自的分类标准，则应考虑重叠综合征的诊断。如果抗Sm抗体阳性，应首先考虑SLE。

【预防和治疗】

MCTD患者一般应注意手足部位保暖，避免手指外伤，避免操作振动性工具，应当戒烟。

中小剂量激素为治疗一线用药，对大多数MCTD患者具有良好疗效，特别是MCTD所致的多关节炎、肌炎、胸膜炎、心包炎、心肌炎以及无菌性脑膜炎等。而以雷诺现象、指端硬化、外周神经病变、肾病综合征等损害为主的患者，激素疗效通常较差。

免疫抑制剂与激素联合使用，可应用于某些激素治疗效果不佳的患者，或用于减少激素的副作用。常用的免疫抑制剂包括甲氨蝶呤、环磷酰胺等。在使用期间应动态复查并注意可能出现的不良反应，还应注意防治感染。

抗疟药也可应用于MCTD的治疗，且常与激素或免疫抑制剂联合使用。

针对患者出现的特定系统或器官的损害，应予以相应的对症支持治疗。此外，针对雷诺现象，可应用硝苯地平（30mg/d），或血管紧张素转化酶抑制剂，如卡托普利（6.25~25.00mg/d），以达到扩血管、改善末梢循环的作用。对于以关节炎为主的患者，还可使用非甾体抗炎药进行对症治疗。

第五节 干燥综合征

干燥综合征（Sjögren syndrome，SS）是一种自身免疫性疾病，可影响外分泌腺，特别是泪腺和唾液腺。除外分泌腺功能障碍外，患者可能会出现一系列全身表现。本病皮肤黏膜表现突出，可能是最早出现的临床表现。SS可能继发于其他自身免疫性疾病，例如类风湿关节炎、系统性红斑狼疮和硬皮病，称为继发性SS；若不合并其他结缔组织病，则称为原发性干燥综合征（primary Sjögren syndrome，pSS）。

【病因和发病机制】

SS的发病机制尚不清楚。环境因素可能引发遗传易感宿主的炎症事件，导致该疾病特有的自身免疫现象。

EB病毒、柯萨奇病毒、人类嗜T淋巴细胞病毒-1和丙型肝炎病毒感染可能与本病的发生发展相关。Ⅰ型和Ⅱ型干扰素基因表达上调，可能与病毒感染有关，此后通过免疫复合物（如抗SSA抗体、抗SSB抗体与小RNA分子hYRNA结合形成的复合物）可维持干扰素基因的表达持续上调。此外，有研究在SS患者中也发现了Th17/IL-23系统的激活。

SS患者血清B细胞活化因子水平升高。SS患者常有高球蛋白血症和识别Ro/SSA、La/SSB的自身抗体；这些自身抗体的存在增加了SS患者和全身生LE患者发生皮肤小血管血管炎的风险。

【临床表现】

1. 特征性临床表现

（1）口腔干燥症：表现为频繁饮水，进食干硬食物需饮水送服，严重时可出现进食困难、牙齿片状脱落以及猖獗性龋齿，即多数牙齿、多个牙面在短时间内同时患龋病。

（2）干眼症：又称角结膜干燥症，表现为眼部干涩、磨砂感以及眼部充血，严重时可出现干燥性角膜炎、角膜上皮糜烂等。

2. 累及其他系统时的表现

（1）皮肤：可表现为皮肤紫癜、雷诺现象以及皮肤血管炎。也有部分患者可表现为红斑、结节、皮肤干燥等。

（2）关节肌肉：约一半患者可出现慢性、复发性关节疼痛，双手关节较常累及。约 10% 患者可出现关节炎。

（3）呼吸系统：可表现为肺间质病变、肺动脉高压、毛细支气管炎、肺大疱、支气管扩张。亦可表现为淀粉样变、假性淋巴瘤以及胸膜病变。

（4）消化系统：常有胃食管反流病的临床表现，这与唾液减少密切相关。此外，治疗 SS 的药物，尤其是非甾体抗炎药以及激素，可以导致药物性消化性溃疡。另有部分患者可出现转氨酶异常等表现。

（5）泌尿系统：最常见的主要为肾小管间质性病变，少数患者可出现周期性麻痹、肾小球肾炎以及间质性膀胱炎。

（6）神经系统：神经系统受累较少见，但表现形式多样，周围神经、中枢神经均可受累。其中，周围神经病变最为常见，临床表现多种多样，如直立性低血压、无汗、心动过速等。

（7）血液系统：最常见的为白细胞和/或血小板轻度减少，较正常人更容易罹患淋巴瘤。

（8）其他：冷球蛋白血症、自身免疫性甲状腺疾病等，相对少见。

【诊断和鉴别诊断】

1. 诊断　目前最新的原发性干燥综合征分类标准为 2016 年 EULAR 和 ACR 联合制定的分类标准（表 18-7）。

（1）纳入标准：至少有眼干或口干症状其一的患者，有下列至少 1 项阳性：①每日感到不能耐受的眼干，持续 3 月以上；②眼中反复沙砾感；③每日需要使用人工泪液 3 次或以上；④每日感到口干，持续 3 月以上；⑤吞咽干性食物时需要频繁饮水帮助。

（2）排除标准：下列疾病因可能有重叠的临床表现或干扰诊断试验结果，应当排除患者有：①头颈部放疗史；②活动性丙型肝炎病毒感染；③艾滋病；④结节病；⑤淀粉样变性；⑥移植物抗宿主病；⑦IgG4 相关性疾病。

（3）分类标准（表 18-7）：当患者得分≥4 分，可以归类为原发性干燥综合征。

表 18-7　原发性干燥综合征分类标准条目

条目	得分/分
唇腺病理示淋巴细胞灶≥1 个/4mm^2	3
抗 SSA 抗体/Ro 抗体阳性	3
角膜染色：Ocular Staining Score 评分≥5 或 van van Bijsterveld 评分≥4	1
Schirmer 试验≤5mm/5min	1
自然唾液流率≤0.1ml/min	1

2. 鉴别诊断　口腔干燥症是具有抗胆碱能特性的药物的常见副作用，也可能因放射线照射、唾液腺结石和慢性病毒感染引起。

干眼症可以是眼玫瑰痤疮、泪腺受累（如结节病、淀粉样变性）、辐射、雌激素缺乏和维生素 A 缺乏症的症状，也可见于眨眼受损（如帕金森病）或黏膜（瘢痕性）类天疱疮等情形。

此外，干燥综合征应与慢性移植物抗宿主病、重叠综合征及其他结缔组织病相鉴别。

【预防和治疗】

干燥综合征尚无满意的治疗措施，主要治疗手段是对症支持治疗。干眼症可用不含防腐剂的人工泪液和润滑软膏治疗。家庭加湿器可能有助于缓解干眼症的症状;环孢素(0.05%)滴眼液可能有帮助,但可能需要数月才能达到治疗效果。

口腔干燥症可以用甲基纤维素滴剂(人造唾液)治疗。经常摄入水或无糖液体、无糖口香糖亦可改善口干症状。在睡前使用冷雾蒸发器也可能有所帮助。预防龋齿至关重要;建议严格的牙齿卫生和局部氟化物治疗。

毒蕈碱受体激动剂(例如毛果芸香碱、西维美林)是可以减轻口腔干燥症和干眼症的全身促分泌剂,但是可能引起过度出汗的副作用。

皮肤的干燥可以用润肤剂治疗。用人造润滑剂可以改善阴道干燥。建议经常监测和治疗念珠菌和细菌生长情况;必要时可以预防性使用阴道抗真菌药物。在绝经后妇女中,雌激素替代疗法可能是一种有用的补充疗法。

对于皮肤血管炎或神经系统和内脏受累的患者,可系统使用激素、羟氯喹以及免疫抑制剂(如甲氨蝶呤、硫唑嘌呤、吗替麦考酚酯)。生物制剂治疗 SS 亦有报道,目前疗效较为确切的包括利妥昔单抗,也有很多针对其他靶点的药物在研究中。

第六节　嗜酸细胞性筋膜炎

嗜酸细胞性筋膜炎(eosinophilic fasciitis),又称 Shulman 病(Shulman's disease),早期特征为肢体或躯干的红斑和肿胀,后期会出现筋膜的胶原性增厚。早期实验室检查可见嗜酸性粒细胞明显增多,但该表现在早期活动性患者中不一定会出现,晚期患者中此特征不明显。该病主要发生在 40~50 岁成人,但各年龄均可发病,男女性发病率没有明显差异。

【病因和发病机制】

本病的病因尚不完全清楚,可能存在自身免疫机制。某些病例在发病前有剧烈运动或过度疲劳等诱发因素,且多数病例为秋冬发病,据此推测,该病可能继发于组织损伤所引起的免疫反应或各种变态反应、病毒感染等。

【临床表现】

本病的临床特征为弥漫性的筋膜肿胀、硬化。典型病例常有低热、乏力、食欲缺乏、关节肌肉酸痛等前驱症状,继而出现肢体皮肤肿胀、紧绷、变硬,可伴有皮肤红斑及关节活动受限。其通常急性起病,也可能表现为亚急性病程。受累皮肤增厚和紧绷的特性与硬皮病谱系疾病相似,但通常不累及面部。

1. **皮肤受累**　几乎所有患者均有对称性的皮肤受累。最常发生于四肢、颈部和躯干。最初可能会出现显著的非凹陷性水肿。随着病情进展,肿胀消退而代之以对称性硬化,触之呈木样质地,皮肤呈橘皮样外观(图 18-23)。浅表静脉走行处皮肤出现可见的沟回,称为"沟槽征"(groove sign),在受累肢体抬高时更明显。但一般不会出现系统性硬化症的典型的肢端硬化。

2. **关节炎**　约 40% 的患者存在关节炎,常累及邻近筋膜炎区域的关节。关节活动度受限也可能是关节上覆皮肤和筋膜增厚变硬所致,可有关节挛缩。

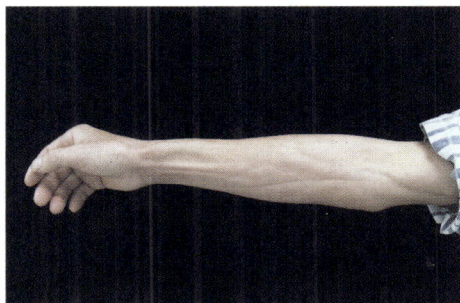

图 18-23　嗜酸细胞性筋膜炎

3. **肌痛和肌炎**　肌痛和肌无力是常见症状。可能发生肌周炎伴深层皮肤和筋膜受累,但炎性肌炎罕见。

4. **神经病变**　周围神经病变发生率较高。腕管综合征是常见的周围神经病变。

5. **内脏受累**　基本无内脏受累,偶有胸腔积液、心包炎和肾脏受累。

NOTES

【实验室检查】

大多数患者会出现外周血嗜酸性粒细胞增多,此为暂时性现象,且与疾病严重程度无关。超过一半的患者会发生红细胞沉降率和 C 反应蛋白升高,以及多克隆性高丙种球蛋白血症。关于血清中是否存在抗核抗体的报道并不一致。血清肌酸激酶水平通常正常。

【组织病理和影像学检查】

在病程早期,皮下组织深层及深筋膜会出现水肿,并伴淋巴细胞、浆细胞、组织细胞和嗜酸性粒细胞浸润;这些特征通常伴有外周血嗜酸性粒细胞增多。肌外膜、肌束膜、肌内膜发生不同严重程度的增厚和炎症反应,但较少发生于肌纤维内。

MRI 可辅助判断是否伴有筋膜炎症。皮下及深筋膜 T_2 信号增强,并且这些结构在给钆后的脂肪抑制 T_1 成像中有所增强。

【诊断和鉴别诊断】

若患者出现肢体发红、肿胀及硬化,并伴有外周血嗜酸性粒细胞增多,需考虑嗜酸细胞性筋膜炎的可能,但目前尚缺少统一的诊断标准,Pinal-Fernandez 等提出了关于该病诊断标准建议,包括 2 条主要标准和 5 条次要标准。

主要标准:①对称或非对称性,弥漫(四肢、躯干和腹部)或局限(四肢)的皮肤肿胀、硬结和皮肤皮下组织增厚;②病变部位皮肤活检提示筋膜增厚,伴淋巴细胞和巨噬细胞浸润,伴或不伴有嗜酸性粒细胞浸润。

次要标准:①外周血嗜酸性粒细胞绝对值>0.5×10^9/L;②高丙种球蛋白血症,计数>1.5g/L;③肌无力和/或二磷酸果糖酶升高;④沟槽征或橘皮样外观;⑤肌肉筋膜磁共振显示 T_2 加权高信号。

排除系统性硬化症后,符合 2 条主要标准或同时符合 1 条主要标准和 1 条次要标准,可诊断为本病。

本病应注意与硬皮病、嗜酸性粒细胞增多-肌痛综合征(eosinophilia-myalgia syndrome,EMS)、慢性移植物抗宿主病等相鉴别。

【预防和治疗】

主要采用系统性糖皮质激素治疗。大部分患者在接受系统性激素治疗后可较快缓解肢体肿胀及疼痛,常伴有外周血嗜酸性粒细胞增多症的快速消退和 ESR 恢复正常。若初始治疗无效,可酌情增加激素剂量至泼尼松 1mg/(kg·d)或其等效剂量,也可联合羟氯喹或其他免疫抑制剂,如甲氨蝶呤(15~25mg,每周 1 次)、吗替麦考酚酯。亦有一些个案报道提示,其他可能有效的疗法,包括柳氮磺吡啶、硫唑嘌呤、英夫利西单抗、利妥昔单抗、静脉用免疫球蛋白等,这些药物用于常规治疗无效的难治性患者。

第七节　重叠综合征

同时或先后有两种及以上结缔组织病合并存在称为重叠综合征(overlap syndrome),发病率占全部结缔组织病的 5%~10%。常见组成疾病包括系统性红斑狼疮、硬皮病、多发性肌炎、皮肌炎、干燥综合征、类风湿关节炎等。

【病因和发病机制】

重叠综合征的病因和发病机制目前仍不清楚,可能与免疫功能异常、环境因素和遗传因素有关。本病可能是一种结缔组织病向另一种结缔组织病转化的过程。目前还未发现与本病相关的明确危险因素,可能与氯乙烯和二氧化硅接触有关。

【临床表现】

临床表现复杂多样,主要取决于合并存在的结缔组织病种类。

1. 系统性红斑狼疮(SLE)和系统性硬皮病(SSc)重叠　初起为典型 SLE 的症状,如脱发、光敏感、口腔溃疡等，随后出现 SSc 的表现，如皮肤硬化、张口受限、吞咽困难等。实验室检查可见高滴度的抗核抗体阳性，以斑点型为主。与单纯 SLE 相比，雷诺现象发生率较高，面部红斑发生率及抗 dsDNA 抗体滴度较低。

2. **系统性硬皮病与多发性肌炎/皮肌炎（PM/DM）重叠** 表现为皮肤硬化、雷诺现象、近端肌痛及肌无力、关节肿痛、食管运动减弱、肺间质纤维化、抗核抗体阳性等。PM/DM 患者中约 20% 可伴发其他结缔组织病，形成重叠综合征。

3. **系统性红斑狼疮与类风湿关节炎（RA）重叠** 除 SLE 的表现外，患者还会出现关节肿痛畸形，双手或双足 X 线检查显示，有囊性变或关节破坏，类风湿因子强阳性。

4. **系统性红斑狼疮与多发性肌炎重叠** 在 SLE 症状出现同时，伴有明显的肌肉损害表现，如肌痛、肌无力、肌酶升高、肌电图示肌源性损害等。

5. **干燥综合征（SS）与类风湿关节炎重叠** 患者表现为口干、眼干、腮腺或淋巴结肿大、龋齿、肺间质病变、多关节炎、高球蛋白血症，类风湿因子强阳性，X 线检查显示双手或双足有囊性变或关节破坏。

【辅助检查】

当不同的结缔组织病重叠时，可出现不同结缔组织病的实验室和影像学表现。

【诊断和鉴别诊断】

诊断重叠综合征应严格按照每一种结缔组织病各自的分类标准，当分别满足两种及以上结缔组织病各自的分类标准，才能诊断，诊断时应写明重叠的结缔组织病。需要与混合性结缔组织病、未分化结缔组织病相鉴别。

1. **混合性结缔组织病（MCTD）** 兼有 SLE、PM 和/或 SSc 的临床特征，常见的有关节炎、腊肠样指、雷诺现象、食管运动障碍和肌炎，抗核抗体阳性和高滴度的抗 U1-RNP 抗体阳性，通常肾损害较少，预后相对良好。

2. **未分化结缔组织病** 患者具有一项以上典型的结缔组织病症状或体征，及一种以上高滴度自身抗体阳性，但不符合任何结缔组织病的分类标准。

【预防和治疗】

治疗取决于所重叠的结缔组织病。根据重叠的疾病种类和症状表现，制订个性化的治疗方案。主要治疗方式为药物治疗，常见药物包括非甾体抗炎药、糖皮质激素、免疫抑制剂、生物制剂和中成药等。与 RA 重叠的患者出现严重的关节畸形，也可适当进行手术矫形治疗。总体来说，与单一的结缔组织病相比，重叠综合征通常治疗效果更差。

根据所重叠的结缔组织病的不同，重叠综合征的预后有很大的个体差异，5 年生存率显著低于系统性红斑狼疮。死亡原因主要包括心血管并发症及中枢神经系统损害。

（龙 海　晋红中　满孝勇）

？ 思考题

1. 临床诊疗中遇到一位疑似系统性红斑狼疮的患者，询问病史时应注意哪些要点？体格检查时应注意哪些要点？

2. 系统性红斑狼疮、皮肌炎、系统性硬皮病应如何鉴别？

第十九章
皮肤血管炎及血管病

【学习要点】

1. 皮肤血管炎病因多与感染、药物、食物等有关,发病以免疫性机制为主。

2. 皮肤血管炎临床表现有红斑、丘疹、紫癜、血疱、脓疱、斑块、结节、坏死、溃疡等,可伴有全身表现,如发热、关节痛、肌痛,也可有消化道、肾脏、心脏等多系统受累。

3. 组织病理学改变有助于血管炎诊断。

4. 血管炎治疗以系统应用糖皮质激素为主,必要时联合免疫抑制剂。

5. 皮肤血管病涉及血栓形成、血管痉挛,表现为青紫色改变,遇冷加重。

6. 皮肤血管病治疗主要包括扩张血管和抗凝。

血管炎(vasculitis)是指血管的炎症性和非炎症性损伤和破坏,最终导致纤维蛋白沉积或血栓形成。皮肤血管炎(cutaneous vasculitis)可能是:①皮肤局限性疾病;②继发全身受累的原发性皮肤血管炎;③全身性血管炎的皮肤表现。皮肤血管炎的组织病理学分类基于受累血管的大小以及介导损伤的主要炎症细胞类型。本章也介绍了其他皮肤血管病,包括青斑样血管病、坏疽性脓皮病、血栓性静脉炎、网状青斑、雷诺现象和雷诺病、肢端发绀症及色素性紫癜性皮肤病。

皮肤的血管分布于真皮及皮下。皮肤的小血管包括位于皮肤浅层和中层真皮中的小动脉、毛细血管和毛细血管后微静脉。皮肤的中型血管是指位于真皮深层或皮下组织内的小动脉和静脉。大血管包括主动脉和命名动脉。

皮肤血管炎最常见的病理表现是白细胞碎裂性血管炎,该过程由中性粒细胞介导,主要影响毛细血管后微静脉。白细胞碎裂性血管炎始于循环免疫复合物在血管壁内和周围沉积,中性粒细胞被募集到这些沉积部位,最终导致白细胞破碎和血管破坏、纤维蛋白沉积。肉芽肿性血管炎是血管壁内和周围存在组织细胞,与纤维蛋白、退行性或坏死性改变有关。在中等大小的血管性皮肤血管炎中,真皮与皮下交界处或皮下脂肪隔膜内的血管受累,如结节性多动脉炎。闭塞性血管病多涉及栓子、血栓、血管痉挛,继发于血管创伤的内膜中层增生或非炎症性血管壁病变引起的血管闭塞。

第一节　变应性皮肤血管炎

变应性皮肤血管炎(allergic cutaneous vasculitis),属于白细胞碎裂性血管炎(leukocytoclastic vasculitis),是侵犯真皮毛细血管和小血管的坏死性炎症。

【病因和发病机制】

本病的病因复杂。急性起病者多与急性感染和药物有关,反复发作呈慢性病程者多与慢性感染、结缔组织病、血液系统疾病或恶性肿瘤有关,部分病例为特发性。目前多认为本病由循环免疫复合物导致,属于Ⅲ型变态反应。可形成免疫复合物的抗原类型很多,可能的种类有①微生物抗原:如甲型溶血性链球菌、金黄色葡萄球菌及结核分枝杆菌等细菌;肝炎病毒、单纯疱疹病毒、流行性感冒病毒等病毒;白念珠菌等真菌。②异种蛋白及药物:如流感疫苗、血清、胰岛素、青霉素、链霉素、磺胺类药物、噻嗪类药物等。③化学品:如杀虫剂、除草剂及石油产品。

现认为变应性皮肤血管炎是由于循环免疫复合物沉积在毛细血管后静脉引起的。这些复合物滞留在血管壁中,激活补体,产生各种炎症因子(如血管活性胺),增加血管通透性,趋化中性粒细胞,导致血管内皮损伤。

【临床表现】

皮疹常为对称性,好发于身体低垂部位,如下肢和踝部,也可发生于其他部位。皮肤以紫癜性斑疹、斑丘疹(可触及的紫癜)为特征性损害,可有血疱、脓疱、坏死和溃疡(图 19-1)。可有轻度瘙痒、发热和不适,病情严重时可伴患肢疼痛和水肿。可能会出现关节痛,较少出现明显的关节炎;累及肾脏、胃肠道等的情况较少见,但严重的全身性疾病可伴随变应性皮肤血管炎,故不应忽略寻找是否存在系统性疾病。皮疹通常在 3~4 周内消退,并伴有残留的炎症后色素沉着过度。较少的患者可反复发作,病程迁延数月至数年,在慢性或复发性病例中必须寻找持续存在的原因。

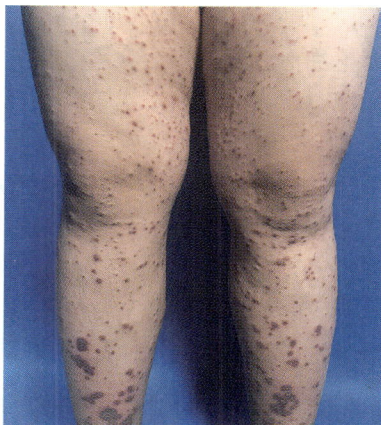

图 19-1　变应性皮肤血管炎

【实验室检查】

可有红细胞沉降率增快、补体下降。部分病例有贫血、白细胞升高。肾脏受累者可出现蛋白尿、血尿及管型。

【组织病理】

真皮毛细血管和小血管内皮细胞肿胀、闭塞,管壁纤维蛋白样变性。血管壁及血管周围中性粒细胞浸润,核碎裂及核尘,可见红细胞外渗,可有血管血栓。

免疫荧光检查:早期可见 C3、IgG 或 IgM 沉积在血管壁和血管周围。

【诊断和鉴别诊断】

根据皮损形态、分布部位特点,结合组织病理可确定诊断。应与下列疾病进行鉴别。

1. **过敏性紫癜**　多发生于儿童及青少年,皮损为双下肢对称分布的紫癜、瘀点、瘀斑,皮损较单一,可伴有关节痛。部分病例累及肾脏,累及胃肠道者病情较重。

2. **丘疹坏死性结核疹**　多见于中青年,女性稍多于男性,表现为四肢伸面、关节附近或臀部散在中心坏死性坚实丘疹,愈后留有萎缩性瘢痕,结核菌素试验呈强阳性和/或 T-SPOT 阳性。

3. **结节性多动脉炎**　皮损为沿小动脉分布的皮下结节,自觉疼痛,皮肤组织病理表现为小动脉炎及小动脉坏死。

【预防和治疗】

去除病因,停用可疑致敏药物及异种蛋白,治疗已识别的传染性疾病、结缔组织病或肿瘤。注意休息,抬高患肢,避免寒冷及创伤,必要时可应用对症止痛药物。对于严重、顽固、复发或存在显著器官受累的患者,可予以全身治疗。

1. **糖皮质激素**　对皮损严重和脏器受累者,能较好地控制症状,可迅速地缓解发热和关节痛。剂量为泼尼松 30~60mg/d,病情控制后,逐渐减至 5~15mg/d 维持量。

2. **免疫抑制剂**　若伴有肾脏损害、对糖皮质激素反应差的病例,可加用免疫抑制剂,如环磷酰胺 100mg/d,硫唑嘌呤 100mg/d,吗替麦考酚酯 2~3g/d。用药时注意监测外周血。

3. **氨苯砜**　能稳定溶酶体膜,使皮疹迅速消退。用量为 50~200mg/d,分 2~3 次口服。长期应用要定期复查血象、转氨酶,注意有无骨髓抑制或药物性肝炎的发生。如果不能耐受药物的有效剂量,可以将低剂量的秋水仙碱和氨苯砜合用。

4. **抗生素**　局部并发感染或体内有感染灶者,加用大环内酯类、四环素类、青霉素或头孢菌素类抗生素。

5. **非甾体抗炎药物**　可减轻关节疼痛和发热,常用的有吲哚美辛、阿司匹林等。

NOTES

6. 局部酌情外用抗生素软膏或糖皮质激素制剂。

第二节　过敏性紫癜

过敏性紫癜（allergic purpura）又称 Henoch-Schönlein 紫癜，是一种以 IgA 免疫复合物介导的累及毛细血管及细小动脉的白细胞碎裂性血管炎，经典的四联表现包括可触及的紫癜、关节炎、腹痛和血尿。

【病因和发病机制】

部分患者的发病与上呼吸道感染有关，病原菌多为 A 族乙型溶血性链球菌。其他有关因素包括①感染：病毒和肠道寄生虫等；②食物：鱼、虾等异种蛋白；③药物：抗生素（青霉素、链霉素、红霉素、氯霉素）、磺胺类药物、异烟肼、解热镇痛药等；④其他：如寒冷、花粉、尘螨等。

发病机制可能与 IgA 抗体水平升高，皮肤及肾脏中 IgA 免疫复合物沉积有关。有时也有细胞免疫异常，遗传免疫在发病中的作用也可能存在。

【临床表现】

多见于呼吸道感染后 1~2 周的 2~10 岁儿童。经典的四联表现包括可触及的紫癜、关节炎、腹痛和血尿。成人和小于 2 岁的婴幼儿临床表现往往不典型，易发生严重的胃肠道症状和迟发性肾脏并发症。

1. **皮肤**　典型表现为可触及性紫癜。皮损最初为红色斑疹、斑丘疹或荨麻疹样皮疹，直径 1~10mm，很快发展为可触及的紫癜，压之不褪色，也可融合成片形成瘀斑。皮损对称分布在下肢和臀部（图 19-2），以伸侧为主，也可播散至上肢、躯干和面部。初为红色，渐变至紫色、红褐色、褐色，常在数周内消退。病情严重者，可出现溃疡或大疱性损害。

2. **关节**　表现为关节肿胀、疼痛、压痛及功能障碍，为一过性关节炎，不会造成关节畸形。主要影响下肢关节，尤其是踝关节和膝关节，也可发生在肘关节、腕关节等。约 25% 的患者的关节炎或关节痛先于皮疹出现。

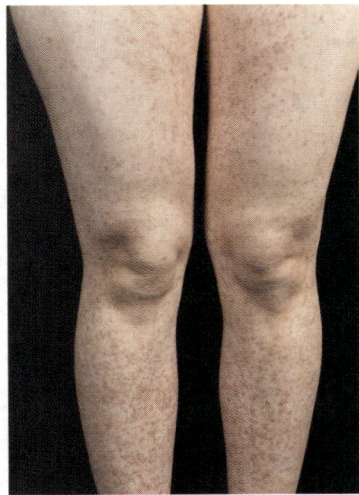

图 19-2　过敏性紫癜

3. **胃肠道**　腹痛最为常见，可轻微，也可为伴呕吐和肠梗阻的剧痛，是急腹症的原因之一。呕血、黑便或大便隐血试验阳性等出血表现也较常见。病情严重者可出现肠穿孔和肠套叠，此外，其他少见的并发症包括胰腺炎、胆囊积液、蛋白丢失性肠道疾病等。

4. **肾脏**　常见且大多症状较轻。儿童远期预后较好，成年患者发展成严重肾病的概率较儿童高。

【实验室检查】

约半数患者 IgA 水平可升高。凝血功能正常。肾脏受累时，可有蛋白尿、血尿，肾功能检测异常。

【组织病理】

表现为真皮浅层及乳头层小血管为主的白细胞碎裂性血管炎。直接免疫荧光显示血管壁和血管周围 IgA、C3 沉积。

【诊断和鉴别诊断】

根据以下肢为主的可触及紫癜，伴或不伴胃肠道、关节、肾脏表现，血小板数量正常，基本可确定诊断。直接免疫荧光检查发现血管壁 IgA 沉积有助于本病的诊断，但不具有特异性。需要与特发性血小板减少性紫癜相鉴别，根据临床表现和血小板计数可区别两者。一些凝血机制障碍性疾病可能有紫癜的表现。临床特征与实验室检查异常相结合，通常有助于确定基础疾病。

【预防和治疗】

过敏性紫癜通常是自限性的,多数患者只需要支持疗法,如卧床休息、去除诱发因素即可恢复。

1. 轻症或单纯性紫癜可使用芦丁、钙剂、维生素 C 以及抗组胺药物。有明确感染时,可系统应用抗生素。氨苯砜和秋水仙碱可能会减少皮肤病变的持续时间和复发频率。

2. 伴有肾脏损害者可予糖皮质激素、血管紧张素转化酶抑制剂和血管紧张素受体拮抗剂治疗。ACEI 类药物对持续性蛋白尿的治疗效果明显,为过敏性紫癜继发高血压的首选药物。

3. 进行性肾损害可单用大剂量糖皮质激素,或与环磷酰胺和双嘧达莫联合使用。严重病例可选用血浆置换及静脉注射丙种球蛋白。重症肾功能不全患者可进行透析甚至肾移植。

第三节　白　塞　病

白塞病(Behcet disease)又称白塞综合征(Behcet syndrome)或眼-口-生殖器综合征(oculo-oral-genital syndrome),是一种反复发作、多系统、多脏器受累的慢性炎症性疾病。其特征是同时或间歇发生的口腔、眼、生殖器溃疡及皮肤损害。

【病因和发病机制】

本病的病因及发病机制尚不清楚。多个报道显示此病可能与病毒、链球菌等感染因素导致的迟发型超敏反应有关,在部分患者血清中可检测到自身抗体,如抗内皮细胞抗体和抗心磷脂抗体,有的患者皮损中存在 IgM、IgG 及免疫复合物的沉积。有研究发现 *HLA-B5* 及其亚型 *HLA-B51* 与白塞病相关。

白塞病的病理机制涉及血管损伤和自身免疫反应。循环免疫复合物和中性粒细胞似乎是造成黏膜病变的原因,其组织学特征是中性粒细胞血管周围炎或中性粒细胞性血管炎。白塞病的中性粒细胞产生超氧化物的数量增加,溶酶体酶过剩,细胞趋化性增强,进而导致组织损伤。循环系统中 TNF-α、IL-1β 和 IL-8 水平的升高可能导致中性粒细胞的激活和中性粒细胞与内皮细胞之间相互作用的增强。

【临床表现】

本病好发于中青年,男性患者多见。主要表现为复发性口腔溃疡、复发性生殖器溃疡、视网膜血管炎或葡萄膜炎以及多种皮肤损害,部分患者可累及其他器官和系统。该病的其他临床表现在不同患者和人群之间差异较大。

1. **口腔损害**　多为首发表现,单发或多发的疼痛性溃疡位于唇、舌、颊黏膜、牙龈、腭、扁桃体甚至咽部和鼻腔。皮损呈圆形或椭圆形溃疡,直径 2~10mm 或更大,境界清楚,有淡黄色坏死性基底绕以鲜红色晕(图 19-3)。部分患者形成深部溃疡,愈后留有瘢痕,也有患者病情持续 1~2 周后自然愈合,不留瘢痕。隔数天至数月又复发。每年至少发作 3 次以上。在整个病程中口腔溃疡的发生率高达 98%。

2. **生殖器损害**　发生率仅次于口腔溃疡,可达 80%。见于男性的龟头、尿道口、阴茎或阴囊;女性为阴唇、尿道以及子宫颈。两性都可累及肛门、股皱襞甚至直肠。溃疡

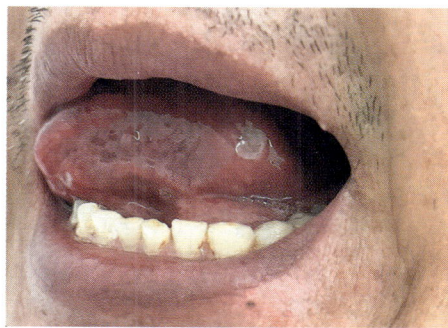

图 19-3　白塞病口腔溃疡

形态与口腔溃疡类似,一般较口腔溃疡大但发生数量及频次较口腔溃疡少,疼痛剧烈,不易愈合。

3. **眼损害**　发生率约为 50%,一般发生较晚,男性患者眼病变发生率高而症状重。开始一般有强烈的眶周疼痛和畏光。早期症状为结膜炎、虹膜睫状体炎或角膜炎。前房积脓可为眼色素层炎的后期并发症。本病若不及时治疗可发生脉络膜炎、视神经乳头炎、视神经萎缩、青光眼,最终可导致失明。

4. **皮肤损害**　约 60%~80% 的患者有皮肤损害,发生率次于口腔及外生殖器黏膜病变。最常见为痤疮样和毛囊炎样皮损、结节性红斑样皮损(图 19-4)和多形红斑样皮损,还可表现为丘疹脓疱性

皮疹、疖样脓皮病、甲下脓肿、血栓性静脉炎等。40%~70% 的患者有针刺反应阳性。针刺反应是指用无菌针斜刺入非血管的皮肤 5mm,48 小时后观察针刺部位反应,出现直径大于 2mm 红色丘疹或脓疱为阳性,有诊断意义。

5. 其他表现　约 20%~40% 患者伴有血管炎改变,静脉病变多于动脉病变(动脉受累占血管病变的 7%),常表现为血栓性静脉炎、动脉瘤或动脉闭塞等。中枢神经系统损害类似于多发性硬化症的脑部症状。关节损害常表现为游走性不对称性非侵蚀性关节炎,好发于膝关节、踝关节、肘关节。肺、胃肠道、心脏、肾脏等也可受累。

【实验室检查】

可有贫血、白细胞增多,红细胞沉降率升高,C 反应蛋白及类风湿因子阳性,血清黏蛋白及血浆铜蓝蛋白增加。检眼镜检查和眼底荧光造影检查有助于眼损害的诊断,胃镜或肠镜有助于发现消化道溃疡。

【组织病理】

损害通常显示为血管炎。可累及大小血管,口腔和皮肤损害常常早期为白细胞碎裂性血管炎,后期为淋巴细胞性血管炎。关于无菌性毛囊炎皮损的病理,倾向于表现为无菌性中性粒细胞血管病,而不是化脓性或肉芽肿性毛囊炎。

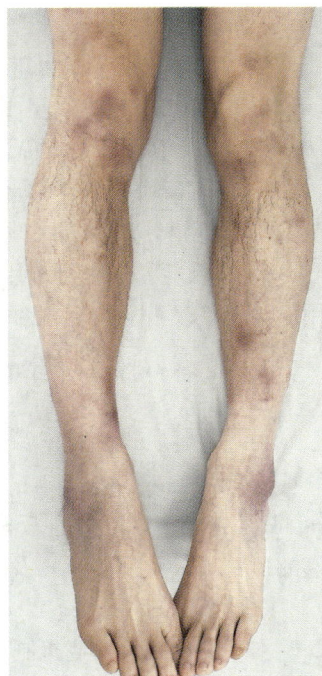

图 19-4　白塞病结节性红斑样皮损

【诊断和鉴别诊断】

1. 诊断　白塞病国际协作组的诊断标准(表 19-1)如下所示。

表 19-1　白塞病的诊断标准

必要条件	次要条件
复发性口腔溃疡:在一年内观察到至少 3 次口疮样或疱疹样溃疡	(1)复发性生殖器溃疡或瘢痕:目前或病史中观察到溃疡或瘢痕 (2)眼部损害:前、后色素层炎和裂隙灯查到玻璃体内细胞;或眼科医生检查到的视网膜血管炎 (3)皮肤损害:目前或以往有过结节性红斑或假毛囊炎,或脓性丘疹,或痤疮样结节(见于青春发育期后,未服激素者) (4)针刺反应阳性

注:1 条必要条件加 2 条次要条件即可明确诊断。

2. 鉴别诊断　需与阿弗他口腔炎、早期梅毒黏膜斑、念珠菌病、天疱疮、结节性红斑、细菌性毛囊炎、炎性肠病等相鉴别。

【预防和治疗】

白塞病治疗目标是迅速抑制炎症发作和复发,以预防不可逆的器官损害。治疗取决于器官、系统受累和病变严重程度。因为许多患者不止一个器官、系统受累,所以治疗常取决于最重要器官的病变严重程度。最佳治疗需要多学科协作。

1. 一般治疗　调整生活规律,劳逸结合,适当休息。保护口腔黏膜;不要戴隐形眼镜,防止角膜溃疡;保持外阴清洁、干燥、减少摩擦等。

2. 系统用药

(1)沙利度胺:能明显减轻严重的口腔与生殖器溃疡,剂量为 100~200mg/d,注意其致畸作用和神经系统的不良反应,有妊娠计划妇女禁用。

(2)糖皮质激素:可以减轻各种症状,尤其能够改善黏膜溃疡和关节疼痛,有眼部受损和中枢神经受损者宜及时应用。开始剂量相当于泼尼松 1~1.5mg/（kg·d），病情控制 2 周后逐渐减量。病情危重者可进行冲击治疗。

（3）免疫抑制剂：可用于有糖皮质激素禁忌证者、单独使用糖皮质激素不能缓解的患者或伴有严重系统并发症的患者（如伴有中枢神经系统或血管病变者）。可与糖皮质激素联合使用，以减少糖皮质激素的用量。常用的有环磷酰胺 8~12mg/（kg·d）、甲氨蝶呤 15~25mg/周、硫唑嘌呤 1~2mg/（kg·d）、环孢素 3~5mg/（kg·d）等。此外也可用雷公藤多苷 40~80mg/d，但应注意其生殖系统毒副作用，育龄期妇女禁用。

（4）生物制剂：对于难治性疾病，有报道显示，使用 TNF-α 抑制剂用于难治性后葡萄膜炎、关节炎、胃肠道溃疡有效，利妥昔单抗用于难治性后葡萄膜炎有效。

（5）其他药物：秋水仙碱 0.6mg，每天 2~3 次，对黏膜溃疡有较好的疗效。对于口腔溃疡复发患者，阿普米司特可代替秋水仙碱作为糖皮质激素辅助减药治疗。氨苯砜可作为替代药物或同时使用以增强疗效，通常剂量为 100mg/d。阿司匹林 25~75mg/d、双嘧达莫 75~150mg/d 有抗血小板聚集作用，可用于有血栓形成者。其他如布洛芬、吲哚美辛、柳氮磺吡啶可选用，对关节痛、关节炎有效。

3. 局部用药　口腔溃疡疼痛剧烈者，可局部使用 2% 利多卡因凝胶、外用四环素制剂等；外阴溃疡可给予高锰酸钾溶液局部清洗，然后涂抗生素软膏。

第四节　结节性多动脉炎

结节性多动脉炎（polyarteritis nodosa，PAN）为中小动脉的坏死性血管炎，可累及全身多个器官。

【病因和发病机制】

病因尚不明确，可能与某些感染性疾病、炎症性疾病、恶性肿瘤和药物相关，如链球菌感染、结核分枝杆菌感染、细小病毒 B19 感染、HCV 感染、HIV 感染、HBV 感染、毛细胞白血病、服用米诺环素等。与本病相关的疾病有炎性肠病、系统性红斑狼疮等。发病机制可能为免疫复合物引起的 III 型变态反应。

【临床表现】

可见于任何年龄，通常见于中年，男性好发。结节性多动脉炎可分为两个亚型。

1. 皮肤型结节性多动脉炎　仅侵犯皮肤，以周期性的发作与缓解为特点。好发于儿童，皮损多见于下肢，典型的表现为沿血管走向分布的皮下结节，数量不定，直径 5~10mm，质硬，可有疼痛和搏动感。也可有红斑、丘疹、斑丘疹、水疱、可触及性紫癜，病情严重时可发生指（趾）端坏疽。足部和踝部的网状青斑也是其特征性表现。

2. 系统型结节性多动脉炎　多见于成人，可累及皮肤、骨骼肌肉系统、神经、肾脏和胃肠道等多个脏器。全身症状有乏力、发热、体重下降、肌痛、腹痛、睾丸痛和关节病变等。心脏受累表现可有心肌缺血、心肌梗死等。肾脏受累时表现为血尿、蛋白尿、高血压等。累及神经系统可出现脑炎、偏瘫、蛛网膜下腔出血、视觉丧失、感觉异常、多发性单神经炎、器质性精神病等。胃肠道受累可出现急性腹部症状。动脉瘤破裂会造成腹膜后和腹膜出血，肾周血肿为其典型表现。

【实验室和影像学检查】

急性期可有贫血、中性粒细胞和血小板增多、红细胞沉降率增快、C 反应蛋白升高。

皮肤型结节性多动脉炎可检出 P-ANCA；系统型结节性多动脉炎几乎从不存在 ANCA。抗磷脂 IgG 抗体，尤其是抗心磷脂和抗磷脂酰丝氨酸-凝血酶原复合物（PS/PT）抗体的滴度升高与皮肤型结节性多动脉炎"硬化性红斑斑块"的存在有关。

血管造影为系统型结节性多动脉炎最有诊断价值的影像学检查，典型表现为动脉瘤、血管部分狭窄、动脉直径不均伴外周血管分支减少。磁共振血管造影（MRA）可显示肾脏内外较大的动脉瘤、肾动脉及其分支的狭窄和/或闭塞、缺血和梗死的区域，但检测不到微动脉瘤。计算机体层成像血管造影（CTA）可显示稍大的动脉瘤和闭塞性病变，也能显示皮质缺血和梗死的区域，但是辐射较大，儿童不宜选择。

【组织病理】

病变累及真皮与皮下组织交界处或皮下脂肪小叶间隔的内中小动脉。位于真皮上部的血管仅表现出非特异性血管周围炎症。早期皮损内中性粒细胞在动脉壁内浸润。典型期皮损的动脉壁内纤维素沉积,中性粒细胞和淋巴细胞在血管壁内浸润,可见核尘,血管腔内常有血栓形成,血管周围多种炎细胞浸润。晚期皮损坏死的脉管壁被肉芽组织所代替,毁坏的管壁被纤维组织所代替,管腔缩小、闭塞。DIF 可显示血管壁内或周围有 C3、IgM 和纤维蛋白沉积。

【诊断和鉴别诊断】

结节性多动脉炎的诊断标准:必备条件加上一个选择性条件即可诊断。必备条件是指组织病理有特征性的发现,或血管造影显示中动脉/小动脉畸形(动脉瘤、血管狭窄或闭塞)。选择性条件包括皮肤病变、肌痛或肌肉压痛、高血压、周围神经病变或肾脏受累表现。

【预防和治疗】

1. 系统型结节性多动脉炎

(1)糖皮质激素为首选药物。对于病情较轻者,可单独使用泼尼松 1mg/(kg·d),疾病缓解后逐渐减量。病情较重者在最初 3 个月,应同时服用环磷酰胺 2mg/(kg·d),用药期间定期查血象和肝功能。病情缓解后,小剂量泼尼松和环磷酰胺维持治疗约 18 个月。其他可作为长期维持治疗的药物包括甲氨蝶呤、环孢素 A、吗替麦考酚酯等。

(2)结节性多动脉炎合并乙型肝炎的患者,可抗病毒药物联合免疫抑制剂治疗。

(3)对免疫抑制剂反应不佳者和糖皮质激素依赖者,可使用生物制剂,如英夫利西单抗、利妥昔单抗等治疗。

(4)对于病情严重威胁生命者,可行血浆置换。

2. 皮肤型结节性多动脉炎 大多数皮肤结节性多动脉炎患者对阿司匹林、甲氨蝶呤、秋水仙碱、氨苯砜、环磷酰胺、己酮可可碱、羟氯喹反应较好,可联合或单独使用。局部或病灶内注射皮质类固醇可能会治愈局部皮肤受累。静脉注射前列腺素或钙通道阻滞剂可改善手指坏死。如果存在抗磷脂抗体,则应考虑使用抗凝剂。合并链球菌感染时,可予青霉素治疗。难治性患者可静脉注射免疫球蛋白。

第五节　韦格纳肉芽肿

韦格纳肉芽肿(Wegener's granulomatosis,WG),又称为肉芽肿性血管炎(granulomatosis with polyangiitis,GPA),是伴肉芽肿形成的累及中小血管的坏死性血管炎。

【病因和发病机制】

病因不明。金黄色葡萄球菌可能与肺和鼻部 WG 的发病、复发相关。免疫复合物为可能的发病机制之一,患者血清中抗中性粒细胞胞质抗体(ANCA)阳性率较高。中性粒细胞在细胞因子作用下激活或凋亡、脱颗粒,释放氧自由基及化学趋化物,从而利于 ANCA 结合于中性粒细胞细胞质抗原。

【临床表现】

WG 好发于 40~50 岁,男性稍多于女性。WG 可累及身体多个器官,主要影响上呼吸道、肺、皮肤、肾脏和周围神经,以上下呼吸道的肉芽肿性炎症,中小型血管的坏死性血管炎和坏死性肾小球肾炎为其特征性表现。WG 的严重程度取决于所涉及器官的数量和功能障碍的程度,如果不治疗,全身性疾病患者的死亡率很高。对 WG 患者的初始评估应确定器官受累的程度。

1. 全身症状 如乏力、发热、体重下降、关节痛和关节炎。

2. 呼吸道症状 上呼吸道受累可出现鼻出血、耳痛和听力丧失等症状。鼻孔可见结痂的炎症反应,也可见慢性鼻窦炎。鼻中隔受累伴软骨塌陷导致特征性马鞍鼻畸形。声门和声门下可出现息肉和/或大中气道的狭窄。下呼吸道受累可无症状,或表现为肺部结节、肺出血或肺毛细血管炎导致的肺部大出血伴呼吸衰竭。

3. **肾脏损害**　典型表现为局灶性坏死性肾小球肾炎,临床表现为高血压、蛋白尿等症状。病情进展迅速,短期内可发展到肾功衰竭、尿毒症,是致死的重要原因。

4. **皮肤黏膜**　多数患者有皮肤黏膜损伤,表现为下肢可触及性紫癜、多形性红斑、瘀点(斑)、坏死性丘疹、皮下结节、坏死性溃疡等。其中皮肤紫癜最常见。黏膜受累常表现为口腔溃疡,牙龈组织通常呈红色、易碎且增生(草莓牙龈)。局部 WG 患儿上眼睑可能出现水肿和浸润,类似于眼眶 IgG4 相关疾病,也可能出现痤疮样和毛囊炎样丘疹。

5. **其他表现**　包括眼眶肉芽肿、视网膜血管炎,累及心脏出现心包炎、心肌炎等,累及胃肠道出现腹痛、便血,累及神经系统出现多发性单神经炎等。

【组织病理】

主要表现为中小动脉、静脉的坏死性血管炎和不死性肉芽肿两型病理变化。一般皮肤丘疹、紫癜损害常表现有血栓形成的坏死性血管炎,而皮肤结节、溃疡性损害常显示伴有或不伴有坏死性血管炎的坏死性肉芽肿。上呼吸道和肺部表现为坏死性肉芽肿。

【诊断和鉴别诊断】

诊断标准见表 19-2。

表 19-2　韦格纳肉芽肿诊断标准(EULAR/PRINTO/PRES,2013)

1. 肾脏受累　蛋白尿或血尿或红细胞管型
2. 组织病理　血管壁、血管周围和血管外区域的肉芽肿性炎症
3. 上呼吸道受累　流涕或隔膜穿孔、鼻窦炎
4. 气管支气管受累　声门下、气管或支气管狭窄
5. 肺部受累　X 线或 CT 示结节、浸润病灶或空洞
6. ANCA　阳性
以上 6 项中满足 3 项或 3 项以上即可明确诊断

WG 需与变应性肉芽肿性血管炎(Churg-Strauss syndrome,CSS)和淋巴瘤样肉芽肿病(lymphomatoid granulomatosis)鉴别。WG 与变应性肉芽肿性血管炎均可累及上呼吸道,但前者常有呼吸道溃疡,胸部 X 线检查示肺内有破坏性病变(如结节、空洞)形成,而在 CSS 则不多见;WG 病灶中很少有嗜酸性粒细胞浸润,周围血嗜酸性粒细胞增高不明显,也无哮喘发作。淋巴瘤样肉芽肿病是多形细胞浸润性血管炎和血管中心性坏死性肉芽肿病,病变主要累及肺、皮肤、神经系统及肾间质,但不侵犯上呼吸道。

【预防和治疗】

1. **免疫抑制剂**　可选用环磷酰胺、硫唑嘌呤、环孢素、甲氨蝶呤、吗替麦考酚酯等。环磷酰胺为首选,可按 500~1 000mg/m² 体表面积静脉滴注,每 3 ~ 4 周 1 次,共 6~10 次;或 2mg/(kg·d)口服,持续 2~3 个月。静脉冲击与口服相比,可减少累积剂量。儿童小剂量糖皮质激素和硫唑嘌呤〔1.5~3mg/(kg·d)〕长期应用,可维持疾病缓解。

2. **糖皮质激素**　疾病活动期泼尼松 1.0~1.5mg/(kg·d),病情缓解后逐渐减量并以小剂量维持。可联合每日口服环磷酰胺。

3. **血浆置换**　适用于严重肺毛细血管炎和/或急进性肾小球肾炎、肺肾综合征,可缓解病情。

4. **生物制剂**　利妥昔单抗可使复发和难治性病例缓解或部分缓解。TNF-α 抑制剂、利妥昔单抗等抗 CD20 单克隆抗体主要应用于难治性或常规治疗无效的患者,部分患者可取得较好疗效。

第六节　结节性血管炎

结节性血管炎(nodular vasculitis)是指伴有脂肪间隔血管炎的小叶性脂膜炎。

【病因和发病机制】

本病可能是分枝杆菌、链球菌、丙型肝炎病毒等诱发的超敏反应,导致皮下组织血管炎及小叶脂膜炎。部分病例与结核分枝杆菌感染有较密切的关系,其他感染因素或药物也与本病有一定关系。一些学者认为本病是免疫复合物介导的血管炎,但是大多数学者认为本病是抗原刺激后细胞介导的Ⅳ型免疫反应。

【临床表现】

中年女性多发,在肥胖、伴下肢静脉曲张的女性中更常见。皮损好发于小腿屈侧,也可累及大腿、臀部、前臂等部位,常不对称,可单侧分布。特征性的表现为成批出现的触痛性紫红色结节和斑块,结节常在几周内演变为溃疡、有脓性分泌物渗出,愈后遗留萎缩性瘢痕和色素沉着。病程常迁延或周期性发作数年,甚至数十年。

【组织病理】

病变的不同时期取材,组织学改变不同。早期主要是小叶脂肪细胞的坏死及结核样肉芽肿改变。晚期则主要是纤维化,可见多核巨细胞及淋巴细胞的浸润。常有中小血管炎,也可没有血管炎的改变。很少有干酪样坏死。

【诊断和鉴别诊断】

中年女性,下肢尤其是小腿屈侧出现触痛性紫红色结节或斑块,应高度怀疑本病,结合皮肤组织病理检查进一步明确诊断。必要时检测 ANCA、进行 PPD 皮试。

【预防和治疗】

1. 一般疗法包括卧床休息、抬高患肢等。与结核相关者应抗结核治疗。

2. 常用药物包括秋水仙碱、氨苯砜、非甾体抗炎药、糖皮质激素等。非甾体抗炎药可缓解疼痛。对于结节较多者,潜在感染控制之后可系统应用泼尼松 30~50mg/d。也有吗替麦考酚酯口服有效的报道。

第七节　急性发热性嗜中性皮病

急性发热性嗜中性皮病(acute febrile neutrophilic dermatosis)又名 Sweet 病(Sweet's disease)、Sweet 综合征(Sweet's syndrome),以发热、触痛性红色斑块或结节、外周血中性粒细胞增多和真皮弥漫性中性粒细胞浸润为特点。

【病因和发病机制】

病因尚不明确,可能是机体对感染、恶性肿瘤、药物的高敏反应,亦可发生于外伤后。可能与免疫复合物性血管炎和中性粒细胞的功能改变相关。局部或全身的细胞因子分泌失衡亦可能参与发病,包括白介素-1(IL-1)、粒细胞集落刺激因子(G-CSF)、粒细胞-巨噬细胞集落刺激因子(GM-CSF)、γ 干扰素(IFN-γ)等。

【临床表现】

任何年龄均可发病,女性多见。皮损好发于面部、颈部和上肢,躯干部也可累及。典型皮损(图 19-5)为突发性触痛性红色斑块和结节,皮温升高。斑块扁平隆起、边界清楚,表面可出现假性水疱。皮损可自行消退。特定的病变可能由针刺等创伤性损伤引发。除血液系统疾病患者外,口腔病变并不常见;最初表现为假脓疱,后来形成溃疡并表现为口疮。

患者常出现体温升高,可表现为间歇性发热。偶可累及其他器官。眼部受累表现为眼睑炎、结膜炎、虹膜炎、溃疡性角膜炎、巩膜炎和葡萄膜炎等。骨骼肌肉系统病变表现为无菌性骨髓炎、肌炎、筋膜炎、关节痛、急性无菌性关节炎等。神经系统表现为无菌性脑膜炎、脑炎、吉兰-巴雷综合征、精神异常等。肾脏受累可见血尿、蛋白尿。心脏受累可有主动脉狭窄、主动脉炎、心脏肥大、

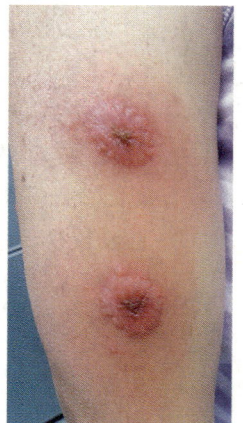

图 19-5　急性发热性嗜中性皮病

冠状动脉闭塞等。肺部受累可见胸腔积液、胸部X线异常和肺泡炎等。

【组织病理】

表皮内散在中性粒细胞浸润，偶见表皮内水疱。真皮乳头区高度水肿，真皮浅中层中性粒细胞弥漫性浸润，可见核尘。血管及汗腺周围中性粒细胞致密浸润，但无明显血管炎的改变。

【诊断和鉴别诊断】

Sweet病诊断标准如表19-3所示。

表19-3　Sweet病诊断标准

主要标准	次要标准
1. 急性发作的触痛性红色斑块或结节	1. 发热（>38℃）
2. 真皮弥漫性中性粒细胞浸润且无血管炎改变	2. 发疹前有上呼吸道或胃肠道感染或免疫接种史，或存在肿瘤、自身免疫性疾病、妊娠
	3. ESR>20mm/h、WBC>8 000/mm³、中性粒细胞百分比>70%、CRP升高
	4. 糖皮质激素或碘化钾反应良好
满足主要标准，同时有2项或2项以上次要标准可诊断该病	

Sweet病需与结节性红斑、多形性红斑相鉴别，根据临床表现和组织病理可以鉴别。

【预防和治疗】

1. 系统应用糖皮质激素　常以0.5~1.0mg/（kg·d）为起始剂量，控制病情后逐渐减至10mg/d维持，病情较重者可延长激素使用时间。对于局部病变可皮损内注射激素。

2. 碘化钾肠溶片　每天300mg，分3次口服，或者饱和溶液1次3滴，一天3次。潜在的副作用为血管炎和甲状腺功能减退，需严密随访。

3. 上述药物反应不敏感者，可联合环孢素和氨苯砜。环孢素的初始剂量为2~3mg/（kg·d），氨苯砜的初始剂量为100~200mg/d。

第八节　青斑样血管病

青斑样血管病（livedoid vasculopathy）又称节段性透明性血管炎（segmental hyalinizing vasculitis）、白色萎缩（atrophie blanche）、青斑血管炎（livedo vasculitis）、下肢网状型疼痛性紫癜性溃疡（painful purpuric ulcers with reticular patterning on the lower extremities，PURPLE），是一种微血管闭塞综合征的皮肤表现。

【病因和发病机制】

病因尚不明确，主要与血液高凝状态和自身免疫性疾病有关。真皮内小静脉形成血栓，导致血管闭塞和继发缺血坏死。高凝状态与蛋白质C缺乏、凝血因子V Leiden突变、凝血酶原基因突变、高同型半胱氨酸血症、脂蛋白水平升高和抗凝血酶缺乏有关。自身免疫性疾病，如抗磷脂抗体综合征、SLE、结节性多动脉炎等亦可导致继发性血液高凝状态。此外，丙型肝炎、妊娠等也可导致其发病。

【临床表现】

好发于15~50岁女性。病变常呈双侧，但也可单侧发病。典型表现为下肢尤其是踝周和足部的痛性斑疹、丘疹、红斑和紫癜，可进展为形状不规则的溃疡（图19-6）。愈后形成瓷白色萎缩性斑。慢性病程，周期性复发。多数青斑样血管病变患者的受累区域存在重度

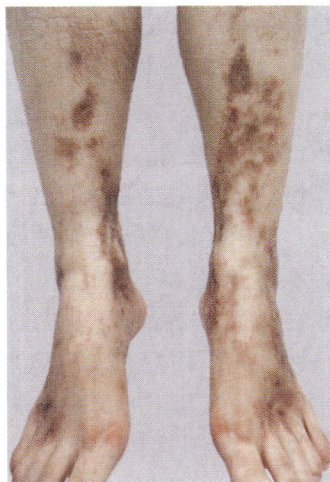

图19-6　青斑样血管病

疼痛、烧灼感或瘙痒。

【组织病理】

组织病理学以纤维蛋白沉积和血栓形成导致的真皮血管闭塞、节段性玻璃样变和内皮细胞增殖为特点，偶见血管周围淋巴细胞浸润。直接免疫荧光可见免疫球蛋白、纤维蛋白和补体沉积于血管。

【诊断和鉴别诊断】

根据病史、体格检查、组织病理学证据进行诊断。排除存在高凝状态、结缔组织病、先天性和获得性血栓形成倾向、副蛋白血症等。进行乙型肝炎病毒、丙型肝炎病毒和 HIV 检测等。

需与静脉淤滞溃疡、冷球蛋白血症等相鉴别。

【预防和治疗】

治疗青斑样血管病，通常采取联合干预。一般措施包括疼痛治疗和伤口护理，戒烟也可能有益。

1. 抗血小板聚集药　阿司匹林、双嘧达莫或己酮可可碱可缓解症状。

2. 抗凝治疗　如果患者对抗血小板治疗反应不充分，有文献报道，进行抗凝治疗可能有效，如华法林、低分子肝素或利伐沙班（口服抗凝药）。

3. 人工合成雄激素　小剂量的达那唑可用于低纤维蛋白溶酶原血症、蛋白质 C 缺乏症和静脉血栓形成等。

4. 血管舒张剂　硝苯地平可用于辅助治疗，解除小动脉痉挛，缓解临床症状。

在停止治疗后，青斑样血管病经常复发。通常需采用有效方案进行长期治疗。

第九节　坏疽性脓皮病

坏疽性脓皮病（pyoderma gangrenosum，PG）是一种复发性、疼痛性、坏死性、溃疡性皮肤病，常伴有潜在的系统性疾病。

【病因和发病机制】

本病常合并一些系统性自身免疫和炎症性疾病，如类风湿关节炎、炎性肠病、HIV 感染、慢性活动性肝炎等。此外，PG 与实体瘤和血液系统恶性肿瘤有关。皮肤外伤是 PG 发生的重要诱因之一。发病机制尚未明确，目前认为以炎症因子、免疫和中性粒细胞功能异常及基因突变等多种因素均参与发病。有报道显示，PG 与 JAK 激酶 2（JAK2）的突变有关，JAK2 参与多种细胞因子的产生。有研究发现 IL-8、IL-1β 及其受体在伤口处过度表达，其中 IL-8 也称为中性粒细胞趋化因子，提示其在无菌中性粒细胞炎症中的重要性。在顽固性 PG 病变中发现 IL-23 过度表达，IL-23 是具有促炎症特性的 IL-12 细胞因子家族的成员，在激活中性粒细胞和刺激 IL-17 介导的炎症中起重要作用。乌司奴单抗（ustekinumab）是一种针对 IL-12 和 IL-23 的 p40 亚单位的人类单克隆抗体，已成功用于少数 PG 病例的治疗。

【临床表现】

本病可发生于不同年龄，以 30~60 岁常见，儿童少见，女性略多于男性。好发下肢，特别是胫前区域，也可发生在上肢、臀部、躯干、外生殖器、头、颈等部位。另外，溃疡可发生在一些小的创伤和外科手术伤口处，尤其是注射部位。病程经过可急可缓。

临床症状多样，初起表现为炎症性红色、紫红色丘疹、小水疱、脓疱和小结节，中心坏死，形成大小不等的剧烈疼痛性溃疡，边界清楚，边缘皮肤呈紫红色，其下方组织有潜行性破坏，周围可出现卫星状排列紫红色丘疹、水疱。发生破溃后又与中心部溃疡融合，底部溢脓，表面常覆有坏死组织及肉芽组织。溃疡中心不断愈合，形成菲薄萎缩性瘢痕，同时又不断向四周扩大。皮损可单发或多发，通常小于 10cm，也可巨大（图 19-7）。根据临床表现的不同又

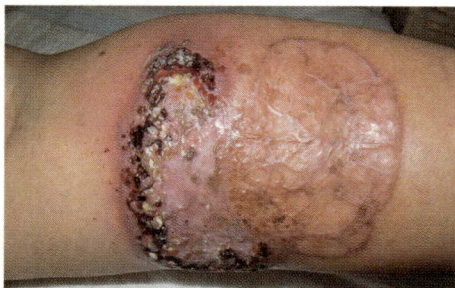

图 19-7　坏疽性脓皮病

分为溃疡型、脓疱型、大疱或"不典型"型、增殖型或浅表肉芽肿型四种亚型。

临床可伴发热、肌痛,1/3 以上患者伴轻重不一的关节症状。有的病例可伴有皮肤外的其他疾病,最常见的为炎性肠病,还有结缔组织病、骨髓瘤、白血病、淋巴瘤、类癌、慢性活动性肝炎、糖尿病、心血管疾病等。

本病可复发,间隔时间不定,从数月至数十年。碘化钾摄入可使病情加重,部分病例碘化钾斑贴试验阳性。

【组织病理】

该病组织病理因皮损类型、位置、疹龄不同而表现不同,且无特异性。典型损害包括皮损中央表皮和真皮的坏死和溃疡,溃疡周围急性炎症细胞浸润,还可见混合的炎细胞和慢性炎细胞浸润。真皮可出现血管增生、扩张,血管壁增厚、水肿,部分患者可出现血管壁纤维素样变性,血管周围大量细胞浸润,主要为中性粒细胞、淋巴细胞、组织细胞。

【诊断和鉴别诊断】

因本病的实验室检查和组织病理无特异性改变,诊断主要基于临床表现。根据炎症性红色丘疹、小水疱、脓疱和小结节,潜行性溃疡,边界清楚,伴剧烈疼痛,好发部位及全身症状和伴随疾病,本病易于诊断。活检的目的是排除溃疡的其他原因,如感染、血管闭塞性疾病、血管炎、结缔组织病、皮肤肿瘤等。

【预防和治疗】

积极治疗原发性疾病,增强体质,改善患者的全身状况,预防和治疗继发感染(表 19-4)。

表 19-4　坏疽性脓皮病的治疗方案

治疗方案	治疗方法		适应证
系统治疗	糖皮质激素	泼尼松≥1mg/(kg·d),病情控制后可减量,必要时低剂量维持治疗。若常规剂量无效,可试用甲泼尼龙 1g/d,共 5d 冲击治疗	严重的急性病例或局部外用药物治疗无效病例
	免疫抑制剂	硫唑嘌呤、环磷酰胺、甲氨蝶呤、秋水仙碱、苯丁酸氮芥等。环孢素通常剂量≤5ng/(kg·d)有效,治疗效果不好的可以加至 10mg/(kg·d),起效需要 1~3 周。吗替麦考酚酯疗效与环孢素类似,也有使用他克莫司有效的报道。氯法齐明对部分顽固病例有效,但疗程不宜过长,并注意其副作用	病情严重或顽固者
	氨苯砜	150~200mg/d,分 2 次或 3 次口服	病情发展缓慢者
	生物制剂	TNF-α 拮抗剂单独或联合糖皮质激素治疗,如英夫利西单抗、依那西普、阿达木单抗及阿法西普、乌司奴单抗	绝大多数患者均有较好疗效
	其他	米诺环素、磺胺吡啶、柳氮磺吡啶、沙利度胺、色甘酸钠,也有报道血浆置换、静脉注射丙种球蛋白、高压氧能很快止痛	部分病例有效
局部治疗	他克莫司软膏、吡美莫司软膏、色甘酸钠溶液等外用,糖皮质激素局部封闭或外用治疗		进展缓慢或局限性的轻症患者
外科治疗	分层皮片移植和带血管游离皮瓣移植治疗		病情稳定期,可在应用免疫抑制剂的情况下采用

第十节　血栓性静脉炎

血栓性静脉炎(thrombophlebitis)是以静脉壁急性炎症和管腔内血栓形成为特征的疾病。

【病因和发病机制】

各种引起静脉壁炎症、损伤及坏死的因素,都是引起血栓性静脉炎的病因,例如长期卧床、心力衰竭、静脉曲张、静脉壁变性、各种原因引起腹腔或盆腔压力升高等,可以导致血流缓慢,静脉淤血,促进血栓形成;寒冷和潮湿使血管舒张功能失调;恶性肿瘤、吸烟、性激素或前列腺素的缺乏、凝血功能异常等因素导致的高凝状态;外伤或组织炎症引起附近静脉感染性炎症;长期静脉穿刺、静脉插管、静脉注射硬化剂、化疗药物、造影剂、高渗溶液等。

上述各种原因导致血管内皮细胞损伤并引起静脉及其周围组织炎症,内皮下胶原纤维裸露,促使血小板聚集,启动内源性和外源性凝血系统,导致血栓形成。

【临床表现】

本病好发于下肢的大隐静脉及其分支和上肢静脉,常发生于单条静脉,严重的可波及邻近分支。急性期患处出现疼痛及压痛,可触及皮下索条状硬结或节段性卵圆形硬结,损害可向近段及大的分支发展,也可累及附近组织,发生静脉周围炎,局部皮肤红肿,皮肤温度升高。2周左右疼痛缓解,红肿消退,出现色素沉着,索状物和结节硬度增加,随着时间延长逐渐消失,血栓处可再通及建立侧支循环。

全身症状较轻,白细胞轻度升高或正常。发生化脓性血栓性静脉炎时,可伴发细菌性或真菌性败血症、急性细菌性心内膜炎。

多发性或游走性血栓性静脉炎是一种少见型,侵犯大小静脉。男性较多,可见于下肢、腹壁、肋腹侧、臂及其他部位,表现为连续、成批、散在节段性血栓形成。可累及一条或多条静脉,损害此起彼伏呈游走性,慢性经过,可达数月或数年。若血栓发生在肢体的深部静脉,可引起患肢水肿或功能障碍。如脑、肝、肾、肠系膜及肺等内脏形成静脉血栓,可出现相应的临床症状,甚至危及生命。

【诊断和鉴别诊断】

早期诊断有困难,但根据本病多发生在肢体,自觉局部疼痛和压痛,沿血管走向条索状硬结,结合病史可以确诊。多普勒超声因方便和无创,是进一步诊断及评估的首选检查方法。本病应与以下疾病相鉴别。

1. 动脉炎或小动脉炎 临床有动脉痉挛,表现为肢体发冷、苍白、脉搏减弱或消失,甚至出现局部缺血坏死。

2. 结节性多动脉炎 为单发或群发的红色、质硬的皮下结节,甚至形成溃疡,皮损可沿血管发生;系统型结节性多动脉炎伴有内脏损害和全身症状。

【预防和治疗】

积极寻找病因,针对病因做相应的预防和治疗。浅表性血栓性静脉炎病变较局限者,对症治疗,卧床休息,抬高患肢,局部热敷,必要时口服非甾体抗炎药,如吲哚美辛口服或肛内给药,以控制疼痛等不适,一旦急性疼痛缓解,可着弹力袜和加强锻炼,促进恢复。合并深静脉栓塞或血栓性静脉炎扩展至隐股静脉交界处,推荐低分子肝素钠抗凝治疗。深静脉血栓应在形成的3天内尽早溶栓,常用尿激酶和链激酶,之后继以低分子肝素钠抗凝。

明确合并外伤及软组织感染的应使用抗生素,由导管引起的感染应根据导管的微生物培养结果及药敏试验选择合适的抗感染药物。

外科行大隐静脉高位结扎剥脱加浅静脉剥脱取栓术,能从根本上解除血栓蔓延、静脉曲张及血栓性浅静脉炎再发。

第十一节 网 状 青 斑

网状青斑(livedo reticularis,LR),又名树枝状青斑(livedo racemosa)、环状青斑(livedo anularis)、树枝状皮炎(inflammatio cutis racemosa),是以皮肤表现特征性网状或树枝状青紫色斑的血管性疾病,常遇冷后加重。

【病因和发病机制】

网状青斑可分为生理性、特发性和继发性。生理性网状青斑(大理石样皮肤)为遇冷发生的短暂生理反应,是皮肤的一种生理现象。特发性网状青斑病因不明,也可以是先天性的(先天性毛细血管扩张性大理石样皮肤)。目前认为生理性、持发性网状青斑主要由血管痉挛引起。继发性网状青斑常继发于引起血管内阻塞或血管壁的疾病,血管内阻塞包括麻痹(瘫痪)、心力衰竭、血栓、草酸盐沉着症、减压病、血小板减少或增多症、冷球蛋白血症、红细胞增多症、冷凝集素血症、巨球蛋白血症;血管壁的疾病包括动脉硬化、红斑狼疮、皮肌炎、类风湿关节炎、风湿热、各种类型的动脉炎、蕈样肉芽肿、乳腺癌、动脉造影并发症等。有报道显示,服用某些药物,如儿茶酚胺、奎尼丁、金刚烷胺等,可发生网状青斑。

【临床表现】

本病多见于儿童和女性,多发生于下肢,偶尔累及上肢及躯干。当遇冷时,皮损处出现青紫色或红色网状斑,斑间皮肤正常或苍白,可有轻度水肿,早期祛除病因或保暖后症状可消退,但日久后血管可发生持久性扩张,皮损固定不变(图19-8)。一般无自觉症状,也可有麻木、隐痛或刺痛等感觉异常。坏死性网状青斑可发生皮肤溃疡,较顽固。

【诊断和鉴别诊断】

根据好发年龄、特征性临床表现易于诊断。可行全血细胞计数、凝血功能、抗磷脂抗体、冷球蛋白、抗核抗体、类风湿因子、细胞质和核周抗中性粒细胞自身抗体、血清免疫蛋白电泳等实验室检查,寻找潜在致病原因。获得性继发性网状青斑应与火激红斑相鉴别。

【预防和治疗】

生理性或特发性网状青斑无需特殊治疗,以保暖避寒及抬高肢体为主。继发性网状青斑应积极寻找病因,治疗基础疾病或停用致病药物。

图19-8　网状青斑

伴有溃疡等的严重患者可考虑使用肝素抗凝,也可应用链激酶、尿激酶和低分子右旋糖酐静脉注射。有报道显示,抗血小板凝集药物,如小剂量阿司匹林、前列环素、氯吡格雷、潘生丁和血管扩张剂(如硝苯地平口服)以及硫唑嘌呤、达那唑、己酮可可碱等治疗有效。

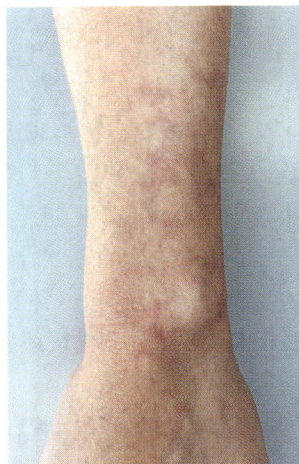

第十二节　雷诺现象和雷诺病

雷诺现象(Raynaud phenomenon,RP)是一种伴发有其他基础疾病的皮肤改变,表现为受到寒冷和情绪波动时肢端小动脉痉挛,导致指(趾)端皮肤苍白,继而出现青紫和潮红等改变。常见于硬皮病、皮肌炎、红斑狼疮、混合性结缔组织病、类风湿关节炎等自身免疫性结缔组织疾病。而特发性者称雷诺病(Raynaud disease,RD),也称为原发性雷诺现象或肢端动脉痉挛病,往往原因不明。

【病因和发病机制】

雷诺病/雷诺现象的病因和发病机制尚未明确,但认为与多种因素有关。RP常继发于自身免疫性结缔组织疾病、闭塞性动脉疾病、冷凝集素血症、冷球蛋白血症、脊髓肿瘤、脊髓炎和神经损伤、甲状腺功能减退症等疾病。寒冷是诱发RP最常见的因素,精神刺激、外伤、振动、应用激素及某些化学因素(如吸烟、药物)等亦可诱发。上述因素可使手部动脉管壁平滑肌痉挛、血管内皮增厚管腔狭窄、支配该动脉的交感神经兴奋性改变、血管平滑肌对化学递质敏感性增强及血液黏滞度增加等而导致RP发生。

冷暴露下,酪氨酸激酶引起酪氨酸磷酸化程度增加,被认为是RP中血管遇冷后收缩机制之一。患者血液循环中还发现儿茶酚胺、红细胞可变形性、血黏度、血小板凝集和纤维蛋白溶解异常。有的患者血中血管内皮素-1(ET-1)水平升高,循环因子Ⅷ相关抗原水平增高,表明冷应激作用位于内皮细胞。RD的病因虽不明确,但认为血管α-2交感神经受体活性增加、内皮细胞功能障碍、含降钙素基因相关肽的感觉运动神经元缺陷或特定的体温中枢热调节异常或缺陷等可能与发病有关。

【临床表现】

雷诺病/雷诺现象早期临床表现基本相同,二者区别见表19-5。其典型表现分为三期。

NOTES

表19-5　雷诺现象与雷诺病的区别

名称	年龄、性别	病因	皮损表现	全身症状	实验室检查
雷诺现象	50岁以上，男性多见	常见于自身免疫性结缔组织病，可先于基础病存在，硬皮病为80%~90%，混合性结缔组织病为85%，系统性红斑狼疮为10%~35%，皮肌炎为30%	多为1~2指，不对称发作，易发生溃疡和坏死，动脉搏动减弱或消失	发热、关节痛等	贫血、红细胞沉降率增快，抗核抗体阳性、相关结缔组织病的抗体阳性
雷诺病	年轻女性好发	病因不明	多个手指发病，对称发作	对冷不耐受，无系统症状	无免疫学异常，镜下甲皱襞毛细血管正常

1. 苍白期　精神焦虑、激动、紧张、恐惧或遇冷时，肢端皮温降低，肢端细小动脉痉挛，导致局部缺血，出现皮肤苍白。常见于手指，可仅1个手指发病或几个手指发病，由指尖向指根部发展，示指和小指最常受累，拇指血流丰富一般不受累，可逐渐向手掌发展。也可见其他末端部位，如鼻尖、耳垂、颊、舌有冷湿、刺痛和麻木等不适。雷诺病常多个手指发病且呈对称性。

2. 青紫期　数分钟后肢端乳头下静脉丛和毛细血管被动扩张，淤血、缺氧，还原血红蛋白量增加，皮肤出现发绀状（图19-9）。

3. 潮红期　经保暖后血管痉挛消失，细动脉、毛细血管和细静脉扩张，血管充血，血流增加，皮肤变成潮红，温度升高。当血流灌注正常，发作停止后，皮肤颜色恢复正常。此期患者可以感觉局部肿胀、搏动样疼痛。

有些患者症状轻微，没有规律的三期表现。若典型症状频繁发作，小血管痉挛时间过长、指端组织长期处于缺血、营养障碍状态，可出现指尖变细，末节指骨吸收变短和畸形，指端发生溃疡和坏疽。

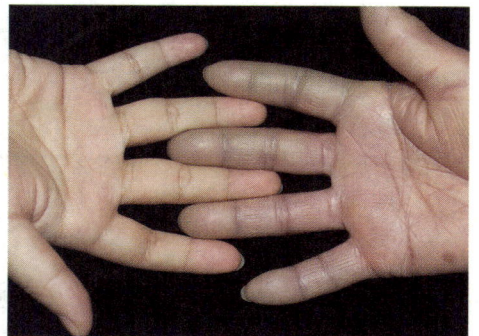

图19-9　雷诺病/雷诺现象（左侧：正常对照）

【诊断和鉴别诊断】

依据患者手指在寒冷中典型的颜色变化：苍白-紫绀-潮红-正常，可以作出诊断。非典型病例可借助冷水激发试验、握拳试验诊断。应与以下疾病相鉴别。

1. 肢端青紫症　患者肢端受冷后，皮肤潮湿冰凉，呈紫红或青紫色，症状常为持续性，无阵发性手指苍白现象。

2. 红斑肢痛症　更常见于女性，表现为与雷诺现象充血期相似的皮肤潮红，脚和下肢疼痛，手部少见疼痛，伴有指（趾）端疼痛，但与雷诺现象不同的是遇热疼痛加重，寒冷暴露时症状改善。

【预防和治疗】

积极采取有效保暖措施，禁烟、避免精神紧张及使用拟交感神经药。雷诺病通常症状轻微，并不需要治疗。雷诺现象患者应积极治疗原发病（表19-6）。

表19-6　雷诺现象的治疗方案

治疗方案	药物分类	药品名称	作用特点
局部治疗	硝酸盐类药物	2%硝酸甘油软膏	可能造成低灌注区的血液分流，加重原发病变，需谨慎使用
系统治疗	钙通道阻滞剂	硝苯地平、地尔硫䓬、氨氯地平、依拉地平、尼卡地平、非洛地平	一线治疗，缓解雷诺现象的发作
	肾上腺素α受体拮抗剂	盐酸妥拉唑林、酚苄明、哌唑嗪	阻断去甲肾上腺素、肾上腺素与血管α受体结合，扩张血管

续表

治疗方案	药物分类	药品名称	作用特点
系统治疗	5-磷酸二酯酶抑制剂	西地那非	常规血管扩张治疗失败的患者
	选择性 5-羟色胺再摄取抑制剂	氟西汀	血管扩张性不良反应少
	血管紧张素 Ⅱ 受体阻滞剂	氯沙坦	改善冬季雷诺病血管收缩症状
	内皮素受体拮抗剂	波生坦	预防新发手指溃疡和治疗系统性硬化相关肺动脉高压
	前列环素类药物	前列地尔、伊洛前列素	静脉给药,减少发病频率和疾病严重程度
	内源性肽	降钙素基因相关肽	静脉给药,对难治性雷诺现象可能有效
	其他	双嘧达莫、丹参片、己酮可可碱、他汀类药物	
外科治疗	对顽固和严重致残的患者,推荐行交感神经切除术,近期效果较好,但远期复发率高		
其他治疗	有报告显示,局部肉毒毒素注射可减轻疾病严重程度		

第十三节 肢端发绀症

肢端发绀症(acrocyanosis)又称肢端紫绀症、肢端青紫症。表现为遇冷后手足部皮肤呈对称性、持续性青紫色、多汗、冰凉,温暖后症状缓解。

【病因和发病机制】

本病病因尚不明了。有家族史,认为与遗传因素有关。可分为原发性和继发性两类。原发性病因不明,继发性见于自身免疫性疾病,如结缔组织病、原发或特发性抗心磷脂抗体综合征;良性或恶性副蛋白血症、副肿瘤综合征;冷凝集素病;冷球蛋白Ⅲ症等疾病。用光学显微镜观察和免疫组化研究,未发现支配皮肤脉管系统的神经、血管活性肽能神经有病变。因此,推测本病是由于皮肤末梢细、小动脉对寒冷刺激的反应过度,发生痉挛,血流缓慢,毛细血管和乳头下静脉丛继发性扩张、淤血所致。有报道显示,血黏度增高和情绪变化可使疾病加重。

【临床表现】

多见于年轻女性,常于冬季发病,发病部位多位于指、趾,可扩展至腕和踝部,少数患者可累及鼻、唇、颊、颏和耳郭。遇冷后皮肤呈紫红色或青紫色,或杂以斑点,压之褪色。患处皮肤冰凉、多汗,温暖后皮色逐渐转变回红色。患者易患冻疮,亦可伴网状青斑及红绀病。有些患者整个冬季症状持续存在,肢端有麻木感或感觉异常。至成年时症状好转,一些患者可自行消退。严重类型称为间歇性坏死性肢端青紫症,常突然发生于成年人,与季节无关,持续几周或几个月,部分患者仅发生一次,也有患者几年后复发,甚至手、足、指(趾)端出现溃疡和坏死现象,自觉疼痛。

【诊断和鉴别诊断】

根据肢端皮肤潮湿冰凉、呈紫红或青紫色,冬季发病或加重,脉搏正常,无静脉栓塞等可以诊断。主要与雷诺病、闭塞性动脉硬化症、冻伤等疾病相鉴别。

【预防和治疗】

患者应注意防寒、保暖、规律锻炼、戒烟、忌饮茶和咖啡。可以系统使用血管扩张剂和钙通道阻滞剂,如硝苯地平、硫氮草酮、哌唑嗪、利血平,但效果常不显著。局部可应用烟酸衍生物和米诺地尔。严重者可行交感神经阻滞或交感神经切除术。

NOTES

第十四节   色素性紫癜性皮肤病

色素性紫癜性皮肤病（pigmentary purpuric dermatosis）也称色素性紫癜性皮疹（pigmented purpuric eruption），是一组由毛细血管炎引起的毛细血管扩张、通透性增加所致的红细胞外渗和含铁血黄素沉积，以皮肤瘀点样出血为特征的疾病。

【病因和发病机制】

病因不明，多为特发性。重力、静脉压升高、运动、毛细血管脆性增加、局灶性感染、食物或食品添加剂、衣服染料接触过敏均可诱发。其中药物（如钙通道阻滞剂、β受体阻滞剂、血管转化酶抑制剂、非甾体抗炎药、抗生素、口服降糖药、呋塞米、α干扰素等）是进行性色素性紫癜性皮肤病最常见的诱发因素。有人认为毛细血管扩张性环状紫癜可能是某些全身疾病（如心血管系统、肾脏疾病）的一种表现，本组疾病也可能是类风湿疾病或是蕈样肉芽肿的一种表现。发病机制尚未明确，可能与细胞介导的免疫反应有关，朗格汉斯细胞、免疫复合物和细胞因子在其中亦可能起一定作用。

【临床表现】

进行性色素性紫癜性皮肤病（progressive pigmented purpuric dermatosis），又称 Schamberg 病（Schamberg disease），中老年男性多见，也可发生于任何年龄。好发于小腿及踝周，也可波及大腿、臀部、躯干、手臂。典型特征是群集性针尖大小红色瘀点，逐渐融合成片，中心部位由于含铁血黄素的沉积逐渐转变成棕褐色，但在旧皮疹内及周围不断有新发皮疹，外观似胡椒粉样小点（图 19-10）。皮疹数量不定。通常无自觉症状或伴轻度瘙痒。病程慢性，反复发作多年后可自行缓解或消失。

毛细血管扩张性环状紫癜（purpura annularis telangiectosis）又称 Majocchi 病（Majocchi disease），可发生于任何年龄，但青年女性多见。早期表现为紫红色、直径 1~3cm 的环状斑片，中央呈暗红色毛细血管扩张、瘀点及胡椒粉样小点，中央逐渐消退，向周围扩展形成环状、半环状、弧形或同心圆样损害。单个皮损消退缓慢，但新疹又不断形成，故病程长短不确定。皮疹数量不定，多发生于小腿，可发展至大腿，甚至延及臀部、躯干和上肢。通常无自觉症状。有自愈倾向。如果皮疹数量少且为形状较大的不规则弓形损害，则称为弓形毛细血管扩张性环状紫癜（purpura telangiectatica arcifomis，Touranine），为本病的一个亚型。

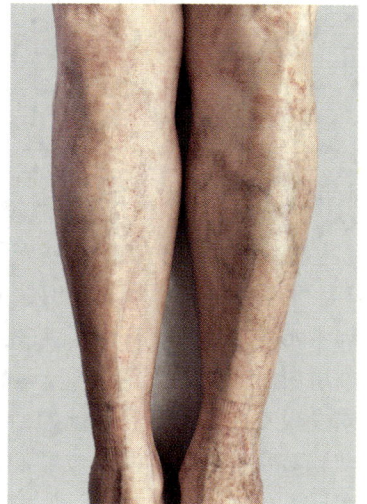

图 19-10　进行性色素性紫癜性皮肤病

色素性紫癜性苔藓样皮肤病/皮炎（pigmented purpuric lichenoid dermatosis/dermatitis），又称 Gougerot-Blum 病/综合征（Gougerot-Blum disease/syndrome）。本病多见于中年男性，好发于小腿，也可累及大腿、臀部、躯干下部；对称分布。皮疹表现为针尖大小铁锈色苔藓样丘疹，伴紫癜样损害，常融合成含有不同颜色丘疹的斑块（伴有苔藓样皮炎的紫癜）；边缘不清，表面少许鳞屑，偶尔伴有瘙痒。本病可合并有卟啉症，损害亦可发生于口腔黏膜。

【诊断和鉴别诊断】

根据皮疹好发于下肢，尤以小腿伸面多见，结合特征性皮损，诊断不难。应与下列疾病进行鉴别（表 19-7）。

表19-7　色素性紫癜性皮肤病的鉴别诊断

疾病名称	部位	皮疹特点	自觉症状	系统症状	实验室检查
过敏性紫癜	双下肢对称	瘀点、瘀斑压之不褪色，皮损较单一	常无自觉症状	腹痛、关节炎或关节痛	血小板计数正常，可有尿常规、便潜血异常
静脉曲张性淤积型皮炎	下肢静脉曲张处	片状暗红斑及色素沉着斑、丘疹、小水疱、糜烂、结痂、鳞屑、溃疡，可伴渗出，小腿下部常伴水肿	瘙痒	无	无异常
匐行性血管瘤	多见于单侧下肢	匐行性、环状或网状红色、紫红色斑片，伴毛细血管扩张	常无自觉症状	无	无异常
高球蛋白血症性紫癜	双下肢胫前及足背	小片红斑，迅速形成瘀点和瘀斑，成群发生，反复发作	无	发热、盗汗、淋巴结肿大、乏力、体重减轻、关节肌肉疼痛等	蛋白电泳见球蛋白异常增高，呈宽带峰等

【预防和治疗】

积极寻找病因，治疗基础疾病，抬高患肢、避免长时间站立，可穿弹力袜，外用润肤剂和保湿剂。局部外用糖皮质激素有效，还可外用钙调磷酸酶抑制剂、肝素钠软膏。系统治疗包括口服维生素 C、维生素 E、芦丁、己酮可可碱，也有沙利度胺、秋水仙碱治疗成功的报道。皮疹泛发者可服少量糖皮质激素，慢性病例可口服环孢素治疗，但因存在潜在不良反应，均不作为一线治疗。紫外线治疗包括长波紫外线疗法（PUVA）和窄谱中波紫外线（NB-UVB），疗效较好。可予活血化瘀类中药口服治疗。

（张春雷　谭雪晶）

思考题

1. 简述常见皮肤血管炎的鉴别诊断。
2. 雷诺现象常见于哪些疾病，患者应做哪些实验室检查？
3. 简述白塞病的诊断标准。

第二十章
大疱性皮肤病

【学习要点】

1. 大疱性皮肤病是一组由致病性自身抗体介导的自身免疫性大疱性疾病,根据病变部位分为表皮内大疱病和表皮下大疱病两大类。

2. 天疱疮属于表皮内大疱病,典型皮损为皮肤或/和黏膜发生水疱,尼科利斯基征阳性,易破溃形成糜烂面。基本病理表现是棘层松解,形成表皮内裂隙和水疱。

3. 以大疱性类天疱疮为代表的表皮下大疱病表现为紧张性水疱、大疱,尼科利斯基征(Nikolsky sign)阴性。基本病理改变为表皮下水疱伴不同程度和类型的炎细胞浸润。

4. 直接免疫荧光、间接免疫荧光、ELISA 等实验室检查是大疱性皮肤病诊断和鉴别诊断的重要依据。

5. 主要治疗方法为局部或系统应用糖皮质激素,必要时联合应用免疫抑制剂或免疫调节剂等。不同的大疱病在药物种类和剂量选择等方面有差异。

第一节　天　疱　疮

天疱疮(pemphigus)是一组由致病性自身抗体介导的自身免疫性大疱性疾病,多见于中年人,发病无性别差异。

【病因和发病机制】

发病诱因不清,少数特殊类型与药物诱发或伴发肿瘤相关。患者体内免疫失衡,产生抗角质形成细胞表面的桥粒芯糖蛋白(desmoglein,Dsg)1 和/或 3 的 IgG 自身抗体。自身抗体与抗原结合,通过空间效应、信号转导或细胞凋亡等途径导致细胞间黏附丧失,造成细胞松解,形成表皮内水疱。

【临床表现】

根据临床特点可将天疱疮分为寻常型天疱疮(pemphigus vulgaris)、增殖型天疱疮(pemphigus vegetans)、落叶型天疱疮(pemphigus foliaceus)和红斑型天疱疮(pemphigus erythematosus)四个主要类型。其他特殊类型的天疱疮有疱疹样天疱疮(herpetiform pemphigus)、IgA 天疱疮(IgA pemphigus)、药物性天疱疮(drug-induced pemphigus)、副肿瘤性天疱疮(paraneoplastic pemphigus,PNP)等。

1. **寻常型天疱疮**　是最常见且较严重的类型,多发于中老年人,60% 患者初发症状为口腔黏膜水疱和糜烂,部分患者仅有口腔损害。皮肤损害好发于胸、背、头颈部,典型的皮损为外观正常的皮肤或红斑基础上发生水疱或大疱,疱液清亮,疱壁薄,尼科利斯基征(Nikolsky sign)阳性,易破溃形成糜烂面(图 20-1a)。重症病例皮损广泛,表皮大面积剥脱形成糜烂、渗出,容易继发感染。鼻、眼结膜、生殖器、肛门、尿道等部位的黏膜也可受累。

2. **增殖型天疱疮**　是寻常型天疱疮的良性型,临床少见,发病年龄较轻,口腔损害较轻。好发于头面、鼻唇沟、乳房下、脐窝、腋下、腹股沟等部位。轻型者原发损害为小脓疱,水疱不明显,疱破后在糜烂面上形成增殖性斑块或结节,病情轻但增殖性皮损常顽固不退,经过缓慢,预后较好。

3. **落叶型天疱疮**　多发于中年人,皮损初发于头面、躯干,逐渐发展,遍及全身。水疱常发生在红斑基础上,疱壁更薄,尼科利斯基征阳性,极易破裂,渗出少,在糜烂面上可形成黄褐色油腻性疏松的鳞屑和落叶状薄痂(图20-1b);重症病例皮疹广泛,进展迅速,如得不到及时控制有可能发展为红皮病。本型黏膜受累极少见。

4. 红斑型天疱疮　是落叶型天疱疮的局限型,好发于头面、胸背上部(皮脂溢出部位),下肢和黏膜很少累及。皮损为散在、大小不等的浅表性水疱,尼科利斯基征阳性,极易破裂,在糜烂面上常结成黄痂或油腻状鳞屑。有时病变非常表浅,不形成明显的水疱,仅表现为浅表糜烂性红斑。皮疹日晒后可加重,除轻微瘙痒外,一般无其他症状。患者常有类似于红斑狼疮的蝶形红斑,部分患者血

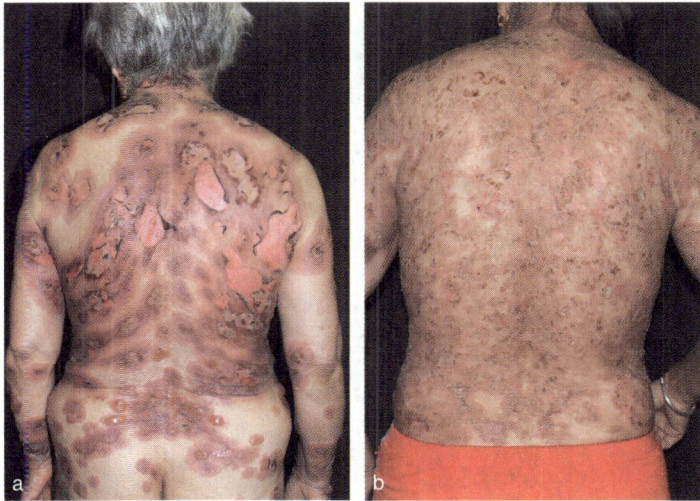

图 20-1　天疱疮的临床表现
a. 寻常型天疱疮;b. 落叶型天疱疮。

清抗核抗体阳性,提示本病与系统性红斑狼疮有一定的相关性,但其内在联系尚不清楚,该病也很少有发展成为系统性红斑狼疮的情况。

5. 特殊类型的天疱疮

(1)疱疹样天疱疮:因皮疹表现与疱疹样皮炎类似而得名,发生率低,特点为水肿性红斑基础上出现环状、弧形排列的簇集小水疱,多伴剧烈瘙痒,黏膜损害轻或无。本病治疗反应良好,部分病例可逐渐演变成为寻常型或落叶型天疱疮。

(2)IgA 天疱疮:因患者血清中存在可识别表皮细胞间抗原的 IgA 抗体而得名,分角层下脓疱性皮肤病型(subcorneal pustular dermatosis type,SPD 型)和表皮内中性粒细胞性 IgA 皮肤病型(intraepidermal neutrophilic IgA dermatosis type,IEN 型)。好发于腋下和腹股沟等皮肤褶皱部位,躯干、四肢近端和下腹部也常常受累,黏膜极少受累。皮损多表现为红斑或正常皮肤上出现松弛性脓疱或水疱,脓疱多倾向于融合成圆形或环形、中央有结痂和鳞屑,边缘有少数水疱,伴明显瘙痒,尼科利斯基征可阴性或阳性。病程缓慢,呈良性经过。

(3)药物性天疱疮:多在用药数月甚至 1 年后发生,可由 D-青霉胺、卡托普利、吡罗昔康和利福平等含有硫氢基团的药物诱发。临床多表现为落叶型或红斑型天疱疮,黏膜受累少而轻,停药后多能自愈。

(4)副肿瘤性天疱疮:发病与伴发肿瘤相关,肿瘤可为良性或恶性,以淋巴细胞增生性肿瘤为主,包括非霍奇金淋巴瘤、慢性淋巴细胞白血病、卡斯尔曼病(Castleman 病)、胸腺瘤、霍奇金淋巴瘤等。可伴发非淋巴细胞增生性肿瘤,如炎性纤维肉瘤、乳腺癌、肺癌、宫颈癌等。本病可发生于任何年龄,以中老年多见,病情较重。临床表现呈多器官性损害,不同个体差异较大。皮肤黏膜损害是最常见和最早出现的症状,为广泛、严重、顽固的口腔黏膜糜烂、溃疡、出血,疼痛明显。累及唇红时,发生糜烂,表面结焦黑色厚痂是较有特征性的表现(图20-2)。另一突出表现为疼痛性、糜烂性眼结膜炎。其他黏膜,如舌、鼻咽、支气管、食管和外阴等黏膜亦可累及。皮肤损害表现为多形性,常见红斑、水疱、糜烂、结痂、丘疹鳞屑性损害、多形红斑样损害及扁平苔藓样损害,可伴瘙痒或疼痛。皮疹分布以躯干上部、头、颈及四肢近端为主,掌跖部

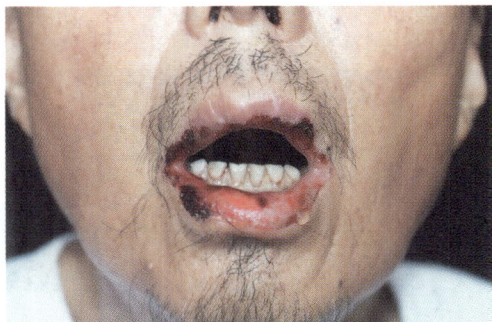

图 20-2　副肿瘤性天疱疮

位可见红斑水疱及角化性损害,具有特征性。本病常有系统受累,肺部受累表现为进行性喘憋、呼吸困难,弥漫性闭塞性细支气管炎最终可发展为呼吸衰竭,是主要致死原因。神经系统也可因机体对潜在肿瘤的异常免疫反应而成为受累靶器官,导致衰弱或威胁生命。

【组织病理和实验室检查】

1. 组织病理　天疱疮基本组织病理表现是棘层松解、表皮内裂隙和水疱,疱腔内有棘层松解细胞。各型天疱疮棘层松解的部位不同。

(1)寻常型天疱疮:水疱或裂隙发生于棘层下方或基底层上方(图 20-3a);疱液中有棘层松解细胞,细胞体积大,核浓缩居中,细胞质均一。

(2)增殖型天疱疮:早期水疱或裂隙的发生与寻常型相同,增殖性皮损有表皮角化过度、棘层肥厚呈假上皮瘤样增生,表皮内可见嗜酸细胞微脓疡,棘层松解可不明显。

(3)落叶型天疱疮:水疱、裂隙位于棘层上部或颗粒层(图 20-3b),陈旧的皮损有角化过度、角化不全、角栓形成和棘层肥厚,真皮内中等量炎症细胞浸润。

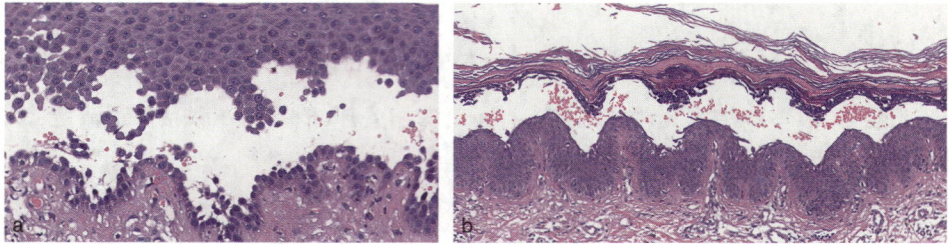

图 20-3　天疱疮组织病理学检查
a. 寻常型天疱疮;b. 落叶型天疱疮。

(4)红斑型天疱疮:与落叶型天疱疮类似,因受累表皮极表浅且易脱落,有时病理仅表现为表皮无角质层,见不到裂隙或水疱。

(5)疱疹样天疱疮:棘层松解与落叶型或寻常型天疱疮类似,有时可不明显,特征性表现是表皮明显的海绵水肿伴嗜酸细胞浸润(嗜酸性海绵水肿),真皮也可见散在的嗜酸细胞。

(6)IgA 天疱疮:SPD 型水疱或脓疱位于角质层下,其中含有中性粒细胞和少数棘层松解细胞;IEN 型脓疱分布于整个表皮内,疱液中含有大量中性粒细胞和棘层松解细胞,棘细胞层内有海绵形成。

(7)副肿瘤性天疱疮:表皮棘层松解伴散在的角质形成细胞坏死和界面破坏是诊断本病的重要线索。棘层松解发生于基底层上方,表皮内易见到散在坏死的角质形成细胞,基底细胞空泡变性,真皮浅层以淋巴细胞为主的致密炎细胞浸润。根据所取皮损的形态不同,其组织病理可有所差异。

2. 免疫荧光检查

(1)直接免疫荧光(DIF)检查:几乎所有患者在表皮细胞间都有 IgG、C3 呈网状沉积;寻常型天疱疮主要沉积在棘层中下方(图 20-4a),落叶型天疱疮主要沉积在棘层上方甚至颗粒层(图 20-4b);

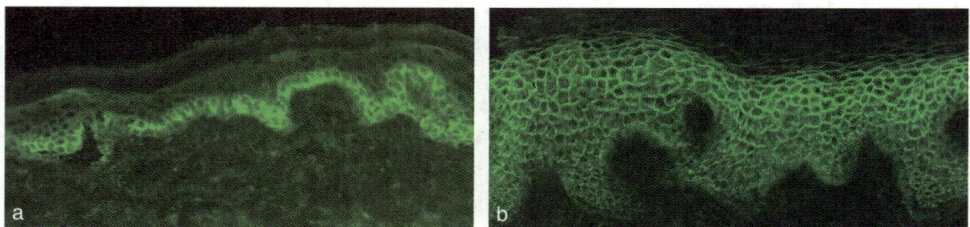

图 20-4　天疱疮直接免疫荧光检查
a. 寻常型天疱疮;b. 落叶型天疱疮。

红斑型天疱疮暴露部位的皮肤除表皮细胞间有 IgG、C3 呈网状沉积外,部分患者在基底膜带有 IgG、IgM、C3 呈线状沉积;SPD 型 IgA 天疱疮 IgA 主要沉积于表皮上层细胞间,IEN 型 IgA 沉积于整个表皮内,并在表皮内偶有 C3、IgG、IgM 沉积;副肿瘤性天疱疮除表皮细胞间有 IgG、C3 沉积外,在基底膜带也可见到 IgG 和 C3 线状沉积。

（2）间接免疫荧光（IIF）检查:可发现患者血清中存在抗棘细胞间物质的 IgG 抗体（IgA 天疱疮为 IgA 抗体）,滴度与病情严重程度有一定的相关性,但不完全平行。对于副肿瘤性天疱疮,以大鼠膀胱组织冰冻切片为底物行间接免疫荧光检查,可见上皮细胞间 IgG 阳性荧光,具有一定的诊断价值。

3. **细胞学检查**　用玻片在疱底或糜烂面上轻压印片,或用钝刀轻刮糜烂面后涂片进行革兰染色,可见单个或成群的棘层松解细胞,细胞圆形或卵圆形,细胞间桥消失;细胞核呈圆形、大而深染,可见核仁,核周围有浅蓝色晕;细胞质均匀,呈嗜碱性。

4. **酶联免疫吸附试验（ELISA）**　血清抗 Dsg1 和抗 Dsg3 自身抗体（IgG）的检测具有敏感性高、特异性好的优点。对天疱疮的诊断和鉴别诊断具有重要价值。寻常型天疱疮以黏膜损害为主者抗 Dsg3 阳性,黏膜和皮肤均受累者抗 Dsg1、抗 Dsg3 阳性;落叶型和红斑型天疱疮抗 Dsg1 阳性、抗 Dsg3 阴性;增殖型天疱疮、疱疹样天疱疮、药物性天疱疮、副肿瘤性天疱疮也可有抗 Dsg3 阳性和/或抗 Dsg1 阳性。抗 Dsg1 和抗 Dsg3 抗体滴度与病情的严重程度基本平行,临床症状改善后抗体滴度可逐渐下降或转阴。

5. **免疫印迹试验和免疫共沉淀试验**　主要用于其他实验室检查不能确诊的副肿瘤性天疱疮。以表皮蛋白提取物为底物,患者血清可识别多种连接蛋白,最常见的是包斑蛋白（envoplakin,210kDa）、周斑蛋白（periplakin,190kDa）,其次为桥粒斑蛋白 I（desmoplakin I,250kDa）和桥粒斑蛋白 II（desmoplakin II,210kDa）、大疱性类天疱疮抗原 1（BPAG1,230kDa）等。

【诊断和鉴别诊断】

主要根据临床表现、组织病理、免疫学检查进行诊断和分型,不同类型天疱疮的临床特点和鉴别要点见表 20-1。

临床上天疱疮需与以下疾病相鉴别:大疱性类天疱疮等表皮下自身免疫性大疱病（详见表 20-2）、多形红斑、重症药疹等;口腔损害还需与阿弗他溃疡和扁平苔藓等相鉴别。

【预防和治疗】

给予高蛋白、高维生素饮食。注意维持水、电解质平衡。全身衰竭者给予白蛋白、血浆或者全血等支持治疗。长期应用糖皮质激素以及免疫抑制剂容易引起各类并发症,如高血压、糖尿病、骨质疏松、股骨头无菌性坏死、继发感染、水电解质紊乱及精神神经症状等,应予以相应处理。

1. **系统治疗**

（1）糖皮质激素:为目前治疗本病的首选药物。一旦确诊应及早应用,初始剂量应足够,以尽快控制病情。按照皮损范围、严重程度决定初始剂量,一般推荐 0.5~1.0mg/(kg·d),特别严重的病例可给予冲击剂量。给药后应密切观察病情,若治疗规律,多数患者可逐渐减量、停药,达到痊愈,一般平均需要 4~5 年的服药时间。

（2）免疫抑制剂:与糖皮质激素联合应用,疗效较好,可选用硫唑嘌呤、环磷酰胺、甲氨蝶呤、环孢素或吗替麦考酚酯。应用免疫抑制剂需密切注意监测患者胃肠道反应、骨髓抑制及肝肾功能损伤等不良反应,及时采取相应对策。

（3）静脉注射免疫球蛋白（IVIg）:对大剂量糖皮质激素及与免疫抑制剂联合治疗效果不佳者同时又合并严重的感染症状,可考虑此方法。

（4）生物制剂:对于重症和难治性病例,特别是对糖皮质激素治疗抵抗或不耐受者,可选用抗 CD20 单抗——利妥昔单抗治疗。可单独使用或者联合免疫抑制剂、IVIg 应用。

（5）其他:雷公藤多苷、氨苯砜、血浆置换或采用免疫吸附疗法,也都有一定效果。

表20-1　不同类型天疱疮的临床特点和鉴别要点

疾病名称	好发人群	受累部位	皮肤损害	黏膜损害	组织病理	DIF	IIF	自身抗体
寻常型天疱疮	中老年	全身皮肤、口腔黏膜	水疱、糜烂	++	表皮下部棘层松解	表皮细胞间IgG、C3阳性	IgG（+）	Dsg3（+），Dsg1（±）
增殖型天疱疮	中年	皱褶部位	水疱、糜烂、增生性结节或斑块	+	表皮下部棘层松解、表皮增生伴嗜酸细胞微脓疡	表皮细胞间IgG、C3阳性	IgG（+）	Dsg3（+），Dsg1（±）
落叶型天疱疮	中年	全身皮肤	糜烂、叶状结痂	-	表皮上部棘层松解	表皮细胞间IgG、C3阳性	IgG（+）	Dsg1（+），Dsg3（-）
红斑型天疱疮	中年	头面部、上胸背部	糜烂、蝶形红斑、脂溢性皮炎样皮疹	-	表皮上部棘层松解	表皮细胞间IgG、C3阳性；基底膜带IgG、IgM、C3阳性	IgG（+）	Dsg1（+），Dsg3（-），Ro、La、dsDNA
疱疹样天疱疮	中年	全身皮肤	红斑、环形排列成集水疱、瘙痒	±	表皮上部棘层松解、嗜酸性海绵水肿	表皮细胞间IgG、C3阳性	IgG（+）	Dsg1（±），Dsg3（±）
IgA天疱疮	成年人、儿童	躯干、四肢近端	脓疱	-	中性粒细胞聚集脓疱伴棘层松解	表皮细胞间IgA阳性	IgA（+）	Dsg1（-），Dsg3（-）
副肿瘤性天疱疮	中老年	全身皮肤、口眼黏膜	水疱、糜烂、丘疱疹等多形性皮疹	+++	表皮棘层松解、角质形成细胞坏死，基底细胞液化变性	表皮细胞间IgG、C3阳性；基底膜带IgG、C3阳性	IgG（+）；大鼠膀胱上皮底物IgG（+）	Dsg1（±），Dsg3（-）

表 20-2　大疱性类天疱疮与寻常型天疱疮的鉴别诊断

疾病名称	好发年龄	受累部位	皮肤损害	组织病理	DIF	IIF	自身抗体
大疱性类天疱疮	老年	全身皮肤，黏膜较少受累	紧张性水疱、大疱，尼科利斯基征阴性	表皮下水疱	基底膜带 IgG、C3 阳性	IgG 呈线状结合于基底膜带	BP180（＋），BP230（±）
寻常型天疱疮	中年	全身皮肤，常见黏膜受累	松弛性水疱、糜烂，尼科利斯基征阳性	表皮内棘层松解	表皮细胞间 IgG、C3 阳性	IgG 呈网状结合于表皮细胞间	Dsg3（＋），Dsg1（±）

2. 特殊类型天疱疮的治疗

（1）疱疹样天疱疮：对糖皮质激素的治疗反应较好，可采用中小剂量。氨苯砜对本病可能有效。

（2）IgA 天疱疮：IEN 型首选氨苯砜，SPD 型可试用秋水仙碱，必要时可使用糖皮质激素和免疫抑制剂。

（3）药物性天疱疮：停用致病药物是关键，糖皮质激素有助于减轻症状，缩短病程。

（4）副肿瘤性天疱疮：包括两方面——对伴发肿瘤的治疗和对自身免疫反应的治疗。对伴发肿瘤最重要的是早期发现肿瘤并实施彻底治疗。伴有良性肿瘤或包裹性肿瘤，如胸腺瘤或 Castleman 病，切除肿瘤（包块）后，绝大多数患者病情逐渐改善或完全消退，皮损完全消退需 6~18 个月。术中要特别注意避免对瘤体的挤压，术前、术中和术后静脉给予 IVIg 1~2g/kg 有可能改善预后；对于伴发恶性肿瘤或淋巴造血系统肿瘤者，也应采取针对肿瘤的积极措施，以有效控制；对自身免疫反应的治疗包括术前、术后常规使用糖皮质激素、免疫抑制剂、血浆置换等方法，顽固病例可选用利妥昔单抗。

3. 局部护理和外用药物　加强护理，防止继发感染。对皮损广泛者给予暴露疗法，用生理盐水、1∶8 000 高锰酸钾溶液或者 1∶1 000 苯扎溴铵清洗创面，保持创面清洁，感染性皮损根据细菌培养结果选取有效抗生素。口腔黏膜损害可用漱口液含漱，外涂他克莫司软膏、碘甘油或者 2.5% 金霉素甘油。眼睛或外生殖器黏膜受累时，注意局部清洁，预防粘连。

第二节　角层下脓疱性皮肤病

角层下脓疱性皮肤病（subcorneal pustular dermatosis）是一种少见的慢性复发性无菌性脓疱性皮肤病。脓疱位于角质层下，好发于中年妇女。

【病因和发病机制】

病因不明，目前有下列几种观点。有学者认为本病可能与感染病灶、精神创伤、代谢紊乱、内分泌异常或使用某些药物有关；也有人认为是脓疱型银屑病的特殊亚型，皮损处 TNF-α 的浓度升高，可吸引中性粒细胞聚集至表皮形成脓疱；还有学者认为本病是 IgA 天疱疮变异型，部分患者的血清中可查到抗桥粒芯糖蛋白的 IgA 型自身抗体。此外，本病也可能和单克隆丙种球蛋白病相关，特别是 IgA 副蛋白血症。

【临床表现】

本病好发于中年女性，皮损对称分布，主要累及腋窝、乳房下、腹股沟、躯干和四肢近端屈面等处，掌跖也可发病，但头面部和黏膜一般不受累。皮疹表现为在正常皮肤或红斑基础上出现绿豆至豌豆大小脓疱（图 20-5a），也可先为水疱，很快变为脓疱。脓疱多呈卵圆形、疱壁薄而松弛，脓液常聚集在脓疱的下半部，呈悬垂状。脓疱多在短期内成批发生，散在或聚集，排列成环形或匍匐形。数日后脓疱干涸或破裂，留下浅表的薄层鳞屑或痂皮（图 20-5b），愈后可遗留色素沉着，但不发生萎缩。一般无自觉症状，或有轻度瘙痒，但无发热等全身症状。

本病呈慢性经过，反复发作，健康一般不受影响。合并单克隆 IgA 副蛋白血症或骨髓瘤的患者，需长期随访。

【实验室检查】

疱内脓液细菌和真菌培养阴性。

【组织病理】

脓疱位于角层下，疱内有大量中性粒细胞，偶有嗜酸性粒细胞，疱下表皮海绵水肿；真皮浅层血管周围轻度炎细胞浸润，主要是中性粒细胞、部分嗜酸性粒细胞及单核细胞。

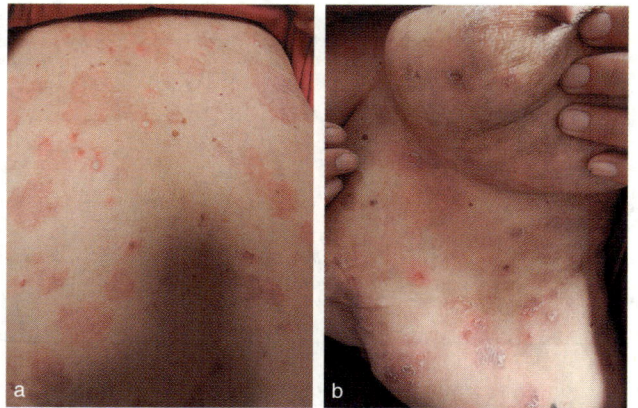

图 20-5　角层下脓疱性皮肤病

a. 红斑基础上绿豆大小的薄壁脓疱；b. 脓疱干涸后留下薄层鳞屑或痂皮。

【诊断和鉴别诊断】

根据患者的皮损表现，结合组织病理改变即可诊断。需要和下列疾病相鉴别。

1. **脓疱疮**　儿童多见，也可表现为壁薄的脓疱，但为感染性皮肤病，脓液细菌培养阳性，抗生素治疗有效。

2. **急性泛发性发疹性脓疱病**　本病是药物性皮炎的一种特殊类型，水肿性红斑基础上发生浅表性小脓疱，可有面部显著肿胀和下肢紫癜样皮损，多有高热和白细胞增高。

3. **脓疱型银屑病**　本病是银屑病的一种特殊类型，常有寻常型银屑病史，病理可见棘细胞间 Kogoj 微脓肿。

4. **IgA 天疱疮**　临床也可出现相似的皮疹，但直接免疫荧光可见表皮棘细胞 IgA 网状沉积。

5. **疱疹样皮炎**　皮疹好发于肩胛部、臀部、肘膝部和四肢伸侧等部位，皮疹多形性，以张力性水疱为主，剧烈瘙痒，常伴谷胶过敏性肠病；直接免疫荧光可见真皮乳头内颗粒状 IgA 沉积。

【预防和治疗】

1. **局部治疗**　以对症处理为主，瘙痒性皮损可用止痒剂，鳞屑性损害可用保湿润肤剂；糖皮质激素外用有一定疗效，也可应用卡泊三醇（维生素 D_3 衍生物）软膏等。

2. **全身治疗**

（1）氨苯砜：50~150mg/d，多数可控制病情，病情稳定后需小剂量维持。

（2）磺胺类药物：治疗有效，磺胺吡啶 1~2g/d，需长疗程治疗，也可与氨苯砜联用，剂量可以减少。

（3）糖皮质激素：治疗本病效果不明显，可根据患者情况适当应用，但长期使用应注意其不良反应。

（4）其他药物：阿维 A、秋水仙碱、英夫利西单抗等对部分患者有效。

（5）光化学疗法：PUVA、宽波 UVB 和窄波 UVB 等治疗有效。

第三节　大疱性类天疱疮

大疱性类天疱疮（bullous pemphigoid）是一种自身免疫性大疱性疾病，表现为表皮下的张力性大疱，多见于老年人。免疫病理为基底膜带有补体 C3 和 IgG 沉积，血清中出现抗基底膜带 IgG 自身抗体，慢性病程，可以自发地加重或缓解。

【病因和发病机制】

大疱性类天疱疮是由自身抗体介导的器官特异性自身免疫病，自身抗体识别的靶抗原主要是位于真表皮交界处基底膜带的 BP180 和 BP230，前者又称为 XVII 型胶原或大疱性类天疱疮抗原 2（BPAG2），后者又称为大疱性类天疱疮抗原 1（BPAG1）。几乎所有大疱性类天疱疮患者循环系统中都存在抗 BP180 和/或抗 BP230 自身抗体,抗原抗体结合后发生一系列级联反应,包括补体的活化、以中性粒细胞和嗜酸性粒细胞为主的炎症细胞募集、各种趋化因子和蛋白酶的释放(如基质金属蛋白酶-9 和中性粒细胞弹性蛋白酶),最终导致炎症反应和靶抗原降解,形成表皮下水疱。

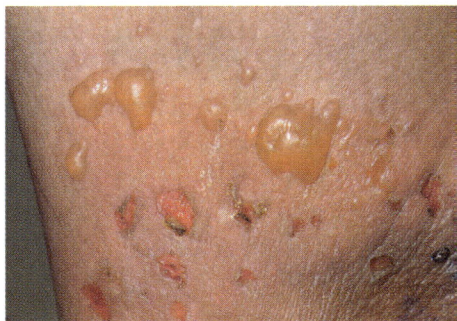

图 20-6　大疱性类天疱疮

【临床表现】

本病多见于 60 岁以上的中老年人。典型表现为正常或红斑皮肤上出现疱壁紧张的半球形水疱、大疱,疱液为浆液性或血性,多为散在分布,好发于躯干、四肢屈侧、腋窝和腹股沟,尼科利斯基征阴性(图 20-6)。与天疱疮相比,疱壁较厚,糜烂面不扩大并较快结痂愈合,愈后留有色素沉着,不留瘢痕。皮损成批出现或此消彼长。患者疾病早期常先出现红斑、丘疹、荨麻疹样或湿疹样皮损,伴瘙痒,水疱出现之前皮损极具多形性,症状和体征无特异性。约 10%~35% 的患者伴有黏膜受损,主要是口腔黏膜出现小水疱、糜烂,较易愈合,少数可见生殖器黏膜受损。一般无全身症状。

本病若未治疗,可呈慢性病程,数月至数年不等,有自限性,治疗后大多可完全缓解。本病的局限型(水疱型、结节型、增殖型等)预后好。少数老年患者对治疗反应差或不耐受,可危及生命。

【组织病理和实验室检查】

表皮下水疱,疱内以嗜酸性粒细胞浸润为主,无棘层松解现象。直接免疫荧光(DIF)见基底膜带处 C3 及 IgG 呈线状沉积;间接免疫荧光(IIF)显示约 75% 的患者有抗基底膜带的 IgG 自身抗体,以盐裂皮肤为底物进行 IIF 示 IgG 抗体结合在表皮侧。ELISA 检测显示患者血清中存在抗 BP180 和/或抗 BP230 自身抗体,尤其抗 BP180 自身抗体阳性率高、特异性强,对大疱性类天疱疮的诊断和转归判断具有重要价值。另外,患者外周血还可有嗜酸性粒细胞增多、IgE 水平升高等现象。

【诊断和鉴别诊断】

根据好发于中老年人,腋下、腹部、腹股沟或四肢屈侧出现张力性大疱,疱液澄清或血性,疱壁较厚,尼科利斯基征阴性,破溃后很快愈合,黏膜累及少而轻,组织病理提示表皮下水疱,基底膜带 IgG、补体 C3 沉积,血清中出现抗 BP180 和/或抗 BP230 自身抗体等特点,即可明确诊断。

本病需与天疱疮、疱疹样皮炎、线状 IgA 大疱性皮病等进行鉴别。大疱性类天疱疮与寻常型天疱疮的鉴别诊断见表 20-2。疱疹样皮炎多为环形红斑、丘疹及水疱,瘙痒剧烈,尼科利斯基征阴性,常伴谷胶敏感性肠病,免疫病理示真皮乳头 IgA 颗粒状沉积。线状 IgA 大疱性皮病为表皮下水疱,基底膜带为线状 IgA 沉积。

【预防和治疗】

大疱性类天疱疮的治疗原则为阶梯治疗(表 20-3),基本原则包括:加强一般及局部治疗,减少皮肤损害;必要时联用系统治疗,控制疾病进展;同时预防继发感染及药物相关的并发症。

表 20-3　大疱性类天疱疮的阶梯治疗

皮损程度	药物分类/名称	用法用量	注意事项
轻度和/或局限性	局部外用强效激素(1) 口服糖皮质激素(1) 米诺环素、多西环素单独使用,或联合烟酰胺(1) 红霉素、青霉素(3) 氨苯砜、磺胺类(3) 局部外用免疫调节剂(如他克莫司)(3)	烟酰胺 0.5~2.0g/d	短期使用,注意避免激素依赖性与不良反应 注意药物不良反应及过敏反应

续表

皮损程度	药物分类/名称	用法用量	注意事项
泛发/持续的皮损	局部外用强效皮质激素（1） 口服皮质类激素（1） 硫唑嘌呤（2） 吗替麦考酚酯（2） 甲氨蝶呤（2） 氮芥（3） 丙种球蛋白（3） 血浆置换（2） 利妥昔单抗（3） 奥马珠单抗（3） 免疫吸附（3）	一般系统使用泼尼松 0.5~1mg/（kg·d），至无新发皮损出现后 1~2 周开始逐渐减量；必要时采用冲击疗法 硫唑嘌呤 0.5~2.5mg/（kg·d） 吗替麦考酚酯 1.5~3.0g/d 甲氨蝶呤 7.5~15mg/周，老年患者低剂量方案 2.5~10mg/周有效	注意可能引起高血压、感染、骨质疏松、充血性心力衰竭等不良反应

注:（1）、（2）、（3）对应不同循证医学证据等级:（1）表示前瞻性对照试验;（2）表示回顾性研究和大样本系列;（3）表示小样本系列和个案报道。

第四节　黏膜类天疱疮

黏膜类天疱疮（mucous membrane pemphigoid, MMP）是一种主要累及口腔和眼部黏膜的自身免疫性水疱病,病因尚不明确,水疱愈后遗留永久性瘢痕。以往本病又被称为瘢痕性类天疱疮（cicatricial pemphigoid, CP）,现已将 MMP 与 CP 进行了区分,后者仅指一种少见临床类型,以皮损水疱、糜烂且呈瘢痕愈合为特点,黏膜不受累或受累较轻。

【病因和发病机制】

病因与发病机制尚不明确,可能是大疱性类天疱疮的一种亚型,发病可能与抗 BP180、BP230、层粘连蛋白 332 自身抗体等有关。

【临床表现】

本病好发于中老年人,女性多于男性。典型表现是黏膜或腔口部位反复出现水疱、糜烂,愈合后留有瘢痕。以口腔黏膜（85%）和眼结膜（75%）受累最多见,还可发生于鼻腔、咽喉、食管、尿道口、阴道与肛门黏膜。

口腔黏膜的损害主要表现为齿龈、颊、腭部水疱,水疱破溃后形成糜烂面,愈合缓慢,愈合后可形成瘢痕,引起黏膜粘连。累及咽喉及食管黏膜时,引起吞咽困难、食管狭窄,累及喉黏膜时可出现声嘶,甚至窒息。

眼部黏膜受损早期无特异性,表现为眼睛红肿、干燥、疼痛或者烧灼,渐出现水疱和糜烂,反复发作,可持续数年,逐渐形成瘢痕,导致结膜粘连、眼睛活动困难（图 20-7）,严重者可致失明。

少数患者可出现皮肤损害,可见于头颈部及黏膜附近的皮肤,愈后形成萎缩性瘢痕,引起永久性脱发;也可广泛见于四肢及腹股沟处,愈后可留或不留瘢痕。

本病呈慢性病程,具有致残性,无自限性,活动与缓解交替发作。

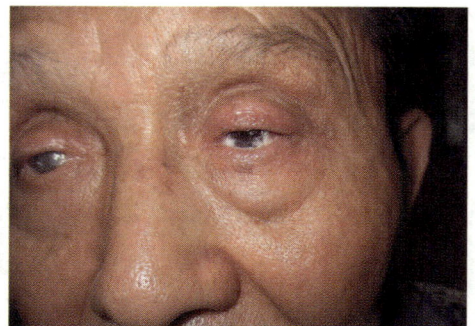

图 20-7　黏膜类天疱疮

【组织病理】

表皮下水疱,真皮内淋巴细胞、浆细胞及嗜酸性粒细胞浸润,后期真皮浅层纤维化改变。结膜病理示上皮内炎性细胞浸润,黏膜下肉芽肿形成。直接免疫荧光在基底膜带可见 C3 及 IgG 线状沉积,约 1/4 患者可见 IgA 或 IgM 沉积。间接免疫荧光可见患者血清抗基底膜带的 IgG 自身抗体;ELISA 检测显示部分患者血清中存在抗 BP180、抗 BP230 或抗层粘连蛋白 332 自身抗体。

【诊断和鉴别诊断】

根据好发于中老年人,黏膜(主要为口腔黏膜、眼结膜)反复发生水疱、糜烂,愈后留有瘢痕,组织病理示表皮下疱,直接免疫荧光为基底膜带 C3 和 IgG 线状沉积,可以明确诊断。

本病应注意与天疱疮黏膜病变和 Stevens-Johnson 综合征相鉴别。寻常型天疱疮皮损多发于头部及躯干,为松弛性水疱,尼科利斯基征阳性,常伴有黏膜损害,组织病理示表皮内水疱,有棘层松解,直接免疫荧光示表皮细胞间有 IgG 和 C3 沉积。Stevens-Johnson 综合征发病急,突然高热、头痛,并出现水肿性红斑、水疱、大疱、血疱和瘀斑等皮损,广泛分布,黏膜损害广泛而严重,可伴多器官受损。

【预防和治疗】

对于轻中度患者,以保守治疗为主;对于病情进展迅速且严重影响视力及通气功能的患者,应尽快控制症状。

1. 系统治疗 泛发性皮损和严重累及呼吸道的患者可用糖皮质激素治疗,口服泼尼松 40~60mg/d,皮损控制后逐渐减量。免疫抑制剂可合用或单用。有报道显示,氨苯砜、磺胺类药及四环素等对治疗有益。

2. 局部治疗 口腔损害可局部使用糖皮质激素、庆大霉素漱口液或四环素漱口液漱口。眼部损害可选用四环素可的松眼膏外涂、局部糖皮质激素注射等。其他部位黏膜可外用糖皮质激素。皮肤损害可行强效糖皮质激素外用或局部注射。

第五节 妊娠类天疱疮

妊娠类天疱疮(pemphigoid gestationis,PG)又称妊娠疱疹(herpes gestationis),是一种以水疱为主的具有多形性损害的自身免疫性皮肤病,伴剧烈瘙痒,发生于妊娠期或产褥期,分娩后可自行缓解,再次妊娠时亦可再发。

【病因和发病机制】

病因尚不明确。有研究认为,孕妇对胎儿产生自身抗体,自身抗体与羊膜基底膜反应,基底膜带 C3 和 IgG 沉积,在胎盘和胎儿皮肤上也可出现沉积。雌激素、孕酮及避孕药可能参与其发病。

【临床表现】

本病较为罕见,从妊娠初期到产褥期均可发病,其中妊娠 4~7 个月时发病率最高。再次妊娠时也可能发生,且发生时间早、病情重。

病变最先常出现于脐周(图 20-8),再扩展至全身,常见于腹部、四肢、股部、臀部、手掌和足底,少数可出现口腔黏膜受累。皮损开始表现为红斑、丘疹、环形风团,伴剧烈瘙痒,随之在此基础上出现水疱、大疱,疱壁紧张。水疱破裂后糜烂、结痂,愈后不留瘢痕。以上症状可反复发作,多在分娩后缓解,但少数患者分娩后加重,完全消退需数月至数年不等。口服避孕药可使疾病加重或复发。

多数胎儿不受累,少数可发生新生儿低体重、早产、流产或死产。少数婴儿出生后皮肤上可见水疱,可自行消退。

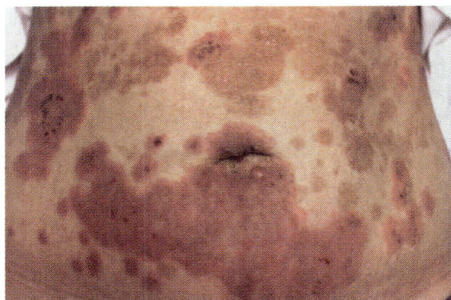

图 20-8 妊娠类天疱疮

【组织病理和实验室检查】

表皮下水疱,含有大量嗜酸性粒细胞、中性粒细胞。直接免疫荧光示基底膜带 C3 或伴 IgG 呈线状沉积。间接免疫荧光可发现部分患者血液中有抗基底膜带自身抗体。ELISA 检测显示部分患者血清中存在抗 BP180 自身抗体。

【诊断和鉴别诊断】

根据孕妇腹部、四肢的水疱、大疱多形性皮损伴剧烈瘙痒,组织病理示表皮下水疱,疱内以嗜酸性粒细胞浸润为主,基底膜带 C3 或伴 IgG 线状沉积,血清自身抗体阳性等,不难诊断。

本病应注意与妊娠性多形疹、疱疹样皮炎、疱疹样脓疱病等进行鉴别。妊娠性多形疹多见于妊娠后期,水疱少见,直接免疫荧光阴性。疱疹样皮炎多见于肩胛、臀部及四肢近端处,水疱常呈环形排列,组织病理示表皮下水疱,真皮乳头有中性粒细胞为主的微脓肿。疱疹样脓疱病以脓疱为主,全身症状明显,多有高热、呕吐和腹泻等,组织病理示表皮内 Kogoj 脓疱。

【预防和治疗】

1. **系统治疗**　糖皮质激素为首选药物,口服泼尼松 0.5~1.0mg/(kg·d),症状缓解后逐渐减量至最小有效剂量维持治疗至分娩后。对于特别严重的患者可考虑血浆置换,有研究认为应用环孢素或人免疫球蛋白对严重患者有效。应注意妊娠期及哺乳期间药物对胎儿及婴儿的影响。

2. **局部治疗**　皮损局部根据情况可外用炉甘石洗剂或糖皮质激素制剂。

第六节　疱疹样皮炎

疱疹样皮炎(dermatitis herpetiformis, DH)是一种少见的慢性复发性丘疹水疱性疾病,皮疹对称分布,瘙痒剧烈,常伴有谷胶敏感性肠病。

【病因和发病机制】

疱疹样皮炎患者常伴发谷胶敏感性肠病,患者皮损及外观正常皮肤的真皮乳头有 IgA 沉积。患者摄入谷胶或蛋白质后,可在肠道产生抗谷胶 IgA 抗体或特异性抗体,与真皮乳头组织抗原成分结合或形成免疫复合物沉积,通过旁路途径激活补体系统,使中性粒细胞聚集并释放蛋白酶,引起组织损伤,表皮与真皮分离形成水疱。主要组织相容性抗原(HLA)的研究表明,疱疹样皮炎患者多与 HLA-DQA1*0501 及 B1*02 基因型有关(它们是等位基因编码 HLA-DQ2 的异二聚体)。

【临床表现】

本病在我国罕见,常发生于中青年,特别是 30~40 岁者,也可发生于儿童。男女之比约为 2:1。皮疹好发于腋下、肩胛部、臀部、肘膝和四肢伸面,对称分布,呈多形性。表现为红斑、丘疹、风团、水疱,常以水疱为主(图 20-9)。水疱常聚集成群或者排列成环形或地图形,疱壁较厚,紧张饱满,不易破裂,尼科利斯基征阴性。抓破后留下糜烂和结痂,皮疹消退后可遗留炎症后色素减退或色素沉着斑。

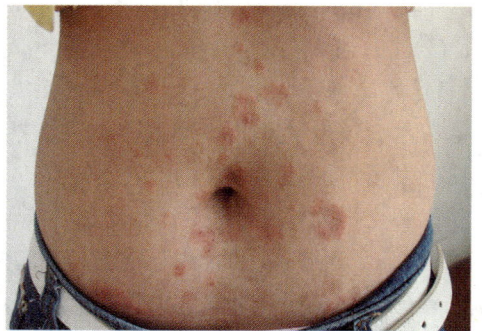

图 20-9　疱疹样皮炎

患者自觉剧痒,甚至烧灼或疼痛感,服含碘药物或者含谷胶食物后,皮损会加重。65%~75% 的疱疹样皮炎患者有肠道病变,但仅 20%~30% 患者有腹泻、腹胀和吸收不良等症状。肠黏膜病变在长期无谷胶饮食(大米)后会减轻,但食用大麦、小麦等含大量谷蛋白食物后,会出现皮肤及肠道病变复发和加重。病程较长,可达数年,约三分之一患者最终可自行缓解。

【组织病理和实验室检查】

1. **组织病理**　早期皮损表现为真皮乳头顶部毛细血管周围形成微脓肿,为中性粒细胞及嗜酸性粒细胞聚集,皮损进展可使乳头顶部与表皮分离,形成表皮下水疱,真皮内血管周围有多数中性粒细胞浸润。

2. 直接免疫荧光　在多数患者的皮损、皮损周围皮肤甚至外观正常皮肤处可以检测到颗粒状 IgA 和 C3 沉积在真皮乳头处。

3. 血清学研究　少数患者血清 IgA 升高,在 90% 的谷胶敏感性肠病患者中有 IgA 抗肌内膜抗体阳性,并且部分患者血清中可检测出抗网状蛋白 IgA 及 IgG 抗体,抗甲状腺抗体、抗核抗体可阳性,提示此病与免疫紊乱有关。

4. 免疫遗传学　研究表明白细胞表面组织相容性抗原(HLA)*HLA-DQ2*(*A1*0501,B1*02*)基因型的阳性率在疱疹样皮炎患者中增高,提示其与疾病有关。

【诊断和鉴别诊断】

根据对称分布的多形性皮疹,水疱为主,排列呈环形,好发于肩胛、四肢伸面和臀部,瘙痒剧烈,伴发消化不良,组织病理显示中性粒细胞为主的表皮下水疱以及直接免疫荧光 IgA 颗粒状沉积,可确诊。本病需要与特应性皮炎、大疱性类天疱疮和线状 IgA 大疱性皮病相鉴别。特应性皮炎有屈侧皮肤受累瘙痒史,病理表现为一般皮炎、湿疹的表现。大疱性类天疱疮表现为紧张性的水疱、大疱和糜烂,病理表现为表皮下水疱,线状 IgG 沉积在基底膜带。线状 IgA 大疱性皮病表现为环状、群集的丘疹、水疱、大疱,可伴有口腔糜烂和溃疡,病理表现为表皮下水疱伴有中性粒细胞,免疫荧光提示线状 IgA 沉积在基底膜带。

【预防和治疗】

1. 无谷胶饮食　严格限制谷胶摄入,除大米外,许多食物含有谷胶,饮食限制至少 6 个月,一般为 2 年,肠道黏膜及皮肤病变可改善。

2. 系统药物治疗　服用氨苯砜(成人每天 25~50mg)可缓解瘙痒、消退皮损,但停药后易复发。不含谷胶的饮食可以使缓解期延长,或减少药量。葡萄糖-6-磷酸脱氢酶缺乏患者不宜使用氨苯砜。亦可使用柳氮磺吡啶,每天 1~1.5g,用药期间需多饮水,不良反应包括恶心、胃肠刺激、肾损害,需要监测肾功能和尿管型。

3. 局部治疗　外用药物以应用糖皮质激素,止痒和预防继发感染为主。

第七节　线状 IgA 大疱性皮病

线状 IgA 大疱性皮病(linear IgA bullous dermatosis,LAD)是一种发生于儿童或成年人的免疫相关的慢性获得性表皮下大疱性疾病,免疫病理以皮肤基底膜带线状 IgA 抗体沉积为特征。

【病因和发病机制】

线状 IgA 大疱性皮病与自身免疫单倍型 HLA-B8、CW7、DR3 密切相关,并且与早年发病有关。药物诱导发病较为罕见,相关报道的药物包括万古霉素、锂、苯妥英钠、磺胺甲噁唑、呋塞米、卡托普利、双氯芬酸等,万古霉素是常见的药物之一。有报道表明线状 IgA 大疱性皮病与多种疾病相关,如胃肠疾病、自身免疫性疾病、恶性肿瘤及感染等,但其相关性的意义还有待明确。

本病自身抗体为 IgA,常为 IgA1,患者血清中发现循环自身抗体,其能够与多种基底膜抗原结合,主要抗原是 BPAG2 和它脱落的外功能区(命名为 LABD97,分子量为 97kDa)。实验显示这些抗体可引起体外培养的皮肤裂解以及导致中性粒细胞在基底膜带的浸润。

【临床表现】

本病分为儿童型和成人型。儿童型一般发生于 10 岁以内的儿童,平均始发年龄为 5~6 岁,起病急,第一次发病较严重。成人型常在 40 岁后发病。线状 IgA 大疱性皮病在我国发病率较高,约为大疱性类天疱疮的三分之一,是非遗传性疱类疾病中儿童发病率最高的类型。

临床表现类似于疱疹样皮炎,但此病更多以水疱表现为主。皮损表现为环形或簇集的丘疹、水疱、大疱,对称分布于躯干和四肢,特别是手肘、膝盖和臀部。环形或多边形的红斑、丘疹边界围绕水疱,类似"珍珠项链"结构(图 20-10)。瘙痒明显,且较疱疹样皮炎轻。黏膜损害常见,但轻重不一,轻者表现为无症状的口腔糜烂和溃疡,重者可出现严重的口腔疾病,甚至系统性黏膜受累,声嘶提示咽受累,鼻黏膜受损表现为鼻塞和鼻出血,眼睛疼痛和沙砾感,还可有结膜炎。慢性经过,部分病例经过数年后可自行缓解。

【组织病理和实验室检查】

1. **组织病理** 表皮下水疱,真皮乳头顶部沿棘突处有中性粒细胞浸润。

2. **免疫荧光** 直接免疫荧光示皮损周围皮肤 IgA 沿基底膜带线状沉积。间接免疫荧光可见抗表皮基膜带 IgA 自身抗体沉积,儿童患者大约 80% 为阳性,明显高于成年患者的 30% 左右。

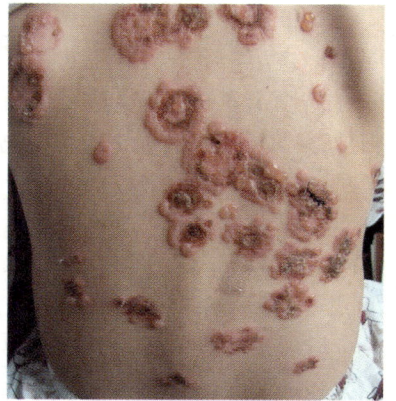

图 20-10   线状 IgA 大疱性皮病

3. **免疫遗传学** 研究表明白细胞表面组织相容性抗原(HLA)HLA-B8、HLA-DR 和 HLA-DQ 阳性率在该病患者中增高。

【诊断和鉴别诊断】

儿童(多为 5~6 岁)或成人(多为>40 岁)发病,皮损表现为环形红斑边缘的大疱,有"串珠"征。结合组织病理表皮下疱,真皮乳头顶部及真表皮交界有中性粒细胞聚集以及直接免疫荧光检查示沿基底膜带均质型线状 IgA 沉积,部分患者有 IgA 循环抗基底膜带抗体,即可诊断。本病需与疱疹样皮炎、大疱性类天疱疮相鉴别。疱疹样皮炎表现为皮疹对称分布,瘙痒剧烈,与谷胶敏感性肠病有关,直接免疫荧光提示真皮乳头颗粒状 IgA 沉积。大疱性类天疱疮表现为表皮基底膜带 IgG 线状沉积,循环抗基底膜带抗体亦为 IgG。

【预防和治疗】

症状较轻者,局部外用糖皮质激素即可。重症患者可使用氨苯砜,开始剂量为:儿童 0.5mg/(kg·d)、成人 25~50mg/d,可逐渐增加至儿童 1mg/(kg·d)、成人 100~150mg/d。柳氮磺吡啶为替代药品,可联合应用氨苯砜和柳氮磺吡啶。对上述治疗无反应者,可系统使用糖皮质激素。

第八节   获得性大疱性表皮松解症

获得性大疱性表皮松解症(epidermolysis bullosa acquisita,EBA)是一种自身免疫性慢性大疱性皮肤病,以血液循环中存在抗Ⅶ型胶原的自身抗体为特征。

【病因和发病机制】

获得性大疱性表皮松解症患者的 HLA-DR2 阳性率高。本病的抗原为存在于基底膜致密板及其下方的Ⅶ型胶原,由角质形成细胞和成纤维细胞产生。抗原的分子量为 290kDa 的糖蛋白和 145kDa 的胶原体。患者血清中的特异性 IgG 抗体可与Ⅶ型胶原结合形成免疫复合物,激活补体,趋化中性粒细胞聚集;后者释放蛋白酶,导致表皮真皮分离,进而形成水疱。

【临床表现】

多见于成年人,儿童和老年人亦可发病。疾病早期临床表现多样,存在多种亚型。其中经典型好发于手足、肘膝关节伸面,表现为轻微外伤或受压后出现的水疱、大疱,部分为出血性,愈后留下萎缩性瘢痕及粟丘疹(图 20-11)。除经典型外,炎症型易累及四肢、躯干、皮肤皱褶处,为泛发性炎症性水疱、大疱,疱壁紧张,疱周可见炎症性红斑或水肿,伴瘙痒,而机械性水疱、瘢痕及粟丘疹可不显著。少数患者以黏膜受累为主,在口腔、食管上

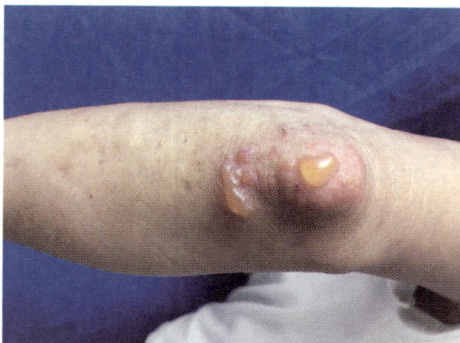

图 20-11   获得性大疱性表皮松解症

端、结膜、肛门、阴道处出现糜烂和瘢痕,而光滑皮肤无损害。

本病患者可伴有其他系统疾病,如肠炎、系统性红斑狼疮、淀粉样变、甲状腺炎、多发性内分泌腺瘤病、风湿关节炎、肺纤维化、慢性淋巴性白血病、胸腺瘤、糖尿病及其他自身免疫性疾病。

【组织病理和实验室检查】

1. **组织病理**　表皮下水疱,炎症性反损病处有中性粒细胞浸润;机械性大疱无炎症阶段,细胞浸润可不明显。

2. **免疫荧光**　直接免疫荧光示 IgG 沿基底膜带线状沉积,部分患者可见线状 IgA 和 IgM 沉积,大部分患者伴有补体 C3 沉积。间接免疫荧光检查显示,约一半患者可检测到抗基底膜带Ⅶ型胶原的自身抗体,以盐裂皮肤为底物时抗体结合于真皮侧。

3. **透射电镜**　可见水疱位于基底膜致密板下方,锚纤维数量无减少。

【诊断和鉴别诊断】

皮损表现为发生于体表各处的水疱,愈后易留瘢痕,无家族史。结合血清学检查存在Ⅶ型胶原的抗体,直接免疫荧光可见 IgG 为主的自身抗体在基底膜带线状沉积,以及免疫电镜下观察到 IgG 在致密板下部或下方区域沉积,即可诊断。本病需与遗传性大疱性表皮松解症、大疱性类天疱疮相鉴别。遗传性大疱性表皮松解症是在轻微物理性损伤条件下、以水疱形成为特征的一组罕见的遗传性疾病,透射电镜检查,依据不同亚型,水疱可位于表皮内、透明层内或致密板下方。大疱性类天疱疮一般不形成瘢痕,水疱位于透明板内,自身抗体识别的抗原分子量为 180kDa 和 230kDa,HLA-DR2 的阳性率不高。

【预防和治疗】

本病治疗相对困难,患者对糖皮质激素治疗不敏感,但对于皮损广泛者仍建议系统使用糖皮质激素,剂量为泼尼松 $1\sim1.25mg/(kg\cdot d)$,皮损控制后减量。国外报道,糖皮质激素联合氨苯砜或氨苯磺胺可作为儿童患者的一线治疗方法。可尝试应用硫唑嘌呤、甲氨蝶呤或环孢素等免疫抑制剂进行治疗。另有个案报道,大剂量免疫球蛋白静脉注射对该病有效。

（王　刚　尹光文　陶　娟）

思考题

1. 简述寻常型天疱疮与大疱性类天疱疮的鉴别诊断要点。
2. 简述以 IgA 抗体沉积为主的几种大疱性皮肤病的鉴别。
3. 简述自身免疫性表皮下水疱病在发病机制、临床表现方面的异同。
4. 天疱疮的主要治疗方法有哪些?

第二十一章
真皮与皮下脂肪疾病

【学习要点】

1. 真皮与皮下脂肪组织疾病是一组累及真皮组织及皮下组织的皮肤疾病。
2. 诊断时应结合患者的病史和体格检查,必要时进行病理检查,可以明确诊断。

第一节　皮肤松弛症

皮肤松弛症(cutis laxa)是指皮肤弹性纤维发育缺陷而引起的一种皮肤病,可侵犯人体其他结缔组织,如呼吸道、泌尿道等。

【病因和发病机制】

皮肤松弛症的发病可为先天遗传(常染色体显性或隐性),也可为后天获得。研究表明 *Fibulin-4*、*Fibulin-5*、弹性蛋白基因突变会引发弹性纤维功能及数量上的缺陷。

先天性皮肤松弛症患者成纤维细胞弹性蛋白 mRNA 稳态水平下降,导致皮肤和其他组织中弹性纤维的合成减少。另一可能机制是弹性纤维的降解增加,部分获得性迟发型与蛋白水解机制相关,炎症细胞(如多形核白细胞和单核巨噬细胞)激活并释放大量弹性蛋白酶,导致基质中蛋白水解反应增强。青霉胺可影响弹性蛋白的交联,长期应用大剂量青霉胺治疗的患者可出现皮肤松弛症样改变。

【临床表现】

典型临床表现为皮肤松弛、下垂,皮肤弹性及回缩力下降,患者出现早老外貌(图 21-1),这些症状可在出生时即有,随年龄增长逐渐加重。部分患者在皮肤受累的同时伴发内脏系统损害,包括肺气肿、脐疝、腹股沟疝、胃肠道及膀胱尿道憩室炎。本病最严重的内脏系统损害为肺损伤,其发病率和死亡率较高。

【诊断和鉴别诊断】

根据本病典型的临床表现,诊断一般不太困难。不确定诊断时,可行皮肤活检以确诊并排除其他弹性组织疾病,活检组织必须包括真皮层。本病需与埃勒斯-当洛综合征(Ehlers-Danlos 综合征)、弹性纤维性假黄瘤、多发性神经纤维瘤等相鉴别。Ehlers-Danlos 综合征为皮肤弹性过度而非松弛,脆性增加,易形成瘢痕。弹性纤维性假黄瘤的皮肤松弛以颈两侧及褶皱处为明显,具有典型特征性黄色皮疹。神经纤维瘤的皮肤松弛为柔软的局限性隆起,还伴有其他表现,如咖啡牛奶斑。

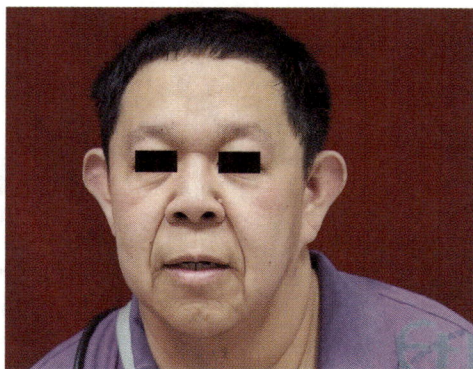

图 21-1　皮肤松弛症

【预防和治疗】

无特殊治疗,若由青霉胺引起可考虑替代疗法。美容缺陷可行整形术,形成疝时可行修补术。呼吸功能测定可早期确诊是否存在肺气肿。

第二节　弹性纤维性假黄瘤

弹性纤维性假黄瘤（pseudoxanthoma elasticum，PXE）是一种常染色体隐性遗传病，可侵犯人体的许多器官和系统而产生各种不同的临床表现。基本病理改变为弹性纤维和胶原纤维的先天缺陷而引起的皮肤、眼和心血管等退行性改变。

【病因和发病机制】

大部分 PXE 患者可检测到 16 号染色体短臂上 *ABCC6* 基因的失活性突变。该基因编码一种 ATP-结合盒超家族（ATP-binding cassette，ABC）转运子，其表达异常导致矿化抑制异常，弹性纤维在靶器官内成团、扭曲以及钙化。

【临床表现】

1. **皮肤**　表现为颈、腋下等皱褶部位的扁平黄色丘疹，随病程发展相互融合形成"鹅卵石"样斑块或"鸡皮样"外观（图 21-2）。后期真皮出现明显钙质沉积，皮损表现为坚硬的丘疹斑块，可有钙质从皮肤排出现象。由于真皮弹性纤维变性、皮肤弹性下降，可出现松弛性皱褶。除皮肤外，口唇和阴道黏膜亦可出现黄色浸润性斑片。

2. **眼**　典型改变为眼底视盘四周出现放射状血管样纹，常两侧对称。眼病变与皮损可以分别出现，当两者同时出现时称 Gronblad-Strandberg 综合征。视网膜色素上皮色斑形成（橘皮样外观）常早于血管样纹出现，是 PXE 最常见的眼部病变。

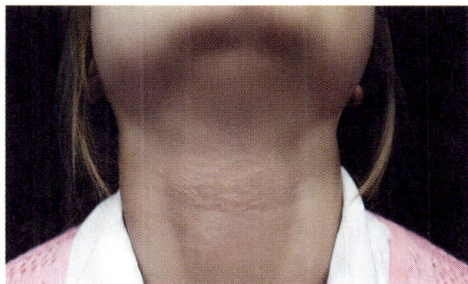

图 21-2　弹性纤维性假黄瘤

3. **心血管**　主要侵犯中等直径的动脉，动脉中膜和内膜的弹性纤维发生退行性变和钙化，临床可引起脉搏减弱甚至缺如，下肢间歇性跛行，肾动脉高压等。脑缺血性发作概率升高，也常出现二尖瓣脱垂、心绞痛、心肌梗死，胃肠道黏膜血管钙化后易见出血，上述血管损伤可导致患者早期死亡。

【诊断和鉴别诊断】

主要诊断标准为：①屈侧黄色"鹅卵石"样皮损；②特征性组织病理学改变；③视网膜血管纹。次要标准为：①无皮损皮肤的特征性组织病理学改变；②一级亲属的家族史。

本病应与下列疾病相鉴别①弹性假黄瘤样真皮乳头层弹性组织溶解症：临床上两者类似，但本病多见于 60 岁以上老年女性，心血管和眼部均正常，HE 染色无异常，弹性纤维染色示真皮乳头层弹性纤维网消失。②播散性弹性纤维瘤：为光线性弹性纤维病的一种，其皮疹虽难与 PXE 区别，但一般发生于暴露部位，户外工作者多见，不伴心血管眼底改变，组织病理上见真皮上 1/3 处变性增多的弹性纤维。③接受 D-青霉胺治疗者、局部接触硝石者、慢性肾病患者也可出现 PXE 样皮损，均无眼及心血管症状，去除诱因后皮损可消退。④如伴有皮肤松弛现象应与皮肤松弛症相鉴别。

【预防和治疗】

PXE 治疗需要多学科协同。皮疹无特异性治疗，广泛皮肤松弛可进行手术治疗。患者应尽早诊断并定期进行眼底及心血管检查，避免头部创伤及过度用力，以减少视网膜出血的危险。眼部病变可选用玻璃体内注射血管内皮细胞生长因子（VEGF）拮抗剂。由于激光光凝或维替泊芬-光动力治疗血管样纹复发率高，目前已很少采用。有报道显示，服用小剂量阿司匹林可有效减少心肌梗死风险并可治疗间歇性跛行。己酮可可碱、西洛他唑和氯吡格雷对间歇性跛行也有一定疗效。

对血管钙化引起的心血管并发症，强调预防和健康规律的生活方式，推荐富含抗氧化成分的饮食，定期锻炼，控制体重，避免吸烟及大量饮酒。

对于已知有基因突变的家族中成员，基因分析有助于发病前检测和产前诊断。

第三节　回状头皮

回状头皮(cutis verticis gyrata)又名褶皱性厚皮病,是指头皮条状肥厚及褶皱,犹如脑回状。

【病因和发病机制】

1. **真性回状头皮**　因发育退化而引起的是真性回状头皮,头皮肌肉可随意牵动头皮而发生永久性褶皱,常伴小头畸形。

2. **继发性回状头皮**　常继发于:①急性或慢性局部炎症;②外伤;③先天性头皮结缔组织过度生长;④头皮肿瘤,如痣、神经纤维瘤、纤维瘤;⑤全身性疾病,如肢端肥大症、梅毒、白血病、天疱疮等也可引起。

【临床表现】

头皮过度生长,发展成脑回状的皮肤皱褶(图21-3),常在头冠状位和头顶处沿前-后方向排列,触之海绵样柔软。终毛的密度在皱褶隆起处可减少,但在皱褶沟内不减少,以男性受累多见。

【诊断和鉴别诊断】

本病的重要特征为头皮相对于颅骨过度生长。需与以下疾病相鉴别。

1. **脑回状真皮内痣**　出生后即发生,5~10岁突然增大,为非对称性质硬的肿块,有脱发,无智力障碍。

2. **厚皮性骨膜病**　有面部累及、手足皮肤增厚和杵状指。

3. **Beare-Stevenson回状皮肤综合征**　伴有黑棘皮病、颅缝早闭和脐部突起,以头颅、前额、耳前、颈、躯干、手足掌皮肤皱褶为特征,是一种常染色体显性遗传性疾病。

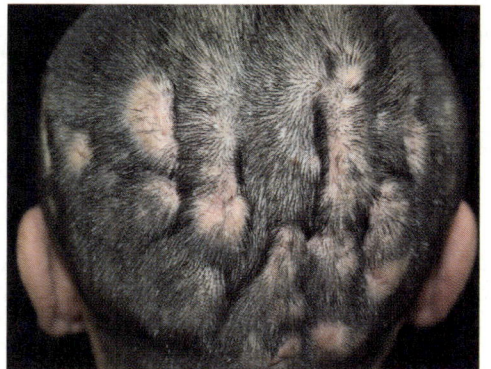

图21-3　回状头皮

注:头皮的脑回状皱褶。在后部皮沟槽中的红斑与先前的反复感染有关。

【预防和治疗】

根据致病原因和皮损大小而定,如面积不大或由肿瘤引起者,可手术切除。

第四节　结缔组织痣

结缔组织痣(connective tissue nevus)是由真皮细胞外基质成分,如胶原纤维、弹性纤维或黏多糖等构成的错构瘤。

【病因和发病机制】

与常染色体显性遗传有关。

【临床表现】

1. **不伴其他器官病变者**　无症状的坚实的单个或多发性肤色至淡黄色的丘疹、结节或斑块,表面可光滑或呈鹅卵石状(图21-4),部位以躯干为主,四肢也可受累,成组分布。通常在出生时或儿童期出现。

2. **伴有结节性硬化症者**　除上述皮肤症状外,尚有结节性硬化症的临床表现。

3. **伴有脆弱性骨硬化者**　除上述皮肤症状外,X线检查发现骨质呈斑点状改变,少数患者合并弥漫性脱

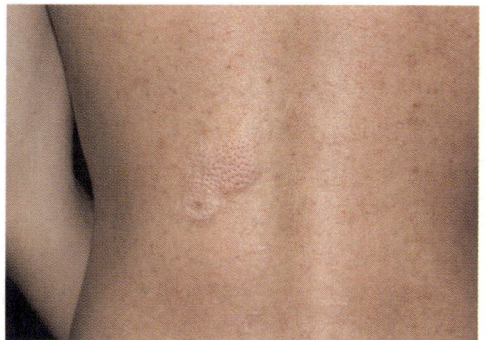

图21-4　结缔组织痣

发、白癜风样斑、色痣等。

4. 本病也可伴发局灶性真皮发育不良（Goltz 综合征）、巨指症、偏身肥大等。脑回状结缔组织痣需考虑变形综合征。

【诊断和鉴别诊断】

结合临床及病理容易诊断。鉴别诊断包括两种疾病。①颈部白色纤维性丘疹病：组织病理改变为真皮胶原的非特异性增加，临床上表现为好发于颈部无症状的多发性白色丘疹，常发生于老年人；②Schweninger-Buzzi 型皮肤松弛症：皮损为肤色圆形或椭圆形丘疹，特征是触之有疝囊样感觉。

【预防和治疗】

一般无需治疗，也可外科手术切除。

第五节　萎　缩　纹

萎缩纹（striae atrophicae）是各个年龄组都很常见的一种疾病，是由于过度拉伸造成真皮破坏，皮肤上出现的线状萎缩性凹陷。

【病因和发病机制】

皮肤因弹性纤维变性而脆弱，再受过度拉伸使之断裂，导致本病发生。一些其他因素也可能在发病中起作用，包括激素（尤其是皮质类固醇）、机械压力以及遗传易感性。

【临床表现】

皮肤损害呈境界清晰的波浪形条纹状萎缩，初起微高，色淡红或紫红，逐渐转为苍白色，微凹，柔软而有光泽（图 21-5）。

在青春期，皮损好发于快速生长的部位，如股部。妊娠纹主要见于腹壁皮肤。与皮质类固醇系统性治疗及库欣综合征相关的萎缩纹更为显著，且分布更广泛。

【诊断和鉴别诊断】

需与线状局灶性弹性组织变性相鉴别，后者为位于中下背部的黄色萎缩纹样条带，最常累及老年男性。

图 21-5　萎缩纹

【预防和治疗】

在萎缩纹出现的早期可外用积雪苷霜或维 A 酸制剂。585nm 的脉冲染料激光能改善红色萎缩纹，但对白色萎缩纹无效；308nm 准分子激光能改善白色萎缩纹，但需要维持治疗。

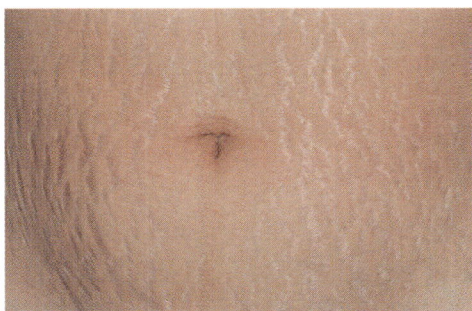

第六节　斑状皮肤萎缩

斑状皮肤萎缩（macular atrophy）又称斑状皮肤松弛，表现为局部真皮弹性组织缺失所致的局限性圆形或椭圆形皮肤松弛。

【病因和发病机制】

尚未明确。真皮弹性蛋白的缺失可能由弹性纤维破坏增加或合成减少引起。免疫机制也可能影响发病，部分患者合并有自身免疫组织疾病，最常见为抗心磷脂抗体出现，其次为抗核抗体、梅毒螺旋体或伯氏疏螺旋体血清试验假阳性以及直接免疫荧光阳性。

【临床表现】

特征性皮损为局限性的边界清晰、圆形或椭圆形的松弛、软垂皮肤，呈斑点或斑片状，这是真皮弹性纤维显著减少或缺失的反应。皮损可呈凹陷性、起皱或囊状突起，较小的皮损可融合形成较大的疝。这些萎缩性皮损数量可从数个到数百个，直径可为几毫米至 1~2cm，呈肤色到蓝白色。检查皮损时，手指陷入一个边缘清晰的"疝环"般凹陷，放松时膨起复原呈"纽孔征"。皮损好发于胸部、背部、颈部和上肢，一般不累及手掌、足底、头皮和黏膜。通常于青年期起病，在此后数年里新皮损常不断形成而旧皮损无消退。

原发性斑状萎缩可分为 Jadassohn-Pellizzari 型（既往有炎性皮损）和 Schweninger-Buzzi 型（既往无炎性皮损），两种皮损可共存于同一位患者，组织学表现通常无差异。

继发性斑状萎缩指萎缩性皮损发生在原有皮损部位或出现在原有潜在疾病的患者中，可能的原发疾病包括感染性疾病（如水痘、梅毒、毛囊炎、瘤型麻风、结核、HIV 感染等）、药物反应（如青霉胺）、炎症性疾病（如痤疮、肥大细胞增多症、扁平苔藓、环状肉芽肿、结节病等）、自身免疫性疾病（如红斑狼疮和抗磷脂综合征）以及某些肿瘤和代谢性疾病。

大多为散发病例，偶有家族性斑状萎缩的报道。已发现该病有常染色体显性和常染色体隐性两种遗传模式。已报道斑状萎缩的患者可出现眼部、神经系统、内分泌腺体、骨骼、心脏、肺和胃肠道的异常。

【诊断和鉴别诊断】

结合临床及病理容易诊断。应与神经纤维瘤病、真皮中层弹性组织溶解以及 Pasini-Pierini 皮肤萎缩等进行鉴别。真皮中层弹性组织溶解是一种获得性疾病，其特征是阳光照射区域的皮肤出现细小皱纹，如躯干、手臂和颈侧，组织学检查示真皮中层弹性纤维缺失。Pasini-Pierini 皮肤萎缩表现为皮肤大面积的色素沉着过度、凹陷区域，最常见于躯干或四肢。

【预防和治疗】

斑状皮肤萎缩是良性疾病，无其他症状，也没有明确有效的治疗方法。继发性斑状萎缩应积极治疗原发疾病，以最大限度地降低新发皮损的风险。对于已存在的萎缩性皮损，有报道应用羟氯喹能够获得一定改善。局限性皮损可行外科切除。

第七节　面部偏侧萎缩

面部偏侧萎缩（hemiatrophia facialis）又称帕里-龙贝格综合征（Parry-Romberg syndrome），指一侧颜面部皮肤、皮下组织、肌肉甚至骨骼发生进行性萎缩。

【病因和发病机制】

尚不详。面部偏侧萎缩可能是线状硬皮病的一种严重变异型，但也可能是独立的疾病。曾有报告认为伯氏疏螺旋体与本病有关。少数患者有家族史或伴有某些中枢神经系统疾病。面部、颅脑与颈部外伤、感染，三叉神经病变，胎儿期损伤或内分泌功能失调也可能与本病有关。

【临床表现】

常于 20 岁左右发病，无性别差异。先于一侧额部、下颌等部位出现不规则的色素改变，通常沿三叉神经分布，继而出现缓慢的进行性皮肤、皮下脂肪、肌肉甚至骨骼的萎缩，病程中可有暂时性好转，一般在发病后 6~24 个月发展较为迅速，其后进展速度减慢。患处皮肤变薄、干燥，皮脂及汗液分泌减少，毳毛稀少变细（图 21-6）。可有血管运动功能障碍的表现。一些部位可出现瘢痕性纤维化而与下方的组织粘连，如累及头皮则可有局部脱发。患侧颜面瘦削、塌陷伴色素改变、肌肉萎缩。

本病常伴多种眼科（突眼最多见）及神经科症状（神经痛、癫痫等），病变范围可以局限于三叉神经某分支的分布区域，也可累及整侧颜面，偶有累及同侧颈部或躯干患者。

【诊断和鉴别诊断】

当皮肤变化出现早而显著时，诊断一般不难。但应排除因幼年期在颞颌关节处进行放疗（如治疗血管瘤）而导致的局部发育不全；

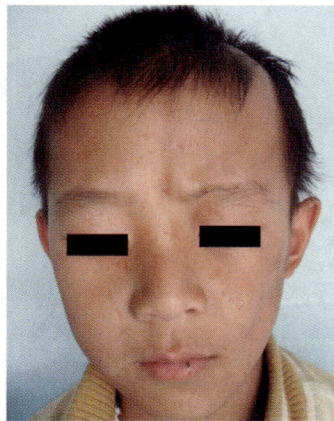

图 21-6　面部偏侧萎缩

如皮肤变化出现较迟且轻时,则应与生理性面部不对称、单侧下颌骨发育不全及偏侧肥大症等相鉴别;有四肢受累者则应与婴儿偏瘫或脂肪代谢障碍相区别。

【预防和治疗】

本病尚无特殊疗法。首先应除去可疑的发病诱因,一般予以对症治疗。普鲁卡因封闭、红外线照射等可能有一定疗效。

第八节　黏液水肿性苔藓

黏液水肿性苔藓(lichen myxedematosus)是指在病理上真皮内有黏蛋白沉积和成纤维细胞增殖,临床上以局部或全身皮肤出现苔藓样丘疹、结节、斑块、硬皮病样改变等为特征的一种慢性进行性代谢性疾病。

【病因和发病机制】

发病机制不明,常伴有 IgG 型副球蛋白血症。目前主要的假说认为,发病机制主要是已知能刺激皮肤中糖胺聚糖合成和成纤维细胞增殖的循环细胞因子发挥作用,如 IL-1、TNF-α 和转化生长因子。此外,已有研究表明,黏液水肿性苔藓患者中成纤维细胞的固有异常可能导致糖胺聚糖合成增多。

【临床表现】

中年人好发,无明显性别差异。皮疹主要为圆顶状、直径 2~3mm 的坚实丘疹,呈肤色、淡红色或黄色,表面有蜡样光泽,丘疹常局限,也可见于全身,对称分布(图21-7)。黏膜和头皮不受累。皮疹可融合成斑块,或呈线状、带状、环状排列,在近端指间关节伸侧面可见中央凹陷边缘隆起的甜甜圈征(doughnut sign)。受累区也可见到红斑、水肿及色素改变。随着疾病进展,红斑和浸润性的斑块可使皮肤变硬,类似硬皮病改变。常伴有瘙痒。无甲状腺疾病。

根据临床、病理和是否有系统受累,黏液水肿性苔藓分为三型:硬化性黏液水肿、局限性黏液水肿性苔藓以及介于两者之间的不典型黏液水肿性苔藓。

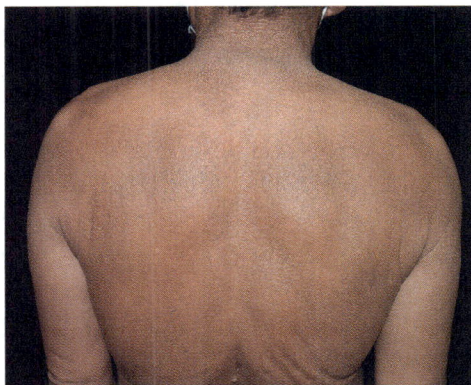

图 21-7　黏液水肿性苔藓

1. 硬化性黏液水肿(scleromyxedema)　也称为泛发型和硬皮病型黏液水肿性苔藓或丘疹性黏蛋白沉积症。特点为多发坚实丘疹以及皮肤浸润肥厚呈硬皮病样改变。额部最易受累,眉间有纵行沟形成。硬皮病样损害严重时或晚期可使趾/指端硬化,张口睁眼及关节活动受限。硬化性黏液水肿几乎总是伴副蛋白血症,单克隆丙种球蛋白通常为IgG,伴 λ 轻链。在骨髓活检标本中,可见轻度的浆细胞增多,但仅有不足 10% 的硬化性黏液水肿的患者发展为多发性骨髓瘤。患者可有许多内脏受累表现,包括吞咽困难、近端肌力减退、周围神经病变、关节病变、限制性或阻塞性肺疾病以及肾脏疾病。这些症状可与皮肤表现同时或之后发生。

2. 局限性黏液水肿性苔藓(localized variants of lichen myxedematosus)　也称局限性丘疹黏蛋白病,其特点是无系统损害和副蛋白血症,皮疹以丘疹为主,也可有结节以及由丘疹融合成的斑块和结节,皮疹常局限在四肢和躯干。局限性黏液水肿性苔藓可与 HIV 感染、暴露于毒油或 L 型色氨酸以及 HCV 感染伴发。依据临床不同,本型可分为四种亚型。

(1)孤立丘疹型(discrete popular lichen myxedematosus):以几个到几百个数量不等的 2~5mm 大小的丘疹对称分布在四肢和躯干为特点。受累皮肤轴之不硬,面部不受累。皮损缓慢进展,无系统受累。但皮损很少自发缓解。尚无证据表明此型可发展至硬化性黏液水肿。

（2）肢端持久型丘疹黏蛋白症（acral persistent popular mucinosis）：为多发的象牙色至肤色的丘疹，主要分布在手背和前臂远端伸侧，以女性多见，皮损持续存在，无系统受累。

（3）婴儿皮肤黏蛋白症（popular mucinosis of infancy）：又称婴儿丘疹性黏蛋白病，皮损为坚实的乳白色丘疹，分布在上臂和躯干。该型不伴发系统症状，也不会自行缓解。

（4）结节型黏液水肿性苔藓（nodular lichen myxedematosus）：以四肢和躯干多发性结节为特征，间有少许或无丘疹。

3. 不典型黏液水肿性苔藓（atypical forms of lichen myxedematosus） 包括无单克隆丙种球蛋白病的硬化性黏液水肿，或有单克隆丙种球蛋白病和/或系统受累的局限性黏液水肿性苔藓，或具有各亚型特征的局限性黏液水肿性苔藓以及其他不典型病例。

【诊断和鉴别诊断】

依据临床表现，结合组织病理、系统检查和血清单克隆球蛋白的检测等可诊断和分型。硬化性黏液水肿应注意与硬皮病和硬肿病相鉴别，呈线性排列的丘疹是本病的临床标志，有助于鉴别诊断。本病增厚变硬的皮肤可捏起和推动，以此与硬皮病鉴别。局限性黏液水肿性苔藓应与环状肉芽肿、扁平苔藓、丘疹型弹性纤维溶解症和发疹性胶原瘤相鉴别。

【预防和治疗】

局限性黏液水肿性苔藓不需要治疗，保持观察病情即可。局部皮质激素可能有益。硬化性黏液水肿至今无特效疗法。

1. 局部治疗 皮损内或局部用皮质激素有一定疗效，有报道显示，使用局部或皮损内注射皮质类固醇和外用钙调磷酸酶抑制剂、PUVA、电子束照射、皮肤磨削术、局部涂抹二甲基亚砜均有一定疗效。

2. 系统治疗 重症患者需系统治疗。首选 IVIg，当不能选择 IVIg 治疗或疗效不充分时，全身性糖皮质激素和沙利度胺可作为治疗选择。美法仑是一种化疗药物，旨在治疗伴随的浆细胞病，在过去常被认为是硬化性黏液水肿的一线治疗药物。但由于担心血液系统恶性肿瘤和机会性感染等严重不良反应，目前不作为优选。其他治疗，如自体干细胞移植、环磷酰胺、甲氨蝶呤、苯丁酸氮芥的疗效有待证实。TNF-α 抑制剂可能无效。

第九节 硬 肿 病

硬肿病（scleredema）是由黏蛋白沉积及真皮增厚引起的身体上部皮肤对称性、弥漫性发硬。

【病因和发病机制】

尚不明确。与糖尿病相关的硬肿病多见于男性。胶原不可逆的糖基化及对胶原酶降解的抵抗可导致胶原的聚集。此外，胰岛素的过度刺激、微血管的破坏和缺氧可增加胶原和黏蛋白的合成。链球菌的超敏反应、淋巴管的损伤和副蛋白血症也可能起到一定作用。

【临床表现】

一般将该病分为三型。Ⅰ型约占所有病例的 55%，主要发生于儿童及中青年人群。发病前 2~3 周常伴有发热、全身乏力和呼吸道感染（通常为链球菌感染），继而面颈部皮肤突然变硬，之后发展至躯干和上肢近端。面部无表情，由于舌和咽部受累，表现为张口和咀嚼困难。本型常在几个月内缓解。Ⅱ型与Ⅰ型临床特点相同，约占所有病例的 25%，其发病更隐匿且不具有前驱疾病，皮损可持续数年。该型常与单克隆丙种球蛋白病伴发。Ⅲ型主要发生在伴 1 型糖尿病患者，约占总病例的 20%，且多为肥胖中年男性。发病隐匿，皮损持续存在，常在颈项和背部见到红色斑片或斑块，皮肤可呈橘皮样改变（图 21-8）。

此三型可伴发系统性表现，如浆膜炎、发音困难、吞咽困难、肌炎、腮腺炎和眼肌、心肌的异常。已报道可与甲状旁腺功能亢进症、类风湿关节炎、干燥综合征、皮肌炎、恶性胰岛素瘤、多发性骨髓瘤、

Waldenstrom巨球蛋白血症、胆囊癌和HIV感染伴发。除活动受限外，硬肿病患者的一般状况通常良好。

【诊断和鉴别诊断】

根据临床表现和病理结果可诊断。硬肿病的组织病理学常表现为真皮中部和网状真皮的胶原束明显增厚并被透明腔隙所分离，腔隙内黏多糖沉积。皮下组织可被致密的胶原束取代，毛细血管周围可见单核细胞浸润。硬肿病需与硬皮病及硬化性黏液水肿相鉴别，硬肿病肢端不受累，无雷诺现象及毛细血管扩张。硬化性黏液水肿的患者除有皮肤发硬外，可见呈线性排列的坚实丘疹，病理学上示成纤维细胞增殖及黏蛋白沉积。

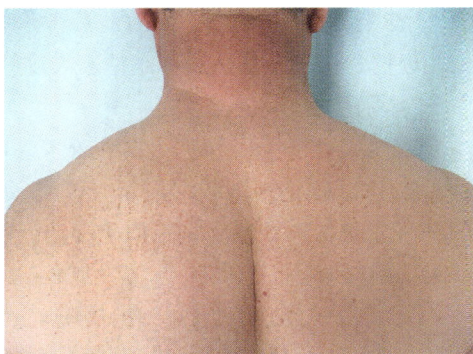

图 21-8　成人硬肿病

【预防和治疗】

尚无特效治疗手段。与链球菌感染相关的Ⅰ型硬肿病有自限性，在6个月到2年内可完全消退，其他类型则持续时间较长，很少自然消退，治疗非特异。控制血糖无助于皮肤损害改善。据报道，PUVA、UVA1、窄谱UVB、系统使用糖皮质激素、环孢素、甲氨蝶呤、前列腺素E等有一定疗效。

第十节　结节性红斑

结节性红斑（erythema nodosum，EN）为累及皮下脂肪小叶间隔的脂膜炎，是炎症性脂膜炎的最常见类型。

【病因和发病机制】

病因复杂。常见病因有感染、药物、结节病、自身免疫病、炎症性肠病、妊娠和恶性疾病。感染因素包括链球菌、分枝杆菌、支原体、衣原体等；药物因素有口服避孕药、磺胺类药物、阿莫西林等；少部分患者伴克罗恩病、溃疡性结肠炎等。

发病机制可能与细菌、病毒和化学物质等诱发的迟发型超敏反应有关。发病机制可能涉及皮下脂肪层间隔微静脉中免疫复合物沉积、中性粒细胞募集和由此产生的活性氧形成、TNF-α生成和肉芽肿形成。

【临床表现】

女性常见，可发生于任何年龄，高峰发病年龄为20~30岁。急性起病者，在结节性红斑出现的前1~3周常有前驱症状，如体重下降、乏力、低热、咳嗽、关节痛等。临床表现为触痛显著的红斑性皮下结节，对称分布在下肢的伸侧，胫前最为常见（图21-9），前臂、大腿和躯干的伸侧也可受累。数量不等，直径1~10cm，边界不清，结节表面皮肤呈红色，可在几周内消退。皮损无化脓和溃疡，缓解后无萎缩和瘢痕形成，有时会遗留轻微的色素沉着。

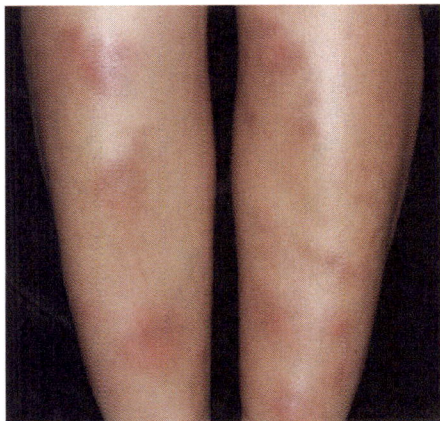

图 21-9　结节性红斑

【实验室和辅助检查】

白细胞计数、红细胞沉降率可升高。

组织病理主要表现为间隔性脂膜炎，皮下脂肪间隔增厚。早期脂肪间隔水肿，伴中性粒细胞浸润；晚期淋巴细胞、组织细胞浸润，偶见多核巨细胞。脂肪小叶间隔的中小血管内膜增生，管壁增厚，管腔可见血栓。真皮深层血管周围慢性炎症细胞浸润。

NOTES

【诊断和鉴别诊断】

根据临床表现和病史不难诊断。皮肤深部活组织检查有助于确定诊断。

【预防和治疗】

1. 支持疗法,如抬高下肢、卧床休息有助于缓解症状。非甾体抗炎药可缓解疼痛。

2. 口服碘化钾饱和溶液每天 3 次,每次 5 滴,或 10% 碘化钾溶液,每次 10ml,每日 3 次,逐日增加直至症状得到缓解。服用碘化钾治疗前应排除结核分枝杆菌感染,长期治疗还应注意可能发生甲状腺功能减退。

3. 病情重者,可系统应用糖皮质激素,泼尼松 0.5~1mg/(kg·d),病情控制后递减。

4. 对于顽固性、慢性或复发性 EN 患者,优选氨苯砜、秋水仙碱和羟基氯喹用于长期治疗。

5. TNF-α 抑制剂对重度或难治性 EN 有用,特别是有潜在炎症性肠病的患者。

第十一节　硬化性脂膜炎

硬化性脂膜炎(sclerosing panniculitis)又称硬皮病样皮下脂膜炎,好发于小腿部,常伴有小腿静脉功能不全和小腿溃疡,呈慢性病程。本病大多发生在 40 岁以上的女性,偶有 75 岁以上发病的报道。

【病因和发病机制】

病因尚不明确,可能由多种因素导致。患者多伴有小腿静脉功能不全,造成长期静脉压升高,组织缺氧,血管壁通透性增高,纤维蛋白原等大分子物质漏出管外,纤溶活性降低。同时静脉回流障碍可导致内皮细胞损伤、白细胞栓塞,最终发生脂肪坏死和炎症,并进一步发生纤维化。亦有学者认为本病和感染有关。

【临床表现】

本病常对称发生在小腿中下 1/3 处,其他部位(如下腹部)亦可发病。典型表现为穿袜部位有明显的木质样硬结性损害。本病可分为急性期和慢性期。急性期出现疼痛、灼热、红斑和硬化。慢性期可见真皮和皮下有明显的硬化,导致皮肤变硬,与正常皮肤分界清楚。可有含铁血黄素沉积,出现色素沉着。

【诊断和鉴别诊断】

本病的组织病理随病程而异,早期损害显示脂肪小叶中央缺血性坏死,坏死细胞壁淡染无核,称"鬼影细胞",脂肪间隔内大量淋巴细胞并环绕脂肪小叶,毛细血管不同程度充血、血栓形成、出血、伴含铁血黄素沉积。随病情进展,间隔增宽,出现噬脂细胞和混合性炎症细胞浸润,形成脂肪微囊肿,脂肪细胞的残余成分像羽毛样衬于囊壁内,称脂膜性脂肪坏死。晚期皮损的炎症显著减轻,可见明显脂肪间隔硬化和脂膜改变。根据病变从踝部向小腿近端逐渐进展,有静脉或淋巴回流异常,组织学上有"鬼影细胞"和脂膜性脂肪坏死,一般不难诊断。早期皮疹需与蜂窝织炎、结节性红斑或硬红斑相鉴别。当硬结发生后,需与局限性硬皮病、硬化性黏液水肿相鉴别。

【预防和治疗】

治疗困难,纤维化损害具有不可逆性。抬高患肢和持续加压包扎治疗是主要手段。患者纤溶活性降低,可应用人工合成的蛋白同化激素和雄激素类药物,增强血管内纤溶活性。其次可以选择应用抗生素、外科疗法和超声波治疗。

第十二节　外伤性脂膜炎

外伤性脂膜炎(traumatic panniculitis)指外来伤害引起的皮下组织炎症。最常见于 20~60 岁的女性,尤其常见于肥胖女性的躯干和乳房部位。

【病因和发病机制】

病因是外伤,包括寒冷、局部注射、钝器伤等。发病机制尚不明。

【临床表现】

皮损好发于胸部、腹部和四肢，能自然缓解，愈后有萎缩性瘢痕。皮损表现为外伤后出现的皮下坚实的结节或斑块，有不同程度触痛，离心性扩大并与深部组织粘连，表面皮肤水肿，呈橘皮样外观（图 21-10）。

【诊断和鉴别诊断】

外伤后发生的皮下结节或斑块，离心性扩大并与皮肤粘连，伴疼痛，表面呈橘皮样外观。应行病理活检与肿瘤相鉴别，本病早期的组织病理表现为脂肪坏死、囊腔形成，邻近脂肪中有多量中性粒细胞浸润；晚期发生纤维化，有钙盐沉着。

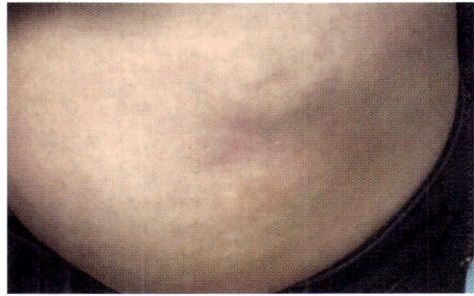

图 21-10　外伤性脂膜炎（臀部注射促排卵药物后）

【预防和治疗】

去除刺激或潜在的感染。皮损内注射或系统应用皮质类固醇可有效控制炎症。亦可选择外科手术切除病灶。

第十三节　全身性脂肪营养不良

全身性脂肪营养不良（generalized lipodystrophy）是多种原因导致的以机体脂肪组织全身性缺失为主要特征的一组疾病，患者往往会合并多种代谢紊乱，如胰岛素抵抗、糖尿病、高甘油三酯血症和肝脏脂肪变性。可分为先天性（Berardinelli-Seip 综合征）和获得性（Lawrence 综合征）。

【病因和发病机制】

先天性全身性脂肪营养不良是一种常染色体隐性遗传病，目前为止已报道了 11 个基因（AGPAT2、BSCL2、CAV1、PTRF、PPARG、LMNA、ZMPSTE24、AKT2、CIDEC、PLIN1、WRN）与其发病相关。获得性全身性脂肪营养不良最常见的病因是长时间应用以蛋白水解酶抑制剂为核心药物的高效抗反转录病毒治疗，其他病因包括感染、自身免疫性疾病等。

【临床表现】

主要表现为全身性脂肪缺乏，浅静脉和肌肉明显。

【诊断和鉴别诊断】

主要通过临床表现、实验室检查和基因检测诊断。需要与婴儿腹部离心性脂肪营养不良、硬皮病、嗜酸细胞性筋膜炎等疾病相鉴别。

【预防和治疗】

可以通过整容手术改善外观，大部分患者在早期就出现多种代谢并发症，治疗上需要饮食、运动、降糖药和降脂药等多方面的配合。

第十四节　婴儿腹部离心性脂肪营养不良

婴儿腹部离心性脂肪营养不良（lipodystrophia centrifugalis abdominalis infantilis）是一种好发于儿童腹部及腹股沟的局限性特发性皮肤及皮下脂肪萎缩症。90% 的病例在 5 岁以内发病，但不限于婴儿，故有学者建议将其更名为幼年腹部离心性脂肪营养不良。一般无家族史。

【病因和发病机制】

尚不明确。可能有与脂肪组织变性相关的凋亡机制参与。

【临床表现】

特征表现为腹部皮下脂肪萎缩、消失，引起皮肤凹陷。腹部初发为淡紫蓝色斑片，渐变暗红色，境

NOTES

界清楚,表面萎缩凹陷,周围绕有红晕,离心性扩大。可波及腹部大部分或腹股沟处,甚至可延伸至胸背(图 21-11)。但颜面、颈围和上下肢常不受累。皮损可单侧分布。本病好发于婴儿或 5 岁以内儿童,2 岁发病者居多。缺乏全身症状及自觉症状。

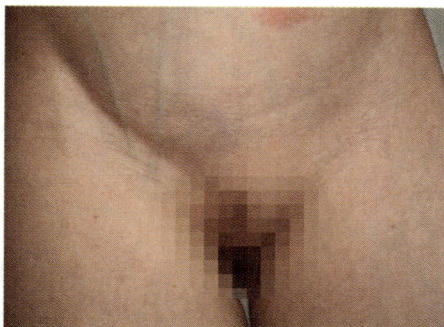

图 21-11　婴儿腹部离心性脂肪营养不良

【诊断和鉴别诊断】

根据发病年龄、临床表现、皮损特点、组织病理特征性即可诊断。本病的组织病理表现为表皮萎缩变薄,真皮胶原纤维减少,无变性,皮下脂肪消失,有轻度炎症反应。需与斑状萎缩、进行性特发性皮肤萎缩相鉴别。

【预防和治疗】

本病尚无有效治疗方法,但其具有自限性,无需特殊治疗。通常 9 岁以后有停止发展的趋势。

(徐金华)

思考题

1. 简述弹性纤维性假黄瘤的主要诊断标准和鉴别诊断。
2. 简述黏液水肿性苔藓的治疗方法。
3. 概述硬肿病的分型。

第二十二章
非感染性肉芽肿

【学习要点】

1. 结节病是一种可累及多个系统的非干酪性肉芽肿性炎症性疾病。皮肤损害可能是该病首发或唯一的临床表现，有多种临床分型。目前仍无针对病因的特殊治疗。轻型损害者能自行消退，可定期观察，无需治疗。当伴有系统性损害时需积极治疗。

2. 环状肉芽肿是一种以环状丘疹、结节性损言为特征的非感染性肉芽肿性疾病。环状肉芽肿有多种临床类型，但都具有相同的组织病理学表现。皮损局限且无症状的患者无需治疗。泛发型环状肉芽肿的首选治疗包括局部外用或皮损内注射糖皮质激素以及光疗。

3. 异物肉芽肿是一种由异物进入人体皮肤组织引起的过敏反应，其病理表现为肉芽肿性炎症反应。发病前常有皮肤外伤史。及时去除异物是预防与治疗的最佳手段。

第一节　结　节　病

结节病（sarcoidosis）是一种可累及多个系统的非干酪性肉芽肿性炎症性疾病。肺和淋巴结最常受累，皮肤受累的患者约有 16%~32%，多系统受累的患者预后较差。本病平均发病年龄为 40~55 岁，女性患者占 45%~60%。北欧、美国和英国等地区或国家发病率较高，而亚洲国家发病率相对较低。我国尚无确切流行病学资料。

【病因和发病机制】

结节病的病因目前尚未明确，可能与感染、环境、遗传或免疫异常等诸多因素有关。

1. **感染因素**　常见病原菌是结核分枝杆菌和痤疮丙酸杆菌，部分患者也可能由真菌、螺旋体、病毒感染引起。

2. **化学因素**　一些化学物质或药物也能引起上皮样肉芽肿，如铍、锆、硅、保泰松、磺胺类药物等。

3. **遗传因素**　结节病具有种族和家族聚集倾向，提示本病可能与遗传有关。研究认为，结节病的各种临床表现与人类白细胞组织相容性抗原（HLA）的 II 类等位基因有关，其中 HLA-DR3、HLA-B8 与结节病关系密切。

4. **免疫因素**　许多学者认为，结节病的肉芽肿是机体对病变部位持续存在的抗原产生的迟发型变态反应。研究发现，部分患者循环免疫复合物增加，外周血 T 淋巴细胞数量减少，病灶 T 淋巴细胞和巨噬细胞聚集，聚集的淋巴细胞群主要由 CD4$^+$ T 辅助细胞组成，可分化为 Th1 和 Th17 效应细胞，产生 IFN-γ 和 IL-17。此外，促炎细胞因子，如 TNF、IL-12、IL-18 和 IL-6 以及调节性细胞因子，如转化生长因子-β（TGF-β）和 IL-10，其水平也在病变组织中上调。

【临床表现】

结节病属于系统性疾病，可以侵犯任何器官或组织。起病多缓慢，常无先兆，可有疲劳、低热、盗汗、虚弱不适等一般症状。

1. **皮肤表现**　皮肤损害可能是该病首发或唯一的临床表现，分为特异性的肉芽肿表现、非特异性的反应性病变。皮损呈多形性，可为丘疹、结节、斑块或皮下结节，也可为银屑病样、鱼鳞病样皮损。质地坚实或有弹性。患者一般无自觉症状，偶有瘙痒感。

（1）斑-丘疹型：最常见的皮肤表现。好发于面部，可累及眼睑、眶周和鼻唇皱褶，表现为红褐色至紫色丘疹，轻度浸润，部分可融合形成斑块（图 22-1）。玻片压诊时，正常皮肤呈苍白色，皮损则呈"苹果酱"色。此型预后较好，愈合后一般不留瘢痕。

（2）结节性红斑型：常见的非特异性皮肤表现。好发于青年女性，分布于面、背、四肢伸面、耳郭。典型皮肤损害为红色、肿大的皮下结节，伴有疼痛及皮温升高。急性起病，可伴有发热、多发性关节痛、肺门淋巴结肿大等全身症状。此型预后较好，病程较短，皮损消退快。

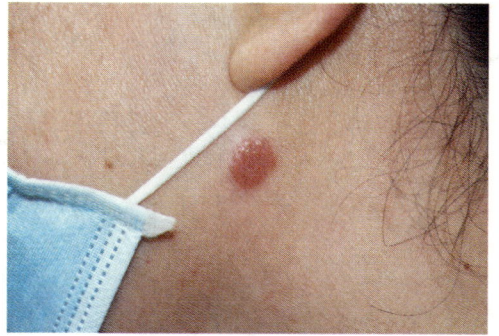

图 22-1　结节病的临床表现（斑丘疹型）

（3）斑块型：好发于面颊、四肢、躯干、头皮，呈对称性分布。病变为红色浸润性斑块，大小不等，其上有数量、大小不等的硬结。斑块融合后可形成匐行形损害。侵犯头皮者可导致瘢痕性脱发。此型多为慢性病程，呈持续进展或复发，愈合后可能会留下永久性瘢痕。

（4）瘢痕型：发生于瘢痕部位，如文身、手术后瘢痕、结核菌素注射部位。表现为陈旧性瘢痕浸润、隆起，呈红色或青紫色结节状或条状，表面光滑，外形似增生性瘢痕或瘢痕疙瘩。多无瘙痒。慢性病程，部分可自行消退，多伴有内脏受累。

（5）环状型：多见于面部、颈部。早期为斑块或结节，质地坚硬，可融合成片或排列成环形，中央消退，遗留色素减退斑、萎缩或瘢痕。

（6）冻疮样狼疮型（弥漫性浸润型）：多见于中年女性，好发于身体的末端，如鼻尖、面颊部、耳部、指（趾）端和手背。皮损为紫红色的斑块或结节，表面光滑，多对称分布，常沿鼻缘呈串珠样分布，可伴红肿、破溃。一些患者可伴发慢性肺纤维化、手指骨囊肿以及眼部损害。

（7）大结节型：好发于面部、躯干和四肢的近端，皮疹为单发或散发结节，初为红色，后呈紫红色。病程较长，随着皮损扩大，中央逐渐萎缩或纤维化，表面毛细血管扩张。

（8）皮下结节型：也称 Darrier-Roussy 型，为罕见类型。中年人好发，常累及躯干和四肢。皮损为数个 0.5~3cm 的无痛性深在的皮下结节，肤色或呈淡紫色，常伴有系统性损害。

（9）其他：除上述类型外，少见类型有血管狼疮样型、色素减退型、硬斑型、红皮病型等，有时多种类型的皮损可同时发生，构成混合型。

2. 系统性表现

（1）呼吸系统：包括肺损害和纵隔淋巴结肿大，发生率为 80%~90%，是结节病致死、致残的主要原因。早期可无自觉症状，后期有咳嗽、呼吸困难、喘息等，可闻及哮鸣音，严重时进展为肺纤维化和肺心病。肺部改变分为以下几期：0 期为正常；Ⅰ期为肺门淋巴结肿大；Ⅱ期为弥漫性肺部病变伴或不伴肺门淋巴结肿大（ⅡA 或ⅡB）；Ⅲ期为肺部纤维化。

（2）淋巴结：除肺门和支气管淋巴结最易受累外，30%~70% 患者存在外周淋巴结肿大。淋巴结肿大可为该病最早的表现。以颈部、腋下淋巴结肿大常见，淋巴结光滑、质硬、可活动、无压痛。

（3）消化系统：常累及肝脏，表现为肝大、肝结节、胆汁淤积性肝硬化以及血碱性磷酸酶升高。腮腺病变约占 4%，若伴颌下、颈部淋巴结及泪腺肿大者，则称 Mikulicz 综合征。

（4）心脏：临床上，2%~7% 的结节病患者有明显的心脏受累，而大于 20% 的患者隐匿性发病。进行性心力衰竭是结节病患者猝死的重要原因，主要病因是室性心律失常、重度传导阻滞或心肌大量非干酪性肉芽肿浸润及纤维化。

（5）骨关节系统：约占 5%，在冻疮样狼疮型结节病中发生率高达 50%，表现为手足肿胀，尤其是指（趾）骨的改变。

（6）眼：30%~50% 患者伴有眼部损害，好发于黑种人及亚洲人群。肉芽肿性葡萄膜炎最常见，此外,虹膜、视网膜、脉络膜、巩膜和视神经均可受累。

（7）神经系统:4%~10% 患者可累及神经系统。最常受累部位依次是脑神经、脑膜、脑实质、脊髓、下丘脑-神经垂体系统、硬脑膜和外周神经。临床表现多样,如面神经麻痹、无菌性脑膜炎、癫痫发作等。慢性病程,反复发作,少数可致死。

（8）其他:结节病也可合并淋巴瘤、自身免疫性疾病等,如白癜风、恶性贫血和自身免疫性甲状腺炎等。

【实验室和辅助检查】

1. **血液学检查**　可表现为轻度贫血,白细胞、淋巴细胞、血小板减少,部分患者嗜酸性粒细胞增多。急性期红细胞沉降率增高。一半患者的球蛋白增高,白蛋白减少。血清中钙、尿酸、碱性磷酸酶升高。约 60% 患者的血管紧张素转换酶（ACE）活性升高。30% 患者的血清抗核抗体滴度升高。血钙和尿钙水平、血浆免疫球蛋白和活性维生素 D 升高可作为结节病的先兆指标,但诊断价值较差。

2. **影像学检查**　胸部 X 线检查可见肺门淋巴结肿大,肺纹理增粗,颗粒状或结节状阴影,晚期肺纤维化改变。胸部 CT 适用于纵隔和肺门淋巴结的病变,也有助于肺部小病灶的发现。高分辨率 CT 适用于显示实质受累的范围以及继发性并发症,如纤维化、曲霉病和肺动脉高压。

3. **核素显像**　^{18}F-FDG-PET 对隐匿性病变,特别对于肺结节病和心脏结节病有相当大的诊断价值。

4. **结核菌素试验**　约 2/3 患者为阴性或弱阳性。

5. **克韦姆（Kveim）试验**　将 0.2ml Kveim 抗原（为结节病组织的 10% 生理盐水混悬液）注射于前臂内侧,6 周后于注射部位行皮肤活检,若有典型的结节病组织学改变,则为阳性。但该试验缺乏标准化,目前已少用。

6. **支气管镜检查**　可行支气管肺泡灌洗液（BALF）检查和病变组织活检。CD4$^+$ T 细胞/CD8$^+$ T 细胞数值升高（>3.5）或 CD4$^+$CD103$^+$ T 细胞/CD4$^+$ T 细胞数值降低（<0.2）,支持结节病的诊断。

7. **肺功能检查**　肺功能检查对于评估肺部受累的严重程度和监测疾病的自然病史或治疗反应是极其重要的。

【组织病理】

典型表现为真皮全层或皮下组织的上皮样细胞肉芽肿,境界清楚。结节由上皮样细胞和多核巨细胞组成,中央无干酪样坏死,可见纤维素样坏死,少量或无淋巴细胞浸润,称为"裸结节"。巨细胞内可见嗜酸性星状包涵体（星状体）和圆形层状的嗜酸性包涵体（Schaumann 小体）,二者皆非结节病的特异表现。临床各型皮损在病理下结节的深度有所不同。

【诊断和鉴别诊断】

我国结节病学组 1993 年制定了结节病诊断方案:①X 线检查显示双侧肺门及纵隔对称性淋巴结增大,伴或不伴有肺内网状、片状或结节状阴影;②组织病理检查符合结节病的组织病理学改变;③Kveim 试验阳性;④血清 ACE 活性增高;⑤结核菌素试验为阴性或弱阳性;⑥高血钙、高尿钙症,碱性磷酸酶和血浆免疫球蛋白升高,支气管肺泡灌洗液中 T 淋巴细胞增多,CD4$^+$ T 细胞/CD8$^+$ T 细胞数值增高。

具有①②或①③项者,可诊断为结节病。④⑤⑥项为重要参考指标。

本病诊断时需注意排除结核、淋巴系统肿瘤或其他肉芽肿疾病,还应与颜面粟粒狼疮、红斑狼疮、淋巴瘤和结核样型麻风等疾病进行鉴别。

（1）颜面粟粒狼疮:皮损为半球形、柔软的丘疹或小结节,呈暗红或褐色,中心坏死,玻片压诊时,呈黄色或褐色小点,组织学有干酪样坏死或结核样肉芽肿改变。

（2）红斑狼疮:皮损可见萎缩、毛细血管扩张和黏着鳞屑,组织病理有明显的区别。

（3）淋巴瘤:可出现发热、贫血、消瘦、胸腔积液、胸内淋巴结增大等症状,结合实验室检查和组织病理学可鉴别。

（4）结核样型麻风:常伴有神经粗大和感觉障碍,组织病理可见炎细胞浸润神经细胞。

【预防和治疗】

目前仍无针对病因的特殊治疗。轻型损害者,症状可自行消退,定期观察,无需治疗。当伴有系统性损害时,需积极治疗。

1. 系统治疗

(1)糖皮质激素:治疗本病的首选药物。口服泼尼松初始剂量为 20~50mg/d,以后每两个月递减 5mg,逐渐减量至 7.5~15mg/d。病情严重时可适当增加剂量,治疗疗程一般为 2 年。

(2)免疫抑制剂:可与糖皮质激素联合使用,如甲氨蝶呤(7.5~25mg/周)、来氟米特(10~20mg/d)、硫唑嘌呤(50~200mg/d)、吗替麦考酚酯(500~3 000mg/d)、沙利度胺(50~300mg/d)等。

(3)生物制剂:英夫利西单抗、阿达木单抗等。

(4)其他:羟氯喹对肺纤维化、皮损、高钙血症和神经结节病有效,剂量为 200~400mg/d,疗程为 1~3 个月;后减量至 400mg,2 次/周,疗程为 1~3 个月。异维 A 酸 1mg/(kg·d),疗程 3~8 个月有一定效果,但证据有限。

2. 局部治疗 若损害仅限于皮肤,可外用或皮损内注射糖皮质激素治疗。脉冲染料激光和 CO_2 激光治疗冻疮样狼疮型结节病可能有效,但也有激光治疗导致疾病加重的报道。

第二节 环状肉芽肿

环状肉芽肿(granuloma annulare,GA)是一种以环状丘疹、结节性损害为特征的非感染性肉芽肿性疾病,发生于真皮或皮下组织,具有自限性。通常在 30 岁前发病,女男之比约为 2:1。

【病因和发病机制】

发病机制尚不清楚,有许多病因假设,然而证据相对有限。多项研究表明 Th1 细胞介导的迟发型超敏反应与环状肉芽肿有关。其他研究发现弹性纤维变性在环状肉芽肿的发生发展中起激发作用,但仍需更多的证据支持。

此外,环状肉芽肿可能与昆虫叮咬、外伤、结核分枝杆菌感染、病毒感染、日晒等有关;还可能与一些系统性疾病有关,如甲状腺疾病、糖尿病、恶性肿瘤等。

【临床表现】

环状肉芽肿有多种临床类型,但都具有相同的组织病理学表现。

1. 局限型环状肉芽肿(localized granuloma annulare,LGA) 是最常见的类型。任何部位均可受累,但以脚踝、足背及手背好发。皮损表现为缓慢进展的肤色、淡红色或暗红色的丘疹,表面光滑,质地坚硬。皮损中心逐渐消退,周围呈环状、匍行状或弓形。一般无自觉症状。皮损具有自限性,多数在 2 年内自行消退。

2. 泛发型环状肉芽肿(generalized granuloma annulare,GGA) 10 个或 10 个以上病变被定义为泛发型环状肉芽肿。可累及任何部位,但以躯干、颈部和头皮好发。皮损表现为肤色或红色的丘疹、斑块或环形损害(图 22-2)。无自觉症状或轻微瘙痒。皮损可自行消退,但持续时间长短不一。

3. 皮下型环状肉芽肿(subcutaneous granuloma annulare,SGA) 又称为假类风湿样结节、深在型环状肉芽肿。多见于儿童,常累及下肢、臀部、手和头皮。表现为无痛性结节,位置可移动,浸润较深。通常无自觉症状。皮损进展缓慢,可自行消退。

4. 穿通型环状肉芽肿(perforating granuloma annulare,PGA) 常见于儿童和青年人,好发于四肢,尤其是手背。开始表现为肤色或淡红色的丘疹,直径 1~4mm,皮损逐渐增大,中央

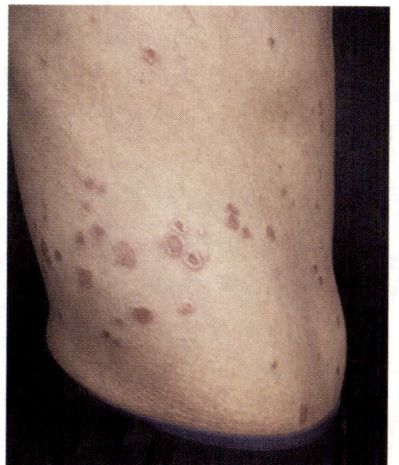

图 22-2 环状肉芽肿的临床表现(泛发型)

常见脐凹,可排出黏液样液体。多无自觉症状,部分患者伴有瘙痒或疼痛。皮疹愈合后形成瘢痕。

5. 其他临床类型的环状肉芽肿包括斑片型、巨大型、丘疹型、线状型环状肉芽肿等。

【组织病理】

典型的病理类型为栅栏状肉芽肿(约占 25%),中心为变性的胶原纤维,周围组织细胞、淋巴细胞和成纤维细胞栅栏状排列。最常见的是间质型肉芽肿(约占 70%),淋巴细胞和组织细胞散在分布于胶原纤维束间。病灶内可有不同程度的黏蛋白沉积。病变主要位于真皮中上部,也可累及真皮深部和皮下组织。

【诊断和鉴别诊断】

环状肉芽肿的临床类型多,须结合病理确定诊断。本病应和结节病、体癣、扁平苔藓、类脂质渐进性坏死、持久性隆起性红斑、传染性软疣和泛发性肥大细胞增多症等疾病进行鉴别。

【预防和治疗】

环状肉芽肿具有良性、自限性的特点,皮损局限且无症状的患者无需治疗。局限型环状肉芽肿的首选治疗是局部外用或皮损内注射糖皮质激素。泛发型环状肉芽肿的首选治疗是局部外用或皮损内注射糖皮质激素以及光疗。皮下型环状肉芽肿通常不需要治疗。穿通型环状肉芽肿往往治疗效果不佳。

1. **局部治疗** 外用或皮损内注射糖皮质激素、CO_2 激光、冷冻等治疗有一定效果。外用他克莫司或吡美莫司、5% 咪喹莫特乳膏有一定效果,但证据等级仅限于病例报道。

2. **系统性治疗** 系统性治疗仅用于严重病例,部分患者病情可有所改善。治疗药物包括氯喹、维生素 E、环孢素、碘化钾和烟酰胺等。异维 A 酸有一定效果。口服糖皮质激素有一定疗效,但停药易复发,且长期服用副作用较多,故应慎用。

3. **光疗** 包括 PUVA、窄谱 UVB、UVA1 及光动力治疗。

4. **生物制剂** 生物制剂在治疗顽固性环状肉芽肿时有一定疗效,目前 TNF-α 抑制剂的应用较广泛,包括阿达木单抗、英夫利西单抗、依那西普等。

第三节 异物肉芽肿

异物肉芽肿(foreign body granuloma)是一种由异物进入人体皮肤组织引起的过敏反应,其病理表现为肉芽肿性炎症反应。

【病因和发病机制】

异物反应是机体免疫系统对内在或外来异物表现出的一种特殊的炎症性组织反应。临床上常见的外源性异物有铍、锆等金属;硅化物、石蜡、滑石粉等非金属;植物、寄生虫、真菌及异体蛋白等。内源性异物包括毛囊或囊肿破裂后流出的内容物、尿酸盐、钙化上皮瘤中的角化物质,等等。

【临床表现】

发病前常有皮肤外伤史,好发于手足及暴露部位。从异物进入人体到发生皮损的时间一般较长,从几周到几十年不等。常见皮损有丘疹、斑块、结节及色素沉着等,可伴有肿胀、疼痛(图 22-3)。皮损一般长期不消退,少数皮损因炎症反应强烈或组织坏死,可自行破溃排出异物。以下是常见的一些异物肉芽肿。

1. **文身肉芽肿** 通常在文身后出现,局限于文身区域。常表现为红斑、结节或苔藓样。

2. **美容填充物引起的异物肉芽肿** 目前常见的填充物包括胶原、透明质酸、硅胶等。皮损主要表现为填充部位的红斑、斑块和结节,当填充物发生破裂时亦可在远处形成结节。此类型肉芽

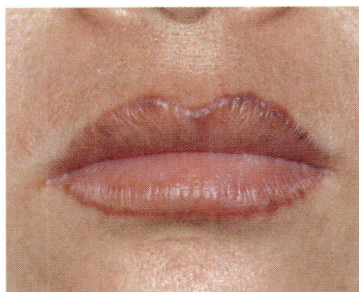

图 22-3 异物肉芽肿

肿治疗较困难。

3. 铍肉芽肿   是由铍或铍的混合物进入皮肤引起的局限性的肉芽肿反应。从皮肤损伤到肉芽肿形成一般需要数月或数年的时间。皮损为红色结节，经久不愈，进而发生软组织肿胀，形成硬结。

4. 毛发肉芽肿   是由毛发及其碎屑进入皮肤引起的异物反应，毛发进入皮肤的深度不同可出现不同的异物反应，但主要表现为皮肤结节、脓肿和瘘管。

5. 表皮囊肿破裂引起的异物肉芽肿   表现为囊肿突然增大，皮温升高，皮肤红肿和疼痛，可伴有全身炎性反应。

【组织病理】

真皮或皮下组织以组织细胞、淋巴细胞及异物巨细胞为主的混合性炎细胞浸润，境界不清。巨细胞或组织细胞内可见到异物。晚期常有纤维组织增生。

【诊断和鉴别诊断】

根据皮肤外伤史或囊肿史、慢性结节或肿块的临床表现、巨细胞浸润等特征性病理改变可确诊。偏振光、光谱分析、组织化学等方法可用于寻找异物。

本病需与结节病、环状肉芽肿、化脓性肉芽肿、光线性肉芽肿等相鉴别。

【预防和治疗】

及时去除异物是预防与治疗的最佳手段，如损害小、无自觉症状且不影响功能者，可不予处理。根据不同的异物类型，采取不同的治疗，如文身肉芽肿可使用激光治疗。其他的治疗方式包括手术治疗，外用或皮损内注射糖皮质激素、皮损内注射 5-氟尿嘧啶以及口服糖皮质激素、秋水仙碱、别嘌呤醇、环孢素、异维 A 酸等。

（纪　超）

思考题

1. 简述结节病的皮肤表现。
2. 简述环状肉芽肿的临床类型。
3. 简述异物肉芽肿的病理表现。

第二十三章
皮肤附属器疾病

【学习要点】

1. 发生在毛发、皮脂腺、汗腺和甲的疾病称作皮肤附属器疾病。

2. 斑秃是一种常见的可发生于身体任何部位的炎症性非瘢痕性脱发;雄激素性秃发是最常见的脱发类型,是一种进行性毛囊微小化的脱发疾病。

3. 痤疮是累及毛囊皮脂腺的慢性炎症性皮肤病,与遗传和雄激素等多种因素相关。

4. 玫瑰痤疮为常见的慢性炎症性疾病,皮损多样,不同患者可存在一种或两种以上皮损,程度不一。

5. 甲床、甲板和甲周任何一部分发生的病变都可称为甲病,可为先天性或获得性,获得性甲病多由皮肤病或系统性疾病、药物或外源性因素引起。

第一节 斑 秃

斑秃(alopecia areata)是一种常见的炎症性非瘢痕性脱发,为突然发生的局限性斑片状脱发,可发生于身体任何部位。

【病因和发病机制】

病因尚不完全清楚,目前认为是由遗传因素与环境因素共同作用所致的毛囊特异性自身免疫性疾病。约25%患者有家族史,可能属于多基因疾病范畴,同时精神神经因素是重要的诱发因素。

斑秃常与一种或多种自身免疫性疾病并发,斑秃患者体内存在自身抗体,桥本甲状腺炎、糖尿病、白癜风患者及其亲属患本病的概率明显高于正常人;有学者认为斑秃的发病与生长期毛囊丧失免疫豁免有关;斑秃还可并发特应性皮炎和过敏性鼻炎等,特应性体质可能与斑秃的发生和预后相关。

【临床表现】

本病可发生于任何年龄,以青壮年多见。典型表现为突然出现的圆形或椭圆形、数量不等、边界清楚的脱发区,患处皮肤光滑,无炎症,无鳞屑,无瘢痕(图23-1)。按病期可分为活动期、静止期和恢复期,活动期脱发区边缘头发松动,很易拔出(拉发试验阳性),拔出的头发在光镜下可见毛干近端萎缩,呈上粗下细的"惊叹号样",如损害继续扩大,数量增多,可互相融合成不规则的斑片;静止期时脱发区边缘的头发不再松动,大多数患者在脱发静止3~4个月后进入恢复期;恢复期有新毛发长出,最初出现细软色浅的毳毛,逐渐增粗,颜色变深,最后完全恢复正常。

临床上可分为①斑片型:单个或多个脱发斑;②网状型:脱发斑多而密集,呈网状;③匐行型:沿颞部和枕部头皮边缘条带状脱发;④中央型或反匐行型:脱发区从前额到枕部,距离发际线3~4cm;⑤弥漫型:全头皮弥漫受累,一般不形成全秃,仔细检查可有斑状脱发;⑥全秃(alopecia totalis):头发全部脱失;⑦普秃(alopecia universalis):头发、眉毛、睫毛、腋毛、阴毛和全身毳毛全部脱落。2%~44%患者指甲受累,如甲点状凹陷、点状白甲和甲纵嵴等。

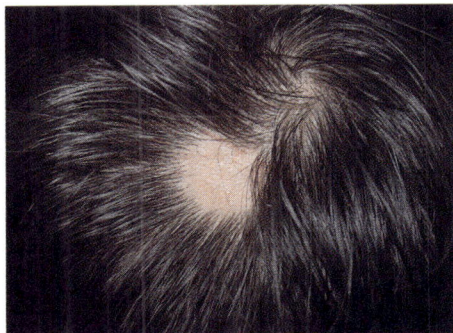
图 23-1 斑秃

一般认为脱发面积<25% 为轻度,25%~49% 为中度,≥50% 为重度。病程可持续数月至数年,多数能再生,但也能再次发生脱落。头皮边缘部位(特别是枕部)毛发较难再生。全秃和普秃病程可迁延,发病年龄越小,脱发区越广泛,复发概率越高,痊愈概率越低。

【诊断和鉴别诊断】

根据突发性斑片状秃发的临床表现易于诊断。不典型者必要时完善相关检查进行鉴别(表 23-1)。

表 23-1 斑秃的诊断和鉴别诊断

疾病名称	临床表现	实验室检查	皮肤镜
斑秃	境界清楚,圆形、椭圆形脱发斑,无脱屑,无萎缩	部分伴有甲状腺功能和甲状腺自身抗体异常	黄点征、黑点征、断发、惊叹号发、毛发近端变细、簇生的短小毳毛
拔毛症	斑状脱发,伴有不同长度的断发,周围毛发未受累,头皮没有炎症或鳞屑,拉发试验阴性	阴性	毛发在不同长度断裂,纵裂的短发,不规则卷曲发,无定形的毛发残端,黑点征
Brocq 假性斑秃	圆形、椭圆形或不规则形脱发斑,逐渐扩展、增多,散在分布,类似"雪中足迹",也可以相互融合成片,其中可见数根残留毛发。表面萎缩,略凹陷,光滑发亮如薄纸,无皮疹或断发	常为阴性	毛囊开口消失,瓷白色区域,周边毛发营养不良,同时不具有其他瘢痕性秃发特征
白癣	脱发区脱发不完全,头发多易折断,残留发根,并附有鳞屑	真菌镜检见发内或发外孢子或菌丝	逗号样发,螺旋状发
梅毒性脱发	局限性或弥漫性脱发,虫蚀状,毛发稀疏,长短不齐	梅毒血清学检测阳性	局部无毛征,部分毛囊周围可见褐色环,部分可见黑点征

【预防和治疗】

治疗目的是控制病情进展、促使毛发再生、尽量预防或减少复发,提高患者生活质量。

治疗原则为去除可能的诱发因素,保持健康的生活方式,应积极治疗并发的炎症或免疫性疾病,轻症可自愈;秃发范围广或全秃、普秃者可戴假发。治疗详见表 23-2。

表 23-2 斑秃的治疗

治疗手段	药物分类/名称	用法	适用类型
局部治疗	**外用糖皮质激素** 卤米松、糠酸莫米松、丙酸氯倍他索	每日 1~2 次,面积较大的可封包治疗,如 3~4 个月后仍未见效,应调整方案	各种类型
	皮损内注射糖皮质激素 复方倍他米松注射液和曲安奈德注射液	复方倍他米松注射液每 3~4 周 1 次,曲安奈德注射液每 2~3 周 1 次,如 3 个月内无毛发生长,应调整方案	轻中度静止期的成人单发型和多发型患者
	外用米诺地尔	2% 或 5%,每日 1~2 次	适用于静止期及脱发面积较小的患者,避免单独用于活动期患者
系统治疗	糖皮质激素	中小剂量,如泼尼松≤0.5mg/(kg·d),或肌内注射长效糖皮质激素每 3~4 周 1 次	急性活动期和中重度患者
	免疫抑制剂	环孢素≤3mg/(kg·d)	病情重或不宜系统应用糖皮质激素或糖皮质激素无效者
	JAK 抑制剂	托法替布、鲁索替尼、巴瑞替尼	常规治疗无效者
其他	局部免疫疗法、光疗、微针、冷冻治疗、中医中药、心理治疗		

第二节 雄激素性秃发

雄激素性秃发（androgenetic alopecia）是一种发生于青春期和青春期后的毛发进行性减少性疾病，根据脱发模式不同分男性型脱发和女性型脱发。雄激素性秃发影响人类各个种群，我国男性的患病率约为 21.3%，女性约为 6.0%。患病率随着年龄的增长而逐渐增加。

【病因和发病机制】

本病常有家族史，提示遗传因素在本病的形成中发挥重要作用。在头皮秃发区域，5α-二氢睾酮、5α-还原酶活性和雄激素受体明显增加。5α-二氢睾酮可使毛囊逐步缩小，导致终毛转变为毳毛，同时毛囊的生长期缩短，形成临床上的秃发。女性雄激素性秃发与性激素结合蛋白浓度下降和游离循环睾酮的增高有关。

【临床表现】

多从青春期开始发病。男性常见的脱发模式（男性型脱发）是额颞区脱发，可以伴有也可以不伴头顶弥散性脱发。一般前额双侧头发开始变得稀疏而纤细，逐渐向头顶延伸，额部发际线向后退缩，头顶头发也逐渐开始脱落。随着病情进展，前额变高，前发际线呈 M 字形（图 23-2）。最后额部与头顶秃发区融合成片，仅两颞和枕部保留剩余头发。脱发处皮肤光滑，仅可见少量毳毛，无自觉症状。

女性型脱发模式与男性型有所不同，多为头顶部毛发进行性稀疏，前额发际线不后移。国际上常用改良的 Hamilton-Norwood 分类法，将男性型分为 7 级 12 个变型，女性型用 Ludwig 法分为 Ⅰ、Ⅱ、Ⅲ级。

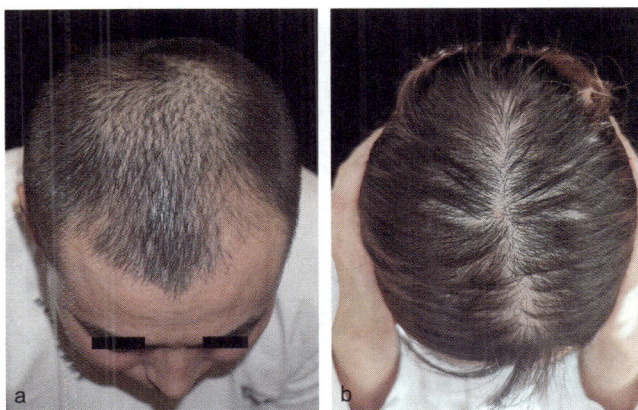

图 23-2 雄激素性秃发
a. 男性型；b 女性型。

【诊断和鉴别诊断】

根据家族史、典型的脱发模式可以诊断。本病一般不需要实验室检查，45 岁以上的男性患者在开始非那雄胺治疗前，应进行前列腺特异性抗原检测。对女性患者进行实验室检查的主要目的是排除潜在的内分泌功能紊乱性疾病（甲状腺功能减退或亢进）及缺铁性贫血等。不典型者必要时完善相关检查进行鉴别，雄激素性秃发和休止期脱发常需鉴别（表 23-3）。

表 23-3 雄激素性秃发和休止期脱发的鉴别诊断

疾病名称	病因	临床表现	皮肤镜	治疗
雄激素性秃发	遗传和雄激素代谢	头顶部位头发进行性稀疏脱落	头发粗细不一，直径变异度>20%	口服非那雄胺或抗雄激素药，外用米诺地尔
休止期脱发	压力事件触发毛囊周期变化	头发进行性稀疏脱落	头发直径变异度<20%，可见空毛囊口或毛囊口内新生毳毛	寻找可能诱因，对因治疗

【治疗】

治疗原则为早期治疗、联合治疗、长期治疗。具体治疗见表 23-4。

表 23-4 雄激素性秃发的治疗

治疗手段	药物分类/名称	作用机制	用法	适用类型
系统用药	非那雄胺	抑制Ⅱ型 5α-还原酶	1mg/d,至少 1 年	男性
	度他雄胺	抑制Ⅰ型和Ⅱ型 5α-还原酶	0.5mg/d	男性
	螺内酯	抗雄激素	40~200mg/d,至少 1 年	女性
	环丙孕酮	抗雄激素	炔雌醇环丙孕酮片:月经来潮第 1~5d 服用,每日 1 片,连续服用 21d,停药 7d,再开始下一疗程;复方环丙氯地孕酮:月经周期第 5~24d 服用,每日 1 片	女性
外用药物	米诺地尔	刺激毛乳头细胞表达血管内皮生长因子,扩张头皮血管,改善微循环	每日 2 次,推荐半年至 1 年以上	各种类型
手术	毛发移植	将对雄激素不敏感部位毛囊移植到秃发部位	—	枕部毛发较密,有足够可供移植的毛囊
其他	低能量激光、微针、点阵激光、自体富血小板血浆注射、肉毒毒素注射、干细胞疗法等			

第三节 多 毛 症

多毛症(hirsutism)是由于血液循环中雄激素生成增多,造成女性在雄激素依赖的部位出现过度的终毛生长,体毛密度增加超过正常生理范围。

【病因和发病机制】

1. 卵巢疾病导致的多毛症 最常见于多囊卵巢综合征,占多毛症的 90%,其典型临床表现为月经失调、不育、肥胖和多毛。

2. 肾上腺疾病导致的多毛症

(1)先天性肾上腺皮质增生症:为常染色体隐性遗传,以 21-羟化酶缺陷最为常见。由于此酶缺乏,使皮质醇合成减少,反馈促进促肾上腺皮质激素分泌以代偿皮质醇合成之不足,继而导致其中间产物雄激素大量合成和分泌。

(2)肾上腺肿瘤:单纯分泌雄激素的肾上腺肿瘤临床少见,多伴有男性化表现。

(3)库欣综合征:肾上腺皮质肿瘤、异位内分泌肿瘤或垂体分泌过量 ACTH 的库欣病,都可促使皮质醇及其中间产物雄激素的过量分泌,诱发多毛症。

3. 药物性多毛症 外源性雄激素可导致多毛症。甲睾酮、达那唑和其他合成类固醇都可能引发毛发过度生长和痤疮。

4. 特发性多毛症 指病因不明的多毛症,5%~6% 的多毛症患者属此类。

【临床表现】

毛发生长过盛,主要表现为面颊、耳前、口周、胸前、乳头周围、腋窝、背部、下腹部、阴毛多而浓密。部分伴有皮脂溢出、痤疮和雄激素性秃发等。

【诊断和鉴别诊断】

根据女性出现男性毛发生长分布模式不难诊断。应注意排查有无多囊卵巢综合征、肾上腺皮质增生、肾上腺皮质腺瘤、肾上腺皮质癌、卵巢肿瘤及异位 ACTH 综合征等。

【预防和治疗】

治疗原则为寻找和去除诱因,积极寻找原发病因,轻微、无生化异常的可局部和物理治疗,广泛多毛症可系统应用抗雄激素药物。

1. 药物治疗

(1)抑制卵巢雄激素分泌药物:炔雌醇环丙孕酮片每片含醋酸环丙孕酮 2mg 和炔雌醇 0.035mg,在女性自然月经周期的第 1 天开始服药,每日 1 片,连服 21 天。停药 7 天后开始下一期的用药,期间通常发生撤退性出血。

(2)抑制肾上腺皮质增生药物:有迟发型先天性肾上腺皮质增生时可用糖皮质激素类药物,如泼尼松 2.5~7.5mg 或地塞米松 0.25~0.5mg。

(3)其他拮抗雄激素作用的药物:螺内酯一般每天用量为 100~200mg。

2. 局部治疗和物理治疗　通过镊子、蜡、剃须刀或化学溶解可去除局部多余的毛发。应用激光(如半导体激光、强脉冲光等)可"永久"脱毛,疗效肯定。副作用有局部疼痛、红肿、瘀斑、色素沉着等。

第四节　痤　疮

痤疮(acne)是一种常见的累及毛囊和皮脂腺的慢性炎症性疾病,全球痤疮发病率约为 8%~10%,好发于青春期。

【病因和发病机制】

痤疮发病机制尚未完全阐明,目前认为是一种多因素疾病,其发病主要与雄激素水平及皮脂分泌增加、毛囊皮脂腺导管角化异常、痤疮丙酸杆菌增殖及继发炎症反应等因素相关。

1. 内分泌因素　多数患者青春期发病,青春期后减轻或自愈,女性月经前皮疹加重,这些现象都证明雄激素在痤疮的发病过程中起着重要的作用;雄激素水平增高还可使皮脂腺增大、皮脂分泌增加。其他内分泌因素,如胰岛素样生长因子、胰岛素、生长激素等激素也可能与痤疮发生和加重密切相关。

2. 毛囊皮脂腺导管角化异常　毛囊皮脂腺导管角化过度,会导致管口变小、狭窄或堵塞,影响毛囊壁脱落的上皮细胞和皮脂的正常排出,形成粉刺。

3. 微生物因素　早期痤疮无感染,皮脂在痤疮丙酸杆菌、卵圆形糠秕孢子菌、表皮葡萄球菌等脂酶的作用下,甘油三酯水解为甘油及游离脂肪酸,刺激毛囊及毛囊周围发生非特异性炎症反应,诱导产生趋化因子、补体、活性氧自由基及白介素-1 等炎症介质;另外由痤疮丙酸杆菌产生的一些低分子多肽可趋化中性粒细胞,后者产生的水解酶也可使毛囊壁损伤破裂,上述各种毛囊内容物溢入真皮,引起毛囊周围程度不等的炎症,进而出现从炎性丘疹到囊肿性损害的一系列临床表现。

4. 遗传因素　痤疮的发生有一定的遗传性,如有家族聚集现象。

5. 其他因素　饮食因素,如脂肪、糖类、可可等可改变表面脂类成分或增加皮脂的产生;刺激性食物,如辣椒、烈酒、油煎食品与某些患者痤疮加重相关;牛奶中含有胰岛素样生长因子可以促进皮脂分泌诱发痤疮加重;熬夜、过度劳累、精神紧张也可使皮疹加重。

【临床表现】

寻常痤疮(acne vulgaris)是最常见临床类型,皮损好发于面颊、额部,其次为胸部、背部及肩部等皮脂溢出部位,多为对称性分布。痤疮的各种类型皮损均是由毛囊不同深度的炎症以及其继发性反应造成的,包括因毛囊皮脂腺导管阻塞所致的粉刺,发生于毛囊口处的表浅脓疱、炎性丘疹、结节、囊肿及瘢痕等(图 23-3)。

初发的损害常为与毛囊一致的圆锥形丘疹,如白头粉刺(闭合性粉刺)及黑头粉刺(开放性粉刺)。白头粉刺可挑出黄白色豆腐渣样物质,黑头粉刺由脂栓表面部分氧化所致。皮损加重可形成炎性丘疹,顶端也可有小脓疱;进一步加重可形成大小不等的暗红色结节或囊肿,轻压时有波动感,长期不愈可化脓形成脓肿,破溃后常形成窦道和瘢痕。各种损害大小深浅不等,常以1~2种损害为主(图23-4)。本病一般无自觉症状,炎症明显时可有疼痛。痤疮病程长慢,时轻时重,部分患者至中年期病情逐渐缓解,但可遗留或多或少的色素沉着及肥厚性或萎缩性瘢痕。

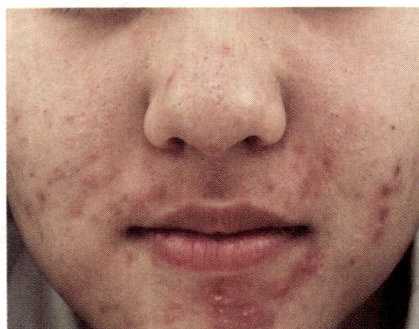

图23-3 寻常痤疮(面部多发粉刺、丘疹、脓疱)

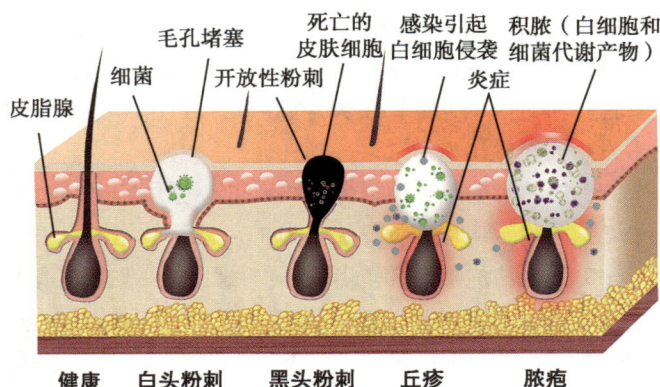

图23-4 痤疮不同皮损形态示意图

临床上采用 Pillsbury 分类法将痤疮分为Ⅰ~Ⅳ级(表23-5)。

表23-5 痤疮的严重程度分级

分级	临床表现特点
Ⅰ级(轻度)	散发至多发的黑头粉刺,可伴散在分布的炎性丘疹
Ⅱ级(中度)	Ⅰ级+炎症性皮损数量增加,有浅在性脓疱,但局限于颜面
Ⅲ级(中重度)	Ⅱ级+深在性脓疱,分布于面颈部和胸背部
Ⅳ级(重度)	Ⅲ级+结节、囊肿,瘢痕形成,发生于上半身

除寻常痤疮外,尚有一些特殊类型。

聚合性痤疮(acne conglobata)属痤疮中较为严重的类型,好发于青年男性,发病机制中免疫学因素可能更主要,机体对病原微生物的高度敏感是可能病因之一。临床表现为严重结节、囊肿、窦道和瘢痕,全身症状轻微,可见低热及关节痛,病情顽固,常持续多年。当本病与化脓性汗腺炎、头部脓肿性穿凿性毛囊周围炎发生于同一患者时,称为反常性痤疮(acne inversa,AI)。

暴发性痤疮(acne fulminant)的临床特点是发病突然,皮损以胸背部为主,亦可出现在面部,表现为毛囊性炎症性丘疹、脓疱,有剧烈炎症反应,局部疼痛明显,结节囊肿性皮损较少,并出现发热、关节痛、食欲缺乏,头痛、贫血等症状,本病预后可在局部留有色素沉着和浅表性瘢痕,但预后良好。

高雄激素性痤疮(hyperandrogen acne)包括多囊卵巢综合征性痤疮、月经前加重性痤疮、迟发性或持久性痤疮。这类痤疮与血清睾酮水平高有关,病程持续至30~40岁或更久,临床表现为面部皮脂分泌过多,毛孔粗大,以炎症性丘疹为主,可伴有结节、囊肿、瘢痕形成,有时可伴有多毛、月经周期紊乱等。

此外,雄激素、糖皮质激素、卤素等所致的痤疮样损害称为药物性痤疮(drug-induced acne);由于母体雄激素在胎儿阶段进入胎儿体内,可引起婴儿发生丘疹、脓疱样皮疹,称婴儿痤疮(infantile acne);多种化妆品、防晒剂、增白剂、发胶等均可引起皮脂分泌导管内径狭窄,开口处机械性堵塞或毛囊口的炎症,引发化妆品痤疮(cosmetic acne)。

【诊断和鉴别诊断】

根据好发年龄、皮疹特点、好发部位等易于诊断(表23-6)。

表 23-6　痤疮的常见鉴别诊断疾病

疾病名称	好发人群	临床特点	好发部位
痤疮	青春期	表现为粉刺、丘疹、脓疱、结节	面、颈、胸背部
新生儿痤疮	新生儿	粉刺为主、偶见炎性丘疹脓疱，一般数月后自行消退	面颊、额、颏
玫瑰痤疮	中年人	多见毛细血管扩张、丘疹、脓疱，晚期形成鼻赘	面额、颊、鼻、颏
颜面播散性粟粒性狼疮	成年人	半球形或略扁平的丘疹或小结节，呈暗红或褐色，在下眼睑往往融合成堤状	眼周、颊、鼻、口周

【预防和治疗】

治疗原则主要包括抑制毛囊皮脂腺导管的异常角化、减少皮脂分泌、抑制微生物增殖、抗炎等，早期有效的治疗可预防痤疮瘢痕形成。应注意清洁，宜用温水及中性肥皂洁面以减少油脂附着于面部进而堵塞毛孔；忌用手挤压及搔抓粉刺，在泌油高峰尚未得到控制之前，原则上不应使用油性化妆品；尽可能避免辛辣刺激性食物，慎用溴、碘类药物。常用治疗药物见下表（表 23-7）。

表 23-7　痤疮的常见治疗药物

治疗手段	药物分类/名称	主要作用	注意事项
外用药物	维 A 酸类 0.025%~0.05% 维 A 酸 0.1% 阿达帕林凝胶 0.1% 他扎罗汀凝胶	有助于粉刺溶解和排出	光敏性 轻度刺激
	抗菌药物 过氧化苯甲酰（2.5%、5% 和 10%）	过氧化物，外用后缓慢释放出新生态氧和苯甲酸，可杀灭痤疮丙酸杆菌，并具有溶解粉刺及收敛作用	轻度局部刺激
	含红霉素、氯霉素、夫西地酸制剂	抗痤疮丙酸杆菌和抗炎作用	不推荐单独或长期使用
	其他 壬二酸 1%~2% 水杨酸 2.5% 二硫化硒洗剂 5% 硫洗剂	抑制痤疮丙酸杆菌的作用及粉刺溶解作用 抑制真菌、寄生虫及细菌的作用，降低皮肤游离脂肪酸含量	轻度红斑与刺痛
系统药物	抗生素 多西环素（100~200mg/d） 米诺环素（50~100mg/d） 大环内酯类 红霉素（1.0g/d）	中、重度痤疮。通常优先选择新型四环素，如米诺环、多西环素等，建议不超过 8 周。杀灭丙酸痤疮杆菌，且能抑制中性粒细胞趋化	四环素类药物注意光敏性，另外不建议与口服维 A 酸类药物联用，以免诱发或加重良性颅内压增高 四环素类药不能耐受或有禁忌证时，可考虑用大环内酯类，如红霉素、罗红霉素、阿奇霉素等
	异维 A 酸 [0.25~0.5mg/(kg·d)]	重度痤疮。可减少皮脂分泌，控制异常角化和黑头粉刺的形成，并抑制痤疮丙酸杆菌，对结节性、囊肿性和聚合性痤疮效果好	不良反应主要有皮肤黏膜干燥、脱屑、血脂升高、抑郁等，应注意血液学、肝肾功能、情绪等变化。本药有致畸作用，服药期间及其后数月应避孕

NOTES

续表

治疗手段	药物分类/名称	主要作用	注意事项
系统药物	**抗雄激素药物** 复方醋酸环丙孕酮(每片含醋酸环丙孕酮 2mg 和乙炔基雄二醇 0.035mg)	抗雄激素作用,也能抑制排卵兼有避孕作用,适用于月经不正常或月经前痤疮皮损加剧的女性患者	
	螺内酯(60~200mg/d) 西咪替丁(0.6g/d)	轻度抗雄激素作用 可与二氢睾酮竞争雄激素受体	定期检查血钾和血压
	糖皮质激素	小剂量糖皮质激素具有抗炎作用,适用于严重结节性痤疮、聚合性痤疮、囊肿性痤疮的炎症期和暴发性痤疮。对严重的结节或囊肿性痤疮可皮损内注射糖皮质激素	不宜长期反复使用
物理治疗	**光动力治疗**	通过光化学效应抑制皮脂分泌、破坏痤疮丙酸杆菌和减轻炎症反应	疼痛、结痂、红斑和色素沉着
	激光与强脉冲光治疗 近红外波长激光(1 320nm、1 450nm 和 1 550nm) 强脉冲光、脉冲染料激光 非剥脱性(1 440nm、1 540nm、1 550nm)和剥脱性点阵激光(2 940nm、10 600nm)	抑制皮脂腺分泌及抗炎作用 炎症性痤疮后期红色印痕消退 改善痤疮瘢痕	
	果酸或水杨酸治疗	降低角质形成细胞的黏着性,加速表皮细胞的脱落及更新,同时刺激真皮胶原合成	
	其他辅助治疗 粉刺排针/挤压器 切开引流	化脓性皮损必要时需切开引流	

痤疮的治疗应当根据患者情况综合考虑,进行分级治疗、联合治疗及维持治疗,详见《中国痤疮治疗指南》(2019 修订版)(表 23-8)。在治疗过程中根据患者病情及时调整用药;症状得到改善后,不建议立即停药,可维持治疗以防复发,维持治疗方案包括局部外用维 A 酸、过氧苯甲酰等,维持治疗往往需要 3~6 个月。

表 23-8   中国痤疮治疗指南(2019 修订版)

痤疮严重程度	轻度(Ⅰ级)	中度(Ⅱ级)	中重度(Ⅲ级)	重度(Ⅳ级)
临床表现	粉刺	炎性丘疹	丘疹、脓疱	结节、囊肿
一线选择	外用维 A 酸	外用维 A 酸+过氧苯甲酰±外用抗生素或过氧苯甲酰+外用抗生素	口服抗生素+外用维 A 酸±过氧苯甲酰±外用抗生素	口服异维 A 酸±过氧苯甲酰/外用抗生素。炎症反应强烈者先口服抗生素±过氧苯甲酰/外用抗生素后再口服异维 A 酸
二线选择	过氧苯甲酰、壬二酸、果酸、中医药	口服抗生素+外用维 A 酸±过氧苯甲酰±外用抗生素、壬二酸、红蓝光、水杨酸或复合酸、中医药	口服异维 A 酸、红蓝光、光动力、激光疗法、水杨酸或复合酸、中医药	口服抗生素+外用维 A 酸±过氧苯甲酰、光动力疗法、系统用糖皮质激素(聚合性痤疮早期可以和口服异维 A 酸联合使用)、中医药

续表

痤疮严重程度	轻度（Ⅰ级）	中度（Ⅱ级）	中重度（Ⅲ级）	重度（Ⅳ级）
女性可选择维持治疗		口服抗雄激素药物 外用维 A 酸 ± 过氧苯甲酰	口服抗雄激素药物	口服抗雄激素药物

第五节　玫瑰痤疮

玫瑰痤疮（rosacea）俗称酒渣鼻，是一种好发于面中部，主要累及面部血管、神经及毛囊皮脂腺单位的慢性炎症性疾病。全球范围内，玫瑰痤疮患病率在 0.09%~22.41% 不等，好发于 30 岁以上女性。主要临床表现为面中部阵发性/持续性红斑、丘疹、脓疱、增生肥厚，常伴灼热、刺痛或干燥不适。

【病因和发病机制】

病因和发病机制尚未完全阐明，其发病与遗传易感性、神经血管功能异常、免疫紊乱、皮肤屏障功能障碍、微生态紊乱等有关。此外，日晒、高温及寒冷刺激、情绪激动、压力等均可诱发或加重玫瑰痤疮。

已报道与玫瑰痤疮发病相关的基因有人类白细胞抗原（HLA-DRA）相关基因，如 *DRB1*03:01*、*DRB1*02:01*、*DQA1*05:01*，嗜乳脂蛋白样 2（butyrophilin-like 2，BTNL2）相关基因等。在一定的遗传背景基础上，各种诱发因素作用于机体，激活免疫反应，产生抗菌肽 LL37 和多种趋化因子，活化和招募肥大细胞、巨噬细胞、中性粒细胞、辅助 T（T helper，Th）细胞等，进一步产生大量细胞医子、趋化因子，导致炎症反应的扩大和持续。与此同时，外界各种物理或化学因素可作用于感觉神经元，引起神经源性炎症，诱发脉管舒缩调节紊乱。毛囊蠕形螨等微生物感染、机体炎症反应以及环境因素、不恰当的外用药物及护肤品、光电治疗不当等，均可导致皮肤屏障功能受损，进一步加重玫瑰痤疮。

【临床表现】

本病可发于任何年龄，多见于 30~50 岁的中年人，女性多于男性。临床表现为面中部阵发性/持续性红斑、丘疹、脓疱、增生肥厚（图 23-5）等多种皮损，且同一患者可同时存在多种皮损。

1. **阵发性或暂时性红斑**　可在数秒至数分钟内发生，以响应触发因素（如温度变化、日晒、情绪改变或辛辣刺激食物等）对神经血管的刺激。阵发性红斑发作时，患者可能会伴随灼热、刺痛等不适。有些情况下，特别是深肤色患者，面部有明显灼热感，但查体无红斑。

2. **持续性红斑**　是玫瑰痤疮最常见的表现，表现为面部皮肤持续性发红，可随外界刺激因素出现周期性加重或减轻现象，但不会完全自行消退。

3. **丘疹、脓疱**　典型的表现是圆顶状的红色丘疹，针头大小的浅表脓疱，也可能出现结节。

4. **毛细血管扩张**　在浅肤色患者中可能会出现，在肤色较深的患者中可能不易察觉。

5. **增生肥大**　主要表现为面中部皮肤（尤其是鼻部）出现增厚、腺体增生和球状外观。

6. **眼部表现**　病变多累及眼睑、睫毛毛囊及睑板相关腺体，表现为睑缘丘疹、脓疱、毛细血管扩张、眼睑结膜充血、局部角膜基质浸润或溃疡、巩膜炎和角膜巩膜炎。亦可表现为眼睛异物感、光敏、视物模糊以及灼热、刺痛、干燥或瘙痒等症状。

除以上临床表现外，部分患者可能还存在皮肤敏感症状，表现为灼热感或刺痛感，紧绷和瘙痒，程度一般较轻。少数患者在红斑或潮

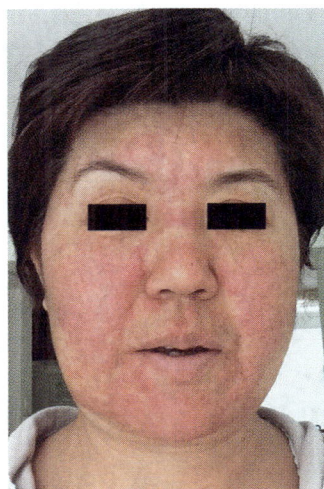

图 23-5　玫瑰痤疮（持续性红斑，鼻部增厚，毛细血管扩张，散在丘疹）

红基础上可能会出现水肿。此外,大部分玫瑰痤疮患者面部皮肤干燥、经皮失水率增加,少部分表现为皮肤油腻。

【诊断和鉴别诊断】

根据好发年龄、皮疹特点、好发部位等易于诊断。2017 年国际玫瑰痤疮协会专家委员会提出玫瑰痤疮诊断标准(见表 23-9),中国医师协会皮肤科医师分会玫瑰痤疮专业委员会编纂了《中国玫瑰痤疮诊疗指南(2021 版)》,强调诊断过程中需要排除其他诱因引起的阵发性/持续性红斑,包括外用药物(如糖皮质激素类、维 A 酸类等)、系统药物(如烟酸、异维 A 酸)、局部化学治疗或光电治疗、月经期或围绝经症状和系统疾病(如类癌综合征、系统性肥大细胞增多症、髓样癌等)。

玫瑰痤疮需要与寻常痤疮、颜面播散性粟粒性狼疮、面部湿疹、面部脂溢性皮炎等相鉴别。长期外用激素,特别是含氟糖皮质激素制剂所致面部毛细血管扩张及口周皮炎改变可与玫瑰痤疮皮损相似,称为激素诱导玫瑰痤疮样皮炎(steroid-induced rosacea like dermatitis,SIRD),它与传统的玫瑰痤疮不同,与长期外用糖皮质激素有关。根据长期用药史、无阵发性加重充血等特点可与之鉴别。

表 23-9 玫瑰痤疮诊断标准

诊断性特征 [a]	主要表现 [b]	次要表现
面中部固定性红斑,呈周期性加重模式	①潮红 ②丘疹和脓疱 ③毛细血管扩张 ④眼部表现: 　● 睑缘毛细血管扩张 　● 眼睑结膜充血 　● 局部角膜基质浸润 　● 巩膜炎和硬化性角膜炎	①烧灼感 ②刺痛感 ③水肿 ④干燥 ⑤眼部表现: 　● 睫毛根部蜜痂样物质堆积 　● 眼睑边缘不规则 　● 泪液蒸发功能障碍
增生肥厚改变(鼻赘)		

注:[a] 满足任何一条特征即可诊断玫瑰痤疮;[b] 合并 2 种及以上主要表现可考虑诊断玫瑰痤疮。

【预防和治疗】

治疗原则主要包括抑制炎症反应、抑制增生,降低神经血管高反应性,修复皮肤屏障功能,尽量缓解或消除临床症状,减少或减轻复发,提高生活质量。应重视疾病长期管理与患者教育,尽量避免诱发和加重因素,如避免碱性洗涤剂,加强保湿和防晒,避免情绪激动、剧烈运动、冷热刺激等。结合患者皮损表型,制订个体化综合治疗。治疗过程应循序渐进,避免突然停药,后期需继续予以外用药物维持治疗,以尽量减少复发。常用治疗方法见下表(表 23-10)。

表 23-10 玫瑰痤疮的常见治疗方法

治疗手段	药物分类/名称	主要作用机制
局部治疗	甲硝唑(0.75% 乳膏/凝胶)	具有杀灭毛囊蠕形螨及抗炎、抗氧化的作用,外用甲硝唑对丘疹、脓疱有较好疗效,对红斑也有一定治疗效果,对血管扩张无效
	伊维菌素(1% 乳膏)	抗毛囊蠕形螨,对丘疹、脓疱有较好疗效,但对毛细血管扩张无效
	克林霉素(0.3% 和 1% 乳膏)和红霉素(2% 乳膏)	抑菌杀菌,对丘疹、脓疱有一定的疗效,对红斑和毛细血管扩张效果欠佳
	壬二酸(10%、15% 和 20% 乳膏/凝胶)	减少蛋白酶激肽释放酶 5 和抗菌肽的表达以及抑制紫外线诱导的细胞因子释放,改善玫瑰痤疮丘疹、脓疱
	过氧苯甲酰	抗微生物作用,由于玫瑰痤疮患者皮肤敏感性增加,该药仅用于鼻部或口周丘疹脓疱型患者,点涂于皮损处

续表

治疗手段	药物分类/名称	主要作用机制
局部治疗	缩血管药物	
	酒石酸溴莫尼定（0.5% 凝胶）	特异性地作用于面部皮肤血管周围平滑肌，收缩血管，从而减少面中部持续性红斑，但对已扩张的毛细血管及丘疹、脓疱无效
	盐酸羟甲唑啉（1% 乳膏）	通过收缩血管周围平滑肌而达到收缩血管的作用，并有一定抗炎作用
	水杨酸	角质促成、角质溶解、杀菌和抑菌等作用，对玫瑰痤疮的丘疹和脓疱有效
系统治疗	抗生素	用于治疗丘疹、脓疱、红斑等
	多西环素（40mg/d 多西环素缓释剂）；或多西环素 50mg 或 100mg 每晚 1 次；或米诺环素 50mg 或 100mg 每晚 1 次；或克拉霉素（0.5g/d）	
	异维 A 酸（10~20mg/d）	具有抗基质金属蛋白酶及抑制炎症细胞因子的作用，可作为增生肥大型患者的首选系统治疗。丘疹脓疱型患者在其他治疗效果不佳时可使用该药物
	羟氯喹（0.1~0.2g，每日 2 次）	具有抗炎、抗免疫、抗紫外线损伤等多种作用，对于阵发性潮红或红斑的改善优于丘疹和脓疱
	β-肾上腺素能受体抑制剂	
	卡维地洛（3.125~6.250mg，每日 1~3 次）	兼有 α_1 受体阻滞和非选择性 β 受体阻滞作用，可作用于心肌 β_1-肾上腺素受体而减慢心率，减缓患者的紧张情绪，主要用于难治性阵发性潮红和持续性红斑明显的患者
	抗焦虑类药物	适用于长期精神紧张、焦虑过度的患者
物理治疗	强脉冲光	减少毛细血管扩张或增生，抑制皮脂分泌、抗炎，主要用于稳定性红斑、毛细血管扩张
	脉冲染料激光（585nm/595nm）	可以改善红斑和毛细血管扩张，抑制血管增生，间接抑制赘生物的形成和增长
	CO_2 激光或铒激光	通过气化剥脱作用去除皮肤增生组织，软化瘢痕组织，适合轻中度增生肥大表现的患者
手术治疗	切割/切削术	对于单纯以毛细血管扩张或赘生物损害为主的玫瑰痤疮，药物治疗很难奏效，需酌情选用手术疗法
其他治疗	注射肉毒毒素	抑制神经末梢释放乙酰胆碱、神经肽，减轻玫瑰痤疮的红斑、阵发性潮红等症状

第六节　多　汗　症

人体皮肤表面分布大约 200 万~500 万个外泌汗腺，排汗主要是由交感神经系统控制的自主反射功能，局部或全身皮肤排汗异常增多即为多汗症（hyperhidrosis）。多汗症分为原发性多汗症和继发性多汗症。

【病因和发病机制】

原发性多汗症源于情绪刺激引发大脑皮层的神经冲动增加，进而乙酰胆碱分泌量增多而导致外泌汗腺排汗异常。此外遗传因素也是原发性多汗症的重要病因，60%~80% 患者有家族史。继发性多汗症则由其他系统疾病引起，例如恶性肿瘤、感染、代谢性疾病、脊髓损伤、药物等。

【临床表现】

依据分布的部位，多汗症可分为局限型和泛发型。

1. 局限型　表现为身体局部区域的泌汗过多。原发性多汗症为局限型,最常见于掌跖,其次为腋窝,也可发生在前额、鼻尖、胸部以及会阴部,无明显季节区别。掌趾多汗常初发于儿童,腋窝多汗多发生于青春期,一般持续数年,至25岁以后常自然减轻。体格检查可见局部皮肤闪光潮湿,衣物汗渍,足底皮肤浸渍发白并易继发细菌和真菌感染,常伴有肢端末梢血液循环功能障碍,如手足皮肤湿冷、青紫或苍白、易患冻疮等。腋窝多汗由于该部位皮肤薄嫩,易发生擦烂性红斑,伴发毛囊炎、疖等。此外,一些继发性多汗症也可表现为局限型,例如银屑病或局部注射部位周围可出现多汗;味觉刺激后可出现面部特别是唇周出汗。

2. 泛发型　表现为全身广泛性多汗,多由系统性疾病引起(继发性多汗),例如感染性高热、糖尿病、低血糖等疾病可刺激下丘脑核,引起血管扩张和全身出汗反应。其他如中枢神经系统损伤(包括皮质及基底神经节)、脊髓及周围神经损伤也可引起全身多汗。

【诊断】

诊断多汗症的第一步是鉴别原发性多汗和继发性多汗。原发性多汗依据经典的临床表现不难诊断。比色法、比重法和蒸发法可进一步量化多汗症。

【预防和治疗】

预防多汗症应避免精神紧张及情绪激动,由其他疾病导致者应针对病因进行治疗。

1. 外用药物治疗　20% 六水合氯化铝或 6.25% 四氯化铝为多汗症的一线治疗药物,用药前应先将腋部擦干,每晚睡前外用,晨起后清洗涂药部位,连用 3~5 天。

2. 系统药物治疗　抗胆碱能药物,如阿托品、普鲁本辛等口服有暂时效果,但可致意识模糊、心悸、尿潴留和高血压等不良反应。某些镇静药,如溴剂、苯巴比妥、氯丙嗪、谷维素等对情绪性多汗症有效。

3. 注射治疗　A 型肉毒杆菌毒素(botulinum toxin A,BTA)可用于治疗腋窝及掌跖多汗。BTA 可通过阻止胆碱能神经元释放乙酰胆碱起效,注射部位的皮肤 4~6 个月基本不出汗。常见不良反应为注射部位疼痛和肌无力,但均为暂时性。

4. 物理治疗　用自来水和直流电进行电离子透入疗法,适用于掌跖多汗。

5. 手术治疗　其他治疗无效时可以考虑手术治疗。切除汗腺对腋部多汗通常有效,交感神经切除术是掌跖多汗患者的最终治疗手段。手术风险包括 Horner 综合征、气胸、代偿性多汗以及多汗症复发。

第七节　臭　汗　症

健康人体分泌的外泌汗腺汗液是无味的。臭汗症(bromhidrosis)是指汗腺分泌液具有特殊气味的一类疾病,臭汗可来源于汗腺也可以来源于顶泌汗腺(腋臭)。

【病因和发病机制】

臭汗症多源于皮肤角质层浸渍,由细菌分解角蛋白后产生的不饱和脂肪酸和氨气所致。此外,在一些代谢性疾病中,氨基酸及其类似物或降解产生的异常分泌也可产生臭汗,例如苯丙酮尿症患者的汗液具有霉味或鼠尿味,三甲胺尿症患者的汗液具有臭鱼味,枫糖尿病患者汗液具有"甜"味。一些外源性物质亦可导致汗液产生异味,例如大蒜、芦笋、青霉素、溴剂。

【临床表现】

臭汗症好发于腋窝、腹股沟、足部、会阴及女性乳房下等部位。一般在青春前期开始出现,壮年期臭味最浓,老年时减轻甚至消失。通常夏重冬轻,天热汗多或运动后最为明显。腋窝顶泌汗腺臭汗症又称"腋臭",多见于女性,可同时伴有色汗(以黄色多见),常有家族史。足部臭汗症常伴有足部皮肤发白、浸渍并合并足癣。代谢性或外源性臭汗症表现为全身臭味,同时患者唾液和尿液可能具有相同气味,因此一些全身泛发臭汗症可为系统性疾病诊断提供线索。

【预防和治疗】

臭汗症的患者首先要明确病因,有代谢性疾病的需进一步明确诊断,由药物或特殊食物引起的,需尽量避免服用该药物或食物。臭汗症患者应注意清洁卫生,勤洗澡、勤更衣,选择透气性好的棉质衣服、袜子,保持皮肤干燥与清洁。同时避免进食大蒜、韭菜、洋葱等刺激、辛辣食物,保持生活规律、情绪稳定。轻症患者往往通过生活习惯的调整就可以达到减轻或者消除臭汗症的效果。对于重度臭汗症患者还需要辅以其他治疗手段。

1. 外用药物治疗 臭汗症局部治疗以杀菌、收敛、减少汗液分泌为原则。可外用 20% 氯化铝水溶液或醇溶液等;抗生素制剂,如 1% 新霉素溶液或乳剂等外搽局部。足臭可用 1:5 000 高锰酸钾溶液浸泡,每天 20~30 分钟;腋臭可用复方陀柏散或溶液涂搽。

2. 皮肤外科治疗 手术切除或破坏顶泌汗腺导管或腺体可达到根治的效果。此外还可用激光、液氮冷冻、高频电凝、局部注射等方法进行治疗。

第八节 顶泌汗腺痒疹

顶泌汗腺痒疹(apocrine prurigo)又称为顶泌汗腺粟粒疹(apocrine milaria)、福克斯-福代斯病(Fox-Fordycedisease)或汗腺毛囊角化病,是由顶泌汗腺导管堵塞引起汗液潴留并发汗管破裂导致的炎症性疾病。

【病因和发病机制】

本病病因尚不明确,有报道显示,本病可能与雌激素代谢失调有关。情绪和机械刺激也可能与发病有关。

【临床表现】

顶泌汗腺痒疹好发于 15~35 岁女性,部分患者月经期加重,绝经期后和妊娠期减轻。皮损分布于顶泌汗腺分布区域,最常见于腋窝,其次为乳晕、肛门、生殖器,偶可见于大腿内侧、脐周和胸骨前区。皮损以持续性肤色丘疹为特征,丘疹坚实且不融合,丘疹顶端为毛囊口,挤压可有浑浊液体溢出,可伴有明显瘙痒。受累区可见毛发缺少。

【治疗】

顶泌汗腺痒疹治疗较困难,主要为控制症状和消除皮损。

局部外用糖皮质激素为一线治疗,可外用 0.1% 丁酸氢化可的松乳膏或 0.1% 糠酸莫米松乳膏等,但长期使用激素会导致皮肤萎缩。亦可选用维 A 酸或钙调磷酸酶抑制剂。症状较重患者可考虑口服避孕药或异维 A 酸治疗。

第九节 嵌甲伴急性甲沟炎

嵌甲(onychocryptosis)为甲板远端侧缘嵌入甲沟,容易继发感染,引起甲沟炎(paronychia),两者常伴随发生(图 23-6)。

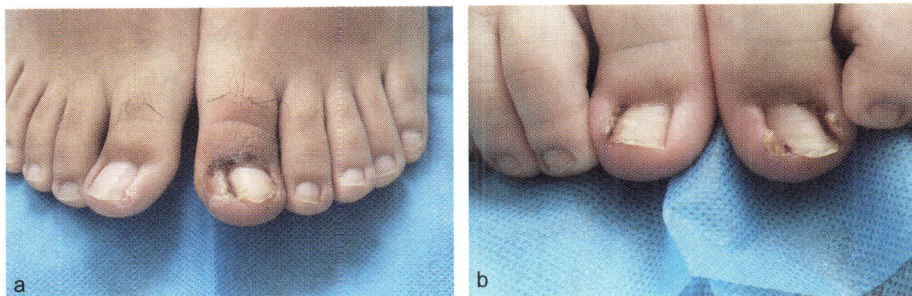

图 23-6 嵌甲及急性甲沟炎的临床表现
a. 嵌甲;b. 急性甲沟炎。

【病因和发病机制】

引起嵌甲的原因较多,主要为:①遗传因素,甲的曲度和轴向与嵌甲的发生有关;②机械性损伤、碰撞、挤压等,使甲板侧缘更接近甲沟软组织而形成嵌甲;③某些疾病引起的畸形甲,如先天性踇趾外翻、甲营养不良、厚甲症或甲真菌病等;④穿鞋不当、穿鞋过紧,多由穿尖头高跟鞋挤压足趾引起,趾甲侧缘受压迫而向甲沟软组织内生长,并摩擦软组织使之肿胀,使嵌甲加重;⑤修甲过短过深为最常见的病因。甲侧缘没有剪齐,剪得过短、过深、使趾甲再次向外生长时像硬刺般刺向甲沟的软组织。嵌甲症与职业也有一定关系,多见于长期站立工作者。

【临床表现】

嵌甲表现为甲板远端侧缘长入相邻的软组织中,类似异物插入侧面甲皱襞,伴持续疼痛,严重时可影响患者的工作与日常生活。绝大多数嵌甲发生于足趾甲,尤其以外侧多见,部分患者出现足趾双侧嵌甲或双趾双侧嵌甲。甲沟炎是指甲周围组织的炎症,包括两侧的旁甲沟和近侧甲沟,表现为红、肿、热、痛,严重时化脓、肉芽组织增生,长期存在可造成慢性甲沟炎,甲板周围组织增生。

【预防和治疗】

避免修甲过短、过深和甲外伤,穿宽松的鞋。及时纠正甲畸形,尽量避免长久站立。

1. 非手术治疗　适用于炎症轻、病程短者,局部轻度红、肿、痛时,可用碘酒局部外涂,每日 2~3 次,局部合并细菌感染严重者,可适当口服抗生素。另外,甲板外侧角下垫棉花;安装导管;甲板安装正甲贴或钢丝都可以对轻型嵌甲起到一定治疗作用。

2. 手术治疗　适用于嵌入严重有肉芽组织增生或甲板周围软组织过度增生病例、非手术治疗无效者,或局部反复感染者。可行嵌甲根治术,即切除多余甲周组织及甲母质。术后卧床休息,抬高患肢,适当口服抗生素,酌情应用止痛剂。进行嵌甲根治时,必须将相应的甲母质彻底刮除,否则日后嵌甲可复发或形成甲刺,出现种植性表皮囊肿等并发症。

第十节　化脓性汗腺炎

化脓性汗腺炎(hidradenitis suppurativa,HS)又名反常性痤疮(acne inversa,AI),是一种因毛囊闭锁导致毛囊皮脂腺单位的慢性复发性炎症性皮肤病,患病率为 0.04%~4.1%,好发于青春期。

【病因和发病机制】

HS 的病因与发病机制尚未完全明确,主要与遗传、免疫与炎症、微生物、肥胖及吸烟等相关。这些因素可能参与毛囊口表皮细胞角化过度,造成毛囊口闭塞,毛囊内容物潴留,导致毛囊扩张、破裂以及继发炎症反应,病情反复发作引起组织结构破坏。γ 分泌酶基因突变是家族性 HS 患者的遗传因素。肥胖与吸烟是 HS 的危险因素。

【临床表现】

HS 好发于顶泌汗腺分布区域,如腋窝、腹股沟、会阴、肛周、臀部及女性乳房下皱褶处等,表现为炎症性丘疹、结节、囊肿和脓肿(图 23-7),反复发作,自觉疼痛或有明显触痛,病程长或反复发作者可出现窦道、瘘管和增生性瘢痕。常伴有渗液及恶臭。病情严重程度不一,目前广泛应用的是 Hurley 分级(表 23-11)。

本病可伴随或继发于多种系统性疾病,如糖尿病、贫血、低蛋白血症、自身炎症性疾病(如炎症性肠病)、抑郁与焦虑等,长期慢性溃疡性皮损可继发鳞状细胞癌等。

【组织病理】

毛囊口表皮细胞增生、角化过度,毛囊漏斗部淋巴细胞及组织细胞浸润;真皮深层可见多种炎症细胞浸润,常延伸至皮下组织,局部可

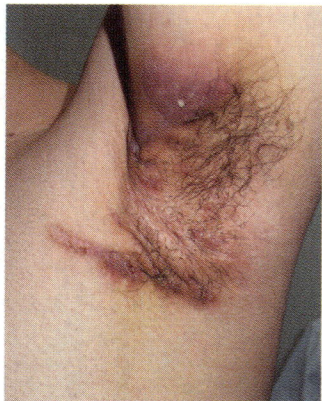

图 23-7　化脓性汗腺炎

见脓肿、窦道及肉芽组织,慢性期可伴广泛的纤维化。

【诊断和鉴别诊断】

1. **诊断标准**　①病史:曾出现反复发作的疼痛性或化脓性皮损;②典型临床表现:腋窝、腹股沟等顶泌汗腺分布部位的深在疼痛性结节、脓肿、窦道、瘢痕;③家族史;④皮损组织病理。同时符合前2条即可诊断AI/HS,明确存在第3条可考虑家族性AI/HS,第4条对本病的诊断和鉴别诊断具有辅助作用。

2. **鉴别诊断**　HS皮损表现为丘疹、结节和囊肿时,需与寻常痤疮、疖、痈等疾病相鉴别;皮损表现为脓肿、窦道和瘘管时,需与放线菌病、溃疡性皮肤结核、肛周脓肿和肛瘘等疾病相鉴别。长期溃疡性损害应排除皮肤鳞状细胞癌。

【预防和治疗】

HS的治疗目的在于降低发作频率和发作持续时间,减轻炎症反应,提高患者的生活质量。

1. **外用药物**　适用于所有HS患者,如1%克林霉素溶液、氯己定等。

2. **系统治疗**　口服四环素等抗生素适用于存在明显感染性炎症的患者;口服维A酸类药物(如阿维A)适用于急慢性HS患者。

3. **物理治疗**　包括激光治疗、光动力疗法等。

4. **外科治疗**　包括切开引流和去顶术。

5. **生物制剂治疗**　适用于对系统治疗等无效的中、重度HS患者,如阿达木单抗、英夫利西单抗等。

单一治疗方法很难完全控制HS症状,需要多种方法联合治疗,且需根据疾病的严重程度采用不同的方法。推荐分级治疗方案见表23-11。

表23-11　化脓性汗腺炎分级及治疗方案

Hurley分级	临床表现	一线治疗	二线治疗	三线治疗	急性发作	辅助治疗
I级(轻度)	散在结节、脓肿	外用药物和/或口服四环素类抗生素	系统使用克林霉素+利福平;口服维A酸类药物、氨苯砜、锌剂、秋水仙碱或沙利度胺;口服抗雄激素药物或二甲双胍(女性)	—	皮损内注射糖皮质激素	切开引流;去顶术;物理治疗;疼痛治疗
II级(中度)	散在结节、脓肿、窦道、瘢痕	口服四环素类抗生素	上述二线治疗药物和/或生物制剂	—	同上	外用药物和/或上述辅助治疗
III级(重度)	弥漫分布多发,相互穿通的脓肿、窦道	口服甲硝唑+莫西沙星+利福平联合治疗	生物制剂;口服抗雄激素药物或二甲双胍(女性)	免疫抑制剂	短期口服糖皮质激素或皮损内注射糖皮质激素	外用药物;去顶术;皮损局部扩大切除术;物理治疗;疼痛治疗

（徐学刚　高兴华　蒋　献）

思考题

1. 雄激素性秃发的主要治疗方法有哪些?
2. 痤疮患者日常生活中的注意事项及如何减轻痤疮?
3. 玫瑰痤疮与敏感性皮肤的联系和区别分别是什么?
4. 简述化脓性汗腺炎的临床分型和治疗原则。

第二十四章

黏 膜 疾 病

【学习要点】

1. 黏膜疾病是累及口腔及肛门生殖器部位的一组疾病。

2. 许多黏膜疾病的病因尚不明确，可能与免疫、理化刺激、病原微生物感染等因素有关。

3. 大部分黏膜疾病根据病史及典型的临床表现可作出诊断，部分疾病需结合病原学检查和/或组织病理学检查才能确诊。

4. 局部药物治疗为黏膜疾病的主要治疗手段，症状严重者需应用系统药物治疗。

第一节 唇 炎

唇炎（cheilitis）是发生在唇部的炎症性疾病的总称，临床表现多样。唇炎根据病程分为急性唇炎和慢性唇炎；根据临床特征分为糜烂性唇炎、湿疹样唇炎、脱屑性唇炎；根据病因病理分为慢性非特异性唇炎、肉芽肿性唇炎、梅-罗综合征、光线性唇炎和变态反应性唇炎等。本节重点介绍光线性唇炎。

光线性唇炎（actinic cheilitis）又称日光性唇炎（solar cheilitis），是由于日光照射引起的唇炎。高达 16.9% 的光线性唇炎可能发展为鳞状细胞癌。

【病因】

本病与紫外线照射有关。药物、植物、吸烟及唇部慢性刺激等因素也可诱发该病。部分患者有家族史。

【临床表现】

该病有明显的季节性，常春末起病，夏季加重，秋季减轻或消退。多见于户外工作者，50 岁以上男性多发。

1. 急性光线性唇炎 起病急，发作前常有暴晒史。唇红区广泛红肿、糜烂，表面覆以血痂或形成溃疡，伴明显灼热感及瘙痒，影响进食和说话。2~4 周内自愈，也可转为慢性，较深的病损愈合后遗留瘢痕。

2. 慢性光线性唇炎 隐匿发病或由急性期演变而来。下唇干燥，不断出现白色细小秕糠样鳞屑，易剥去，鳞屑脱落后又生新屑，病程迁延导致唇部组织失去弹性，出现皱褶和皲裂。长期不愈者发生光化性白斑病，演变成鳞癌。患者无明显自觉症状。

【组织病理】

黏膜上皮角化层增厚，表层角化不全，细胞内与细胞间水肿和水疱形成，棘层增厚，基底细胞空泡变性，血管及黏膜下层有炎症细胞浸润。上皮下胶原纤维嗜碱性变，地衣红染色呈弹性纤维状结构，称日光变性。少数病例可出现上皮异常增生的癌前病变。

【诊断和鉴别诊断】

依据明确的光照史和临床表现可得出临床诊断。组织学检查有助于明确病变的程度。注意与其他常见唇炎的鉴别（表 24-1）。

表 24-1 其他临床常见唇炎

疾病名称	病因	临床表现	组织病理	预防和治疗
慢性非特异性唇炎	可能与温度、化学、机械性因素的长期持续性刺激有关	以脱屑为主的慢性脱屑性唇炎(图 24-1)和以渗出糜烂为主的慢性糜烂性唇炎	无特异性改变	避免刺激因素。糜烂以湿敷为主,脱屑以保湿为主。可短期外用糖皮质激素或钙调磷酸酶抑制剂
肉芽肿性唇炎	可能与链球菌、分枝杆菌、单纯疱疹病毒等感染及牙源性感染有关	上唇肿胀多见,肿胀区唇红黏膜颜色正常,柔软、垫褥感、压之无凹陷性水肿	以固有层和黏膜下层的上皮样细胞肉芽肿为特征,多无干酪样坏死	去除感染灶、避免接触食品添加剂。可局部或系统应用糖皮质激素。反复发作形成巨唇者可行整形手术
浆细胞性唇炎	可能与局部末梢循环障碍、糖尿病、高血压等有关;局部的长期机械刺激可能是本病的诱因	多见于中老年人,主要累及下唇。表现为潮红、肿胀、糜烂等;长期反复发作可发生局灶性上皮萎缩及肥厚性改变	黏膜固有层及黏膜下层弥漫性密集成团的浆细胞浸润	外用糖皮质激素或钙调磷酸酶抑制剂

【预防和治疗】

因该病可能发生癌变,故应尽早诊断和治疗。应注意减少紫外线照射,停用可疑的药物及食物,积极治疗与卟啉代谢有关的其他疾病。

1. **一般治疗** 防晒,可应用具有防晒作用的唇膏。

2. **外用药物治疗** 急性期皮损应用生理盐水湿敷,外用糖皮质激素糊剂或油剂;慢性期皮损可外用糖皮质激素软膏、5-氟尿嘧啶等;继发细菌感染时应用抗生素乳膏。

3. **系统治疗** 可口服羟氯喹治疗。

4. **物理疗法** 冷冻疗法、二氧化碳激光适用于慢性局限性皮损,弥漫性皮损可试用光动力疗法等。

5. **手术治疗** 对疑有癌变或已经癌变的局限性损害可手术切除。

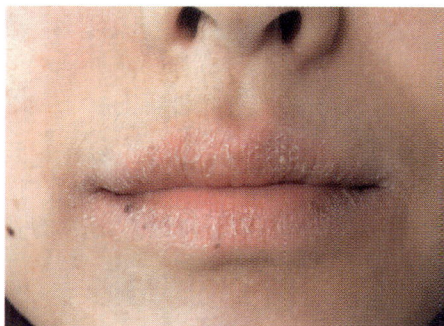

图 24-1 慢性脱屑性唇炎

第二节 复发性阿弗他口炎

复发性阿弗他口炎(recurrent aphthous stomatitis,RAS)又称复发性阿弗他溃疡(recurrent aphthous ulcer,RAU),是一种最常见的口腔黏膜病。

【病因】

免疫异常、遗传、感染、口腔菌群失调、维生素与微量元素缺乏、系统性疾病(消化道疾病、糖尿病、月经紊乱等)等可能与本病的发生有关。

【临床表现】

本病一般分为轻型、重型及疱疹样阿弗他口疮。

1. **轻型阿弗他口炎** 为最常见的类型。溃疡较小,数量少,好发于唇、颊及舌黏膜。溃疡中央凹陷,边缘有红晕,表面覆浅黄色假膜,有明显灼痛感。

2. **重型阿弗他口炎** 发作时溃疡大而深,似"弹坑"状,周围红肿,边缘整齐。溃疡常单个发生或在大溃疡周围出现数个小溃疡。好发于口角、软腭及腭垂等部位,溃疡疼痛较重,愈合后可遗留瘢痕,严重者可导致舌尖及腭垂组织缺损。

3. 疱疹样阿弗他口疮 溃疡小而多,散在分布于多个黏膜部位。相邻溃疡可相互融合,疼痛较轻型者重。可出现全身症状。

【组织病理】

早期损害为上皮坏死,溃疡底部大量中性粒细胞浸润。后期以淋巴细胞、单核细胞浸润为主。

【诊断】

根据复发性、自限性、周期性病史及临床特点可以诊断。

【预防和治疗】

该病难治愈,治疗目的以缓解症状为主。争取对因治疗。

1. 局部治疗 糖皮质激素制剂是主要药物,轻型患者选用中效糖皮质激素,较重患者选择强效糖皮质激素。重型患者可用糖皮质激素局部注射。外用麻醉剂有助于缓解疼痛。某些包含羟丙基纤维素或羧甲基纤维素的膜剂、口腔贴片亦有助于溃疡愈合。

2. 系统治疗 疼痛严重的患者可系统应用糖皮质激素。沙利度胺、秋水仙碱、已酮可可碱、左旋咪唑等为糖皮质激素的有效辅助治疗药物。应用四环素、多西环素也有效。

第三节 舌   病

一、地图样舌

地图样舌(geographic tongue),是一种浅表性非感染性的反应性舌部炎症,其皮损的形态、位置多变,又被称为良性游走性舌炎。

【病因】

确切病因尚不明确。任何年龄均可发病,但儿童较成人多见,随年龄增长有可能自行消失。遗传因素、免疫因素、内分泌因素、营养缺乏等可能与发病有关。银屑病、Reiter病、毛发红糠疹及特应性皮炎的患者的发病率较高。

【临床表现】

好发于舌背、舌尖、舌缘部,病损由周边区和中央区组成。中央区为丝状舌乳头萎缩微凹、黏膜充血发红、表面光滑的剥脱样红斑,周边区为丝状舌乳头增厚,呈黄白色条带状或弧线状分布,与周围正常黏膜形成明晰的界线(图24-2)。皮损常呈游走性,一般无自觉症状。病程可自限,缓解期黏膜可恢复正常,但也可持续数年。

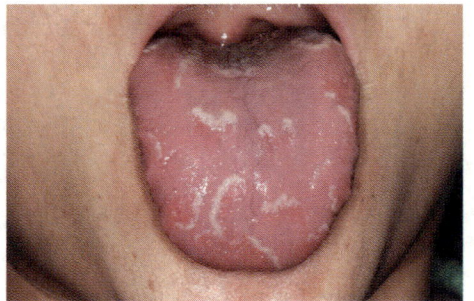

图24-2 地图样舌

【诊断】

根据舌背、舌尖、舌缘等病损好发部位和地图状形态不断变化的游走特征不难进行诊断。一般不需要进行病理检查。

【预防和治疗】

一般不需治疗。有症状患者的治疗措施包括避免食用刺激性食物、盐水漱口、外用糖皮质激素等。

二、裂纹舌

裂纹舌(fissured tongue),表现为舌背一条或长或短的中心深沟和多条不规则的副沟。

【病因】

可能与年龄、某些全身疾病、遗传因素、病毒感染、迟发型超敏反应等有关。

【临床表现】

以舌背不同形态、不同排列、不同深浅长短、不同数量的沟纹或裂纹为特征,形状似脑回、叶脉或树枝,也可发生在舌侧缘。该病发展缓慢,有的沟纹随年龄增长而加重。舌体通常较肥大,可形成巨舌。

【诊断】

根据沟纹特征可作出诊断。

【预防和治疗】

无症状者一般无须治疗。

第四节　口腔白斑病

口腔白斑病(oral leukoplakia,OLK)是指口腔黏膜上的白色斑片或斑块,属癌前病变。

【病因】

与局部因素的长期刺激(吸烟、饮酒、咀嚼槟榔、咬颊等)、感染(念珠菌、人乳头瘤病毒)及某些全身因素(微量元素缺乏、脂溶性维生素缺乏等)有关,部分口腔白斑原因不明。

【临床表现】

口腔白斑病好发于40岁以上的男性,牙龈、颊黏膜咬合线及舌部是好发部位。患者一般无自觉症状,或自觉粗糙、木涩等。损害形态多样,表现为斑块状、皱纹纸状、颗粒状、疣状、溃疡状白斑(图24-3)。

【组织病理】

角化过度或角化不全,棘层增厚,部分可有上皮异常增生,提示有较大恶变倾向。

【诊断和鉴别诊断】

诊断口腔白斑病需要结合临床表现及组织病理学改变。脱落细胞检查、甲苯胺蓝染色和组织病理活检可用于口腔白斑癌变的筛查。临床需要与口腔扁平苔藓等疾病相鉴别(表24-2)。

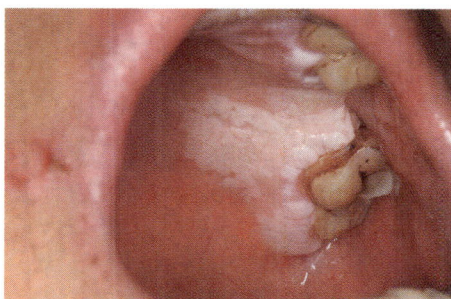

图 24-3　口腔白斑病

表 24-2　口腔白斑与口腔扁平苔藓的鉴别要点

疾病名称	发病部位	皮损颜色	皮损形态	皮肤损害	病理改变
口腔白斑病	常为单一部位	白色或灰白色	不规则斑块,边缘隆起	无	表皮增生肥厚,基底细胞无液化变性,常见上皮异常增生
口腔扁平苔藓	常对称	珠光白色	白纹	常有皮肤改变	苔藓样皮炎,表皮无明显异型

【预防和治疗】

本病目前尚无根治方法。治疗原则是患者教育、消除局部刺激因素、定期检测和预防癌变。维A酸口服或局部外用均有效。对于有癌变倾向的患者,建议每3~6周复查一次,必要时采取外科手术治疗。

第五节　急性女阴溃疡

急性女阴溃疡(ulcus vulvae acutum)又称为Lipschütz溃疡。本病是否为一种独立疾病尚有争议。

【病因】

部分证据表明该病与细菌或病毒感染有关,也可能是白塞病、结节性红斑等疾病的外阴表现。

NOTES

【临床表现】

急性女阴溃疡好发于青年女性,常见于大小阴唇内侧和前庭黏膜。溃疡数量不定,粟粒到蚕豆粒大小。严重者溃疡大而深,表面覆盖坏死物,附近淋巴结肿大。患者常伴有严重度不等的系统症状。病程一般持续 3~4 周,可反复发作,预后良好(图 24-4)。

【诊断和鉴别诊断】

急性女阴溃疡主要根据临床表现诊断,局部分泌物涂片查到革兰氏阳性菌有助于诊断。临床上需要与生殖器疱疹、白塞病、梅毒等形成的溃疡进行鉴别。

【预防和治疗】

本病无特效治疗方法,部分患者具有自限性。症状较轻者可给予糖皮质激素和抗生素软膏或乳膏,症状严重者可酌情系统给予糖皮质激素、抗生素并给予支持治疗。

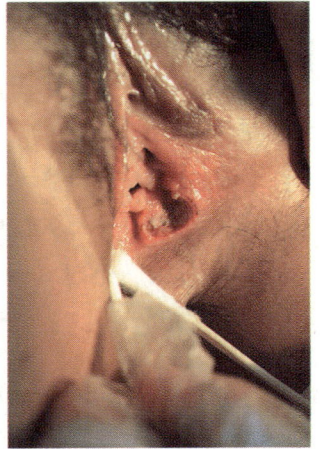

图 24-4　急性女阴溃疡

第六节　女阴硬化性苔藓和干燥闭塞性包皮龟头炎

硬化性苔藓(lichen sclerosus)旧称硬化萎缩性苔藓(lichen sclerosus et atrophicus),是一种病因尚未明确的慢性炎症性皮肤黏膜病,好发于女性外阴及男性阴茎包皮部位,女性发病率约为男性的 10 倍。发生于女性外阴者称为女阴硬化性苔藓(lichen sclerosus vulvae);发生于男性龟头和包皮的硬化性苔藓又称干燥闭塞性包皮龟头炎(balanitis xerotica obliterans)。如未经治疗,疾病可呈进行性发展,甚至癌变。

【病因】

尚不明确,可能与自身免疫、遗传、内分泌、病毒及伯氏疏螺旋体感染、胶原合成异常、物理及病理刺激等因素有关。

【临床表现】

女阴硬化性苔藓好发于青春期前的儿童及绝经期后的女性,好发部位为大小阴唇、阴蒂,可延伸于会阴、肛周及腹股沟。典型损害为境界清楚的瓷白色丘疹和斑块。部分患者肛周与女阴部的白色萎缩斑可共同构成特殊的"8"形或哑铃形外观,患者的大小阴唇、阴蒂可完全萎缩,阴道口变窄(图 24-5)。主要症状为瘙痒,夜间加重。

干燥闭塞性包皮龟头炎常见于 15~50 岁的男性,主要发生于包皮内侧、龟头、尿道口、冠状沟,偶尔累及阴茎、阴囊,皮损呈象牙白色扁平丘疹或轻度萎缩性水肿型白斑(图 24-6),病情发展可导致包皮缩窄、尿道狭窄。

【组织病理】

表皮角化过度伴灶状角化不全,毛囊角栓形成,棘层萎缩变薄,基底细胞液化变性;真皮浅层胶原

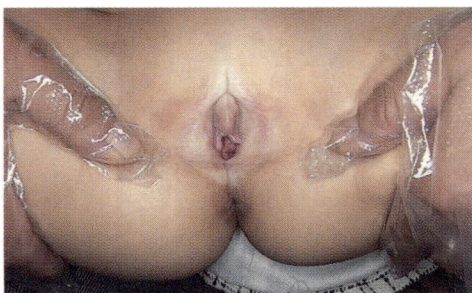

图 24-5　女阴硬化性苔藓

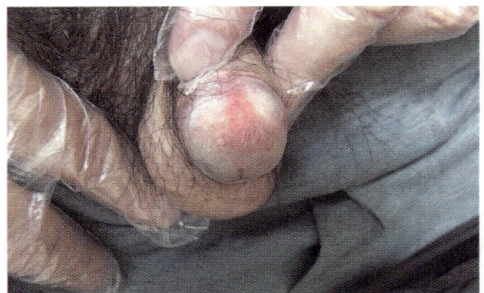

图 24-6　干燥闭塞性包皮龟头炎

纤维水肿、均质化，毛细血管扩张，真皮浅中层以单一核细胞为主的炎细胞浸润。

【诊断和鉴别诊断】

诊断应结合病史、临床表现及组织病理学检查进行。需要与慢性皮炎、硬斑病、白癜风、外阴上皮内瘤变、原位鳞癌等疾病相鉴别。

【预防和治疗】

本病在儿童及年轻女性患者可能自然消退，无特效疗法，以对症治疗为主。

1. 一般治疗　鱼肝油软膏、维生素 E 霜等外用保湿润滑剂作为长期维持治疗药物，可以提高局部皮肤的屏障功能，改善干涩等自觉症状。

2. 局部治疗　局部应用糖皮质激素是一线治疗方案，分为诱导缓解和维持治疗两个阶段。钙调磷酸酶抑制剂为二线治疗的选择，但不宜长期应用。

3. 物理治疗　点阵激光、光动力等治疗具有安全、有效的优势，但建议治疗前行组织活检排除癌变。

4. 手术治疗　药物无法改善的包皮缩窄、尿道狭窄可行手术治疗，术后可联合皮损内注射或外用糖皮质激素。

5. 建议患者每月复诊，如有癌变迹象应及时行组织病理学检查。

第七节　女阴假性湿疣

女阴假性湿疣（pseudocondyloma of vulvae）又称绒毛状小阴唇，是发生于女性小阴唇黏膜的一种良性乳头状瘤。

【病因】

病因不明，有学者认为本病是一种正常的生理变异，也有学者认为可能与慢性炎症或分泌物长期刺激有关。

【临床表现】

常见于青年女性，典型损害为 1~2mm 的淡红色或白色丘疹，表面光滑，密集排列但不融合，对称分布于小阴唇内侧，呈绒毛状或鱼籽状外观。尿道口、阴道口、处女膜、阴道前庭也可受累，一般无自觉症状（图 24-7）。

【诊断和鉴别诊断】

根据典型临床表现诊断不难。需要与尖锐湿疣相鉴别。

【预防和治疗】

本病一般不需治疗，必要时可行激光或冷冻治疗。

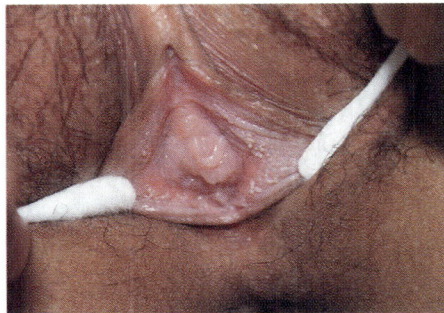

图 24-7　女阴假性湿疣

第八节　包皮龟头炎

包皮龟头炎（balanoposthitis）是指发生于包皮和龟头黏膜的炎症性疾病，包括非特异性包皮龟头炎、坏疽性龟头炎、浆细胞性龟头炎等，此外也可能是系统性疾病的皮肤表现。本节仅介绍非特异性包皮龟头炎。

【病因】

病因复杂，包括多种病原体感染、超敏反应、外伤、包皮垢刺激等。

【临床表现】

常见的非特异性包皮龟头炎临床表现如表 24-3 所示。

NOTES

表 24-3　常见非特异性包皮龟头炎临床表现

疾病名称	常见病原体	临床表现
急性浅表性包皮龟头炎	—	红斑、糜烂、渗出和出血,严重的可形成水疱
念珠菌性包皮龟头炎	念珠菌	红斑、渗出及大量豆腐渣样白色分泌物(图 24-8)
环状溃烂性包皮龟头炎	—	环状或多环状红斑,可形成浅表溃疡面
阿米巴性包皮龟头炎	阿米巴原虫	浸渍、糜烂、溃疡,组织坏死明显
滴虫性包皮龟头炎	滴虫	红斑基础上针尖至粟粒大小的水疱,局部形成浅表糜烂面

【诊断和鉴别诊断】

根据典型临床表现及病原学检查可进行诊断。有时需要与生殖器疱疹、固定性药疹、银屑病、扁平苔藓等疾病进行鉴别。

【预防和治疗】

1. **一般治疗**　保持局部清洁,避免刺激,治疗包皮过长、包茎。

2. **外用药物**　渗出糜烂时应用生理盐水湿敷,非感染性无渗出皮损可外用糖皮质激素。合并感染时外用抗生素软膏。

3. **系统治疗**　合并感染者系统应用抗生素。

4. **外科治疗**　包皮过长及包茎者,急性炎症消退后,可考虑行包皮环切术。

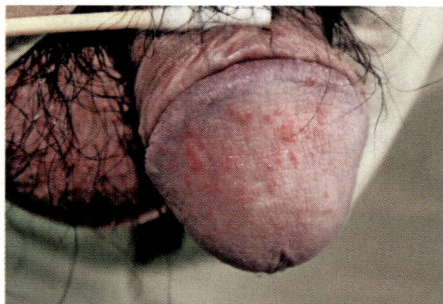

图 24-8　念珠菌性包皮龟头炎

(孙　青)

思考题

1. 患者女性,50 岁。口唇黏膜糜烂半年,偶感灼热及痒痛,应考虑哪些疾病? 为进一步明确诊断,需要做的检查有哪些?

2. 患者女性,55 岁。发现会阴部白斑 3~4 个月,瘙痒明显。查体发现局部皮肤粗糙,较肥厚。可能的诊断是什么? 应进行什么辅助检查?

3. 患者男性,20 岁。包皮红斑、糜烂 5 天,自述瘙痒及灼痛。可能的诊断是什么?

第二十五章

色素性皮肤病

【学习要点】

1. 色素性皮肤病为一组因黑素细胞存活、功能异常以及黑素合成障碍等导致的色素增加或色素减少(或脱失)性皮肤病。本组疾病不会给患者带来生命危险,但暴露部位皮损严重导致社交窘迫,影响患者精神、心理与生活质量。

2. 白癜风是一种最常见的后天获得性色素脱失性皮肤病。自身反应性 CD8$^+$细胞毒 T 淋巴细胞选择性破坏黑素细胞被认为是最主要的免疫机制之一。该疾病目前缺乏单一有效的治疗方法。

3. 黄褐斑是一种好发生于颜面暴露部位的色素增加性皮肤病,其主要发病因素是遗传易感、紫外线照射和雌激素水平升高。尽管光电治疗表现出良好的即刻疗效,但防晒和局部皮肤脱色治疗仍然是一线治疗方法。

人类皮肤有种族遗传相关的构成性着色(constitutive pigmentation)和日光等环境反应性的适应性着色(facultative pigmentation),位于表皮基底层的黑素细胞合成优黑色素(eumelanin)和褐黑素(pheomelanin),是皮肤着色的细胞生物学基础,其作用是赋予皮肤细胞强大的光保护功能。尽管不同人种(如亚裔、高加索人和非洲裔)皮肤在肤色表型上有明显不同,但黑素细胞在表皮内的分布与密度基本相同。一旦黑素细胞功能异常或黑素合成障碍将导致色素性皮肤病。依据临床表现,一般将色素性皮肤病分为色素增加性皮肤病和色素减退性皮肤病两大类。

第一节 白 癜 风

白癜风(vitiligo)是一种常见的后天获得性色素脱失性皮肤病。因表皮黑素细胞被破坏导致皮肤出现色素减退或色素脱失斑,其发病率为 0.5%~2%。

【病因和发病机制】

白癜风发病机制尚未完全明确。目前主要有以下 4 种学说。

1. **遗传学说** 部分患者有家族聚集现象,其发病率在直系亲属中显著升高。目前该病被认为属于多基因病范畴,在遗传和环境共同作用下发病。也有学者认为可能存在白癜风易感基因,但尚未明确,或皮损处黑素细胞对氧化应激损伤抵抗存在固有的缺陷。

2. **氧化应激与黑素细胞经表皮丢失学说** 有研究发现白癜风皮损局部以及患者的全身氧化应激水平均明显增高,在活动期皮损的表皮内羟自由基甚至可达到毫摩尔级别的浓度。黑素细胞的氧化-抗氧化系统失衡,可导致细胞氧化损伤甚至死亡,某些黑素细胞蛋白经氧化修饰获得抗原性,继而激发针对这些抗原的免疫攻击反应。也有研究者怀疑位于基底层的黑素细胞存在黏附缺陷,导致离开基底层发生失巢凋亡。

3. **自身免疫学说** 支持该学说的证据有:①部分患者血清中存在抗黑素细胞成分的自身抗体;②在活动期脱色斑皮损边缘有大量 CD4$^+$/CD8$^+$ T 淋巴细胞聚集;③接受白癜风患者的骨髓移植或输入白癜风患者的淋巴细胞可导致白癜风;④部分患者内服和外用糖皮质激素治疗有效。最近的研究还发现白癜风皮损存在自身反应性 CD49a$^+$ CD103$^+$ CD8$^+$常驻记忆 T 细胞,可直接破坏表达相同抗原的新生黑素细胞,是白癜风维持治疗的免疫学依据。

4. 神经化学因子学说　支持该学说的证据有:①节段性白癜风的皮损沿皮节神经分布,有研究者推测其可能与交感神经末梢分泌的儿茶酚胺类物质有关;②精神创伤或焦虑可以加重病情发展;③新研究证实,支配毛囊隆突区的交感神经异常兴奋,释放去甲肾上腺素可导致隆突区黑素细胞干细胞库的耗竭。

综上,白癜风发病机制是有遗传素质的个体在内外多种因素的作用下,出现免疫、氧化应激、神经精神等方面的异常,最终导致局部皮损、黑素细胞的破坏与色素脱失。

【临床表现】

白癜风是后天发生的,无明显性别差异,任何年龄均可发病,约60%的患者20岁前发病。任何部位皮肤均可发生,但好发于暴露及摩擦部位,如颜面部、颈部、手背、腕部、前臂及腰骶部等。口唇、阴唇、龟头、包皮内侧黏膜均可累及。部分患者白斑沿皮节神经单侧分布,少数患者皮损泛发可波及全身。皮损初发时为一片或几片色素减退斑,境界不清,逐渐扩大为境界清楚的色素脱失斑,白斑中可出现散在的毛孔周围岛状色素区。白斑中毛发可变白亦可正常。患者无自觉症状,少数发病前及发病初可有湿疹样、体癣样等炎症表现,伴瘙痒。病程慢性迁延,有时极少数患者可自行好转或消退。

根据皮损范围和分布可将本病分为以下类型。

1. 节段型白癜风(segmental vitiligo,SV)　沿某一皮神经节段单侧分布,与皮神经节支配区域完全或部分匹配(图25-1)。又可分为单侧型(单侧某部位累及)、双侧型(双侧不同部位呈节段性分布)。

2. 寻常型或非节段型白癜风(non-segmental vitiligo,NSV)　又可分为肢端型、黏膜型、散发型(白斑≥2片,白斑面积≤体表面积50%)(图25-2)、泛发型(白斑面积>体表面积50%)。有些可发生在色素痣的周围,称晕痣(图25-3)。

3. 混合型白癜风　节段型和非节段型并存。

4. 局限型或未定类型白癜风　皮损局限于一个部位的单片皮损,面积小于体表面积的1%。可发展为节段型或非节段型,少数长期稳定。

根据病程发展又可分为进展期和稳定期。进展期白癜风主要表现为皮损边缘模糊,可出现三色白癜风(trichrome vitiligo)(图25-4)或碎纸屑样脱色(confetti-like depigmentation)(图25-5),部分患者在皮损边缘可见炎性红晕(图25-6),有时机械性刺激(如压力、摩擦、烧伤、外伤)后也可出现白斑皮损(又称同形反应)(图25-7)。稳定期皮损停止发展,呈境界清楚的色素脱失斑,损害边缘的色素通常加深。

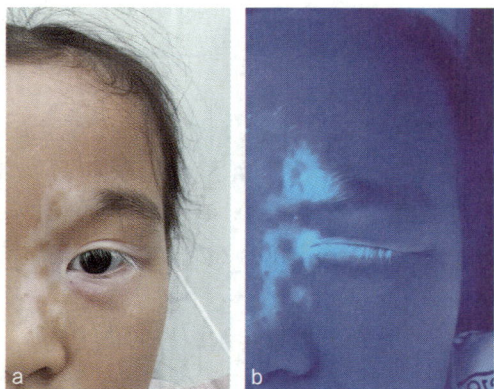

图 25-1　节段型白癜风
a. 自然光下观察;b. 伍德灯下观察。

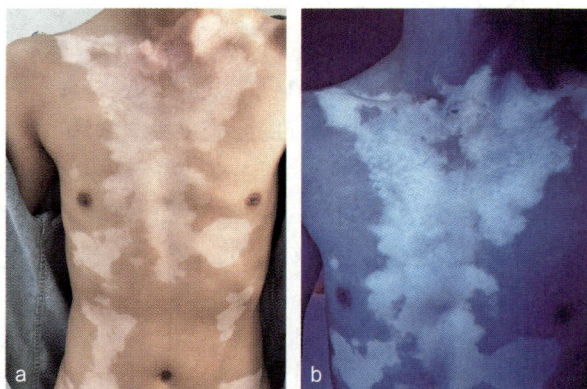

图 25-2　寻常型白癜风
a. 自然光下观察;b. 伍德灯下观察。

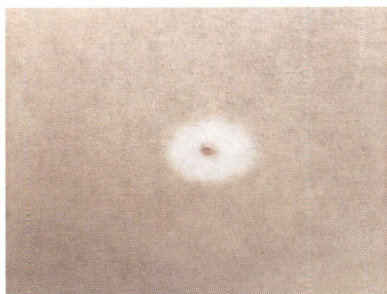

图 25-3　晕痣

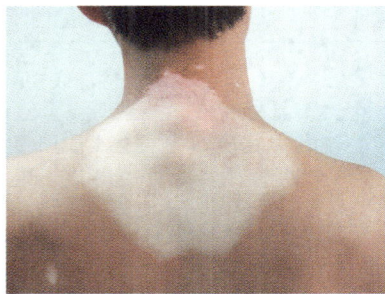

图 25-4　三色白癜风

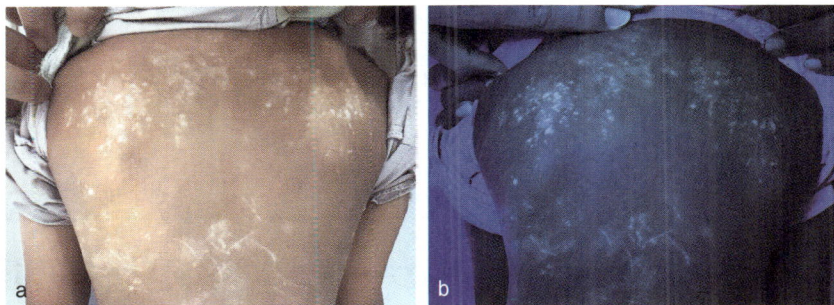

图 25-5　碎纸屑样脱色
a. 自然光下观察；b. 伍德灯下观察。

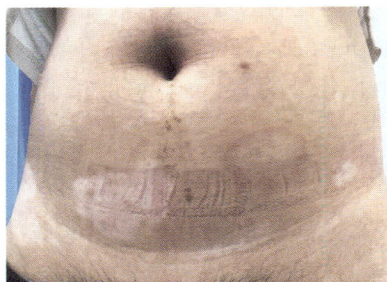

图 25-6　炎性红晕围绕脱色斑

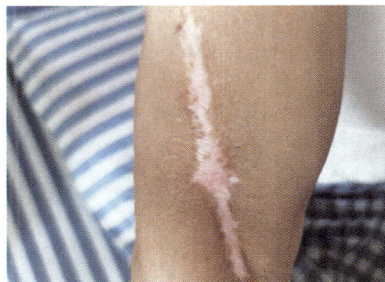

图 25-7　白癜风的同形反应（手术刀口愈合后遗留色素脱失斑）

【辅助检查】

1. **组织病理**　活动期皮损内黑素细胞密度降低，边缘的皮损内黑素细胞异常增大，表皮下部及真皮浅层有淋巴细胞浸润。后期脱色皮损内表皮基底层黑素细胞消失，标记黑素细胞的抗体 HMB45 免疫组化染色阴性。

2. **Wood 灯检查**　皮损在 Wood 灯（又称黑光，最大波长为 365nm）下有荧光增强反应，呈乳白色，活动期皮损边缘模糊；稳定期可见蓝白色荧光，边界清楚。

3. **反射式共聚焦显微镜（皮肤 CT）检查**　白斑皮损处真表皮交界处可见色素环部分或完全消失，折光减弱。周围正常皮肤色素环完整，折光明亮。

【诊断和鉴别诊断】

根据后天获得性色素脱失斑，无明显自觉症状，本病易于诊断。

需与下列疾病相鉴别（表 25-1）。

1. **单纯糠疹**　常见于儿童，面部局限性色素减退斑，而非色素脱失斑，且皮损边缘境界不清，表面常有细碎鳞屑。

NOTES

表 25-1 常见色素减退性皮肤病的鉴别诊断

疾病名称	病因	临床表现	单侧皮节分布	出生时发现	伍德灯检查呈增强反应	真菌检查	皮肤摩擦试验
白癜风	自身免疫、氧化应激等介导黑素细胞破坏	色素脱失与色素减退斑	见于节段型白癜风	否	阳性	阴性	泛红
单纯糠疹	一种特应性皮炎	色素减退斑	无	否	阴性	阴性	泛红
花斑癣	浅表真菌感染	色素减退斑	无	否	阴性	阳性	泛红
无色素痣	先天性黑素细胞发育异常	色素减退斑	有	是	阴性	阴性	泛红
贫血痣	先天性皮肤血管组织发育异常	色素减退斑	无	是	阴性	阴性	不泛红
特发性点状白斑	原因不明	色素减退斑	无	否	阴性	阴性	泛红
炎症后色素减退斑	继发皮肤炎症后	色素减退斑	无	否	阴性	阴性	泛红

2. **花斑癣** 损害常发生于颈、躯干、上肢，为圆形或卵圆形浅色斑，表面多有鳞屑，损害中易找到真菌。

3. **无色素痣** 出生时或生后不久即有局限性浅色斑，境界模糊，周围缺乏色素沉着，一般单发，持续终身，往往沿神经节段分布，有时与节段型白癜风鉴别困难。

4. **贫血痣** 先天性色素减退斑，一般单侧分布，由于病变局部毛细血管收缩，摩擦或加热后白斑周围皮肤充血，而白斑本身不发红，但皮损周围可有明显的充血。

5. **特发性点状白斑** 瓷白色斑点，皮损数毫米大小，很少超过 1cm。可散布于面、躯干、四肢任何部位。多发于老年人。

6. **炎症后色素减退斑** 有原发疾病史，如湿疹、皮炎、银屑病等，色素减退局限在原发疾病皮损部位，一般为暂时性，能自行恢复。

【治疗】

本病缺乏单一有效的治疗方法。需根据疾病类型、分期、皮损部位和面积大小等综合考虑，制订个性化治疗方案。治疗目标是进展期控制皮损发展，稳定期促进白斑复色，维持治疗、防止复色皮损再脱色（表 25-2）。

表 25-2 白癜风诊疗流程

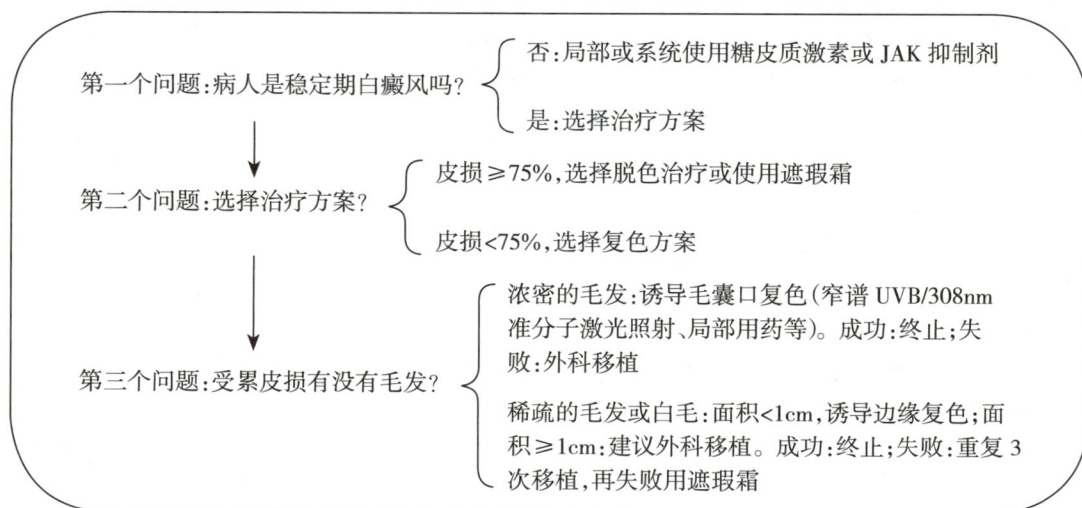

第一个问题:病人是稳定期白癜风吗?
　否:局部或系统使用糖皮质激素或 JAK 抑制剂
　是:选择治疗方案

第二个问题:选择治疗方案?
　皮损≥75%,选择脱色治疗或使用遮瑕霜
　皮损<75%,选择复色方案

第三个问题:受累皮损有没有毛发?
　浓密的毛发:诱导毛囊口复色(窄谱 UVB/308nm 准分子激光照射、局部用药等)。成功:终止;失败:外科移植
　稀疏的毛发或白毛:面积<1cm,诱导边缘复色;面积≥1cm:建议外科移植。成功:终止;失败:重复 3 次移植,再失败用遮瑕霜

1. **进展期白癜风**

（1）局限型：首选 308nm 准分子激光或 308nm 准分子单色光，也可选窄谱中波紫外线（311nm NB-UVB）；联合外用强效糖皮质激素、钙调磷酸酶抑制剂（他克莫司、吡美莫司）或维生素 D_3 衍生物（卡泊三醇）可增强疗效。对病程短、快速发展的皮损，也可系统使用糖皮质激素，迅速控制皮损发展。

（2）寻常型或非节段型：对于快速进展的泛发非节段型白癜风患者，应尽早系统使用糖皮质激素治疗，以迅速控制皮损发展，减少黑素细胞被破坏的总量。一般系统使用糖皮质激素 3 个月至半年，视病情而定。也可联合免疫调节剂或抗氧化剂等。在系统用药基础上，散发型和泛发型首选全身或半身 NB-UVB；面积小者可考虑使用 308nm 准分子激光或 308nm 准分子单色光，和/或联合外用药物治疗；面部（尤其是眶周）、黏膜或生殖器部位皮损应外用钙调磷酸酶抑制剂；肢端型白癜风也可选用二氧化碳点阵激光或微针处理联合强效糖皮质激素封包治疗。长期使用糖皮质激素应注意其不良反应。近年来，也有成功使用 Jak 抑制剂控制进展期白癜风皮损活动的报道。

（3）节段型：参考进展期寻常型治疗。较寻常型更难治愈，治疗稳定半年后可进行自体表皮移植或黑素细胞移植治疗。

2. **稳定期白癜风**

（1）局限型：可外用强效糖皮质激素、补骨脂等光敏剂、钙调磷酸酶抑制剂、维生素 D_3 衍生物等；局部光疗参照进展期局限型白癜风；若疗效不佳，可选择自体表皮移植或黑素细胞移植治疗。

（2）寻常型：可间断使用或停用糖皮质激素。其余治疗参照进展期寻常型白癜风。面积较小、治疗效果差或暴露部位，可选择自体表皮移植或黑素细胞移植。

（3）节段型：稳定 6 个月以上的患者，首选自体表皮移植或黑素细胞移植。

3. **维持治疗** 白斑完全复色或者达到患者预期目标后，仍需维持治疗 3~6 个月。局部外用钙调磷酸酶抑制剂，每周 2 次，持续使用 3~6 个月，目的是预防皮损内残存的自身免疫性 $CD49a^+$ $CD103^+$ $CD8^+$ 常驻记忆 T 细胞对新生黑素细胞的再破坏，使复色的皮肤再脱色。

4. **其他治疗**

（1）自体表皮片移植术：适用于稳定期局限型或节段型白癜风患者，可将自体带有正常黑素细胞的皮片移植到脱色区，以达到复色的目的。该法缺点是不少病例再生色素常较正常更深，边缘常不均匀。外科治疗方法较多，最常用的有负压吸疱法、刀厚皮片移植法等。与光疗联合可提高疗效。

（2）脱色治疗：对于多种治疗失败且白斑面积达 50%~80% 体表面积的患者，可推荐脱色治疗。常用的脱色剂有 20% 莫诺苯宗（氢醌单苄醚）或 20% 4-甲氧基苯酚（对苯二酚单甲醚）乳膏。脱色后的患者需严格注意防晒，以避免日晒伤或脱色皮损再复色。也可选择调 Q 红宝石激光（694nm）进行脱色治疗。

（3）遮盖治疗：对于小面积暴露部位的脱色斑，也可暂时给予遮盖霜（camouflage make-up），以满足患者需求，缓解其精神心理上的压力。

第二节 无色素痣

无色素痣（achromic nevus）是一种少见的、先天性、局限性色素减退斑，又称脱色素痣（nevus depigmentosus）。

【病因和发病机制】

本病的病因不明。组织学检查和电子显微镜观察发现白斑部位存在黑素细胞，但缺乏树状突，成熟黑素小体明显减少，可能是在胚胎发生过程中黑素细胞发育或黑素小体转移障碍等导致局部皮肤着色异常。

【临床表现】

出生时或出生后不久出现皮肤局限性色素减退斑（图 25-8）。好发于躯干、下腹和四肢近侧端，多位于身体一侧,常沿皮神经节分布。皮损呈苍白色,境界模糊而不规则,周围无色素沉着带。Wood 灯检查未见荧光增强反应。白斑持续终身不变。在临床上有时需要与局限型或节段型白癜风进行鉴别,后者为后天发病,皮损为色素脱失斑,即完全脱色的白斑,边界清楚,有时可观察到色素岛等复色现象。

【预防和治疗】

目前尚无有效的药物治疗。暴露部位小面积皮损可使用遮盖霜或自体表皮片移植治疗。

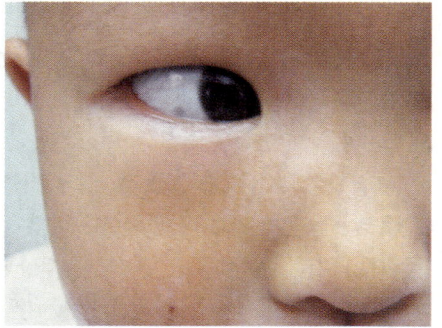

图 25-8   无色素痣

第三节 贫 血 痣

贫血痣(nevus anemicus)是一种少见的、先天性皮肤血管组织发育异常,在出生时或儿童时期发病,终身不退。

【病因和发病机制】

本病是一种血管组织发育缺陷,血管在结构上无异常,但患处血管对儿茶酚胺活性物质的敏感性增强,血管处于持续收缩状态,表皮黑素含量与分布正常。

【临床表现】

皮损为单个或多发,形状、大小不同的苍白色斑。摩擦患部时,浅色斑处不发红,而周围皮肤却充血发红(图 25-9)。皮损在 Wood 灯下无增强反应,贫血痣的色素减退斑消失。

图 25-9   贫血痣(摩擦试验)

贫血痣可见于神经纤维瘤病、结节性硬化症或作为色素性血管性斑痣错构瘤的表现之一。

【预防和治疗】

一般不需要治疗。对暴露部位小面积皮损可使用遮盖霜治疗。

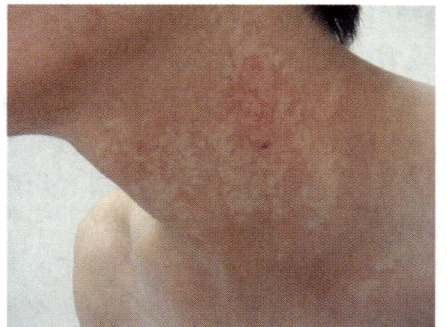

第四节 斑 驳 病

斑驳病(piebaldism)又称为先天性图案状白皮病(congenital patterned leukoderma),是一种罕见常染色体显性遗传病。组织学上白斑区的黑素细胞完全缺乏。

【病因和发病机制】

斑驳病的主要致病基因是 c-kit 基因。c-kit 基因是一种原癌基因,编码一种跨膜酪氨酸激酶受体,即干细胞生长因子(SCF)的受体。目前发现 c-kit 基因至少有 9 种不同的病理性突变。基因突变的位置不同导致家族间的表型存在差异。轻症病例的突变发生在受体的配体结合区,重症病例突变发生在受体的酪氨酸激酶区。在胚胎发生期,c-kit 基因突变造成黑素细胞自神经嵴向皮肤迁移发生障碍或不能分化为功能性黑素细胞,致使白斑处黑素细胞缺乏或明显减少。

【临床表现】

本病有各种临床表现型,出生时即有。最特征性的表现有白色额发(white forelock),即发生在额部中央或稍偏部位三角形或菱形白斑,伴有横跨发际的局限性白发。前胸、腹部和上肢是白斑发生的常见部位。另一个特征性表现是白斑中或正常着色皮肤中有过度色素沉着斑片,白斑边缘无色素增加。斑驳病还可伴有其他畸形,如虹膜异常、聋哑、精神发育异常、兔唇、耳齿畸形等。

【预防和治疗】

本病无有效的药物疗法。皮肤脱色斑可接受自体表皮移植手术治疗。

第五节 白 化 病

白化病（albinism）是一组常染色体隐性遗传的皮肤、毛发和眼睛色素减少或缺失的疾病。眼皮肤白化病（oculocutaneous albinism）的皮肤表型呈多样性，但眼部表现（如视力障碍、眼球震颤、斜视和畏光等）相对固定不变。白化病最严重的后果是视力障碍和发生皮肤癌的风险增加。

【病因和发病机制】

本病是一组与编码酪氨酸酶及其他黑素合成相关蛋白基因突变所致的黑素合成障碍或缺乏的单基因遗传病。目前已发现有 7 型眼皮肤白化病的临床亚型，如 1 型眼皮肤白化病的突变基因发生在酪氨酸酶，2 型的突变基因发生在 OCA2，3 型的突变基因发生在酪氨酸酶相关蛋白-1 等。

【临床表现】

本病全身皮肤色素缺乏，致使皮肤毛细血管显露呈现红色，可伴有毛细血管扩张。日光照射易诱发日光性皮炎、光线性唇炎和毛细血管扩张等。毛发呈纯白色或金色，纤细如丝。眼部色素缺乏，虹膜透明，瞳孔为红色（图 25-10）。有畏光、眼球震颤和重度近视等眼部症状。

【预防和治疗】

本病尚无有效治疗手段。产前基因诊断筛查可降低患病率。应避免强烈日光照射，外涂遮光剂等可有效防止皮肤光老化、光致癌发生。

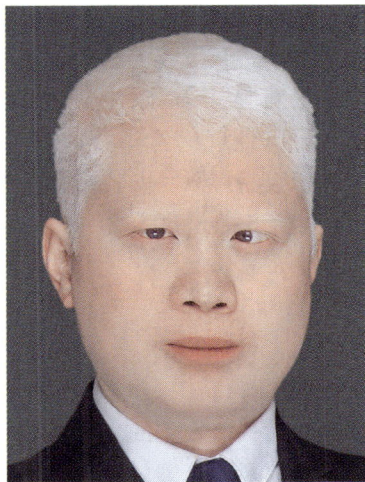

图 25-10 白化病

第六节 老年性白斑

老年性白斑（senile leukoderma）是一种皮肤自然老化或光老化现象，患者常伴有脂溢性角化症、老年性白发（senile canities）及老年性血管瘤等其他皮肤老化改变。

【临床表现】

白斑境界清楚，但边缘无色素增加现象。多为针头大小至黄豆大小，个别可达指甲盖大小，圆形或椭圆形，数个至数百个不等。白斑常发生于躯干、四肢，特别是大腿，少见于颜面部（图 25-11）。多见于 45 岁以上的中老年人，皮损随年龄增加而增加。临床上注意与白癜风进行鉴别。

图 25-11 老年性白斑

【预防和治疗】

本病无特殊治疗方法。

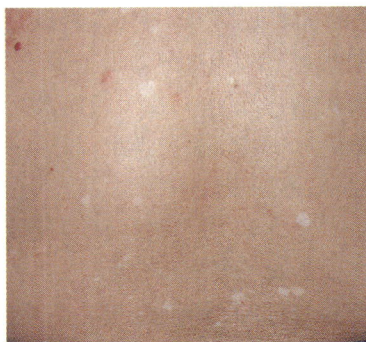

第七节 炎症后色素减退斑

炎症后色素减退斑（post-inflammatory hypomelanosis）是指皮肤炎症后继发性的色素减少，可见于多种炎症性皮肤病。

【病因和发病机制】

本组疾病不是由于原发性黑素细胞结构或功能缺陷所致的色素减少。常见的原因包括：①皮

NOTES

肤炎症或损伤导致黑素细胞消失,如盘状红斑狼疮、扁平苔藓、硬皮病、硬化萎缩性苔藓等皮损基底层黑素细胞遭受炎症破坏。②皮肤炎症抑制了黑素细胞功能,如活动期银屑病皮损内存在大量的致炎因子(TNF-α、白介素-17 和白介素-8)可刺激黑素细胞的增殖,但黑素合成活性被抑制;花斑癣色素减少皮损被认为是糠秕马拉色菌能够分泌壬二酸,后者抑制了酪氨酸酶活性从而减少了黑素合成。③继发于化学和激光换肤术的色素减退斑可能与黑素小体(或黑素颗粒)被不适当地破坏有关。

【临床表现】

黑素减少通常局限,或与炎症性皮损共存。

【诊断和鉴别诊断】

根据炎症后局限性皮肤色素减退容易诊断。需与其他色素减退性皮肤病鉴别(见表 25-1)。

【预防和治疗】

积极治疗原发皮肤疾病。一旦炎症根本消除,多数炎症后色素减退斑可自行复色,极少数白斑会出现复色困难。

第八节　黄　褐　斑

黄褐斑(melasma)是一种常见的色素增加性皮肤病,遗传易感性、日光照射和雌激素水平升高被认为是黄褐斑发生的主要诱因。多累及肤色较深的个体,在中年亚裔女性发病率较高。肝病患者多伴有此色素沉着斑,又称为肝斑;对称分布在面颊部,形如蝴蝶,也被称为蝴蝶斑;见于妊娠期妇女,也称为妊娠斑。

【病因和发病机制】

黄褐斑确切的发病机制目前并不清楚,但大量的研究结果提示日光照射、雌激素和遗传易感性是主要的发病因素。除皮损处黑素细胞功能活跃外,还发现角质形成细胞、肥大细胞、新生血管形成和基底膜破坏等因素也可能参与黄褐斑皮损的病理发生。有研究证实黄褐斑皮损处肥大细胞的数量明显高于未受累皮肤。紫外线照射刺激肥大细胞释放组胺,后者与黑素细胞表面的 H_1 受体结合,刺激酪氨酸酶活性,诱导黑素形成。也有研究发现,黄褐斑皮损处有衰老的真皮成纤维细胞,这些细胞通过释放衰老相关分泌表型因子,如血管内皮生长因子(VEGF)等诱导血管增生,新生的血管内皮细胞可释放内皮素-1,后者与黑素细胞表面的内皮素受体结合,进一步增强了表皮黑素生成。总之,这些复杂的发病机制使得难以对黄褐斑进行单一有效的靶向性治疗,且治疗后易复发。

【临床表现】

本病是以淡褐色至深褐色色素沉着斑为特征,典型的皮疹位于颧骨突出部位、前额、鼻背、上唇和下颌等日光暴露部位(图 25-12)。面部黄褐斑有三种临床分型,即面中部型、颧骨型和下颌型。其中面中部型和颧骨型患者占大多数。依据 Wood 灯检查时色素沉着斑是否变得更为明显,还可将黄褐斑分为表皮型和真皮型,但大多数病例表皮黑素与真皮黑素同时存在(混合型)。在组织病理学上不支持 Wood 灯下观察到的真皮型黄褐斑存在。

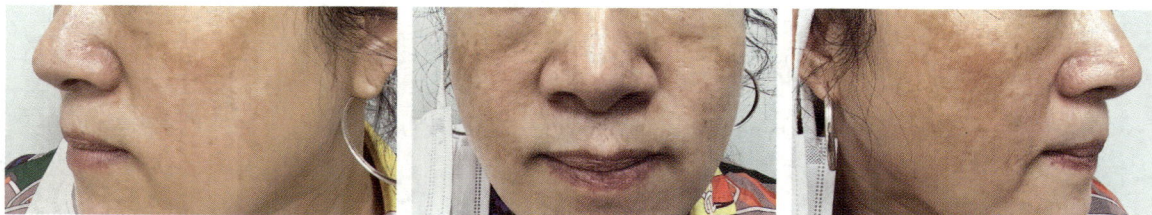

图 25-12　黄褐斑

【组织病理】

表皮基底层和棘层黑素颗粒明显增加,但无黑素细胞增殖。真皮浅层可见游离黑素颗粒或噬黑素细胞。有时在血管或毛囊周围可见少量淋巴细胞浸润和肥大细胞。

【诊断和鉴别诊断】

根据典型的临床表现可以诊断。Wood 灯和皮肤 CT 等检测技术可对本病进行分型。本病需要与炎症后色素沉着、褐青色痣、太田痣、黑变病等发生于面部的色素增加性疾病相鉴别。

【预防和治疗】

本病治愈困难,且易复发。首先应尽可能寻找病因并给予处理,避免日光暴晒,每天使用防晒霜可改善病情。目前有多种局部脱色治疗方案可供选择。

1. **外用药物治疗** 含 2%~5% 的氢醌(对苯二酚)制剂是黄褐斑外用治疗的"金标准"脱色药。其作用机制一是作为酪氨酸酶底物的结构类似物,竞争性抑制酪氨酸酶活性;二是高浓度氢醌制剂可直接破坏黑素小体或黑素细胞。氢醌脱色剂的不良反应有刺激性或变应性接触性皮炎、炎症后色素沉着、罕见的褐黄病与永久性色素脱失斑等。熊果苷和脱氧熊果苷是氢醌的衍生物,化学性质稳定,刺激性小,但仍保留氢醌母体化合物的脱色活性。氢醌、维 A 酸和中效皮肤类固醇激素联合使用(Kligman 配方)能明显增强氢醌的脱色效果。其他可供选择的皮肤脱色剂还有曲酸、壬二酸、氨甲环酸等。

2. **内用药物治疗** 系统使用维生素 C、维生素 E、谷胱甘肽、甘草酸苷等也有一定的治疗效果。近来发现口服氨甲环酸作为一种全身用药,对治疗顽固性黄褐斑也有效。

3. **光电治疗** 主要包括 Q 开关激光、皮秒激光、非剥脱点阵激光、射频及强脉冲光等。注意单一、反复的光电治疗容易导致色素沉着、色素减退甚至脱失等不良反应,因此不推荐光电治疗作为黄褐斑长期维持手段。

4. **中医中药治疗** 中医认为黄褐斑主要由于肝郁气滞所致,使用疏肝健脾补肾及理气活血化瘀的中草药对治疗本病有效。

第九节 蒙 古 斑

蒙古斑(Mongolian spot)是一种发生于新生儿腰骶部的蓝灰色斑,出生即有,几年后自然消退。80%~90% 见于亚洲黄种人。

【病因和发病机制】

与遗传有关。在胚胎发育过程中,自神经嵴衍生来的黑素细胞向表皮移行过程中发生滞留,分散在真皮胶原纤维束之间,故又被称为真皮黑变病(dermal melanosis)。

【临床表现】

色素斑位于腰骶部中央和臀部,为圆形或椭圆形蓝灰色斑,斑片色泽一致,边缘不规则。常为单个,偶有多个(图 25-13)。

【预防和治疗】

本病大部分儿童期自然消退,极少数持续到成人期,一般不必治疗。

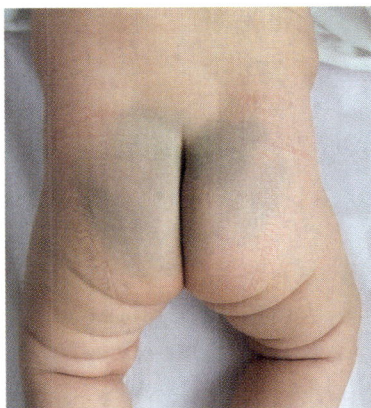

图 25-13 蒙古斑

第十节 雀 斑

雀斑(ephelides)是常见于面部的一种褐色点状色素沉着斑,日晒可触发和加重本病。

【病因和发病机制】

本病有遗传倾向,表现常染色体显性遗传的特征。皮损部位黑素细胞数量与周围正常皮肤相比无明显变化,但黑素细胞功能增强,电子显微镜下可观察到黑素细胞中存在体积增大的高度色素化的黑素小体。日光暴晒被认为是本病发生的一个必需因素。

【临床表现】

3~5 岁的儿童接受户外日光暴晒后开始发病。好发于面部,尤其是鼻和面颊部,手背、颈肩部也可发生(图 25-14)。而非光暴露部位和黏膜无皮疹。皮损主要为淡褐色至深褐色色素斑,通常直径 2~4mm。数量为几个至数百个不等。无任何自觉症状。日光照射可致皮疹颜色加深。

【预防和治疗】

避免日光暴晒,同时使用合适的防晒剂对本病的治疗至关重要。外用 2%~5% 氢醌制剂以及化学剥脱有效,使用过程中应注意其不良反应。Q 开关 694nm 红宝石激光、755nm翠绿宝石激光或强脉冲光等光电治疗可获得较好疗效。

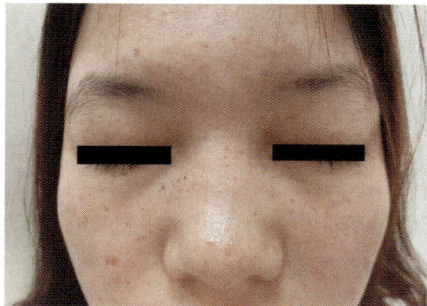

图 25-14　雀斑

第十一节　日光性雀斑样痣

日光性雀斑样痣(solar lentigo)又被称为老年性雀斑样痣(lentigo senilis),主要见于中老年人日光损伤的皮肤,本病呈慢性良性过程。

【病因和发病机制】

可能与皮肤的光损伤和光老化相关。本病主要发生在长期日光暴晒部位,皮损处黑素细胞数量增加,真皮浅层常有噬黑素细胞。

【临床表现】

手背、前额和面颊部等暴露部位出现圆形、椭圆形棕褐或黑色色素沉着斑,表面光滑,边界清楚,无角化现象。主要见于中老年人,对于日常生活或工作中接受高剂量日光照射的人,皮疹可以出现在更早年龄。可伴有脱色斑、光化性紫癜和皮肤其他慢性光化性退行性改变。有时临床需要与早期脂溢性角化病进行鉴别。

【预防和治疗】

一般不需要治疗。若需治疗可采用①用棉签蘸涂或喷雾液氮进行冷冻治疗;②Q 开关 Nd∶YAG激光、Q 开关红宝石激光等治疗有效;③4%~5% 氢醌霜连续外搽数月,可使皮损颜色暂时变浅。

第十二节　太 田 痣

太田痣(nevus of Ota)又称眼上腭褐青色痣,表现为眼、上颌三叉神经分布区域的蓝灰色或灰褐色斑片,常在出生时即发病且终身存在,多为单侧,仅 5% 为双侧发病。

【病因和发病机制】

在胚胎发育过程中,自神经嵴衍生来的黑素细胞未能到达表皮的基底层,而滞留在真皮内形成病变。

【临床表现】

2/3 的患者出生时即有眼部损害,皮肤损害可在 10 多年以后出现。主要表现为波及巩膜及同侧面部三叉神经第一、二支支配部位蓝灰色斑片,斑片着色不均,界限不清楚,颜色缓慢加深(图 25-15)。极少患者可发生脉络膜和脑部恶性黑色素瘤。

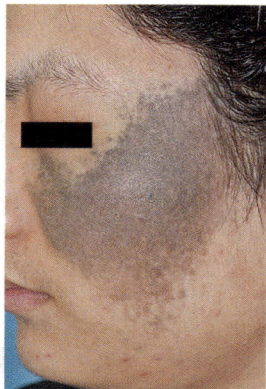

图 25-15　太田痣

【预防和治疗】

Q 开关 Nd：YAG 激光（1 064nm）和 Q 开关红宝石激光（694nm）已成功用于治疗太田痣，疗效肯定。

第十三节 伊 藤 痣

伊藤痣（nevus of Ito）又称为肩峰三角肌褐青色痣。损害特征和病理改变与太田痣类似。可单独发生，或与太田痣同时发生。

【临床表现】

皮损表现为位于锁骨上后支和皮肤臂神经侧支分布区域的淡褐色、青灰色斑片，包括肩部、颈部和锁骨上区。几乎不会自然消退。

【预防和治疗】

皮损位于遮盖部位，一般不需要治疗。需要时可参考太田痣的治疗方案。

第十四节 黑 变 病

黑变病又称里尔黑变病（Riehl melanosis），是一种发生于颜面部的色素增加性皮肤疾病，该病多见于光变应性接触性皮炎之后，并认为本病不是一个独立的疾病。《安德鲁斯临床皮肤病学》（第 11 版）已将该疾病归类于接触性皮炎的章节。

【病因和发病机制】

部分患者有光敏性物质接触史，如煤焦油及其衍生物、某些化妆品中的矿物油及烃类化合物等，故认为本病可能是一种光变应性接触性皮炎。部分患者可对柠檬油、香叶醇和羟基香茅醇斑贴试验呈阳性。

【临床表现】

本病任何年龄均可发生，起病初期局部潮红，常有瘙痒或灼热感，随后出现色素沉着并逐渐扩展，当达到某种程度时趋于稳定。本病的特征性皮损为点状浅褐色至深褐色色素沉着斑，在前额、颧部、耳后、颈两侧和其他日光暴露部位最明显（图 25-16）。

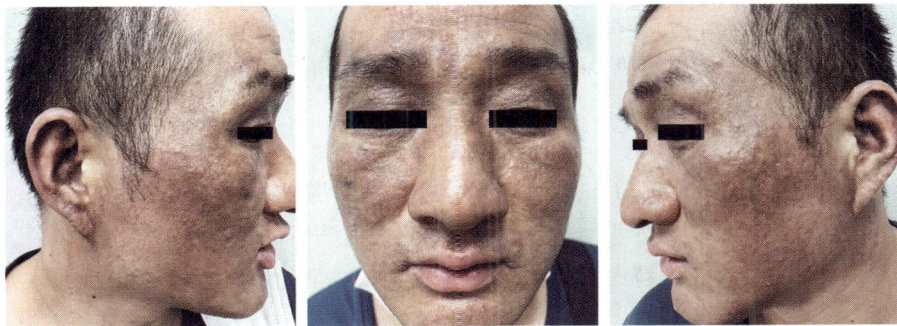

图 25-16 黑变病

【组织病理】

表皮基底细胞液化变性，真皮浅层噬黑素细胞增多，真皮血管周围有淋巴细胞、组织细胞及噬黑素细胞浸润。

【诊断和鉴别诊断】

根据典型皮损结合病史可以诊断。本病需与黄褐斑、艾迪生病、西瓦特皮肤异色病等进行鉴别。

NOTES

【预防和治疗】

斑贴试验有助于确定致敏物。应仔细询问患者病史,患者应避免接触可疑光敏性物质,减少日光暴晒。早期炎症明显时可酌情使用糖皮质激素,皮损色素沉着斑稳定后可外用维A酸、氢醌乳膏等脱色剂。

第十五节　炎症后色素沉着

炎症后色素沉着(post-inflammatory hyperpigmentation)是指皮肤发生各种急慢性炎症后继发色素增加,故又被称为炎症后黑变病,亚洲人多见。

【病因和发病机制】

炎症后色素增加可能存在有两种机制:①炎症因子直接刺激黑素细胞,使其黑素合成活跃,导致表皮型黑素沉着;②黑素细胞遭受炎症攻击破坏,致使黑素颗粒从表皮脱落至真皮导致真皮型黑素沉着。用Wood灯检查可区分上述两种模式的炎症后色素沉着。

【临床表现】

色素沉着一般局限在皮肤炎症部位,借助色素沉着斑的形态与分布有助于病因追溯。色素沉着斑为淡褐色、紫褐色或深褐色,界限清楚。色素沉着在炎症后出现,可持续数周或数月后消退。日晒或再度炎症可加深着色,甚至出现苔藓化。

【预防和治疗】

尽可能找到致皮肤炎症的原因,在早期开始治疗潜在原发疾病。避免日光暴晒及其他刺激。局部外用氢醌等皮肤脱色剂进行治疗,维A酸可增强氢醌的脱色作用。激光或化学剥脱术要慎用,防止加重色素沉着。系统治疗包括口服维生素C和维生素E、烟酰胺等,有助于脱色。

第十六节　意外粉粒沉着病

意外粉粒沉着病(accidental tattoos)是指职业及各种意外事件,使某些有颜色的不溶性粉尘颗粒经伤口进入皮肤,并在皮肤上呈现各种永不消退的色素斑点。

【病因和发病机制】

病因多种多样。如各种意外事件(煤矿瓦斯爆炸、开山或基建爆破作业以及交通事故等),黑色或灰蓝色粉尘、煤灰经擦伤伤口埋入皮肤造成着色。

【临床表现】

因病因不同,受累皮肤呈现黑色、灰蓝色的斑点或丘疹。部分患者因含有二氧化硅的玻璃或土壤颗粒进入皮肤,数月或数年后可在皮下形成硬结,即硅肉芽肿。

【预防和治疗】

一旦发生意外事件,除抢救生命外,应立刻用生理盐水冲洗伤口,同时用消毒刷子刷洗损伤皮肤,尽可能把粉尘颗粒洗刷出来。对皮肤中遗留的点状色素斑可酌情用化学腐蚀剂进行剥脱,较大的粉尘颗粒用手术刀挖出。一些较小颗粒的沉着可选用Q开关Nd:YAG激光和Q开关红宝石激光进行治疗。

(雷铁池)

思考题

1. 进展期与稳定期白癜风皮损的临床特征是什么?
2. 面部化妆品过敏后出现的色素沉着斑是黄褐斑吗?

第二十六章
角化性皮肤病

扫码获取
数字内容

【学习要点】

1. 角化性皮肤病是以角化为主要临床特征的一组疾病,可为遗传性或获得性。

2. 毛周角化病的皮疹特征是上臂外侧、股伸侧、面颊部孤立不融合的毛囊角化性丘疹。

3. 掌跖角化症是以掌跖部位弥漫性或局限性角化过度为临床特征的一组疾病。

4. 汗孔角化症的特征性皮损为线状隆起的角化性边缘,中央轻度萎缩。组织病理检查显示,在角质层可见特征性鸡眼样板层。

5. 毛囊角化病是钙泵基因 ATP2A2 突变所致 临床表现为表面覆有痂皮的角化性丘疹,多分布于皮脂溢出部位。

6. 可变性红斑角化症的临床特征为易变的红斑,合并持续存在的角化过度。

第一节 毛周角化病

毛周角化病(keratosis pilaris,KP)又称毛发苔藓或毛发角化病,是一种毛囊角化性疾病,表现为毛囊性角化性丘疹,伴不同程度的毛囊周围红斑,皮肤似鸡皮样外观。皮损好发于上臂、大腿伸侧及面颊。该病几乎累及 50% 的青少年和 40% 左右的成年人,儿童期和青春期发病率最高,以后随着年龄增长皮疹可逐渐好转,也可持续到老年。

【病因和发病机制】

病因和发病机制不明确,可能与常染色体显性遗传、代谢障碍、聚丝蛋白突变有关。已发现泛发型毛周角化病症患者存在染色体 18p 缺失;也有环孢素、尼洛替尼诱发毛周角化病的报道。

【临床表现】

本病多见于青春期男女,好发于两上臂外侧及大腿伸侧,部分可发于面部、肩胛、前臂和小腿,偶见泛发性分布。基本损害为 1~2mm 正常肤色或淡红色的毛囊性丘疹,不相融合,散在分布、簇集成群,类似"鸡皮"外观(图 26-1)。丘疹顶端有一个灰褐色或灰白色的圆锥状角质栓,由浓缩的皮脂分泌物和毛囊的上皮细胞聚集在毛干周围构成,其中可见一根毳毛穿出或蜷曲其中。剥去角栓后可见小杯状凹窝,不久又可有角栓长出。有些患者角栓不明显,而为大量针头大小的角化性丘疹。大多数患者病情在冬季加重,夏季减轻。一般无自觉症状,偶伴瘙痒。

【组织病理】

毛囊口扩张,内含角质栓,偶见扭曲或螺旋状毛发,毛囊周围轻度单核细胞浸润。

【诊断及鉴别诊断】

根据上臂外侧、股伸侧孤立不融合的毛囊角化性丘疹,较易诊断。

1. 小棘苔藓 多见于儿童。成片密集的毛囊性丘疹,丘疹顶端有一丝状角质小棘突,好发于颈部、股部和臀部。大部分患者可自愈。

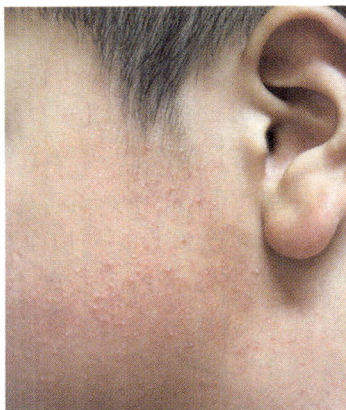

图 26-1 毛周角化病

323

2. **毛发红糠疹**　红斑基础上的毛囊性丘疹,可融合成鳞屑性浅橙色斑,间有特征性"正常皮岛"。手指第一、二指节的背面常有典型的毛囊角化性丘疹。掌跖常受累,呈特征性的黄红色蜡样角化过度。

3. **维生素 A 缺乏症**　大小不一的圆锥形角栓的毛囊性丘疹,好发于四肢伸侧和臀部,皮肤干燥,往往伴有夜盲和眼干燥症。

【预防和治疗】

本病一般不需治疗。症状明显或患者有治疗要求,可外用润肤剂及角质剥脱剂,如 0.1% 维 A 酸霜及阿达帕林、他扎罗汀凝胶、10%~20% 尿素霜、3%~5% 水杨酸软膏、10%~20% 鱼肝油软膏。

第二节　掌跖角化症

掌跖角化症(palmoplantar keratoderma,PPK)是以掌跖部位弥漫性或局限性角化过度为特征的一组慢性角化性皮肤病,可以是遗传性或者获得性。目前尚无一种分类方法可以将临床、病理和分子机制完美结合,命名尚不统一。根据临床模式不同,可以分为弥漫性 PPK、局限性 PPK、点状 PPK。

【临床表现】

1. **弥漫性 PPK**　多在 3 岁之内发病,特征损害为发生在掌跖部位的弥漫性、边界清晰的角化过度性斑块,表面光滑、色黄,呈疣状增厚。损害多局限于掌跖部位,但偶尔可累及手背、足背、肘膝、前臂或小腿的伸侧,呈对称分布(图 26-2)。通常无自觉症状,但有时有瘙痒,触痛或发生疼痛性裂隙,冬季加重,手指活动困难。甲板亦常增厚,呈混浊状。

2. **局限性 PPK**　局限性角化过度,主要为两种类型:①斑状或钱币状,以椭圆形损害为特征,皮损常发生在受力点;②线状,皮损常从手掌延伸到手指掌侧,覆盖屈肌腱。

3. **点状 PPK**　在 10~40 岁之间发病,常以青春期为甚。损害为黄至黑棕色、圆或卵圆形的角化性质硬丘疹,2~10mm 大小或更大,不规则地散在或群集分布于掌跖部和指(趾)端,足跟等受压部位皮损较多且丘疹可发生融合(图 26-3)。损害可以脱落,留下火山口状凹陷。无自觉症状,偶有疼痛、触痛和烧灼感。可伴有甲营养不良改变,表现为纵裂、弯甲或缺甲。

【组织病理】

角质层明显增厚且异常致密,角质栓向下延伸,颗粒层增厚,表皮突延长,真皮乳头水肿,小血管扩张。

【诊断和鉴别诊断】

根据发病年龄、临床特点、家族史和组织病理特点一般可明确诊断。掌跖角化可以是其他遗传性皮肤病的一个组成部分,如鱼鳞病、红皮病、大疱性表皮松解症等。

【治疗】

1. **局部治疗**　外用角质松解剂,如 50% 丙二醇凝胶、10%~20% 水杨酸软膏、10%~20% 尿素软膏等。外用 0.1%~0.5% 维 A 酸霜或 0.25% 地蒽酚软膏、糖皮质激素软膏、卡泊三醇软膏等。

2. **系统治疗**　口服阿维 A 或口服异维 A,表皮生长因子受体抑制剂可用于部分患者。

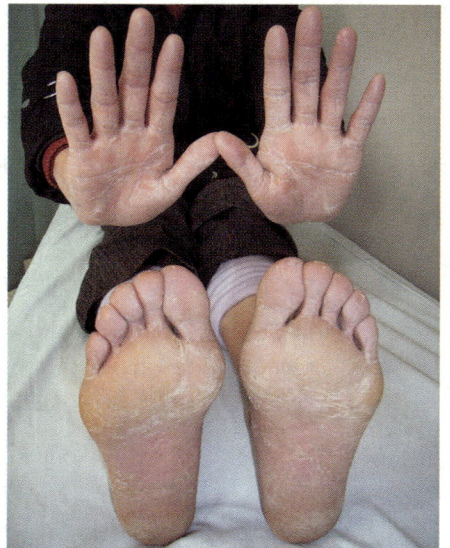

图 26-2　弥漫性掌跖角化症

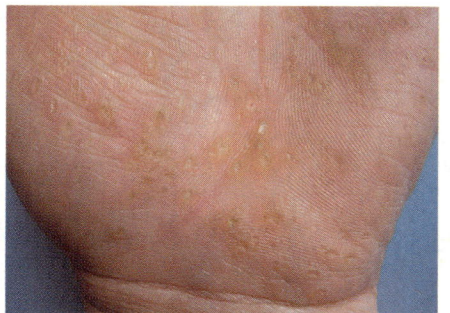

图 26-3　点状掌跖角化症

第三节　汗孔角化症

汗孔角化症（porokeratosis，PK）是一种少见的角化异常性皮肤病，由 Mibelli 于 1983 年首先进行报告并命名。可表现为常染色体显性遗传，甲羟戊酸途径基因 *MVK*、*PMVK*、*MVD* 和 *FDPS* 的杂合子种系突变与发病相关。皮损边缘清楚并常隆起或颜色较深，而中央部分略萎缩。

临床上有多种类型。

【临床表现】

1. **Mibelli 型汗孔角化症（porokeratosis of Mibelli，PM）** 多在儿童期发病，表现为无症状、棕色至肤色的角化性丘疹，逐渐增大，可形成直径数厘米的斑块，边界清晰，中央萎缩，边缘角化隆起，隆起的边缘可见线状沟槽及突起的小棘，皮损有离心性向外扩展趋势（图 26-4a）。主要分布在手足、前臂和大腿等处，亦可累及黏膜。

2. **播散浅表性光化性汗孔角化症（disseminated superficial actinic porokeratosis，DSAP）** 发病年龄较晚，常在 20~40 岁。表现为无症状或轻度瘙痒的角化小丘疹，直径 3~10mm，皮损颜色通常为肤色、棕褐色至粉红色。随病情进展，皮损呈放射状扩展，中央陈旧性皮损萎缩，外围形成边界清楚、略隆起、有纵沟的角化边缘。皮损分布广泛，皮损好发于日光经常暴露部位，主要为下肢、前臂、上臂，其次为胸背部，但面部皮损很少见，不累及掌跖和黏膜。

3. **线状汗孔角化症（linear poromkeratosis，LP）** 常在婴儿期或儿童期发病，它由一个或多个类似经典型汗孔角化病的斑块组成，斑块沿 Blaschko 线分布，最常见于四肢。

4. **点状汗孔角化症（poromkeratosis punctata，PP）** 多在成年后发病，皮损局限于掌跖部位，典型损害为针刺状或棘状角化性丘疹，边缘隆起，数量众多，散在分布或线状分布，可融合成斑块。

5. **掌跖播散性汗孔角化症（porokeratosis palmaris et plantaris disseminate，PPPD）** 是点状汗孔角化症的变异型，其他部位也可以出类似皮损。

6. **疣状汗孔角化症（porokeratosis ptychotropica）** 好发于青壮年，表现为臀部或生殖器部位境界清楚的、疣状增生性丘疹或炎症性角化性斑块，皮损面积较大（图 26-4b）。

其他类型还有巨大汗孔角化症、播散性发疹型汗孔角化症等。

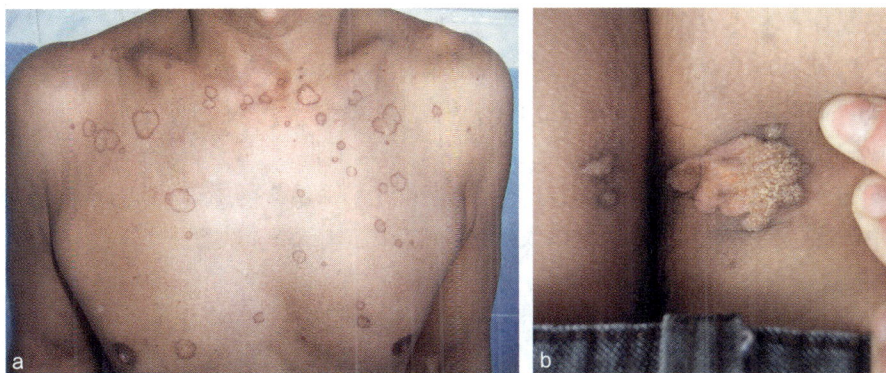

图 26-4　汗孔角化症
a. Mibelli 型汗孔角化症；b. 疣状汗孔角化症。

【组织病理】

本病特征性病理改变为充满角蛋白的表皮内陷处存在致密排列的角化不全细胞柱——鸡眼样板层。柱的顶端向偏离皮损中央的方向倾斜，而柱的底部可见表皮颗粒层中断以及角化不良的角质细胞。真皮乳头层通常可见中度淋巴细胞炎性浸润。

【诊断和鉴别诊断】

根据典型的临床表现及组织病理改变可以诊断。需与寻常疣、扁平苔藓、炎症性线状表皮痣相鉴别。寻常疣病理上常出现角化不全细胞柱,但有凹空细胞及其他疣的病理特征。

【预防和治疗】

汗孔角化症患者中的恶变发生率为 7.5%~11%,鳞状细胞癌是最常见的相关恶性肿瘤,还可能发生基底细胞癌。所以尽早诊断治疗、定期随访非常重要。

治疗方法包括局部治疗、口服药物和物理疗法。

1. 局部治疗   外用 5-FU、咪喹莫特、外用 10% 水杨酸软膏、0.05%~0.10% 维 A 酸软膏、2% 洛伐他汀/2% 胆固醇软膏或维生素 D_3 衍生物均有一定疗效。

2. 口服治疗   口服阿维 A 或异维 A 酸有效。

3. 物理疗法   对局限性小皮损可采用 CO_2 激光、Q 开关红宝石激光、光动力、电灼、液氮冷冻、磨削术、刮除术或手术切除。

第四节   毛囊角化病

毛囊角化病(keratosis follicularis)又称 Darier 病,是一种少见的常染色体显性遗传性皮肤病,由钙泵基因 *ATP2A2* 突变所致,临床上以油腻性结痂性毛囊角化性丘疹为特点,好发于皮脂溢出的部位。

【临床表现】

本病通常初发于 10~20 岁,成年期加重。男女发病率无明显差异。好发于皮脂溢出较多的部位,如头皮、面部、颈、躯干、四肢屈侧、臀部和腹股沟,常常最早发生于耳后。皮损通常对称分布,躯干部损害以中线和腹部为多;面部则以额部、耳后以及鼻唇沟处多见。

皮肤特征性的损害是坚硬的小丘疹,针尖至豌豆大小,肤色,表面有油腻性结痂,去除痂皮后可见丘疹顶端漏斗状小凹窝(图 26-5)。随着病情的发展,丘疹逐渐变大颜色加深,呈灰棕色、黑色,油腻性痂或鳞屑堆积于表面,丘疹逐渐融合,形成不规则的疣状斑块。若皮损发生于腋下、腹股沟、四肢弯曲等汗多、褶皱部位,则可伴恶臭,其上可有皲裂、浸渍及脓性渗出物覆盖。头皮可伴有结痂,但不引起脱发。小腿伸侧、足背丘疹融合后形成肥厚性结痂性斑片,可并发感染和溃疡。掌跖部

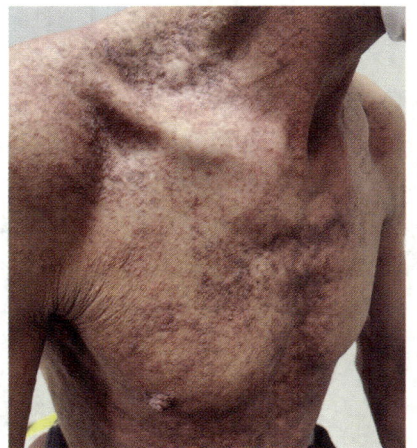

图 26-5   毛囊角化病

可见角化过度的小丘疹,可相互融合形成掌跖弥漫性角化。手足背可见扁平疣样丘疹,偶可见出血性斑丘疹。指甲改变包括指甲红色或白色纵纹,常伴有指甲游离缘 V 形切迹。

【组织病理】

组织病理变化具有特征性。表皮角化过度伴乳头瘤样增生,可有角化不良;棘层肥厚,可见特征性圆体和谷粒;棘层松解,基底层上可见裂隙和隐窝,被覆单层基底细胞的乳头不规则增生进入隐窝和裂隙内;真皮层炎症细胞浸润。

【诊断和鉴别诊断】

根据家族史,油腻性丘疹,好发于皮脂溢出部位、暴晒后加重等临床表现及组织病理诊断不难,但仍需与下列疾病相鉴别。

1. 脂溢性皮炎   皮损为伴淡黄色油腻鳞屑的红斑,累及头皮、眉毛、鼻唇沟,或偶尔累及间擦部位(如腋窝和腹股沟)。脂溢性皮炎不累及手、足和指/趾甲,也无家族史。组织学检查显示局限性角化不全、银屑病样棘层肥厚和轻至中度的海绵形成。

2. Grover病（暂时性棘层松解性皮病） 瘙痒性丘疹或丘疱疹，最常累及躯干，但丘疹不会像毛囊角化病一样融合。面部、口腔、掌跖部和指/趾甲不受累，也无家族史。组织学检查显示轻微的局灶性棘层松解，伴表皮内裂隙和角化不良细胞。

3. 家族性慢性良性天疱疮（Hailey-Hailey病） 主要累及间擦部位，可能与累及间擦部位的毛囊角化病难以鉴别。家族性慢性良性天疱疮通常不存在指/趾甲营养不良。组织学检查显示基底上部分棘层松解区域，伴特征性"破砖墙样"表现。

【预防和治疗】

尚无治愈毛囊角化病的方法。治疗的目的是改善皮肤外观、缓解症状以及预防或治疗感染性并发症。

1. 局部治疗 外用低至中效皮质类固醇可减轻皮肤炎症，还可外用维A酸类、润肤剂、钙调磷酸酶抑制剂等。

2. 系统治疗 口服维A酸类药物。

第五节 进行性对称性红斑角皮症

进行性对称性红斑角皮症（progressive symmetric erythrokeratodermia）又称对称性进行性先天性红皮症或Gottron综合征，是一种罕见的常染色体显性疾病，由 *GJB4* 基因突变引起；以出生后不久发病、红斑性角化过度性斑块为主要特征。

【临床表现】

本病常自新生儿期或儿童早期发病，开始为双侧掌跖部发生弥漫性红斑及角化过度，附有片状角质状鳞屑，皮损境界清楚，有时边缘有色素沉着，多固定对称（图26-6）。皮损扩大时可累及手足背、胫前、肘、膝及股部等，表现为片状潮红浸润性肥厚性斑片，上覆细薄鳞屑，躯干一般不会受累，指（趾）甲增厚失去光泽。本病病程经过缓慢，多在青春期后稳定。

【组织病理】

表皮网篮状角化过度伴局灶性角化不全，颗粒层增厚，棘层肥厚，常见毛囊角栓；真皮乳头可见毛细血管扩张，血管周围淋巴细胞浸润。

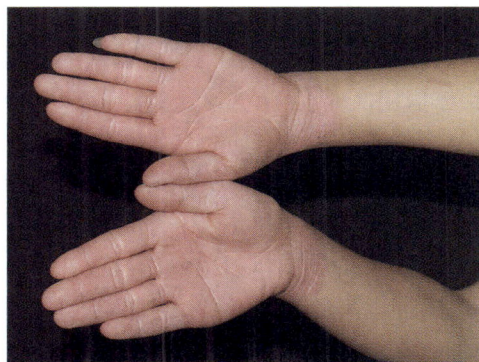

图26-6 进行性对称性红斑角皮症

【诊断】

根据早年发病、家族遗传性及双侧掌跖部弥漫性角化过度性红斑，对称分布，躯干部偶发等临床特点可做出诊断。

【治疗】

本病尚无特效治疗，常采用口服与外用药综合治疗。

第六节 可变性红斑角化症

可变性红斑角化症（erythrokeratodermia variabilis，EKV）又名可变性图形红斑角化症、进行性可变性红斑角皮症。本病为一种罕见常染色体显性遗传病，但亦有隐性遗传的报道。由 *GJB3* 及 *GJB4* 基因杂合突变所致。

【临床表现】

表现不一，因人而异。本病的特征为易变的片状红斑，合并持续存在的角化过度。常以其中一个为主,有时可无另一表现。90% 患者出生后 1 年内可在身体任何部位出现异变的片状红斑。红斑可表现为边界清楚的靶形、圆形或地图状,也可融合成大片状。红斑形状、大小均可发生变化,单个皮损常持续数分钟至数小时。

角化性斑块可与红斑同时或先后存在,表现为边界清楚的黄褐色或淡褐色肥厚性斑块,可出现在四肢、躯干及臀部,呈对称分布。半数患者肥厚性斑块可发展至掌跖部,较少累及屈曲部、面部和头皮。

经过新生儿期和儿童期的缓慢进展,青春期后趋于稳定。常表现为皮肤症状好转和周期性症状消失。

皮肤症状可由内外源性因素激发引起,如应激、温度骤然变化、机械摩擦及日晒等。

【组织病理】

网篮状角化过度,颗粒层肥厚、棘层肥厚及乳头瘤样增生。真皮乳头层毛细血管扩张、延长,并伴有非特异性炎细胞浸润。

【诊断和鉴别诊断】

依据红斑的数量、形状、位置及持续时间的多变性等特征,结合相关基因的检测,可以诊断。本病与进行性对称性红斑角皮症临床表现非常相似,但后者在基因层面是另一种独立疾病。毛发红糠疹表现为在红斑基础上出现毛囊性丘疹,特征性橙红色皮肤及少量正常皮岛。

【治疗】

本病无特效疗法,治疗主要是对症处理。

第七节　砷角化病

砷角化病(arsenical keratosis)是慢性砷中毒的皮肤症状之一,可见于长期从事接触砷剂的工人或由于饮用高砷水所引起;散发病例常与服用含砷的药物,如雄黄、砒霜有关。

【临床表现】

角化损害主要累及掌跖部(图 26-7),表现为①点状角化型:似掌跖点状角化病和寻常疣表现,其上散有色素脱失,有时仅可摸到粗糙的角化点而不易看到;②鸡眼状角化型:为本病的典型皮损,多对称分布于双侧掌跖,为鸡眼样角化突起,中央略凹陷,并常融合成片;③疣状角化型:似寻常疣,但多发且对称分布,可融合成片。还可表现为皮角样型;同一患者可以有多种角化病变存在。

除角化性皮损外,躯干、四肢等处还可见到弥漫性色素沉着,间散在"雨滴样"色素脱失(白斑),称为砷黑变病。特别是在脐部的五彩纸屑样色素沉着,是慢性砷中毒的典型表现。

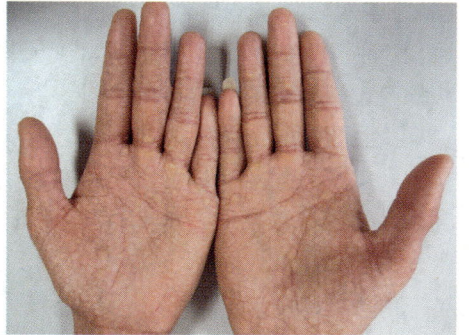

图 26-7　砷角化病

砷角化病可持续数年,10~30 年后可发生癌变,如 Bowen 病、侵袭性鳞状细胞癌、浅表性多中心基底细胞癌等。

患者尿液、毛发、皮肤组织内含砷量均增高。

【组织病理】

表皮角化过度(在点状角化和鸡眼状角化型中还可见到有角化不全),伴有轻至中度的角质形成细胞发育不良,表皮突向下不规则延伸,真皮上部有慢性炎细胞浸润,也可出现真皮的嗜碱性变性,角质形成细胞轻度异型性,核深染。可见色素失禁。

【诊断和鉴别诊断】

根据砷接触史,临床表现为掌跖角化及躯干、四肢色素异常,尿、发和皮肤组织内含砷量增高,诊断较易。

血液砷的正常参考值为 $0\sim13\mu g/L$，潜在中毒水平为 $>600\mu g/L$，尿液砷含量的正常参考值为 $0\sim35\mu g/L$。

应与点状掌跖角化症、掌跖汗孔角化症等相鉴别。遗传性角化病患者，去除丘疹性损害中心的角栓后，可见小的凹点，砷角化病没有这种特点。

【治疗】

二巯丙磺酸钠螯合治疗，局部治疗包括手术切除、冷冻、电干燥法、刮除术、CO_2 激光等。

（王　飞）

思考题

1. 毛周角化病和毛囊角化病的临床表现和病理有何不同？
2. 进行性对称性红斑角皮症和可变性红斑角化症的临床特征是什么？
3. 如何鉴别毛囊角化病和家族性慢性良性天疱疮？

第二十七章
营养性与代谢性皮肤病

【学习要点】

1. 代谢性皮肤病是指由于机体代谢紊乱而引起的皮肤疾病,此类疾病通常不仅表现为皮肤损害,而且存在多系统受累。

2. 代谢性皮肤病根据病因可分为遗传性和获得性两类,前者主要是由基因突变导致,后者则由各脏器系统疾病继发的代谢紊乱导致。

3. 代谢性皮肤病的治疗最重要的是纠正代谢紊乱,如通过服用降糖药物或注射胰岛素控制糖尿病,服用降血脂药物控制高脂血症等。对于皮肤损害及其他器官受累,则主要以对症支持治疗为主。

第一节 黑 棘 皮 病

黑棘皮病(acanthosis nigricans)是一种以皮肤绒毛状或乳头状增生、色素沉着、角化过度为特点的少见皮肤病。该病好发于颈部、腋窝、腹股沟等皮肤皱褶部位;临床上可分为良性型与恶性型;根据不同病因,其表现及预后不同。良性型病情较轻,可自然缓解;恶性型病情重,大多伴发内脏恶性肿瘤。

【病因和发病机制】

黑棘皮病多由角质形成细胞和成纤维细胞异常增殖引起。

【临床表现】

1. 良性黑棘皮病

(1)真性良性黑棘皮病:有家族发病史,为常染色体显性遗传。常见于婴儿及儿童。皮损常局限于单侧,进展缓慢,较少侵犯四肢远端及黏膜。皮损常在青春期后逐渐停止发展,之后可消退或减轻。

(2)假性黑棘皮病:是最常见的临床类型。好发于肥胖患者。皮损常对称发生于皮肤皱褶部位,以色素沉着和天鹅绒状增生为主(图 27-1),体重恢复正常后可消退,但色素沉着可持续存在。

此外,一些内分泌疾病也可伴有黑棘皮病,如肢端肥大症、糖尿病、艾迪生病等。

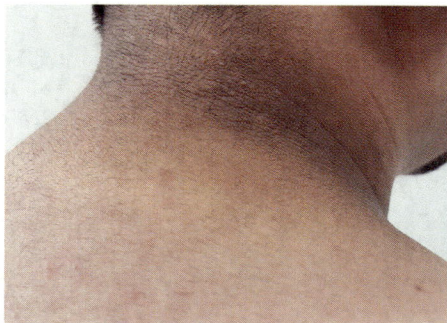

图 27-1 假性黑棘皮病

2. 恶性黑棘皮病　部分恶性肿瘤患者皮肤可出现黑棘皮病表现,皮损严重且广泛,发展迅速,伴有局限于掌跖或广泛分布的角化过度。常见此类表现的恶性肿瘤为胃癌、肺癌及乳腺癌。皮损可发生在肿瘤前、同期或之后,随肿瘤进展加剧,切除肿瘤后皮损可消退。

【诊断和鉴别诊断】

根据典型皮损,即好发皱褶部位、对称分布的色素性天鹅绒样斑块,诊断不难,但应注意查找病因。此外,还应注意与几种网状色素沉着性皮肤病相鉴别,如融合性网状乳头瘤病、颗粒状角化不全病等。

【预防和治疗】

1. 病因治疗　假性黑棘皮病随患者体重下降可逐渐恢复;积极治疗与本病有关的内分泌疾病也

常有效;恶性黑棘皮病在恶性肿瘤得到有效治疗后,皮损会明显消退。

2. 外用药物　局部皮损可选用角质松解剂.如 0.05% 维 A 酸软膏、卡泊三醇软膏等;外用 3% 氢醌霜有助于减轻色素沉着。

3. 系统药物　部分患者口服异维 A 酸、阿维 A 有效,但需要长期用药以维持疗效,停用可复发;胰岛素增敏剂,如二甲双胍可用于治疗与肥胖和胰岛素抵抗相关的黑棘皮病。

4. 物理治疗　局部皮损还可用长脉冲激光、三氯乙酸化学剥脱治疗。

第二节　烟酸缺乏症

烟酸缺乏症(nicotinic acid deficiency)又称糙皮病(pellagra)或癞皮病,是由于缺乏烟酸类维生素(维生素 PP 或维生素 B_3)而出现皮炎、肠炎、舌炎、周围神经炎及精神异常等临床表现的疾病。

【病因和发病机制】

酵母、动物肝脏、谷类等多种食物中富含烟酸,除了直接摄入外,人类还可以将食物中的色氨酸转变成烟酸。导致烟酸缺乏的原因多数与长期酗酒有关,其他包括以玉米为主食或多种疾病导致烟酸供给不足或需要量增加,长期服用异烟肼、硫唑嘌呤、氟尿嘧啶等药物也可导致烟酸缺乏。

【临床表现】

典型的临床表现可用 "4d" 描述,即皮炎(dermatitis)、腹泻(diarrhea)、痴呆(dementia)和极少数未经干预可在 4~5 年内发生的死亡(death)。疾病最早出现的症状是口炎和慢性腹泻,而光敏性皮炎最具诊断意义。皮疹对称分布于暴露部位,如面颊部及四肢远端,皱襞摩擦部位也易发生。

皮损早期呈晒斑样表现,后期则出现糜烂鳞屑及色素沉着,伴有瘙痒和烧灼感。典型皮损为四肢呈红棕色或棕黑色的 "焦痂" 样红斑脱屑、面部呈蝶形红斑或脂溢性皮炎样表现,颈部可呈典型的 "颈蜀黍红斑",即皮损围绕整个颈部,呈衣领状,又称卡萨尔颈环(Casal's neck ring)。严重时可伴有水疱或大疱,甚至出血。黏膜损害常表现为口角糜烂、舌炎。消化道症状可表现为食欲减退、恶心呕吐、腹痛腹泻等。精神症状差异较大,重者可发生痴呆。

【实验室检查】

评定烟酸营养状态的方法即测定 2-吡啶酮/N-甲基烟酰胺数值,正常为 1.3~4,若低于 1 则提示烟酸缺乏。其他检查可有贫血、低蛋白血症等。皮损的组织病理无特异性。

【诊断和鉴别诊断】

诊断应结合病史、临床表现及实验室检查,必要时可进行试验性治疗。应与日光性皮炎及迟发型皮肤卟啉症相鉴别。

【预防和治疗】

首先应寻找并积极治疗诱发因素,根据病情轻重进行饮食治疗或直接补充烟酸和烟酰胺,如口服烟酰胺 100~300mg/次,3 次/d,同时补充 B 族维生素及纠正营养不良。有其他系统症状者应积极对症处理。

第三节　锌　缺　乏　症

锌缺乏症(zinc deficiency)是由于锌缺乏所致,以肢端皮炎、秃发和腹泻为特征的一种疾病,也称为肠病性肢端皮炎(acrodermatitis enteropathica)。

【病因和发病机制】

可分为遗传性锌缺乏症和获得性锌缺乏症。遗传性锌缺乏症常与肠道锌转运体的基因突变有关;获得性锌缺乏症则多因系统性疾病造成锌吸收障碍或排泄增加。

【临床表现】

本病在婴幼儿中最常见,以断奶前后发病最多见。起病隐匿,皮疹、抑郁和腹泻被认为是缺锌三联征,但完整的三联征只出现在 20% 的患儿中。皮疹发生较早,多分布于口周、肢端和肛门-生殖器区域,初期为对称分布的红斑鳞屑,伴群集水疱、脓疱或大疱,疱破后形成糜烂,数天后结痂,愈后不留瘢痕和萎缩(图 27-2)。患儿常伴口角炎、舌炎及脱发。90% 患儿伴有腹泻,一定程度上还伴有味觉障碍、食欲缺乏,甚至出现异食癖。患儿常有精神症状,可表现为精神萎靡甚至抑郁,若治疗不及时可影响患儿生长发育及免疫力。

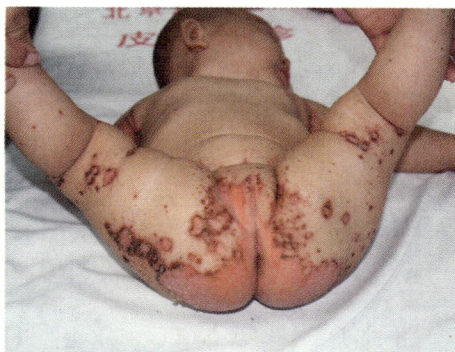

图 27-2　锌缺乏症

获得性锌缺乏症多见于成年人,常有潜在疾病或诱因,同时存在其他营养因素缺乏(如低蛋白血症、贫血等)。皮损可呈脂溢性皮炎、银屑病样皮损表现。

【诊断和鉴别诊断】

根据喂养史,好发口腔周围及四肢末端湿疹样或脂溢性皮损,伴精神萎靡及慢性腹泻可诊断。确诊应测定血清锌水平。应与泛发性皮肤黏膜念珠菌病及其他营养不良性皮肤病相鉴别。

【预防和治疗】

对于遗传性锌缺乏,应鼓励母乳喂养,多食富含锌的食物,如海产品及肉类,避免食用谷类食物。给予锌类制剂 30~50mg/d,可选葡萄糖酸锌等,症状缓解后应逐渐减量至停药,以防止锌中毒。对于获得性锌缺乏,需寻找基础疾病并及时治疗,同时补充锌。

第四节　皮肤淀粉样变

皮肤淀粉样变(cutaneous amyloidosis)是指淀粉样蛋白沉积在皮肤内,而无其他器官受累的一种慢性疾病。其特征性改变为斑状或苔藓样皮疹和真皮内淀粉样蛋白沉积。

【病因和发病机制】

病因尚未阐明。原发性皮肤淀粉样变可能与角蛋白发生丝状变性后脱落到真皮层有关;继发性皮肤淀粉样变是指原有皮肤病的病灶中出现淀粉样蛋白沉积物,但机制尚不清楚。

【临床表现】

皮肤淀粉样变可分为原发性皮肤淀粉样变和继发性皮肤淀粉样变两型。

1. 原发性皮肤淀粉样变

(1)斑状淀粉样变(macular amyloidosis):好发于中年女性,皮损主要分布于上背部,尤其是肩胛区,也可见于四肢伸面、胸部或臀部。皮疹为褐色色素沉着斑,融合形成网状或波纹状(图 27-3),往往自觉瘙痒。

(2)苔藓性淀粉样变(lichen amyloidosis):好发于中年人,皮损对称分布于胫前、臂外侧,而腰背部、腹部、大腿也可受累。初发为针头大小褐色斑疹,之后逐渐形成半球形的质硬丘疹,呈肤色或棕色,表面光滑发亮,可有少许鳞屑。皮损沿皮纹呈串珠状排列,密集而不融合(图 27-4)。自觉瘙痒或剧痒,病程缓慢,一般不影响患者生活质量。

(3)结节性淀粉样变(nodular amyloidosis):变较少见,好发于中年女性。皮损单发或多发,以面部、躯干、四肢及生殖器多见,为黄褐色结节,表面可有萎缩或形似大疱。病程缓慢,部分患者可发展为系统性淀粉样变病。

2. 继发性皮肤淀粉样变　在某些良性、恶性皮肤肿瘤的病灶中出现淀粉样蛋白的沉积,最常见于非黑素性皮肤肿瘤和脂溢性角化。

【实验室检查】

HE 染色中真皮乳头均一红染的团块状物即淀粉样蛋白。乳头上方表皮可见角化过度,棘细胞层

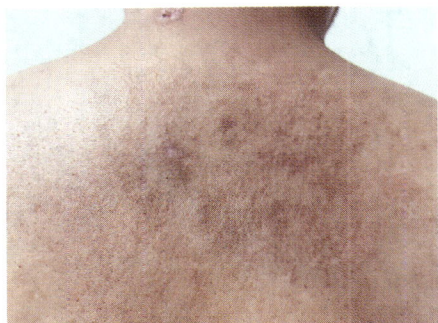

图 27-3　斑状淀粉样变

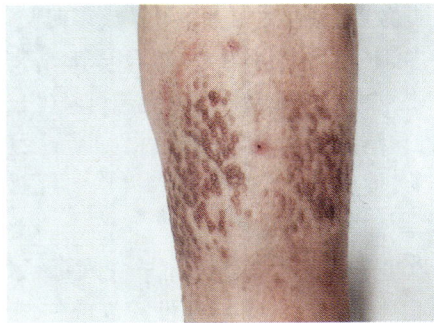

图 27-4　苔藓性淀粉样变

内有少许坏死红染的角质形成细胞。真皮浅层血管周围有稀疏淋巴细胞浸润,可见噬黑素细胞。甲基紫染色时,淀粉样蛋白呈紫红色,刚果红染色时,淀粉样蛋白呈橘红色。

【诊断和鉴别诊断】

依据各型皮损的临床特征、显示真皮淀粉样蛋白沉积的组织病理即可确诊。本病应与慢性单纯性苔藓、肥厚性扁平苔藓、结节性痒疹、获得性大疱性表皮松解症等鉴别。

【预防和治疗】

治疗目的在于减轻和消除皮疹、减缓瘙痒;避免搔抓非常重要。

1. 外用药物　局部外用糖皮质激素为首选治疗,封包或局部注射可增强疗效。0.1%维A酸软膏、0.1%他克莫司软膏及水凝胶敷料外用也有一定作用。

2. 系统药物　维A酸类药物、沙利度胺及免疫抑制剂对部分患者有效。瘙痒明显者可口服抗组胺药物,必要时采用普鲁卡因静脉封闭。IL-31可能是潜在的治疗靶点。

3. 物理治疗　局部皮损可使用光疗(UVB或PUVA)、冷冻、超脉冲二氧化碳激光进行治疗。外科切除对肥厚皮损及结节性淀粉样变病有效。

第五节　卟　啉　病

卟啉病(porphyria)又称血紫质病,是由于先天性或后天性血红素代谢障碍,导致卟啉或卟啉前体产生与排泄增多引起的罕见病。特点为易受日光灼伤,在暴露部位皮肤出现红斑、水疱或血疱、糜烂,愈后常遗留粟丘疹、瘢痕及色素沉着。

【病因和发病机制】

卟啉原是合成血红蛋白的原料。本病是在血红蛋白形成过程中,卟啉生物合成在不同环节发生障碍,导致卟啉或卟啉原蓄积,进入循环系统并排泄到尿液或胆汁内引起的。卟啉病的发病大多为遗传性,部分为获得性。卟啉为光感物质,在暴露部位发生光敏作用出现皮肤损害,并产生其他全身症状。

【临床表现】

卟啉病可分为肝性卟啉病或红细胞生成性卟啉病。红细胞生成性卟啉病包括:先天性红细胞生成性卟啉病、红细胞生成性原卟啉病、红细胞生成性粪卟啉病。肝性卟啉病包括:迟发性皮肤卟啉病、急性间歇性卟啉病、变异性卟啉病等。

1. 迟发性皮肤卟啉病(porphyria cutanea tarda,PCT)　是卟啉病中最常见的类型,一般在成年发病,多与长期酗酒或接触含卤族元素的农药导致肝功能受损有关。PCT患者丙型肝炎病毒感染率较高。临床表现为光敏性皮炎及皮肤脆性增加,手背、前臂及面颈部等暴露部位日晒后发生水疱、大疱甚至血疱,大疱周围无红斑,容易破裂形成糜烂或浅溃疡,愈后留有萎缩性瘢痕、粟丘疹及色素沉着(图 27-5)。皮肤受轻微外伤易发生表皮剥脱。

2. 红细胞生成性原卟啉病(erythropoietic protoporphyria,EPP)　为常染色体显性遗传疾病,男性多见,多于儿童期起病,迟发者也可在成年期发病。临床表现为日晒5~30分钟内于鼻、唇缘、面颊、手背及耳郭等暴露部位出现瘙痒、灼热感或针刺感,伴局部红斑、水肿,继之可发生丘疹、水疱、血疱,愈后留有萎缩性瘢痕及色素增加或减退。在骨突及皮肤易受创伤处反复的日光暴露可使皮肤呈蜡样增厚。

【实验室检查】

所有 PCT 患者均应筛查丙型肝炎病毒。此外,取 PCT 患者尿样标本放置 Wood 灯下,见特征性粉红或红珊瑚荧光(图27-6)即可确诊,并应同时检测其肝功能及尿中尿卟啉。

EPP 患者用红细胞荧光检测到红细胞原卟啉及血、粪中原卟啉增加可确诊,但其尿卟啉正常。慢性皮肤损害的病理显示真皮上层血管周围有 PAS 染色阳性的毛玻璃样物质,有助于诊断。

【诊断和鉴别诊断】

根据病史及临床表现,结合实验室检测相应卟啉可确诊。卟啉病应注意与种痘样水疱病、不典型着色性干皮病相鉴别。

【预防和治疗】

治疗包括避光和对症处理,积极查找相关诱因并加以避免。皮肤卟啉病会影响患者的容貌,对患者生活质量的影响较大。如能及时诊断、快速控制急性发作以及预防复发,可以有效改善预后。

1. **迟发性皮肤卟啉病** 首先应忌酒和避免服用对本病有危害的药物,如磺胺类、灰黄霉素、苯巴比妥类等。静脉放血和低剂量羟氯喹为 PCT 的标准治疗手段,但对其他类型的卟啉病无效。羟氯喹可促使肝细胞动员卟啉,通过尿液排泄,使用宜从小剂量开始,注意监测尿卟啉,并定期眼科随访以预防视网膜病变。静脉放血疗法有效可能与过量消耗肝铁储存有关。此外,还可口服铁螯合剂、碱化尿液以增加卟啉排泄等。

2. **红细胞生成性原卟啉病** 可口服 β-胡萝卜素。β-胡萝卜素

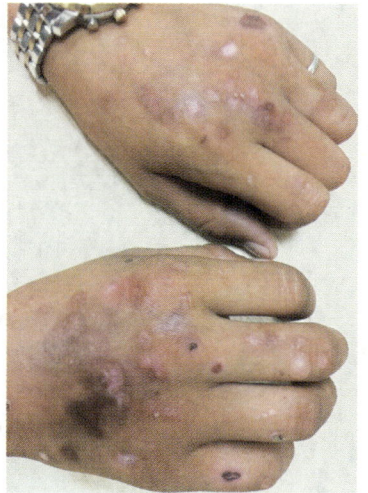

图27-5 迟发性皮肤卟啉病

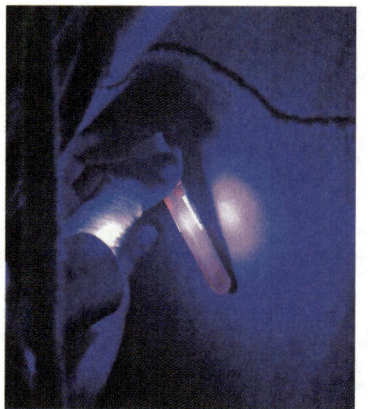

图27-6 迟发性皮肤卟啉病患者尿样标本在 Wood 灯下的表现

与卟啉有相同的最大吸收光谱,通过吸收光能而减轻日光对皮肤的损伤。常见的副作用是皮肤明显呈橘黄色改变,尤其是掌跖部位。此外,α-促黑素细胞激素(α-MSH)的合成类似物——阿法诺肽也可以通过增加黑色素生成并减少自由基和细胞因子的生成,增加皮肤色素沉着,增强 EPP 患者对日光的耐受,但不影响卟啉的生成。

第六节 皮肤钙质沉着症

皮肤钙质沉着症(calcinosis cutis)是指不溶性钙盐沉积在皮肤组织内。本病少见,沉积的钙盐主要为磷酸钙,少数为碳酸钙。根据病因的不同分为四型:特发性、营养不良性、转移性、医源性皮肤钙质沉着症。

【病因和临床表现】

1. **特发性皮肤钙质沉着症**(idiopathic calcinosis cutis) 并无组织损伤或代谢障碍,最常见表现为特发性阴囊钙质沉着症(图27-7a),好发于青中年男性阴囊(女性可见于大阴唇),损害为多发、对称、坚硬的圆形黄白色结节,结节直径0.2~1cm,无自觉症状。

2. **营养不良性皮肤钙质沉着症**(dystrophic calcinosis cutis) 继发于组织损伤、炎症或肿瘤,血清钙、磷正常,多见于成人系统性硬皮病及儿童皮肌炎(图27-7b)。皮损可表现为皮肤中少量的钙沉

积,也可累及肌群形成较大的坚实团块。挤压皮肤沉积物可引起剧痛,沉积物可自行穿破排出,并形成溃疡,后者可继发感染,创口经久不愈。重症病例可表现为泛发型,此时钙质沉着常累及筋膜层,造成明显的功能损坏。

3. 转移性皮肤钙质沉着症(metastatic calcinosis cutis) 由钙磷代谢异常引起,血清钙、磷升高,最常见的病因是肾功能衰竭。此外,原发性或继发性甲状旁腺功能亢进症也可引起此病。皮损多为小而坚实的白色丘疹,丘疹直径 1~4mm,对称分布于腘窝、髂嵴及腋后线上。

4. 医源性皮肤钙质沉着症(iatrogenic calcinosis cutis) 常见于医疗操作过程中误将钙盐导入受损伤的皮肤而引起的局部组织钙化或钙盐沉积,如葡萄糖酸钙或其他含钙、磷制剂在静脉注射时,药物外渗至血管外引起。任何年龄均可发生,急性期可表现为有触痛的红色丘疹或斑块,以后形成坚硬的白色丘疹、斑块。部分可自行消退。

【组织病理】

真皮或皮下组织内有钙沉积团块,常伴有异物反应,柯萨奇冯库萨染色中钙盐微粒示黑色。

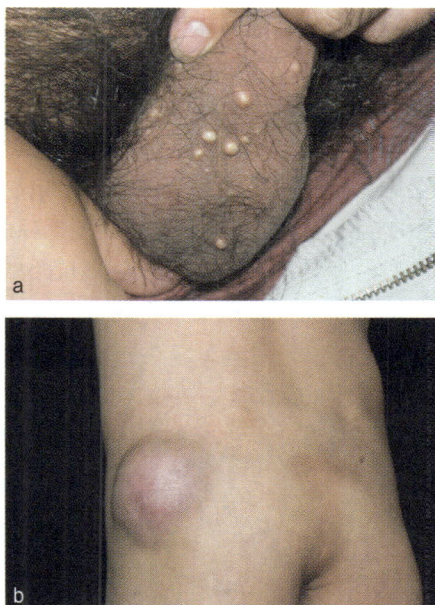

图 27-7 皮肤钙质沉着症

【实验室检查】

检测血清钙、磷、维生素 D、碱性磷酸酶、尿钙及 24 小时甲状旁腺激素水平。

【诊断和鉴别诊断】

该病主要表现为皮肤及皮下组织中的坚硬丘疹或结节,以及破溃后排出的沙砾状物质,结合组织病理及实验室检查容易诊断及分型。本病应与脂膜炎、血管炎、蜂窝织炎等相鉴别。

【预防和治疗】

本病治疗应首先寻找潜在的病因,积极治疗原发疾病。小的皮损可经表皮排钙自行愈合,大的结节和肿块可手术切除。糖皮质激素局部封闭,口服地尔硫䓬、秋水仙碱、华法林对部分患者有效。

第七节 黄 瘤

黄瘤(xanthoma)是由真皮、皮下组织及肌腱中含脂质的组织细胞-泡沫细胞聚集而形成的一种棕黄色或橘黄色皮肤肿瘤样病变。

【病因和发病机制】

黄瘤确切的发病机制不清,可能与血浆脂质的过度升高有关。过高的血浆脂质会促使脂质在组织中沉积,组织细胞吞噬脂质后形成黄瘤细胞(组织细胞-泡沫细胞),大量的黄瘤细胞聚集、沉积于组织中,在皮肤上则表现为黄瘤。黄瘤可发生于原发性或继发性脂代谢性疾病,伴遗传因素的干预。

【临床表现】

临床表现为黄色、黄红色、橘黄色或棕黄色的丘疹、结节、斑疹或斑块,常对称分布,可全身泛发,也可局限性发生,皮损大小不一,数量不等。一般无自觉症状。本病常发生于高脂蛋白血症的患者,但也有部分患者血浆脂蛋白正常。与高脂血症相关的黄瘤主要有发疹性黄瘤、结节性黄瘤、腱黄瘤和睑黄瘤。

1. 睑黄瘤(xanthelasma palpebrarum) 是最常见的类型,又称睑黄疣。约 50% 的患者有高脂血症。常见于中年女性,皮损对称分布于双上眼睑和内眦周围,部分严重的患者可围绕眼周发生,也可发生在眼外侧。皮损特征表现为柔软的、棕色或橙黄色多角形的丘疹和长方形的斑块,长度约 2~30mm。皮损呈进行性、持久性、多发性,并有融合倾向,具有特征性。

2. **结节性黄瘤**（xanthoma tuberosum）　可发生于任何年龄，单发或多发，有群集和融合的倾向。皮损好发于关节伸面，特别是肘关节和膝关节，也可发生于踝关节、指（趾）关节等部位。皮损形态大小各异，表现为扁平或突起的圆形结节。早期皮损呈淡黄色或橘红色，晚期皮损趋向纤维化并失去颜色。

3. **腱黄瘤**（xanthoma tendinosum）　常发生于家族性高胆固醇血症及高 β 脂蛋白血症的原发性高脂血症患者，好发于肌腱处，与皮肤不粘连，多发生在手背、脚背的伸肌肌腱和跟腱，具有特异性（图 27-8）。皮损为缓慢进展的皮下丘疹或结节，直径 5~25mm。

4. **发疹性黄瘤**（eruptive xanthoma）　多见于高甘油三酯血症或某些疾病、药物导致继发性高脂蛋白血症的患者，皮损好发于臀部、上臂、手及膝的伸侧，也可泛发于全身。起病迅速，皮损为针头大小的黄色或橘黄色丘疹，急性期炎症明显，皮损周围有红晕（图 27-9），偶有瘙痒或疼痛，可有同形反应。数周后红晕先消退，留有蜡黄色丘疹，最后丘疹消退，残留色素性瘢痕。

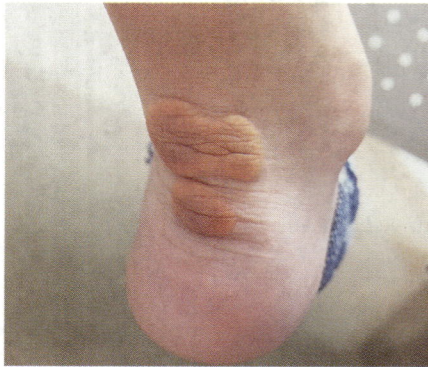

图 27-8　腱黄瘤

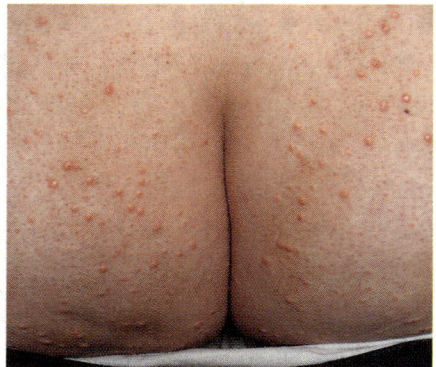

图 27-9　发疹性黄瘤

【诊断和鉴别诊断】

根据皮损好发部位、颜色、形态等特点易于诊断，组织病理有助于确诊。可根据临床类型、家族史和相关实验室检查得出判断。更重要的是需进一步明确是否伴有高脂蛋白血症、肝胆疾病及其他全身性疾病。

需要注意鉴别的是丘疹型皮肤结节病，后者的皮疹特点为半球状小丘疹，病理检查时，真皮中上部可见上皮样细胞构成的"裸结节"。而发疹性黄瘤病理上可见真皮内特征性泡沫细胞，可形成栅栏状肉芽肿。

【预防和治疗】

1. **一般治疗**　注意低脂、低盐、低热量饮食及锻炼，定期监测血脂水平尤其低密度脂蛋白，发现异常及时就诊。明确和处理高甘油三酯血症的基础病因。

2. **药物治疗**　有高血脂者在医生指导下使用降脂药物治疗，如他汀类药物、贝特类、胆汁酸结合树脂和/或烟酸。

3. **局部治疗**　睑黄瘤和较小的黄瘤可采用 CO_2 激光等光电类治疗方法或外用 30% 三氯乙酸，较大的孤立性皮损可行手术切除。

第八节　糖尿病皮肤病变

约 50% 的糖尿病患者会出现糖尿病皮肤病变（diabetic dermopathy）。皮肤的表现是诊断糖尿病的重要线索。

【病因和发病机制】

由糖尿病引起的皮肤病变称为糖尿病皮肤病变，其病因复杂，皮损表现多样，可发生于病程的各个阶段。血糖的增高会影响皮肤组织的新陈代谢，同时随着糖尿病患病时间延长，长期血糖增高对于小血管、神经的损伤亦会出现相应的皮肤表现。亦可由外伤诱发。

【临床表现】

1. **皮肤感染** 是最常见的皮肤表现，其发病率显著高于正常人。其中以细菌感染发病率最高，且病情严重，常见细菌感染有多发性疖肿、痈、脓疱病等。

2. **皮肤瘙痒症** 是糖尿病常见皮肤症状之一，可以是全身泛发性瘙痒，也可以是局限性瘙痒，后者尤其好发在外阴部位。

3. **糖尿病性微血管病** 皮损多发生在胫前，早期表现为发展缓慢的红色或红褐色斑疹或斑片，圆形或椭圆形，直径常在 0.5~1.5cm，最后遗留淡色萎缩斑。组织病理检查时，真皮上部血管内可见PAS 阳性物质使管壁增厚。

4. **糖尿病性大疱** 主要表现为发生在下肢不明原因的紧张性非炎症性大疱，组织学上大疱发生在表皮内，无棘层松解。

5. **其他皮肤病变**

（1）糖尿病性类脂质渐进性坏死：皮损常发生于胫前，初起为红色丘疹，逐渐发展为硬皮病样的黄色斑块，边缘清楚，表面光滑。见于部分糖尿病患者。

（2）黑棘皮病：表现为皮肤皱褶部位的天鹅绒样色素沉着，通常与胰岛素抵抗有关，易出现在肥胖患者。

（3）肢端干性坏疽：手指或足趾的坏疽，由大血管发生血管性疾病所致。

（4）手掌红斑症：多见于双侧手掌，通常在小鱼际和鱼际隆起处最明显，由小血管闭塞性疾病与代偿性充血引起。

【预防和治疗】

主要在于预防和治疗糖尿病。糖尿病病情加重可加重皮肤病变。及早诊断、治疗糖尿病皮肤病变，对提高糖尿病患者生活质量有重要意义。对于皮肤病变主要是对症治疗，如外用止痒药物和治疗感染等。

第九节　胫前黏液性水肿

胫前黏液性水肿（pretibial myxedema，PTM）又称甲状腺毒性黏蛋白沉积症，是指主要发生于胫前皮肤的黏蛋白聚集性水肿。

【病因和发病机制】

本病常伴有毒性弥漫性甲状腺肿，可能是自身免疫性疾病的一种皮肤表现。

【临床表现】

本病多见于女性，男女比例为 1:3.5。好发于两小腿胫前区，先从胫前下部开始，逐渐扩展至小腿屈侧、踝部、足背，重症者可累及大腿甚至整个下肢。皮损为圆形或类圆形的非凹陷性、水肿性、坚实性斑块或结节，表面凹凸不平，毛囊口扩大，呈特征性橘皮样外观。皮损常呈正常肤色、淡红色或玫瑰色，皮损处常伴有多汗和多毛（图 27-10）。常有甲状腺功能亢进症和突眼症，偶尔伴有甲状腺性杵状指。一般无自觉症状，偶有轻微痛痒。

本病除了常见于毒性弥漫性甲状腺肿的患者，也可见于桥本甲状腺炎和原发性甲状腺功能减退症患者。

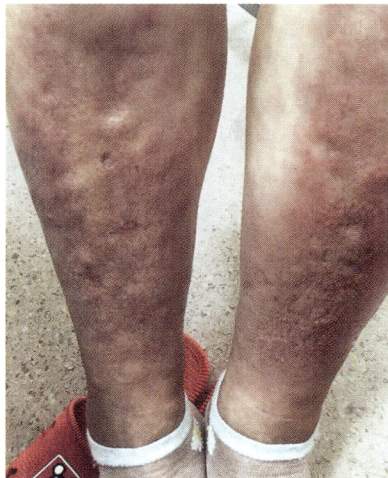

图 27-10　胫前黏液性水肿

【诊断和鉴别诊断】

根据发生在胫前非凹陷性、水肿性、坚实性斑块或结节,呈橘皮样外观的皮损特征,且患者常伴发突眼性甲状腺功能亢进,一般可以诊断。检测甲状腺功能可有助确诊甲状腺疾病,皮损组织病理可明确诊断。

【预防和治疗】

甲状腺功能亢进的治疗对皮损及突眼的发生发展影响不大,据报道,静脉丙种球蛋白注射(IVIg)治疗可缓解皮肤和眼睛症状。

1. **外用药物**　外用强效糖皮质激素进行封包治疗,持续 2 个月以上。

2. **局部注射治疗**　如症状持续存在,可选择皮损内注射糖皮质激素。

3. **物理治疗**　局部使用弹力绷带或加压弹力袜。

4. **光疗**　UVA1 光疗对此病同样有效。

5. **生物制剂治疗**　利妥昔单抗(RTX)是一种抗 CD20 单克隆抗体,已有报道成功用于治疗 Graves 眼病,同时也可改善患者的瘙痒和不适。

(李智铭)

思考题

1. 简述烟酸缺乏症的临床表现。
2. 简述不同类型黄瘤的预防和治疗。

第二十八章
免疫缺陷与免疫反应性皮肤病

【学习要点】

1. 皮肤损害常为原发性免疫缺陷和移植物抗宿主病的首发症状。

2. 慢性黏膜皮肤念珠菌病是一种少见的皮肤、黏膜和指（趾）甲的慢性、复发性念珠菌感染，多发于免疫缺陷或内分泌异常的患者。

3. 威-奥综合征（Wiskott-Aldrich 综合征）是一种罕见的 X-连锁隐性遗传的免疫缺陷病，临床上以血小板减少引起的出血倾向、湿疹和反复感染为特征，本病预后不良。

4. 高 IgE 综合征是一种罕见的与遗传有关的原发性免疫缺陷综合征，临床上以皮肤和肺部等部位反复感染，顽固性湿疹和血清 IgE 显著增高为特征。

5. 移植物抗宿主病是由移植物抗宿主反应引起的一种免疫性疾病，皮肤是最常见和最易发现的受累器官，皮损表现多样化。

免疫功能是皮肤的重要功能之一，当机体的特异性和非特异性免疫功能存在原发缺陷或障碍时，将导致原发性免疫缺陷病的发生。原发性免疫缺陷病表现为机体的体液和细胞免疫功能缺陷，或吞噬功能和炎症反应的缺陷。在一些情况下，如器官移植，会出现移植物对抗宿主的免疫反应，引起移植物抗宿主病的发生。皮肤损害常为原发性免疫缺陷和移植物抗宿主病的首发症状，本章介绍免疫缺陷病和移植物抗宿主病。

第一节　慢性黏膜皮肤念珠菌病

慢性黏膜皮肤念珠菌病（chronic mucocutaneous candidiasis，CMC）是一种少见的皮肤、黏膜和指（趾）甲的慢性、复发性念珠菌感染。多见于有免疫缺陷或内分泌异常的患者。

【病因和发病机制】

本病大多数由白念珠菌感染引起，少数为光滑念珠菌。患者 T 淋巴细胞功能缺陷，使机体对念珠菌感染不能产生有效免疫应答是本病的主要发病机制。CMC 部分病例中，遗传因素及内分泌疾病也参与发病，如家族性青年型甲状旁腺功能不全、肾上腺功能不全及成人胸腺瘤等。

【临床表现】

根据发病年龄，CMC 可分为儿童期与成人期。儿童患者常在 3 岁以内发病，一般在幼儿期即出现念珠菌感染。口腔或会阴最先发生，随后累及口角、口唇、臀部、腋下、甲沟、甲板、毛发、头皮、面部、躯干和四肢。皮肤表现为红斑鳞屑性皮疹，表面覆角化性厚痂，严重者可泛发肉芽肿性斑块（图 28-1a）；指（趾）甲周皮肤红肿，甲板增厚、变形，甚至破坏（图 28-1b）；毛发稀疏脱落；口腔常呈弥漫性损害，可出现念珠菌性口角炎、唇裂和鹅口疮。慢性病程，常迁延数年不愈。成人发病提示内分泌异常，如患胸腺瘤。

【诊断和鉴别诊断】

根据患者病史、临床表现、真菌镜检、培养和组织病理检查可明确诊断。CMC 需与尿布皮炎、肠病性肢端皮炎及银屑病相鉴别。

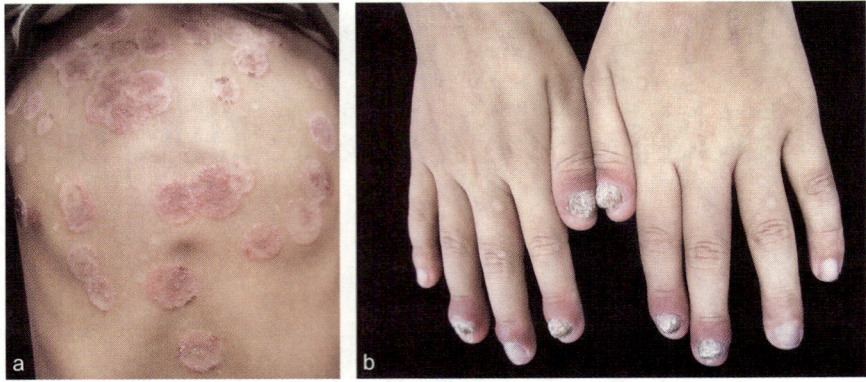

图 28-1　慢性黏膜皮肤念珠菌病

a. 红斑鳞屑性皮疹，表面覆痂，肉芽肿斑块；b. 甲周红肿、甲板增厚、变形。

【预防和治疗】

1. 一般治疗　保持皮肤、黏膜清洁；有营养不良者应给予补充纠正；避免长期应用抗生素和皮质类固醇。

2. 抗真菌药物　CMC 患者对一般的局部外用抗真菌药物反应差，咪康唑、酮康唑、特比萘芬等外用抗真菌制剂可根据情况选用。对广泛累及皮肤、甲板和毛囊的感染，系统应用氟康唑、伊曲康唑、伏立康唑、特比萘芬和两性霉素 B 等抗真菌药物对多数患者有效，剂量和疗程应视患者病情和治疗反应而定。

3. 其他　免疫调节剂有可能改善细胞介导的免疫缺陷，可酌情应用胸腺肽、转移因子等。

第二节　威-奥综合征

威-奥综合征（Wiskott-Aldrich syndrome，WAS）是一种 X-连锁隐性遗传的免疫缺陷综合征。临床上以血小板减少引起的出血倾向、湿疹和免疫功能缺陷三联征为典型特征。本病罕见。

【病因和发病机制】

该病由编码 WAS 蛋白的基因突变所致，该基因定位于 Xp11，并被命名为 *WASP* 基因。*WASP* 基因表达于所有造血细胞系细胞，影响血小板生成和聚集、淋巴细胞迁移、抗原刺激应答、信号转导及活化等多种功能。*WASP* 基因突变致淋巴细胞成熟受损、功能异常是 WAS 免疫缺陷的重要原因。WAS 患者 CD8$^+$ T 细胞显著减低，CD4/CD8 数值严重失衡，Th2 型免疫反应占优势，易发生湿疹及自身免疫病。

【临床表现】

WAS 仅发生于男性，患者在 1 岁内起病。本病有三个主要症状：出血倾向、湿疹和反复感染。患者血小板减少引发的出血倾向一般发生最早，多在出生后 1 个月内出现，表现为皮肤紫癜、便血，严重者可因脑出血和消化道出血而死亡。湿疹表现为特应性皮炎，常发生在出生后 2~3 个月，患者颜面、头皮和皱褶部位容易受累，严重时也可遍布全身。因从母体获得的抗体在出生 3 个月后逐渐减少，患者 3 个月后开始反复出现感染，如脓皮病、中耳炎、结膜炎、鼻窦炎、支气管炎、肺炎、脑脊髓膜炎、败血症等。

多数 WAS 患者可伴发自身免疫性疾病，常见的有皮肤血管炎、自身免疫性溶血性贫血、中性粒细胞减少症、关节炎等。患者并发恶性病变的概率可达 10% 或更高，其中最常见的为淋巴瘤。WAS 患者预后不良，最常见的死因为感染、出血和恶性肿瘤。

【实验室检查】

患者最常见的异常是持续性血小板减少。常有不同程度贫血。肠道出血时大便潜血试验阳性。血清 IgA、IgG 可升高、正常或降低，但 IgM 含量常降低。T、B 淋巴细胞功能减低。骨髓细胞学检查为增生或刺激性骨髓象，血小板少见。流式细胞检查 WAS 蛋白无表达或极少表达。

【诊断和鉴别诊断】

根据患者病史和家族史、临床表现、实验室检查进行诊断。婴儿期出现的出血症状、反复感染、伴发湿疹等，应高度怀疑本病。WASP 基因突变检测可确定诊断和筛查携带者。

本病需与过敏性紫癜、特应性皮炎等疾病相鉴别。过敏性紫癜虽有皮肤紫癜、便血等出血表现，但多为儿童和青少年发病，且血小板不减少；特应性皮炎患者也可合并皮肤感染，但血小板正常。

【预防和治疗】

1. **出血**　避免使用影响血小板功能的药物和外伤，间断输注血小板，糖皮质激素对本病血小板减少治疗无效。

2. **感染**　WAS 患者预防性给予抗生素、抗病毒药物可降低致死性感染的风险，出现感染时应积极控制感染。

3. **造血干细胞移植**　是目前治疗 WAS 的有效的方法，移植后患者血小板数量和功能恢复正常、免疫功能改善、湿疹皮炎症状好转。

4. **其他**　合并湿疹时可外用糖皮质激素，IVIg 治疗不仅能预防感染，且有助于湿疹皮炎的好转与恢复；伴发其他疾病时，应对症治疗。

第三节　高 IgE 综合征

高 IgE 综合征（hyperimmunoglobulin E syndrome，HIES）是一种罕见的原发性免疫缺陷综合征。临床上以皮肤、肺等部位复发性感染、顽固性湿疹和血清 IgE 显著增高为特征。

【病因和发病机制】

HIES 有两个临床亚型。Ⅰ型 HIES 为常染色体显性遗传，由信号转导和转录激活因子 3（STAT3）基因发生突变所致；Ⅱ型 HIES 为常染色体隐性遗传，由细胞质分裂专一物蛋白 8（DOCK8）和酪氨酸激酶 2（TYK2）基因突变引起。STAT3 突变使其对 IL-6、10、12、21 等白介素家族成员、粒细胞集落刺激因子和线粒体氧化应激等信号刺激应答障碍，Th17 细胞数量和功能受损而影响免疫系统活化。DOCK8 缺失可引起 T、B 淋巴细胞联合免疫缺陷。典型的 HIES 为Ⅰ型，Ⅱ型少见。

【临床表现】

HIES 典型的临床表现为婴幼儿期即出现复发性感染、顽固性湿疹皮炎、血清 IgE 水平显著增高。感染主要累及皮肤、肺，也可累及耳、鼻、关节等部位。皮肤脓肿常见于头皮、颈部、眶周、腋窝和腹股沟等部位。因脓肿缺乏红、痛表现，且患者一般不发热或仅有低热，常将这种脓肿称为"寒性脓肿"（图 28-2a）。脓肿常由金黄色葡萄球菌感染引起，其他微生物，如链球菌、流感嗜血杆菌、肺炎球菌和真菌等也可引起。除皮肤感染外，多数患者会出现复发性支气管炎和肺炎。HIES 患者皮肤的湿疹皮炎样改变类似特应性皮炎的临床表现（图 28-2b），瘙痒剧烈，皮损苔藓化，常发于幼儿期，青春期后消失。患者面部特点为眉弓突出、宽鼻梁、唇厚、双眼外眦距离增宽，耳垂肥厚。此外，Ⅰ型 HIES 患者常发生骨折和牙齿异常。Ⅱ型 HIES 患者无骨折和牙齿异常，但更易出现严重的真菌感染、病毒感染、自身免疫性疾病和脑血管疾病。

【实验室检查】

所有 HIES 患者的血清 IgE 水平均显

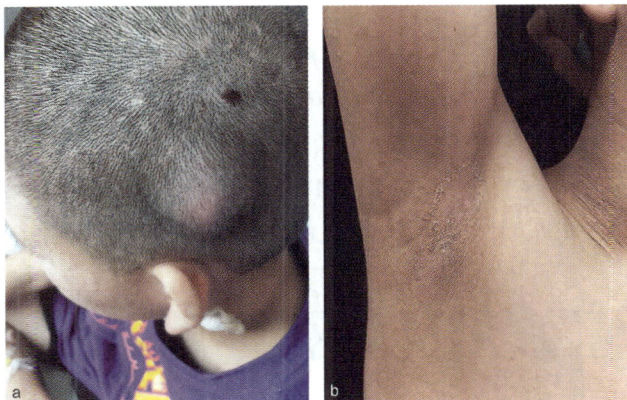

图 28-2　高 IgE 综合征
a. 皮肤"寒性脓肿"；b. 湿疹皮炎样皮疹。

著增高,常大于 2 000IU/ml,多数患者外周血嗜酸性粒细胞增多。

【诊断和鉴别诊断】

根据婴幼儿期即出现反复的皮肤或肺部感染、顽固性湿疹,结合血清 IgE 水平显著增高,应考虑本病。但本病需与特应性皮炎、威-奥综合征等疾病相鉴别。临床上特应性皮炎、威-奥综合征患者都有湿疹皮炎、葡萄球菌感染表现,但通常无反复出现的“寒性脓肿”,威-奥综合征伴有严重的血小板减少。

【预防和治疗】

1. **一般治疗** 保持皮肤清洁、减少皮肤损伤,可减少皮肤感染机会。

2. **抗感染** 根据患者情况选择抗生素,并对局部感染处理。如有病毒、真菌或其他病原微生物感染时,应给予相应的药物治疗。

3. **丙种球蛋白** 丙种球蛋白可提高体液免疫和抗感染能力,降低血清 IgE 水平,改善感染和皮炎症状,可酌情应用。

4. **环孢素** 可减低血清 IgE 水平,对部分患者短期有效。

第四节 移植物抗宿主病

移植物抗宿主病(graft-versus-host disease,GVHD)是由移植物抗宿主反应引起的一种免疫性疾病。GVHD 常累及皮肤、肝脏和胃肠道等多个器官,其中皮肤是最常见和最易发现的受累器官。

【病因和发病机制】

GVHD 的发生是一种特异的免疫反应现象,是移植物组织中免疫活性细胞与免疫受抑制的组织不相容抗原受者组织之间的反应。本病的发生需要三个条件:①移植物含有免疫原性的细胞,目前认为是成熟 T 淋巴细胞;②宿主具有移植物中所不表达的“异己”抗原;③宿主无能力对移植物进行有效的免疫攻击。

GVHD 分为急性期和慢性期。急性 GVHD 以细胞免疫介导为主,效应细胞主要是 $CD8^+$ T 细胞,可识别同种异体 I 类 MHC 分子,组织损伤以细胞凋亡、坏死为主。急性 GVHD 的发生发展可分三个主要阶段:①抗原提呈细胞的激活;②供体 T 细胞的激活、分化和迁移;③细胞反应和炎症效应阶段。慢性 GVHD 与急性 GVHD 的发病机制有相似之处,组织损伤以炎症浸润和纤维化为主。研究发现,皮肤、消化道局部病变组织活检 Th17/Treg 的比例对于慢性 GVHD 的分级和诊断有一定意义——Th17/Treg 小于 1 是发生 GVHD 的标志。此外,调节性树突状细胞(DCreg)可抑制慢性 GVHD。

GVHD 的危险因素主要包括供者与受者间人白细胞抗原(HLA)的匹配度、受者年龄、供受者性别等。当 HLA 匹配度低、受者年龄大及女性供者男性受者时,临床上发生 GVHD 的风险及严重程度明显增高。

【临床表现】

既往常将移植术后 100 天内发生 GVHD 的称为急性 GVHD,慢性 GVHD 则发生在 100 天后,而临床资料显示急性 GVHD 可发生在移植后 100 天,慢性 GVHD 也可发生在移植后 100 天内,因此,这种以发病时间在移植术后 100 天为界限,区分急性 GVHD 和慢性 GVHD 的分类法已不实用。2005年美国国立卫生研究院(NIH)推荐将 GVHD 分为急性 GVHD 和慢性 GVHD 两种类型,每种类型又分为不同的亚型(表 28-1)。

表 28-1 2005 年美国 NIH 推荐 GVHD 的分类和分型

分类	移植术后 GVHD 症状出现时间	急性 GVHD 特征	慢性 GVHD 特征
急性 GVHD			
经典型	≤100d	有	无
持续、复发、迟发型	>100d	有	无

续表

分类	移植术后 GVHD 症状出现时间	急性 GVHD 特征	慢性 GVHD 特征
慢性 GVHD			
经典型	无时间限制	无	有
重叠型	无时间限制	有	有

注:持续型:急性 GVHD 的症状在移植术后 100 天后持续表现;复发型:急性 GVHD 的早期症状反复发生,或移植术 100 天后出现急性 GVHD 症状,常发生于免疫抑制消退后;迟发型:在移植术 100 天后开始出现急性 GVHD 表现;重叠型:同时具有急性和慢性 GVHD 的表现。

急性 GVHD 的皮肤损害常发生在移植后 2~6 周内,移植后 30 天是发病高峰期。皮疹多见于背部、颈部,也可累及掌跖、耳周及面部,以红斑、斑丘疹、丘疹为主,伴有瘙痒或烧灼感。早期皮疹常以毛囊为中心分布,有一定特征性。皮疹融合可泛发全身皮肤,有的类似麻疹样或猩红热样皮疹,表皮脱屑,遗留炎症后色素沉着。少数病例可出现红皮病样或表皮坏死松解症表现(图 28-3a)。黏膜亦常受累,出现角膜炎、唇炎、口腔炎和外阴糜烂、溃疡等。

慢性 GVHD 可由急性 GVHD 演变延续而来,部分在 GVHD 消退一段时间后出现,也可为初发。慢性 GVHD 起病隐匿,皮疹表现多样化。早期无特异性的皮肤改变,仅表现皮肤干燥、毛囊角化突起、丘疹鳞屑样改变,似湿疹、银屑病等。随着病情进展,可出现较为典型的表现,如扁平苔藓样、硬化样、皮肤异色样、特应性皮炎样、红皮病样、皮肌炎样等(图 28-3b、c、d)。皮肤附属器也可累及,如脱发、甲萎缩、甲纵裂等。颊黏膜、舌、腭、唇等部位可出现典型扁平苔藓样改变及角化性斑块。眶周可见色素沉着、眼干、畏光和瘢痕性结膜炎等。

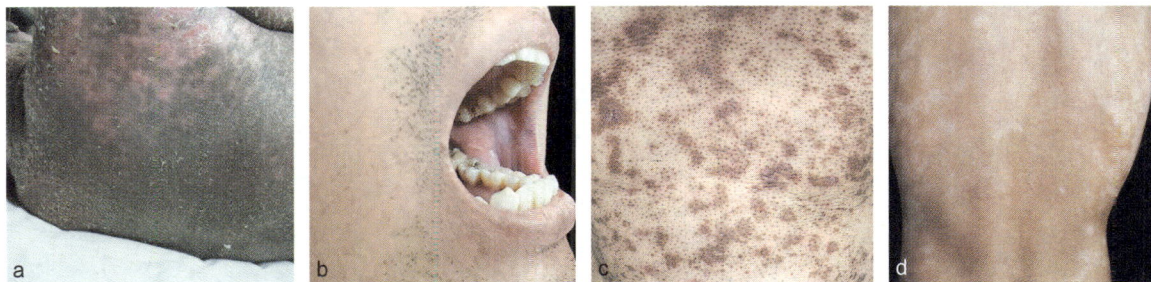

图 28-3　移植物抗宿主病

a. 急性期红皮病样皮损,有色素沉着;b. 慢性期口腔扁平苔藓样皮疹;c. 慢性期躯干部扁平苔藓样皮疹;d. 慢性期皮肤硬化色素减退。

除皮肤表现外,GVHD 常可累及多个系统,其中主要是消化系统,可出现恶心、呕吐、厌食、腹泻等主要症状。肝脏受累时出现转氨酶、结合胆红素水平升高等。

【组织病理】

急性 GVHD 的主要病理变化为苔藓样界面皮炎改变,可见基底细胞液化变性。角质形成细胞凋亡,周围有卫星样淋巴细胞浸润,即卫星性坏死。慢性 GVHD 早期苔藓样变的皮肤病理表现有角化过度、角化不全、棘层水肿、角质形成细胞坏死及特征性的角质层、棘层、颗粒层增厚、卫星状细胞不死等。慢性 GVHD 晚期硬化型改变可见表皮萎缩,真皮、皮下组织及筋膜层的炎症和纤维化,皮肤附属器破坏和纤维化等。

【诊断和鉴别诊断】

GVHD 诊断主要依据有:①有造血干细胞移植或肝脏/小肠移植术史;②典型的皮肤、消化道、肝脏等器官排异临床表现;③排除药物反应、感染等其他疾病和相关因素。

临床上需与急性 GVHD 相鉴别的皮肤病包括药疹、病毒疹、细菌感染和其他原因引起的 TEN 等。

与慢性 GVHD 相鉴别的疾病包括扁平苔藓、硬皮病、皮肤异色症及放射性皮炎等。

【预防和治疗】

1. 预防　减少或避免 GVHD 的危险因素是最重要预防措施。对骨髓移植者用抗淋巴细胞血清或抗胸腺细胞球蛋白或血清,有一定的预防作用。

2. 系统治疗　糖皮质激素是治疗 GVHD 的主要药物;其他药物,如环孢素、他克莫司、硫唑嘌呤、吗替麦考酚酯、羟氯喹等,可根据患者情况选用;近年来生物制剂,如英夫利西单抗、利妥昔单抗等也可应用。

3. 局部治疗　皮肤型 GVHD 的皮损治疗可外用糖皮质激素、他克莫司软膏/吡美莫司乳膏和光疗(PUVA、UVB 等)等。

(尹光文)

思考题

1. 简述威-奥综合征的主要临床表现及与特应性皮炎如何鉴别。
2. 高 IgE 综合征的典型临床表现有哪些?本病的皮肤脓肿为何称为"寒性脓肿"?

第二十九章
遗传性皮肤病

【学习要点】

1. 经典的遗传性皮肤病指单基因遗传性皮肤病,多数单基因遗传性皮肤病的致病基因已被阐明。在此基础上特异性的治疗处于研究阶段,目前仍以对症治疗为主。

2. 鱼鳞病分为两大类,仅累及皮肤的单纯性鱼鳞病(包括寻常型鱼鳞病、隐性X连锁鱼鳞病、板层状鱼鳞病和先天性大疱性鱼鳞病样红皮病等);同时累及其他器官或系统的鱼鳞病综合征型(包括Sjögren-Larsson综合征和CHILD综合征等)。

3. 着色性干皮病主要表现为光损伤性皮肤损害和包括眼、神经系统在内的其他系统损害,几乎所有患者可伴有皮肤肿瘤。

4. 结节性硬化症是以皮肤、神经系统、心脏、肾脏和眼等多器官受累为表现的常染色体显性遗传综合征,近年来靶向治疗取得新进展。

5. 大疱性表皮松解症分为遗传性和获得性两类,根据超微结构、大疱形成的位置不同,遗传性大疱性表皮松解症分为四型:单纯型、交界型、营养不良型和金德勒综合征。

第一节　鱼　鳞　病

鱼鳞病(ichthyosis)也称为角化性疾病,是一组以全身皮肤干燥伴不同程度鱼鳞状鳞屑为特征的角化异常性遗传性皮肤病。大多数遗传性鱼鳞病已根据临床和组织学特征以及最近研究的生化和分子标志物进行分类,目前已发现50多种致病性基因突变,这些基因编码的蛋白参与不同的细胞功能,包括DNA修复和屏障稳态等。任何一个蛋白功能的异常都会导致表皮异常,出现角质层增厚并伴随异常鳞屑。

【病因及发病机制】

1. **寻常型鱼鳞病**(ichthyosis vulgaris,IV) 为常染色体显性遗传病。病因是聚丝蛋白(FLG)基因突变,患者表皮中FLG减少甚至缺乏,致使表皮屏障功能受损及天然保湿因子水平降低,从而导致表皮角化异常、角质层黏附性增加及鳞屑增多。

2. **性连锁鱼鳞病**(X-linked ichthyosis,XLI) 为X连锁隐性遗传病。通常男性后代受影响,无症状母亲将携带有突变基因的X染色体遗传给后代。90%患者Xp22.3上编码类固醇硫酸酯酶(STS)的基因完全缺失,10%的病例表现为单纯的点突变。STS能水解硫酸酯类,包括胆固醇硫酸盐和硫酸类固醇激素等,其功能缺失会导致角质层类固醇硫酸酯增加,影响表皮角质层正常脱落而形成鳞屑。

3. **板层状鱼鳞病**(lamellar ichthyosis,LI)和**先天性非大疱性鱼鳞病样红皮病**(nonbullous congenital ichthyosiform erythroderma,NBCIE) 为常染色体隐性遗传病。很多学者最初认为板层状鱼鳞病和先天性非大疱性鱼鳞病样红皮病是两种独立的疾病,但目前研究结果显示两种疾病在遗传学和临床表现上重叠,认为两者为一组异质性疾病,仍有待根据普遍接受的标准进行分类。病因多为谷氨酰胺转移酶1(TGM1)、ATP结合盒转运子A12(ABCA12)等基因的突变。这些基因的产物在角质层的正常发育中发挥作用,影响正常角化或脂质代谢。

4. **先天性大疱性鱼鳞病样红皮病**(bullous congenital ichthyosiform erythroderma,BCIE) 为

常染色体显性遗传病。角蛋白 1（KRT1）和角蛋白 10（KRT10）基因突变,影响角蛋白中间丝即张力细丝的正常装配与功能,进而导致角化异常及表皮松解。

5. Sjögren-Larsson 综合征（Sjögren-Larsson syndrome, SLS） 为常染色体隐性遗传病,由 17p11.2 上基因 *ALDH3A2* 突变所致,该基因编码脂肪醛脱氢酶（FALDH）。FALDH 催化许多不同中链和长链脂肪醛氧化成脂肪酸,它的缺乏导致各种组织中脂肪醛和脂肪醇的积累,从而导致膜形成异常,出现鱼鳞病。

【临床表现】

1. **寻常型鱼鳞病** 最常见,发病率高达约 0.4%。出生时无症状,约在 3 岁前发病。轻者仅表现为冬季皮肤干燥、表面有细碎的糠秕样鳞屑。典型皮损是淡褐色至深褐色菱形或多角形鳞屑,鳞屑中央固着,周围微翘起,如鱼鳞状（图 29-1）;皮损冬重夏轻,一般无自觉症状。好发于四肢伸侧及背面,尤以胫前最为明显,屈侧及褶皱处不受累是本型特点。许多患者伴有毛周角化,以上臂和腿部最明显。常伴有掌跖角化、特应性皮炎。

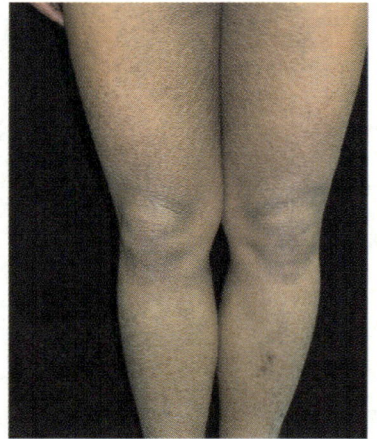

图 29-1 寻常型鱼鳞病

2. **性连锁鱼鳞病** 表现与寻常型鱼鳞病相似,但病情较重。新生儿期发病表现为全身大的棕黑色鳞屑。婴儿期和儿童期发病表现为以四肢伸面、躯干下部为主的细鳞屑,尤以胫前最为明显,面部、颈部和褶皱部也可受累,肘前窝、腘窝和面中部不受累（图 29-2）。偶有掌跖角化。少数患者合并角膜混浊、隐睾。

3. **板层状鱼鳞病和先天性非大疱性鱼鳞病样红皮病** 板层状鱼鳞病表现为出生时被火棉胶样膜包裹,随后演变为灰棕色四方形鳞屑（板层状）,遍及整个体表犹如铠甲,以肢体屈侧、褶皱部位和外阴为重,面部皮肤外观紧绷。患者对热不耐受,常伴掌跖角化,可有轻度红皮病。1/3 患者可有睑、唇外翻及瘢痕性脱发。先

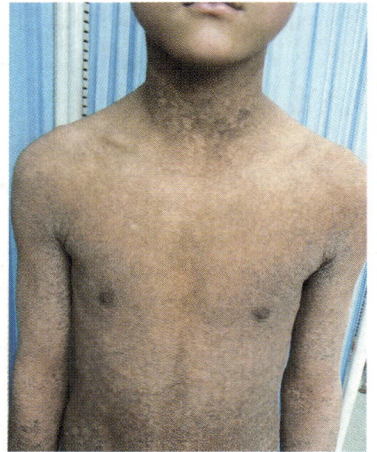

图 29-2 性连锁鱼鳞病

天性非大疱性鱼鳞病样红皮病的鳞屑往往比板层状鱼鳞病少,火棉胶样膜后常表现为泛发性红皮病和持续性脱屑,症状伴随终身,变化轻微。重症患者的特征为严重大面积红皮病伴有弥漫性白色、糠秕状的细小鳞屑,并伴发睑外翻、瘢痕性秃发,常伴掌跖角化、少汗和热耐受不良。

4. **先天性大疱性鱼鳞病样红皮病** 又称表皮松解性角化过度症,罕见。患儿出生时或出生后皮肤出现潮红或角化过度,上有松弛性水疱,水疱可自发形成或因机械摩擦引起。水疱愈后出现皮肤角化过度、广泛鳞屑及局限性角化性疣状丘疹,皮肤皱褶处更明显,呈"豪猪"样外观。继发感染时可有异味。80% 的患者随着年龄增长不再出现水疱,可伴或不伴红皮病。

5. **Sjögren-Larsson 综合征** 皮损呈弥漫分布。患者常伴有痉挛性双瘫和轻至中度精神发育迟滞。出生时皮肤表现与先天性非大疱性鱼鳞病样红皮病和板层状鱼鳞病无法区分,但是火棉胶样膜很少见。在出生后 1 年内加重,表现为深色角化过度和轻度至中度鳞屑,下半躯干皮肤明显增厚,面部通常正常。几乎所有的患者会出现瘙痒症状,此为本病特征。

【组织病理】

组织病理学检查,寻常型鱼鳞病表现为角化过度、颗粒层减少或无颗粒层;性连锁鱼鳞病为角化过度、棘层肥厚、乳头瘤样增生和颗粒层正常或者增厚;板层状鱼鳞病为明显角化过度、轻度棘层增厚、颗粒层正常或者轻度增厚;先天性非大疱性鱼鳞病样红皮病为局限性或弥漫性角化不全、棘层增厚,伴有颗粒层增厚;先天性大疱性鱼鳞病样红皮病为表皮松解性角化过度、棘层细胞空泡变性,伴有成堆的透明角质颗粒;Sjögren-Larsson 综合征为表皮角化不全伴轻度至中度角化过度,伴有颗粒层增厚。

【诊断和鉴别诊断】

根据临床表现、家族史、遗传模式及组织病理特征一般可以诊断。诊断有困难时,可借助基因突变检测、生化检测(如类固醇硫酸酯酶活性、原位转谷氨酰胺酶-1 活性测定)以及电镜技术明确诊断。应与获得性鱼鳞病相鉴别,后者一般发病较晚,通常伴有原发病,如感染性疾病(如麻风病)、肿瘤性疾病(如淋巴瘤)或甲状腺疾病等,较易鉴别。

【治疗】

鱼鳞病的治疗原则是对症治疗,缓解异常角化。以角质剥脱、保湿和止痒等外用药为主,如 10%~20% 尿素霜、3%~15% 乳酸乳膏、40%~60% 丙二醇溶液增加皮肤水合程度。各类鱼鳞病治疗见下表(表 29-1)。

表 29-1　鱼鳞病的治疗

诊断	治疗方法
IV	润肤剂、保湿剂和/或角质剥脱剂改善症状
XLI	存在社交恐惧的患者,进行心理疏导;定期多次涂抹润肤剂及角质剥脱剂,10% 胆固醇霜疗效明显
LI 和 NBCIE	支持性治疗为主
BCIE	新生儿期主要措施为管理水分和控制感染
SLS	多学科联合治疗

第二节　着色性干皮病

着色性干皮病(xeroderma pigmentosum,XP)是一组由基因突变引起的 DNA 损伤修复功能障碍,导致对光敏感的少见常染色体隐性遗传病。临床主要特征是畏光、早发雀斑和光暴露部位的皮肤肿瘤。

【病因和发病机制】

目前研究发现 XP 存在 8 种亚型,包括遗传互补型 7 种(XP-A 至 G)和变异型(XP-V)1 种,基因突变位点均已被确定。这些基因突变引起 DNA 损伤后修复功能减弱或丧失。紫外线照射皮肤导致表皮细胞 DNA 损伤时不能像正常人群一样及时有效地修复,并可引发抑癌基因突变,使患者对光损伤高度敏感,产生临床症状包括发生皮肤肿瘤。

【临床表现】

XP 除了有特征性的皮肤损害外,还可累及其他系统。

1. **皮肤损害**　平均发病年龄为 1~2 岁,患儿出现显著的光敏感,常在正常日光照射量部位出现红肿、水疱、糜烂,反复日晒后在光暴露部位出现密集雀斑样色素沉着、色素减退、瘢痕形成和毛细血管扩张(图 29-3),如未进行严格避光保护措施,上述症状可进行性加重。另一早期表现为干燥,重者可累及非暴露部位包括口腔及眼结膜,早期可出现日光性角化病。

2. **恶性肿瘤**　若不采取有效避光措施,皮肤鳞癌、基底细胞癌等恶性肿瘤发病率为健康人群的 1 万倍,平均发病年龄比健康人群早 30~50 年。肿瘤常为多发。内脏恶性肿瘤的危险性比正常人群高 10~20 倍。

3. **眼病变**　为另一特征性表现。最常见的症状是畏光及眼干,可发展为眼睑痉挛和光感性结膜炎等,严重者出现鳞状细胞癌、黑色素瘤及视力丧失等。

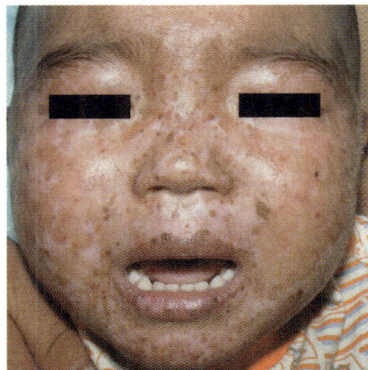

图 29-3　着色性干皮病(患儿面部密集雀斑样色素沉着、色素减退)

4. 神经病变 约 30% 患者有神经系统症状,发病可早至婴儿期,晚至 10 岁以后,表现为进行性的智力障碍、感觉神经性耳聋、抽搐或癫痫。

【实验室检查】

皮肤呈皮肤异色和日光损伤的病理改变,发生肿瘤时伴各种肿瘤的病理变化。

【诊断和鉴别诊断】

主要根据临床表现和基因突变检测,其中基因突变检测不仅是诊断本病的"金标准",而且可对患者的预后进行评估。应鉴别诊断的疾病包括雀斑、Rothmund-Thomson 综合征、Petuz-Jeghers 综合征及着色性干皮病等。

【治疗】

严格的光防护,需终身避光。局部用 5-氟尿嘧啶(5-FU)可清除日光性角化病皮损,预防皮肤恶性肿瘤的形成。对于已经形成的皮肤肿瘤应尽可能行手术切除。

【预防】

应增强婚检意识,禁止近亲结婚,重视产前检查,减少遗传病的发生。对于已明确诊断的患者,应采取严格防晒措施以延缓皮肤病进展。另外,患者可适当口服维生素 D,预防软化病或佝偻病的发生。

第三节 神经纤维瘤病

神经纤维瘤病(neurofibromatosis,NF)是一种神经系统、皮肤、骨骼等发育异常的遗传性疾病。

【病因和发病机制】

常染色体显性遗传病,致病基因分别为编码神经纤维瘤蛋白 1(neurofibromin 1,NF1)的 *NF1* 基因和编码膜突样蛋白(merlin)的 *NF2* 基因。NF1 是 Ras 信号通路的肿瘤抑制因子,通过使 RAS-GTP 失活,抑制肿瘤细胞增殖。NF1 型患者缺乏不能发挥正常功能的神经纤维瘤蛋白,导致不受抑制的肿瘤细胞通过 RAS-GTP 通路异常增殖。*NF2* 基因编码的膜突样蛋白也有肿瘤抑制作用,机制尚不清楚。

【临床表现】

临床上可分为六种亚型,较常见的亚型为 NF1 型和 NF2 型。NF1 型相对常见,出生发病率约为 1/3 000,患者出现多发神经纤维瘤及咖啡斑。NF2 型又称听神经瘤病,发病率约为 1/40 000。

1. 皮肤表现

(1)咖啡牛奶斑(cafe au lait macule,CALM):是最早的临床特征,常在出生后 2 年内出现,为颜色分布均匀的棕色斑点和斑片,边界清楚,直径从几毫米至几厘米不等(图 29-4)。CALM 散布在身体各处(除头皮和掌跖部),好发于躯干非暴露部位,如颈部、腋窝、腹股沟或乳下区域等。青春期前有 6 个以上且直径>5mm 的皮肤咖啡牛奶斑(青春期后直径>15mm)具有高度诊断价值,提示 NF1 型。

(2)皮肤神经纤维瘤(cutaneous neurofibroma,cNF):常较咖啡牛奶斑迟发,是 NF1 型最常见的皮肤表现。好发于躯干,数量不定,结节呈息肉状或带蒂,柔软或略呈橡胶样韧性,直径可从几毫米至几厘米不等(图 29-4)。轻微按压即可套叠于皮肤内,松开手指则弹回。小的软结节通常无症状,偶伴瘙痒或刺痛。30%~50% 的 NF1 型患者表现为丛状神经纤维瘤,即沿周围神经缓慢生长的结节或肿块,局部皮下组织水肿,肿瘤可高度增生,发生皱褶,臃肿下垂。

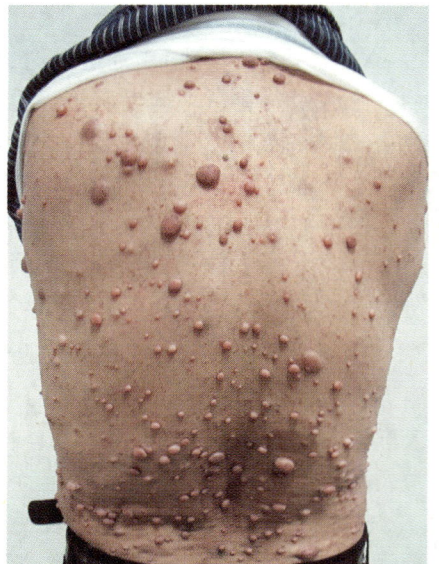

图 29-4 咖啡牛奶斑和皮肤神经纤维瘤

2. 其他系统表现

（1）神经系统损害：可发生智力发育迟缓、痴呆、癫痫和多种神经相关肿瘤。

（2）骨损害：巨颅畸形和脊柱侧弯是 NF1 型患者最常见的骨骼系统异常。若肿瘤侵入骨骼，可致骨侵蚀性改变，还可有假性关节病、脊柱裂、脱位和非外伤性骨折。

（3）眼部损害：15% 的患儿可以发生视觉通路肿瘤，而且只有一半会出现症状，如视力下降或失明。Lisch 结节为虹膜粟粒状橙黄色圆形小结节的错构瘤，是 NF1 型特有的表现。

（4）恶性肿瘤：恶性神经鞘瘤几乎只发生于已有的丛状神经纤维瘤的患者。有报道伴发嗜铬细胞瘤、肾母细胞瘤、横纹肌肉瘤及白血病者。

（5）心血管系统损害：可累及任何动脉，表现为肾动脉性高血压、脑梗死、动脉瘤出血和间歇性跛行。NF1 型最常见的是肾性高血压。

（6）内分泌系统损害：如肢端肥大症、慢性肾上腺皮质功能减退、甲状腺功能亢进、男性乳房发育和肾上腺嗜铬细胞瘤等。

（7）口腔损害：单侧性巨舌为特征性损害，5%~10% 患者可发生上腭、颊黏膜部和唇部的乳头状瘤。

【诊断和鉴别诊断】

1. 神经纤维瘤病　根据美国国立卫生研究院（National Institute of Health，NIH）2021 年修订的神经纤维瘤病诊断标准，若父母无患病史，存在 ≥2 个以下特征，则可诊断 NF1 型；若父母患病，存在 ≥1 个特征，即可诊断为 NF1 型。

（1）咖啡牛奶斑 ≥6 个，青春期前直径>5mm，成人直径>15mm。

（2）≥2 个任何类型的神经纤维瘤或 1 个丛状神经纤维瘤。

（3）腋窝和腹股沟区的雀斑。

（4）视神经胶质瘤。

（5）≥2 个虹膜 Lisch 结节。

（6）独特的骨病变，如蝶骨发育不良或长骨皮质明显变薄，伴或不伴有假关节。

（7）在正常组织（如白细胞）中具有等位基因变异分数达 50% 的致病杂合子 NF1 变异体。

2. 中枢神经纤维瘤病的诊断需具备以下标准中的任一条。

（1）CT 或 MRI 证实有双侧听神经瘤。

（2）一级亲属中患 NF2 型或以下肿瘤，如单侧听神经瘤或以下肿瘤（神经纤维瘤、脑膜瘤、神经胶质瘤、神经鞘瘤或幼年性后囊晶状体浑浊）中的 2 个。

NF1 型的鉴别诊断包括 NF2 型、Legius 综合征和 Noonan 综合征等（表 29-2）。皮肤咖啡斑应与 Albright 综合征的黑色斑、痣细胞痣、斑痣和多发性雀斑样痣综合征等区别。NF2 型应与脑部其他肿瘤或前庭和中枢神经系统疾病引起的神经系统症状进行鉴别。

表 29-2　NF1 型鉴别诊断

诊断	临床特征
NF2 型	咖啡牛奶斑偶尔出现，无 Lisch 结节，NF2 型为神经鞘瘤，脑膜瘤发病率高
Legius 综合征	典型咖啡牛奶斑，存在认知障碍，但无神经纤维瘤
Noonan 综合征	部分患者出现典型咖啡牛奶斑，特征面部表现（眶距宽、耳位低等），身材矮小，肺动脉狭窄

【治疗】

对症治疗。如皮损严重影响美观、伴有疼痛、疑有恶变时可手术切除；咖啡斑可行激光治疗；控制癫痫发作。MEK1/2 抑制剂司美替尼（selumetinib）适用于 3 岁及以上伴有症状、无法手术的丛状神经纤维瘤的 NF1 型儿童患者。

第四节 色素失调症

色素失调症（incontinentia pigmengti,IP）是一种临床较为罕见的外胚层异常的 X 连锁显性遗传性疾病,除具有特征性皮肤改变外,常伴发眼、骨骼及中枢神经系统等发育缺陷,多见于女性。

【病因及发病机制】

色素失调症的发病是由 *IKBKG* 基因（以前称为 *NEMO* 基因）突变引起的,其编码的蛋白可对抗肿瘤坏死因子-α（TNF-α）诱导的凋亡。

【流行病学】

每 10 万个新生儿的发病 0.7 例;多见于女性,男女发病比例约为 1:37,该病通常对男性是致命的,大部分在胚胎期即死亡,而女性因为 X 失活镶嵌而存活。

【临床表现】

1. 皮肤表现   IP 的皮肤表现是诊断的主要依据。皮肤表现分为四期,可互相重叠。

（1）第 1 期（水疱大疱期）:表现为沿 Blaschko 线呈直线状排列的丘疹、水疱和脓疱,主要分布在四肢,但有时也出现在躯干、头部、颈部,偶见于面部。90% 的患者在出生时或出生后 2 周内出现病变,4 个月时消失,此期可伴有嗜酸性粒细胞升高,是其重要的特征。

（2）第 2 期（疣状增生期）:其特征是在原有水疱部位出现线状分布的疣状丘疹和角化斑,70%的患者可出现此期表现。

（3）第 3 期（色素沉着期）:表现为线状或螺纹状褐色色素沉着,出现在 90%~98% 的患者中。色素沉着线在婴儿期出现,青春期慢慢消失,但也可持续到成年期（图 29-5）。

（4）第 4 期（萎缩/色素减退期）:表现为沿 Blaschko 线的色素减退、萎缩和毛发缺失,最常见于下肢。一般青春期出现,75%或更多的患者会持续到成年。

（5）其他皮肤表现

1）毛发:最常表现为脱发或头发粗糙。可出现眉毛和睫毛发育不全或缺失。

2）指（趾）甲:约 40% 的患者有指（趾）甲改变,包括黄色色素沉着、甲营养不良、纵向或横向狭缝。

2. 其他表现

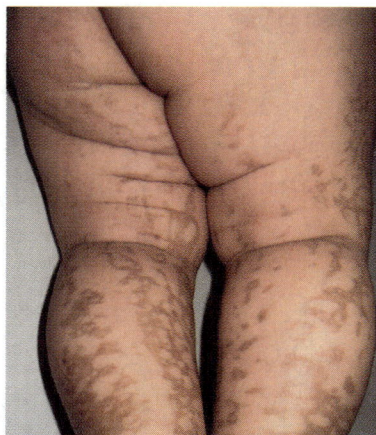

图 29-5 色素失调症（色素沉着期）

（1）神经系统表现:约 30% 的患者出现神经系统损害,如精神缺陷、运动异常（偏瘫、双瘫或四肢瘫痪）和痉挛性疾病。

（2）牙齿表现:牙齿形状异常（锥形和副尖等）、缺牙和牙齿延迟萌出等。

（3）眼部表现:是该病最严重的表现之一,出现视网膜脱离和失明等。

【组织病理】

不同阶段组织病理表现各异。水疱大疱期可见嗜酸性海绵样水肿和含有嗜酸性粒细胞的表皮内水疱,表皮可见较多凋亡的角质形成细胞。疣状增生期可见表皮乳头状瘤样增生、角化过度和棘层增厚,表皮中许多凋亡细胞形成鳞状涡,可见明显黑色素失禁。色素沉着期可见真皮内有大量噬黑素细胞,表皮中散在凋亡细胞。萎缩/色素减退期可见表皮萎缩,基底层黑色素大量减少,表皮或真皮乳头层可见凋亡小体,毛囊皮脂腺和小汗腺完全缺失。

【诊断】

Landy 和 Donnai 提出了一套 IP 的临床诊断标准。若疑似患者有一级亲属患 IP,则其诊断只需要满足以下任意一项。

（1）典型皮肤损伤的病史或证据。

（2）苍白、无毛、萎缩的线状皮肤条纹。

（3）牙齿异常。

（4）脱发和毛发粗硬。

（5）视网膜疾病。

（6）男性胎儿多次流产。

如果无法确定一级亲属是否患有 IP，则诊断需要一个主要标准和两个或两个以上次要标准（表29-3）。

表 29-3　色素失调症诊断标准

主要标准	次要标准
身体任何部位出现红斑，随后出现水疱，面部不受累，通常呈线性分布	少牙症或无牙症、小牙症、牙齿形状异常
沿 Blaschko 线分布的螺旋状色素沉着，主要发生在躯干和面部，青春期褪色	脱发、毛发粗硬
苍白、无毛、萎缩性线状条纹或斑块	轻度指甲隆起或凹陷、肥大、弯曲指甲视网膜异常

【鉴别诊断】

水疱大疱期易与先天性单纯疱疹、水痘、先天性大疱性表皮松解症或大疱性类天疱疮等混淆。疣状增生期需与线性表皮痣相鉴别。色素沉着期应与线状或螺旋状痣样黑色素增多症相鉴别。萎缩/色素减退期应与伊藤色素减少症进行鉴别。

【治疗】

随着年龄的增长，皮损往往会自行消退，通常不需要特殊治疗。急性水疱期需加强皮损护理，可使用类固醇、他克莫司和其他抗炎药。对确诊为 IP 的婴儿，应注意早期对眼、牙、神经系统等进行检查和评估，并进行对症治疗。

第五节　结节性硬化症

结节性硬化症（tuberous sclerosis，TSC）是一种遗传性神经皮肤综合征，可累及皮肤、脑和心脏等多个器官。

【病因和发病机制】

常染色体显性遗传病，由抑癌基因 TSC1 或 TSC2 突变引起。TSC1 和 TSC2 基因分别编码肿瘤抑制蛋白错构瘤蛋白（hamartin）和薯球蛋白（tuberin），两者共同构成复合物，可抑制由雷帕霉素功能靶点（mechanistic target of rapamycin，mTOR）介导的细胞信号转导。当 TSC1 或 TSC2 基因发生突变时，mTOR 信号通路被激活，组织过度生长。

【临床表现】

结节性硬化症是一种以皮肤柳叶状色素减退斑、面部血管纤维瘤、癫痫、智力障碍为主要临床表现的遗传综合征。

1. 皮肤损害　几乎所有的患者都有皮肤损害。

（1）色素脱失斑：又称叶状白斑，最常见，90%~98% 的患者可出现。表现为卵圆形、条状叶形或不规则形白斑，直径 0.2~4cm 不等，多分布在躯干和臀部。

（2）面部血管纤维瘤：既往称 Pringle 皮脂腺瘤，实质上是血管和结缔组织的错构瘤样结节。一般 2~5 岁开始出现，多位于鼻唇沟及鼻旁颊部，表现为呈蝶形对称分布的米粒大小的红色光亮丘疹，直径 1~10mm（图 29-6），随年龄增长而增大、增多、融合。

（3）鲨鱼皮样斑：约 50% 的患者可出现。常在 10 岁时表现明显。特征性表现是背部肤色至淡黄色斑块，直径 1~10cm，表面粗糙呈橘皮样，边界不规则。

（4）甲纤维瘤：也称为 Koenen 瘤，是一种错构瘤性纤维瘤。通常比其他皮肤表现出现晚。为肤色或红色丘疹，起源于指甲底部，最终出现在外侧甲沟（甲周）或甲板下方（甲下）。

2. 其他系统表现

（1）中枢神经系统表现：结构异常主要包括胶质神经元错构瘤、室管膜下结节和室管膜下巨细胞瘤。功能障碍包括癫痫发作、认知障碍、智力低下等。79%~90% 的患者出现癫痫，大多数患者在出生后 1 年内出现症状，3~7 个月婴儿发病率最高。

（2）心血管表现：至少有 50% 患者同时患有心脏横纹肌瘤，通常无症状。

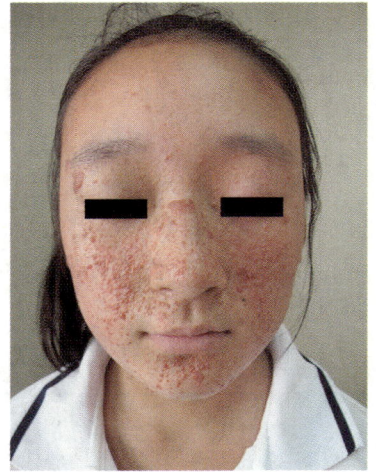

图 29-6　面部血管纤维瘤

（3）肾脏表现：典型表现包括肾囊肿、血管平滑肌脂肪瘤（AML）和罕见的肾细胞癌。

（4）眼部病变：44%~87% 患者视网膜附近可见单一或多发灰黄色圆形斑块，即视网膜星状细胞错构瘤，一般不引起症状，具有诊断意义。

（5）肺部表现：通常见于有淋巴管肌瘤病（LAM）临床表现的成年女性。主要表现为劳力性呼吸困难、复发性气胸、咯血等。

（6）牙齿表现：包括牙釉质凹陷和口腔内纤维瘤。

（7）其他表现：肝脏（10%~25%）、肾上腺（25%）、胰腺和内分泌系统亦可见 AML。

【辅助检查】

1. 组织病理　无特征性表现。面部血管纤维瘤可见纤维组织及血管增生扩张；鲨鱼皮样斑可见真皮内胶原纤维束增生肥大、相互交织呈均质化改变，弹性纤维减少或缺失；色素减退斑可见基底细胞色素颗粒及黑素细胞局灶性减少。

2. 其他检查　头颅 CT 可显示神经系统结构异常，心脏彩超可发现心脏横纹肌瘤，腹部 CT 可发现肾脏病变。

【诊断】

根据临床特征和基因检测进行诊断。2012 年，国际 TSC 共识小组修订了该病诊断的临床标准，包含 11 项主要特征及 6 项次要特征（表 29-4）。

表 29-4　结节性硬化症诊断标准

主要特征	次要特征
黑色素脱失斑（≥3 个，直径至少 5mm）	"斑驳样"皮肤病变（1~2mm 黑色素脱失斑）
血管纤维瘤（≥3 个）或头部纤维斑块	牙釉质凹陷（≥3 处）
指（趾）甲纤维瘤（≥2 个）	口内纤维瘤（≥2 个）
鲨鱼皮样斑	视网膜色素脱失斑
多个视网膜错构瘤	多发性肾囊肿
皮质发育不良（包括结节和脑白质放射状迁移线）	非肾性错构瘤
室管膜下结节	
室管膜下巨细胞瘤（SEGA）	
心脏横纹肌瘤	
淋巴管肌瘤病（LAM）	
血管平滑肌脂肪瘤（AML）（≥2 个）	

确诊结节性硬化症需要满足 2 项主要特征,或 1 项主要特征加至少 2 项次要特征。如果仅有 LAM 和 AML,而没有其他特征,则不符合确诊标准。

疑诊结节性硬化病需要满足 1 项主要特征,或至少 2 项次要特征。

现在可以对致病性 *TSC1* 和 *TSC2* 突变进行可靠和全面的基因检测,进而进行基因诊断。致病性突变被定义为阻止蛋白质合成或使 TSC1、TSC2 蛋白质功能失活的突变。但仍有 10%~25% 的患者没有发现突变。

【鉴别诊断】

色素脱失斑需要与白癜风和无色素痣等相鉴别,面部血管纤维瘤有时需要与酒渣鼻、毛发上皮瘤、痤疮等相鉴别。

【治疗】

对症治疗,监测及治疗并发症。对于癫痫痉挛,氨己烯酸可作为一线治疗。对于影响美观的小皮损,如面部血管纤维瘤和甲周纤维瘤,可以选择激光或手术治疗。建议每 1~3 年进行头颅 MRI 及心脏彩超等检查,以便早期发现病变并进行治疗。

第六节　大疱性表皮松解症

大疱性表皮松解症(epidermolysis bullosa,EB)是一组以皮肤黏膜轻度外伤后出现水疱、大疱为特征的遗传性皮肤病。依据透射电镜下水疱发生的位置,可将 EB 分为四大类:单纯性大疱性表皮松解症(simplex EB,EBS),水疱在表皮内;交界性大疱性表皮松解症(junctional EB,JEB),水疱发生于透明层;营养不良性大疱性表皮松解症(dystrophic EB,DEB),水疱发生在致密下层;金德勒合征(Kindler syndrome),为混合型,水疱可位于表皮内、透明层或致密下层。

【病因和发病机制】

各类型 EB 是由于编码位于表皮、表皮-真皮连接处或真皮乳头上层的结构蛋白的基因突变所致的,结构蛋白合成异常或功能障碍导致各解剖部位水疱的发生。EBS 是由角蛋白 5(KRT5)或角蛋白 14(KRT14)编码基因突变所致,KRT5 和 KRT14 主要表达于表皮基底细胞层。JEB 是由 BP180(ⅩⅦ型胶原)或板层素 5 的编码基因突变所致,BP180 和板层素 5 均位于表皮-真皮连接处的透明层。DEB 是由Ⅶ型胶原(COL7A1)的编码基因突变所致,COL7A1 位于致密下层。金德勒综合征是由编码 kindlin-1 的铁蛋白家族同源基因 1(*FERMT1*)突变所致,该蛋白通过局灶性黏连介导肌动蛋白细胞骨架与细胞外基质间的锚定,在角质形成细胞的迁移、增殖和黏附中发挥着重要的作用。

【临床表现】

EB 的共同特点是皮肤脆性增加,皮肤黏膜在轻度摩擦后出现水疱、大疱,各型 EB 都可形成瘢痕,且几乎是萎缩性瘢痕。其他皮肤表现包括甲萎缩或甲缺如、粟丘疹和瘢痕性秃发。各型 EB 的预后差别很大。

1. **单纯性大疱性表皮松解症**　多为常染色体显性遗传,为最轻型。常发生于新生儿,皮损常在受压或机械损伤后发生,最初受累皮肤可出现淡红斑、轻度瘙痒或烧灼感,之后出现清澈紧张的大疱,尼科利斯基征阴性,在皮肤薄嫩处或婴儿皮肤偶见血疱,常见于暴露部位和关节伸侧面,愈后一般不留瘢痕,黏膜及甲损害少(图 29-7)。EBS 常见三个亚型:局限型 EBS(旧

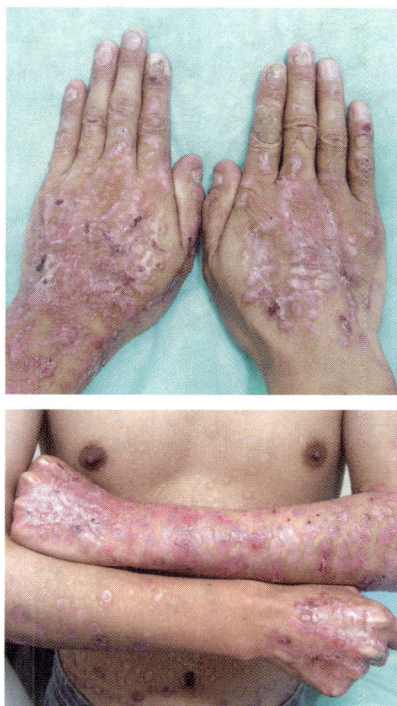

图 29-7　单纯性大疱性表皮松解症

称 Weber-Cockayne 型,WC-WBS)临床表现为水疱,局限于手足,夏季或摩擦后明显,常于 7 岁后减轻;泛发型 EBS(旧称 Koebner 型,K-EBS)是 EBS 中最常见的亚型,临床特征为手部关节、肘部、膝部、足部和其他易反复损伤的部位发生水疱、大疱和粟丘疹,尼科利斯基征阴性,黏膜和甲不累及;疱疹样 EBS 为最严重亚型,往往出生即发病,好发于躯干和四肢,表现为成群的"疱疹样"水疱,呈环状排列,尼科利斯基征可呈阳性,口腔及食管黏膜糜烂是其特点,但生命危险罕见,一般 7 岁后病情逐渐好转,亦可见掌跖角化过度。

2. **交界性大疱性表皮松解症**　常染色体隐性遗传,罕见,预后差。出生后即有广泛水疱、大疱、糜烂、结痂(图 29-8),愈后出现萎缩性瘢痕,可发生并指(趾)畸形。所有患者都有牙釉质发育不良,如不治疗,患者牙齿在儿童期就可出现过多龋齿,可导致牙齿脱落。该病可有甲营养不良或无甲,口腔黏膜常受累,引起张口困难,亦可引起脱发。有文献报道了 JEB 伴随先天性幽门闭锁或胃肠道其他部位闭锁的案例。患者一般情况差,生长发育迟缓,常有严重贫血,多在 2 岁内死亡。根据临床表现将 JEB 分为 Herlitz 型 JEB、幽门闭锁型 JEB、泛发性萎缩性良性大疱性表皮松解症、局限型 JEB、反向萎缩型 JEB、瘢痕型 JEB 和迟发型 JEB。

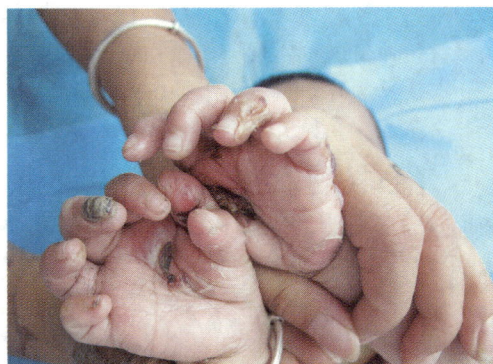

图 29-8　交界性大疱性表皮松解症

3. **营养不良性大疱性表皮松解症**　分为常染色体显性(DDEB)或隐性(RDEB)遗传两种类型。水疱、大疱愈合后留下的萎缩性或增殖性瘢痕和粟丘疹是该病的特征。RDEB 比 DDEB 的病情更重。DDEB 患者往往出生或儿童时期即出现水疱,随着年龄的增长,水疱趋向局限,愈后留有萎缩性或增生性瘢痕,好发于四肢,表皮囊肿和粟丘疹常见,少数病例累及黏膜。RDEB 患者病情更重,出生时泛发性水疱、大疱、血疱,尼科利斯基征阳性,部分患者以皱褶处或四肢屈侧明显,皮损缓慢愈合后留下萎缩性瘢痕或粟丘疹,严重的瘢痕常造成关节挛缩功能障碍(图 29-9)。甲和牙齿常受累,黏膜受累可导致食管梗阻、尿道和肛门狭窄、包茎和角膜病变。胃肠道受累引起的吸收不良往往导致缺铁性贫血、营养不良。皮肤多发鳞状细胞癌(SCC)是 RDEB 的主要并发症,多发生于长期皮损与瘢痕处。DDEB 的亚型有泛发型、肢端型、胫前型、痒疹型(图 29-10)、仅指甲受累型等。RDEB 包括泛发型、局限型和反向型。

4. **金德勒综合征**　为常染色体隐性遗传,罕见。除创伤引起水疱外,其特点包括光敏感、进行性皮肤异色、皮肤萎缩和黏膜炎症。该病患者常因早发破坏性牙周病和严重的脱落性牙龈炎导致牙龈出血、牙齿脱落,黏膜受累可能导致肛门、阴道、尿道和食管狭窄,患者亦可能有胃肠症状,例如严重结肠炎及血水样腹泻。患者唇部和口腔黏膜以及肢端皮肤发生 SCC 的风险增加。此外,指(趾)蹼融合、并指(趾)、甲营养不良亦有报道。

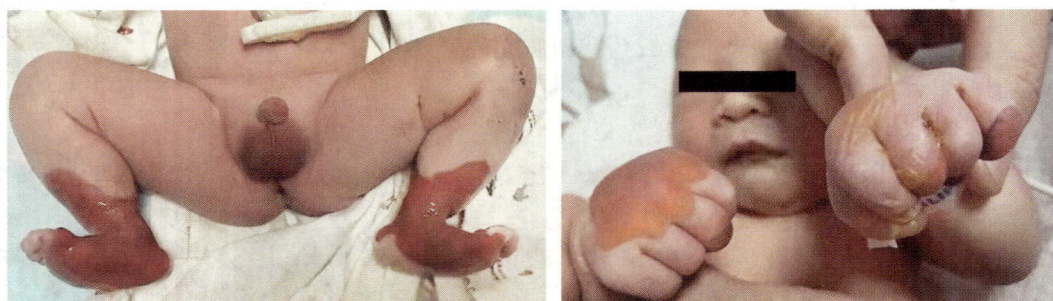

图 29-9　隐性营养不良性大疱性表皮松解症

【辅助检查】

组织病理学检查在光镜下可见真表皮之间发生裂隙或水疱，但很难明确发生的具体层次。应用免疫荧光或免疫组化方法可较为清晰地分辨水疱位置。应在新发水疱边缘取活检，用抗 KRT14 抗体（位于表皮层）、抗Ⅳ型胶原抗体（位于致密层）和抗Ⅶ型胶原抗体（位于致密下层）标记荧光。EBS 可见水疱位于角蛋白 KRT14 标记层及其下方，Ⅳ型胶原上方；JEB 水疱位于Ⅳ型胶原和Ⅶ型胶原上方；DEB 水疱位于Ⅳ型胶原下方，同时Ⅶ型胶原荧光明显减弱或消失；金德勒综合征可以发现表皮-真皮交界处有不规则的宽网状断续荧光，而荧光强度没有降低或改变，应用特异的抗 FFH1 抗体检查可见荧光强度明显减弱或消失。

应用透射电镜（TEM）也可观察到水疱位置：EBS 水疱位于表皮内；JEB 水疱位于透明层；DEB 水疱位于致密下层；金德勒综合征水疱位于表皮内、透明层或致密下层。

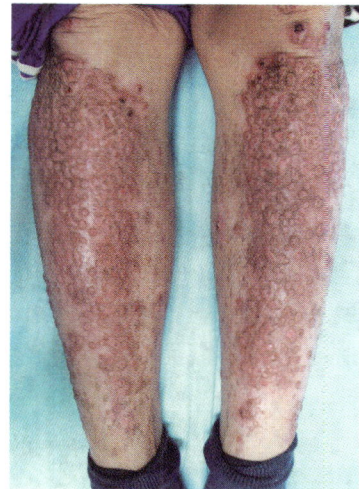

图 29-10 痒疹型营养不良性大疱性表皮松解症（胫前）

【诊断和鉴别诊断】

根据患者临床表现、家族史、组织病理等可初步诊断，当组织病理难以判断时，需要行透镜电镜、免疫荧光抗原图谱（IAM）和基因诊断等确诊。由于透射电镜专业性强、花费高，近几年 EB 的诊断开始提倡"洋葱皮诊断方法"，即先进行免疫荧光或免疫组化定位，初步判断患者可能受累的基因，而后进行相应基因测序确定致病基因位点，确定疾病分类。

EB 需要与肠病性肢端型皮炎、色素失调症水疱阶段、感染性皮肤病和自身免疫性大疱病等相鉴别（表 29-5）。

表 29-5 大疱性表皮松解症的常见鉴别诊断疾病

疾病名称	临床表现	鉴别要点
肠病性肢端型皮炎	遗传性锌缺乏症，一般在断奶后 4~10 周发病，典型症状是肢端及口周皮炎、脱发、腹泻三联征，皮疹表现为红斑、脱屑、水疱，尼科利斯基征阴性	三联征表现，水疱多位于口周、肢端，实验室检查显示血清锌水平降低
色素失调症（水疱阶段）	本病水疱阶段表现为患者出生时既有或生后不久发生红斑、水疱，呈线状排列	该病水疱、大疱过后可遗留涡轮状、大理石样、泼墨样特征性色素沉着，病理可见表皮疱内及疱周多量嗜酸性粒细胞浸润
葡萄球菌烫伤样皮肤综合征	由凝固酶阳性噬菌体Ⅱ组 71 型金黄色葡萄球菌所产生的表皮剥脱毒素所致，多累及 5 岁以内婴幼儿，特征性表现是在大片红斑基础上出现松弛性水疱，尼科利斯基征阳性，皮肤大面积剥脱似烫伤样外观	起病急，红斑基础上出现松弛性水疱、大疱，口周见放射状裂纹，感染灶细菌培养可发现致病菌
天疱疮	好发于中年人，儿童也可发病，表现为薄而松弛的水疱，常累及黏膜，尼科利斯基征阳性	组织病理可见表皮内水疱，棘层松解，直接免疫荧光可见 IgG、C3 沉积于细胞间，血清学检查天疱疮抗体阳性
大疱性类天疱疮	好发于老年人，儿童也可发病，表现为紧张性大疱，尼科利斯基征阴性	组织病理可见表皮下水疱，免疫荧光可见 IgG、C3 线状沉积于基底膜
获得性大疱性表皮松解症	常发生于成人，儿童也可发病，非炎症性机械性大疱病，特点为肢端大疱，愈合后留有萎缩性瘢痕、粟丘疹，色素沉着或色素减退，皮损常局限于易受创伤部位，与 DEB 相似	直接免疫荧光示 IgG 和 C3 线状沉积于表皮-真皮交界处，免疫电镜观察到 IgG 沉积于致密板下部或下方区域，起病晚，无家族史

NOTES

【治疗】

尚无有效的治疗方法,以改善症状和预防并发症为主。注重皮肤护理,着宽松舒适衣服,避免摩擦、创伤、日晒等。局部应用糖皮质激素有效,但系统应用糖皮质激素无效,间隔并短期使用抗生素可以避免感染和细菌耐药性的产生。给予重症患者对症支持治疗,积极补充蛋白质、维生素等。因形成萎缩性瘢痕而导致的关节部位挛缩、畸形等需要及时进行手术治疗,以免影响相关功能。RDEB 及金德勒综合征易伴发 SCC,因此应定期行皮肤检查,若发现癌前病变或早期皮肤癌,应及时予以手术切除或放疗。细胞疗法、基因治疗和蛋白替换治疗等治疗方式逐渐引起重视。随着基因诊断技术的发展,早期妊娠时可取绒毛膜组织或羊水细胞,在明确致病基因的基础上行产前诊断,或在妊娠前进行遗传咨询,实现优生优育。

第七节 家族性良性慢性天疱疮

家族性良性慢性天疱疮又称 Hailey-Hailey 病(Hailey-Hailey disease,HHD),是一种以皮肤褶皱、摩擦部位反复出现水疱、糜烂为特征的遗传性疾病。

【发病机制】

常染色体显性遗传,多认为与 3q21 上的 *ATP2C1* 基因突变有关。*ATP2C1* 基因编码高尔基体介导的钙离子 ATP 酶蛋白 hSPCA1,该蛋白为位于高尔基体的跨膜蛋白,负责将钙离子转运到高尔基体,参与蛋白翻译后修饰。*ATP2C1* 基因突变后,hSPCA1 蛋白水平降低,细胞信号转导异常,高尔基体内钙离子浓度难以维持正常,影响钙离子依赖蛋白的合成,包括参与桥粒组装的桥粒芯蛋白和桥粒斑蛋白的钙黏蛋白家族,进一步导致张力微丝和桥粒复合体改变或细胞间物质形成障碍,导致角质形成细胞异常黏附、桥粒分解和棘层松解。

【临床表现】

首次发病通常为 20~30 岁,多数患者具有家族史,发病率约为 1/50 000,男女发病率无明显差异,夏重冬轻。细菌或真菌感染为该病主要的诱发因素,比如金黄色葡萄球菌、念珠菌等,日晒、摩擦、出汗、受伤等也可能诱发或加重病情。皮损多对称出现在皮肤褶皱和摩擦部位,如颈部、腋窝、腹股沟、肛周等。女性患者的乳房下部和外阴可见受累。皮损初始表现为红斑或正常的皮肤上出现水疱,疱壁松弛易破,疱壁破溃后出现糜烂、浸渍、结痂和鳞屑等,可伴瘙痒、恶臭,形成疣状增生和疼痛性皲裂(图 29-11)。尼科利斯基征可呈阳性。愈合后可遗留色素沉着,一般无瘢痕形成。本病进展缓慢,有自愈倾向,可完全缓解,对预期寿命没有影响,但易反复,皮损的瘙痒和恶臭也会影响患者生活质量。黏膜一般不受累,白色甲纵纹有助于本病的诊断。

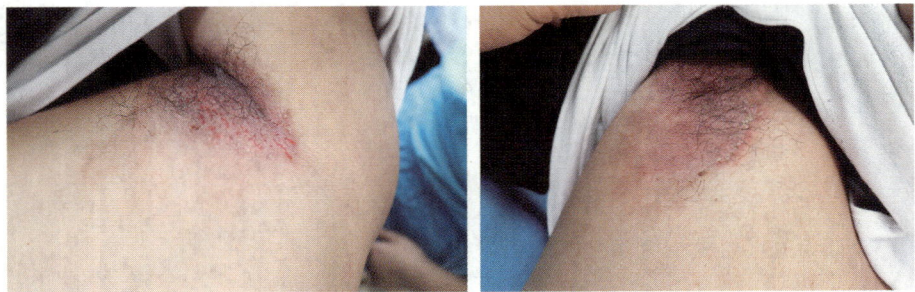

图 29-11 家族性良性慢性天疱疮

【实验室检查】

"倒塌砖墙样"棘层松解为该病的特征性病理表现,棘层松解多见于基底层上方。偶可于颗粒层见圆体细胞。真皮一般无明显改变,可见被覆单层基底细胞的真皮乳头向上延伸入水疱或表皮裂隙内,真皮浅层血管周围可见淋巴细胞浸润。直接免疫荧光检查为阴性。

【诊断和鉴别诊断】

依据典型的临床表现、家族史、皮损组织病理可确诊。当皮损位于腋窝或者腹股沟处时需要与间擦疹和念珠菌感染相鉴别。皮损表现为肛周浸渍时需要与刺激性皮炎相鉴别。间擦部位的增殖性皮损需要与增殖型天疱疮等疾病相鉴别,依据家族史、皮肤病理及皮损周围组织的免疫荧光检查可鉴别。

【治疗】

以对症治疗及改善生活方式为主。建议患者穿着宽松舒适衣服,减少摩擦,避免过度日晒和出汗等。局部应用糖皮质激素、钙调磷酸酶抑制剂、卡泊三醇等免疫调节剂有效。因皮损常常伴随感染,需局部外用抗菌药。全身治疗主要为口服抗生素、糖皮质激素、维 A 酸和甲氨蝶呤等免疫抑制剂。近些年来,局部注射肉毒毒素、NB-UVB、二氧化碳激光、光动力疗法等逐渐应用于临床。

第八节　先天性外胚层发育不良

先天性外胚层发育不良(congenital ectodermal dysplasia)是一组遗传性发育异常疾病,累及来自胚胎外胚层的 2 种及以上组织或器官,如甲、毛发、牙齿和汗腺。根据累及组织的多少,分类多达 200 种外胚层发育不良疾病。本节介绍无汗、有汗型。

一、无汗性外胚层发育不良

无汗性外胚层发育不良(hypohidrotic ectodermal dysplasia,HED)以小汗腺和皮脂腺缺乏、少毛、特殊面容及牙齿畸形为特征。

【病因和发病机制】

目前认为是编码 TNF-α 相关信号通路成分的几个基因发生突变,干扰了在胚胎发育期间的上皮细胞发展成牙齿、毛囊、小汗腺的成型过程,从而导致上述结构的不发育、发育不全或发育不良。X 连锁隐性遗传的致病基因 *EDA* 位于 X 染色体,编码外胚层发育不良蛋白;编码外胚层发育不良蛋白受体(EDAR)的基因突变亦引起类似的临床表现,属常染色体隐性遗传。极少数类型的无汗性外胚层发育不良是由于细胞内衔接蛋白(EDARADD)异常引起的。

【临床表现】

好发于男性。典型的三联征包括:毛发稀少、无牙和少汗或无汗。出生时可见胶样膜,皮肤薄而苍白,干燥伴鳞屑,非常脆弱,并伴有色素减退。眶周及嘴周皮肤的线性皱纹与色素沉着很常见。出汗较少或无汗,在热的环境下无法维持体温,常常表现为高热。头发稀疏或缺失,颜色浅,全身性少毛。特殊面容,表现为额部隆起、鞍状鼻及外翻唇。鼻尖小而上翘,鼻孔大。嘴唇厚,上唇尤其突出。

患者的乳牙和恒牙的生长都会受累。牙齿可能会出现缺失或者数量减少伴有形状异常(如钉状牙)、牙槽嵴消失,可出现口腔黏膜萎缩发炎。部分患者可有哮喘、湿疹或继发感染。

【组织病理】

组织病理检查见表皮薄而扁平。毛发、皮脂腺常缺如、发育不全。网状真皮可见萎缩或未成熟的小汗腺。发育不良的小汗腺分泌细胞常小而扁平。其他附属器,如毛发、皮脂腺、顶泌汗腺可发育不全、缺如或正常。

【诊断和鉴别诊断】

根据不明原因发热、少汗或无汗、毛发稀少、少牙或无牙以及特殊面容可考虑本病。汗腺功能检查及皮肤活检也有助于诊断。常染色体显性或 X 染色体隐性遗传的 HED 可以通过家族史进行鉴别。

【治疗】

主要为对症治疗。限制活动、控制环境温度、湿润皮肤避免过热,针对皮疹和皮肤干燥可以使用外用药或保湿霜。牙齿畸形可以通过修复治疗纠正。

二、有汗性外胚层发育不良

有汗性外胚层发育不良(hidrotic ectodermal dysplasia),又称 Clouston 综合征,是一种以甲营养不

NOTES

良、毛发缺陷和掌跖角化为特征的遗传性综合征。

【病因和发病机制】

常染色体显性遗传,由于 *GJB6* 基因错义突变导致。*GJB6* 基因主要在人表皮细胞表达,编码连接蛋白 30,该蛋白缺陷使细胞间信号传递障碍,从而导致疾病。

【临床表现】

患者出汗正常。头发为金属丝状,易断且无光泽,还经常可以见到斑状脱发,眉稀少;甲营养不良表现为甲板变厚、生长缓慢并且在远端与甲床分离,甲板出现条纹或变色,常有甲沟炎发生;患者可以出现缓慢进展的掌跖角化过度,皮肤色素沉着和/或手指杵状变。面部外形正常,有时出现眼部病变(如白内障和斜视)。

【诊断和鉴别诊断】

本病诊断相对容易。结合家族史、甲营养不良、掌跖角化病及毛发症状可诊断。甲改变类似于先天性厚甲症,后者不伴毛发脱落。

【治疗】

对症治疗,对掌跖角化可做相应处理。

(郑　焱)

思考题

1. 鱼鳞病的分类及特点是什么?
2. XP 患者在日常生活中有哪些注意事项?
3. 新生儿色素失调症水疱大疱期如何进行护理?
4. 若以"儿童皮肤大疱"为主诉就诊,应考虑哪些疾病?鉴别点是什么?

第三十章
皮肤良性肿瘤、结构异常
及细胞增多性疾病

【学习要点】

1. 皮肤良性肿瘤主要来源于鳞状上皮、毛囊、皮脂腺、汗腺、真皮结缔组织、血管、神经以及皮下脂肪组织,或为先天发育异常的错构瘤。多生长缓慢,境界清楚,分化好,无异型性。

2. 血管畸形即血管系统的发育畸形,血管内皮细胞无明显增殖。根据所含血管类型的不同分为毛细血管畸形(微静脉)、静脉畸形、动静脉畸形、淋巴管畸形和混合畸形。

3. 皮肤细胞增生性疾病主要根据增生细胞种类进行分类,本章重点介绍淋巴细胞增多性疾病(皮肤假性淋巴瘤、淋巴瘤样丘疹病)、伴巨大淋巴结病的窦性组织细胞增生症、朗格汉斯细胞组织细胞增生症、肥大细胞增多症以及嗜酸性粒细胞增多性皮炎。

第一节 粟 丘 疹

粟丘疹(milium)是指起源于表皮或附属器上皮的潴留性囊肿。可发生于任何年龄、性别,包括新生儿。

【发病机制】

原发性粟丘疹病因不明,部分与遗传因素相关,从新生儿期开始,由未发育的皮脂腺或毳毛漏斗部下端的上皮形成,可自行消退;继发性粟丘疹常继发于外伤、皮肤疾病(如大疱性表皮松解症、皮肤卟啉症等)或有创治疗(如皮肤磨削术等)。

【临床表现】

原发性粟丘疹好发于眼睑、颊及额部。继发性粟丘疹则多发生于外伤及基础疾病部位。典型皮损表现为白色或黄白色、坚实丘疹,表面光滑,顶部尖圆,直径一般为 1~2mm,上覆极薄表皮,可挤压出坚实的角质样球状颗粒(图 30-1)。一般无自觉症状。皮疹发展缓慢,偶可自然脱落。

【组织病理】

真皮浅层见小表皮囊肿结构,由含颗粒层的复层鳞状上皮囊壁及成层的角蛋白性囊内容物组成。

【诊断】

本病为白色粟粒大小丘疹,好发于面部,诊断不难。

【治疗】

本病为良性病变,一般无自觉症状,故无需治疗。如有美容需要,可用针头或小刀挑除囊肿即可,也可激光治疗。

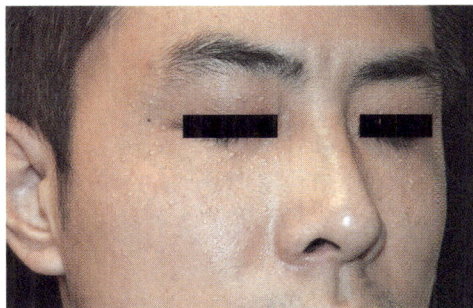

图 30-1 粟丘疹

第二节 表皮囊肿

表皮囊肿（epidermal cyst）是一种良性皮肤附属器肿瘤，属于毛囊漏斗部的囊肿。该病由真皮内表皮细胞增生、角质物局限性聚集所致，是最常见的皮肤囊肿。

【临床表现】

本病好发于成年人，儿童罕见。皮损呈圆形、隆起性结节，有弹性，肤色，直径 0.5~5.0cm，可活动，无自觉症状。部分囊肿与表皮固定，中央可见栓塞的毛囊皮脂腺开口，挤压时可流出干酪样角质物（图 30-2）。可发生于任何部位，通常见于头皮、面颈部、躯干及臀部等。皮损常单发，多发皮损常提示 Gardner 综合征。

【组织病理】

通常为真皮内单发性囊肿，囊壁上皮与表皮或毛囊漏斗部上皮相似，包含颗粒层，囊内充满角质，呈环层状排列。囊肿破裂可激发异物肉芽肿反应。

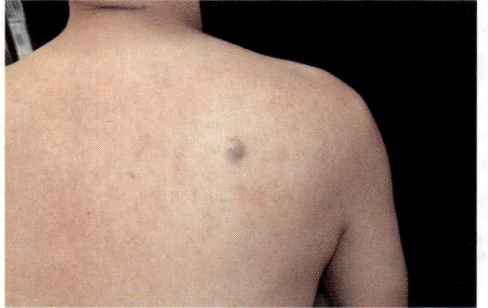

图 30-2 表皮囊肿

【诊断和鉴别诊断】

本病有一定的特征及好发部位，故诊断不难。需要与外毛根鞘囊肿、脂囊瘤及脂肪瘤相鉴别。一般病理检查可明确诊断。

【治疗】

无症状者可不治疗。如需治疗，一般选用手术切除。

第三节 多发性脂囊瘤

多发性脂囊瘤（steatocystoma multiplex）为一种错构瘤，是皮脂腺开口处受阻而形成的潴留性囊肿。

【病因和发病机制】

部分多发性脂囊瘤患者有家族史，属常染色体显性遗传，突变位于角蛋白 17 基因，与先天性厚甲症和外胚层发育不良有关。单个损害者称为单发性脂囊瘤，无遗传倾向。

【临床表现】

皮损好发于前胸中下部，也可侵犯面额、耳、眼睑、头皮等处，偶可见于外阴及腋窝。皮损数量不等，可多达数十甚至数百个。早期皮损小、圆顶或半透明状，直径为数毫米至 2cm，表面皮肤正常（图 30-3）。部分皮损中央有一凹陷，从中可挤出油状皮脂样物质，味臭。通常无自觉症状，如继发感染，局部红肿、疼痛，愈后遗留瘢痕。

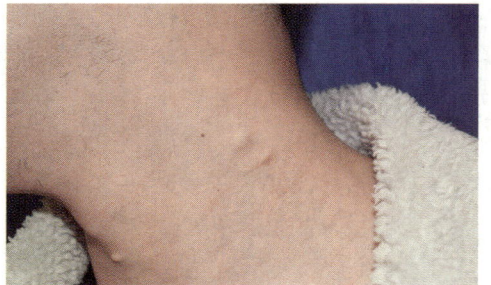

图 30-3 多发性脂囊瘤

【组织病理】

囊肿位于真皮中部，囊壁由复层上皮构成，囊壁内侧为嗜伊红的角质层，无颗粒层，并可见皮脂腺小叶附于囊壁或其周边。

【治疗】

一般无需治疗。单个较大皮损可手术切除。如皮损合并细菌感染，可口服抗生素。多发皮损口服异维 A 酸可取得一定疗效。

第四节　黏液样囊肿

黏液样囊肿(myxoid cyst)又称指黏液样囊肿或黏液样假性囊肿，是发生在指(趾)末端或末节指(趾)关节背、侧面含黏液的囊肿。黏液样囊肿与损伤和慢性压力有关。

【临床表现】

本病多发于 40~65 岁女性。皮损为直径 3~10mm 或更大的、半圆形或半椭圆形、肤色、半透明的囊疹结节或疣样突起，质柔软或橡皮状韧度，部分有波动感。表面光滑或轻度疣状，刺破后流出半透明的黏稠液体(图 30-4)。多单发，少数可多发。多发皮损多见于婴幼儿，也可见于患系统性硬化的成年人。本病根据发病部位分为两类：一类位于末节指(趾)间关节与指(趾)甲根部的外皮之间的背侧，发生在指间关节，常伴发骨关节炎，因常与关节腔相连，用力按压可使其变小；另一类位于指(趾)甲皱襞近端，与前者相比，可产生更深的凹陷性甲变形。本病一般无症状。发生在甲板下囊肿可有疼痛或触痛。

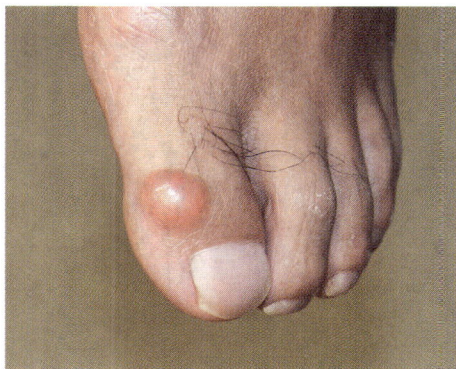

图 30-4　黏液样囊肿

【组织病理】

真皮上部见局限或境界不清、大小不等的黏蛋白团块，外周为纤维性基质包绕，无明显上皮细胞囊壁结构。因含大量透明质酸，故对阿新蓝和胶样铁染色均呈阳性反应，呈蓝色。在无定形黏液基质中散布梭形或星芒状成纤维细胞，通常无炎症改变。部分表皮可见角化过度、棘层肥厚，甚至溃疡和萎缩等继发性改变。

【治疗】

本病首选手术治疗，治愈率较高，较少复发。虽然手术治疗累及甲的病变治愈率高，但存在发生骨关节炎的风险。如无症状，可以观察，不予处理。亦可将囊肿内容物排出后行电灼、激光治疗或注入小剂量糖皮质激素，但复发率较高。

第五节　色　素　痣

色素痣(pigmented naevus)是由痣细胞组成的新生物，又名黑素细胞痣、细胞痣、痣，为人类最常见的良性皮肤肿瘤。痣细胞的发展过程通常经过发展、成熟及衰老等阶段，并随着年龄增长，逐渐由表皮移入真皮。根据痣细胞在皮肤内的位置的不同，分为交界痣、复合痣及皮内痣三型。

【病因和发病机制】

本病与遗传因素及环境因素有关。目前认为色素痣细胞来源于胚胎期自神经嵴移行至表皮的成黑素细胞(或称为黑素前体细胞)。在多种因素作用下，痣细胞增生、迁移形成色素痣。日晒可增加光暴露部位色素痣的发生率。

【临床表现】

本病常见，几乎每人都有，随年龄增长数量增加。女性的痣发生趋向比男性更多，白种人比黑种人多。基本损害一般为直径<6mm 的斑疹、丘疹、结节，疣状或乳头瘤状，多为圆形，界限清楚，边缘规则，色泽均匀。数量不等，单个、数个甚至数十个，有些损害处可有一根至数根短而粗的黑毛。因痣细胞内色素含量不同和所处位置深浅的差异，皮损可呈棕色、褐色、蓝黑色或黑色，无色素皮损多呈皮色。根据痣细胞的分布部位，可分为交界痣、复合痣和皮内痣。

1. **交界痣**　皮损通常较小，直径 1~6mm，平滑，无毛，扁平或略高出皮面，为淡褐色至深褐色斑疹

（图 30-5）。身体任何部位都可以发生，掌跖及生殖器部位的色素痣常属这一类，无性别差异。

2. 复合痣 皮损外观类似交界痣，但可能更高出皮面，有时有毛发穿出（图 30-6）。

3. 皮内痣 成人常见，多见于头颈部。呈半球形隆起的丘疹或结节，直径数毫米至数厘米，表面光滑或呈乳头状，或有蒂，可含有毛发（图 30-7）。皮内痣一般不增大。

皮肤镜检查可见交界痣或复合痣表现为假网状、球状、均质模式，皮内痣一般含有色素较少，可不规则或围绕毛囊分布，常可见逗号样、弯曲的血管，有时也能见到分支状血管扩张。

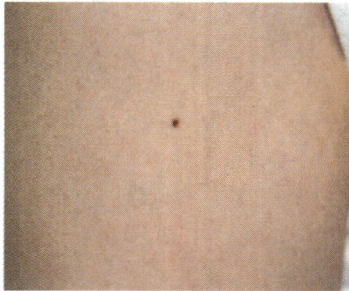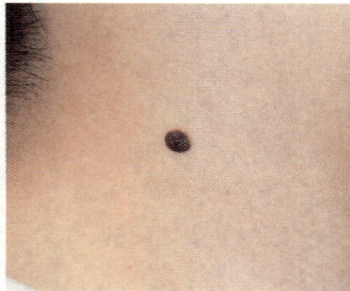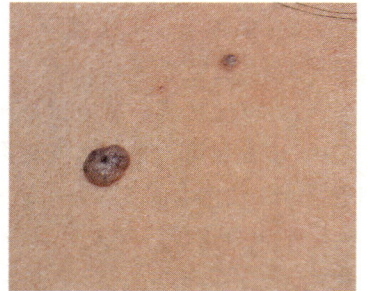

图 30-5 交界痣   图 30-6 复合痣   图 30-7 皮内痣

【组织病理】

交界痣的痣细胞位于真皮表皮交界处，有痣细胞巢，表皮基本正常；复合痣在表皮下部及真皮内均可见痣细胞巢；皮内痣的痣细胞巢位于真皮内，随着深度增加，痣细胞逐渐变小、色素变浅。

【治疗】

减少摩擦等外界因素损伤痣体。除美容需要外，一般不需要治疗。发生在掌跖、腰围、腋窝、腹股沟和肩部等容易摩擦或受伤部位的色素痣应密切观察，特别是一些边缘不规则、颜色不均匀、直径≥1.5cm 的损害更应该注意。一旦发现皮疹扩大、部分高起或破溃、出血，应及早切除，并同时行组织病理检查。

第六节 脂溢性角化病

脂溢性角化病（seborrheic keratosis），又称老年疣、基底细胞乳头状瘤，为老年人群较常见的一种良性皮肤肿瘤，男女均可累及。可能与日晒、慢性炎症刺激有关。泛发性损害的病例有明显的遗传倾向。

【临床表现】

皮损好发于面部，特别是颞部，其次为手背、躯干和四肢。初起为淡褐色或深褐色或黑色扁平丘疹，缓慢增大，表面粗糙，或呈乳头瘤样增生，常附有油腻性鳞屑（图 30-8）。数量不定。短期内突然出现多发脂溢性角化病样皮损，可能伴发恶性肿瘤，尤其是胃腺癌。皮肤镜可见脑回样结构、粉刺样开口和粟丘疹，具有诊断价值。

【组织病理】

从病理上可分为角化型、棘层肥厚型、巢状型、腺样型、刺激型及色素型。基本病理变化为角化过度、棘层肥厚和乳头瘤样增生。增生的瘤组织由鳞状细胞和基底样细胞组成，其基底与两侧正常表皮位于同一平面上。

【治疗】

一般无需治疗。必要时可行冷冻、激光或点灼烧疗法。可疑恶变者应及时手术切除并行组织病理检查。

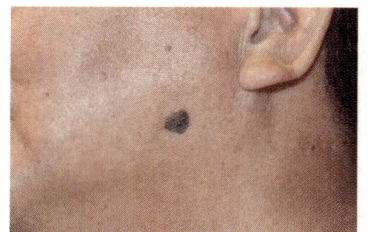

图 30-8 脂溢性角化病

第七节　皮脂腺痣

皮脂腺痣（sebaceous nevus）又称先天性皮脂腺增生、皮脂腺错构瘤，是由皮脂腺等皮肤组织构成的一种错构瘤。

【病因和发病机制】

目前认为该病的病因是表皮、真皮和附属器发育异常，常以皮脂腺发育异常为主。全基因组关联分析发现该病患者的体细胞 *HRAS* 及 *KRAS* 基因发生变异。

【临床表现】

多于出生时或出生后不久发生。最常见于头皮及面部，多为单发，偶可多发，损害呈圆形或卵圆形，也可呈带状。头皮皮损处可部分或完全秃发。本病在发育过程中可分为三期。儿童期患者皮脂腺尚未发育完全，因此皮损表现为稍隆起的黄或褐色斑块，有蜡样光泽（图 30-9）；在青春期，因皮脂腺充分发育，皮损肥厚呈疣状、结节状或分瓣状；在老年期，皮损多呈棕褐色疣状斑块，质地坚实。10%~40% 的患者在本病的基础上可伴发其他皮肤肿瘤，如毛母细胞瘤、乳头状汗管囊腺瘤、基底细胞癌、皮脂腺腺瘤、皮脂腺上皮瘤、汗管瘤等。

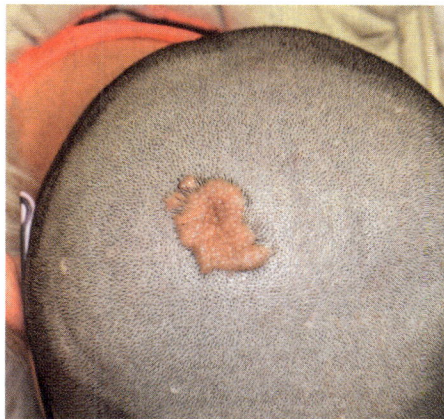

图 30-9　皮脂腺痣

线状皮脂腺痣综合征（linear sebaceous nevus syndrome，Solmon syndrome）又称神经-皮肤综合征，是属于斑痣性错构瘤范畴的一种先天性疾病，发病机制不明，无明显家族遗传倾向。本病临床表现主要有 3 方面：①皮肤病变，以头面部中线部位皮脂腺痣为最常见的皮损特征。其他皮肤损害包括鼻部杨梅状血管瘤、躯体大面积色素痣、腭痣、舌部乳头状瘤、耳郭倾斜、牙齿发育不良等。②眼部病变，表现为内眦胬肉、泪腺异位、眼球表面脂性皮样囊肿伴血管翳形成、虹膜或脉络膜缺损、视网膜变性、眼眶畸胎瘤、眼球运动障碍、水平向或旋转性眼球震颤、内斜视等。其中以眼球表面肿瘤最多见，其次为眼睑缺损、斜视、眼球震颤。③神经系统病变，约 55% 的病例出现神经系统异常表现，如惊厥、精神迟滞、脑积水等。

【组织病理】

在儿童期，皮脂腺尚未发育，组织病理可见未分化的上皮细胞构成的束条或胚芽。在青春期的皮损中，则可见大量成熟或近乎成熟的皮脂腺，无皮脂腺导管，直接与毛囊漏斗部相连。其上方的表皮通常呈疣状或乳头瘤样增生，因此，在组织学上具有诊断意义。在此期皮损中，半数以上可以在真皮深部、皮脂腺小叶的下方出现异位的大汗腺。在老年患者的皮损中，表皮多呈疣状增生，有时可见皮脂腺呈肿瘤样增生。

【诊断和鉴别诊断】

幼年在头皮、面部发生黄色或棕褐色斑块状损害，有时甚至呈疣状，结合组织学上皮脂腺组织增多，或伴有表皮、真皮或附属器的发育异常，则可确诊。临床上需要与以下疾病鉴别：线状表皮痣、幼年性黄色肉芽肿、肥大细胞增多症、黄色瘤、婴儿痤疮、幼年黑素瘤、毛母质瘤和乳头状汗管囊腺瘤等。需行病理检查加以鉴别。

【治疗】

皮脂腺痣彻底治疗需要进行手术全层切除。对皮损小者可以使用冷冻、激光治疗，但易复发。一般在青春期前进行手术。对于线状皮脂腺痣综合征，需要多学科联合治疗。

第八节 汗 管 瘤

汗管瘤（syringoma）又称汗管腺瘤或汗管囊肿腺瘤，是起源于外泌汗腺末端、汗管分化的一种汗腺瘤。

【病因和发病机制】

汗管瘤患者多为女性，在妊娠期、月经前期或使用雌激素时皮疹常增大，可能与内分泌有关。部分患者有家族史。女性21-三体综合征患者常伴发此病。除此之外，糖尿病、粟丘疹、结节病、精神疾病均与汗管瘤的发病有关。

【临床表现】

本病可发生于任何年龄，半数以上患者发生于20~30岁，少数病例也可发生于60~70岁。多见于女性。皮损主要表现为单发或多发的小丘疹，通常直径为数毫米，大者直径可至1cm，正常肤色、红色或棕褐色，表面有蜡样光泽，边界清楚，其上无毛发，也可呈疣状或乳头状增生，半球形或扁平丘疹，通常多发，多数密集而不融合。一般无自觉症状，但有些患者在热环境中、出汗或日晒时有烧灼感或痒感。临床上可分为3型。

1. **眼睑型** 最为常见，多发生于女性，在发育期或其后出现，多见于下眼睑（图30-10）。

2. **发疹型** 男性青少年多见，成批发生于躯干腹侧及上臂屈侧。

3. **局限型** 位于外阴及阴蒂，称生殖器汗管瘤，常伴有瘙痒；位于手指伸侧面，称肢端汗管瘤；也可发生于其他部位，极少呈单侧或线状分布。

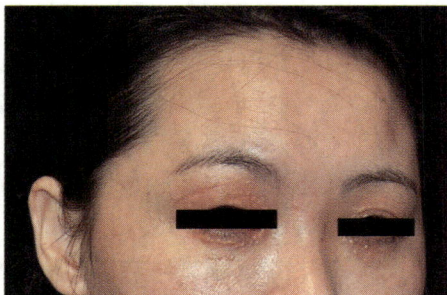

图30-10 眼睑型汗管瘤

【组织病理】

各临床类型的组织病理表现基本一致。真皮上部可见多数导管、小的囊腔及由嗜碱性上皮细胞聚集成的细胞团块。上皮细胞团块呈圆形、卵圆形、条索状或蝌蚪状。部分中央有一管腔，为发育不良的汗管。导管及囊壁有两层立方形细胞。

【诊断和鉴别诊断】

可根据临床表现诊断，必要时结合组织病理。

【治疗】

一般不需治疗。必要时可采用电解法、激光治疗或手术切除。

第九节 角化棘皮瘤

角化棘皮瘤（keratoacanthoma）又称自愈性原发性鳞状细胞癌、皮脂性软疣或假癌性软疣，可能是毛囊角化上皮的增生性病变。可能与病毒感染、日晒、外伤、职业接触焦油及遗传等有关。

【临床表现】

多见于男性，中老年人好发。该病可分为单发性、多发性及发疹性角化棘皮瘤。

1. **单发性角化棘皮瘤**（solitary keratoacanthoma） 最常见，多发生于老年人。主要发生于面部，特别是面中部。其次为上肢等暴露部位。皮损为坚实圆顶形结节，皮色或淡红色，表面光滑，中央为充满角质栓的火山口状凹陷，基底无浸润（图30-11）。皮损发展快，病程短，数星期可增至1cm，或更大，数月后可自行消退，可遗留萎缩性瘢痕。直径大于2cm者称为巨大角化棘皮瘤。

2. **多发性角化棘皮瘤**（multiple keratoacanthoma） 较少见，是一种常染色体显性遗传性疾病，发病年龄常在 20~30 岁,男性较多见,可发生于全身各处。皮损较单发型患者小,很少自然消退。

3. 发疹性角化棘皮瘤(eruptive keratoacanthoma) 罕见,为泛发性、圆顶状、肤色、丘疹性发疹,中央角化,直径 2~7mm,皮疹数量多,泛发对称,但掌跖不受累。可剧烈瘙痒,持续数月后缓慢消退。

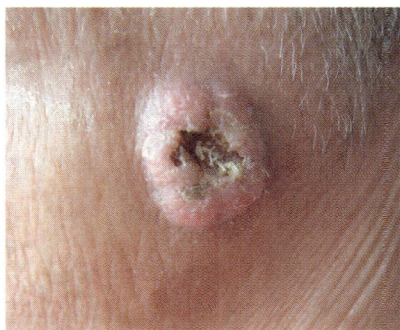

图 30-11 角化棘皮瘤

【组织病理】

早期损害为外生内生混合型鳞状细胞增生性结节,中心具有角质栓,底部表皮增生,表皮突向真皮不规则延伸。表皮内可见不典型细胞、核分裂及角珠。真皮内有明显炎症反应。病变进一步发展成熟时,表皮凹陷扩大如火山口样,其中充满了角蛋白,两侧的表皮如抱球状,其底部表皮可向上与向下增生。增生的表皮内仍可见某些不典型细胞。但较早期损害轻,角珠增多,其中心大都完全角化。肿瘤底部界限清楚。

【诊断和鉴别诊断】

依据临床表现及病理改变可确诊。本病早期无论在临床表现上还是病理变化上,均与鳞状细胞癌有相似之处,需认真鉴别。本病一般发展较鳞癌快,通常无破溃,可以自愈。

【治疗】

本病虽可自愈,但由于可发生癌变及伴发肠癌等肿瘤,需引起重视。即使通过活检,本病与皮肤鳞癌亦不易明确鉴别,因此首选手术切除;发疹生、巨大多发性角化棘皮瘤可内服或外用维 A 酸类药物;甲下角化棘皮瘤可选用放射治疗。其他治疗方法有化学疗法、光动力疗法等。

第十节 瘢痕疙瘩

瘢痕疙瘩(keloid)为皮肤内结缔组织过度增生所引起的良性皮肤肿瘤,常继发于皮肤损伤或炎症性疾病。部分患者有家族史。有色人种易发病。

【病因和发病机制】

瘢痕疙瘩是皮肤损伤愈合过程中,胶原合成代谢功能失去正常的约束控制,以致胶原纤维过度增生的结果。

【临床表现】

好发于前胸、肩、耳、下肢等部位。皮损初起为小而硬的红色丘疹,逐渐增大,呈圆形、卵圆形或不规则形瘢痕,高出皮面,往往超过原损伤部位,呈蟹足状向外伸展,表面光滑发亮(图30-12)。早期、进行期皮损潮红而有触痛,呈橡皮样硬度,表面可有毛细血管扩张;静止期皮损颜色变淡,质地坚硬。多无自觉症状。继发于烧伤、烫伤者可形成大面积皮损,严重者可影响受累肢体功能。

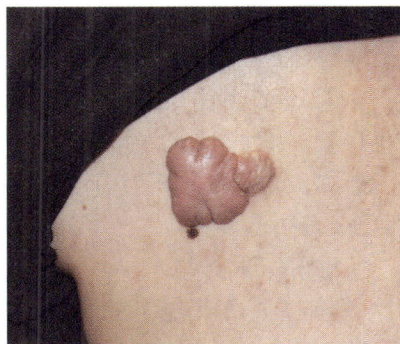

图 30-12 瘢痕疙瘩

【组织病理】

病变主要位于真皮,增生粗大的胶原纤维交织排列,与周围组织界限不清,病变后期胶原纤维可呈透明样变,弹性纤维减少,附属器萎缩或消失。

【鉴别诊断】

主要与肥厚型瘢痕相鉴别,后者皮损不超过原皮损范围,生长数月后停止发展,并可消退,无蟹足肿改变,病理上不易出现粗大胶原玻璃样变。

【治疗】

本病治疗较为困难。早期皮损可选用 X 线放射治疗;糖皮质激素皮损内注射亦有效;也可选择手术切除后配合糖皮质激素局部注射和浅部 X 线放射治疗等。亦可选择口服曲尼司特,需加大剂量,连续口服半年以上。

第十一节　皮肤纤维瘤

皮肤纤维瘤(dermatofibroma),又称结节性表皮下纤维化、纤维组织细胞瘤、组织细胞瘤或硬化性血管瘤,为良性真皮内结节,可能由于成纤维细胞或组织细胞灶性反应性增生所致,而非真正的肿瘤。

【临床表现】

本病好发于成年女性的四肢,尤其是小腿伸侧。典型皮损为圆形或卵圆形结节,质地坚实,高出皮面,呈扁球形或纽扣状,表面平滑或粗糙(图 30-13),直径多为 0.5~1.5cm。通常为单发,少数可多发,甚至达百个以上。颜色棕红、黄褐至黑褐色不等,可与表面皮肤粘连,但与深部组织不连,可推动,一般无自觉症状,但有时可出现轻度瘙痒、刺痛。皮肤镜下可表现为中央白色瘢痕样斑片和外周纤细色素网格等特征性结构,具有诊断意义。

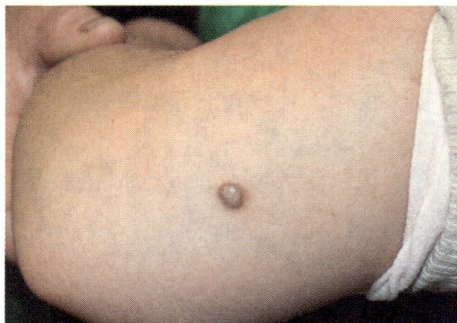

图 30-13　皮肤纤维瘤

【组织病理】

表皮明显增生,棘层肥厚,皮突延长。结节位于真皮中下部,由成束的成纤维细胞、组织细胞和成熟或幼稚的胶原纤维组织相互交织而成,有时可见被分隔的胶原窗改变。

【治疗】

一般不需治疗,必要时可手术切除,行组织病理检查。

第十二节　脂　肪　瘤

脂肪瘤(lipoma)是一种较为常见的良性软组织肿瘤,可出现在身体任何有脂肪的部位。

【临床表现】

可发生于任何年龄,女性多见。主要位于颈、肩、背、腹部的皮下组织。皮损可单发或多发,通常质地柔软,可以移动,基底较宽,圆形或分叶状,表面皮肤正常(图 30-14)。常缓慢增大,到一定大小后停止生长,长期保持不变,多无自觉症状。当瘤体生长过大压迫附近神经时,可能会有痛感、麻木感。

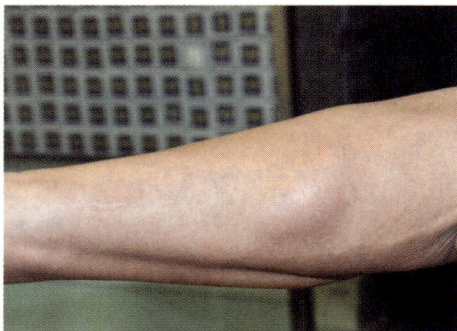

图 30-14　脂肪瘤

【组织病理】

瘤体主要由成熟的脂肪细胞组成,边缘有一层结缔组织薄膜包裹。瘤体内部可被纤维条索分隔成多个小叶,小叶间见不规则的毛细血管。根据纤维、血管的多少,可将脂肪瘤分为纤维脂肪瘤和血管脂肪瘤。血管脂肪瘤疼痛症状较为显著。部分瘤体内有时可见钙化、坏死、液化等改变。

【治疗】

较小(直径小于 1cm)及多发脂肪瘤,一般不需要处理。较大者可行手术切除。

第十三节　浅表性脂肪瘤样痣

浅表性脂肪瘤样痣(naevus lipomatosus superficialis)是以真皮内异位的脂肪组织聚集为特征表现的一种良性错构瘤,较为罕见。

【临床表现】

分为多发型和单发型。自觉症状不明显。多发型通常在出生后至20岁前发病,皮损为柔软的、皮色或淡黄色的丘疹或结节,簇集成片,境界清楚,表面光滑或有皱褶(图30-15)。好发于臀部或骨盆部位,可扩展至背或股部。单发型患者无明显好发年龄和部位,表现为实质性丘疹或结节,有时呈脂肪疝样结构。

【组织病理】

真皮浅层胶原纤维束间和血管周围可见异位的成熟脂肪组织沉积,可达乳头下层,有些病例在连续切片中,可见真皮内聚集的脂肪细胞与其下方的皮下组织相连。一般认为,本病是来自血管周围间质组织的脂肪细胞异位到真皮内所致。

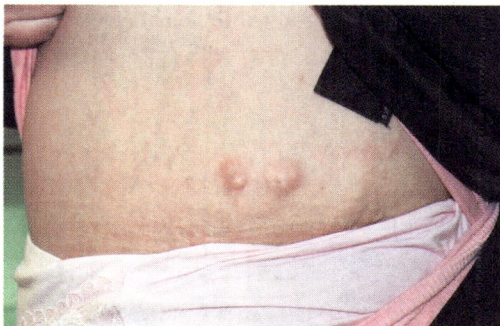

图30-15　浅表性脂肪瘤样痣

【诊断和鉴别】

主要依据病理检查确诊。需与灶性真皮发育不良相鉴别,后者脂肪细胞更接近表皮,其真皮胶原极为稀少。

【治疗】

本病一般不需治疗,必要时手术切除或切除后植皮。

第十四节　平 滑 肌 瘤

平滑肌瘤(leiomyoma)是由平滑肌细胞组成的皮肤良性肿瘤。可由血管平滑肌、立毛肌及乳房或阴囊的平滑肌生发而来。

【病因和发病机制】

由平滑肌的异常增生所致,可能与遗传有关。

【临床表现】

可发生于身体任何存在平滑肌的部位。基于其平滑肌来源以及临床病理特征分为三类:毛发平滑肌瘤、生殖器平滑肌瘤和血管平滑肌瘤。毛发平滑肌瘤是最常见的皮肤平滑肌瘤,好发年龄为20~30岁,起源于立毛肌,好发部位以四肢伸侧最常见,其次是躯干、面部和颈部。可分为孤立性和多发性,其多发性的皮损表现为大量结节或丘疹,直径为数毫米至20mm,红褐色,在天气寒冷或情绪紧张的状况下,皮损可能因皮肤神经受压或者肿瘤内纤维的收缩而感到疼痛。

【组织病理】

可见平滑肌细胞呈长梭形或略显波纹状,常平行排列。

【诊断和鉴别诊断】

如临床出现单发或成簇的疼痛性丘疹或结节,即需要考虑到平滑肌瘤。若用一小块冰放在病变处数秒钟,平滑肌即收缩,表面出现皱缩,则是诊断特点之一。本病通常需与神经瘤、神经纤维瘤、血管球瘤等鉴别。

【治疗】

单发或者数量较少的以手术切除为主,切除不完全者可复发。多发性患者应监测是否患有肾细

NOTES

胞癌综合征,多发性皮损不便手术时,为缓解疼痛可服用硝苯地平。

第十五节 婴儿血管瘤

血管瘤是血管内皮细胞异常增殖的血管源性肿瘤,根据瘤体性质、组织学特点、发生消退等分为婴儿血管瘤、先天性血管瘤、血管内皮瘤等。

婴儿血管瘤(infantile hemangioma,IH)指以胚胎期血管内皮细胞异常增生为特点的肿瘤,是最常见的新生儿肿瘤。曾有多种名称,如草莓状血管瘤、单纯性血管瘤等。

【临床表现】

婴儿血管瘤好发于出生后数周内,10%~12% 的婴儿在出生后 1 年内发生血管瘤,女婴多于男婴。本病一般单发,可发生在身体任何部位,但以头面和颈部多发。最初皮损表现为充血性、擦伤样或毛细血管扩张性斑片,表面光滑或凹凸不平,边界清楚,压之不易褪色(图 30-16)。

本病发展分为 3 期:①增生期,持续至 1 岁,其中以 3~6 个月内生长最快;②稳定期,持续数个月至数年;③消退期,完全消退率在 5 岁为 50%~60%,6 岁左右仍无退化征象,则本病不能消退。开始消退的皮损由鲜红色转变为暗红色,最后呈花斑状,多数患儿消退后不留痕迹,少数患

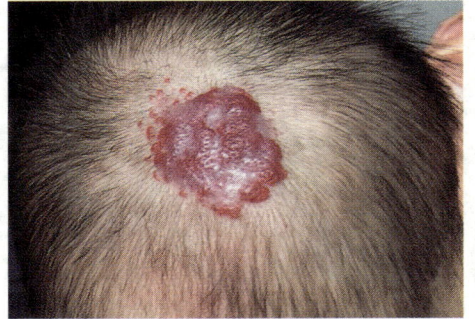

图 30-16 婴儿血管瘤

儿可残存瘢痕、萎缩、色素减退、毛细血管扩张或皮肤松弛。常见的并发症主要有溃疡、瘢痕性毁形及受累的组织或器官功能受损。

【组织病理】

组织病理学表现与疾病发展阶段相关。本病典型组织病理表现为真皮内毛细血管增多,血管内皮细胞增生明显,使内皮细胞多层而形成密集索条状、小团块状,管腔小,成纤维细胞增多。

【诊断和鉴别诊断】

婴儿血管瘤根据病史、临床表现、影像学检查容易诊断。某些早期浅表型婴儿血管瘤应与毛细血管畸形相鉴别;深在型婴儿血管瘤应与静脉畸形、淋巴管畸形等相鉴别(表 30-1)。彩超检查可了解瘤体范围及血供情况,位于头皮、骶尾部及重要器官周围的瘤体需进行 CT/MRI 检查,了解是否累及周围组织器官。

表 30-1 婴儿血管瘤与脉管畸形的鉴别诊断

疾病名称	发病时间	男女比例（男/女）	发展情况	病变颜色	表面温度	组织病理
血管瘤	出生时或出生不久	1:4~1:3	增生期、消退期、消退完成期	鲜红色或透出蓝色	正常或温度升高	血管内皮细胞增生
脉管畸形	多见于出生时	1:1	与儿童的生长发育成比例	视畸形的脉管种类而定	温度升高	血管内皮细胞正常,血管形态乱,管腔异常

【治疗】

1. **外用药物治疗** 适用于浅表型婴儿血管瘤,常用 β 受体拮抗剂。

2. **激光治疗** 常用脉冲染料激光,用于浅表型婴儿血管瘤增殖期、消退期后毛细血管扩张性红斑及血管瘤溃疡。

3. **系统治疗** 适用于高风险婴儿血管瘤(快速增殖或严重影响更重要器官功能),或局部治疗无

效者。一线治疗为口服普萘洛尔,有禁忌证者可使用糖皮质激素。

4. 其他治疗　上述治疗无效者可使用局部注射、栓塞、手术等治疗方法。

第十六节　脉 管 畸 形

脉管畸形是指脉管系统的发育畸形,内皮组织无明显增殖。脉管畸形根据所累及脉管区段分为毛细血管畸形(微静脉)、静脉畸形、动静脉畸形、淋巴管畸形和混合畸形。先天性血管畸形是一组由于胚胎肢芽内原始血管的发育障碍或发育异常所致的先天性疾病。

一、毛细血管畸形

毛细血管畸形(capillary malformation)又称鲜红斑痣或者葡萄酒样痣,是最常见的先天性毛细血管畸形,出生时即可存在。好发于颜面、颈部,大部分皮损累及单侧面颈。其分布可呈局限性或节段性,如沿三叉神经支配范围分布。皮损颜色为淡粉色到紫红色(图 30-17);随着年龄增长,皮损可逐渐增厚,甚至发展为结节。皮损增长与儿童生长同步,倾向于持续生长,不会自行消退。本病可伴有其他畸形。①斯德奇-韦伯(Sturge-Weber)综合征:合并软脑膜及蛛网膜血管畸形、癫痫、对侧脑瘫,结膜、虹膜及脉络膜血管畸形可激发青光眼或视网膜剥离;②Klippel-Trenaunay综合征(静脉畸形骨肥大综合征):合并软组织及骨肥大、静脉曲张及动静脉瘘等,可在足趾、足背或小腿出现紫色小结节或斑块,发生疼痛性溃疡。同时可出现并指、多趾和表皮痣。

【组织病理】

真皮乳头层和网状层可见毛细血管扩张。皮损隆起或呈结节状者真皮深部及皮下组织亦可出现血管扩张,但无血管内皮细胞增生。

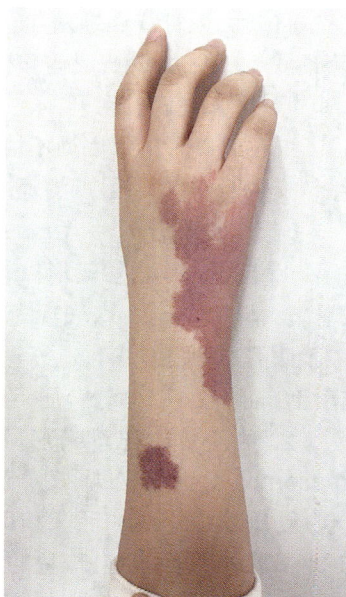

图 30-17　毛细血管畸形

【治疗】

可根据瘤体生长部位、大小、对容貌的影响,择机治疗。可选用脉冲染料激光(一线治疗)、强脉冲光或光动力治疗更深层的血管瘤(二线治疗)以及手术修复整形(三线治疗)等方法进行治疗。

二、静脉畸形

静脉畸形(venous malformation)是静脉先天性畸形,常在出生时或生后逐渐发生。可发生在身体任何部位,四肢最多见,其次为头面部,可累及眼眶、口腔和咽喉黏膜。皮损为不规则柔软的皮下肿块,皮肤平坦或明显隆起,境界不清,呈结节状、分叶状或瘤状,皮肤表面光滑,外观可呈鲜红、暗红及紫蓝色,常可压缩,状如海绵,单个或多个。皮损常在 1 年内逐渐增大,亦可逐渐缓解,但难以完全消退。静脉畸形一般属于慢流速畸形,有时可伴有消耗性凝血障碍,可出现血栓静脉炎、钙化静脉石、局部多汗及局部压迫的症状;还可因损害不断增大而发生破溃、继发感染,形成瘢痕。

静脉畸形有一些特殊类型。①Kasabach-Merritt综合征:又称卡萨巴赫-梅里特综合征或称卡梅综合征,可伴有血小板减少和紫癜。紫癜由消耗性凝血引起,由于血液的凝固和血管瘤内的纤维蛋白形成,使血小板、纤维蛋白、凝血酶原消耗所致。②Maffucci综合征:又称马富奇综合征。发生在婴儿期、儿童期或青春期静脉畸形,可发生在任何部位,除累及皮肤及皮下组织外,可伴发软骨发育不良和骨化不全,可伴发骨软骨瘤、软骨肉瘤或血管肉瘤。还可出现严重的骨畸形及病理性骨折。③蓝色橡皮疱痣综合征(blue rubber bleb nevus syndrome):出生时即可存在,损害表现为深蓝色柔软隆起,常有压痛,皮损表面多汗。此血管畸形除累及皮肤外,常累及肠道,可引起慢性出血和贫血,其他器官也可有血管畸形病变。

NOTES

【组织病理】

真皮下部和皮下组织内不规则腔隙,充以红细胞及纤维样物质,腔壁为单层内皮细胞;较大血管腔隙可见外膜细胞增生,管壁增厚。

【治疗】

局部束缚是长期管理的基础方法。治疗可选用局部注射、栓塞、介入或手术等方法。上述治疗无效时可用雷帕霉素。

三、淋巴管畸形

淋巴管畸形(lymphatic malformation,LM)是先天性淋巴管发育障碍引起的低流量淋巴管畸形,由扩张的淋巴管道或衬有淋巴内皮的囊肿组成。淋巴管畸形通常出现在儿童早期,发生率为 1/16 000~1/2 000。无人种或性别差异。常见的淋巴管畸形分为巨囊性、微囊性和混合性。淋巴管畸形好发于头颈部、腋窝、口腔、腹股沟和纵隔,但也可发生在全身。

【病因和发病机制】

淋巴管畸形的病因尚不清楚,目前存在不同发病机制的理论。通常认为与胚胎淋巴系统和静脉系统交通障碍有关,最近的理论提出与淋巴细胞的遗传异常有关。

【临床表现】

1. **巨囊性淋巴管畸形(macrocystic lymphatic malformation)** 最常见的位置是颈部、腋窝和侧胸壁。体积大于 $2cm^3$,表现为表面光滑、质地柔软的囊性肿块。病变通常位于皮肤或皮下组织,偶可累及腹膜、呼吸道、消化道等。宫颈巨囊性淋巴管畸形与染色体异常相关,最常见的是特纳综合征、努南综合征和 21-三体综合征。

2. **微囊性淋巴管畸形(microcystic lymphatic malformation)** 发生于皮肤(好发于四肢近端和胸部)或口腔内(包括口腔黏膜、嘴唇、舌头和口腔底部)。斑块表面散在分布透明或出血性小水疱,斑块的大小、水疱的数量和颜色可随时间而变化(图 30-18)。其临床表现包括间歇性的肿胀、出血和浅表小水疱的淋巴渗漏,实际病变范围常常较临床所见小水疱范围广泛。并发症包括外伤后丹毒样反应、其他急性炎症和感染。

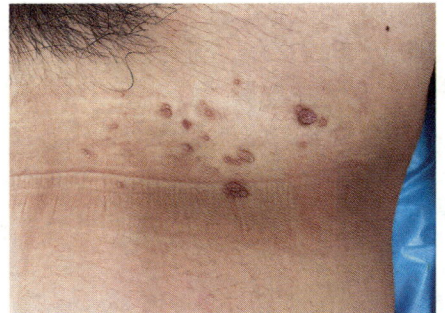

图 30-18 淋巴管畸形(微囊性)

3. **混合性淋巴管畸形(mixed lymphatic malformation)**
同时含有巨囊和微囊成分。下面部淋巴管畸形可造成巨舌、骨骼过度生长和巨颊。口咽部淋巴管畸形可能导致反复性上呼吸道或牙齿感染,患者常出现流涎过多、龋齿、言语障碍以及呼吸和喂养相关问题,需要考虑气管切开和持久的肠内营养通路。眼眶区淋巴管畸形除了剧烈肿胀、疼痛和感染外,常见的并发症包括斜视、弱视、突眼和视觉丧失。会阴部和臀裂隙淋巴管畸形容易发生液体渗漏和感染,严重影响生活质量。

【组织病理】

微囊性淋巴管畸形表现为扩大、扭曲、不规则的淋巴管,其管壁上有数量不等的平滑肌细胞。巨囊性淋巴管畸形由大的淋巴管组成,通常与较细的通道相互连接。淋巴管畸形的水疱和囊肿通常含有水样液体、淋巴细胞和巨噬细胞,也可以看到出血。

【诊断和鉴别诊断】

根据临床病史和体格检查可诊断淋巴管畸形。超声、CT、MRI 以及穿刺可辅助诊断。

【治疗】

治疗的选择取决于淋巴管畸形的类型。巨囊性淋巴管畸形一般采用经皮硬化剂治疗,需要多次治疗。如果硬化剂治疗失败或效果不佳,可采用手术治疗。微囊性淋巴管畸形的首选治疗方法是手术切除。

第十七节　血管角皮瘤

血管角皮瘤（angiokeratoma）又称血管角化瘤，是一类血管角化增生性皮肤病。临床上分为5型，即肢端型（Mibelli型）、外阴型（Fordyce型）、丘疹型、局限型、泛发型，后者为一种类脂质病。

【临床表现】

1. **肢端型（Mibelli型）血管角皮瘤**　好发于青春前期，有冻伤或冻疮史，常伴手足发冷、发绀。皮损直径1~5mm，暗红色或紫红色圆形血管性丘疹，其表面随着病程的延长而呈角化过度的疣状或环状，常见于指（趾）背面和肘、膝部。外伤后易出血，无明显自觉症状。

2. **外阴型（Fordyce型）血管角皮瘤**　主要发生于中年或老年人阴囊，偶见于阴唇，随年龄增大而增多。皮损表现为阴囊部多发性圆顶状丘疹，直径1~4mm。早期损害呈鲜红色，质软，压之可缩小（图30-19）。晚期损害呈暗红色或紫色，质硬，有轻度疣状增生。常伴有精索静脉曲张、阴囊弹性纤维缺陷、口腔黏膜静脉曲张等。

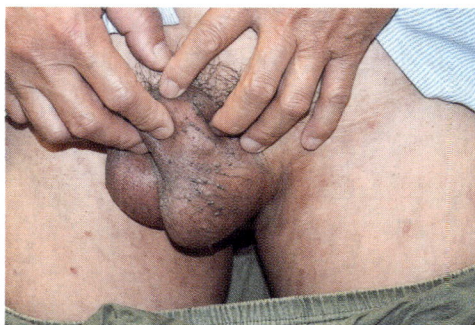

图30-19　外阴型血管角皮瘤（早期损害）

3. **丘疹型血管角皮瘤**　又称孤立型血管角皮瘤，好发于儿童和青年。大多数发生在下肢，通常单发，偶见多发，皮损表现为鲜红色丘疹，柔软。后期因部分栓塞而迅速长大，并呈蓝黑色，质硬。

4. **局限型血管角皮瘤**　较为罕见，多发生于婴幼儿或儿童。好发于小腿或足部。早期皮损为淡红色丘疹，单发，偶为多个淡紫红色聚集性丘疹或充有血液的囊性结节，以后融合成不规则形或线状斑块，表面角质增生呈疣状。

5. **泛发型血管角皮瘤**　是法布里病（Fabry disease）的典型皮肤表现。多发生于儿童及少年。皮损为广泛性大量点状毛细血管扩张性丘疹，直径1~2mm，似紫癜。有些丘疹顶端角化过度。皮损好发于躯干下部、下肢、阴囊、阴茎、腋窝、耳和唇部。伴有毛发稀少、踝部水肿、麻痹、手足部灼热感和少汗症。

【组织病理】

肢端型、外阴型及丘疹型的血管角皮瘤组织病理基本一致。早期见真皮乳头层毛细血管扩张，部分被延长的表皮嵴包绕。陈旧性损害角质层角化过度，扩张的毛细血管完全被表皮嵴包绕。部分可见真皮中部的血管扩张。

局限型血管角皮瘤表现为表皮角化过度，伴乳头样增生、不规则棘层肥厚。其下方见毛细血管扩张、充血，内皮细胞增生。大多数腔隙仅含红细胞，但偶见含有淋巴液的薄壁腔隙。有些扩张的毛细血管内尚见血栓。

泛发型血管角皮瘤表现为真皮乳头层血管扩张，毛细血管壁有空泡化细胞和糖脂沉积。

【诊断和鉴别诊断】

依据各型临床表现与组织病理可以诊断。应与色素性基底细胞癌、黑色素瘤、化脓性肉芽肿、血管病相鉴别。

【治疗和预后】

丘疹型和局限型血管角皮瘤可以行手术切除。皮损多发者可用冷冻、β射线、电干燥、激光或手术去除治疗。泛发型血管角皮瘤可试用血浆透析疗法。本病除伴有系统损害外，一般预后良好。

第十八节　化脓性肉芽肿

化脓性肉芽肿（granuloma pyogenicum）又称分叶状毛细血管瘤，是一种由轻微创伤引起的皮肤黏膜毛细血管和小静脉分叶状增生而形成的息肉状损害。该病为组织对外伤和刺激的一种反应性病变。

【病因和发病机制】

化脓性肉芽肿表现出反应性新生血管的特征,是由创伤或刺激引起的毛细血管和小静脉分叶状增生。血流异常可能是重要的病因。

【临床表现】

本病可发生于任何年龄,但以儿童和青年人多见。皮疹好发于牙龈、手指、嘴唇、脸部和舌头。多单发,直径小于1cm。早期损害为鲜红色或暗红色小丘疹,后缓慢或迅速增大,形成有蒂或无蒂损害(图30-20)。表面多光滑或呈分叶状。质软、脆,轻微创伤就可能引起明显出血,少数可出现坏死、溃疡,表面结棕黄色或黑色痂。无自觉症状,无压痛等。但若继发细菌感染则可见基底红肿、疼痛、触痛。

妊娠性肉芽肿可能为本病的亚型,多发生于孕妇的齿龈,组织学上表现相同。

原发损害受刺激后可于周围发生卫星灶。

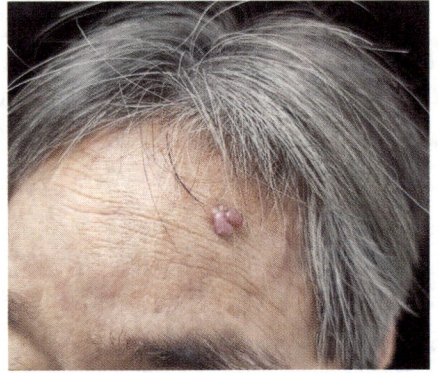

图30-20　化脓性肉芽肿

【组织病理】

典型病理改变为外生性息肉样结构,两侧表皮向内呈衣领状包绕肿瘤组织。肿瘤内大量毛细血管及小静脉增生,可见明显的纤维化间隔。

【诊断和鉴别诊断】

结合临床表现和组织病理学改变,诊断不难。需与无色素性黑色素瘤、卡波西肉瘤、血管球瘤和疣相鉴别。在诊断存疑的病例中,组织病理学有助于诊断。

【预防和治疗】

大多数病灶在局部麻醉下行基底部削切即可。切除并缝合可减少术后出血,降低复发率。应告知患者术后有复发的可能。脉冲染料激光也是一种安全有效的治疗方法,特别适用于儿童。另有文献报道使用油酸单乙醇胺作为硬化剂的治疗方法,该方法无明显瘢痕形成,无复发。

第十九节　嗜酸性粒细胞增多性血管淋巴样增生

嗜酸性粒细胞增多性血管淋巴样增生(angiolymphoid hyperplasia with eosinophilia,ALHE)是一种原因不明的良性血管性损害。

【病因和发病机制】

ALHE病灶内大血管常出现血管壁损伤或破裂,提示创伤或动静脉分流可能与该病相关。此外,还可能与内分泌、肿瘤等相关。

【临床表现】

多见于青壮年。好发于头颈部,尤其是耳周、前额和头皮,少数发生于肢端、躯干等部位(图30-21)。皮疹为皮下或皮内结节,呈黄褐色、棕色、粉红色或暗红色。约一半的患者有多个病灶,聚集性分布。皮内结节直径一般小于1cm,皮下结节直径可达5~10cm。多孤立,部分融合。质坚实,多可推动。持续存在,逐渐增多。一般无自觉症状,也可能有疼痛、瘙痒或搏动感。部分皮损可自行消退。

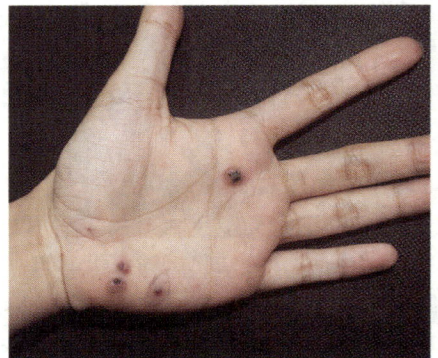

图30-21　嗜酸性粒细胞增多性血管淋巴样增生

【组织病理】

包括血管病变和细胞浸润,病变累及真皮或皮下组织,边界清楚。血管增生,内皮细胞肿胀,其核大,细胞质嗜伊红,呈柱状或立方状,突向血管腔,形成扇贝状或鹅卵石状外观。血管周围见广泛的淋巴细胞、组织细胞和数量不等的嗜酸性粒细胞浸润,并可混杂一些肥大细胞和浆细胞。有时嗜酸性粒细胞数量少甚至可缺如。可见中等到较大动脉炎性浸润,伴有腔隙阻塞,弹力层损害,甚至血管壁破裂。在陈旧性病变中,纤维化更明显,炎症和血管减少。约40%病例可见具有生发中心的淋巴样滤泡。

【诊断和鉴别诊断】

根据临床表现结合组织病理学,诊断不难。在临床上需与表皮样囊肿、圆柱瘤、血管瘤及化脓性肉芽肿等相鉴别。在组织病理学上应与血管肉瘤相鉴别。

【治疗】

可外科手术切除,小的结节可激光治疗。少数病例可自行消退。约三分之一的病灶在切除后复发。

第二十节　皮肤假性淋巴瘤

皮肤假性淋巴瘤(cutaneous pseudolymphoma,CPL)是指临床和/或组织病理上类似皮肤真性淋巴瘤的一组皮肤淋巴细胞浸润性疾病。其原因不明,可能与节肢动物叮咬、药物、感染(伯氏疏螺旋体、疱疹病毒、人类免疫缺陷病毒)等已知刺激因素有关。损害主要由T或B淋巴细胞介导,或二者混合组成。大多数为多克隆性,但也有T或B淋巴细胞单克隆增生的报告。其中一部分单克隆增生可发展为恶性淋巴瘤。因此该类疾病为一组病谱性疾病,一端为临床、组织病理及免疫表型均为良性的疾病,另一端为组织学及免疫表型均具备了可疑的恶性淋巴瘤的某些表现,部分可发展为恶性淋巴瘤。

这类疾病主要包括:①皮肤淋巴细胞浸润症(lymphocytic infiltration of skin);②节肢动物叮咬和持久性疥疮结节;③伯氏疏螺旋体性淋巴细胞瘤;④苯妥英钠药疹;⑤血管免疫母细胞淋巴结病;⑥淋巴瘤样丘疹病;⑦光线性类网织细胞增生症;⑧淋巴细胞瘤;⑨淋巴瘤样接触性皮炎等。

【临床表现】

多见于青壮年。发病前可有节肢动物叮咬或持久性疥疮结节;药物超敏反应综合征有用药史,单纯药物引起的假性淋巴瘤可由卡马西平、别嘌醇、D-青霉胺等引起。该病部分具有好发部位,如伯氏疏螺旋体假性皮肤淋巴瘤好发于颊部、鼻部、耳垂、乳头、乳房及阴囊等部位。持久性疥疮结节好发于外阴部。光线性类网织细胞增生症往往最初局限于暴露部位。

一般皮损好发于头颈部及上肢暴露部位,特别是鼻部,偶见于臀部,其他部位少见。典型损害为斑块、丘疹、结节,呈红色,境界清楚,浸润明显,无自觉症状或有痒感(图30-22)。部

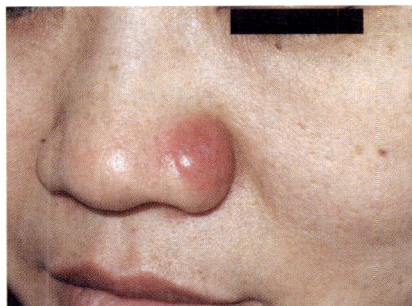

图30-22　皮肤假性淋巴瘤

分损害可自行消退。但应注意虽然上述疾病目前为良性,经过一段时间,部分可发展成皮肤恶性淋巴瘤,部分可与皮肤恶性淋巴瘤同时存在或发生在其后。

【诊断和鉴别诊断】

皮肤假性淋巴瘤与皮肤淋巴瘤的鉴别诊断常需要结合临床资料、组织病理学检查、免疫检查及必要的随访。假性淋巴瘤浸润常对称、局限,有时边界清楚。浸润细胞出现较多嗜酸性粒细胞、组织细胞、浆细胞,多提示反应性过程,常见于假性淋巴瘤。浸润模式呈倒三角形,提示假性淋巴瘤,而正三角形浸润多为恶性淋巴瘤。浸润细胞为多克隆性,提示反应性过程,寡克隆性提示恶性增生。但并非

绝对,需动态观察。检测基因重排有一定意义。

【治疗和预后】

本病目前尚无特效治疗方法。对于有明确病因的皮肤假性淋巴瘤,去除诱因后常可自行缓解,如药物引起的 CPL 停用相关药物后数周皮损可消退;病因不明者,病程通常较长,皮损可能自行消退,但也存在消退后数月或数年后又在局部复发的现象。目前的治疗方法包括手术切除、光动力疗法、干扰素等,但可能复发。本病预后良好,但存在转变为恶性淋巴瘤的可能,因此需要长期随访。

第二十一节　淋巴瘤样丘疹病

淋巴瘤样丘疹病(lymphomatoid papulosis,LyP)为原发皮肤 T 细胞淋巴增生性疾病谱中的一种,慢性病程,由 Macaulay 于 1968 年首先报道。根据 2018 年 WHO-EORTC 原发性皮肤淋巴瘤分类,本病归属于原发皮肤 CD30$^+$淋巴增殖性疾病。若皮损局限于一个区域称为限局型淋巴瘤样丘疹病。该类疾病特点为慢性、复发性、自限性丘疹结节性或丘疹坏死性皮肤损害。病因尚不明确,推测与 EB 病毒感染、蚊虫叮咬及外用药刺激等因素有关。

【临床表现】

本病多发生于 40 岁以后,女性稍多见。皮损好发于躯干及四肢近端,偶尔可见于口腔或生殖器黏膜。皮损成批出现,数个至数十个,常对称分布。不同时期的皮损可共存。初起为针头至绿豆大淡红、紫红或淡红棕色水肿性丘疹,中央可为出血性,直径通常小于 15mm。少数发展成结节或肿瘤,亦可产生水疱、坏死、破溃或结痂(图 30-23)。临床类似于急性痘疮样苔藓样糠疹。皮损可自行消退,留有色素沉着或萎缩性瘢痕。一般单个皮损经 3~4周或数月消退。常复发,病程慢性,可达数年。部分患者类似于慢性痘疮样苔藓样疹,出现小而坚实、苔藓样、淡红色丘疹,表面被覆鳞屑。少见类型有种痘样水疱病样、脓疱型、坏疽性脓皮病型、表皮显著增生型等。

患者一般情况良好,血象正常,偶见 Sézary 细胞样细胞或丙种球蛋白增加,极少数患者有全身淋巴结肿大或甲状腺炎。5%~10%的患者可发展成蕈样肉芽肿、霍奇金病、原发性皮肤 CD30$^+$间变大细胞淋巴瘤或其他淋巴瘤等。

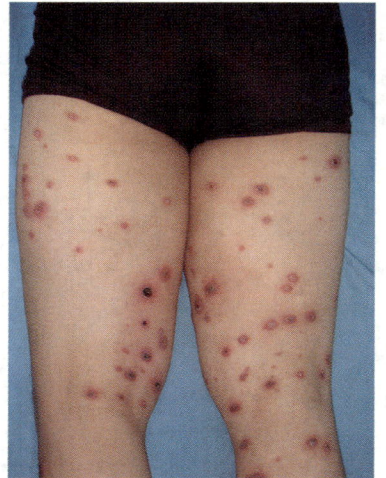

图 30-23　淋巴瘤样丘疹病

【组织病理】

皮肤组织病理检查对本病有诊断和分型价值。病理学表现分为 7 种类型,分别为 A、B、C、D、E、F、6p25.3 染色体重排型。这些类型可同时出现,或出现于疾病的不同时期,个别皮损可兼具多型特点,皮损组织学亚型和预后无关。①A 型(组织细胞型):最常见,表皮常增生,部分可呈假上皮瘤样或角化棘皮瘤样增生。真皮内浸润呈楔形,由散在或群集的间变性大细胞混合较多小淋巴细胞、组织细胞、中性粒细胞及嗜酸性粒细胞组成,间变性大细胞不超过浸润细胞的 50%,其细胞质丰富,类似组织样细胞。②B 型(蕈样肉芽肿型):此型少见(少于 10%)。表皮常萎缩,真皮内浸润呈楔形或带状,浸润细胞由小至中等大小的多形性淋巴细胞组成,形态不规则,多呈脑回状,深染,有亲表皮性,病理表现类似蕈样肉芽肿。③C 型(间变大细胞淋巴瘤样型):表现为较多形态单一的、CD30$^+$大 T 细胞浸润,而炎症细胞较少。病理学上与间变大细胞淋巴瘤难以区别,需结合临床诊断。④D 型:惰性进展,但病理表现为明显亲表皮的 CD8$^+$淋巴细胞浸润,细胞为小至中等大小的淋巴细胞,与原发皮肤侵袭性亲表皮 CD8$^+$T 细胞淋巴瘤病理类似,但肿瘤细胞不同程度的表达 CD30 标记。D 型 LyP 与急性痘疮样苔藓状糠疹之间无法绝对区分,二者有可能是谱系性疾病。⑤E 型(亲血管型):表现为多形性淋巴细胞的亲血管性浸润,部分患者可以观察到血管破坏现象,并有血管内血栓。⑥F 型(亲毛囊型):表现为毛囊周围真皮浅层非典型淋巴细胞和炎细胞浸润,其中可见多核的里-施细胞,但也有研究发现在各型 LyP 中均能观察到亲毛囊现象,因此亲毛囊性 LyP 是否为独立的亚型尚值得商榷。⑦6p25.3 染色体重排型:该型又称混合型,具有两种不同类型的肿瘤细胞。浅表的肿瘤细胞为脑回状小淋巴细胞,具有亲表皮性,在表皮内形成类似佩吉特样网状细胞增生症的表现;深部为细胞形态较大的间变性淋巴细胞,呈片状和结节状增生。肿瘤细胞表达 CD30,其中浅表的小型肿瘤细胞染色程度弱于深部大肿瘤细胞。此类病例独特的分子生物学特点是肿瘤细胞发生染色体 6p25.3 上的 *DUSP22-IRF4* 基因重排。

免疫组化可见 A 型和 C 型淋巴瘤样丘疹病肿瘤细胞表达 CD30,呈簇集或呈大片状分布,大部分肿瘤细胞呈 CD3$^+$、CD4$^+$、CD8$^-$。B 型肿瘤细胞仅 CD4$^+$,几乎不表达 CD30。D 型和 E 型中的肿瘤细胞同时表达 CD8 和 CD30。6p25.3 染色体重排型的肿瘤细胞表达 CD30,表皮层的小型肿瘤细胞染色程度较深部大肿瘤细胞弱。PCR 基因克隆重排见于约 60% 以上的淋巴瘤样丘疹病损害。

【诊断和鉴别诊断】
根据临床表现、皮损特点、组织病理特征、免疫组化检查即可诊断。需要与以下疾病相鉴别。

1. 急性痘疮样苔藓样糠疹　皮损的临床表现与本病相似,但组织病理学上浸润细胞一般中等量,无双核或多核异形细胞。

2. 浸润期蕈样肉芽肿　真皮乳头常硬化,但胶原一般不坏死,不见血管炎,很少见红细胞外溢,血管壁不增厚,腔内不见中性粒细胞,很少见双核或多核细胞。

3. 原发性皮肤 CD30$^+$ 间变大细胞淋巴瘤　成人多见。皮损多为直径>1cm、单发或多发的结节。表面常破溃。病理上,真皮内肿瘤细胞弥漫浸润,可累及皮下脂肪。大部分肿瘤细胞表达 CD30。

【治疗和预后】
本病具有自限性,病程 3 个月~40 年,典型损害可在 8 周内自愈,5 年生存率可达到 100%。但尚无证据证明治疗能防止继发性淋巴瘤的发展。对于少量非瘢痕性皮损,可给予观望疗法,皮损变大时,可观察 4~6 周,若皮损未自行消退,应给予相应处理;对于急性患者,可口服泼尼松 20mg/d,在 2~3 周内渐减量;慢性患者可试用四环素、抗疟药、甲氨蝶呤或免疫调节剂治疗。可选用 PUVA 系统性或局部治疗。局部可应用糖皮质激素、5% 咪喹莫特、卡莫司汀(卡氮芥)。如发生恶性淋巴瘤,则应按淋巴瘤的类型进行治疗。

第二十二节　伴巨大淋巴结病的窦性组织细胞增生症

伴巨大淋巴结病的窦性组织细胞增生症(sinus histiocytosis with massive lymphadenopathy,SHML),于 1961 年由 Lennert 首先报道,1969 年,罗萨伊和多尔夫曼对此病进行了全面描述,因此该病又称罗萨伊-多尔夫曼(Rosai-Dorfmandisease,RDD)。该病是一种少见的良性自限性疾病,病因不明。可发生于任何年龄,多见于儿童及青少年。发病无明显性别差异。临床上以颈巨大淋巴结病伴发热等症状为主要表现,组织病理学上以窦组织细胞增殖浸润为特征。

【发病机制】
病因迄今未明,可能与特异性感染和免疫缺陷有关。有人认为由于免疫球蛋白受血细胞调理素作用,产生的自身抗体阻断细胞表面的特异性受体,促使单核巨噬细胞系统的非特异巨噬细胞活性增强而发病。也有认为该病与人类疱疹病毒 6 型、8 型及 EB 病毒等感染有关。

【临床表现】
1. 无痛性进行性浅表淋巴结肿大　本病主要累及颈部淋巴结,颈部无痛性巨大淋巴结为典型表现,多累及双侧,也可发生于腋窝及腹股沟淋巴结。淋巴结常相互粘连,融合成巨大肿块。可为局限性孤立,也可为多发性全身浅表淋巴结肿大。亦可累及深部淋巴结。可同时或先后肿大。淋巴结经

几周至几个月的进行性肿大后,可自行消退。大多经 9~18
个月完全消退。通常结外损害首先消退,而淋巴结病可持续
多年。少数患者的淋巴结可持续肿大,偶有致死的报道。

2. **结外病变** 约 1/4 患者可伴有结外病变。多累及皮
肤、上呼吸道、骨、泌尿生殖系统、涎腺、眼、肝、心脏及中枢神
经系统等。皮损多形性,呈棕红色斑疹、斑片、淡红褐色丘
疹、斑块和结节,表面可糜烂和结痂,皮损直径可达数厘米,
好发于躯干、面部和四肢(图 30-24)。大多皮损为多发性、泛
发性,无自觉症状。

3. **慢性炎症征象** 临床上可见到发热、贫血、中性粒细
胞升高、红细胞沉降率增快及高丙种球蛋白血症等。

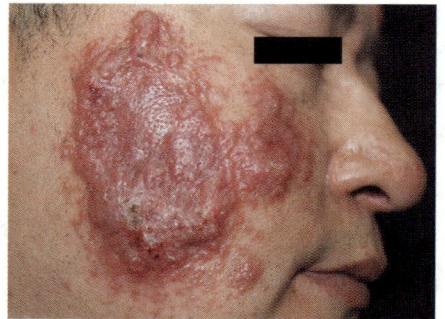

图 30-24 伴巨大淋巴结病的窦性组织
细胞增生症(结外病变)

【组织病理】

在小的丘疹性皮疹的组织中,紧贴表皮基底细胞层的真皮上部可见灶性炎症细胞浸润。在大的
结节皮损中,浸润可累及整个真皮和皮下浅部,浸润细胞主要为核空、细胞质淡嗜酸性的组织细胞,
有时也可见双核或多核组织细胞。有的似上皮样细胞,有的细胞质呈泡沫状,偶见图顿(Touton)巨
细胞。约一半病例见吞噬淋巴细胞现象。组织细胞为 CD68⁺、S-100⁺阳性、CD1⁻,电镜下无伯贝克
(Birbeck)颗粒。除组织细胞外还可见多量淋巴细胞及浆细胞浸润,形成"明暗相间"结构。

【诊断和鉴别诊断】

当临床上具有慢性炎症表现,如发热、贫血等,同时伴有无痛性颈淋巴结进行性肿大时应考虑到
本病的可能。主要依据组织病理改变确诊。

外周血检查可见血红蛋白降低,中性粒细胞升高或正常。红细胞沉降率增快,免疫球蛋白亦可增
高。必要时可做心电图、B 超、X 线、CT 及骨穿刺等检查。

须和本病相鉴别的疾病有皮肤纤维瘤、黄瘤、恶性淋巴瘤、Castleman 病、血管免疫母细胞淋巴结
病(AILD)及各种组织细胞增多症,包括恶性组织细胞病、噬血细胞综合征等。

【治疗和预后】

本病为自限性疾病,多数患者呈良性经过,数月至数年后可自行消退,预后较好,一般无需治疗。
各种抗生素、抗结核药物对本病均无效。皮质类固醇可使体温下降,但对淋巴结病无效。放疗可使淋
巴结稍缩小。各种抗肿瘤药对本病也无效。症状明显者可给予对症支持治疗。对于泛发者可系统应
用糖皮质激素、沙利度胺及长春新碱等。对于单发较小的皮损可采取手术切除,局部也可外用或皮损
内注射糖皮质激素。而淋巴结病可持续多年,伴发免疫异常者预后不良。

第二十三节 朗格汉斯细胞组织细胞增生症

朗格汉斯细胞组织细胞增生症(Langerhans cell histiocytosis,LCH)是一种朗格汉斯细胞的克隆性
增生性疾病,可侵犯多个器官,主要侵犯骨、皮肤、淋巴结、肺、肝等。肿瘤细胞表达免疫标记 S-100 蛋
白、CD1a、Langerin(CD207),其细胞质内含有 Birbeck 颗粒。

LCH 代表一个疾病病谱,历史上将其分为四种不同疾病,但实际上,各种疾病存在重叠,包括莱特
勒-西韦病(Letterer-Siwe disease,LS)、韩-薛-克病(Hand-Schuller-Christian disease,HSC)、嗜酸细胞肉
芽肿(eosinophilic granuloma,EG)和先天性自愈性网状组织细胞增生症(Hashimoto-Pritzker disease,
HPD),现在则根据受累器官数量和这些器官是否伴有功能障碍进行分类。

发病机制为 *BRAF* V600E 基因突变等。

【临床表现】

根据受累部位和范围的不同,LCH 患者的临床表现也不同。约 55% 的患者损害局限于单个器官

系统(例如骨),而其余患者则表现为多系统疾病。疾病累及的区域和范围在一定程度上因患者年龄而异。本病主要见于1~4岁儿童。

1. 皮肤黏膜损害　皮损表现为淡红、红褐或黄色丘疹,分布广泛,好发于间擦部位、耳后和头皮,似脂溢性皮炎。口腔黏膜可受累,典型表现为浸润性结节、溃疡、牙齿变形和牙槽骨缺失(图30-25)。

2. 内脏损害　大多数LCH患者存在骨受累,可以累及任何骨骼,最常受累部位随患者年龄的不同而异,儿童最常受累的部位是颅骨(40%)、股骨。患者主诉可为局部区或骨痛;检查时,常见突起、质软的压痛点。放射影像学检查通常显示溶骨性"穿凿样"外观,有时伴有软组织肿块。

3. 淋巴结和骨髓　约20%的患者有淋巴结肿大。颈部淋巴结最常受累。由于骨髓广泛受累,患者可出现贫血、血小板减少和反复感染。患者可合并多脏器衰竭,在短期内死亡。

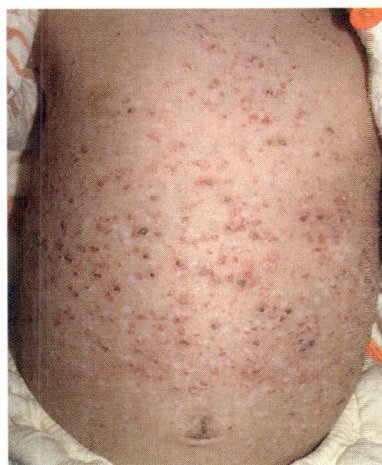

图30-25　朗格汉斯细胞组织细胞增生症

4. 肝脏　肝脏受累包括肿瘤样、囊性病变或整个肝脏肿大,可伴有转氨酶升高、肝功能障碍。

5. 中枢神经系统　中枢神经系统受累相关的症状随病灶部位不同而异。最常见的是尿崩症和神经退行性症状(共济失调及认知功能障碍)。通常表现为多尿、夜尿和/或烦渴。患者还可能因眼眶区域的软组织肿块而发生眼球突出。

【组织病理】

组织学表现多样。典型丘疹的组织学表现为真皮乳头LCH,细胞大,直径10~15μm,细胞核呈肾形。真皮内LCH常混合嗜酸性粒细胞、中性粒细胞、淋巴细胞、肥大细胞及浆细胞浸润。LCH免疫组化标记CD1a$^+$、S-100$^+$和CD207$^+$,但不表达ⅩⅢa因子,电子显微镜在病变细胞内可发现特征性的Birbeck颗粒。

【诊断和鉴别诊断】

根据临床表现、组织病理学和免疫组化特征,可诊断。本病的皮肤损害需与脂溢性皮炎、肥大细胞增多症、黄色肉芽肿、多发性骨髓瘤和非朗格汉斯细胞组织细胞增生症相鉴别。

【治疗】

治疗方案的确定取决于受累系统的数量和严重程度。

仅有皮肤病变的轻度病例,可局部外用治疗,包括外用糖皮质激素、盐酸氮芥、咪喹莫特。

系统治疗包括2-氯脱氧腺苷、阿糖胞苷、达拉菲尼(dabrafenib)和维莫非尼(vemurafenib)、同种异体造血干细胞移植等。

第二十四节　肥大细胞增多症

肥大细胞增多症(mastocytosis)是正常表型的肥大细胞在皮肤、骨髓和其他器官中增多,从而出现的一组谱系性疾病。儿童期预后较好,50%~70%的患者在青春期可缓解。成人期发病多为慢性病程,常有皮肤外器官受累和系统症状。

WHO将肥大细胞增多症分为皮肤肥大细胞增多症和惰性系统性肥大细胞增多症等七类。

【病因】

本病为组织中肥大细胞过度积累和释放介质所致。肥大细胞含有多种血管活性介质,包括组胺、肝素、白三烯、前列腺素类、血小板活化因子、蛋白酶和细胞因子等,正常情况下,通过释放这些化学物质并产生炎症反应来保护机体免受微生物入侵和其他伤害。病理情况下,肥大细胞释放的介质导致一系列症状出现。肥大细胞表达酪氨酸激酶受体 KIT（CD117），KIT 结构和活性的改变是肥大细胞增多症发病机制中的关键环节。

【临床表现】

皮肤肥大细胞增多症包括丘疹型皮肤肥大细胞增多症（色素性荨麻疹）、肥大细胞瘤、弥漫性肥大细胞增多症。

1. 色素性荨麻疹（urtica pigmentosa）　是皮肤型肥大细胞增多症中最常见类型，皮疹可于出生时就有或在出生后第 1 年发生，也可见于较大的儿童和成人。皮损全身弥漫分布，颜面、掌跖少见。表现为红色或棕红色圆形、椭圆形斑疹、丘疹、斑块，直径 2~3cm，由于色素沉着的增加，颜色逐渐变深（图 30-26）。皮疹通常出现风团和潮红反应。轻微创伤诱发风团，即 Darier 征阳性，是本病的特征。许多患者表现为广泛的皮肤划痕症。偶尔出现水疱。

2. 肥大细胞瘤　皮疹常单发，为直径 1~5cm 的斑块或结节，褐色或橘黄色，呈皮革样，边界清楚，多分布于四肢，也可见于躯干、面部和头皮，但掌跖不累及。主要见于儿童，常在出生后 3 个月发病，青春期前后自行消退，不伴系统损害。

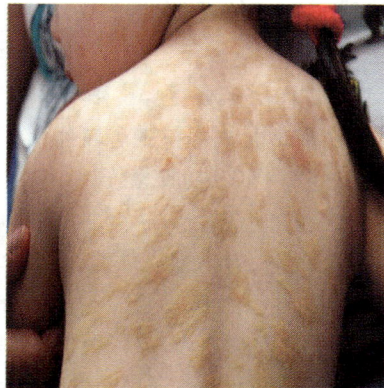

图 30-26　色素性荨麻疹

3. 弥漫性皮肤肥大细胞增多症　出生后数月发病，表现为皮肤增厚，皮革样改变，伴有弥漫性分布、程度不一的色素沉着，常自行消退，系统受累很少见。该病表现为皮肤弥漫性受累，而不是单个皮损融合。

【组织病理】

肥大细胞聚集成群出现于真皮浅部的胶原纤维之间，也可出现于血管、毛囊及汗腺周围以及组织间隙内。

【诊断和鉴别诊断】

皮损局部抓擦后引起风团反应，组织病理中如见到肥大细胞的浸润即可确诊。

色素性荨麻疹应与药疹、炎症后色素沉着相鉴别，丘疹、结节损害应与幼年黄色肉芽肿及黄色瘤相鉴别。

【治疗】

治疗方法及预后与疾病分型密切相关。皮肤肥大细胞增多症预后良好，青春期前可自愈。

系统性肥大细胞增多症可用多激酶/KIT 抑制剂米哚妥林、酪氨酸激酶抑制剂伊马替尼治疗。

第二十五节　嗜酸性粒细胞增多性皮炎

嗜酸性粒细胞增多综合征（hypereosinophilic syndrome，HES）是一组病因不明，以血液和骨髓嗜酸性粒细胞持续增多，组织中大量嗜酸性粒细胞浸润为特征的疾病。嗜酸性粒细胞增多性皮炎（hypereosinophilic dermatosis，HED）是嗜酸性粒细胞增多综合征的轻型或此疾病谱的良性端，是一种特发性嗜酸性粒细胞增多引起的皮肤病。半数以上 HES 出现皮肤黏膜损害。

【病因和发病机制】

病因尚不明确。各种类型的 HES 均是由于嗜酸性粒细胞的产物造成终末器官损伤所引起，临床病情改善常伴有嗜酸性粒细胞数量降低。发病机制分为原发（肿瘤）性 HES 和继发（反应）性 HES。前者携带 *FIP1L1-PDGFRα* 融合基因和其他基因异常，出现多系统损害。后者嗜酸性粒细胞不具备克隆性，而淋巴细胞表现为异常克隆性增殖，通常有独特的表型。这些 T 细胞活化后分泌产生 Th2 类细胞因子（IL-5、IL-4、IL-13），IL-5 诱导产生嗜酸性粒细胞生成素继而活化嗜酸性粒细胞，后者释放毒性颗粒内容物,引起一系列临床症状。

【临床表现】

HED 以中老年男性多见。皮疹泛发,多形性,有红斑、丘疹、风团、结节等,瘙痒剧烈(图 30-27)。病程慢性者因长期搔抓可致皮肤出现苔藓样改变。患者一般健康状况好,无系统损害。部分可伴有发热、乏力、体重下降、四肢非凹陷性水肿、浅表淋巴结肿大等。

【实验室和辅助检查】

实验室检查外周血嗜酸性粒细胞增多,无寄生虫感染等明确引起嗜酸性粒细胞增多的原因。

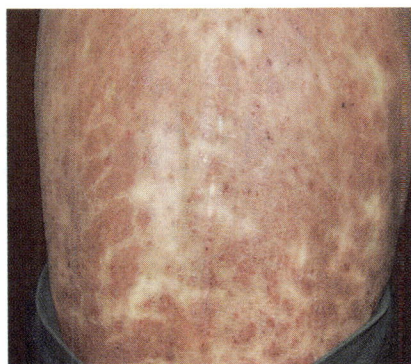

图 30-27　嗜酸性粒细胞增多性皮炎

组织病理见表皮轻度棘层肥厚、海绵水肿,可有灶性角化不全。真皮内血管周围中等密度嗜酸性粒细胞、淋巴细胞及组织细胞浸润。真皮中上层小血管管壁增厚,内皮细胞肿胀。

【诊断和鉴别诊断】

诊断 HES 需要符合以下 3 项条件。

1. 嗜酸性粒细胞血症(blood eosinophilia)。

2. 嗜酸性粒细胞增多(hypereosinophilia)相关的器官损害。

3. 无其他合理原因可解释已有的器官损害。

高嗜酸性粒细胞血症:外周血嗜酸性粒细胞绝对计数 $>1.5 \times 10^9$/L,且两次检查至少间隔 1 个月;组织嗜酸性粒细胞增多:骨髓嗜酸性粒细胞百分比大于有核细胞总数的 20%,和/或组织有明显的嗜酸性粒细胞浸润,和/或组织有明显的嗜酸性颗粒蛋白释放(若无明显的嗜酸性粒细胞浸润)。

HED 指仅有皮肤受累的 HES。鉴别诊断包括荨麻疹、特应性皮炎、药物性皮炎、韦尔斯(Wells)综合征等。

【治疗】

治疗目标为缓解症状和将患者外周血嗜酸性粒细胞数量减到 $(1~2) \times 10^9$/L 或以下。携带 *FIP1QL1-PDGFRα* 融合基因者,用伊马替尼治疗;非携带 *FIP1QL1-PDGFRα* 融合基因者,可系统使用糖皮质激素、α 干扰素(IFN-α)、IL-5 单克隆抗体、羟基脲等治疗。

(鲁严　纪超　栗玉珍　王飞)

思考题

1. 试述瘢痕的病因以及预防和治疗策略。

2. 简述鲜红斑痣的临床表现及治疗。

3. 简述假性淋巴瘤的种类及预后。

4. 简述伴巨大淋巴结病的窦性组织细胞增生症的临床表现及病理学特征。

5. 嗜酸性粒细胞增多性皮炎如何诊断?

第三十一章
皮肤恶性肿瘤及癌前期病变

【学习要点】

1. 鳞状细胞癌是常见的皮肤恶性肿瘤,常在一些皮肤病基础上发生,治疗以手术为主。

2. 基底细胞癌是最常见的皮肤恶性肿瘤之一,发病与长期日晒密切相关,生长缓慢,极少转移,治疗以手术为主。

3. 黑色素瘤是高度恶性肿瘤,早期发现、早期手术切除是最有效的治疗方法,免疫治疗是新兴的治疗方式。

4. 皮肤淋巴瘤根据受累器官可分为原发性和继发性,根据起源细胞的类型可分为 T 细胞淋巴瘤、B 细胞淋巴瘤、真性组织细胞淋巴瘤和罕见类型的淋巴瘤。治疗目的主要是控制或减轻病情,以提高生存治疗及总体生存率。

第一节　光线性角化病

光线性角化病(actinic keratosis)又称光化性角化,具有发展为侵袭性鳞癌的可能性,因此被认为是一种癌前期病变。也有学者认为该病类似宫颈或外阴上皮内瘤,称其为角质形成细胞性表皮内新生物。光线性角化病的发生与日光损伤密切相关,皮损多发者最终发展为鳞癌的风险升高。

【病因和发病机制】

紫外线照射和机体的遗传易感性是发生光线性角化的重要影响因素。在免疫缺陷小鼠模型中,用 UVB 照射可诱发光线性角化。

【临床表现】

白种人常见,特别是中老年肤色较浅、慢性日光暴露和长期户外工作者以及儿童期有日晒伤病史者,男性多于女性;常发生于光暴露部位,包括面、耳、下唇、手背、前臂以及脱发的头皮,也可发生在其他部位。皮损初起表现为绿豆、黄豆大小红色斑疹、丘疹,表面覆有白色、淡黄色黏着性鳞屑。有些患者早期仅表现为轻微鳞屑,但同时具有明显皮肤光老化,如皱纹、色素减退等日光损伤表现(图 31-1)。晚期皮损明显增厚,高出皮面,表面粗糙,甚至形成皮角,可伴瘙痒或轻度疼痛。

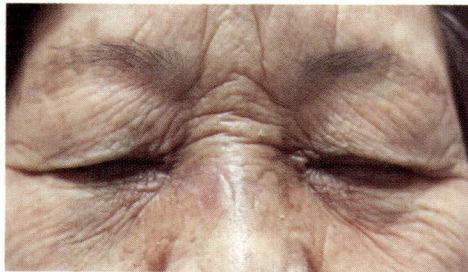

图 31-1　光线性角化病

光线性角化病临床可表现为肥厚型、苔藓型、萎缩型、色素沉着型、原位癌型和棘层松解型等,各型分别具有相对特殊的临床表现和组织病理改变。

【组织病理】

光线性角化病的常见病理改变为表皮角化过度、角化不全,棘层增厚或萎缩,棘层下部、基底层细胞排列紊乱,可有一定异型性,核分裂象可见,局部呈芽蕾状伸入真皮是特征性表现。真皮浅层明显日光弹性纤维变性,真皮乳头及血管周围不同程度淋巴细胞浸润。

【诊断和鉴别诊断】

根据好发于日光暴露部位,有过度角化等光化性改变的皮损,必要时组织病理有助于诊断。应与雀斑、恶性雀斑样痣、脂溢性角化、黑色素瘤、盘状红斑狼疮等相鉴别。

【预防和治疗】

避免阳光暴晒。治疗方法包括物理治疗、外用药物及系统治疗。可根据不同皮损选择适当治疗方法,同时加强定期随访,避免复发。

1. **物理治疗**　多数损害可通过激光、冷冻、电灼、微波、皮肤磨削术、光动力等物理治疗,也可选取手术切除。

2. **外用药物治疗**　局部应用 5-氟尿嘧啶霜或溶液、0.025%~0.050% 维 A 酸、5% 咪喹莫特软膏等。

3. **系统药物治疗**　口服维 A 酸类药物适用于多发的角化明显损害。

第二节　鳞状细胞癌

鳞状细胞癌(squamous cell carcinoma)简称“鳞癌”,是常见的皮肤恶性肿瘤之一。鳞癌常在一些皮肤病基础上发生,包括慢性溃疡、烧伤瘢痕、盘状红斑狼疮、慢性放射线皮炎、着色性干皮病、长期 HPV 感染等,有的由光线性角化病转变而来。

【病因和发病机制】

鳞状细胞癌的发生可能与长期接触理化因素、病毒感染、炎症刺激及机体免疫抑制状态相关。其中,理化因素包括紫外线、射线、煤焦油、沥青和砷剂等;长期的 HPV 感染和鳞癌的发生密切相关,如龟头、宫颈等生殖器部位发生的疣状癌、宫颈癌以及外阴肛周的巨大型尖锐湿疣也是低度恶性的鳞状细胞癌;长期炎症刺激包括经久不愈的慢性溃疡、瘢痕、盘状红斑狼疮和寻常狼疮等,均与鳞状细胞癌发生有关;长期应用免疫抑制剂患者,如器官移植患者皮肤鳞状细胞癌的发生率升高。

【临床表现】

常见于 50 岁以上中老年人,好发于头面、手背等光暴露部位,也可见于非光暴露部位。皮肤病变初发为暗红色斑块、结节或溃疡;继而明显增生呈菜花状或乳头状;随后向四周扩展,中央常破溃形成溃疡,基底部浸润,触之较硬、边界不清,溃疡底部高低不平,易出血(图 31-2),可坏死结痂,腥臭明显;皮损若进一步向深部侵袭可达肌肉或骨骼,常伴明显疼痛。鳞癌早期仅表现为局部症状,发生淋巴管转移的晚期患者可出现发热、消瘦等全身症状。

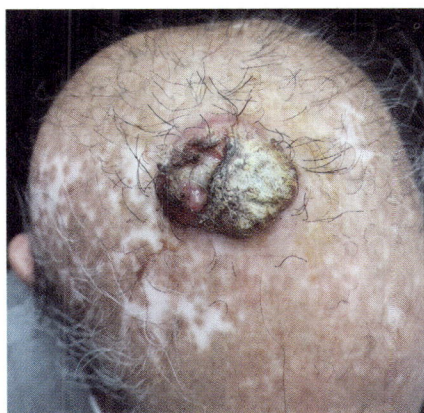

图 31-2　鳞状细胞癌

【组织病理】

原位鳞癌表现为表皮细胞排列紊乱、有异型性。随病程进展,鳞癌组织自表皮向下侵袭,突破基底膜至真皮,细胞核大小及染色不一,核分裂象常见。根据细胞分化和角化程度,高分化的 I 级或 II 级癌细胞间可见到细胞间桥,角化明显可出现鳞状旋涡、角珠,恶性程度低;低分化的 III 级或 IV 级大多由未分化或低分化的梭形细胞组成,无角珠或较少,可见个别角化不良细胞,侵犯真皮深层,恶性程度较高。肿瘤组织周围可伴有淋巴细胞、中性粒细胞、组织细胞及浆细胞等细胞浸润。鳞状细胞癌组织学分型包括棘层松解型、假性腺样型、Bowen 样型、硬化型和黏液型等。

【诊断和鉴别诊断】

根据头面部等好发部位出现质地较硬的斑块或结节、向周围扩展,乳头瘤样或菜花样,易形成溃疡,表面污秽,应尽早行病理活检。如果有慢性溃疡、放射损伤、烧伤瘢痕和肥厚性红斑狼疮等原发皮肤病更应警惕,皮肤组织病理学检查是确诊手段。需与基底细胞癌、日光性角化、角化棘皮瘤和一些深部真菌感染相鉴别。

【预防和治疗】

1. 手术治疗

（1）常规手术治疗：对于常见较小肿块手术切除即可。根据肿瘤部位和深度不同，常需要切除超过边缘 0.6~2cm。局部淋巴结穿刺活检结果显示有受累需要清除局部淋巴结。如果耳前损害侵犯腮腺，预后较差。口唇鳞状细胞癌淋巴结转移率较高，在治疗时要加以重视。直径大于 2cm 的鳞状细胞癌复发率和转移率升高。深度超过 4mm 的损害转移扩散率为 45.7%，而不超过 4mm 的鳞状细胞癌转移扩散率仅为 6.7%。

（2）Mohs 手术切除：Mohs 手术的显著优点是经组织学确认后切除病变，最大限度保留正常组织，复发率明显降低。适合于眶周、鼻、耳郭等部位肿瘤和复发风险高、皮损较大、边界不清的鳞状细胞癌。

2. 药物治疗　部分损害边界不清患者，术后可联合应用 5-氟尿嘧啶、5% 咪喹莫特乳膏治疗，或采用 ALA 光动力治疗。对于头颈部鳞状细胞癌发生转移患者，在积极的手术治疗、淋巴结清扫后，有些需要适当化疗。

3. 放射治疗　对于有手术禁忌证或手术后有高复发风险的患者可行放射治疗，但其缺点是边缘控制差、治疗时间延长，增加了放射线引起皮肤癌的风险。

第三节　基底细胞癌

基底细胞癌（basal cell carcinoma，BCC）又称基底细胞上皮瘤，是最常见的皮肤肿瘤之一。BCC由类似表皮基底层或附属器的基底样细胞构成，低度恶性，生长缓慢，极少转移。

【病因和发病机制】

BCC 的发生与紫外线辐射、电离辐射、砷剂暴露以及患者年龄和免疫功能有关。发病率随日光暴露量和年龄的增加而增加，在澳大利亚、美国夏威夷等地区发病率较高。日光暴露，特别是 290~310nm 的 UVB 暴露，能够引起日晒伤，在 BCC 的发生中扮演重要角色。长期应用防晒霜可以预防。接受电离辐射的人群 BCC 风险增加。另外由于环境、职业、医源性因素引起的慢性砷中毒能促进 BCC 的发生。免疫功能低下的器官移植患者 BCC 的发生率升高。

【临床表现】

多见于中年以上、肤色较浅的成人，尤其是长期户外工作者。好发于光暴露部位，如面、耳部、手背和前臂等。根据皮损的临床形态，BCC 可分为五型。

1. 结节溃疡型　较常见亚型，多位于头、颈部，典型损害初发为蜡样小结节，逐渐增大，表面糜烂或破溃，边缘卷起，似珍珠样，伴毛细血管扩张，溃疡中央可结痂（图 31-3）。

2. 浅表型　发生于躯干或四肢，头颈也常见，发病年龄相对年轻，损害多表现为单个或数片红斑，表面鳞屑，轻度浸润，偶尔边缘略隆起，生长模式主要是水平生长（图 31-4）。

3. 色素型　与结节溃疡型相似，但色素沉着明显，边缘呈深褐色，中央呈点状或网状分布。

4. 硬斑病样型　局部皮肤硬化，轻度萎缩，呈白色或黄白

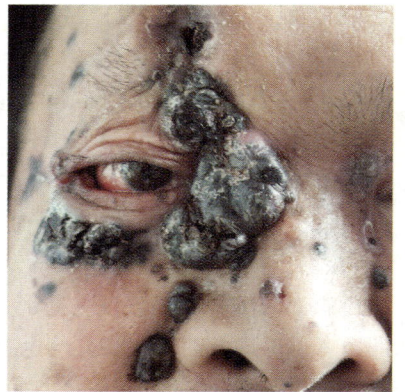

图 31-3　基底细胞癌（结节溃疡型）

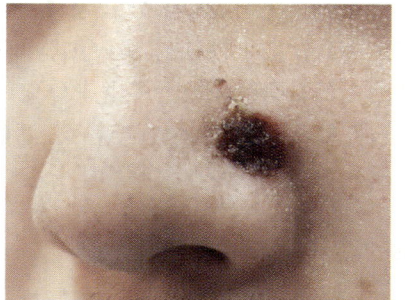

图 31-4　基底细胞癌（浅表型）

色,边界不清,边缘略高出皮面,可有毛细血管扩张,似局限性硬斑病。

5. 纤维上皮瘤型　比较少见,常位于背部,表现为一个或数个高出皮面的红色结节、斑块,质地中等,表面光滑,偶有破溃。

痣样基底细胞癌综合征(nevoid basal cell carcinoma syndrome)是一种常染色体显性遗传病,患者具有多发、多型的 BCC,另外常伴颌骨囊肿、手足点状凹陷和骨骼异常等表现。

【组织病理】

根据分化方向和程度不同分为分化型和未分化型,两型之间无明显界限,可相互交叉。进一步可分为色素型、浅表型、纤维上皮瘤型、硬斑病型、瘢痕型、角化型、腺样型和囊肿型等多种分型。还有釉质样、颗粒状、向不同附属器分化的特殊类型 BCC。虽然组织学类型较为多样,但具有一些基本病变,如瘤细胞团由基底样细胞构成,核大且呈卵圆形或梭形,细胞质少,呈嗜碱性,可见不典型核分裂象;制片时实质和间质之间的黏蛋白收缩导致瘤细胞团与周围结缔组织间质之间常有裂隙,瘤细胞团周边基底样细胞呈栅状排列。

【诊断和鉴别诊断】

根据临床及组织学特征,BCC 诊断较易,注意和老年性皮脂腺增生、脂溢性角化病、Bowen 病、角化棘皮瘤、局限性硬斑病、鳞状细胞癌和黑色素瘤等相鉴别,浅表型不易与日光性角化病、Bowen 病相鉴别。

【预防和治疗】

主要的预防措施为避免阳光暴晒。涂抹防晒产品、使用防晒衣等有一定的预防作用。根据 BCC 损害大小、部位、深浅选取不同治疗方法。常用治疗手段见下表(表 31-1)。

表 31-1　基底细胞癌的治疗

治疗手段	药物	适用情况	注意事项
外用药物	5-氟尿嘧啶 5% 咪喹莫特	浅表型 BCC	轻度刺激
局部封闭	干扰素 α		
光动力	ALA 等光敏剂		
手术治疗	常规手术治疗	常见较小损害单纯手术切除即可,适用于多数 BCC 患者	直径小于 2cm 的非硬斑病样型 BCC,切除留出 4mm 边缘即可
	Mohs 手术切除	复发性 BCC、特殊部位如眶周、鼻周、口周、手(足)指(趾)、生殖器等,尽量保留正常组织,宜选用 Mohs 手术 硬斑病样型、皮损较大、边界不清损害也应选用 Mohs 手术切除	治愈率高于常规手术
其他治疗	冷冻 刮除 激光 电干燥	比较小、局限损害	必要时部分患者可联合其他治疗方法提高疗效

第四节　鲍　恩　病

鲍恩病(Bowen disease)是一种皮肤原位鳞状细胞癌,通常表现为缓慢生长、边界清楚的红斑鳞屑性斑片,可有轻度隆起。位于老年人光暴露部位的 Bowen 病也可在光线性角化病基础上发生,部分可演变成浸润癌。

【病因和发病机制】

Bowen 病的病因和发病机制未明,可能与过度日光暴露、慢性砷中毒、HPV 感染等有关,长期使用免疫抑制剂的患者发生 Bowen 病的风险较高。

【临床表现】

多发生于中老年,躯干和四肢相对多见,也可发生于身体其他任何部位皮肤黏膜,通常为单发,少数多发。早期表现为淡红色丘疹、斑片,上有少许鳞屑,无明显不适。逐渐进展为暗红色或褐色斑块,边界清楚,不规则,稍隆起,表面鳞屑、结痂,不易剥离(图 31-5)。皮损大小不一,呈圆形或不规则形。如强行将痂剥离,则露出颗粒状或乳头状湿润糜烂面,皮损边缘往往色素较深。多数病程缓慢,迁延数年甚至数十年保持原位癌状态,有报告显示约 1/4 进展为鳞癌。

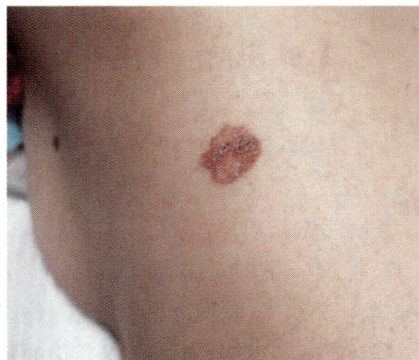

图 31-5 鲍恩病

【组织病理】

表皮宽幅增生,全层细胞排列紊乱,极性消失,可见不典型细胞和角化不良细胞。部分细胞核大,形成瘤巨细胞,异常核分裂象多见,基底层完整。真皮浅层单个核细胞为主的炎症浸润,轻重程度不一。

【诊断和鉴别诊断】

老年人躯干、四肢病程较长的边界清楚略隆起暗红色斑块,表面有结痂者,均应进行病理检查确诊。本病需与浅表性基底细胞癌、光线性角化病、湿疹样癌、黑色素瘤、Bowen 样丘疹病、银屑病等相鉴别。

【预防和治疗】

避免阳光暴晒,使用防晒产品、减少强烈日光暴露有一定的预防作用。治疗方法多样,根据皮损大小、厚度选用不同方法,治疗后应定期随访。

1. 手术治疗 如果皮损面积不大,外科手术切除即可。若损害较大,形状不规则,最好用 Mohs 手术切除。

2. 其他治疗 部分不能接受手术切除的患者可用二氧化碳激光、冷冻、刮除术等治疗。其他非手术治疗包括外用 5-氟尿嘧啶、咪喹莫特乳膏等方法。也可用 ALA 光动力治疗,主要不良反应有局部红斑、疼痛和结痂。

第五节 佩 吉 特 病

佩吉特病(Paget disease)又称 Paget 病或乳头乳晕湿疹样癌,患者乳头乳晕呈湿疹样改变,为乳腺导管癌扩展至乳头及其周围表皮的肿瘤。本病可分为乳房 Paget 病(mammary Paget disease)和乳房外 Paget 病(extramammary Paget disease),本节介绍乳房 Paget 病。

【病因和发病机制】

乳房 Paget 病约占乳腺恶性肿瘤的 3%,一般发生在绝经后的妇女,因此随年龄增长,雌雄激素失衡是发病的危险因素之一,乳头溢液、乳房外伤、放射暴露史和相关的遗传因素也影响其发病。通常认为多数乳房 Paget 病起源于乳房原位或侵袭性导管癌,肿瘤细胞可能从 Toker 细胞发生,初为原位癌,向下侵入乳腺,向上侵入表皮,因此乳房 Paget 病局部伴发相关肿瘤比例较高,约 90% 患者可触及乳腺肿块。

【临床表现】

通常见于绝经后的中老年女性,男性患者罕见,几乎全部存在潜在的乳腺癌。一般初发于单侧乳头,后渐向周围扩展,累及乳房大部分皮肤,表现为鲜红色糜烂面,覆以灰黄色痂皮,边界清楚,稍隆起,似湿疹样外观。生长缓慢,往往诊断延误,乳头可有溢液、结痂,逐渐糜烂、溃疡,乳头回缩、乳晕破坏,甚至出现乳头脱落(图 31-6)。部分患者乳腺可扪及肿块,甚至腋窝淋巴结受累。

【组织病理】

特征表现为表皮出现单个或簇集的 Paget 细胞,该细胞较正常角质形成细胞大,细胞质丰富、淡染,细胞膜不清楚,无细胞间桥,细胞核大,常有明显核仁。细胞内常含丰富黏蛋白,PAS 染色阳性。

免疫组化染色上皮膜抗原和癌胚抗原常阳性,同时表达 GCDFP-15、CK7,Paget 细胞可局限于表皮或扩展至毛囊或小汗腺导管上皮内,但不侵犯真皮。

【诊断和鉴别诊断】

对于中老年女性患者乳头、乳晕部位长期不愈的湿疹样皮损,应及时活检以明确诊断。

临床上首先与乳房湿疹相鉴别,湿疹常为双侧,伴明显瘙痒,组织病理检查显示表皮无 Paget 细胞浸润。组织学上有时需与 Bowen 病和浅表扩散性黑色素瘤等相鉴别。

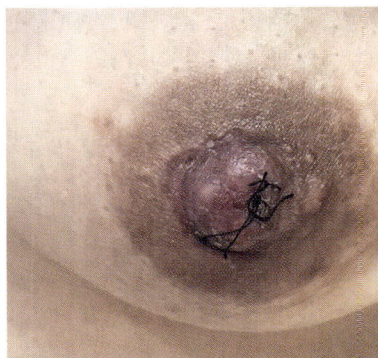
图 31-6　乳房佩吉特病

【预防和治疗】

一旦诊断乳房 Paget 病,应及时行乳房体检,包括 X 线检查、穿刺活检。对于单纯乳头、乳晕病变患者,常规切除损害、辅助放疗即可;如果可触及乳房肿块,且边界不清,建议患者行乳房肿瘤切除术及辅助放疗,部分复发患者必要时需完整乳房切除。

第六节　乳房外佩吉特病

乳房外佩吉特病(extramammary Paget disease)是发生在肛门生殖器、腋窝等部位的湿疹样改变,组织学与乳房 Paget 病相似。一般认为原发性乳房外 Paget 病起源于局部的顶泌汗腺导管,继发性乳房外 Paget 病可能和邻近的直肠、宫颈、膀胱、前列腺的肿瘤相关。

【病因和发病机制】

乳房外 Paget 病起源比较复杂,一般认为多数是原发的表皮内肿瘤,肿瘤细胞可以来源于顶泌汗腺导管细胞或多能角质形成细胞干细胞;乳房外 Paget 病较少发展为侵袭性肿瘤。多数外阴、腋窝乳房外 Paget 病是原发的,起源在表皮或邻近的顶泌汗腺。约 1/3 肛周患者的乳房外 Paget 病与邻近的结肠、直肠肿瘤相关,有些学者称之为继发性乳房外 Paget 病,临床注意排查。

【临床表现】

本病多发生在中老年,男性略高于女性,多见于外生殖器、肛周、腋窝等汗腺丰富部位,少数也可见于眼睑、外耳道、阴道等。损害一般为单个,少数多发,呈湿疹样外观,边缘清楚,并稍隆起,呈淡褐红至褐色,中央潮红或浸渍、糜烂、溃疡、结痂,可有渗液(图 31-7),部分肛周或会阴损害呈疣状和乳头状瘤样,局部可有瘙痒。病程缓慢,部分患者的皮损比较干燥,局部增厚,有少量脱屑、边缘色素沉着。继发性乳房外 Paget 病患者可找到邻近器官肿瘤,或伴随其他脏器转移灶。

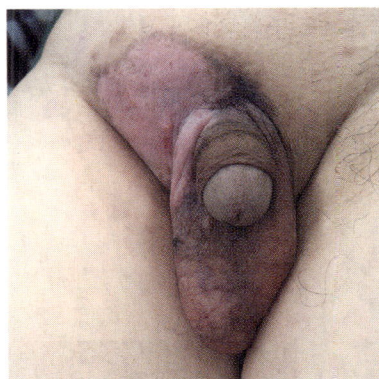
图 31-7　乳房外佩吉特病

【组织病理】

组织学改变与 Paget 病相似,表皮内散在或成簇分布 Paget 细胞,细胞体较大,细胞质丰富、淡染或嗜酸性,细胞核大呈泡状。部分肿瘤细胞呈腺样分化,由于细胞内黏蛋白的存在,阿新蓝、PAS 染色阳性。

免疫组化标记显示上皮膜抗原(EMA)和癌胚抗原(CEA)、GCDFP-15、CK7、CAM5.2 阳性,继发性乳房外 Paget 病可表达 CK20。

【诊断和鉴别诊断】

根据好发部位、临床表现及组织病理学等特征不难诊断。根据患者年龄、性别需进行适当的肿瘤筛查,包括肠镜、膀胱镜、大便潜血等常规检查,注意寻找原发或伴发肿瘤。应与外阴、肛周等部位湿疹、家族性良性慢性天疱疮相鉴别。少数患者临床需与 Bowen 病、浅表扩散性黑色素瘤和汗腺肿瘤相鉴别。

【预防和治疗】

1. 手术治疗　乳房外 Paget 病患者应早期进行淋巴结评估等全面检查,外阴部常在损害边缘以外 1~2cm 的正常皮肤切除。范围较大、生长不规则损害局部切除时,有条件者宜选用 Mohs 手术完整切除,降低复发率。

2. 其他治疗　部分复发患者或拒绝手术治疗的老年患者,可采用 ALA 光动力治疗。也可选用5-FU、顺铂进行化疗,还可外用 5% 咪喹莫特乳膏,另外也可皮损内注射干扰素 α-2b。

第七节　黑色素瘤

黑色素瘤(melanoma)是一种黑素细胞来源的高度恶性肿瘤,多发生于皮肤,可由先天性或获得性良性细胞痣演变而来,也可从发育不良痣发展而成,也可新发。

【病因和发病机制】

黑色素瘤的发生与多因素相关。黑色素瘤好发于浅肤色人种,亚洲人发病率最低。8%~14% 黑色素瘤患者有家族发病史,与家族性黑色素瘤相关的易感基因位点是 *CDKN2A*,此位点编码两个不同的蛋白(p16 和 p14ARF),分别通过视网膜母细胞瘤蛋白及 p53 通路调控细胞周期。创伤与刺激可使良性色素性皮肤病恶变,有统计数据显示,10%~60% 的黑色素瘤患者发病前有创伤史。过度紫外线照射在黑色素瘤的发生中占重要地位。此外机体的免疫状态也与黑色素瘤发生相关。

【临床表现】

好发于男性,男女之比为 3:2,且男性患者死亡率较高。多见于 30 岁以上人群。黑色素瘤主要有四种重要亚型。

1. 恶性雀斑样痣黑色素瘤(lentigo maligna melanoma)　常见于老年慢性日光暴露的皮肤,好发于面部。表现为慢性增长的不对称斑疹,呈现不均匀的灰色或黑色,边界不规则(图 31-8)。恶性雀斑样痣为侵袭性的恶性雀斑样痣黑色素瘤前驱损害,约有 1/3 损害发展为侵袭性黑色素瘤。本型较晚发生转移,多转移至局部淋巴结。5 年生存率为 80%~90%。

2. 浅表扩散性恶性黑色素瘤(superficial spreading malignant melanoma)　是最常见的皮肤黑色素瘤,中年患者多见,男女发病率无明显差异,好发于男性背部和女性腿部。可单独发生或起源于色素痣。皮损初起为扁平、有鳞屑的斑片或斑块,逐渐发展为呈侵袭性生长的蓝色或蓝黑色结节(图 31-9)。主要特点是色调多变且不一致,除了深浅不一的棕褐色,还混杂黑色、红色、蓝色和白色。典型皮损的边缘呈扇贝形。侵袭性生长的速度较恶性雀斑样痣黑色素瘤迅速,常常 1~2 年即出现浸润、结节、溃疡或出血。5 年生存率约为 70%。

3. 肢端黑色素瘤(acral melanoma)　此型为黑种人和亚洲人最常见的类型,好发于 50~60 岁,男女发病率相等。常见于手指或足趾以及负重部位,足底最为好发。此型原位生长期较短,很快发展

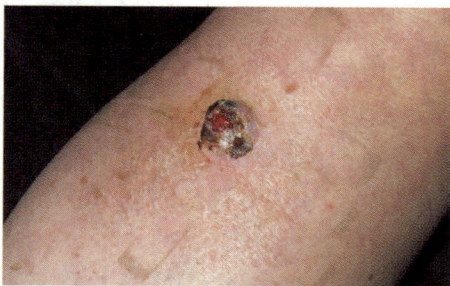

图 31-8　恶性雀斑样痣黑色素瘤

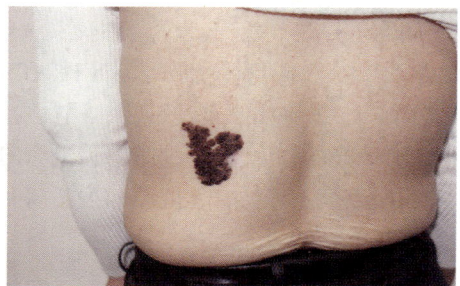

图 31-9　浅表扩散性恶性黑色素瘤

为侵袭性生长，且具有双向生长模式，既有水平生长，也有垂直生长。皮损早期表现为边缘不规则、边界不清的斑块损害，逐渐发展为蓝色或黑色的结节，可有溃疡发生（图 31-10）。甲下黑色素瘤可表现为病甲出现纵行色素带或黑色条纹，甲周色素沉着。5 年生存率仅为 29%。

4. 结节性恶性黑色素瘤（nodular malignant melanoma） 本型无明显的放射状生长期，预后较差。常见于 50~60 岁老年人，好发于头、颈、躯干部的暴露部位。皮损初为隆起的黑色或青黑色的斑块、结节或深在结节，

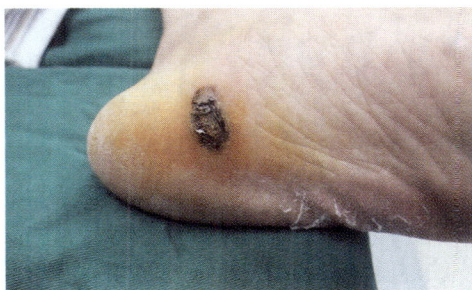

图 31-10　肢端黑色素瘤

生长迅速，瘤体可发展为蕈样或菜花样，形成溃疡或出血。常较早发生转移，在转移前治疗者 5 年生存率为 50%~60%。

【组织病理】

真皮表皮交界的基底层内见大小、形态不一的异型性黑色素瘤细胞巢和单个黑色素瘤细胞，可向表皮各层生长，或穿越基底层达真皮、皮下组织，瘤细胞具有不典型性，有核分裂象。大部分肿瘤细胞细胞质中含有色素颗粒。免疫组织化学染色显示，肿瘤细胞 S-100 蛋白阳性，HMB45 和 Melan A 阳性。

【诊断和鉴别诊断】

早期诊断是提高黑色素瘤生存率的关键。诊断主要根据临床表现及组织病理学检查。临床上黑色素瘤可与多种损害类似，如色素痣、色素型基底细胞癌、色素性脂溢性角化病、化脓性肉芽肿、卡波西肉瘤以及甲下外伤性出血等。美国国立癌症研究所提出了简称为"abcd"的早期诊断黑色素瘤的方法，该方法简单、易于记忆，是黑色素瘤与普通色素痣及其他色素增加性皮损的鉴别要点，即不对称性（asymmetry）、边缘（border）、颜色（color）及直径（diameter）。早期黑色素瘤皮损常不对称、边缘不清楚、颜色不均匀、直径大于 5mm。

【治疗】

早期发现、早期手术切除是最有效的治疗方法。根据黑色素瘤的分型、分期等选择治疗方案。

1. 手术治疗 对原位黑色素瘤建议切除时应包括边缘 0.5~1.0cm；厚度小于或等于 1.0mm 的黑色素瘤切除时应包括边缘 1.0cm；厚度小于或等于 2.0mm 的黑色素瘤切除时应包括边缘 1.0~2.0cm，厚度大于 2.0mm 的黑色素瘤切除时应包括边缘 2.0cm。初诊有淋巴结肿大者，应行局部淋巴结清扫。

2. 化疗 可用于已有转移的老年患者，远期效果不理想，仅部分患者症状获得缓解，延长生存时间。使用的药物包括顺铂、长春碱、紫杉醇等。灌注化疗用于晚期局限患者。

3. 干扰素治疗 IFN-α-2b 疗效具有剂量依赖性，大剂量优于小剂量。具体方案分两个阶段，即静脉诱导阶段和肌内或皮下注射维持阶段。开始 4 周，每周 5 天，给予最大耐受剂量 20MIU/m^2，静脉注射；随后 11 个月，每周 3 次，给予 10MIU/m^2，肌内或皮下注射。其中第 1 个月的静脉诱导治疗对降低术后复发率是必不可少的。但有研究表示高剂量干扰素治疗后的整体生存率并无改善。

4. 放疗 对于老年患者不能耐受手术者可考虑此法。

5. 分子靶向治疗 对于 *BRAF* V600E 基因突变的患者，或对于转移性黑色素瘤且不能耐受免疫治疗者，可采用 BRAF/MEK 抑制剂靶向治疗。该方法初始应答率高，生存期得到改善，但治疗的应答期平均时长短、复发率高。

6. 免疫检查点抑制剂治疗 对于手术后辅助治疗，或晚期不可手术、已有转移的患者，可考虑免疫检查点阻断（ICB）治疗，包括 PD-1 单抗、CTLA-4 单抗。优势包括改善总生存率、反应率和反应持久性，缺点是仅部分患者应答，以及免疫相关副反应。

7. 其他免疫治疗 给患者注射培养的黑色素瘤细胞，同时注射淋巴细胞，可产生类似疫苗接种的效果。此外可用白介素-2，5×10^{5}IU 加入生理盐水 100ml，每日一次，每周 5 天，连续治疗 4~6 周。其他还有皮损内注射 BCG、注射棒状杆菌等。以上疗效并不肯定，不作为一线治疗。

第八节　皮肤淋巴瘤

皮肤淋巴瘤（cutaneous lymphoma）根据受累器官可分为原发性和继发性。原发性皮肤淋巴瘤是指在明确诊断时，没有皮肤外器官累及的、原发于皮肤的淋巴瘤；继发性皮肤淋巴瘤是指皮肤和皮肤外组织同时发病，或在皮损发生之前已经存在皮肤外组织受累证据的淋巴瘤。根据起源细胞的类型，皮肤淋巴瘤可分为T细胞淋巴瘤、B细胞淋巴瘤、真性组织细胞淋巴瘤和罕见类型的淋巴瘤。本节介绍临床上较常见的三类不同细胞来源的皮肤淋巴瘤。

一、蕈样肉芽肿病

蕈样肉芽肿病（mycosis fungoides，MF）是记忆性辅助T细胞来源的皮肤T细胞淋巴瘤，是最常见的原发性皮肤T细胞淋巴瘤亚型，约占所有皮肤T细胞淋巴瘤的50%。其主要组织病理学特征为具有脑回状细胞核的中小淋巴细胞亲表皮浸润。

【病因和发病机制】

病因尚不明确，可能与遗传因素和免疫因素有关。肿瘤抑制基因 MLL3（KMT2C）和 TP53 是 MF 中突变频率最高的基因。TNFRSF1B 基因［编码肿瘤坏死因子受体2（tumor necrosis factor receptor 2，TNFR2）］表达于成熟T细胞，并调节T细胞存活和增殖相关信号通路，其点突变和拷贝数增加的发生率也较高。肿瘤期 MF 中参与信号转导和转录调控的多个基因发生了重排，包括 CDKN2A、肿瘤抑制基因 HNRNPK 和 SOCS1 的缺失。MF 中的肿瘤细胞可能来源于亲表皮性记忆 CD4$^+$ T 细胞。肿瘤微环境在 MF 的发生发展过程中起着重要作用。早期，T 细胞浸润由恶性 CD4$^+$ 和反应性 CD8$^+$ T 细胞组成，Th1 细胞因子模式占主导；晚期，CD4$^+$ T 细胞逐渐增多，并向 Th2 主导的微环境转变。

【临床表现】

病程呈慢性经过，通常表现为持续性或缓慢进展的、大小形状各异的皮损。皮损可表现为局限性或泛发性的斑片、斑块、肿瘤、泛发性红皮病。通常存在皮肤瘙痒。其他临床表现包括机会性感染、脱发，较少见情况下还会出现其他器官受累。

在确诊前，通常会有为期数月至数十年的"蕈样前期"，在此时期，患者可能出现非特异性的轻度鳞屑样皮损，以及无法诊断的活检结果。这些皮损在多年内可能时轻时重，且经常被诊断为斑块状副银屑病或非特异性皮炎。因此对于疑似患者，即使初始活检结果呈阴性，也必须进行重复活检。

经典型通常可分为红斑期、斑块期和肿瘤期。

1. **红斑期**　特征性的皮损为大小不等的红斑，伴轻度脱屑。有时出现不同程度的萎缩和皮肤异色样改变，如斑点状色素异常和毛细血管扩张。皮损好发于躯干，随着病情进展可向四周扩展，或排列成弧形、环状、半环状或地图状。瘙痒常为早期或唯一自觉症状，难以忍受且治疗难以缓解，但也有患者不痒或偶痒。此期常常持续 2~5 年，少数病例持续时间短暂，也有长达 30 年者。

2. **斑块期**　可由红斑期发展而来或在正常皮肤上直接发生。皮损呈暗红色、不规则隆起的斑块，表面紧张、光亮、高低不平，甚至可呈疣状或因反复渗出结痂而呈蛎壳状。浸润斑块可泛发全身或局限于原有皮损部位，可伴有丘疹和小结节。

3. **肿瘤期**　在浸润斑块基础上逐渐出现大小不等的肿瘤（图 31-11）。肿瘤隆起呈蕈样或半球样，可有破溃，形成深在性溃疡，基底覆有灰色坏死物，边缘隆起。皮损通常好发于躯干，但其他各处均可发生，也可累及口腔和上呼吸道。有时肿瘤也可为首发症状。

发生皮肤外受累（外周血液受累除外）的可能性与皮肤受累的程度相关。皮肤外受累在局限性斑片或斑块皮损患者中罕见，在具

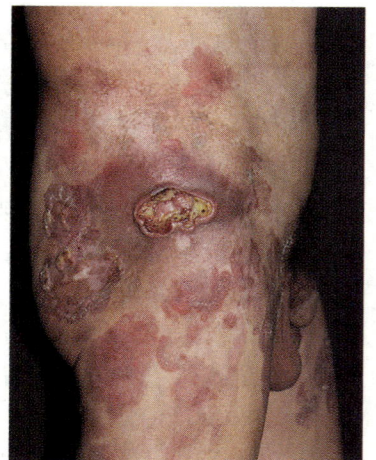

图 31-11　蕈样肉芽肿病

有泛发性斑块的患者中相对不常见（8%），而在具有肿瘤的患者中则最可能发生（30%~42%）。皮肤外表现包括区域淋巴结（约 30%）、肺、脾、肝和胃肠道受累。

根据 TNMB 分级系统进行分级和分期。分级、分期与患者预后相关，决定治疗方案的选择（表 31-2、表 31-3）。

表 31-2　蕈样肉芽肿病的 TNMB 分级系统

受累部位	TNMB 分级
皮肤	T_1 局限性斑片、丘疹和/或斑块覆盖<10% 皮肤表面 T_2 斑片、丘疹和/或斑块覆盖≥10% 皮肤表面 T_{2a} 仅斑片 T_{2b} 斑块 ± 斑片 T_3 一个或多个肿瘤（直径≥1cm） T_4 融合性红斑≥80% 体表面积
淋巴结	N_0 无异常淋巴结，无需活检 N_1 异常淋巴结，病理组织学 Dutch 1 级或 NCILN 0~2 N_2 异常淋巴结，病理组织学 Dutch 2 级或 NCILN 3 N_3 异常淋巴结，病理组织学 Dutch 3~4 级或 NCILN 4 N_x 异常淋巴结，无组织学确认
内脏	M_0 无内脏器官受累 M_1 内脏受累（必须经病理证实且器官受累时应具体指定受累器官） M_x 异常内脏部位，无组织学确认
血液	B_0 无明显血液受累：外周血淋巴细胞中≤5% 或<250/ml 为异型（Sézary）细胞或总淋巴细胞中 $CD4^+ CD26^-$ 或 $CD4^+ CD7^-$ 细胞<15% B_1 血液肿瘤负荷低：外周血淋巴细胞中>5% 为异型（Sézary）细胞或总淋巴细胞中 $CD4^+ CD26^-$ 或 $CD4^+ CD7^-$ 细胞>15% 但不符合 B0 或 B2 标准 B_2 血液肿瘤负荷高：Sézary 细胞≥1 000/ml 或总淋巴细胞中 CD4/CD8≥10 或 $CD4^+ CD26^-$ 或 $CD4^+ CD7^-$ 细胞≥30%

表 31-3　蕈样肉芽肿病的 TNMB 临床分期

	分期	T	N	M	B
早期	ⅠA	1	0	0	0,1
	ⅠB	2	0	0	0,1
	Ⅱ	1,2	1,2	0	0,1
晚期	ⅡB	3	0~2	0	0,1
	Ⅲ	4	0~2	0	0,1
	ⅢA	4	0~2	0	0
	ⅢB	4	0~2	0	1
	ⅣA₁	1~4	0~2	0	2
	ⅣA₂	1~4	3	0	0~2
	ⅣB	1~4	0~3	1	0~2

【组织病理】

红斑期的病理表现容易被忽视，表皮厚度可正常，也可轻度棘层肥厚或萎缩，真皮散在少量淋巴细胞浸润。斑块期亲表皮现象明显，单个散在的深染脑回状单一核细胞，周围有晕，往往在表皮内出现 Pautrier 微脓肿。肿瘤期亲表皮现象不明显，真皮内大量的肿瘤细胞浸润，可达皮下脂肪组织，细胞有异型性。损害常破坏表皮，形成溃疡。

【诊断和鉴别诊断】

根据临床特点和组织病理学特征进行诊断。早期诊断需通过组织病理学检查确定，往往需要连续切片法观察。红斑期皮损及组织病理无特异性,对于临床上拟诊其他慢性瘙痒型皮肤病但常规治疗无效者,应考虑此病。斑块期及肿瘤期根据临床表现,结合组织病理学特征可做出诊断。此外,还可用免疫过氧化物酶染色协助诊断。免疫表型分型可用于支持或证实常规组织学检查的结果。MF通常表达 CD2、CD3、CD4 和 CD5,不表达 CD7 和 CD8;罕有 MF 亚型表达 CD8。T 细胞受体的基因重排也为诊断提供了较为特异的方法。

MF 需与副银屑病等疾病进行鉴别(表 31-4)。

表 31-4　蕈样肉芽肿病的主要鉴别诊断

疾病名称	皮损特点	皮损部位	全身症状	皮肤病理
大斑块副银屑病	界限清楚的粉红色斑片或薄斑块,可伴皮肤异色	好发于躯干四肢近端、非光暴露部位	通常无全身症状	可能有亲表皮现象,但无 Pautrier 微脓肿,基底层空泡化,真表皮交界模糊不清
Sézary 综合征	弥漫性、浸润性红斑、细碎鳞屑,通常没有红斑、斑块期	超过 80% 体表面积出现红皮病	外周血 Sézary 细胞显著升高,可累及内脏	类似 MF,真皮血管周围淋巴细胞浸润

【治疗】

治疗目的主要是控制或减轻病情,以提高生存质量、延长无病生存率及总体生存率为目标。早期(ⅠA 期至ⅡA 期)MF 以皮肤局部治疗、光疗和干扰素治疗为主,系统性化疗仅适用于晚期(ⅡB~Ⅳ期)患者(表 31-5)。

表 31-5　蕈样肉芽肿病的治疗方法

治疗手段	药物名称	适用类型	用法
局部治疗	糖皮质激素	主要用于红斑期、轻度浸润性斑块期,同时也是进展期 MF 的重要辅助治疗方法	超强效糖皮质激素,每日 1~2 次
	氮芥	主要用于斑块期、肿瘤期	0.01% 或 0.02% 氮芥溶液或软膏,每日 1 次
	卡莫司汀	主要用于不能耐受氮芥或对氮芥过敏的患者	通常用酒精溶液配制成 2mg/ml 的溶液外用,每日 1 次
	贝沙罗汀	主要用于红斑期及轻度浸润性斑块期	一般仅用于皮损面积小于 15% 体表面积的患者,每日 1 次
物理治疗	PUVA	主要用于早期 MF,轻度浸润性斑块期	补骨脂用量为 0.6mg/kg,照射 UVA 前 2 小时服用,皮损消退前每周 2 次,皮损消退后,需维持治疗
	UVB	治疗红斑期皮损疗效与 PUVA 相当,但不良反应较小	窄谱 UVB,初期每周 3 次,以后逐渐减少治疗次数,维持每周治疗 1 次,疗程 1 年以上
	全身皮肤电子束照射	适用于肿瘤期、全身广泛浸润以及大片斑块患者	照射深度 1~2cm,剂量为 30~36Gy,2Gy 为一周期,在 8~9 周照完
免疫调节剂	IFN-α	主要用于早期或复发性、难治性晚期疾病的姑息治疗	初始剂量通常为 300 万~500 万 U,肌内注射,每周 3 次,可逐渐增加剂量
	维 A 酸类药物	主要用于晚期和/或需要全身性治疗的患者	可单用,但更常与局部糖皮质激素、PUVA 或 IFN 联用。贝沙罗汀起始剂量为 200~300mg/(m²·d),随后根据耐受性及疗效逐渐增加剂量
靶向治疗	维布妥昔单抗	属于抗 CD30 单克隆抗体。用于放疗或全身性治疗后疾病复发或进展的 MF 患者,也可用于泛发性肿瘤患者	剂量通常为 1.8mg/kg,每 3 周 1 次,治疗 8 个周期

续表

治疗手段	药物名称	适用类型	用法
化疗	吉西他滨	适用于晚期或复发、难治性患者	第1,8和15天1 200mg/m²,28天一个周期
	多柔比星脂质体	适用于晚期或复发、难治性患者	20~30mg/m²,每3~4周一次
	联合化疗:例如COP(环磷酰胺、长春新碱、泼尼松)、CHOP(阿霉素+COP)等	适用于晚期或复发、难治性患者;肿瘤前期患者应避免化疗,因化疗后可能加重免疫抑制,促进病情恶化	2~3周一个疗程,通常4~6个疗程

二、原发性皮肤 B 细胞淋巴瘤

原发性皮肤 B 细胞淋巴瘤(primary cutaneous B-cell lymphoma,PCBCL)是指在诊断时和完成初始分期评估后没有皮肤外病变证据,主要发生于皮肤的 B 细胞淋巴瘤。在欧美地区,PCBCL 约占原发性皮肤淋巴瘤的 25%,较皮肤 T 细胞淋巴瘤少见。

【病因和发病机制】

病因不明,尚未发现与 PCBCL 相关的基因异常。可能由于某种抗原的长期慢性刺激引发 PCBCL。螺旋体感染可能与一小部分原发性皮肤 B 细胞淋巴瘤相关。AIDS 患者易继发本病,提示免疫紊乱与本病的发生相关。

【临床表现】

世界卫生组织-欧洲癌症研究与治疗组织(WHO-EORTC)2018 年更新的原发性皮肤 B 细胞淋巴瘤分类将 PCBCL 分为以下 5 类。

1. **原发性皮肤边缘区淋巴瘤(primary cutaneous marginal zone lymphoma,PCMZL)** 此型是原发性皮肤 B 细胞淋巴瘤中最常见的一型,呈低度恶性。皮损好发于躯干和四肢,为无症状的丘疹、结节或斑块,呈红色到红棕色。皮损常单发,也可排列成串,较少形成溃疡。男女发病率相等。PCMZL 是由小 B 细胞组成的惰性淋巴瘤,包括边缘区(中心细胞样)细胞、淋巴浆细胞样细胞和浆细胞。其包括先前特指的原发性皮肤免疫细胞瘤、具有单型浆细胞的皮肤滤泡性淋巴样增生,以及不存在多发性骨髓瘤的原发性皮肤浆细胞瘤(皮肤的髓外浆细胞瘤)。PCMZL 又分为重链类别转换型(IgG 阳性)和非类别转换型(IgM 阳性),前者为最常见、最典型的 PCMZL,后者不常见(图 31-12)。

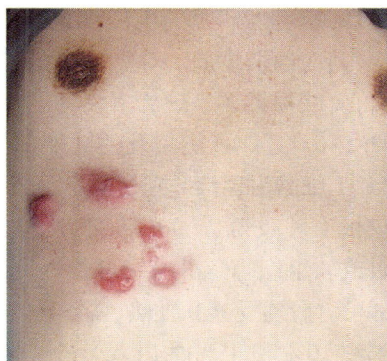

图 31-12 原发性皮肤 B 细胞淋巴瘤

2. **原发性皮肤滤泡中心性淋巴瘤(primary cutaneous follicle-center lymphoma,PCFCL)** 是由滤泡中心细胞肿瘤性增生形成的淋巴瘤,病理表现为滤泡性、滤泡弥漫性或弥漫性生长模式。皮损大多位于头、颈和躯干。皮损为单发或群集的丘疹、斑块或结节,周围围绕红斑。预后好,很少累及淋巴结和内脏器官。

3. **原发性皮肤弥漫大 B 细胞淋巴瘤(腿型)[primary cutaneous diffuse large B-cell lymphoma,(leg type),PCDLBCL(LT)]** 较少见,来源于生发中心或生发中心后细胞,好发于老年女性。皮损可单发或多发,表现为快速增长的红色或紫红色结节,可出现溃疡。多见于下肢远端,可累及单侧或双侧小腿。

4. **EB 病毒阳性皮肤黏膜溃疡[EBV⁺ mucocutaneous ulcer(provisional)]** EB 病毒阳性皮肤黏膜溃疡为一种新的暂定分类。该病会累及存在年龄相关和医源性免疫抑制的患者,通常为自限性惰性病程。

5. **血管内大 B 细胞淋巴瘤(intravascular large B-cell lymphoma)** 是大 B 细胞淋巴瘤的一种亚型,为淋巴细胞在血管内恶性增生形成的,大多为 B 细胞表型。皮损常表现为持续存在的、红色或紫红的斑片和斑块。常累及中枢神经系统、肺和皮肤,预后较差。

6. 血管内大 B 细胞淋巴瘤（intravascular large B-cell lymphoma） 是大 B 细胞淋巴瘤的一种亚型，为淋巴细胞在血管内恶性增生形成的，大多为 B 细胞表型。皮损常表现为持续存在的、红色或紫红的斑片和斑块。常累及中枢神经系统、肺和皮肤，预后较差。

【组织病理】

真皮内浸润的肿瘤细胞，有多种排列方式。

【诊断和鉴别诊断】

要准确诊断原发性皮肤 B 细胞淋巴瘤，必须结合临床、病理特征、免疫表型和分子生物学特点。原发性皮肤边缘区 B 细胞淋巴瘤需与原发性皮肤滤泡中心淋巴瘤相鉴别，前者存在肿瘤性单克隆浆细胞，且不表达 CD10 和 Bcl-6，后者主要由中心细胞及中心母细胞浸润形成，且肿瘤细胞表达 Bcl-6。原发性皮肤弥漫大 B 细胞淋巴瘤（腿型）需与有较多中心母细胞的滤泡中心性淋巴瘤相鉴别，前者主要分布于腿部，肿瘤细胞多为圆核细胞，Bcl-2、MUM-1 强阳性，后者主要分布于头部、躯干，肿瘤细胞多为分裂核细胞，Bcl-2 表达弱，且无 MUM-1 表达。

【治疗】

早期局限性病变可采用手术和放射治疗，晚期患者采用综合治疗可延长生命。

三、结外 NK/T 细胞淋巴瘤，鼻型

结外 NK/T 细胞淋巴瘤，鼻型［extranodal NK/T-cell lymphoma（nasal type）］为 NK 细胞起源的恶性肿瘤，少数来源于细胞毒性 T 细胞。几乎所有病例中均可检测到 EB 病毒的表达，可能与 EB 病毒感染以及多重耐药基因有关。

【临床表现】

本病最常见于亚洲和拉丁美洲本土居民，好发于成年男性，患者发病时的中位年龄为 52 岁，常累及鼻腔和鼻咽部，其次累及皮肤。鼻型损害是指累及面中部的破坏性肿瘤，皮肤损害多表现为多发的红色或紫色斑块，常破溃（图31-13）。其他可能累及的结外部位可为原发部位（即鼻外NK/T 细胞淋巴瘤），或是原发肿瘤直接扩散所致，这些部位包括上呼吸道、Waldeyer 环（咽淋巴环）、胃肠道、睾丸、肺、眼或软组织等。淋巴结可能继发性受累，但偶尔可为原发部位。骨髓受累和发热、盗汗、体重减轻等全身症状分别见

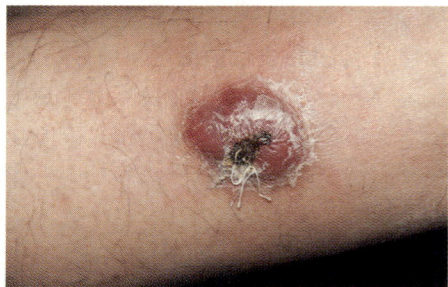

图 31-13　结外 NK/T 细胞淋巴瘤，鼻型

于约 10% 和 35% 的患者。进展较快，侵袭性高，若累及骨髓、内脏或淋巴结则提示预后不良。大约3% 的患者伴有噬血细胞综合征，这是一种会致命的并发症，可能表现为高热、斑丘疹、中枢神经系统症状、肝脾肿大、淋巴结肿大、血细胞减少、肝功能异常或血清铁蛋白水平极高。

【组织病理】

早期有明显炎症细胞浸润。病变处见坏死，不典型细胞可为小、中等或大的细胞，或不同比例的混合，细胞核深染。核分裂象常见。

【诊断和鉴别诊断】

根据临床表现、组织病理及免疫组化染色等特征诊断。结外 NK/T 细胞淋巴瘤需与淋巴瘤样肉芽肿病、韦格纳肉芽肿等进行鉴别。

【治疗】

主要采用放疗、化疗或联合放化疗。

第九节　恶性血管内皮细胞瘤

恶性血管内皮细胞瘤（malignant angioendothelioma）又名血管肉瘤（angiosarcoma），是来源于血管

内皮或淋巴管内皮的少见恶性肿瘤。血管肉瘤发生在各种软组织和器官中,但最常受累的是皮肤,即皮肤血管肉瘤(cutaneous angiosarcoma,CAS)。

【病因和发病机制】

研究发现恶性血管内皮细胞瘤中最常见的突变基因包括*TP53*、*KRAS*、*PTPRB*和*PLCG1*。血管生成失调是恶性血管内皮细胞瘤的主要分子事件之一。已证实恶性血管内皮细胞瘤中血管生成酪氨酸激酶受体(包括 VEGFR1/2/3)和血管生成生长因子(包括 VEGF)的表达增加。恶性血管内皮细胞瘤分为原发型和继发型,前者即原发于慢性光损伤的皮肤,后者主要是指慢性淋巴水肿(例如乳房切除术后,先天性、丝虫性、外伤性和特发性淋巴水肿)或放疗后的皮肤中,常见于妇科恶性肿瘤或乳腺癌放疗后。

【临床表现】

恶性血管内皮细胞瘤多见于老年人,好发于头部与面颈部,其次为躯干、四肢。皮损初起为界限不清的淡蓝色斑片,外观似良性撞伤性斑片,可伴有周边红斑环或卫星样结节。肿瘤不对称性扩大,发展为多中心性的淡蓝色隆起结节和斑块,可形成溃疡或出血(图31-14)。

淋巴水肿相关和放疗相关的恶性血管内皮细胞瘤的,通常分别在手术和放疗后超过5年的淋巴水肿部位和照射野内发生。

慢性淋巴水肿区发生的恶性血管内皮细胞瘤皮损表现为质地坚硬、融合的紫蓝色结节或坚实的凹陷性水肿上的硬斑块。大多数淋巴水肿相关性恶性血管内皮细胞瘤发生在乳房切除术和淋巴结清扫术后的上臂。

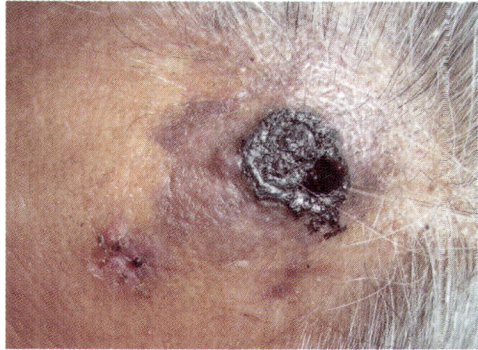

图 31-14 恶性血管内皮细胞瘤

放疗后继发的恶性血管内皮细胞瘤表现为放射部位或附近出现浸润性斑块或结节,不断增大成多中心肿瘤,具有侵袭性,容易转移至局部淋巴结和肺,预后较差。

远处转移可能在初次手术后的一个月内发生,但通常平均在一年后发生。最常见的转移部位是肺,其次是淋巴结、骨骼和肝脏。

【组织病理】

肿瘤位于真皮内,境界不清,由大小不等、交织吻合的血管组成,呈浸润性生长。在分化良好的区域中,可见筛状血管网,不含血细胞,血管壁内衬轻度至中度核异形的单层内皮细胞。在分化较差的区域,血管腔由明显异形的立方形内皮细胞排列而成,内皮细胞呈立方形细胞条索。细胞间界限不清,呈合胞现象。免疫组化显示大多数血管肉瘤 CD31 和 CD34 阳性,CD31 是最敏感、特异的标记物。

【诊断和鉴别诊断】

根据临床表现、组织病理、免疫组织化学进行诊断。建议早期活检。早期诊断对恶性血管内皮细胞瘤的治疗非常关键。需要鉴别的疾病有血管瘤、化脓性肉芽肿、卡波西肉瘤等。

【治疗】

常采用手术切除治疗,但5年生存率只有50%左右。恶性血管内皮细胞瘤具有多灶性的特点,容易复发和转移。

第十节 卡波西肉瘤

卡波西肉瘤(Kaposi sarcoma)是一种与人类疱疹病毒 8 型(HHV-8)相关的低度及交界恶性脉管肿瘤。在艾滋病患者中发病率较高。

【病因和发病机制】

卡波西肉瘤是由异常血管内皮细胞增生而成,可能由多因素引起,如基因易感性、地理环境及内分泌等因素。人类疱疹病毒-8型（HHV-8）被证实与卡波西肉瘤发生密切相关。免疫激活与抑制也参与卡波西肉瘤发生。

【临床表现】

卡波西肉瘤可分成4种亚型：经典型、非洲地方型、医源性免疫抑制型以及艾滋病相关型。

1. **经典型**　多见于欧洲东部和南部的中年男性。早期损害为淡红、淡蓝黑、青红或紫色斑、斑块或结节，好发于四肢远端，尤其是小腿和足部。皮损以后可扩大或融合成斑块或结节，质地似橡皮，可伴毛细血管扩张及患处肿胀。结节性病变可能会溃烂并容易出血（图31-15）。皮损直径0.2~4cm，数月至数年保持不变，或

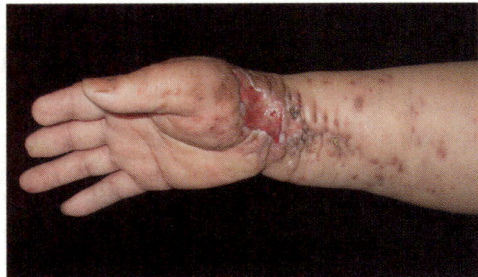

图31-15　经典型卡波西肉瘤

在数周内迅速生长并播散。可累及面、耳、躯干、生殖器及口腔黏膜，尤其是软腭。后期可出现明显淋巴水肿。部分病例可缓解，结节自行消退，留下萎缩和瘢痕。

2. **非洲地方型**　常见于热带非洲地区，好发于25~40岁成人，也可见于儿童。此型可分为四型：结节型、鲜红色型、浸润型和淋巴结病型。结节型病程和临床表现均类似经典型卡波西肉瘤。鲜红色型和浸润型更具有侵袭性。淋巴结病型多见于儿童和年轻人，有或无皮肤损害，病程进行性，预后不良。

3. **医源性免疫抑制型**　可发生于长期大剂量使用免疫抑制剂的患者，如器官移植后的免疫抑制剂治疗。该型可在停用免疫抑制剂后完全消退。皮损广泛分布于皮肤和黏膜，可有淋巴结和内脏受累。

4. **艾滋病相关型**　卡波西肉瘤是HIV感染者中最常见的肿瘤。皮损初起为红色斑，周围有苍白晕，随后发展为丘疹、结节或斑块，通常不痛不痒，也较少发生坏死（图31-16）。好发于下肢、面部（尤其是鼻）、口腔黏膜和生殖器。进展迅速，治疗困难，死亡率高。卡波西肉瘤初发时内脏受累较少见，后期最常累及胃肠道和呼吸系统。

【组织病理】

卡波西肉瘤的组织学特征包括：血管生成、炎症和增殖。早期通常表现为真皮内血管数量轻度增多，内皮

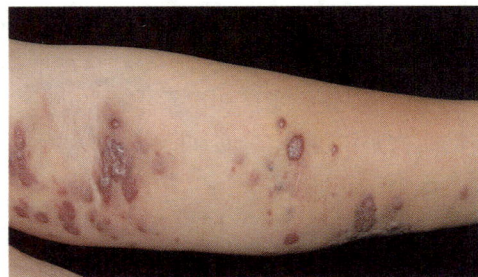

图31-16　艾滋病相关型卡波西肉瘤

细胞具有不典型性，周围有淋巴细胞、浆细胞及肥大细胞浸润，伴红细胞外溢。晚期损害中可见广泛的真皮血管增生，内皮细胞增生显著，可见数量不等的由嗜酸性梭形细胞组成的肿瘤团块，有丝分裂明显，其中散在大量不规则、裂隙样的血管腔，无内皮细胞衬托。

【诊断和鉴别诊断】

卡波西肉瘤需结合临床和组织病理检查明确诊断。斑片期卡波西肉瘤需要与高分化血管肉瘤、良性淋巴管病、微静脉血管瘤以及鞋钉样血管瘤等相鉴别，可通过组织病理检查鉴别。结节期卡波西肉瘤与卡波西样血管内皮瘤、梭形细胞血管瘤和中度分化的血管肉瘤相似。晚期的卡波西肉瘤需与慢性静脉功能不全引起的肢端淤积性皮炎和Stewart-Bluefarb综合征相鉴别。以上需鉴别的疾病可通过组织病理与免疫组化等检查进行区分。

【治疗】

目前尚缺乏根除潜伏性人类疱疹病毒8型（HHV-8）感染的方法，主要治疗目标是实现缓解症状、缓解淋巴水肿、改善功能、减小皮肤或内脏病变的大小以及延迟或预防疾病进展。目前常采用的治疗方式有放射治疗、化学治疗、生物治疗及手术治疗等。对于HIV阳性的卡波西肉瘤患者，不管是局限

性还是处于进展期,推荐的治疗方案还应联合抗逆转录病毒治疗(ART)。

第十一节　隆突性皮肤纤维肉瘤

隆突性皮肤纤维肉瘤(dermatofibrosarcoma protuberans,DFSP)是一种低度恶性的局部侵袭性肉瘤,以巨大隆突的新生物肿块为特征。

【病因和发病机制】

病因不明,可能与细胞遗传学异常有关,如染色体易位、交换等。此外,有研究报道有少数变异型病灶中存在 p53 过表达,常伴较高的增殖活性和高比例的非整倍体。

【临床表现】

常在 30 余岁起病,但在各年龄段都有报道。肿瘤初起表现为缓慢生长、无症状隆起的硬肿块,其上发生多个结节,呈紫色或淡红色。皮损逐渐发展可融合扩大,可呈多叶形。触诊皮损坚实,与皮下组织黏着。肿瘤通常在出现结节后加速生长,且瘤体可能会出现溃疡、出血或疼痛。若不治疗,DFSP会变得巨大,形成较大的"隆突性"结节,因此被称为"隆突性皮肤纤维肉瘤"。常单发,身体各部位均可发生,但常见于躯干和肢体近端,一般为胸部和肩部,其次是四肢。病期较长,肿瘤极少转移到局部淋巴结,远处血行转移更为罕见,最可能发生于外科手术切除不充分、有多次局部复发的患者。若发生转移,最常转移至肺,但也可转移至脑、骨髓和其他软组织。

【组织病理】

瘤细胞和胶原纤维常呈席纹状、车轮状、编织状、旋涡状或束状排列。偶见巨细胞、黄色瘤细胞、泡沫细胞、炎症细胞和出血坏死。免疫组化 CD34、透明质酸和波形蛋白染色通常呈阳性,而 XⅢa 因子为阴性。

【诊断和鉴别诊断】

大多数情况下,皮肤组织病理即可得出正确诊断。诊断存疑时,免疫组化或 PDGFB/COL1A1 融合蛋白的分子学检测可能有所帮助。

DFSP 的临床鉴别诊断范围较广。临床上可能与以下疾病混淆:神经纤维瘤、平滑肌瘤、表皮囊肿、黑色素瘤、硬斑型基底细胞癌、瘢痕疙瘩、硬纤维瘤、卡波西肉瘤、纤维肉瘤、皮肤纤维瘤、结节性筋膜炎或结节病等。组织病理联合免疫组化、特殊染色可以鉴别其他深在肌肉组织起源的软组织肉瘤。有时需和无色素性黑色素瘤相鉴别,可以通过组织病理以及 S-100 蛋白等免疫组化染色鉴别。

【治疗】

确诊后首选手术治疗。肿瘤有局部浸润和易复发的特点,手术治疗采用大范围切除或 Mohs 显微外科手术。手术切除范围尽可能大,包括肿瘤边缘 3cm 的组织,深度应达到皮下脂肪层以下或筋膜层。对复发者,再次做扩大切除术。转移率较低,早期手术治疗预后较好。

DFSP 对放疗相对敏感,对于手术切除范围不够、显微镜下有残留且再次手术有困难的患者,或显微镜下无残留但皮损面积过大者,推荐进行放疗。

传统化疗对于不可切除的 DFSP 无明显疗效,仅可在其他治疗方法效果不佳或发生转移时作为姑息疗法。靶向药物治疗方面,酪氨酸激酶抑制剂——伊马替尼可达到特异性阻滞 PDGF 受体的作用,从而抑制肿瘤的生长。

第十二节　皮肤白血病

皮肤白血病(cutaneous leukemia)是白血病的皮肤表现,偶发于白血病血象和骨髓象改变之前。皮损最常见于急性髓细胞白血病 M4 和 M5 亚型的患者,也可见于其他急性髓系来源的白血病、部分慢性髓系白血病和骨髓增生异常综合征。

NOTES

【病因和发病机制】

皮肤白血病的机制尚不清楚。白血病髓外浸润包括多个环节,如白血病细胞的趋化、黏附、迁移、异位器官侵袭、生存、增殖及抗凋亡等。目前已知与白血病髓外浸润有关的因素有白血病细胞趋化因子受体水平及基质金属蛋白酶-2 的表达水平等。

【临床表现】

皮肤白血病的表现分为特异性表现和非特异性表现。特异性皮疹为白血病细胞浸润到皮肤引起的特异性损害,可在皮损处找到异常形态的白细胞。特异性皮疹最常发生于躯干和四肢,黏膜也可累及。皮疹表现为丘疹、斑疹、结节、斑块,颜色可以是棕色、红色、黄色、蓝色或紫色(图 31-17),有时候皮疹类似于药疹或剥脱性皮炎。

非特异性皮损无白血病细胞浸润,为多形性损害,又名白血病疹。皮疹可表现为斑疹、丘疹、水疱、风团、紫癜、结节、溃疡等,也可表现为荨麻疹、大疱性皮疹、多形红斑、丘疹坏死性皮疹、湿疹样皮疹及带状疱疹,甚至红皮病、出血性皮损等。最常见的皮损为痒疹样丘疹,可有小水疱,常伴瘙痒。

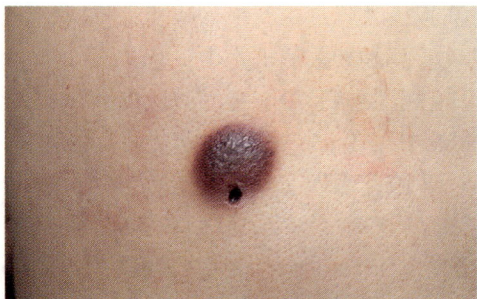

图 31-17　皮肤白血病

皮损常出现于白血病发病后的数月,也可先于血液系统改变之前出现。特异性和非特异性的皮损可以单独或同时出现于同一患者。

【组织病理】

因不同类型的白血病患者病理表现不同,所以皮肤组织病理的表现也各不相同。但其共有的特点是在真皮和皮下脂肪组织内见成熟和未成熟的白血病细胞呈弥漫性或结节性浸润,或血管及附属器周围灶状浸润。表皮一般不受累,肿瘤细胞和表皮之间可见无浸润带。

【诊断和鉴别诊断】

结合病史、体检、末梢血涂片、骨髓片以及免疫组化等检测可以确诊。淋巴细胞白血病需与淋巴瘤相鉴别,大部分病例可根据骨髓和淋巴结受累情况区分。粒细胞白血病需要与髓外造血相鉴别,后者可查见正常的造血细胞和巨核细胞。此外需与 Sweet 病、皮肤小血管炎以及其他嗜中性皮肤病相鉴别。

【治疗】

治疗原则与白血病治疗相同。非特异性皮损可对症治疗,特异性皮损可 X 线治疗。白血病得到有效治疗后,皮疹多会消退。非白血病性皮肤白血病患者会进展为白血病,需进行系统白血病治疗。

第十三节　皮肤转移癌

皮肤转移癌(cutaneous metastasis)是原发于皮肤以外的恶性肿瘤通过血管、淋巴管转移,或通过组织间隙扩散至皮肤组织而发生的皮肤病变,偶可继发于外科手术种植转移。通常恶性肿瘤转移至脏器常见,转移至皮肤并不常见,但随着肿瘤发病率的增高,皮肤转移癌的发病率也有逐渐增高的趋势。

【临床表现】

皮肤转移癌可见任何年龄阶段,但一般多见于中老年人。皮肤转移癌的发病部位可以是任何部位,但大多位于躯干。发生于不同部位的皮肤转移癌可以一定程度上提示潜在的原发恶性肿瘤的来源,但是不绝对。例如面颈部的皮肤转移癌提示其可能与口腔恶性肿瘤有关,胸壁的转移癌可能由乳腺癌转移至皮肤,而胸壁和上肢的皮肤转移癌可能与支气管和肺部肿瘤相关。前列腺和膀胱肿瘤可累及阴茎或阴囊。腹腔脏器肿瘤，如胃、结肠、胰腺等肿瘤，常转移至前腹壁，表现为脐部坚实的斑块或结节，称为Mary Joseph 小结节。除了原发性皮肤黑色素瘤的播散，转移到四肢的肿瘤相对不常见。

皮肤转移癌的临床表现多种多样，但最为常见的是无痛性的皮内或皮下丘疹、结节（图 31-18a），甚至局部硬肿和溃疡（图 31-18b），可单发也可多发。可被误诊为脂肪瘤、淋巴结炎、表皮样囊肿，甚至软组织感染。

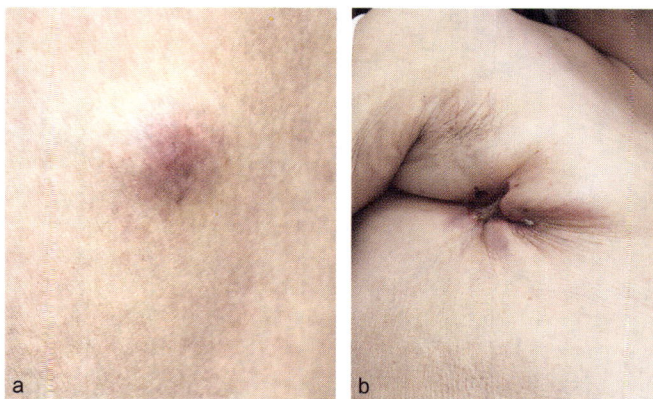

图 31-18　皮肤转移癌
a. 鼻咽癌皮肤转移；b. 肺癌皮肤转移，局部硬肿和溃疡。

皮肤转移癌还有其他特殊临床表现。如好发于胸壁，由肿瘤细胞堵塞淋巴管引起水肿的炎性皮肤转移癌（又称丹毒样癌），同时还可伴有红肿热痛，后期可能会合并真正的感染。其常常为乳腺癌的表现，但并不是其特有表现，其他肿瘤也可出现。乳腺癌和肺癌转移到皮肤上还可表现为胸壁紫色毛细血管扩张性丘疱疹或结节，称之为毛细血管扩张样癌，提示预后不良。乳腺癌皮肤转移还可表现为橘皮样改变。

【组织病理】

皮肤转移癌非常重要的一点是需要与原发皮肤肿瘤，特别是附属器肿瘤的组织病理学相鉴别。皮肤转移癌的病理表现与原发灶相似，免疫组化可以帮助鉴别大多数肿瘤的来源。

【诊断和鉴别诊断】

皮肤转移癌的临床表现缺乏特异性，容易漏诊，但对于中年，特别是有癌症病史的患者，若出现不明原因的无痛性、可活动、质韧的皮内或皮下结节，或出现某些癌症的特征性皮肤转移征象时，需考虑本病。皮肤组织病理检查是诊断该疾病的重要依据，典型的病理表现不仅可以帮助诊断皮肤转移癌，还可以帮助"溯源"，找到原发肿瘤病灶。但皮肤转移癌的最终诊断必须结合患者病史、体格检查、组织病理以及免疫组化等手段。

临床上需要和丘疹或结节表现的皮肤病相鉴别，如囊肿、脂肪瘤、附属器肿瘤和纤维瘤。此外，由于皮肤转移癌的发生与血管生成密切相关，其多呈暗红色，需与一些良性和恶性的血管病变相鉴别。乳腺癌皮肤转移需与丹毒、硬斑病、放射性皮炎相鉴别。

【治疗】

对于单个病灶的皮肤转移癌可考虑手术切除。但皮肤转移癌通常是预后不良的预兆，所以应立即采取综合治疗措施，根据不同的肿瘤选择手术、化疗、靶向治疗。

（陶　娟　晋红中　陈爱军）

思考题

1. 试述常见面部皮肤恶性肿瘤的鉴别要点。
2. 试述黑色素瘤的诊疗进展。
3. 简述不同来源的皮肤淋巴瘤的发生发展、临床表现的异同。

推 荐 阅 读

［1］马振友,张建中,郑怀林.中国皮肤科学史［M］.北京:北京科学技术出版社,2015.

［2］马琳.儿童皮肤病学［M］.北京:人民卫生出版社,2014.

［3］李若瑜.皮肤病学与性病学［M］.北京:北京大学医学出版社,2010.

［4］廖万清,吴绍熙.现代真菌病学［M］.上海:复旦大学出版社,2017.

［5］王雷.皮肤病理学［M］.南京:江苏凤凰科学技术出版社,2021.

［6］李明,孙建方.皮肤科结缔组织病诊治［M］.北京:北京大学医学出版社,2017.

［7］薛斯亮,刘宏杰.甲病临床病理图谱［M］.广州:广东科技出版社,2021.

［8］王侠生,徐金华,张学军.现代皮肤病学［M］.2版.上海:上海大学出版社,2020.

［9］赵辨.中国临床皮肤病学［M］.2版.南京:江苏凤凰科学技术出版社,2017.

［10］李伯埙,王俊民,肖生祥.皮肤病临床与组织病理学［M］.西安:世界图书出版公司,2015.

［11］张建中,高兴华.皮肤性病学［M］.北京:人民卫生出版社,2015.

［12］杨慧兰,高兴华.现代病毒性皮肤病学［M］.北京:北京大学医学出版社,2022.

［13］BOLOGNIA JL,SCHAFFER JV,CERRONI L.皮肤病学［M］.朱学骏,王宝玺,孙建方,等译.4版.北京:北京大学医学出版社,2019.

［14］JAMES WD,BERGER TG,ELSTON DM,et al.安德鲁斯临床皮肤病学［M］.雷铁池,译.12版.北京:科学出版社,2019.

［15］LIM HW.光皮肤病学［M］.朱慧兰,译.北京:人民卫生出版社,2016.

［16］GRIFFITHS CEM,BARKER J,BLEIKER TO,et al. Rook's Textbook of Dermatology［M］.9th ed. Oxford:John Wiley & Sons,Ltd,2016.

［17］JAMES WD,ELSTON D,TREAT JR,et al. Andrews' Diseases of the Skin,Clinical Dermatology［M］.13th ed. Amsterdam:Elsevier,2019.

［18］ELSTON D,FERRINGER T,KO CJ,et al. Dermatopathology［M］.3rd ed. Amsterdam:Elsevier,2018.

［19］GAO XH,CHEN HD. Practical Immunodermatology［M］.Netherlands:Springer,2017.

中英文名词对照索引